Das Wahlrecht von Unionsbürgern bei Kommunalwahlen in Deutschland

Europäische Hochschulschriften

Publications Universitaires Européennes
European University Studies

Reihe II
Rechtswissenschaft

Série II Series II
Droit
Law

Bd./Vol. 3586

PETER LANG
Frankfurt am Main · Berlin · Bern · Bruxelles · New York · Oxford · Wien

Regine Schunda

Das Wahlrecht von Unionsbürgern bei Kommunalwahlen in Deutschland

PETER LANG
Europäischer Verlag der Wissenschaften

Bibliografische Information Der Deutschen Bibliothek
Die Deutsche Bibliothek verzeichnet diese Publikation in der Deutschen Nationalbibliografie; detaillierte bibliografische Daten sind im Internet über <http://dnb.ddb.de> abrufbar.

ISSN 0531-7312
ISBN 3-631-50246-X

www.peterlang.de

INHALTSVERZEICHNIS

A. EINLEITUNG

Seit Anfang 1996 sind auch Staatsangehörige aus anderen Mitgliedstaaten der Europäischen Union, die in Deutschland ihren Wohnsitz haben, bei den Kommunalwahlen wahlberechtigt. Dieses Kommunalwahlrecht für (ausländische) Unionsbürger wurde nicht im nationalen Alleingang eingeführt, sondern aufgrund europäischen Rechts. Die Rechtsgrundlagen hierfür bilden Art. 19 I EGV und die Richtlinien 94/80/EG und 96/30/EG, die von den Mitgliedstaaten in innerstaatliches Recht umgesetzt worden sind.

In Deutschland wurde am 21. Dezember 1992 im Hinblick auf das Kommunalwahlrecht für Unionsbürger sogar das Grundgesetz geändert. Der neu eingefügte Art. 28 I 3 GG sieht vor, dass bei Wahlen in Kreisen und Gemeinden auch Staatsangehörige anderer EG-Mitgliedstaaten „nach Maßgabe von Recht der Europäischen Gemeinschaft" wahlberechtigt und wählbar sind. Inzwischen haben alle Bundesländer das Europarecht durch Gesetze und Verordnungen umgesetzt und es haben überall Kommunalwahlen unter Beteiligung von EG-Ausländern stattgefunden.

Zwar ist die langjährige Diskussion darüber, ob die Verfassung ein kommunales Wahlrecht für Unionsbürger erlaubt, heute beigelegt. Dafür warf die konkrete Umsetzung des Wahlrechts aber viele interessante neue Fragen auf. Die Arbeit erörtert die Probleme im Schnittbereich von Europarecht, Verfassungs- und Kommunalrecht, und erläutert die Rechtsstellung der Unionsbürger in den Kommunen. Zu einigen Teilaspekten des Kommunalwahlrechts für Unionsbürger gibt es bereits Gerichtsentscheidungen, die in dieser Arbeit berücksichtigt wurden. Auch konnte auf zahlreiche Literatur zurückgegriffen werden, die sich mit unterschiedlichen Schwerpunktsetzungen und Herangehensweisen mit der sehr komplexen Thematik des Kommunalwahlrechts für Unionsbürger oder Teilbereichen davon auseinandergesetzt hat. Um die Untersuchung fortzuführen, befasst sich die Arbeit vor allem mit den Fragen, die bisher noch nicht so viel Beachtung gefunden haben.

Zunächst werden die europarechtlichen Rechtsgrundlagen zum Kommunalwahlrecht für Unionsbürger analysiert. Besondere Aufmerksamkeit gilt dabei der Auslegung des Begriffs „Kommunalwahlen“ in Art. 19 I EGV, da die Vereinbarkeit der Richtlinie 94/80/EG mit dem EGV wesentlich von der Auslegung dieses Schlüsselbegriffs abhängt.

Nach dem Verhältnis von primärem und sekundärem Gemeinschaftsrecht wird konkret für das Unionsbürgerwahlrecht auch das Verhältnis zwischen EG-Recht und dem Recht der Mitgliedstaaten erörtert. Ein kurzer rechtsvergleichender Überblick zeigt, wie die Mitgliedstaaten die Richtlinie umgesetzt haben, und wo Gemeinsamkeiten und Unterschiede bestehen.

In einem weiteren Kapitel werden die deutschen Verfassungsnormen zum Kommunalwahlrecht für Unionsbürger näher untersucht. Den Schwerpunkt bildet dabei die Analyse des Art. 28 I 3 GG. Zwar wird die Zulässigkeit der Grundgesetzänderung, durch die Art. 28 I 3 GG eingefügt wurde, heute kaum noch in Frage gestellt. Es ist jedoch unklar, wie dieses Ergebnis dogmatisch begründet werden kann. Aus diesem Grund wird beleuchtet, wie sich Art. 28 I 3 GG zum Demokratieprinzip des Grundgesetzes verhalten könnte. Auch wird überlegt, welche Bedeutung dem Art. 28 I 3 GG einerseits aus Sicht des Europarechts und andererseits aus Sicht der Länder zukommt. Dies wird insbesondere bei der Auslegung der Landesverfassungen relevant.

Nachdem der europarechtliche und verfassungsrechtliche Rahmen abgesteckt worden ist, befasst sich die Arbeit mit konkreten Umsetzungsproblemen, mit denen sich die Länder konfrontiert sahen. Dazu gehören insbesondere die viel diskutierten Streitfragen, ob EG-Ausländer Bürgermeister werden und an kommunalen Abstimmungen teilnehmen dürfen, bei denen es letztlich um die Reichweite der den Unionsbürgern eingeräumten Rechte geht.

Ein rechtsvergleichender Überblick über die Umsetzungsregelungen der Bundesländer erschließt daraufhin, wie die Länder die Rechtsprobleme gelöst und ihre Gestaltungsspielräume genutzt haben. Auch wichtige Hintergründe zu den

Regelungen werden dargestellt und landesspezifische Besonderheiten der Umsetzung hervorgehoben.

Nachdem in Deutschland bereits Kommunalwahlen unter Beteiligung der (ausländischen) Unionsbürger stattgefunden haben, lag es nahe, auch die praktischen Erfahrungen mit dem Kommunalwahlrecht der Unionsbürger einzubeziehen und danach zu fragen, wie sich die Regelungen in der Praxis bewährt haben. Zur Abrundung der Darstellung folgen schließlich noch einige Gedanken dazu, wie das Ausländerwahlrecht künftig fortentwickelt und ergänzt werden könnte.

B. DAS KOMMUNALWAHLRECHT FÜR UNIONSBÜRGER IM GEMEINSCHAFTSRECHT

I. Entstehungsgeschichte

Die Idee eines kommunalen Ausländerwahlrechts für die Bürger der Europäischen Gemeinschaft lässt sich bis in die siebziger Jahre zurückverfolgen. Damals wurde deutlich, dass sich viele sog. Gastarbeiter, die auf der Suche nach Arbeit aus den europäischen Mittelmeerländern in die Industriestaaten West- und Nordeuropas gezogen waren, dort endgültig niedergelassen hatten.[1] Millionen von Menschen lebten und arbeiteten damit auf Dauer in einem Land, in dem sie nur den Rechtsstatus eines Ausländers und Marktbürgers hatten. Der Preis für größeren Wohlstand bestand für die Gastarbeiterfamilien besonders in einer Einbuße an politischen Rechten. Die Aufnahmestaaten andererseits waren vor die Aufgabe gestellt, den stark gewachsenen Anteil ausländischer Einwohner in die eigene Gesellschaft zu integrieren.

In der Europäischen Gemeinschaft begann man, gemeinsame europäische Ansätze zur Integration der Einwanderer im Aufnahmestaat zu diskutieren. Schließlich hatten die Wanderungsbewegungen zu einem großen Teil innerhalb der Gemeinschaft stattgefunden, so dass es sich anbot, für das hauptsächlich europäische Problem auch eine Lösung auf europäischer Ebene zu entwickeln. Innerhalb dieser Diskussion gab es erste Überlegungen, den Migranten neben wirtschaftlichen und sozialen Rechten auch bestimmte politische Rechte zu verleihen.[2] Bereits bei der **Gipfelkonferenz von Paris im Oktober 1972** dachte man an die Möglichkeit, ein Kommunalwahlrecht für EG-Bürger einzuführen.[3] Auch eine 1974 auf dem Gipfeltreffen von Paris vom Europäischen Rat eingesetzte Arbeitsgruppe schlug in ihrem Bericht „Europa für die Bürger" vor, den EG-Bürgern als „besondere Rechte" vor allem das aktive und passive Wahlrecht bei Gemeindewahlen und das Recht auf Zugang zu den damit verbundenen öf-

[1] Vgl. KOM (94) 38, S. 14.
[2] *Von Lennes*, StG 1994, S. 249.
[3] *Haag*, in: *von der Groeben/Thiesing/Ehlermann (Hrsg.)*, Kommentar zum EU-/EG-Vertrag, Art. 8 b EGV Rn. 2.

fentlichen Ämtern zu gewähren.[4] Die gleichen Vorschläge enthielt auch der Bericht des belgischen Premierministers Leo Tindemans.[5] Weitere Maßnahmen blieben in der Folgezeit jedoch zunächst aus, obwohl das Europäische Parlament beharrlich versuchte, durch seine Entschließungen die Einführung eines Kommunalwahlrechts für EG-Bürger zu forcieren.[6]

Im Jahr **1984** wurde durch den **Europäischen Rat von Fontainebleau** eine neue Initiative gestartet. Der Ausschuss „Europa der Bürger" unter dem Vorsitz von Pietro Adonnino (Adonnino-Ausschuss) empfahl in seinem Schlussbericht, die Diskussion um ein Wahlrecht bei lokalen Wahlen für Bürger anderer Mitgliedstaaten unter den gleichen Bedingungen wie für Staatsangehörige des Aufenthaltslandes zu vertiefen.[7]

Nach einer Aufforderung durch das Europäische Parlament[8] legte die Kommission 1986 einen Bericht darüber vor, inwieweit die Mitgliedstaaten in ihren nationalen Regelungen Ausländern bereits ein Wahlrecht bei Kommunalwahlen einräumten. Nach diesem **Kommissionsbericht** behielten damals die meisten Mitgliedstaaten der EG – unter ihnen auch Deutschland – die Teilnahme an Kommunalwahlen den eigenen Staatsangehörigen vor. Zwei Mitgliedstaaten, das Vereinigte Königreich und Portugal, kannten ein kommunales Wahlrecht für Ausländer bestimmter Nationalität, andere Staaten (Irland, Dänemark und die Niederlande) sahen nach einer gewissen Mindestwohnsitzdauer sogar ein allge-

---

[4] Zum Kommissionsbericht vom 3.7.1975 vgl. Bull. EG, Beilage 7/1975, S. 25; *Magiera*, DÖV 1987, S. 221 f.; *Magiera*, EA 1988, S. 475; *Haag*, in: *von der Groeben/Thiesing/ Ehlermann (Hrsg.)*, Kommentar zum EU-/EG-Vertrag, Art. 8 EGV Rn. 2.
[5] Tindemans-Bericht vom 29.12.1975, Bull. EG, Beilage 1/1976. Vgl. *Hilf*, in: *Grabitz/Hilf (Hrsg.)*, Das Recht der Europäischen Union, Band I, Art. 17 EGV Rn. 24.
[6] Vgl. Entschließung zur Zuerkennung besonderer Rechte an die Bürger der Europäischen Gemeinschaft vom 16.11.1977, ABl. EG Nr. C 299/26 vom 12.12.1977, und Entschließung zum aktiven und passiven Wahlrecht auf lokaler Ebene vom 7.6.1983, ABl. EG Nr. C 184/28 vom 11.7.1983; hierzu *Jahn/Riedel*, ZAR 1989, S. 58.
[7] Bull. EG, Beilage 7/1985; vgl. *Magiera*, EA 1988, S. 475 f.
[8] Entschließung des Europäischen Parlaments vom 14.11.1985, ABl. EG Nr. C 345/82 vom 31.12.1985.

meines Ausländerwahlrecht auf kommunaler Ebene vor.[9] Mit dem Bericht stellte die Kommission eine wichtige Diskussionsgrundlage für die weitere Entscheidungsfindung zur Verfügung, machte einen konkreten Vorschlag aber von einem weiteren politischen Signal durch das Europäische Parlament abhängig.[10]

Nachdem das Europäische Parlament die Kommission eindringlich dazu aufgefordert hatte,[11] verabschiedete diese am **22.6.1988** erstmals einen **Richtlinienvorschlag** „über das Wahlrecht der Staatsangehörigen der Mitgliedstaaten bei den Kommunalwahlen im Aufenthaltsstaat"[12], der **am 27.10.1989 abgeändert** wurde.[13] Mangels einer ausdrücklichen Rechtsgrundlage im Vertrag wurden die Richtlinienvorschläge auf die Auffangkompetenz des damaligen Art. 235 EGV gestützt. Es war jedoch sehr umstritten, ob dieser Artikel tatsächlich eine Gemeinschaftskompetenz zur Einführung eines Kommunalwahlrechts für EG-Bürger begründen konnte.[14]

Im Hinblick auf die bevorstehende Regierungskonferenz setzte der Rat die Verhandlungen über die Richtlinienentwürfe daher aus.[15] Das Kommunalwahlrecht für EG-Ausländer wurde stattdessen in die Vertragsverhandlungen zum Maastrichter Vertrag einbezogen, um es als wesentlichen Bestandteil der Politischen Union einzuführen. Sowohl die Kommission als auch die spanische Regierung

---

[9] Bericht der Kommission vom 7.10.1986, Bull. EG, Beilage 7/1986. Vgl. hierzu auch die Darstellung von *Sieveking*, in: *Sieveking u.a. (Hrsg.)*, Das Kommunalwahlrecht für Ausländer, S. 72 ff.

[10] *Magiera*, EA 1988, S. 476.

[11] Entschließung des Europäischen Parlaments vom 15.12.1987 (Vetter-Bericht), ABl. EG Nr. C 13/33 vom 18.1.1988.

[12] KOM (88) 371 endg. vom 22.6.1988, ABl. EG Nr. C 246/3 vom 20.9.1988; abgedruckt auch in ZAR 1989, S. 95 und NVwZ 1989, S. 341. Näher zum Richtlinienvorschlag von 1988 *de Lobkowicz*, DÖV 1989, S. 519 ff; *Jahn/Riedel*, ZAR 1989, S. 58 ff.; *Scholl*, ZAR 1989, S. 62 ff.; *Magiera*, EA 1988, S. 475 ff.; *Liegmann*, Kommunales Wahlrecht für Ausländer, S. 53 ff.

[13] KOM (89) 524 endg. vom 17.10.1989, ABl. EG Nr. C 290/4 vom 18.11.1989. Vgl. *Röger*, VR 1993, S. 140 f.

[14] Ablehnend z.B. *Klein*, Der Staat 1994, S. 51; *Röger*, VR 1993, S. 141 ff.; *Saftig*, Kommunalwahlrecht, S. 403 f.; befürwortend z.B. *Magiera*, EA 1988, S. 479; *de Lobkowicz*, DÖV 1989, S. 524 f.; *Papier*, in: *Magiera (Hrsg.)*, Das Europa der Bürger, S. 28 f.; *Weigl*, S. 90 ff.; *Grüll*, S. 44 ff.; *Niedermeyer-Krauß*, S. 194.

[15] *Von Lennep*, StG 1994, S. 250; *Schrapper*, DVBl. 1995, S. 1168.

reichten Formulierungsvorschläge ein,[16] die schließlich zur Verankerung des Kommunalwahlrechts für Unionsbürger im EG-Recht führten. Der **„Vertrag über die Schaffung der Europäischen Union“ (Vertrag von Maastricht)**[17] wurde am 7.2.1992 in Maastricht unterzeichnet und trat nach der Ratifikation durch die Mitgliedstaaten am 1.11.1993 in Kraft.[18] Die Grundlage der Union bilden die drei Europäischen Gemeinschaften, die um die intergouvernementale Zusammenarbeit in verschiedenen neuen Politikfeldern (Außen- und Sicherheitspolitik, Justiz- und Innenpolitik) ergänzt werden.[19] Mit dem Maastrichter Vertrag wurde in Art. 8 b I EGV eine eindeutige vertragliche Ermächtigung für das Kommunalwahlrecht für Unionsbürger im Aufenthaltsstaat geschaffen. Demnach sollten Unionsbürger ihr Wahlrecht unter denselben Bedingungen ausüben wie die Staatsangehörigen des betreffenden Mitgliedstaates. Die Einzelheiten der Ausübung des Wahlrechts sollten bis zum 31.12.1994 einstimmig durch den Rat festgelegt werden. Das Kommunalwahlrecht für Unionsbürger wurde im Rahmen der ebenfalls neuen Unionsbürgerschaft eingeführt, ja es wurde sogar als deren Kernstück bezeichnet.[20] Die Idee, allen Staatsangehörigen der Mitgliedstaaten der Europäischen Union den Status von „Unionsbürgern“ zuzuerkennen, welcher mit bestimmten besonderen Rechten und Pflichten verknüpft ist, geht auf einen Vorschlag der spanischen Regierung bei der Regierungskonferenz zur Politischen Union zurück.[21]

Da schon der Maastrichter Vertrag erst mit Verzögerungen in Kraft getreten ist, musste die Kommission ihren Richtlinienentwurf unter großem Zeitdruck vorbereiten.[22] Die Verhandlungsposition der Bundesrepublik Deutschland im Rat der EG wurde dabei maßgeblich von Ländervertretern festgelegt, weil ausschließli-

---

[16] Vgl. *Haag*, in: *von der Groeben/Thiesing/Ehlermann (Hrsg.)*, Kommentar zum EU-/EG-Vertrag, Art. 8 b EGV Rn. 3.
[17] BGBl. II S. 1253.
[18] Vgl. *Geiger*, EUV/EGV, Art. 1 EUV Rn. 1.
[19] *Oppermann/Classen*, NJW 1993, S. 7.
[20] So z.B. *Schrapper*, DVBl. 1995, S. 1168; *Fischer*, EuZW 1992, S. 568; *Schweitzer/ Hummer*, Europarecht, Rn. 822; *Degen*, DÖV 1993, S. 753; *Koenig/Pechstein*, S. 179; *Kaufmann-Bühler*, in: *Lenz (Hrsg.)*, EGV-Kommentar, Art. 19 Rn. 1; *Wollenschläger/Schraml*, BayVBl. 1995, S. 386.
[21] *Haag*, in: *von der Groeben/Thiesing/Ehlermann (Hrsg.)*, Kommentar zum EU-/EG-Vertrag, Art. 8 EGV Rn. 3.
[22] *Schrapper*, DVBl. 1995, S. 1169.

che Gesetzgebungsbefugnisse der Länder betroffen waren.[23] Am 28.2.1994 legte die Kommission ihren Richtlinienvorschlag vor.[24] Am 19.12.1994 erließ der Rat fristgemäß als Durchführungsbestimmung zu Art. 8 b I EGV die **Richtlinie 94/80/EG** (Richtlinie über die Einzelheiten der Ausübung des aktiven und passiven Wahlrechts bei den Kommunalwahlen für Unionsbürger mit Wohnsitz in einem Mitgliedstaat, dessen Staatsangehörigkeit sie nicht besitzen).[25] Inhaltlich orientiert sich die Kommunalwahlrichtlinie weitgehend an den früheren Richtlinienvorschlägen von 1988 und 1989. Ebenso lässt sich eine große Ähnlichkeit der Kommunalwahlrichtlinie 94/80/EG mit der Richtlinie 93/109/EG feststellen,[26] die am 6.12.1993, also etwa ein Jahr vorher, zur Ausgestaltung des Wahlrechts zum Europäischen Parlament im Aufenthaltsstaat erlassen worden war.[27] Die vielen Gemeinsamkeiten sind fast zwangsläufig, da beide Richtlinien auf Art. 19 EGV basieren, dessen zwei Absätze ähnlich strukturiert sind.

Bei der **Erweiterung der Europäischen Union** um Österreich, Finnland und Schweden am 1.1.1995 wurde der Anwendungsbereich des Kommunalwahlrechts für Unionsbürger als „acquis communautaire" auch auf diese Staaten und deren Staatsangehörige erstreckt. Am 13.5.1996 ergänzte der Rat daher die Richtlinie 94/80/EG um die **Richtlinie 96/30/EG**. Diese Richtlinie 96/30/EG präzisiert für die drei neuen Mitgliedstaaten die lokalen Gebietskörperschaften, in denen das Kommunalwahlrecht für Unionsbürger Anwendung finden soll.[28]

---

[23] Vgl. Art. 23 VI GG und Gesetz über die Zusammenarbeit von Bund und Ländern in Angelegenheiten der Europäischen Union sowie *von Lennep*, StG 1994, S. 250; *Wegmann*, Kommunalpraxis Bayern 1995, S. 367.

[24] ABl. EG Nr. C 105/8 vom 13.4.1994; KOM (94) 38 endg. Der Entwurf mit der amtlichen Begründung ist auch abgedruckt in BR-Drs. 294/94 vom 6.4.1994. Zum Richtlinienvorschlag von 1994 vgl. *von Lennep*, StG 1994, S. 249 ff.

[25] ABl. EG Nr. L 368/38 vom 31.12.1994; NVwZ 1995, S. 462; Bull. EU 12/1994, Ziff. 1.1.2.

[26] *Dollat*, Libre circulation des personnes et citoyenneté européenne, S. 498.

[27] ABl. EG 1993 Nr. L 329/34; vgl. hierzu *Dürig*, NVwZ 1994, S. 1180 ff.

[28] ABl. EG Nr. L 122/14 vom 22.5.1996 und Bull. EU 5/1996, Ziff. 1.1.1. Die Richtlinie ist seit dem 22.5.1996 in Kraft. Zum Richtlinienvorschlag vgl. ABl. EG Nr. C 74/11 vom 14.3.1996.

Mit Inkrafttreten des **Vertrages von Amsterdam** am 1.5.1999 ist Art. 8 b I EGV infolge der neuen Nummerierung zu Art. 19 I EGV geworden,[29] wobei der Inhalt im Wesentlichen gleich geblieben ist. Da der Rat seine Verpflichtung zur Festlegung der Einzelheiten des kommunalen Wahlrechts vor dem 31.12.1994 erfüllt hatte, wurde Art. 19 I 2 EGV allerdings entsprechend angepasst. Im Folgenden wird, soweit nichts anderes vermerkt ist, für alle Vorschriften des europäischen Vertragsrechts die aktuelle Zählweise nach dem Amsterdamer Vertrag verwendet.

Am 7.12.2000 haben Rat, Europäisches Parlament und Kommission in Nizza die **Charta der Grundrechte der Europäischen Union** unterzeichnet. In Kapitel V der Charta, das unter dem Titel „Bürgerrechte" bereits bestehende Rechte zusammenfasst, findet sich auch das Kommunalwahlrecht für Unionsbürger im Wohnsitzstaat (Art. 40 der Charta).[30]

---

[29] Der Vertrag von Amsterdam wurde am 2.10.1997 unterzeichnet (BGBl. 1998 II S. 387) und ist am 1.5.1999 in Kraft getreten (BGBl. II S. 296); vgl. *Geiger,* EUV/EGV, Art. 1 EUV Rn. 1.

[30] Charta der Grundrechte der Europäischen Union, ABl. EG Nr. C 364/1 vom 18.12.2000; vgl. *Grabenwarter,* DVBl. 2001, S. 1 und 6 f.

II. Die Garantie des Kommunalwahlrechts für Unionsbürger im EGV

Da der Maastrichter Vertrag das Kommunalwahlrecht für EG-Bürger nicht isoliert eingeführt, sondern in das Konzept einer Unionsbürgerschaft integriert hat, soll das Kommunalwahlrecht für EG-Bürger hier auch im Zusammenhang mit der Unionsbürgerschaft dargestellt werden.

1. Das Kommunalwahlrecht als Bestandteil der Unionsbürgerschaft

Durch den Maastrichter Vertrag wurde eine Unionsbürgerschaft geschaffen.[31] Die Regelungen hierzu finden sich im Zweiten Teil des EG-Vertrages in den Art. 17 bis 22 EGV (früher: Art. 8 bis 8 e EGV). Ihre systematische Stellung weit vorne im Vertrag, gleich nach den einführenden Artikeln, zeigt, welche Bedeutung der Unionsbürgerschaft zugemessen wird.[32] Zunächst wird in Art. 17 EGV der Begriff der Unionsbürgerschaft definiert, danach werden einzelne Rechte der Unionsbürger (Art. 18 - 21 EGV) angeführt. Diese lassen sich grob in vier Kategorien einteilen: Wirtschaftliche und soziale Rechte (Freizügigkeit und Aufenthaltsrecht), politische Bürgerrechte (das Kommunalwahlrecht und das Wahlrecht zum Europäischen Parlament), gemeinsamer diplomatischer und konsularischer Schutz in Drittstaaten sowie Gehör bei Gemeinschaftsinstitutionen.[33] Am Ende des Vertragsteils über die Unionsbürgerschaft steht die sog. Evolutivklausel (Art. 22 EGV). Sie sieht vor, dass die Kommission erstmals bis Ende 1993 und dann alle drei Jahre über die Anwendung der Vorschriften zur Unionsbürgerschaft Bericht erstattet. Auf dieser Grundlage kann der Rat einstimmig auf Vorschlag der Kommission und nach Anhörung des Europäischen Parlaments Bestimmungen zur Ergänzung der Unionsbürgerrechte erlassen, die er den Mitgliedstaaten zur Annahme gemäß ihren verfassungsrechtlichen Bestimmungen empfiehlt. Die Evolutivklausel stellt damit ein spezielles Rechtset-

---

[31] Zur Unionsbürgerschaft vgl. z.B. *Fischer*, EuZW 1992, S. 566 ff.; *Degen*, DÖV 1993, S. 749 ff.; *Closa*, CML Rev. 1995, S. 487 ff.; *Hobe*, Der Staat 1993, S. 245 ff.; *Marias*, European Citizenship, passim.

[32] Vgl. *Oliver*, CML Rev. 1996, S. 473.

[33] Diese Hauptkomponenten der Unionsbürgerschaft wurden bereits durch den Europäischen Rat von Rom im Jahr 1990 ausgearbeitet, Bull. EG 12/1990, S. 11; vgl. *Koenig/Pechstein*, S. 170 f.

zungsverfahren zur Verfügung, mit dem die Unionsbürgerrechte weiterentwickelt werden können. Hintergrund ist, dass bei den Vertragsverhandlungen von Maastricht nur ein beschränkter Kreis von Unionsbürgerrechten konsensfähig war, so dass zumindest für die Zukunft die Möglichkeit einer Ergänzung offen gehalten werden sollte. Der Bürgerstatus ist also entwicklungsoffen angelegt.[34] Neben dem Rechtsetzungsverfahren des Art. 22 EGV können neue Unionsbürgerrechte auch im Weg einer Vertragsänderung verankert werden.[35]

Die Verleihung des neu geschaffenen Rechtsstatus eines Unionsbürgers betrifft zahlenmäßig einen sehr großen Personenkreis. Mit dem Inkrafttreten des Maastrichter Vertrages am 1.11.1993 wurden alle Staatsangehörigen der damals 12 EG-Mitgliedstaaten zu Unionsbürgern, also etwa 372 Millionen Menschen. Nach der jüngsten Erweiterung der Gemeinschaft kamen ab dem 1.1.1995 noch die Staatsangehörigen von Österreich, Finnland und Schweden hinzu.

Im Folgenden sollen die Unionsbürgerschaft und der Stellenwert des Kommunalwahlrechts im Rahmen dieser Unionsbürgerschaft kurz näher erläutert werden.

a) Die Unionsbürgerschaft

Gemäß Art. 17 I 2 EGV ist Unionsbürger, wer die Staatsangehörigkeit eines Mitgliedstaates besitzt. Damit knüpft die europarechtliche Definition des Unionsbürgers nahtlos an das jeweilige nationale Staatsangehörigkeitsrecht an und verzichtet auf eine einheitliche Festlegung für die gesamte Europäische Gemeinschaft. Dieses Konzept der Unionsbürgerschaft garantiert, dass die Staatsangehörigkeit von (mindestens) einem Mitgliedstaat der EG und die Unionsbürgerschaft zusammenfallen, ohne dass das Europarecht den Mitgliedstaaten Vorschriften darüber machen muss, wie sie ihr Staatsangehörigkeitsrecht zu regeln haben. Die Mitgliedstaaten bleiben grundsätzlich frei in ihrer Entscheidung, wer unter welchen Voraussetzungen die nationale Staatsangehörigkeit erhalten oder

---

[34] *Degen*, DÖV 1993, S. 752.

[35] *Haag*, in: *von der Groeben/Thiesing/Ehlermann (Hrsg.)*, Kommentar zum EU-/EG-Vertrag, Art. 8 e EGV Rn. 4.

verlieren soll.[36] Dafür wird aber von den Mitgliedstaaten und deren Bürgern indirekt gefordert, dass sie gegenseitig ihr Staatsangehörigkeitsrecht mit Rechtswirkung für den Erwerb und Verlust der Unionsbürgerschaft anerkennen.[37] Da die Unionsbürgerschaft akzessorisch ist zur Staatsangehörigkeit, kann die Unionsbürgerschaft nicht isoliert von der nationalen Staatsangehörigkeit erworben oder abgelegt werden.[38]

Die Unionsbürgerschaft begründet ein spezifisches Rechtsverhältnis zwischen der Gemeinschaft und den Bürgern der Mitgliedstaaten, die sich von einem auf einer Staatsangehörigkeit beruhenden Rechtsverhältnis jedoch unterscheidet[39] und höchstens als Vorstufe einer einheitlichen Europaangehörigkeit[40] und eines umfassenderen europäischen Bürgerrechts[41] gesehen werden kann. Denn weiterhin gibt es mangels Staatsqualität der Europäischen Union keine Europäische Staatsangehörigkeit und auch kein „Europäisches Volk".[42] Dementsprechend ist die Unionsbürgerschaft auch nicht als Ersatz der einzelstaatlichen Staatsangehörigkeit gedacht, sondern als deren Ergänzung. Ursprünglich stellte dies eine „Erklärung zur Staatsangehörigkeit eines Mitgliedstaats"[43] in der Schlussakte zum EUV klar. Der Vertrag von Amsterdam hat diese Klarstellung des Verhältnisses von Unionsbürgerschaft und Staatsbürgerschaft ins Primärrecht übernommen (Art. 17 I 3 EGV).

Die Bezeichnung „Unionsbürgerschaft" bringt zum Ausdruck, dass diese einen wesentlichen Bestandteil der Politischen Union bildet. Der Begriff wurde bewusst in Anlehnung an die Staatsbürgerschaft gewählt, die traditionell eine auf

---

[36] Vgl. dazu die „Erklärung zur Staatsangehörigkeit eines Mitgliedstaates" in der Schlussakte des EUV, ABl. EG Nr. C 191/98 von 1991 sowie EuGHE 1992, 4239 ff. – Micheletti. Zu den völkerrechtlichen Grenzen vgl. *Schweitzer*, Staatsrecht III, Rn. 542 ff.

[37] Vgl. *Koenig/Pechstein*, S. 173; EuGHE 1992, 4239 ff. – Micheletti.

[38] Vgl. VGH München, NVwZ 1999, S. 197 f. Allgemein *Hilf*, in: *Grabitz/Hilf (Hrsg.)*, Das Recht der Europäischen Union, Band I, Art. 17 EGV Rn. 41.

[39] *Haag*, in: *von der Groeben/Thiesing/Ehlermann (Hrsg.)*, Kommentar zum EU-/EG-Vertrag, Art. 8 EGV Rn. 4; *Hobe*, Der Staat 1993, S. 254 ff. Ähnlich BVerfGE 89, 155 (184).

[40] *Hobe*, Der Staat 1993, S. 259 und 264 ff.

[41] *Fischer*, EuZW 1992, S. 569.

[42] *Oppermann/Classen*, NJW 1993, S. 7 f.; *Hilf*, in: *Grabitz/Hilf (Hrsg.)*, Das Recht der Europäischen Union, Band I, Art. 17 EGV Rn. 62; BVerfGE 89, 155 (184, 188).

[43] ABl. EG 1991 Nr. C 191/98.

besonderen Rechten und politischer Teilhabe beruhende Bindung des Bürgers zum Staat kennzeichnet.[44] Ähnlich setzt sich die Union nach dem Unionsvertrag das Ziel, eine Unionsbürgerschaft einzuführen, um den Schutz der Rechte und Interessen der Angehörigen ihrer Mitgliedstaaten zu stärken (Art. 2 I EUV, dritter Spiegelstrich). Die Unionsbürgerschaft soll also erreichen, dass neben das Europa der Wirtschaft ein „Europa der Bürger" tritt.[45] Diese Hinwendung zum Bürger ist auch in engem Zusammenhang mit dem Vertragsprinzip der Bürgernähe (Art. 1 II EUV) zu sehen. Zudem soll die Unionsbürgerschaft zu einer immer engeren Union der Völker Europas beitragen (vgl. Art. 1 II EUV). Man könnte daher sagen, dass die Unionsbürgerschaft in zweierlei Weise der Integration dient. Bei einer Mikro-Betrachtung verbessern die Unionsbürgerrechte die Integration von EG-Ausländern im Aufenthaltsstaat, weil EG-Ausländer in einigen Bereichen die gleichen Rechte wie Inländer erhalten. Bei einer Makro-Betrachtung fördert sie die Bildung einer europäischen Identität[46] und dient somit der europäischen Integration.[47] Die Unionsbürgerschaft als unmittelbare Rechtsbeziehung zwischen Bürgern und Gemeinschaft weist zudem darauf hin, dass die Bürger Europas einen wichtigen Beitrag zur Legitimation der Union leisten. Denn zur Legitimation der Europäischen Union durch die Vertragsparteien (Art. 1 I EUV), also die Mitgliedstaaten, tritt die Legitimation durch die Völker Europas (vgl. Art. 1 II EUV) hinzu. Damit könnte die Unionsbürgerschaft mithelfen, das demokratische Defizit in der Union abzubauen.[48]

Angesichts des Begriffs „Unionsbürgerschaft" erscheint es zunächst erstaunlich, dass diese nicht im Unionsvertrag (EUV), sondern im EGV näher geregelt

---

[44] Vgl. *Hilf*, in: *Grabitz/Hilf (Hrsg.)*, Das Recht der Europäischen Union, Band I, Art. 17 EGV Rn. 7 und 40.

[45] *Degen*, DÖV 1993, S. 749; *Schrapper*, DVBl. 1995, S. 1168. Zum Europa der Bürger vgl. *Magiera*, DÖV 1987, S. 221 ff. sowie *Magiera*, in: *ders. (Hrsg.)*, Das Europa der Bürger, S. 13 ff.

[46] Zweiter Bericht der Kommission über die Unionsbürgerschaft vom 27.5.1997, KOM (97) 230, S. 6.

[47] Vgl. z.B. *Hilf*, in: *Grabitz/Hilf (Hrsg.)*, Das Recht der Europäischen Union, Band I, Art. 17 EGV Rn. 5.

[48] *Hilf*, in: *Grabitz/Hilf (Hrsg.)*, Das Recht der Europäischen Union, Band I, Art. 17 EGV Rn. 1 und 5.

wurde.[49] Für die Verankerung der Unionsbürgerschaft im EGV dürfte vor allem der praktische Grund ausschlaggebend gewesen sein, dass nur im Rahmen des EGV Rechtsschutz und Rechtskontrolle durch den Europäischen Gerichtshof in vollem Umfang gegeben sind.[50] Da die Unionsbürgerschaft subjektive Rechte gewährt, war diese rechtliche Absicherung sehr wichtig. So wird die besondere Bedeutung der Unionsbürgerschaft durch die Regelung gerade im EGV, der einen höheren Grad an Integration aufweist als der EUV, noch betont.[51]

b) Der Stellenwert des Kommunalwahlrechts innerhalb der Unionsbürgerschaft

Gemäß Art. 17 II EGV haben die Unionsbürger die im EGV vorgesehenen Rechte und Pflichten. Damit sind alle vertraglichen Regelungen über die Rechtsbeziehungen zwischen Gemeinschaft und EG-Bürgern Bestandteil der Unionsbürgerschaft, nicht nur die in den anschließenden Artikeln angesprochenen Rechte.[52] Von den Rechten, die der Maastrichter Vertrag in den Artikeln 8 a bis 8 d EGV vorsah (Freiheit des Personenverkehrs, kommunales Wahlrecht und Wahlrecht zum Europäischen Parlament jeweils im Wohnsitzstaat, Recht auf diplomatischen und konsularischen Schutz, Petitionsrecht beim Europäischen Parlament und Beschwerderecht beim Bürgerbeauftragten), bildete das Kommunalwahlrecht auf den ersten Blick nur eines unter vielen.

Nach Ansicht der Kommission stellt das Wahlrecht ausländischer Unionsbürger im Aufenthaltsstaat jedoch das wichtigste unter den neuen vertraglichen Rechten dar.[53] Das Kommunalwahlrecht für Unionsbürger wird daher oft als **„Kernstück" der Unionsbürgerschaft** bezeichnet,[54] weil es die einzige wesentliche

---

[49] Vgl. *Klein/Haratsch*, DÖV 1993, S. 788; *Fischer*, EuZW 1992, S. 567.

[50] *Fischer*, EuZW 1992, S. 567; *Klein/Haratsch*, DÖV 1993, S. 788; *Hilf*, in: *Grabitz/Hilf (Hrsg.)*, Das Recht der Europäischen Union, Band I, Art. 17 EGV Rn. 36; vgl. auch Art. 46 EUV.

[51] *Klein/Haratsch*, DÖV 1993, S. 788.

[52] Vgl. *Everling*, in: *Hrbek (Hrsg.)*, Bürger und Europa, S. 53.

[53] Zweiter Bericht der Kommission über die Unionsbürgerschaft, KOM (97) 230, S. 12.

[54] Vgl. z.B. *Fischer*, EuZW 1992, S. 568; *Degen*, DÖV 1993, S. 753; *Schrapper*, DVBl. 1995, S. 1168; *Schweitzer/Hummer*, Europarecht, Rn. 822; *Koenig/Pechstein*, S. 179; *Kaufmann-Bühler*, in: *Lenz (Hrsg.)*, EGV-Kommentar, Art. 19 Rn. 1; *Wollenschläger/Schraml*, BayVBl. 1995, S. 386.

Neuerung unter den Unionsbürgerrechten bildet. Denn die anderen Bestimmungen sind praktisch weniger bedeutsam (z.B. das Recht auf diplomatischen und konsularischen Schutz) oder sichern weitgehend nur bisher schon geltendes Gemeinschaftsrecht erstmals im Vertrag ab, bringen also inhaltlich keine wesentliche Verbesserung des status quo (z.B. die Freizügigkeitsgarantie und das Petitionsrecht zum Europäischen Parlament).[55] Das Kommunalwahlrecht für EG-Ausländer dagegen schafft ein **neues politisches Recht**. Im Unterschied zum schon vorher bestehenden Wahlrecht zum Europäischen Parlament, das nach dem Maastrichter Vertrag nun auch im Wohnsitzstaat ausgeübt werden darf, geht es dabei nicht um die Mitwirkung an der demokratischen Willensbildung eines Organs der Europäischen Gemeinschaft. Vielmehr wird eine Partizipationsmöglichkeit im nationalen Bereich eröffnet, indem EG-Ausländern das Recht gegeben wird, auf kommunaler Ebene an der Ausübung nationaler Hoheitsgewalt mitzuwirken.[56] Dies ist insoweit spektakulär, als viele Mitgliedstaaten – genauso wie Deutschland – bisher die Legitimation nationaler Hoheitsgewalt allein den eigenen Staatsangehörigen vorbehielten und die Mitwirkung von Ausländern weithin tabu war.

Inzwischen hat die Kommission drei Berichte über die Unionsbürgerschaft vorgelegt.[57] Die Unionsbürgerrechte wurden jedoch trotz der Evolutivklausel in Art. 22 EGV bisher nicht wesentlich weiterentwickelt.[58] Durch den Vertrag von Amsterdam kam lediglich eine Ausweitung des Petitionsrechts hinzu (Art. 21 III EGV). Damit kann die Einschätzung des Kommunalwahlrechts für Unionsbürger als Kernstück der Unionsbürgerschaft weiterhin aufrechterhalten werden.

---

[55] Vgl. *Fischer*, EuZW 1992, S. 568 f.; *Degen*, DÖV 1993, S. 752 f.; *Garot*, S. 125.
[56] *Schrapper*, DVBl. 1995, S. 1168; *Fischer*, EuZW 1992, S. 568; *Degen*, DÖV 1993, S. 753; *Haag*, in: *von der Groeben/Thiesing/Ehlermann (Hrsg.)*, Kommentar zum EU-/EG-Vertrag, Art. 8 b EGV Rn. 6.
[57] Bericht über die Unionsbürgerschaft vom 21.12.1993, KOM (93) 702; Zweiter Bericht über die Unionsbürgerschaft vom 27.5.1997, KOM (97) 230, und Dritter Bericht vom 7.9.2001, KOM (2001) 506 endg.
[58] *Reich*, S. 425; *Dollat*, Libre circulation des personnes et citoyenneté européenne, S. 509 f.

2. Die Regelung des Kommunalwahlrechts in Art. 19 I EGV

Angesichts dieser herausragenden Bedeutung des Kommunalwahlrechts für Unionsbürger interessiert umso mehr, welche Ziele mit ihm verfolgt werden und welche konkrete Ausgestaltung es im EGV gefunden hat.

a) Gründe für die Regelung

Ein Ziel des Kommunalwahlrechts für Unionsbürger ist es, EG-Ausländer besser in ihrem Aufenthaltsstaat zu integrieren.[59] Zum anderen soll es die gemeinsame politische Identität aller in- und ausländischen Unionsbürger fördern, um der **politischen Integration** innerhalb der Europäischen Union zu dienen.[60]

Die Einführung des Wahlrechts der Unionsbürger im Aufenthaltsstaat bei Europawahlen sowie bei Kommunalwahlen ist zudem in engem Zusammenhang mit der **europarechtlichen Freiheit des Personenverkehrs** zu sehen.[61] Die Freiheit des Personenverkehrs des Art. 18 EGV ist ein praktisch besonders wichtiges Recht. Sie verleiht allen Unionsbürgern das Recht, sich innerhalb der Gemeinschaft frei zu bewegen und aufzuhalten. Ein Aufenthalt im Rahmen der wirtschaftlichen Freiheiten der Arbeitnehmerfreizügigkeit, Niederlassungsfreiheit oder der Dienstleistungsfreiheit ist dabei nicht Bedingung, so dass das Aufenthaltsrecht auch für Auslandsaufenthalte ohne wirtschaftlichen Zweck gilt.[62]

Problematisch war aber vor Maastricht, dass EG-Ausländer, die ihr Freizügigkeitsrecht wahrnahmen und ins Ausland umzogen, faktisch oft als unerwünschte Folge ihr Wahlrecht verloren. Im Herkunftsland waren sie vielfach nicht mehr wahlberechtigt, da sie dort keinen Wohnsitz mehr hatten, und im EG-Ausland scheiterte ihre Wahlberechtigung zumeist am Staatsangehörigkeitserfordernis. Das Ausländerwahlrecht stellt nämlich, ähnlich wie das Wahlrecht eigener Staatsangehöriger mit Wohnsitz im Ausland, keine Selbstverständlichkeit dar. Denn in beiden Fällen sind personale und territoriale Staatsgewalt nicht de-

[59] So der 14. Erwägungsgrund der Richtlinie 94/80/EG.
[60] *Degen*, DÖV 1993, S. 753.
[61] 3. Erwägungsgrund der Richtlinie 94/80/EG.
[62] *Fischer*, EuZW 1992, S. 568.

ckungsgleich,[63] so dass sich die Frage stellt, ob der Staatsangehörigkeit oder dem Aufenthaltsort der Vorrang eingeräumt werden soll.[64] Vor der Einführung des Wahlrechts von Unionsbürgern im Wohnsitzstaat standen Freizügigkeit und politisches Wahlrecht für den Unionsbürger damit häufig in einem Alternativverhältnis. Der Unionsbürger sah sich vor einem Zielkonflikt: Wollte er von der europäischen Freiheit des Personenverkehrs Gebrauch machen und in einem anderen Mitgliedstaat der EG wohnen, so musste er häufig auf das staatsbürgerliche Recht der Mitwirkung an politischen Wahlen verzichten. Wollte er dagegen seine demokratischen Rechte weiter behalten, so musste er in seinem Heimatstaat wohnen bleiben.

Für die Wahl des Europäischen Parlaments wurde dieses Problem in Art. 19 II EGV durch die Verankerung des „Wohnsitzprinzips" gelöst.[65] Dadurch sollte gewährleistet werden, dass alle im EG-Ausland lebenden Unionsbürger die Möglichkeit zur Teilnahme an der Direktwahl des Europäischen Parlaments haben.[66] Die Durchführungsrichtlinie 93/109/EG des Rates vom 6.12.1993 sieht vor, dass der Unionsbürger – je nach Wunsch – entweder im Wohnsitz- oder im Herkunftsstaat wählen kann.[67] Bei der Wahl des Europäischen Parlaments im Jahr 1994 hat das Wahlrecht der Unionsbürger im Aufenthaltsstaat erstmals Anwendung gefunden.

Vor der Einführung des Kommunalwahlrechts für Unionsbürger durch den Maastrichter Vertrag bestand – vergleichbar mit der Lage bei der Wahl des Europäischen Parlaments vor 1994 – die missliche Situation, dass die Mehrheit der im Ausland wohnenden Unionsbürger nirgendwo mehr zur Kommunalwahl gehen konnte, da die Wahrnehmung der Freizügigkeitsrechte meist den Verlust kommunaler Partizipationsrechte mit sich brachte. Damals wohnten rund 5 Millionen Unionsbürger als Ausländer in einem anderen Mitgliedstaat der Gemeinschaft. Nur rund eine Million von ihnen waren in dem Staat, in dem sie ihren

---

[63] *Wallrabenstein*, S. 160.
[64] Vgl. *Sieveking*, in: *Sieveking u.a. (Hrsg.)*, Das Kommunalwahlrecht für Ausländer, S. 71 (für das Ausländerwahlrecht).
[65] Vgl. *Geiger*, EUV/EGV, Art. 19 EGV Rn. 4.
[66] *Schweitzer/Hummer*, Europarecht, Rn. 830.
[67] ABl. EG 1993 Nr. L 329/ 34; vgl. näher *Dürig*, NVwZ 1994, S. 1180 ff.

Wohnsitz hatten, bei kommunalen Wahlen wahlberechtigt. Alle anderen blieben von der politischen Willensbildung im Wohnsitzstaat völlig ausgeschlossen, darunter auch etwa **1,3 Millionen EG-Ausländer mit Wohnsitz in Deutschland**. Erschwerend kam für die meisten Unionsbürger hinzu, dass sie auch in ihrem Herkunftsstaat nicht mehr an Kommunalwahlen teilnehmen konnten. Rund 2,6 Millionen Menschen hatten ihr Wahlrecht im Heimatstaat durch ihren Wegzug verloren, da das Recht von acht der damals zwölf Mitgliedstaaten vorsah, dass ihre Staatsangehörigen nur bei einem Wohnsitz im Inland wählen dürfen. Dies betraf auch etwa **290.000 Deutsche mit Wohnsitz in einem anderen Mitgliedstaat.**[68] Weitere 1,6 Millionen Menschen, Italiener und Griechen, blieben zwar weiterhin im Heimatland wahlberechtigt, konnten ihr Wahlrecht aber faktisch kaum ausüben, weil für die Wahl die persönliche Anwesenheit im Heimatstaat erforderlich war. Lediglich die Franzosen und Spanier behielten auch mit ausländischem Wohnsitz ihr uneingeschränktes Wahlrecht im Herkunftsstaat.[69]

Für den Verlust des Kommunalwahlrechts vieler EG-Bürger war also ursächlich, dass viele EG-Mitgliedstaaten das aktive und passive Wahlrecht bei Kommunalwahlen von zwei Voraussetzungen abhängig machten, der Staatsangehörigkeit und dem Wohnsitz. Die Kombination beider Voraussetzungen führte dann im Ergebnis dazu, dass EG-Bürger im Aufenthaltsstaat nicht wählen durften, weil sie nicht die Staatsangehörigkeit des Aufenthaltsstaates hatten und dass sie im Heimatstaat nicht wählen durften, weil sie dort keinen Wohnsitz mehr hatten.[70] Diese nachteilige Folge der Mobilität sollte durch die Einführung des Kommunalwahlrechts für Unionsbürger im Aufenthaltsstaat beseitigt werden.[71]

Die Einführung des Kommunalwahlrechts im Wohnsitzstaat steht auch im Zusammenhang mit dem **Grundsatz der Demokratie**,[72] zu dem sich Art. 6 I EUV

---

[68] Begründung des Vorschlages für eine Richtlinie des Rates, KOM (94) 38, S. 3.
[69] Vgl. Begründung des Vorschlages für eine Richtlinie des Rates, KOM (94) 38, S. 3 und 9.
[70] Vgl. dazu auch die Begründung des Vorschlages für eine Richtlinie des Rates, KOM (94) 38, S. 8.
[71] *Degen*, DÖV 1993, S. 753; *Garot*, S. 126.
[72] So auch *Magiera*, EA 1988, S. 478; *Degen*, DÖV 1993, S. 753; *Hasselbach*, ZG 1997, S. 50; *Garot*, S. 126.

bekennt. Der Kommission zufolge hat die Verwirklichung des Vertragsziels des freien Personenverkehrs zu einer „Selbstverstümmelung“ demokratischer Rechte geführt.[73] Dass eine Inanspruchnahme des Unionsbürgerrechts der Freizügigkeit einen solchen Verlust demokratischer Beteiligungsrechte mit sich bringt, sollte daher auch im Hinblick auf das europarechtliche Demokratieprinzip möglichst vermieden werden. Andererseits sollte der Maastrichter Vertrag die Identität und Souveränität der Mitgliedstaaten respektieren, so dass ein politisches Mitwirkungsrecht ausländischer EG-Bürger am ehesten auf kommunaler Ebene durchsetzbar war.[74] Die kommunale Ebene bot sich auch deshalb an, weil dort viele für Unionsbürger wichtige Entscheidungen getroffen werden.

b) Wesentlicher Inhalt der Regelung

In Art. 19 I 1 EGV heißt es: „*Jeder Unionsbürger mit Wohnsitz in einem Mitgliedstaat, dessen Staatsangehörigkeit er nicht besitzt, hat in dem Mitgliedstaat, in dem er seinen Wohnsitz hat, das aktive und passive Wahlrecht bei Kommunalwahlen, wobei für ihn dieselben Bedingungen gelten wie für die Angehörigen des betreffenden Mitgliedstaats.*“

Die Vorschrift sieht vor, dass Unionsbürger in dem Mitgliedstaat, in dem sie wohnen, an den Kommunalwahlen teilnehmen dürfen. Unionsbürger ist nach Art. 17 I 2 EGV, wer die Staatsangehörigkeit eines Mitgliedstaats besitzt. Art. 19 I EGV regelt aber nur das Kommunalwahlrecht eines bestimmten Ausschnitts der Unionsbürger, nämlich der EG-Ausländer, d.h. derjenigen Unionsbürger, die ihren Wohnsitz in einem Mitgliedstaat haben, dessen Staatsangehörigkeit sie nicht besitzen.

Um das Kommunalwahlrecht für Unionsbürger zu verwirklichen, sollte nicht im Weg der Rechtsangleichung ein in der Gemeinschaft einheitliches Kommunalwahlrecht geschaffen werden. Vielmehr sollten nur punktuell die juristischen Hindernisse beseitigt werden, die in den Mitgliedstaaten bisher die Teilnahme

---

[73] KOM (88) 371, S. 8.

[74] Vgl. *Kluth*, in: *Calliess/Ruffert (Hrsg.)*, EUV/EGV-Kommentar, Art. 19 EGV Rn. 1.

von EG-Ausländern an den Kommunalwahlen verhindert haben.[75] Die meisten Mitgliedstaaten gewährten das Wahlrecht bei Kommunalwahlen nur eigenen Staatsangehörigen[76] oder nur Angehörigen bestimmter Nationalitäten,[77] so dass insbesondere die Hürde des Staatsangehörigkeitserfordernisses überwunden werden musste. Dies geschieht dadurch, dass Art. 19 I EGV die Voraussetzung der Zugehörigkeit zu einem bestimmten Staatsvolk ersetzt durch die Unionsbürgerschaft, also durch die Zugehörigkeit zur Europäischen Union.[78] Nach dem Gemeinschaftsrecht knüpft das kommunale Wahlrecht für EG-Ausländer damit an zwei Kriterien an, die kumulativ vorliegen müssen, nämlich an die **Unionsbürgerschaft** und an den **Wohnsitz.** Der Begriff „Wohnsitz" wird im Gegensatz zum Begriff „Unionsbürger" nicht im Vertrag selbst definiert und ist daher konkretisierungsbedürftig. Teilweise wird zur Konkretisierung auf die bisherige Rechtsprechung des EuGH zum Wohnsitzbegriff verwiesen,[79] welche auf den gewöhnlichen Aufenthaltsort und Lebensmittelpunkt eines Menschen abstellt.[80] Teilweise wird angenommen, dass der Begriff noch durch das Sekundärrecht bzw. die Mitgliedstaaten[81] definiert werden kann. Jedenfalls halten sich die Ausgestaltungsmöglichkeiten hier in Grenzen.

Nach Art. 19 I EGV haben EG-Ausländer das Wahlrecht bei Kommunalwahlen *unter denselben Bedingungen* wie Inländer. Statt die **Modalitäten des Wahlrechts** im einzelnen selbst festzulegen, verankert das Gemeinschaftsrecht hier den Grundsatz der Gleichbehandlung von eigenen Staatsangehörigen und anderen Staatsangehörigen der Europäischen Union.[82] Den Mitgliedstaaten verbleibt die Kompetenz zur Regelung des kommunalen Wahlrechts, sie müssen jedoch die Anwendung ihrer innerstaatlichen Regelungen nach dem **Prinzip der Inländergleichbehandlung** auch auf EG-Ausländer erstrecken. Das allgemeine

---

[75] *Degen*, DÖV 1993, S. 754.
[76] Dies galt für Deutschland, Frankreich, Belgien, Luxemburg, Italien und Griechenland.
[77] So in Spanien, Portugal und im Vereinigten Königreich.
[78] Vgl. die Begründung des Vorschlages für eine Richtlinie des Rates, KOM (94) 38, S. 16.
[79] So z.B. *Everling*, in: *Hrbek (Hrsg.)*, Bürger und Europa, S. 60.
[80] Vgl. z.B. EuGHE 1991 I, 1943 ff. – Ryborg.
[81] *Hilf*, in: *Grabitz/Hilf*, Das Recht der Europäischen Union, Band I, Art. 19 EGV Rn. 11; *Haag*, in: *von der Groeben/Thiesing/Ehlermann (Hrsg.)*, Kommentar zum EU-/EG-Vertrag, Art. 8 b EGV Rn. 7; *Barley*, S. 57 f.
[82] Begründung des Vorschlages für eine Richtlinie des Rates, KOM (94) 38, S. 16.

Verbot der Diskriminierung aus Gründen der Staatsangehörigkeit, das in Art. 12 EGV niedergelegt ist, wird also im Bereich des Kommunalwahlrechts um ein spezielles Diskriminierungsverbot ergänzt.[83] Erstmals wird damit der Anwendungsbereich des Diskriminierungsverbots auf ein innerstaatliches politisches Partizipationsrecht ausgedehnt. Das Diskriminierungsverbot fordert jedoch nicht, dass die Rechtsstellung der Unionsbürger in allen Mitgliedstaaten völlig gleich ist. Abweichungen, die aus unterschiedlichen Rechtsordnungen resultieren, sind zulässig, solange das innerstaatliche Recht auf EG-Ausländer in gleicher Weise Anwendung findet wie auf eigene Staatsangehörige.[84] Von besonderer Bedeutung ist in diesem Zusammenhang, dass einige Mitgliedstaaten bisher das Ausländerwahlrecht von einer bestimmten Wohnsitzdauer im eigenen Staat abhängig machten.[85] Jedenfalls dann, wenn *nur* bei Ausländern eine bestimmte Wohnsitzdauer zur Bedingung für das Wahlrecht gemacht wird, ist diese Bedingung nach Art. 19 I EGV im Allgemeinen nicht mehr zulässig.[86]

Nähere **Einzelheiten** regelt die Vertragsbestimmung des Art. 19 I EGV nicht selbst. Vielmehr überträgt sie dem Rat die Aufgabe der weiteren Konkretisierung des kommunalen Wahlrechts. So hieß es in dem früheren Art. 8 b I 2 EGV, der durch den Maastrichter Vertrag eingefügt worden war: *„Dieses Recht wird vorbehaltlich der Einzelheiten ausgeübt, die vom Rat vor dem 31. Dezember 1994 einstimmig auf Vorschlag der Kommission und nach Anhörung des Europäischen Parlaments festzulegen sind; in diesen können Ausnahmeregelungen vorgesehen werden, wenn dies aufgrund besonderer Probleme eines Mitgliedstaats gerechtfertigt ist."* Für den Erlass von Durchführungsbestimmungen schrieb der Vertrag damit Frist und Verfahren verbindlich vor. Der Rat wird ermächtigt und verpflichtet, einstimmig Einzelheiten der Ausübung des Rechts festzulegen und die Rechtsausübung wird unter den Vorbehalt dieser noch zu treffenden sekundärrechtlichen Regelungen gestellt. Damit delegiert der Vertrag Entscheidungsbefugnisse an den Rat. Das Kommunalwahlrecht für Unionsbür-

---

[83] Vgl. *Degen*, DÖV 1993, S. 752; *Hilf*, in: *Grabitz/Hilf (Hrsg.)*, Das Recht der Europäischen Union, Band I, Art. 19 EGV Rn. 7.

[84] Vgl. *Lenz*, in: *ders. (Hrsg.)*, EGV-Kommentar, Art. 12 Rn. 7.

[85] Dies war in Dänemark und in den Niederlanden der Fall, vgl. Begründung des Vorschlages für eine Richtlinie des Rates, KOM (94) 38, S. 9.

[86] Vgl. *Degen*, DÖV 1993, S. 756; *Everling*, in: *Hrbek (Hrsg.)*, Bürger und Europa, S. 60.

ger wird – wie die anderen Unionsbürgerrechte auch – unter den **Vorbehalt der Ausgestaltung** durch das sekundäre Gemeinschaftsrecht gestellt.[87] Die Ausgestaltungsfreiheit ist jedoch nicht unbegrenzt.[88] Zwar können unter bestimmten Voraussetzungen Ausnahmeregelungen vorgesehen werden. Aus dem Wortlaut ergibt sich jedoch, dass diese Ausnahmen nicht die Wahlrechtsgarantie an sich betreffen dürfen, sondern nur die Modalitäten bei der Ausübung des Wahlrechts. Voraussetzung für eine Ausnahme ist, dass ein „besonderes Problem eines Mitgliedstaats" vorliegt. Einen Anhaltspunkt, was damit gemeint sein könnte, liefert der Richtlinienentwurf von 1989, der für Luxemburg eine Sonderregelung vorsah, weil der Anteil der Unionsbürger an der Wahlbevölkerung dort überdurchschnittlich hoch ist. Aus dem Prinzip der Wahlrechtsgleichheit wird zudem abgeleitet, dass die Ausnahmen zeitlich begrenzt sein müssen und regelmäßig daraufhin überprüft werden müssen, ob sie weiterhin gerechtfertigt sind.[89]

Durch den **Amsterdamer Vertrag** wurde der erste Halbsatz leicht abgeändert, so dass Art. 19 I 2, 1. HS EGV nun lautet: *„Dieses Recht wird vorbehaltlich der Einzelheiten ausgeübt, die vom Rat einstimmig auf Vorschlag der Kommission und nach Anhörung des Europäischen Parlaments festgelegt werden".* Damit trägt der Amsterdamer Vertrag dem Umstand Rechnung, dass der Rat fristgemäß vor dem 31.12.1994 eine Ausführungsrichtlinie erlassen hatte. Gleichzeitig zeigt er, dass Art. 19 I 2 EGV weiterhin eine Rechtsgrundlage bildet für künftige Änderungen und Ergänzungen der Durchführungsbestimmungen,[90] wobei die Regelungskompetenz, das Verfahren und die Möglichkeit von Ausnahmeregelungen beibehalten werden.

Der heutige Art. 19 I 2 EGV regelt jedoch ebenso wie der frühere Art. 8 b I 2 EGV nicht ausdrücklich, welche **Rechtsform** zur Konkretisierung des Wahlrechts gewählt werden soll. Von den in Art. 249 EGV aufgelisteten Rechtsfor-

---

[87] Vgl. *Schrapper*, DVBl. 1995, S. 1168; *Degen*, DÖV 1993, S. 752.
[88] *Degen*, DÖV 1993, S. 752.
[89] *Degen*, DÖV 1993, S. 756 f.
[90] Vgl. *Hilf*, in: *Grabitz/Hilf (Hrsg.)*, Das Recht der Europäischen Union, Band I, Art. 19 EGV Rn. 19.

men für Rechtsakte der Gemeinschaftsorgane kommt insbesondere die Verordnung und die Richtlinie in Betracht. Für die Wahl der Richtlinie als Regelungsinstrument sprach jedoch das gemeinschaftsrechtliche Verhältnismäßigkeitsprinzip, nach dem eine gemeinschaftsrechtliche Regelung nicht über das erforderliche Maß hinausgehen darf (vgl. Art. 5 III EGV). Denn eine Richtlinie (Art. 249 III EGV) hat, verglichen mit anderen Regelungsinstrumenten, den geringsten Eingriffscharakter.

3. Insbesondere zum Begriff „Kommunalwahlen" in Art. 19 I EGV

Als besonders problematisch erweist sich die Interpretation des Begriffs „Kommunalwahlen" in Art. 19 I EGV. Denn der Vertrag definiert den Begriff nicht ausdrücklich, so dass der Umfang des vorgesehenen Wahlrechts erst noch näher bestimmt werden muss. Da Art. 19 I EGV den Rat ermächtigt, die Einzelheiten des Wahlrechts festzulegen, stellt sich die Frage, in welchem Umfang der Rat auch den Begriff der Kommunalwahlen definieren durfte. Wie groß der dem Rat verbliebene Entscheidungsspielraum war, hängt davon ab, welche inhaltlichen Vorgaben das Primärrecht bereits selbst macht. Hierzu ist der Regelungsgehalt des Art. 19 I EGV, der um das Wort „Kommunalwahlen" kreist, durch **Auslegung** zu ermitteln, wobei die Besonderheiten bei der Auslegung von Gemeinschaftsrecht[91] berücksichtigt werden müssen.

a) Grammatikalische Auslegung

Eine klassische Auslegungsmethode ist die grammatikalische, die sich am Wortlaut einer Bestimmung orientiert. Das **„natürliche Wortverständnis"** des Begriffs der Kommunalwahl hilft aber gerade bei schwierigen Abgrenzungsfragen nicht weiter. Schon allein im deutschen Schrifttum werden unterschiedlich weite Definitionen geliefert und als Inhalt des nach Art. 19 I EGV verbindlichen Gemeinschaftsrechts unterstellt. Während eine Ansicht nur allgemeine, unmittelbare Wahlen zu den Kommunalvertretungen unter die Vorschrift subsumieren möchte,[92] hält eine andere Auffassung sämtliche Vorgänge, durch die Ämter in Gremien und Verwaltungseinrichtungen von kommunalen Gebietskörperschaf-

---

[91] Vgl. *Geiger*, EUV/EGV, Art. 220 Rn. 11 ff.

[92] So z.B. *Haag*, in: *von der Groeben/Thiesing/Ehlermann (Hrsg.)*, Kommentar zum EU-/EG-Vertrag, Art. 8 b EGV Rn. 8 und 9; *Everling*, in: *Hrbek (Hrsg.)*, Bürger und Europa, S. 59.

ten vergeben werden, sei es durch Volkswahl oder durch Intraorganwahl, für Kommunalwahlen i.S.d. Art. 19 I EGV.[93] Für eine andere Meinung wiederum ist ausschlaggebend, dass es sich um eine Wahl zu Ämtern mit rein kommunalen Aufgaben, d.h. Aufgaben der mittelbaren Staatsverwaltung, handelt.[94] Diese Beispiele differierender Definitionen illustrieren aber, dass es hier kein einheitliches „natürliches Wortverständnis" gibt. Die Auslegung nach dem „natürlichen Wortsinn" erscheint zudem manipulationsanfällig, da die Versuchung besteht, das Gemeinschaftsrecht hierdurch nachträglich in die jeweils politisch gewünschte Richtung zu korrigieren.

Zudem darf das Gemeinschaftsrecht nicht allein von der eigenen nationalen Warte aus betrachtet werden. Bei der Auslegung des objektiven Sinngehalts einer Vertragsnorm kommt es dem Europäischen Gerichtshof nämlich nicht auf den natürlichen Sinn in den einzelnen Sprachen der Mitgliedstaaten an, sondern er versucht, eine **gemeinschaftsrechtliche Wortbedeutung** zu prägen.[95] Im Interesse der Einheit des Gemeinschaftsrechts ist folglich auch der Begriff „Kommunalwahl" als autonomer Begriff des Gemeinschaftsrechts anzusehen.[96] Eine klare gemeinschaftsrechtliche Definition ist hier auch deshalb besonders wichtig, weil das Wort Kommunalwahl nicht in allen Mitgliedstaaten die gleiche Bedeutung hat.[97]

Das Auslegungsproblem wird hier noch dadurch verschärft, dass der Vertragstext in verschiedenen **Gemeinschaftssprachen** abgefasst ist, deren Texte **Divergenzen** aufweisen. Die verschiedenen sprachlichen Fassungen des Vertrages sind aber alle gleichermaßen verbindlich.[98] Während etwa der deutsche Text von „Kommunalwahlen" spricht, ist z.B. im französischen und englischen Text (nur) von „élections municipales" bzw. „municipal elections" die Rede. Daraus ergibt sich das Problem, dass sich der Wortlaut in einigen Sprachen ausschließlich auf die Gemeindewahlen bezieht, in anderen Sprachen aber zusätzlich noch auf eine

---

[93] *Hasselbach*, ZG 1997, S. 51 f.
[94] *Wollenschläger/Schraml*, BayVBl. 1995, S. 387 f.
[95] So z.B. EuGHE 1986, 2121 ff. – Lawrie-Blum.
[96] *Sieveking*, DÖV 1993, S. 456.
[97] Vgl. den 7. Erwägungsgrund der Richtlinie 94/80/EG.
[98] *Streinz*, Europarecht, Rn. 236 ff.; *Geiger*, EUV/EGV, Art. 314 EGV Rn. 4.

zweite kommunale Ebene.[99] Wie im Völkerrecht auch darf wegen der Gleichberechtigung aller authentischen Sprachen keine bei der Auslegung bevorzugt werden, und zur Wahrung der Einheitlichkeit des Gemeinschaftsrechts ist auch eine differenzierende Auslegung untersagt, so dass semantische Argumente hier nicht weiterführen können.[100]

Da der Wortlaut verschiedene Interpretationen zulässt, kann die grammatikalische Auslegungsmethode hier zwar nicht zu einem eindeutigen Ergebnis führen. Der **Wortlaut** ist aber insofern von Bedeutung, als er der Auslegung zum Schutz von Individualgrundrechten und zum Schutz der Souveränität der Mitgliedstaaten **Grenzen** ziehen kann. Denn das nach anderen Methoden gefundene Ergebnis muss sich im Rahmen der möglichen Wortbedeutungen halten und zumindest noch einen „Anhaltspunkt" im Vertrag finden.[101] Einmal kann vom Anwendungsbereich des kommunalen Wahlrechts ausgeschlossen werden, was eindeutig auf keinen Fall mehr unter den Begriff der Kommunalwahl subsumiert werden kann, wie z.B. Wahlen auf nationaler oder regionaler Ebene. Zum anderen kann versucht werden, einen Begriffskern herauszukristallisieren, der in der Definition durch die Richtlinie als absolutes Minimum auf jeden Fall enthalten sein muss, um sie überhaupt mit Leben zu erfüllen. Als Minimalkonsens der verschiedenen gängigen Definitionsansätze könnte hier das Wahlrecht zum Gemeinderat angesehen werden. Hat man diese äußere und innere Bedeutungsgrenze gezogen, so verbleibt noch ein sehr weiter Graubereich, so dass auf andere Auslegungsmethoden zurückgegriffen werden muss.

b) Rechtsvergleichende Auslegung

Bei der Interpretation von Gemeinschaftsrecht bedient sich der Europäische Gerichtshof oft der Rechtsvergleichung.[102] Zur Auslegung des Begriffs Kommunalwahl soll daher auch ein Blick auf die kommunale Landschaft in den Mitgliedstaaten der Europäischen Gemeinschaft geworfen werden. Dabei kommt der

---

[99] Vgl. die Begründung der Kommission im Vorschlag für eine Richtlinie des Rates, KOM (94) 38, S. 17 f.

[100] Vgl. *Streinz,* Europarecht, Rn. 241.

[101] *Bleckmann,* Europarecht, S. 202 und 205.

[102] Vgl. *Bleckmann,* Europarecht, S. 206; *Sommermann,* DÖV 1999, S. 1027.

Rechtsvergleichung hier insofern besondere Bedeutung zu, als das Kommunalwahlrecht für Unionsbürger in der Gemeinschaft auf vertraglicher Basis und damit auf der Basis der Gegenseitigkeit gewährt wird. Dieses Kriterium der Gegenseitigkeit setzt aber voraus, dass die Mitgliedstaaten ihre Rechtssysteme trotz bestehender Unterschiede gegenseitig als vergleichbar und in etwa gleichwertig akzeptieren können.

In allen europäischen Ländern sind Kommunen Bestandteile des innerstaatlichen Verwaltungsaufbaus. Dabei haben die **Kommunen** meist keine selbständige Rechtspersönlichkeit, sondern sind weitgehend in den hierarchischen Aufbau der Staatsverwaltung integriert. In vielen Staaten Europas ist die kommunale Selbstverwaltung verfassungsrechtlich garantiert. Die Funktion der kommunalen Selbstverwaltung wird darin gesehen, die praktischen Vorteile einer dezentralen Verwaltung zu nutzen und die Bürgermitwirkung an der politischen Gestaltung zu verbessern, um dadurch einen wichtigen Beitrag beim Aufbau der Demokratie von unten nach oben zu leisten.[103] Damit erfüllt die kommunale Selbstverwaltung neben einer verwaltungsorganisatorischen auch eine politisch-demokratische Funktion.[104] Im europäischen Vergleich erweist sich die Stellung der deutschen Gemeinden als besonders stark. Weitgehend eine deutsche Besonderheit ist es außerdem, dass auch die Kreise als höhere Kommunalverbände von der Selbstverwaltungsgarantie umfasst sind.[105]

Vergleicht man die in den Mitgliedstaaten vorgesehenen **kommunalen Wahlen,** so findet man in allen Mitgliedstaaten (mindestens) eine lokale Ebene, auf der allgemeine und unmittelbare Wahlen zu lokalen Vertretungskörperschaften stattfinden. Neben den Vertretungskörperschaften mit willensbildender Funktion existieren überall monokratische oder kollegiale Vollzugsorgane, die aber meist nicht in allgemeiner und unmittelbarer Wahl gewählt werden. „Vor Maastricht" ermöglichten nur vier der damals zwölf Mitgliedstaaten (Deutschland, Italien, Spanien und Portugal) die direkte Volkswahl von Mitgliedern der Vollzugsor-

---

[103] Vgl. *Brockmeyer,* in: *Schmidt-Bleibtreu/Klein,* Kommentar zum Grundgesetz, Art. 28 Rn. 8.
[104] *Saftig,* Kommunalwahlrecht, S. 19.
[105] *Dreier,* in: *ders. (Hrsg.),* Grundgesetz-Kommentar, Bd. II, Art. 28 Rn. 39 ff.

gane. In den übrigen Staaten wurden die Amtsinhaber dagegen durch die Vertretungskörperschaft gewählt oder durch den König bzw. den Großherzog ernannt.[106]

Als Ergebnis der Rechtsvergleichung in den Mitgliedstaaten kann man festhalten, dass die Stellung der Kommunen im Staatsaufbau, die Anzahl der vorhandenen kommunalen Ebenen sowie die Ausgestaltung von Kommunalverfassung und Kommunalwahlrecht von Staat zu Staat stark variiert, so dass höchstens ein gemeinsamer „harter Kern" herausgeschält werden kann,[107] der in der Wahl einer kommunalen Vertretungskörperschaft besteht. In der Präambel der zu Art. 19 I EGV erlassenen Richtlinie heißt es dementsprechend, die Kommunalverwaltung der Mitgliedstaaten spiegele politische und rechtliche Traditionen wider und zeichne sich durch eine große Vielfalt der Strukturen aus. Da deshalb auch der Begriff der Kommunalwahlen nicht in allen Mitgliedstaaten identisch sei, solle der Gegenstand der Richtlinie durch die Definition des Begriffs der Kommunalwahlen präzisiert werden.[108]

c) Genetische Auslegung

Bei der Interpretation von Vertragsbestimmungen findet die genetische Auslegung beim Europäischen Gerichtshof kaum Verwendung, da er davon ausgeht, dass sich die Vertragsparteien nur soweit binden wollten, wie der Vertragstext reicht. Zudem wird diese Methode in praktischer Hinsicht dadurch erschwert, dass die Materialien des EG-Vertrages nicht veröffentlicht sind.[109] Hinsichtlich der Entstehungsgeschichte des Art. 19 I EGV besteht aber die Besonderheit, dass das heutige Kommunalwahlrecht für EG-Ausländer Vorläufer hatte, nämlich die Richtlinienvorschläge der Kommission aus den Jahren 1988 und 1989 über das Wahlrecht der Staatsangehörigen der Mitgliedstaaten bei den Kommunalwahlen im Aufenthaltsstaat.[110] Der Richtlinienvorschlag von 1988 definierte

---

[106] Vgl. die Begründung der Kommission im Vorschlag für eine Richtlinie des Rates, KOM (94) 38, S. 22 f.

[107] *Degen*, DÖV 1993, S. 754.

[108] 7. Erwägungsgrund der Richtlinie 94/80/EG.

[109] *Bleckmann*, Europarecht, S. 201 f. und 207.

[110] ABl. EG Nr. C 246/3 vom 20.9.1988, KOM (88) 371 endg.; ABl. EG Nr. C 290/4 vom 18.11.1989, KOM (89) 524 endg.

„Kommunalwahlen" als die *„Wahlen der in allgemeiner Direktwahl gewählten Organe (Gemeinderäte oder Bürgermeister)"*, wobei er es den Staaten erlaubte, Staatsangehörige anderer Mitgliedstaaten vom Amt des Bürgermeisters oder von einem gleichwertigen Amt auszuschließen.[111] Der geänderte Richtlinienvorschlag von 1989 verstand unter „Kommunalwahlen" alle Wahlen, die von den Mitgliedstaaten als solche definiert werden, und erlaubte ebenfalls ausdrücklich einen Staatsbürgervorbehalt, der sich auf das Amt des Bürgermeisters oder seines Stellvertreters bezog.[112]

Daraus kann man den Schluss ziehen, dass nach den früheren Richtlinienvorschlägen das kommunale Ausländerwahlrecht im Kern nur das aktive und passive Wahlrecht zum Gemeinderat und das aktive Wahlrecht zum Bürgermeister umfassen sollte. Das passive Wahlrecht zum Bürgermeister oder zu einem vergleichbaren Amt wurde immer nur eingeschränkt gewährt, da beide Richtlinienentwürfe den Mitgliedstaaten ausdrücklich erlaubten, EG-Ausländer von diesen Ämtern auszuschließen. Für den Entwurf von 1989 ist dadurch sogar die kuriose Situation entstanden, dass er positiv nur regelte, welche Art von Wahlrecht die Staaten den EG-Ausländern gerade *nicht* gewähren mussten. Wahlen auf Kreisebene wären von dem Richtlinienvorschlag von 1988 nicht, vom Vorschlag von 1989 nur möglicherweise (vgl. Art. 1 Nr. 2) erfasst worden. Sicherlich war der Inhalt der beiden Richtlinienvorschläge aus den 80er Jahren beim Beschluss des Maastrichter Vertrages für die Mitgliedstaaten keineswegs bindend. Man hat sich aber bei Vertragsschluss stark daran orientiert und, statt sich ausdrücklich vom Inhalt der vorherigen Richtlinienvorschläge zu distanzieren, die Festlegung der Einzelheiten des Wahlrechts dem Sekundärrecht überlassen.[113] Die Entstehungsgeschichte des Art. 19 I EGV kann somit gewisse Anhaltspunkte geben, ohne dass sich jedoch daraus bereits eine Festlegung auf eine bestimmte Definition ergibt.

---

[111] Art. 1 Nr. 2 und Art.10 I des Richtlinienvorschlages von 1988, ABl. EG Nr. C 246/3 vom 20.9.1988.

[112] Art. 1 Nr. 2 und Art. 7 I des Richtlinienvorschlags von 1989, ABl. EG Nr. C 290/4 vom 18.11.1989.

[113] Vgl. *Röger*, VR 1993, S. 140 und 143 und *Oliver*, CML Rev. 1996, S. 489.

d) Systematische Auslegung

Bei der systematischen Auslegung wird der jeweilige Text im vertraglichen Zusammenhang analysiert.[114] Das Kommunalwahlrecht für Unionsbürger nach Art. 19 I EGV darf daher nicht nur isoliert betrachtet werden, sondern muss in seinem Regelungszusammenhang mit anderen Vorschriften des EGV gesehen und interpretiert werden. Problematisch ist dabei insbesondere das Verhältnis von Art. 19 I EGV zu den Artikeln 39 IV EGV und 45 EGV, das bisher noch kaum geklärt ist.

Art. 19 I EGV sieht vor, dass Unionsbürger kommunale Organe wählen und in diese gewählt werden können, dass sie sich also mittelbar (als Wähler) oder unmittelbar (als Mandats- bzw. Amtsträger) an der Ausübung kommunaler Hoheitsgewalt beteiligen können. Bei Kommunalwahlen wird den Mitgliedstaaten also verboten, die eigene Staatsangehörigkeit zur Bedingung zu machen. Eine diametral Entgegengesetzte Wertung drücken die Art. 39 IV und 45 EGV aus.[115] Demnach finden die Freizügigkeit der Arbeitnehmer und die Niederlassungsfreiheit der Selbständigen ausdrücklich dann keine Anwendung, wenn es um die Beschäftigung in der öffentlichen Verwaltung bzw. die Ausübung öffentlicher Gewalt geht. Solange die unterschiedlichen Wertungen auch voneinander getrennte Regelungsbereiche betreffen, gibt es keine besonderen Schwierigkeiten. Problematisch wird es jedoch, sobald die Anwendungsbereiche der Vorschriften, also das Kommunalwahlrecht und die Freiheit beruflicher Tätigkeit, sich zu überschneiden drohen. So könnte bei der Frage der Wählbarkeit von hauptamtlichen kommunalen Amtsinhabern sowohl das passive Kommunalwahlrecht als auch das Recht der Freizügigkeit betroffen sein, weshalb das Verhältnis der Vorschriften zueinander geklärt werden muss.

Während Art. 39 IV und 45 EGV beide die Bedingung der Staatsangehörigkeit im Bereich hoheitlicher Tätigkeit anerkennen, schreibt Art. 19 I EGV für das kommunale Wahlrecht sogar die Beteiligung von Ausländern an der Ausübung von Hoheitsgewalt zwingend vor. Damit ist ein Spannungsverhältnis zwischen

---

[114] *Bleckmann*, Europarecht, S. 203.

[115] Vgl. *Koenig/Pechstein*, S. 183.

Art. 19 I EGV einerseits und den Art. 39, 45 EGV andererseits bereits von vornherein im Vertrag angelegt. Man kann dieses Spannungsverhältnis damit erklären, dass das Kriterium der Staatsangehörigkeit in der Gemeinschaft nur schrittweise überwunden werden kann und der erst durch den Maastrichter Vertrag eingefügte heutige Art. 19 I EGV in dieser Hinsicht schon einen Schritt weiter ist als die beiden schon älteren Artikel 39 und 45 EGV. Seit Inkrafttreten des Maastrichter Vertrages, der Unionsbürgern politische Rechte verleiht, kann man daher rechtspolitisch die weitere Rechtfertigung der Art. 39 IV und 45 EGV in Frage stellen.[116] Hier kommt es aber darauf an, wie bei der jetzigen Rechtslage das Spannungsverhältnis aufgelöst werden kann. Bei der systematischen Auslegung sind die einzelnen Vertragsbestimmungen so auszulegen, dass sie miteinander harmonieren. Widersprüche sollen vermieden werden.[117] Für eine harmonisierende Auslegung bestehen hier **verschiedene Ansatzmöglichkeiten**.

Überschneidungen der beiden Regelungen kann man vermeiden, wenn man die Ansicht vertritt, dass kommunale Wahlbeamte, wie Bürgermeister und Landräte, überhaupt keine **Arbeitnehmer i.S.d. Art. 39 EGV** sind.[118] Dann wäre der Anwendungsbereich der Freizügigkeit von vornherein nicht eröffnet, mit der Folge, dass Art. 39 EGV keinerlei Aussage zur Reichweite des Kommunalwahlrechts machen würde. Art. 39 EGV würde die Amtsausübung gewählter Unionsbürger dann weder verbieten noch schützen. Allerdings besteht bei dieser Auslegung die Gefahr, dass mit Rücksicht auf das Kommunalwahlrecht der Begriff des Arbeitnehmers und damit die Freizügigkeitsgarantie insgesamt zu eng gefasst werden. Auch das Freizügigkeitsrecht ist aber als Unionsbürgerrecht im Interesse der Bürger weit auszulegen.

Das mit dem Maastrichter Vertrag neu entstandene Spannungsverhältnis könnte man auch so auflösen, dass man die in Art. 19 I EGV zum Ausdruck kommende Wertentscheidung, dass Unionsbürger im kommunalen Bereich Hoheitsgewalt

---

[116] *Wölker*, in: *von der Groeben/Thiesing/Ehlermann (Hrsg.)*, Kommentar zum EU-/EG-Vertrag, Art. 48 EGV Rn. 114; *Koenig/Pechstein*, S. 183.

[117] *Bleckmann*, Europarecht, S. 203. Speziell zum Konflikt zwischen Kommunalwahlrecht und Arbeitnehmerfreiheit *Engelken*, BayVBl. 1996, S. 390.

[118] So *Barley*, S. 83 f.

ausüben dürfen, bei der Auslegung des Art. 39 IV EGV berücksichtigt.[119] Nach Art. 39 IV EGV findet der Artikel über die Freizügigkeit der Arbeitnehmer keine Anwendung auf die Beschäftigung in der öffentlichen Verwaltung. Diese **Ausnahmevorschrift des Art. 39 IV EGV** könnte man im Hinblick auf die Wahlrechtsgarantie restriktiv auslegen, so dass sie bei der Tätigkeit kommunaler Exekutivorgane nicht eingreift. Wenn man annimmt, dass die Ausübung kommunaler Exekutivämter keine Beschäftigung in der öffentlichen Verwaltung darstellt, dann steht Art. 39 IV EGV einem passiven Wahlrecht von Unionsbürgern in kommunale Exekutivämter nicht entgegenstehen. Allerdings hätten die Unionsbürger dann jedenfalls aufgrund der Freizügigkeitsgarantie nach Art. 39 I, II EGV ein Recht auf Zugang zu kommunalen Wahlämtern. Dabei steht nach der bisherigen Auslegung des Art. 19 I EGV noch gar nicht fest, ob sich das passive Wahlrecht der Unionsbürger neben Gemeinderatsmandaten überhaupt auch auf hervorgehobene hauptamtliche Exekutivämter im kommunalen Bereich erstreckt. Daher könnte es bei dieser Lösung einer restriktiven Interpretation des Art. 39 IV EGV zu der paradoxen Rechtslage kommen, dass EG-Ausländer sich für den Zugang zu kommunalen Exekutivämtern zwar vielleicht nicht auf das Kommunalwahlrecht, dafür aber auf die Freizügigkeitsgarantie berufen könnten. Die Reichweite der Freizügigkeit sollte aber mit Rücksicht auf das Kommunalwahlrecht nicht weiter ausgedehnt werden, als das Wahlrecht selbst reicht, so dass diese Auslegung ausscheidet.

Denkbar wäre auch, umgekehrt die **Reichweite des Kommunalwahlrechts** mit Rücksicht auf die bereits vorher bestehende Bestimmung des Art. 39 IV EGV einzuschränken. Dies würde zu dem Ergebnis führen, dass Art. 19 I EGV das passive Wahlrecht von Unionsbürgern in kommunale Exekutivämter nicht zwingend vorschreiben darf, weil diese Ämter gemäß der Ausnahme nach Art. 39 IV EGV den eigenen Staatsangehörigen vorbehalten werden dürfen. Die Argumentation, dass es bei Art. 19 I EGV im Kern um eine punktuelle Teilnahme an der Ausübung der Staatsgewalt geht, die sich in gelegentlichen Wahlakten erschöpft, während es sich bei Art. 39 EGV um die ständige Ausübung von

---

[119] So *Haag*, in: *von der Groeben/Thiesing/Ehlermann (Hrsg.),* Kommentar zum EU-/EG-Vertrag, Art. 8 b EGV Rn. 9.

Staatsgewalt handelt,[120] kann aber nicht überzeugen. Denn der Sinn des passiven Wahlrechts besteht gerade darin, dass eine Person gewählt wird, um als Repräsentant dauerhaft an der Ausübung von Hoheitsgewalt teilzunehmen. Dürfte ein gewählter Unionsbürger sein kommunales Amt von vornherein nicht ausüben, weil es sich um eine hoheitliche Tätigkeit in der öffentlichen Verwaltung handelt, so liefe das passive Wahlrecht der Unionsbürger leer.

Bei der systematischen Auslegung des EGV ist jedoch auch zu berücksichtigen, dass der Vertrag in seinen einzelnen Kapiteln die Materien jeweils abschließend regelt. Eine Vorschrift ist daher möglichst so zu interpretieren, dass sie nicht in den Bereich einer in einem anderen Kapitel gesondert geregelten Materie eingreift.[121] Art. 39 EGV befindet sich im dritten Teil des EGV über die Politiken der Gemeinschaft und dort wiederum in Titel III, der wirtschaftliche Grundfreiheiten gewährt, nämlich die Freizügigkeit der Arbeitskräfte (Art. 39 ff. EGV), die Niederlassungsfreiheit (Art. 43 ff. EGV) und den freien Dienstleistungs- und Kapitalverkehr. Art. 19 I EGV dagegen ist Bestandteil des Zweiten Teils des EGV über die Unionsbürgerschaft, die verstärkt die politische Dimension der Gemeinschaft zum Ausdruck bringt. Bereits die verschiedenen Standorte der beiden Vorschriften im Vertrag sind ein Indiz für deren unterschiedliche Intention. Die bisherigen Auslegungsansätze waren dadurch charakterisiert, dass jeweils eine Vorschrift mit Rücksicht auf eine andere eng ausgelegt wurde, also eine Regelung zugunsten einer anderen zurückweichen musste. Möglich wäre aber auch eine Sichtweise, nach der **Art. 39 I, IV EGV** einerseits und **Art. 19 I EGV** andererseits völlig **unabhängig voneinander** festlegen können, ob sie EG-Ausländern den Zugang zu kommunalen Ämtern gewähren, dass es sich also um zwei verschiedene Anspruchsgrundlagen handelt, die nur bei der Frage des Zugangs zu einem kommunalen Wahlamt auf das gleiche Ergebnis gerichtet sein können. Der Vorteil dieser Lösung ist, dass die Freizügigkeit und das Kommunalwahlrecht nicht gegeneinander ausgespielt werden können, sondern beide nebeneinander nach ihrer eigenen Logik Unionsbürgerrechte gewähren können. Die Vorschriften stehen damit nicht in einem für den Unionsbürger

[120] Vgl. hierzu auch *Barley*, S. 88 f.
[121] Vgl. *Bleckmann*, Europarecht, S. 204.

eventuell nachteiligen Konkurrenzverhältnis. Vielmehr können sie sowohl einzeln als auch gemeinsam eine Rechtsgrundlage für Rechte der Unionsbürger bilden. Diese bürgerfreundliche Lösung verdient den Vorzug, weil sie die Rechte der Unionsbürger am besten zur Geltung bringt.

Selbst wenn also nach der momentanen Rechtslage die Freizügigkeit nicht den Zugang zu Ämtern garantiert, die mit der Ausübung von Hoheitsgewalt verbunden sind (vgl. Art. 39 IV EGV), so schließt dies nicht von vornherein aus, dass sich für EG-Ausländer wegen ihres passiven Kommunalwahlrechts nach der Sondervorschrift des Art. 19 I EGV ein Zugangsrecht zu kommunalen Wahlämtern ergeben kann. Denn beim Kommunalwahlrecht für Unionsbürger handelt es sich um eine von der Freizügigkeit der Arbeitnehmer völlig unabhängige Norm mit eigenen Voraussetzungen.[122] Die Reichweite des Kommunalwahlrechts nach Art. 19 I EGV kann daher durch Sekundärrecht unabhängig vom Schutzbereich des Art. 39 EGV konkretisiert werden.

e) Teleologische Auslegung

Eine besonders wichtige Methode bei der Auslegung der Gemeinschaftsverträge ist die teleologische Auslegung, wobei der Normzweck vor allem anhand der Vertragsziele ermittelt wird.[123] Die Ziele der Einführung der Unionsbürgerschaft im Allgemeinen und des Kommunalwahlrechts im Aufenthaltsstaat im Besonderen sind bereits oben erläutert worden.[124] Es stellt sich nun noch die Frage, welche Schlussfolgerungen daraus für die Reichweite des Art. 19 I EGV gezogen werden können. Der Europäische Gerichtshof argumentiert bei der Auslegung von Primärrecht oft mit dem **„effet utile“**, also dem Effektivitätsprinzip: Das Gemeinschaftsrecht soll in der Verfassungswirklichkeit effektiv durchgesetzt werden.[125] Die durch den EGV garantierten Unionsbürgerrechte müssen folglich durch das Sekundärrecht so ausgestaltet werden, dass sie voll zur Entfaltung

---

[122] So wohl auch *Hilf*, in: *Grabitz/Hilf*, Das Recht der Europäischen Union, Band I, Art. 19 EGV Rn. 9.

[123] Vgl. *Bleckmann*, Europarecht, S. 205; *Geiger*, EUV/EGV, Art. 220 EGV Rn. 11; *Huber*, Recht der europäischen Integration, S. 130; EuGHE 1963, 1 ff. – van Gend & Loos.

[124] Vgl. die Punkte B II 1 a und B II 2 a.

[125] *Bleckmann*, Europarecht, S. 208; *Huber*, Recht der europäischen Integration, S. 130; EuGHE 1970, 825 ff. – Leberpfennig.

kommen und ihre Ausübung erleichtert wird.[126] Dementsprechend sind die Rechte weit und die Ausnahmen eng auszulegen.[127] Man könnte daher auf die Idee kommen, dass der Anwendungsbereich des Kommunalwahlrechts soweit wie nach dem Wortlaut möglich ausgedehnt werden muss. Diese Auslegung wäre jedenfalls europarechtsfreundlich und auch bürgerfreundlich, und die Fortschritte bei der europäischen Integration, der Förderung des Gemeinschaftsbewusstseins, der gesellschaftlichen Integration der EG-Ausländer und die Erfolge bei der Förderung der Freiheit des Personenverkehrs wären wahrscheinlich um so größer, je großzügiger das Kommunalwahlrecht ausgelegt wird. Andererseits darf das Prinzip des „effet utile" aber auch nicht so verstanden werden, dass die Gemeinschaftskompetenzen im Zweifel immer weit auszulegen sind. Denn beim „effet utile" geht es vor allem darum, die vom Gemeinschaftsrecht garantierten Rechte auch durchzusetzen, während hier ja schon zweifelhaft ist, welche Garantien im einzelnen das Gemeinschaftsrecht überhaupt enthält.

Eine im Zweifel stets weite Auslegung der Gemeinschaftskompetenzen verbietet auch das **Prinzip der begrenzten Einzelermächtigung**, wonach die Rechtsgrundlage im Vertrag um so „dichter" und präziser sein muss, je stärker und tiefer ein Akt der EG in die Souveränität der Mitgliedstaaten oder in die Grundrechte der Individuen eingreift.[128] Beim Kommunalwahlrecht für Unionsbürger handelt es sich durchaus um eine für viele Mitgliedstaaten aus Souveränitätsgründen sensible Materie. Besonders heikel sind die vielfältigen Abgrenzungsprobleme der Kommunalwahlen zu anderen Wahlen. Die Gefahr des Einbruchs in Kernbereiche staatlicher Souveränität steigt, je weiter das Kommunalwahlrecht gefasst wird, während gleichzeitig immer unsicherer wird, ob dieses Eindringen noch von der vertraglichen Ermächtigungsgrundlage gedeckt ist. Auch wenn der EGV eine immer engere Union der Völker Europas anstrebt (Art. 1 II EUV), so verpflichtet er die Union doch auch zur Achtung der nationalen Identität der Mitgliedstaaten (Art. 6 III EUV) und zur Achtung des Subsidiaritätsprinzips (Art. 5 II EGV).

---

[126] *Degen*, DÖV 1993, S. 752.
[127] *Haag*, in: *von der Groeben/Thiesing/Ehlermann (Hrsg.)*, Kommentar zum EU-/EG-Vertrag, Art. 8 EGV Rn. 10.
[128] *Bleckmann*, Europarecht, S. 151 und 205. Vgl. auch BVerfGE 89, 155 (210).

Letztlich ergibt damit auch die teleologische Auslegung nur, dass bei der Ausgestaltung des Kommunalwahlrechts durch die Richtlinie die Balance zwischen effektiver Rechtsgewährung an die Unionsbürger und Achtung der Souveränität der Mitgliedstaaten zu wahren ist,[129] wobei im Kernbereich des Kommunalwahlrechts der Schwerpunkt beim „effet utile“, in Randbereichen aber bei der Achtung staatlicher Souveränität zu liegen hat.

f) Auslegungsergebnis

Damit ist der Kanon der juristischen Auslegungsmethoden bei der gemeinschaftsrechtlichen Interpretation des Begriffs der „Kommunalwahl“ erschöpft, ohne dass sich die Auslegungsmöglichkeiten auf eine einzige Definition verengt hätten. Trotz vieler Anhaltspunkte ließ sich keine feste Definition ableiten, die der Rat nur noch hätte erkennen und aufschreiben müssen. Festzuhalten bleibt immerhin, dass Art. 39 IV EGV keine einschränkende Interpretation des Art. 19 I EGV nötig macht. Aus der inhaltlichen Offenheit des Begriffs der Kommunalwahl in Art. 19 I EGV lässt sich folgern, dass der Rat in der Richtlinie als „Einzelheiten“ nicht nur die formalen Wahlmodalitäten regeln durfte, sondern ihm insbesondere auch die Aufgabe der Konkretisierung des Begriffs der Kommunalwahl übertragen worden ist.[130] Dies bedeutet, dass dem Rat als Richtliniengeber ein gewisser Spielraum bei der Festlegung des Anwendungsbereichs der Richtlinie verblieb. Allerdings durfte er die Vorschrift nicht ihres Sinns entleeren und musste als Minimum jedenfalls ein Wahlrecht zu den Gemeindevertretungen gewähren, er durfte aber auch darüber hinausgehen. Die Grenzen der möglichen Auslegung, die insbesondere durch den Wortlaut der Vorschrift vorgegeben sind, durften dabei jedoch nicht überschritten werden.

Für dieses Ergebnis spricht auch eine rechtspolitische Erwägung. Die Frage, wo die Auslegungskompetenz für die Auslegung des Begriffs der „Kommunalwahlen“ in Art. 19 I EGV liegen soll, wurde bereits – im Interesse der Einheit des Gemeinschaftsrechts – zugunsten der Gemeinschaft beantwortet. Daran schließt

---

[129] Vgl. *Koenig/Pechstein,* S. 179 f., über die Lösung des Spannungsverhältnisses zwischen Kommunalwahlrecht der Unionsbürger und nationaler Identität im Weg der praktischen Konkordanz.

[130] Vgl. VG Ansbach, NVwZ 1999, S. 324 (326); *Garot,* S. 140.

sich die Frage an, welches Organ innerhalb der Gemeinschaft die Definitionsmacht besitzen soll. Aufgrund der „Gewaltenteilung“ zwischen den Gemeinschaftsorganen ist bei einem Ausgestaltungsvorbehalt im Primärrecht vorrangig das zuständige „Gesetzgebungsorgan“ der Gemeinschaft – hier insbesondere der Rat – berufen, in Zweifelsfragen eine politische Entscheidung über die Reichweite des Anwendungsbereichs der Richtlinie zu treffen. Diese Entscheidung kann dann vom Europäischen Gerichtshof auf ihre Rechtmäßigkeit hin überprüft werden. Allerdings sollte er die Rechtmäßigkeit nur in Fällen evidenter Verstöße in Frage stellen und einen gewissen politischen Entscheidungsspielraum des Richtliniengebers akzeptieren.

Für die vorrangige Definitionsmacht des Rates spricht in pragmatischer Hinsicht auch, dass der Rat das geeignete Organ zur Aushandlung von Kompromissen und zum Ausgleich mitgliedstaatlicher Interessen darstellt. Dadurch, dass Art. 19 I EGV für den Erlass der Richtlinie ein Rechtsetzungsverfahren vorschreibt, das Einstimmigkeit im Rat voraussetzt, wurde verhindert, dass ein Staat einfach überstimmt und damit gegen seinen Willen zur Einführung des kommunalen Wahlrechts gezwungen wurde. Es liegt nahe, dass die erforderliche Einstimmigkeit zu Zugeständnissen an Mitgliedstaaten gezwungen hat, die im Hinblick auf die Einführung des kommunalen Wahlrechts für Unionsbürger gewisse Schwierigkeiten hatten, da sonst der Erlass der Richtlinie an sich gefährdet gewesen wäre. Die ausdrückliche Erlaubnis in Art. 19 I 2 EGV zum Erlass von Ausnahmebestimmungen unterstreicht zusätzlich die grundsätzliche Offenheit des Primärrechts für eine flexible Ausgestaltung der Richtlinie.[131] Ausnahmebestimmungen sollten es Mitgliedstaaten mit besonderen Schwierigkeiten ermöglichen, sich bei der Einführung des kommunalen Wahlrechts für Unionsbürger – wenn auch mit Einschränkungen – zu beteiligen. Diese Rücksichtnahme auf nationale Probleme und die kommunale Vielfalt in der Gemeinschaft verlangte, dass man den Mitgliedstaaten im Rat auch einen entsprechend weiten und flexiblen Spielraum bei der Aushandlung der Richtlinie einräumte.[132] Auch das Bundesverfassungsgericht berücksichtigt im Übrigen, dass der Text

[131] Ähnlich auch die Argumentation des VG Ansbach, NVwZ 1999, S. 324 (326).
[132] Vgl. auch *Oliver*, CML Rev. 1996, S. 489.

völkerrechtlicher Verträge ausgehandelt werden muss, und stellt daher an Bestimmtheit und Dichte von Vertragsregelungen weniger strenge Anforderungen als bei einem Parlamentsgesetz.[133]

Als Ergebnis ist daher festzuhalten, dass der Begriff „Kommunalwahlen“ in Art. 19 I EGV sich auch durch Vertragsauslegung nicht eindeutig ermitteln lässt. Die Konkretisierung des Begriffes ist damit Aufgabe der Durchführungsbestimmungen. Die Ermächtigung des Art. 19 I 2 EGV an den Rat, die Einzelheiten der Ausübung des Kommunalwahlrechts festzulegen, umfasst auch die Definition des Begriffs der Kommunalwahl. Dabei hat der Rat weitgehende Freiheit, die nur durch die Grenzen möglicher Auslegung eingeschränkt wird.

4. Bewertung des Kommunalwahlrechts für Unionsbürger

Im Folgenden soll auf der Grundlage der bisherigen Ausführungen eine erste Bewertung des Kommunalwahlrechts für Unionsbürger versucht werden. Dabei wird Art. 19 I EGV unter historischen, europäischen, nationalen und kommunalen Aspekten sowie aus der Sicht der Bürger beleuchtet.

a) Historische Einordnung

Als historischen Vorläufer kann das Kommunalwahlrecht für Unionsbürger an vorstaatliche Stadttraditionen anknüpfen,[134] die das Wahlrecht vor allem vom Aufenthaltsort, vom räumlichen Lebensmittelpunkt, abhängig machten. Dementsprechend waren bereits nach der Steinschen Städteordnung von 1808 auch Personen mit fremder Staatsangehörigkeit bei den Kommunalwahlen wahlberechtigt.[135] Mit der Entstehung von Nationalstaaten wurde es in Europa jedoch selbstverständlich, das Wahlrecht als politisches Teilhaberecht den eigenen Staatsangehörigen vorzubehalten. Diese Verknüpfung von staatsbürgerlichen Rechten und Staatsangehörigkeit ist eine Folge des modernen Staatsangehörigkeitsrechts, das sich im Verlauf des 19. Jahrhunderts herausgebildet hat.[136] Die Auswirkungen dieser Bindung des Wahlrechts an die Staatsangehörigkeit ver-

---

[133] BVerfGE 77, 170 (231 f.); 89, 155 (187).
[134] *Laubach*, S. 256.
[135] *Degen*, DÖV 1993, S. 750 f.
[136] Vgl. *Quaritsch*, DÖV 1983, S. 1 ff.; *Niedermeyer-Krauß*, S. 8 ff.

schärften sich in den letzten Jahrzehnten mit der Zunahme des Ausländeranteils an der Bevölkerung,[137] so dass mit der Quantität auch die Qualität des Problems wuchs.[138] Vor diesem Hintergrund erscheint das Kommunalwahlrecht für Unionsbürger als eine epochale Neuerung,[139] als historischer Durchbruch, da es die Verbindung von Wahlrecht und Staatsangehörigkeit auf kommunaler Ebene teilweise wieder aufhebt.

Am Anfang der Entwicklung des modernen Wahlrechts hatte nur ein sehr kleiner Teil der Staatsangehörigen auch den Status eines wahlberechtigten Staatsbürgers. Seitdem wurde die soziale Exklusivität des Staatsbürgertums schrittweise aufgehoben und der Kreis der Wahlberechtigten immer weiter ausgedehnt.[140] So wurde allmählich die Bindung des Wahlrechts an „Bürger von Besitz und Bildung" beseitigt und auch das Frauenwahlrecht eingeführt.[141] Neben dem aktiven Kommunalwahlrecht für Jugendliche ab 16 Jahren in mehreren Bundesländern[142] bildet das Kommunalwahlrecht für EG-Ausländer eine neue Stufe bei der Ausweitung des Wahlrechts. In diesem Zusammenhang lässt sich auch feststellen, dass das kommunale Ausländerwahlrecht in Europa inzwischen zunehmend Verbreitung gefunden hat, so dass von den heutigen fünfzehn Mitgliedstaaten bereits acht in irgendeiner Weise ein kommunales Ausländerwahlrecht kannten, bevor das Kommunalwahlrecht für Unionsbürger im Gemeinschaftsrecht verankert wurde. Geht man davon aus, dass eine Demokratie sich vor allem auch an ihrem Wahlrecht messen lassen muss,[143] so ist die Einführung des Kommunalwahlrechts für Unionsbürger als eine moderne Fortentwicklung des Wahlrechts und demokratischer Fortschritt zu begrüßen, die dem Stand der

---

[137] Vgl. *Preuß*, in: *Däubler-Gmelin u.a. (Hrsg.)*, Gegenrede, S. 633.

[138] So *von Arnim*, Staatslehre der Bundesrepublik Deutschland, S. 81, zur wachsenden Zahl abhängig Beschäftigter ohne Wahlrecht im 19. Jahrhundert.

[139] *Hasselbach*, ZG 1997, S. 49.

[140] *Preuß*, in: *Däubler-Gmelin u.a. (Hrsg.)*, Gegenrede, S. 624 f.; *Waechter*, Kommunalrecht, S. 282.

[141] Näher *von Arnim*, Staatslehre der Bundesrepublik Deutschland, S. 78 ff.; *Hattenhauer*, JZ 1996, S. 10 ff.; *Waechter*, Kommunalrecht, S. 282 f.

[142] Erstmals in der Geschichte der Bundesrepublik waren bei den allgemeinen Kommunalwahlen in Niedersachsen am 15.9.1996 auch Jugendliche im Alter von 16 und 17 Jahren aktiv wahlberechtigt.

[143] Vgl. *Hattenhauer*, JZ 1996, S. 10. Ähnlich *Thieme*, DÖV 1998, S. 752.

europäischen Integration und dem Rückzug des Nationalstaatsprinzips Rechnung trägt.

b) Kommunalwahlrecht und europäische Integration

Aus dem Blickwinkel des Europarechts bedeuten die Einführung der Unionsbürgerschaft und insbesondere die Einführung des Kommunalwahlrechts als deren Kernstück einen wichtigen Fortschritt bei der europäischen Integration und eine bedeutende Etappe beim Ausbau des „Europas der Bürger". Die unmittelbare Rechtsbeziehung zwischen der Europäischen Gemeinschaft und den Angehörigen der Mitgliedstaaten wird vertieft, und die Unterscheidungskriterien klassischer Nationalstaaten wie die Staatsangehörigkeit verlieren zugunsten der Unionsbürgerschaft an Bedeutung.[144]

c) Kommunalwahlrecht und nationale Identität der Mitgliedstaaten

Aus nationaler Sicht stellt sich aber die Frage, ob das Kommunalwahlrecht für Unionsbürger die nationale Identität der Mitgliedstaaten bedroht und damit gegen Art. 6 III EUV verstößt. Dies käme dann n Betracht, wenn es zum **Kernbereich der nationalen Souveränität** der Mitgliedstaaten gehören würde, auch bei Kommunalwahlen die Ausübung von Staatsgewalt völlig den eigenen Staatsangehörigen vorzubehalten. Problematischer im Hinblick auf die Souveränität der Mitgliedstaaten wäre jedenfalls die Teilnahme von Unionsbürgern an Parlamentswahlen, weshalb für die politische Mitwirkung ausländischer Unionsbürger zunächst (nur) die kommunale Ebene auserkoren wurde.[145]

Zwar sind auch Kommunalwahlen für die Funktionsfähigkeit eines Staates von großer Bedeutung. So werden etwa in Deutschland über 80 % der staatlichen Gesetze auf kommunaler Ebene ausgeführt.[146] Auch ist zu berücksichtigen, dass der politische Einfluss des Kommunalwahlrechts nicht ohne weiteres auf die Kommunen beschränkt bleibt. Denn als Folge der Integration der Kommunen in den Staatsaufbau sind kommunale und staatliche Ebene in vielerlei Weise mit-

---

[144] *Hasselbach,* ZG 1997, S. 50.

[145] Vgl. *Kluth,* in: *Calliess/Ruffert (Hrsg.),* EUV/EGV-Kommentar, Art. 19 EGV Rn. 1.

[146] *Saftig,* Kommunalwahlrecht, S. 20.

einander verknüpft.[147] So können beispielsweise die Ergebnisse von Kommunalwahlen besonders in großen Städten auf die Bundespolitik durchschlagen.[148] Dass das kommunale Wahlrecht heute dennoch nicht mehr zum Kernbereich der nationalen Souveränität zählt, bestätigt neben der Anerkennung des kommunalen Ausländerwahlrechts durch das nationale Recht vieler europäischer Staaten auch eine vom Europarat zur Unterzeichnung vorgelegte Konvention, die ebenfalls die Verbreitung des kommunalen Ausländerwahlrechts in Europa zum Ziel hat.[149] Die europäische Rechtsentwicklung darf diesen **Trend zum kommunalen Ausländerwahlrecht** daher unterstützen, ohne dass sie dadurch gleich die nationale Identität der Mitgliedstaaten verletzt.[150]

Außerdem wurde das Kommunalwahlrecht für Unionsbürger unter **Zustimmung aller Mitgliedstaaten** im EGV verankert und im Sekundärrecht näher ausgestaltet, so dass sich die Mitgliedstaaten also alle damit einverstanden erklärt haben, dass auf kommunaler Ebene EG-Ausländer an der Ausübung von Staatsgewalt beteiligt sind. Auch nimmt die Konzeption des Kommunalwahlrechts für Unionsbürger Rücksicht auf die staatliche Souveränität der Mitgliedstaaten, da EG-Ausländer das Kommunalwahlrecht nur unter den Bedingungen erhalten, die das jeweilige innerstaatliche Recht für die eigenen Staatsangehörigen vorsieht.[151]

Zudem ist die Union nach dem EUV nicht nur zur Achtung der nationalen Identität der Mitgliedstaaten verpflichtet, sondern setzt sich gleichzeitig auch das Vertragsziel, zur Stärkung des Schutzes der Rechte und Interessen der Angehörigen der Mitgliedstaaten eine Unionsbürgerschaft einzuführen (Art. 2 I EUV, 3. Spiegelstrich). Aus dem Grundsatz der **Einheit der Vertragsziele** folgt daher, dass die Einführung eines Kommunalwahlrechts im Rahmen der Unionsbürger-

---

[147] Vgl. *Schiffer*, in: *Benda/Maihofer/Vogel (Hrsg.)*, Handbuch des Verfassungsrechts der Bundesrepublik Deutschland, S. 306; *Niedermeyer-Krauß*, S. 33 ff.
[148] *Quaritsch*, DÖV 1983, S. 12.
[149] Näher dazu unter Punkt G.
[150] Ähnlich *Haag*, in: *von der Groeben/Thiesing/Ehlermann (Hrsg.)*, Kommentar zum EU-/EG-Vertrag, Art. 8 b EGV Rn. 6.
[151] Vgl. *Hilf*, in: *Grabitz/Hilf (Hrsg.)*, Das Recht der Europäischen Union, Band I, Art. 19 EGV Rn. 8.

schaft der Wahrung der nationalen Identität der Mitgliedstaaten nicht widersprechen kann.[152]

d) Auswirkungen auf die Kommunalebene

Zwar sind die Kommunen in das Beziehungsgeflecht von nationalem Recht und Gemeinschaftsrecht bereits in vielerlei Weise eingebunden.[153] Die Einführung des Kommunalwahlrechts für Unionsbürger brachte es jedoch mit sich, dass das Europarecht erstmals auch auf das Kommunalwahlrecht einwirkt, eine Rechtsmaterie, die bisher rein innerstaatlich geregelt war. Mit anderen Worten hat eine **„Europäisierung des Kommunalwahlrechts"** stattgefunden.[154]

Die Einführung eines Ausländerwahlrechts nur auf kommunaler Ebene bedeutet keine Abwertung der kommunalen Demokratie, sondern unterstreicht die eigenständige Bedeutung der Kommunen als bürgernächste Politikebene.[155] Damit trägt sie deren Rolle als Keimzellen der Demokratie Rechnung[156] und macht sie zu **Vorreitern der europäischen Integration.**[157] Hierfür erscheint die Kommunalebene besonders geeignet, da der Bürger dort politische Entscheidungen am ehesten nachvollziehen kann, weshalb ihr eine wichtige Funktion bei der Integration von Staat und Gesellschaft beigemessen wird. Denn die kommunale Ebene bildet die beste Schule für demokratische Teilhabe.[158]

Das Europarecht sieht mit dem Kommunalwahlrecht für Unionsbürger nur eine **punktuelle Ergänzung** des Kommunalrechts vor. EG-Ausländern wird das Kommunalwahlrecht nur auf der Grundlage der im jeweiligen Mitgliedstaat bestehenden kommunalen Strukturen gewährt, so dass lediglich die für die Inlän-

---

[152] *Hilf*, in: *Grabitz/Hilf (Hrsg.)*, Das Recht der Europäischen Union, Band I, Art. 19 EGV Rn. 8.

[153] *Heberlein*, BWGZ 1999, S. 359; *Schmidt-Aßmann*, in: *ders. (Hrsg.)*, Besonderes Verwaltungsrecht, S. 12.

[154] So *Sieveking*, DÖV 1993, S. 449 und 459.

[155] *Pfeifle*, in: *Sieveking u.a. (Hrsg.)*, Das Kommunalwahlrecht für Ausländer, S. 146; *Meyer*, in: *Püttner (Hrsg.)*, Handbuch der kommunalen Wissenschaft und Praxis, Bd. 2, S. 51 ff..

[156] *Cathaly-Stelkens*, Kommunale Selbstverwaltung und Ingerenz des Gemeinschaftsrechts, S. 169.

[157] *Klang*, DNV 1996, S. 30.

[158] *Saftig*, Kommunalwahlrecht, S. 23.

der bei Kommunalwahlen geltenden Vorschriften auch auf ausländische Unionsbürger erstreckt werden müssen. Dennoch hat das Kommunalwahlrecht für Unionsbürger **grundsätzliche Bedeutung**, da es für die demokratische Legitimation in den Kommunen nicht folgenlos bleiben kann. Auch kann das in Art. 19 I EGV verankerte Kommunalwahlrecht in seinen Auswirkungen weite Kreise ziehen. Denn die europarechtliche Regelung gerät in einen mitgliedstaatlichen Regelungszusammenhang. Um dessen innere Systematik und Logik nicht zu zerstören, können Folgeanpassungen erforderlich werden. Das Europarecht steht jedoch nicht entgegen, wenn die Mitgliedstaaten das Wahlrecht in einem weiteren Umfang gewähren wollen, als dies gemeinschaftsrechtlich erforderlich ist, da es nur ein Mindestmaß an Rechten garantieren möchte.[159]

e) Auswirkungen auf die Rechtsstellung der Unionsbürger

Das Kommunalwahlrecht für Unionsbürger verbessert die Rechtsstellung der Unionsbürger, die in einem Mitgliedstaat wohnen, dessen Staatsangehörigkeit sie nicht besitzen. Sie erhalten das Recht, unter den gleichen Bedingungen wie Inländer an den Kommunalwahlen im Aufenthaltsstaat teilzunehmen, ohne dass sie dadurch automatisch ihr Kommunalwahlrecht im Heimatstaat verlieren und ohne dass sie dazu verpflichtet wären, ihr Kommunalwahlrecht im Aufenthaltsstaat auch auszuüben. Durch die Einräumung des Wahlrechts wird die Rechtsstellung der Unionsbürger derjenigen der Inländer in einem wichtigen Punkt angenähert. Dies ist auch sachgerecht, da die Entscheidungen der Kommunalorgane auch ausländische Einwohner betreffen und Ausländer in den Gemeinden und Kreisen weitgehend den gleichen Pflichten unterworfen sind wie Inländer.[160] Speziell für EG-Ausländer kommt hinzu, dass das Kommunalwahlrecht für Unionsbürger die europarechtliche Freizügigkeit sinnvoll ergänzt und das europarechtliche Verbot der Diskriminierung aufgrund der Staatsangehörigkeit weiter vorantreibt.

---

[159] *Mayer*, ÖJZ 1997, S. 361.

[160] Vgl. *Pfeifle*, in: *Sieveking u.a. (Hrsg.)*, Das Kommunalwahlrecht für Ausländer, S. 146 f.

Das Wahlrecht kann zur besseren Integration ausländischer Unionsbürger in den Kommunen ihres Aufenthaltsstaates beitragen.[161] Denn die rechtliche Aufwertung des Status der Unionsbürger kann einerseits die Einstellung der deutschen Bevölkerung gegenüber den ausländischen Mitbürgern positiv beeinflussen, andererseits aber auch den EG-Ausländern die Identifizierung mit ihrer Wohnsitzgemeinde erleichtern.[162] Zudem kommt dem Wahlrecht für eine angemessene Berücksichtigung der Interessen der EG-Ausländer in der Kommunalpolitik eine Schlüsselrolle zu. Sind Ausländer stimmberechtigt, so werden sie für politische Parteien und Wählervereinigungen als potentielle Wähler interessant. Damit schafft das Wahlrecht einen besonderen Anreiz, in der Kommunalpolitik auch die Belange von Unionsbürgern einzubeziehen und Unionsbürger in Parteien und Wählervereinigungen angemessen zu beteiligen, nach dem Motto „Wer wählt, der zählt."[163]

5. Zusammenfassung

Mit dem Kommunalwahlrecht für ausländische Unionsbürger wurde im Europarecht ein völlig neues politisches Recht verankert, das wegen seiner Bedeutung treffend als Kernstück der Unionsbürgerschaft bezeichnet wird. Art. 19 I EGV sieht vor, dass Unionsbürger, die in einem anderen Mitgliedstaat ihren Wohnsitz haben, dort das aktive und passive Wahlrecht bei Kommunalwahlen erhalten. Denn Unionsbürger sollen das Kommunalwahlrecht als wichtiges demokratisches Teilhaberecht nicht länger verlieren, nur weil sie von der europäischen Freizügigkeit Gebrauch machen. Außerdem soll das Kommunalwahlrecht für Unionsbürger die Integration der EG-Ausländer in ihrem Aufenthaltsstaat fördern und zur Bildung einer europäischen Identität beitragen. Damit wächst den Kommunen eine Vorreiterrolle bei der europäischen Integration zu. Das Kommunalwahlrecht für Unionsbürger hebt zwar die traditionelle Verknüpfung von

---

[161] Vgl. *Niedermeyer-Krauß*, S. 109 ff.; *Haag*, in: *von der Groeben/Thiesing/Ehlermann (Hrsg.)*, Kommentar zum EU-/EG-Vertrag, Art. 8 b EGV Rn. 1; *Quecke*, in: *Evangelische Akademie Bad Boll (Hrsg.)*, Kommunales Wahlrecht, S. 3.

[162] Vgl. *Pfeifle*, in: *Sieveking u.a. (Hrsg.)*, Das Kommunalwahlrecht für Ausländer, S. 147 f. und 150 f. Zu positiven Erfahrungen in den Niederlanden vgl. *Arda*, in: *Sieveking u.a. (Hrsg.)*, Das Kommunalwahlrecht für Ausländer, S. 156 f.

[163] So Konrad Adam, zitiert nach *Hattenhauer*, JZ 1996, S. 14.

Staatsangehörigkeit und Wahlrecht teilweise auf, greift dabei aber nicht in den Kernbereich der nationalen Souveränität der Mitgliedstaaten ein.

Der Begriff der „Kommunalwahlen" wird weder in Art. 19 I EGV definiert noch lässt er sich durch Auslegung eindeutig ermitteln. Die Ermächtigung des Rates in Art. 19 I 2 EGV, die „Einzelheiten" des Wahlrechts festzulegen, umfasst folglich auch die Konkretisierung des Begriffs der Kommunalwahlen. Dabei hatte der Rat einen gewissen Gestaltungsspielraum.

III. Die nähere Ausgestaltung durch die Kommunalwahlrichtlinie

Die genaue Rechtsstellung der Unionsbürger in den Kommunen hängt wesentlich vom Sekundärrecht ab, das Umfang und Modalitäten des Kommunalwahlrechts festlegen kann. Im Mittelpunkt der folgenden Erörterungen steht daher die am 19.12.1994 vom Rat erlassene Richtlinie 94/80/EG,[164] die das in Art. 19 I EGV verankerte Kommunalwahlrecht für Unionsbürger näher ausgestaltet.[165]

1. Regelungsgehalt der Richtlinie

Die Kommunalwahlrichtlinie 94/80/EG beginnt mit einer Präambel, die Erwägungen zu den Gründen der Richtlinie enthält. Die Regelungen selbst sind in vier Kapitel gegliedert (Kapitel I: Allgemeines; Kapitel II: Ausübung des aktiven und passiven Wahlrechts; Kapitel III: Ausnahme- und Übergangsregelungen und Kapitel IV: Schlussbestimmungen). Die wichtigsten Prinzipien und Regelungen der Richtlinie werden im Folgenden angesprochen und kommentiert.

a) Regelungsprinzipien

Die Richtlinie hat auf eine Harmonisierung des Kommunalrechts bzw. der Kommunalwahlsysteme verzichtet. Die Präambel der Richtlinie weist treffend

---

[164] Richtlinie über die Einzelheiten der Ausübung des aktiven und passiven Wahlrechts bei den Kommunalwahlen für Unionsbürger mit Wohnsitz in einem Mitgliedstaat, dessen Staatsangehörigkeit sie nicht besitzen, ABl. EG Nr. L 368/38 vom 31.12.1994; abgedruckt auch in NVwZ 1995, S. 462.

[165] Zum Inhalt der Richtlinie vgl. auch die Darstellung bei *Fischer*, NVwZ 1995, S. 455 ff.

auf die große Vielfalt der kommunalen Strukturen innerhalb der Gemeinschaft hin. Die Kommunalverwaltung der Mitgliedstaaten spiegele deren politische und rechtliche Traditionen wider.[166] Statt diese gewachsenen kommunalen Strukturen anzutasten, hebt die Richtlinie nur die Bedingung der Staatsangehörigkeit auf, an die in den meisten Mitgliedstaaten das Wahlrecht geknüpft war.[167] Mit dieser Regelungsweise trägt sie dem **Verhältnismäßigkeitsgrundsatz** Rechnung,[168] nach dem eine gemeinschaftsrechtliche Regelung nicht über das erforderliche Maß hinausgehen darf (Art. 5 III EGV). Dabei soll das Verhältnismäßigkeitsprinzip im Gemeinschaftsrecht nicht nur – wie im nationalen Recht – dem Schutz von Grundrechten und grundrechtsähnlichen Positionen dienen, sondern darüber hinaus auch dem Schutz von mitgliedstaatlichen Kompetenzen.

Nach einem weiteren Regelungsprinzip soll es den Unionsbürgern freistehen, ob sie ihr Wahlrecht im Aufenthaltsstaat ausüben möchten oder nicht **(Entscheidungsfreiheit)**.[169] Die Richtlinie sieht daher nur ein Wahlrecht, aber keine Wahlpflicht der EG-Ausländer vor.

Des Weiteren greift die Richtlinie das bereits in Art. 19 I EGV angelegte **Prinzip der Inländergleichbehandlung** wieder auf.[170]

b) Allgemeine Regelungen

Kapitel I der Richtlinie enthält unter dem Titel „Allgemeines" Regelungen zum Anwendungsbereich der Richtlinie sowie zu den Bedingungen des Wahlrechts.

Der **personelle Anwendungsbereich** der Richtlinie erstreckt sich nach **Art. 1 I RL**[171] auf den Kreis der Unionsbürger, die ihren Wohnsitz in einem Mitglied-

---

[166] 7. Erwägungsgrund der Richtlinie.
[167] So der 4. Erwägungsgrund der Richtlinie.
[168] 4. Erwägungsgrund der Richtlinie; *Fischer,* NVwZ 1995, S. 455 f.
[169] 6. Erwägungsgrund der Richtlinie; *Kaufmann-Bühler,* in: *Lenz (Hrsg.),* EGV-Kommentar, Art. 19 Rn. 2.
[170] Vgl. 3. und 5. Erwägungsgrund der Richtlinie.
[171] Mit „Kommunalwahlrichtlinie" bzw. „RL" wird jeweils die Richtlinie 94/80/EG bezeichnet.

staat haben, dessen Staatsangehörigkeit sie nicht besitzen. Nach Art einer völkerrechtlichen Nichtberührungsklausel stellt **Art. 1 II RL** zusätzlich klar, dass weder Bestimmungen der Mitgliedstaaten über das Wahlrecht ihrer eigenen im Ausland wohnenden Staatsangehörigen noch über das Wahlrecht der Angehörigen von Drittstaaten durch die Richtlinie berührt werden. Für diese beiden Personengruppen verbleibt den Mitgliedstaaten somit weitgehende Regelungsfreiheit. So steht es den Mitgliedstaaten europarechtlich etwa frei, das Kommunalwahlrecht auch Ausländern aus Drittstaaten zu gewähren[172] oder vorzusehen, dass ihre eigenen Staatsangehörigen trotz Umzugs ins Ausland im Heimatstaat wahlberechtigt bleiben.[173] Bereits hier ist somit die Möglichkeit eines doppelten Wahlrechts angelegt, da das Unionsbürgerwahlrecht (im Aufenthaltsstaat) nicht an die Stelle, sondern neben das Wahlrecht im Heimatstaat tritt.[174] Anders als bei Europawahlen ist ein doppeltes Wahlrecht bei Kommunalwahlen aber rechtlich unbedenklich, da die gewählten Kommunalorgane sich in verschiedenen Mitgliedstaaten befinden und völlig unabhängig voneinander agieren („Parallelwahl").[175] Zudem werden EG-Ausländer nur selten die Wahlrechtsvoraussetzungen gleich zweier Mitgliedstaaten erfüllen, so dass das parallele Wahlrecht bei Kommunalwahlen in der Praxis keine große Rolle spielen dürfte.[176]

Der **sachliche Anwendungsbereich** der Richtlinie wird durch die Definition der zentralen Begriffe „lokale Gebietskörperschaft der Grundstufe" und „Kommunalwahlen" konkretisiert (**Art. 2 RL**). Der Rechtsterminus der **„lokalen Gebietskörperschaft der Grundstufe"** versucht, in Anbetracht der höchst unterschiedlichen Rechtskulturen in den Mitgliedstaaten eine gemeinschaftsrechtliche Generaldefinition der kommunalen Ebene herauszukristallisieren.[177] Danach besteht das Kommunalwahlrecht für die Verwaltungseinheiten, die nach natio-

---

172 Vgl. auch Schriftliche Anfrage E-1091/95 von Wolfgang Kreissl-Dörfler an den Rat vom 13.4.1995 und Antwort vom 3.8.1995, ABl. EG Nr. C 257/18 vom 2.10.1995.

173 Eine solche Bestimmung treffen Griechenland, Spanien, Frankreich und Italien.

174 6. Erwägungsgrund der Richtlinie; *von Lennep*, StG 1994, S. 250 f.; *Schnedl*, ÖJZ 1995, S. 843.

175 Vgl. z.B. *Wegmann*, Kommunalpraxis BY 1995, S. 369; *Grumann*, S. 177 f.; *Barley*, S. 64 f.

176 Richtlinienvorschlag der Kommission, KOM (94) 38, S. 21; *Zuleeg*, ZAR 1988, S. 19.

177 *Schrapper*, DVBl. 1995, S. 1169.

nalem Recht in allgemeiner, unmittelbarer Wahl gewählte Organe besitzen und die auf der Grundstufe der politischen und administrativen Organisation für die Verwaltung bestimmter örtlicher Angelegenheiten unter eigener Verantwortung zuständig sind (Art. 2 I lit. a RL). Zur genaueren Eingrenzung sind die Gebietskörperschaften, die in den einzelnen Mitgliedstaaten unter die Definition fallen sollen, im Anhang der Richtlinie enumerativ aufgezählt. Ändert ein Mitgliedstaat seinen Verwaltungsaufbau, indem er lokale Gebietskörperschaften der Grundstufe einführt, abschafft oder durch andere ersetzt, so ist dies der Kommission mitzuteilen, damit der Anhang entsprechend angepasst werden kann (vgl. Art. 2 II RL). Während im Anhang der Richtlinie 94/80/EG die maßgeblichen Gebietskörperschaften der damals 12 Mitgliedstaaten aufgezählt werden, regelt die Richtlinie 96/30/EG, die der Rat am 13.5.1996 angenommen hat, ergänzend, auf welche Gebietskörperschaften der 1995 beigetretenen Mitgliedstaaten Österreich, Finnland und Schweden sich das Kommunalwahlrecht erstreckt.[178] Nach dem Anhang zur Richtlinie 94/80/EG gelten in Deutschland als „lokale Gebietskörperschaften der Grundstufe“: Kreisfreie Stadt bzw. Stadtkreis, Kreis; Gemeinde, Bezirk in der Freien und Hansestadt Hamburg und im Land Bremen; Stadtgemeinde Bremen in der Freien Hansestadt Bremen; Stadt-, Gemeinde- oder Ortsbezirke bzw. Ortschaften. In Deutschland sind damit Wahlen auf Kreisebene, Gemeindeebene und auf untergemeindlicher Ebene erfasst, wobei für die Stadtstaaten Sonderregelungen gelten.

Diese Kombination von allgemeiner Definition und Anhang erscheint regelungstechnisch geschickt. Die allgemeine Definition führt im Interesse der Einheit des Gemeinschaftsrechts die „lokale Gebietskörperschaft der Grundstufe“ als autonomen Rechtsbegriff des Gemeinschaftsrechts ein. Besonders beim Beitritt neuer Mitgliedstaaten und bei Veränderungen in den Verwaltungsstrukturen eines Mitgliedstaates ist die allgemeine Definition von Bedeutung. Der Anhang dagegen bietet die Möglichkeit zur Präzision und erhöht damit Transparenz und Rechtsklarheit.[179] Gleichzeitig erlaubt er aber auch eine flexible Ausgestaltung, die mitgliedstaatliche Besonderheiten und Sonderwünsche berücksichtigt. So

---

[178] ABl. EG Nr. L 122/14 vom 22.5.1996 und Bull. EU 5-1996, Ziff. 1.1.1.
[179] *Schrapper*, DVBl. 1995, S. 1169 f.

wurde etwa das Problem, dass einige Staaten zwei kommunale Ebenen (Gemeinden und Kreise) einbeziehen wollten, andere aber nur die Gemeindeebene, über den gemeinsamen Oberbegriff „lokale Gebietskörperschaft der Grundstufe" einerseits und die verschiedene Konkretisierung im Anhang andererseits gelöst.

Als **„Kommunalwahlen"** bezeichnet die Richtlinie die allgemeinen, unmittelbaren Wahlen der Mitglieder der Vertretungskörperschaft und gegebenenfalls des Leiters und der Mitglieder des Exekutivorgans einer lokalen Gebietskörperschaft der Grundstufe (Art. 2 I lit. b RL). Zwischen aktivem und passivem Wahlrecht wird dabei hier nicht differenziert. Dafür ist von allgemeinen, unmittelbaren Wahlen die Rede, so dass die Richtlinie nach ihrem Wortlaut nur Anwendung findet, soweit Direktwahlen durch die Bürger stattfinden. Grundsätzlich nicht von dieser Definition erfasst sind folglich sog. Intraorganwahlen, d.h. Wahlen innerhalb der kommunalen Vertretungskörperschaft bzw. innerhalb des kommunalen Vollzugsorgans.[180]

Art. 2 RL enthält außerdem die **Definition weiterer zentraler Begriffe** der Richtlinie. So werden aus regelungstechnischen Gründen z.B. auch die Begriffe des **„Wohnsitzmitgliedstaates"** (Mitgliedstaat, in dem der Unionsbürger seinen Wohnsitz hat, ohne dessen Staatsangehörigkeit zu besitzen, Art. 2 I lit. c RL) und des **„Herkunftsmitgliedstaates"** (Mitgliedstaat, dessen Staatsangehörigkeit der Unionsbürger besitzt, Art. 2 I lit. d RL) eingeführt.

Für das Wahlrecht der EG-Ausländer sollen im Hinblick auf erforderliche Mindestwohnsitzdauer (Art. 4 RL), Verlust der Wählbarkeit (Art. 5 RL), Unvereinbarkeitsbedingungen (Art. 6 RL) und andere innerstaatliche **Wahlrechtsbedingungen** (Art. 3 RL) grundsätzlich die gleichen Vorschriften gelten wie für Inländer. So müssen nach der Grundregel des **Art. 3 RL** für das aktive und passive Wahlrecht der EG-Ausländer bei den Kommunalwahlen im Wohnsitzmitgliedstaat – abgesehen von der Staatsangehörigkeit – alle Bedingungen erfüllt sein, an die die nationalen Rechtsvorschriften das Wahlrecht der eigenen Staatsange-

[180] Richtlinienvorschlag der Kommission, KOM (94) 38, S. 18 und 23; *Schnedl*, ÖJZ 1995, S. 844.

hörigen knüpfen. Für die Wahlrechtsbedingungen (z.B. das Wahlalter) soll also prinzipiell das jeweilige innerstaatliche Recht als maßgebliche Rechtsordnung respektiert werden.

Ebenso schreibt **Art. 4 RL**, der einige Unterfälle mitgliedstaatlicher Wahlrechtsvoraussetzungen regelt, entsprechend dem Grundsatz der Inländergleichbehandlung die unveränderte Anwendung der nationalen Regelungen auch auf EG-Ausländer vor. So müssen diese, falls das nationale Recht dies vorsieht, genauso wie Inländer das **Erfordernis einer Mindestwohndauer** im Gebiet der jeweiligen **lokalen Gebietskörperschaft** erfüllen (Art. 4 III RL). Können die Inländer nach dem nationalen Recht nur in der lokalen Gebietskörperschaft wählen oder gewählt werden, in der sie ihren **Hauptwohnsitz** haben, so unterliegen auch EG-Ausländer dieser Bedingung (Art. 4 II RL). Allerdings findet Art. 4 II RL in der Praxis nur Anwendung, wenn EG-Ausländer mehrere Wohnsitze im Aufenthaltsstaat haben, nicht aber, wenn die Wohnsitze in verschiedenen Mitgliedstaaten liegen. Denn auf einen europaweiten, grenzüberschreitenden Wohnsitzabgleich hat der Rat bewusst verzichtet.[181] Eine besonders interessante Regelung findet sich in Art. 4 I RL. Wenn das Recht eines Mitgliedstaates die Wahlberechtigung von einer **Mindestwohnsitzdauer im Staatsgebiet** abhängig macht, soll diese Bedingung für EG-Ausländer auch als erfüllt gelten, wenn sie in einem anderen Mitgliedstaat, etwa im Herkunftsmitgliedstaat, für die gleiche Zeit einen Wohnsitz innehatten. Mit dieser Fiktion wird die Bindung an das Gebiet eines bestimmten Staates überwunden und durch die Bindung an das Gesamtgebiet aller EG-Staaten ersetzt. Es genügt, dass der Unionsbürger überhaupt in irgendeinem Staat innerhalb der Gemeinschaft für die vorgeschriebene Mindestdauer seinen Wohnsitz hatte. Ziel dieser Regelung ist es wohl, im Ergebnis einer indirekten Diskriminierung von EG-Ausländern vorzubeugen. Zwar würde es sich hier nicht direkt um eine Diskriminierung aufgrund der Staatsangehörigkeit handeln. Dennoch würde das Erfordernis einer Mindest-

---

[181] *Schrapper*, DVBl. 1995, S. 1172.

wohnsitzdauer im Staatsgebiet faktisch in besonderer Weise EG-Ausländer treffen, die oft erst vor kurzer Zeit zugezogen sind.[182]

Die zulässigen **Ausschlussgründe für das passive Wahlrecht** normiert **Art. 5 RL**. Hat bei einem Unionsbürger nach dem Recht seines *Herkunfts*mitgliedstaats eine zivilrechtliche oder strafrechtliche Entscheidung zum **Verlust der Wählbarkeit** geführt, so kann ihn auch der *Wohnsitz*mitgliedstaat vom passiven Wahlrecht ausschließen (**Art. 5 I RL**). Die Kandidatur eines Unionsbürger für ein kommunales Mandat kann dementsprechend für unzulässig erklärt werden, wenn er die geforderte Erklärung (Art. 9 II lit. a RL) oder Bescheinigung (Art. 9 II lit. b RL) über die passive Wahlberechtigung im Herkunftsmitgliedstaat nicht vorlegen kann (Art. 5 II RL). In der Präambel der Richtlinie wird erläutert, weshalb den Mitgliedstaaten hier eine **Option** eröffnet werden soll: Angesichts der politischen Bedeutung des Amtes eines kommunalen Mandatsträgers soll den Mitgliedstaaten die Möglichkeit gegeben werden, durch erforderliche Maßnahmen zu verhindern, dass eine in ihrem Herkunftsmitgliedstaat vom passiven Wahlrecht ausgeschlossene Person in dieses Recht allein deshalb wieder eingesetzt wird, weil sie ihren Wohnsitz in einem anderen Mitgliedstaat hat. Beim aktiven Wahlrecht dagegen reicht es nach dem Grundsatz der Verhältnismäßigkeit aus, allein die Ausschlussgründe des Wohnsitzmitgliedstaates zu berücksichtigen.[183] Damit wird hingenommen, dass auch im Heimatstaat vom Wahlrecht ausgeschlossene Unionsbürger ihr aktives Wahlrecht im Aufenthaltsstaat ausüben. Denn die Ausübung des aktiven Wahlrechts durch diese Unionsbürger wirkt sich nicht so gravierend aus, dass dies den Verwaltungsaufwand zur Überprüfung der heimatlichen Wahlausschlussgründe aller aktiv wahlberechtigten EG-Ausländer rechtfertigen könnte.[184] Schon aus dem Grundsatz der gleichen Wahlrechtsbedingungen für in- und ausländische Unionsbürger (Art. 3 RL) folgt jedoch, dass bei EG-Ausländern ebenso wie bei Inländern beim aktiven und passiven Wahlrecht inländische Wahlausschlussgründe ohne weiteres berücksichtigt werden dürfen. So ist in Deutschland vorgesehen, dass die deutschen Straf-

[182] Vgl. *Lenz,* in: *ders. (Hrsg.),* EGV-Kommentar, Art. 12 Rn. 5 ff.; Richtlinienvorschlag der Kommission, KOM (94) 38, S. 27.
[183] 8. Erwägungsgrund der Richtlinie.
[184] Vgl. *Wegmann,* Kommunalpraxis BY 1995, S. 369.

vollstreckungsbehörden und Vormundschaftsgerichte die Gemeinden auch bei EG-Ausländern über das Vorliegen von Wahlausschlussgründen informieren.[185]

Besondere praktische Bedeutung kommt **Art. 5 III RL** zu,[186] der eine **Einschränkung des passiven Wahlrechts zu Ämtern des Exekutivorgans** zulässt. Danach können die Mitgliedstaaten die Wählbarkeit zu Ämtern des Leiters des Exekutivorgans, seines Vertreters oder eines Mitglieds des leitenden kollegialen Exekutivorgans einer lokalen Gebietskörperschaft der Grundstufe den eigenen Staatsangehörigen vorbehalten (sog. Staatsbürgervorbehalt).[187] Dies gilt auch für eine vorübergehende und vertretungsweise Wahrnehmung dieser Funktionen. Auch wenn die Kommunen insgesamt der Verwaltung zuzurechnen sind, sind mit „Exekutivorganen" hier nur die Organe der kommunalen Exekutive im engen Sinn gemeint, also in Deutschland z.B. Bürgermeister, Landrat oder Magistrat. Hintergrund der Option ist, dass die Aufgaben des Exekutivorgans die Teilnahme an der Ausübung der Staatsgewalt und die Wahrung der allgemeinen Interessen umfassen können.[188] Art. 5 III RL weist in diesem Zusammenhang jedoch darauf hin, dass die entsprechenden mitgliedstaatlichen Vorschriften den Vertrag und die allgemeinen Prinzipien des Rechts beachten und geeignet, erforderlich und verhältnismäßig sein müssen.[189]

Art. 5 IV RL enthält eine auf rein **französische Probleme** zugeschnittene Regelung. In Frankreich sind die Gemeinderatsmitglieder kraft Amtes an der Wahl des Senats beteiligt.[190] In den Rat gewählte EG-Ausländer dürfen in Frankreich aber aus verfassungsrechtlichen Gründen nicht an dieser nationalen Wahl teilnehmen. Art. 5 IV RL stellt daher klar, dass als Mitglieder einer Vertretungskörperschaft gewählte Unionsbürger von der Ernennung der Wahlmänner einer

---

185 Art. 2 des Dritten Gesetzes zur Änderung des Europawahlgesetzes vom 8.3.1994 (BGBl. I S. 419).
186 *Fischer*, NVwZ 1995, S. 456.
187 Vgl. *Schrapper*, DVBl. 1995, S. 1171.
188 9. Erwägungsgrund der Richtlinie.
189 Siehe hierzu auch Art. 5 III EGV und den 9. Erwägungsgrund der Richtlinie.
190 *Schrapper*, DVBl. 1995, S. 1171.

parlamentarischen Versammlung und der Wahl von deren Mitgliedern ausgeschlossen werden dürfen.[191]

Art. 6 RL bezieht sich auf die **Unvereinbarkeitsregeln**. Nach dem Grundsatz der gleichen Bedingungen für in- und ausländische Unionsbürger sollen die nationalen Bestimmungen über die Unvereinbarkeit des kommunalen Mandats mit sonstigen Ämtern auch für EG-Ausländer gelten. Allerdings wird den Mitgliedstaaten zusätzlich die Möglichkeit eröffnet, die Ausübung eines kommunalen Mandats auch mit Ämtern in anderen Mitgliedstaaten für unvereinbar zu erklären (Art. 6 II RL), womit letztlich der räumliche Anwendungsbereich der nationalen Unvereinbarkeitsregelungen für die Frage des Wahlrechts im Wohnsitzstaat auf das gesamte Gemeinschaftsgebiet ausgedehnt werden kann.

c) Ausübung des Wahlrechts

Kapitel II der Richtlinie regelt die Ausübung des aktiven und passiven Wahlrechts.

Nach dem Vorbild der Europawahlrichtlinie sieht **Art. 7 I RL** vor, dass der aktiv Wahlberechtigte sein Wahlrecht im Wohnsitzmitgliedstaat ausübt, wenn er eine entsprechende **Willensbekundung** abgegeben hat. Hat er sich in das Wählerverzeichnis eines Wohnsitzmitgliedstaates, in dem Wahlpflicht besteht, eintragen lassen, dann gilt die Wahlpflicht auch für ihn (Art. 7 II RL). Damit soll abgesichert werden, dass Unionsbürger in Staaten wie Belgien und Luxemburg, in denen es eine Wahlpflicht gibt, nur mit ihrem erklärten Willen zur Wahlteilnahme verpflichtet werden können.[192] In der Präambel der Richtlinie heißt es dazu, dass die freie Entscheidung der Unionsbürger, ob sie an den Kommunalwahlen im Wohnsitzmitgliedstaat teilnehmen wollen oder nicht, respektiert werden solle. Es sei daher sachgerecht, dass die Unionsbürger ihren Willen zum Ausdruck bringen, ihr Wahlrecht dort auszuüben.[193] Die Mitgliedstaaten, in de-

---

[191] Siehe hierzu den 10. Erwägungsgrund der Richtlinie und die der Richtlinie angefügte Protokollerklärung der französischen Verhandlungsdelegation, ABl. EG Nr. L 368/45 f. vom 31.12.1994.

[192] *Schrapper*, DVBl. 1995, S. 1172.

[193] 6. Erwägungsgrund der Richtlinie.

nen keine Wahlpflicht besteht, können allerdings eine Eintragung der Wahlberechtigten in das Wählerverzeichnis auch von Amts wegen vorsehen (Art. 7 III RL). Die deutsche Delegation hat erreicht, dass diese Bestimmung in die Richtlinie aufgenommen wurde und nun den Mitgliedstaaten zumindest die Option eröffnet wird, auf das bürokratisch aufwendige Antragsverfahren zu verzichten.[194] Die meisten Mitgliedstaaten haben sich bei der Umsetzung der Richtlinie für die Amtseintragung der EG-Ausländer entschieden, da diese Option kostengünstiger ist und eine höhere Wahlbeteiligung verspricht.[195]

Zum Nachweis ihres Wahlrechts haben ausländische Unionsbürger grundsätzlich die gleichen Nachweise zu erbringen wie Inländer (vgl. Art. 8 II 1 RL für das aktive und Art. 9 I 1 RL für das passive Wahlrecht). Neben diesen Nachweisen, die auch die eigenen Staatsangehörigen vorlegen müssen, dürfen die Mitgliedstaaten von EG-Ausländern aber noch bestimmte **zusätzliche Erklärungen und Nachweise** verlangen, die in der Richtlinie aufgezählt sind (Art. 8 II 2 RL und Art. 9 I 2, II RL). So kann der Wohnsitzmitgliedstaat verlangen, dass die ***aktiv*** **Wahlberechtigten** als Voraussetzung für die Eintragung in das Wählerverzeichnis einen gültigen Identitätsausweis sowie eine förmliche Erklärung mit der Angabe der Staatsangehörigkeit und der Anschriften im Wohnsitzmitgliedstaat vorlegen (Art. 8 II 2 RL). Unter einer „förmlichen Erklärung" im Sinn der Richtlinie ist eine Erklärung zu verstehen, deren falsche Abgabe strafbar ist (Art. 2 I lit. g RL), also etwa eine eidesstattliche Versicherung.[196] Art. 8 III RL regelt näher, unter welchen Voraussetzungen Unionsbürger wieder aus dem Wählerverzeichnis gestrichen werden können. Von den ***passiv*** **Wahlberechtigten** kann ebenfalls die Vorlage einer förmlichen Erklärung über die Staatsangehörigkeit und die Anschrift im Wohnsitzmitgliedstaat (Art. 9 I 2 RL) sowie die Vorlage eines gültigen Identitätsausweises (Art. 9 II lit. c RL) verlangt werden. Zudem kann gefordert werden, dass EG-Ausländer bei der Einreichung der Erklärung über ihre Kandidatur förmlich erklären, in ihrem Herkunftsmitgliedstaat das passive Wahlrechts nicht verloren zu haben (Art. 9 II lit. a RL) und dass sie hierzu vor oder nach der Wahl eine Bescheinigung der zuständigen Verwal-

---

[194] Vgl. *Schrapper*, DVBl. 1995, S. 1172.
[195] Zweiter Bericht der Kommission über die Unionsbürgerschaft, KOM (97) 230, S. 8.
[196] *Schrapper*, DVBl. 1995, S. 1172.

tungsbehörden ihres Herkunftsmitgliedstaats vorlegen (Art. 9 II lit. b RL). Auch kann der Mitgliedstaat verlangen, dass die förmliche Erklärung die Angabe enthält, dass kein nach Art. 6 II RL unvereinbares Amt ausgeübt wird (Art. 9 II lit. d RL) und dass gegebenenfalls die letzte Adresse im Herkunftsmitgliedstaat angegeben wird (Art. 9 II lit. e RL).

Art. 10 RL möchte den **Rechtsschutz** der Unionsbürger im Bereich des kommunalen Wahlrechts sicherstellen: Die Mitgliedstaaten müssen die EG-Ausländer rechtzeitig informieren, ob sie antragsgemäß ins Wählerverzeichnis aufgenommen oder zur Kandidatur zugelassen werden (Art. 10 I RL), und ihnen bei ablehnenden Entscheidungen die gleichen Rechtsbehelfe ermöglichen, die Inländern in vergleichbaren Fällen offen stehen (Art. 10 II RL).

Nach **Art. 11 RL** hat der Wohnsitzmitgliedstaat die aktiv und passiv Wahlberechtigten rechtzeitig und in geeigneter Form über die Bedingungen und Einzelheiten für die Ausübung des aktiven und passiven Wahlrechts zu unterrichten. Nach der Kommentierung der Kommission zu diesem Artikel wird hier eine **Unterrichtungspflicht** verankert, damit die Unionsbürger ihr Wahlrecht auch ausüben können. Es soll aber den Mitgliedstaaten die Wahl der geeigneten Form der Unterrichtung überlassen werden.[197]

d) Ausnahme- und Übergangsregelungen

Das Kapitel III der Richtlinie trägt den Titel „Ausnahme- und Übergangsbestimmungen" und besteht aus nur einem – längeren – Artikel. **Art. 12 RL** erlaubt **Ausnahmebestimmungen** i.S.d. Art. 19 I 2 EGV, die vor allem dem Umstand Rechnung tragen, dass der Anteil der EG-Ausländer an der Gesamtbevölkerung in Luxemburg sowie in einigen Gemeinden Belgiens besonders hoch ist.

So kann nach **Art. 12 I RL** bei EG-Ausländern das aktive und passive Wahlrecht von einer Mindestwohnsitzdauer im Staatsgebiet abhängig gemacht werden, wenn der Anteil der EG-Ausländer an den im Mitgliedstaat ansässigen (in-

---

[197] Vgl. Begründung des Vorschlages für die Richtlinie durch die Kommission, KOM (94) 38, S. 32.

und ausländischen) Unionsbürgern im Wahlalter am 1.1.1996 mehr als 20 % ausmachte. Zudem dürfen dann geeignete Maßnahmen hinsichtlich der Zusammensetzung der Kandidatenlisten erlassen werden. Art. 12 I RL ist derzeit nur in **Luxemburg** einschlägig, wo 1992 der Anteil der EG-Ausländer fast 30 % betrug.[198]

Die Ausnahmebestimmung in **Art. 12 II RL** dagegen betrifft ausdrücklich nur das Königreich **Belgien**. Diesem wird zugestanden, in einer begrenzten Anzahl von Gemeinden als Voraussetzung für das aktive Wahlrecht der EG-Ausländer ebenfalls eine Mindestwohnsitzdauer im Staatsgebiet vorzuschreiben. In der Richtlinie wird diese Regelung mit besonderen Gegebenheiten und Gleichgewichtsverhältnissen im Königreich Belgien begründet, dessen Verfassung drei Amtssprachen und eine Aufteilung in Regionen und Gemeinschaften vorsieht.[199] Insbesondere soll auf die belgische Sprachenpolitik im Hinblick auf Wallonen und Flamen Rücksicht genommen werden.[200]

Beide Ausnahmebestimmungen gelten nicht unbefristet. Vielmehr überprüft die Kommission alle sechs Jahre in einem **Bericht**, ob die die Ausnahme rechtfertigenden Gründe noch fortbestehen, und schlägt gegebenenfalls geeignete Anpassungen vor. Der erste Bericht sollte bis zum 31.12.1998 vorgelegt werden (vgl. Art. 12 IV RL). In ihrem ersten Bericht gemäß **Art. 12 IV RL** stellte die Kommission fest, dass das Großherzogtum Luxemburg als einziger Mitgliedstaat Ausnahmeregelungen angewandt hat. Nach Überprüfung der statistischen Angaben kam die Kommission zu dem Ergebnis, dass die Gewährung einer Ausnahme für Luxemburg weiterhin gerechtfertigt ist, weil der Anteil der ausländischen Unionsbürger im Wahlalter dort weiter deutlich über dem in Art. 12 I RL verlangten Anteil von 20 % liegt.[201]

---

198 *Schrapper*, DVBl. 1995, S. 1172.
199 17. Erwägungsgrund der Richtlinie.
200 *Hasselbach*, ZG 1997, S. 59 f.
201 Bericht der Kommission vom 22.11.1999 an das Europäische Parlament und den Rat über die Gewährung der in Art. 19 I des Vertrages vorgesehenen Ausnahmeregelung, vorgelegt gemäß Art. 12 IV der Richtlinie 94/80/EG, KOM (1999) 597 endg; Bull. EU 11-1999, Ziff. 1.1.1.

e) Schlussbestimmungen

Das Kapitel IV der Richtlinie enthält einige Schlussbestimmungen.

Nach **Art. 13 RL** erstattet die Kommission dem Europäischen Parlament und dem Rat innerhalb eines Jahres, nachdem in allen Mitgliedstaaten Kommunalwahlen unter Geltung der Richtlinie stattgefunden haben, **Bericht über die Anwendung der Richtlinie** und die Entwicklung der Wählerschaft und schlägt gegebenenfalls geeignete Anpassungen vor. Inzwischen hat die Kommission den Bericht vorgelegt.[202]

Art. 14 RL konkretisiert die Pflicht der Mitgliedstaaten zur **Umsetzung der Richtlinie**. Bezüglich der Umsetzungsfrist schreibt sie vor, dass die Mitgliedstaaten die erforderlichen Rechts- und Verwaltungsvorschriften erlassen müssen, um der Richtlinie vor dem 1.1.1996 nachzukommen. Darüber hinaus müssen sie die Kommission unverzüglich davon in Kenntnis setzen und in den nationalen Umsetzungsvorschriften auf die Richtlinie Bezug nehmen. Diese beiden Pflichten, die Notifizierungspflicht und die Zitierpflicht, sind häufig in Richtlinien zu finden. Es handelt sich um „Hilfspflichten" bei der Umsetzung von Richtlinien, die der Kommission die Kontrolle der Umsetzung und dem Rechtsanwender die richtlinienkonforme Auslegung erleichtern sollen.[203]

Art. 15 RL legt fest, dass die Richtlinie am zwanzigsten Tag nach ihrer Veröffentlichung im Amtsblatt der EG in Kraft tritt,[204] und **Art. 16 RL** sieht im Einklang mit Art. 249 III EGV vor, dass die Richtlinie an die Mitgliedstaaten gerichtet ist.

---

[202] Bericht der Kommission vom 30.5.2002 an das Europäische Parlament und den Rat über die Anwendung der Richtlinie 94/80/EG über die Ausübung des aktiven und passiven Wahlrechts bei den Kommunalwahlen, KOM (2002) 260 endg.

[203] Vgl. *Jarass*, Grundfragen der innerstaatlichen Bedeutung des EG-Rechts, S. 62 f.

[204] Die Richtlinie wurde im ABl. EG Nr. L 368/38 vom 31.12.1994 veröffentlicht und trat damit am 20.1.1995 in Kraft.

2. Die Vereinbarkeit der Richtlinie mit dem EG-Vertrag

Die erlassene Kommunalwahlrichtlinie konkretisiert das Unionsbürgerwahlrecht nur dann auf rechtmäßige Weise, wenn sie sich im Rahmen der vertraglichen Ermächtigung des Art. 19 I EGV hält und auch sonst mit höherrangigem Gemeinschaftsrecht vereinbar ist. Denn die Richtlinie geht als sekundäres Gemeinschaftsrecht dem primären Gemeinschaftsrecht – d.h. dem Vertrag und den allgemeinen Rechtsgrundsätzen des Gemeinschaftsrechts – im Rang nach.[205] Zur gerichtlichen Kontrolle durch den Europäischen Gerichtshof stehen als Verfahrensarten die Nichtigkeitsklage (zur Direktkontrolle einer Norm) und das Vorabentscheidungsverfahren (zur Inzidentkontrolle nach Vorlage durch ein nationales Gericht) zur Verfügung. Im Folgenden sollen die problematischen Punkte der Richtlinie näher untersucht werden. Dabei kann zwischen formeller und materieller Rechtmäßigkeit unterschieden werden.

a) Zur formellen Rechtmäßigkeit der Richtlinie

Die Richtlinie ist bereits in formeller Hinsicht angreifbar, da im Hinblick auf **Art. 12 II RL** das vorgeschriebene Rechtsetzungsverfahren für den Erlass von Sekundärrecht nicht eingehalten wurde. Nach Art. 8 b I 2 EGV in der Fassung des Maastrichter Vertrages hatte der Rat die Einzelheiten des Kommunalwahlrechts nach **Anhörung** des Europäischen Parlaments festzulegen. Die Ausnahmeregelung des Art. 12 II RL ist jedoch ohne diese Anhörung in den Text der Richtlinie aufgenommen worden.[206] Zwar hatte das Europäische Parlament zum Richtlinienvorschlag der Kommission Stellung genommen.[207] Die „belgische Ausnahme" war in diesem Vorschlag aber noch nicht enthalten gewesen. Sie wurde erst später, sprichwörtlich im letzten Augenblick,[208] in den Text eingefügt, ohne dass das Parlament darüber informiert worden wäre. Dabei hatte das Parlament in seiner legislativen Entschließung mit Stellungnahme zum Richtlinienvorschlag den Rat ausdrücklich aufgefordert, es erneut zu konsultieren, falls

---

[205] Vgl. z.B. *Schmidt*, in: *von der Groeben/Thiesing/Ehlermann (Hrsg.)*, Kommentar zum EU-/EG-Vertrag, Art. 189 EGV Rn. 21.

[206] Vgl. hierzu die Mitteilung in EuZW 1995, S. 355.

[207] Stellungnahme des Europäischen Parlaments vom 26.10.1994 zum Vorschlag für eine Richtlinie des Rates, ABl. EG Nr. C 323/75 vom 21.11.1994.

[208] So *Schrapper*, DVBl. 1995, S. 1173.

er entscheidende Änderungen des Kommissionsvorschlages beabsichtige.[209] Das Hinzufügen einer bisher nicht vorgesehenen Ausnahmebestimmung, die das Kommunalwahlrecht noch weiter einschränkt, stellt aber eine gewichtige inhaltliche Änderung dar.

Ist – wie hier – eine nach dem Vertrag obligatorische Anhörung unterblieben, so kann vor dem Europäischen Gerichtshof Klage erhoben werden, weil dadurch eine wesentliche Formvorschrift i.S.d. Art. 230 Abs. 2 EGV verletzt worden ist. Denn die Anhörung des Europäischen Parlaments soll diesem eine wirksame Mitwirkung am Gesetzgebungsverfahren der Gemeinschaft ermöglichen und ist daher sowohl für das institutionelle Gleichgewicht als auch für das Demokratieprinzip von Bedeutung.[210] Ziel der **Nichtigkeitsklage** gemäß den Art. 230 ff. EGV ist es, dass der Europäische Gerichtshof den Gemeinschaftsakt für nichtig erklärt. Hier bezog sich der Verfahrensmangel aber nur auf eine einzelne, von der übrigen Richtlinie ohne weiteres abtrennbare Vorschrift. In einem solchen Fall kommt nach der Rechtsprechung des EuGH nur eine Teilnichtigkeit des Rechtsaktes in Betracht.[211] Die Kommunalwahlrichtlinie hätte daher nicht insgesamt für nichtig erklärt werden können, sondern höchstens in Bezug auf Art. 12 II RL. Die zweimonatige Klagefrist für die Nichtigkeitsklage, die mit der Veröffentlichung eines Rechtsakts im Amtsblatt der EG beginnt, ist allerdings für die Kommunalwahlrichtlinie inzwischen abgelaufen.[212] Für ein Vorabentscheidungsverfahren gibt es dagegen keine Frist, so dass dieses Verfahren weiterhin für eine Überprüfung der Kommunalwahlrichtlinie durch den Gerichtshof offen steht.

Das Europäische Parlament hielt die Voraussetzungen für eine Nichtigkeitsklage für gegeben, verzichtete aber im Interesse der Bürger auf eine Klageerhebung,

---

[209] Legislative Entschließung mit der Stellungnahme des Europäischen Parlaments vom 26.10.1994, Punkt 3, ABl. EG Nr. C 323/81 vom 21.11.1994.
[210] *Streinz,* Europarecht, Rn. 310 ff.; *Borchardt,* Die rechtlichen Grundlagen der Europäischen Union, S. 113; vgl. EuGHE 1980, 3333 ff. – SA Roquette Frères.
[211] EuGHE 1972, 483 ff. – Jamet.
[212] *Genevois,* RFD adm. 1998, S. 685.

um die Umsetzung der Richtlinie nicht zu blockieren.[213] Stattdessen verlieh es seinem Protest durch eine spezielle **legislative Entschließung** Ausdruck. Darin kritisierte es die Art und Weise, wie Art. 12 II RL in den Text der Richtlinie aufgenommen wurde. Dadurch sei jede Debatte in der Öffentlichkeit verhindert und das Parlament an der legitimen Ausübung seiner Befugnisse gehindert worden. In einer weiteren Passage äußerte das Europäische Parlament sein Bedauern über *„jede Maßnahme eines Mitgliedstaats, der sich hinter dem Buchstaben des Gesetzes verschanzt, um eine ungerechtfertigte materielle Diskriminierung von Unionsbürgern zu decken."*[214] Diese allgemein gehaltene Formulierung könnte im Zusammenhang mit Art. 12 II RL als eine – nachträgliche – inhaltliche Stellungnahme zur „belgischen Ausnahme" interpretiert werden. Dies könnte dann bedeuten, dass das Parlament die Ausnahme auch inhaltlich wegen Verletzung des Diskriminierungsverbots ablehnt und Belgien nahe legt, von der geltenden Ausnahmemöglichkeit des Art. 12 II RL keinen Gebrauch zu machen. Starker Protest gegen die „belgische Ausnahme" kam zudem von Seiten der Vertretungskörperschaft der französischsprachigen Belgier. Dabei wies sie darauf hin, dass gerade viele EG-Beamte, die in der Peripherie von Brüssel wohnen, durch die Ausnahme vom Kommunalwahlrecht für Unionsbürger ausgeschlossen würden.[215]

Als Zwischenergebnis bleibt festzuhalten, dass Art. 12 II RL wegen der unterbliebenen Anhörung des Europäischen Parlaments bereits formell rechtswidrig ist. Folglich ist zu begrüßen, dass Belgien bisher davon Abstand genommen hat, sich auf die vorher mühsam durchgesetzte Ausnahmeregelung auch tatsächlich zu berufen.[216] Der Verfahrensfehler in Bezug auf Art. 12 II RL greift allerdings

---

[213] So die Erklärung des Präsidenten des Rechtsausschusses, Carlo Casini, in der Plenarsitzung des Europäischen Parlaments vom 4.4.1995 (zitiert nach *Dollat,* Libre circulation des personnes et citoyenneté européenne, S. 499), also zu einem Zeitpunkt, zu dem die Klagefrist für eine Nichtigkeitsklage durch das Europäische Parlament bereits abgelaufen war.

[214] Entschließung des Europäischen Parlaments vom 5.4.1995 zu der Richtlinie 94/80/EG des Rates, ABl. EG Nr. C 109/40 vom 1.5.1995 (das wörtliche Zitat betrifft Punkt 6 auf S. 41); Gesamtbericht EU 1995, Ziff. 4.

[215] Vgl. *Dollat,* Libre circulation des personnes et citoyenneté européenne, S. 499.

[216] Nach dem Bericht der Kommission gemäß Art. 12 IV der Richtlinie 94/80/EG hat nur Luxemburg Ausnahmeregelungen gemäß Art.12 RL erlassen, vgl. KOM (1999) 597 und Bull. EU 11-1999, Ziff. 1.1.1.

nicht auf die übrigen Teile der Richtlinie über, so dass nur eine Teilrechtswidrigkeit der Richtlinie vorliegt.

b) Zur materiellen Rechtmäßigkeit des Art. 5 III RL

Geht es um die materielle Rechtmäßigkeit der Richtlinie, so steht keine andere Vorschrift so im Kreuzfeuer der Kritik wie **Art. 5 III RL**. Nach Art. 5 III 1 RL können die Mitgliedstaaten bestimmen, dass nur ihre eigenen Staatsangehörigen in die Ämter des Leiters des Exekutivorgans, seines Vertreters oder eines Mitglieds des leitenden kollegialen Exekutivorgans wählbar sind. Art. 5 III 2 RL erlaubt diesen sog. „Staatsbürgervorbehalt" auch für die vorübergehende und vertretungsweise Wahrnehmung dieser Amtsaufgaben, und Art. 5 III 3 RL verlangt, dass die Vorschriften der Mitgliedstaaten in Bezug auf den Staatsbürgervorbehalt den Vertrag und die allgemeinen Prinzipien des Rechts beachten und geeignet, erforderlich und verhältnismäßig sein müssen. In der Präambel der Richtlinie wird die Möglichkeit, bestimmte Exekutivämter den eigenen Staatsangehörigen vorzubehalten, damit begründet, dass die Aufgaben des Exekutivorgans die Teilnahme an der Ausübung der Staatsgewalt und die Wahrung der allgemeinen Interessen umfassen können.[217]

Die bisherige deutsche **Rechtsprechung** hält Art. 5 III RL für primärrechtskonform.[218] Hervorzuheben ist, dass auch das Bundesverfassungsgericht von der Rechtmäßigkeit der Option in Art. 5 III RL ausgeht. Denn das BVerfG hat sich in einem Beschluss der fachgerichtlichen Auslegung des Gemeinschaftsrechts angeschlossen, welche Art. 5 III RL als vertragskonform eingestuft hatte. In der **Literatur** dagegen wird vielfach die Ansicht vertreten, dass Art. 5 III RL mit Art. 19 I EGV nicht vereinbar ist,[219] weil er die Reichweite der Wahlrechtsgarantie zu stark einschränkt. Im Wesentlichen bieten sich drei mögliche

[217] Vgl. den 9. Erwägungsgrund in der Präambel der Richtlinie.
[218] BVerfG, NVwZ 1999, S. 293; VG Ansbach, NVwZ 1999, S. 324 ff.; BayVerfGH 50, 76 ff. (allerdings mit stark eingeschränktem Prüfungsmaßstab).
[219] So z.B. *Hasselbach*, ZG 1997, S. 56 f.; *Pieroth/Schmülling*, DVBl. 1998, S. 367 f.; *Wollenschläger/Schraml*, BayVBl. 1995, S. 388; *dies.*, BayVBl. 1996, S. 726; *Laubach*, S. 72 ff.; *Hierl*, S. 131; *Reich*, S. 435. Anderer Ansicht z.B. *Engelken*, BayVBl. 1996, S. 389 f.; *Barley*, S. 86 ff.; *Hilf*, in: *Grabitz/Hilf*, Das Recht der Europäischen Union, Band I, Art. 19 EGV Rn. 16; *Schmitt Glaeser*, BayVBl. 1999, S. 362; *Gundel*, DÖV 1999, S. 357 f.

Ansatzpunkte dafür, dass der Rat die Grenzen seiner Ausgestaltungsfreiheit überschritten hat.

Zum einen wird erörtert, ob die umstrittene Richtlinienbestimmung eine zulässige **Ausnahmeregelung nach Art. 19 I 2 EGV** darstellt.[220] Art. 19 I 2 EGV gestattet Ausnahmeregelungen, wenn diese aufgrund *besonderer* Probleme *eines* Mitgliedstaats gerechtfertigt sind. Auf diese Konstellation eines länderspezifischen Problems passt Art. 5 III RL jedoch nicht.[221] Denn die Einführung der Wählbarkeit von EG-Ausländern in kommunale Spitzenämter ist für alle oder zumindest die Mehrzahl der Mitgliedstaaten mit Schwierigkeiten verbunden.[222] Zudem beschränkt Art. 5 III RL ganz allgemein die Reichweite des garantierten Wahlrechts. Selbst Ausnahmeregelungen dürfen sich aber nur auf die Modalitäten der Wahlrechtsausübung beziehen, müssen aber die Garantie des Wahlrechts an sich unberührt lassen.[223] Auch dürfen Ausnahmebestimmungen nur vorübergehende, eng begrenzte Maßnahmen vorsehen, und es muss regelmäßig überprüft werden, ob die Ausnahmen weiterhin gerechtfertigt sind.[224] Zudem ist Art. 5 III RL in der Regelungssystematik der Richtlinie nicht im Kapitel „Ausnahme- und Übergangsregelungen" zu finden, sondern im Kapitel „Allgemeines". Die Richtlinie ordnet also von Wortlaut und Systematik her nur die Vorschrift des Art. 12 RL als eine Ausnahmebestimmung i.S.d. Art. 19 I 2 EGV ein.[225] Damit scheidet die Einstufung des Art. 5 III RL als eine zulässige Ausnahmevorschrift aus.[226]

Handelt es sich nicht um eine Ausnahmevorschrift, so gilt nach einer weiteren Auffassung erst recht, dass der Rat gemäß Art. 19 I 2 EGV nur **Einzelheiten der**

---

[220] Von einer zulässigen Ausnahme gehen anscheinend aus *Kaufmann-Bühler*, in: *Lenz (Hrsg.)*, EGV-Kommentar, Art. 19 Rn. 7 und *Scholz*, in: *Maunz/Dürig*, Grundgesetz-Kommentar, Art. 28 Rn. 41 e; *Nierhaus*, in: *Sachs (Hrsg.)*, Grundgesetz-Kommentar, Art. 28 Rn. 24; BayVerfGH 50, 76 (101).

[221] Vgl. z.B. *Laubach*, S. 73; *Hasselbach*, ZG 1997, S. 51 und 56 f.; *Hierl*, S. 127 ff.

[222] *Hasselbach*, ZG 1997, S. 51 und 56 f.

[223] *Degen*, DÖV 1993, S. 756. Ähnlich *Kaufmann-Bühler*, in: *Lenz (Hrsg.)*, EGV-Kommentar, Art. 19 Rn. 6.

[224] *Haag*, in: *von der Groeben/Thiesing/Ehlermann (Hrsg.)*, Kommentar zum EU-/EG-Vertrag, Art. 8 b EGV Rn. 11; *Degen*, DÖV 1993, S. 756 f.

[225] Vgl. VG Ansbach, NVwZ 1999, S. 324 (325 f.).

[226] So wohl auch VG Ansbach, NVwZ 1999, S. 324 (325 f.).

Ausübung des Wahlrechts festlegen, nicht aber das Wahlrecht partiell ausschließen darf. Art. 5 III RL, der es den Mitgliedstaaten ermöglicht, Unionsbürger von kommunalen Exekutivämtern auszuschließen, schränke jedoch das passive Wahlrecht wesentlich ein und verletze damit Art. 19 I EGV.[227] Das Problem dieser Argumentation liegt jedoch darin, dass sie den Art. 5 III RL isoliert betrachtet. Ob dieser Artikel tatsächlich das von Art. 19 I EGV vorgesehene Wahlrecht teilweise wieder ausschließt, hängt indes vor allem davon ab, in welchem Umfang Art. 19 I EGV das Wahlrecht überhaupt gewährleistet.

Damit bleibt als letzte Angriffsfläche der durch die Richtlinie definierte **Anwendungsbereich des Wahlrechts**. Theoretisch sind bezüglich des Umfangs des Kommunalwahlrechts zweierlei Arten von Verstößen gegen höherrangiges Gemeinschaftsrecht denkbar: Einmal kann es sein, dass die Richtlinie den Anwendungsbereich des kommunalen Wahlrechts für Unionsbürger zu eng fasst. Dann wäre die Richtlinie defizitär, d.h. sie würde das vertraglich vorgesehene Recht nur unzureichend gewährleisten. Es ist aber auch der genau entgegengesetzte Verstoß möglich, nämlich dass die Richtlinie den Anwendungsbereich des kommunalen Wahlrechts über die Garantie in Art. 19 I EGV hinaus ausdehnt, so dass der überschießende Teil von der vertraglichen Ermächtigung in Art. 19 I EGV nicht mehr gedeckt ist. Nach dem Prinzip der begrenzten Einzelermächtigung darf die Gemeinschaft aber nur sekundärrechtliche Regelungen treffen, soweit diese von einer vertraglichen Rechtsgrundlage gedeckt sind (vgl. Art. 5 I, 249 I EGV).[228] Ansonsten fehlt ihr die Verbandskompetenz, und zur Regelung sind nur die Mitgliedstaaten befugt. Um rechtmäßig zu sein, darf die Richtlinie also im Hinblick auf Art. 19 I EGV die Reichweite des Kommunalwahlrechts für Unionsbürger weder zu eng noch zu weit fassen.

Der Anwendungsbereich der Richtlinie wird im Wesentlichen durch das Zusammenspiel der Definition der Kommunalwahlen in Art. 2 I lit. b RL einerseits und durch die Ausschlussregelung in Art. 5 III RL andererseits bestimmt. Es fällt auf, dass die Definition der Kommunalwahlen in Art. 2 I lit. b RL zwar an-

---

[227] *Wollenschläger/Schraml*, BayVBl. 1995, S. 387 f.
[228] *Bleckmann*, Europarecht, S. 149 f.

dere Wahlen als diejenigen zu den Kommunalvertretungen einbezieht, allerdings mit einer Abstufung: die allgemeinen, unmittelbaren Wahlen zu den Vertretungskörperschaften gehören zwingend zum Anwendungsbereich der Richtlinie, Wahlen zu den Ämtern der lokalen Exekutive dagegen nur *„gegebenenfalls gemäß den Rechtsvorschriften jedes Mitgliedstaats"*. Damit ist die Definition in der Richtlinie nicht abschließend, sondern enthält eine Verweisung auf das jeweilige nationale Recht. Demnach eröffnet die Richtlinie Unionsbürgern grundsätzlich dann das aktive und passive Wahlrecht zu kommunalen Exekutivorganen, wenn und soweit nach nationalem Recht entsprechende Positionen durch allgemeine, unmittelbare Wahlen besetzt werden. Art. 5 III 1 RL räumt den Mitgliedstaaten jedoch eine Option ein, die sich auf das passive, nicht aber auf das aktive Wahlrecht zu kommunalen Exekutivämtern bezieht. Erst das Zusammenspiel der Art. 2 I lit. b und 5 III RL ergibt daher, dass die Wählbarkeit in kommunale Exekutivämter vom Anwendungsbereich der Richtlinie von vornherein nur eingeschränkt umfasst ist, weil die Mitgliedstaaten sie unter bestimmten Voraussetzungen ausschließen können.

Mit dieser Definition des Anwendungsbereichs der Richtlinie hat der Rat die **Grenzen der möglichen Interpretation des Begriffs „Kommunalwahl"** nicht überschritten. Denn nach den oben gewonnenen Auslegungsergebnissen zu Art. 19 I EGV gehört das passive Wahlrecht in kommunale Exekutivämter nicht mehr zum Kernbereich des kommunalen Wahlrechts und musste daher nicht zwingend in den Anwendungsbereich der Richtlinie einbezogen werden. Die Auslegungsergebnisse zu Art. 19 I EGV[229] sollen hier problembezogen noch einmal kurz zusammengefasst werden: Schon vom **Wortlaut** her werden unter Kommunalwahlen oft nur die allgemeinen Wahlen zu den kommunalen Vertretungen verstanden, und die beiden **früheren Richtlinienentwürfe** sahen bereits die Möglichkeit des Staatsbürgervorbehalts bei kommunalen Exekutivämtern vor.[230] Die **Rechtsvergleichung** hat zudem ergeben, dass es in den meisten Mitgliedstaaten gar keine Direktwahlen von kommunalen Exekutivspitzen gibt.[231]

---

[229] Oben B II 3.
[230] Vgl. zur genetischen Auslegung auch VG Ansbach, NVwZ 1999, S. 324 (326) und *Engelken*, BayVBl. 1996, S. 390.
[231] Oben B II 3 b.

In der Europäischen Gemeinschaft wird das kommunale Wahlrecht aber auf der Basis der Gegenseitigkeit gewährt. Dieser Aspekt der Gegenseitigkeit kann es rechtfertigen, dass der zwingende Teil des Wahlrechts möglichst weitgehend auf diejenigen Rechte beschränkt wird, die alle Mitgliedstaaten den EG-Ausländern gewähren können, so dass allzu große Unterschiede im Pflichtenkanon der einzelnen Staaten vermieden werden. In diese Richtung kann auch die Begründung des Richtlinienentwurfes verstanden werden, wonach durch die Option des Art. 5 III RL die *„Gleichbehandlung der Mitglieder des lokalen Vollzugsorgans unabhängig davon, ob sie mittelbar oder unmittelbar gewählt werden"*, erreicht werden soll.[232] Mittelbare Wahlen des lokalen Vollzugsorgans fallen von vornherein nicht in den Anwendungsbereich der Richtlinie, so dass die Ämter den eigenen Staatsangehörigen vorbehalten werden dürfen. Gleiches wollte man auch Staaten mit einer Volkswahl der Exekutivspitze erlauben. Denn diese Staaten sind nach der Richtlinie im Gegensatz zu anderen Mitgliedstaaten bereits verpflichtet, EG-Ausländern das aktive Wahlrecht bei der Wahl der Exekutivspitze einzuräumen. Die **systematische Auslegung** gelangte zwar zu dem Ergebnis, dass der Anwendungsbereich des Kommunalwahlrechts nicht mit Rücksicht auf Art. 39 IV EGV reduziert werden muss, da die Freizügigkeit der Arbeitnehmer und das Wahlrecht voneinander unabhängige Unionsbürgerrechte enthalten.[233] Andererseits ist eine solche Rücksichtnahme aber auch nicht unzulässig.[234] So hat die Kommission die Option beim passiven Wahlrecht von Unionsbürgern damit begründet, dass das lokale Vollzugsorgan an der Ausübung von Staatsgewalt und der Wahrung allgemeiner Interessen im Sinn der Rechtsprechung des EuGH zu den Art. 39 IV EGV und Art. 45 EGV teilnehme.[235] Hätte der Rat das passive Wahlrecht zu kommunalen Exekutivämtern in den zwingenden Teil der Richtlinie einbezogen, so hätte er vielleicht mehr als erforderlich in den Bereich nationaler Regelungsautonomie eingegriffen. Schließlich kann nicht von vornherein ausgeschlossen werden, dass die Rechtsstellung der Inhaber kommunaler Exekutivämter in dem einen oder anderen

[232] Begründung des Vorschlags für die Richtlinie 94/80/EG, KOM (94) 38, S. 29.
[233] Vorne unter Punkt B II 3 d.
[234] So auch *Hilf*, in: *Grabitz/Hilf*, Das Recht der Europäischen Union, Band I, Art. 19 EGV Rn. 16.
[235] Begründung des Vorschlags für die Richtlinie 94/80/EG, KOM (94) 38, S. 29; Zweiter Bericht der Kommission über die Unionsbürgerschaft, KOM (97) 230, S. 9.

Mitgliedstaat so ausgestaltet ist, dass die Ämter eher dem staatlichen als dem kommunalen Bereich zuzuordnen sind. Es wäre dann zweifelhaft, ob die Besetzung dieser Positionen noch vom Begriff der Kommunalwahl in Art. 19 I EGV gedeckt ist. Wegen des **Prinzips der begrenzten Einzelermächtigung** würde die Gemeinschaft bei der zwingenden Erstreckung des Kommunalwahlrechts auf diese Ämter Gefahr laufen, die Souveränität eines Mitgliedstaats zu verletzen (vgl. Art. 6 III EUV), was beim passiven Wahlrecht als noch gravierender empfunden wird als beim aktiven Wahlrecht. Zudem sind die Gemeinschaftsorgane auch zu einer gewissen Rücksichtnahme auf die verfassungsrechtlichen Probleme der Mitgliedstaaten verpflichtet. Damit ist Art. 5 III RL mit Art. 19 I EGV vereinbar.

Doch selbst wenn Art. 5 III RL gegen Art. 19 I EGV verstoßen hätte, wäre sehr zweifelhaft, ob die Mitgliedstaaten die Option deshalb nicht hätten wahrnehmen dürfen und direkt durch Art. 19 I EGV verpflichtet gewesen wären, EG-Ausländern das passive Wahlrecht zu den kommunalen Exekutivorganen einzuräumen.[236] Denn das Verwerfungsmonopol für europäische Rechtsnormen liegt beim EuGH,[237] der Art. 5 III RL (jedenfalls bisher) nicht für rechtswidrig erklärt hat. Solange ein europäischer Rechtsakt aber nicht vom EuGH für nichtig erklärt worden ist, bleibt er grundsätzlich voll wirksam, auch um eine einheitliche Anwendung des Gemeinschaftsrechts sicherzustellen. Einzelnen Mitgliedstaaten ist es verwehrt, sich über geltendes Gemeinschaftsrecht hinwegzusetzen, weil sie tatsächlich oder vorgeblich Zweifel an dessen Rechtmäßigkeit haben. Schließlich haben sie ja die Möglichkeit, eine gerichtliche Klärung durch den EuGH herbeizuführen. Allerdings liegt hier insofern ein Sonderfall vor, als es sich bei der streitigen Norm um eine Option handelt. Aufgrund der ohnehin bestehenden Auswahlmöglichkeiten bei der Umsetzung der Richtlinie hätten die Länder selbstverständlich auf die Wahrnehmung der Option auch mit der Begründung verzichten können, dass sie deren Vereinbarkeit mit Primärrecht bezweifeln. Andererseits ginge es wohl zu weit, eine rechtliche Verpflichtung zur uneinge-

[236] Vgl. *Laubach,* S. 73 f., die von „gemeinschaftskonformer Auslegung" spricht; *Wollenschläger/Schraml,* BayVBl. 1996, S. 726; wohl auch *Hierl,* S. 134.
[237] Vgl. z.B. *Hirsch,* NJW 1996, S. 2466.

schränkten Öffnung des passiven Wahlrechts für Unionsbürger anzunehmen, solange der EuGH den Art. 5 III RL nicht für rechtswidrig erklärt hat.[238]

Damit können die Mitgliedstaaten entscheiden, ob sie Unionsbürgern den Zugang zu diesen Ämtern eröffnen oder die Option wahrnehmen möchten. Dabei sind sie allerdings an das Verhältnismäßigkeitsprinzip des Art. 5 III 3 RL gebunden.

c) Zur materiellen Rechtmäßigkeit des Art. 7 RL

Auch die Rechtmäßigkeit der Richtlinienbestimmungen zur Eintragung der EG-Ausländer in das Wählerverzeichnis (auf Antrag oder von Amts wegen) wird kontrovers diskutiert, da diese Bestimmungen gegen den Grundsatz der gleichen Wahlrechtsbedingungen in Art. 19 I EGV verstoßen könnten. Nach dem Grundsatz der Inländergleichbehandlung wäre zu erwarten, dass EG-Ausländer grundsätzlich in gleicher Weise eingetragen werden müssen wie Inländer. Die Richtlinie stellt zum Eintragungsmodus jedoch Sonderregelungen auf. **Art. 7 I RL** sieht vor, dass aktiv wahlberechtigte Unionsbürger ihr Wahlrecht (nur) dann im Wohnsitzmitgliedstaat ausüben, wenn sie eine entsprechende Willensbekundung abgegeben haben. Nach **Art. 7 III RL** können die Mitgliedstaaten, in denen keine Wahlpflicht besteht, die Eintragung der Wahlberechtigten auch von Amts wegen vornehmen. Diese Sonderregelungen könnten gegen den Grundsatz der Inländergleichbehandlung verstoßen, soweit sie den Mitgliedstaaten eine Differenzierung zwischen in- und ausländischen Unionsbürgern erlauben.

In **Mitgliedstaaten mit Wahlpflicht** dürfen ausländische Unionsbürger nach der Richtlinie immer nur auf Antrag in das Wählerverzeichnis eingetragen werden, selbst wenn für Inländer ein solcher Antrag nicht erforderlich ist. Diese Ungleichbehandlung lässt sich jedoch rechtfertigen. Nach Art. 7 II RL besteht die Wahlpflicht nur für diejenigen aktiv wahlberechtigten EG-Ausländer, die sich in das dortige Wählerverzeichnis haben eintragen lassen. Damit schützt das Antragserfordernis im Fall einer Wahlpflicht im Wohnsitzmitgliedstaat die Entscheidungsfreiheit des wahlberechtigten EG-Ausländers, ob er sein Kommunal-

---

[238] Vgl. auch *Engelken*, BayVBl. 1996, S. 390.

wahlrecht im Wohnsitzmitgliedstaat ausüben möchte oder nicht.[239] Die Wahlfreiheit wiederum soll sichergestellt werden, weil in Art. 19 I EGV nur von einem Wahlrecht, nicht aber von einer Wahlpflicht die Rede ist.[240] Da also Art. 19 I EGV neben der Wahlrechtsgleichheit auch die **Wahlrechtsfreiheit** schützt, ist das Antragserfordernis in Mitgliedstaaten mit Wahlpflicht rechtmäßig.

In **Mitgliedstaaten ohne Wahlpflicht** eröffnet Art. 7 III RL die Option, dass EG-Ausländer auch von Amts wegen in das Wählerverzeichnis eingetragen werden können. Aus Art. 7 RL ergibt sich daher, dass Mitgliedstaaten ohne Wahlpflicht grundsätzlich zwischen Amtseintragung und Antragsverfahren wählen können. Im Hinblick auf das Diskriminierungsverbot des Art. 19 I EGV problematisch sind dabei allerdings die Fälle, in denen die Mitgliedstaaten für EG-Ausländer einen anderen Eintragungsmodus vorsehen als für Inländer.

Nach Ansicht der **Kommission** dürfen die Mitgliedstaaten zwar die Amtseintragung von EG-Ausländern nur dann vorschreiben, wenn auch eigene Staatsangehörige von Amts wegen eingetragen werden.[241] Diese restriktive Interpretation des Art. 7 III RL im Fall der Eintragung von Amts wegen lässt sich mit einer Auslegung im Licht des **Diskriminierungsverbots** des Art. 19 I EGV erklären. Dagegen zieht die Kommission nicht die Schlussfolgerung, dass Mitgliedstaaten ohne Wahlpflicht nur dann ein Antragserfordernis für EG-Ausländer vorsehen dürfen, wenn auch für ihre eigenen Staatsangehörigen ein solches Antragserfordernis besteht.[242] Bei dieser Fallkonstellation lässt sie also Differenzierungen zu.

In der **Literatur** wird jedoch diskutiert, ob ein Antragserfordernis nur für EG-Ausländer diese gegenüber Inländern in unzulässiger Weise diskriminiert und daher gegen Art. 19 I EGV verstößt.[243] Denn Art. 19 I EGV gestattet es nicht, zusätzliche Voraussetzungen für das Wahlrecht einzuführen, die sich faktisch so auswirken, dass gerade EG-Ausländern die Ausübung des Wahlrechts erschwert

---

[239] Antwort der Kommission vom 7. Juni 1995, ABl. EG Nr. C 257/20 vom 2.10.1995.
[240] Vgl. die Begründung des Richtlinienvorschlages durch die Kommission, KOM (94) 38, S. 17.
[241] Antwort der Kommission vom 7. Juni 1995, ABl. EG Nr. C 257/20 vom 2.10.1995.
[242] Antwort der Kommission vom 7. Juni 1995, ABl. EG Nr. C 257/20 vom 2.10.1995.
[243] Zweifelnd z.B. *Hasselbach*, ZG 1997, S. 54.

wird.[244] Das Eintragungsverfahren bedeute aber einen zusätzlichen bürokratischen Aufwand und könne Unionsbürger gegenüber Inländern in nicht unerheblicher Weise benachteiligen. Es sei oft kompliziert und aufwendig, was wahlberechtigte Unionsbürger abschrecken könne, ganz abgesehen davon, dass sie vielleicht gar nicht wüssten, dass sie zur Ausübung ihres Wahlrechts rechtzeitig einen Antrag stellen müssen.[245] Nach anderer Ansicht wiederum ist die Eintragung mit Art. 19 I EGV vereinbar, da sie keine unzumutbare Belastung darstellt.[246]

Es liegt auf der Hand, dass ein Antragsverfahren je nach seiner Ausgestaltung im innerstaatlichen Recht eine mehr oder weniger hohe Hürde zur Ausübung des Wahlrechts darstellt und insofern von Nachteil ist. Die Sonderregelungen für die Eintragung der EG-Ausländer sind daher im Hinblick auf den Grundsatz der Inländergleichbehandlung nur rechtmäßig, wenn sie durch **sachliche Gründe** gerechtfertigt werden können.

Die Begründung mit der **Wahlfreiheit** überzeugt in Mitgliedstaaten ohne Wahlpflicht nicht, weil Unionsbürgern auch bei einer Eintragung von Amts wegen die Freiheit verbleibt, von ihrem Kommunalwahlrecht im Wohnsitzmitgliedstaat keinen Gebrauch zu machen, ohne dass ihnen daraus irgendwelche Nachteile erwachsen.

Bei der Europawahl wird das Antragsverfahren damit begründet, dass eine Amtseintragung im Wohnsitzstaat dazu führen könnte, dass der Unionsbürger gegen seinen Willen sein Wahlrecht im Herkunftsstaat verliert. Hintergrund ist, dass die Europawahlrichtlinie bei der Wahl zum Europäischen Parlament ein **doppeltes Wahlrecht** – im Herkunftsstaat und im Wohnsitzstaat – ausschließt. Diese Argumentation lässt sich aber nicht auf die Kommunalwahlrichtlinie übertragen, die ein doppeltes Wahlrecht zulässt und betont, dass das Wahlrecht

---

[244] *Haag*, in: *von der Groeben/Thiesing/Ehlermann (Hrsg.)*, Kommentar zum EU-/EG-Vertrag, Art. 8 b EGV Rn. 7.
[245] *Hasselbach*, ZG 1997, S. 54. Ähnlich auch VG Stuttgart, NVwZ 2000, S. 347 f. (zum Antragserfordernis bei der Europawahl).
[246] *Kaufmann-Bühler*, in: *Lenz (Hrsg.)*, EGV-Kommentar, Art. 19 Rn. 3.

im Wohnsitzmitgliedstaat nicht an die Stelle des Wahlrechts im Herkunftsmitgliedstaat treten soll.[247] Damit können EG-Ausländer durch die Eintragung in das Wählerverzeichnis des Wohnsitzstaates ihr eventuell zusätzlich bestehendes Kommunalwahlrecht im Herkunftsmitgliedstaat nicht verlieren, so dass auch insoweit eine Ungleichbehandlung nicht gerechtfertigt ist.

Als Rechtfertigung für die Benachteiligung kommen je **nach dem Recht der einzelnen Mitgliedstaaten** jedoch **weitere Gründe** in Betracht, etwa dass eine Amtseintragung ausländischer Bürger **praktisch nicht realisierbar** ist, weil den Behörden nicht die nötigen Informationen vorliegen. Denkbar ist auch, dass mit dem Wahlrecht – auch wenn keine Wahlpflicht besteht – eventuell **andere**, nicht unerhebliche **Pflichten** verbunden sind, die EG-Ausländern nicht gegen ihren Willen aufgebürdet werden sollen. Erst eine nähere Betrachtung des innerstaatlichen Rechts, wie sie später noch für Deutschland erfolgen wird, kann Aufschluss darüber geben, ob im jeweiligen Mitgliedstaat solche Differenzierungsgründe tatsächlich bestehen. An dieser Stelle genügt es jedoch festzuhalten, dass sachliche Gründe vorliegen können, die es rechtfertigen, von EG-Ausländern einen Antrag auf Eintragung in das Wählerverzeichnis zu verlangen, obwohl Inländer von Amts wegen eingetragen werden.

Als Ergebnis lässt sich zusammenfassen, dass Art. 7 I und III RL rechtmäßig sind.[248] Sie sind aber primärrechtskonform auszulegen, so dass ein unterschiedliches Verfahren bei der Eintragung in das Wählerverzeichnis nur dann zulässig ist, wenn sachliche Differenzierungsgründe vorliegen.

3. Zusammenfassung und Bewertung

Die Richtlinie, die die Einzelheiten des Kommunalwahlrechts für Unionsbürger festlegt, ist weitgehend rechtmäßig. Allerdings wurde die Vorschrift des **Art. 12 II RL**, die Belgien Ausnahmen gestattet, ohne Anhörung des Europäischen Parlaments nachträglich in den Text der Richtlinie eingefügt. Dieser Fehler im Rechtsetzungsverfahren führt zur Rechtswidrigkeit des Art. 12 II RL. Im Übri-

[247] 6. Erwägungsgrund der Richtlinie.
[248] Im Ergebnis ebenso *Hierl*, S. 92.

gen steht die Richtlinie jedoch im Einklang mit dem Primärrecht. Dies gilt insbesondere auch für **Art. 5 III RL**, wonach die Mitgliedstaaten leitende Ämter des kommunalen Exekutivorgans den eigenen Staatsangehörigen vorbehalten dürfen. Denn der Rat hatte bei der Konkretisierung des Begriffs „Kommunalwahlen" (Art. 19 I EGV) einen gewissen Spielraum, den er hier in zulässiger Weise zu einer Optionslösung genutzt hat. Damit hat der Richtliniengeber ein Vorgehen gewählt, das häufig bei multilateralen völkerrechtlichen Verträgen anzutreffen ist. Dabei wird eine nicht konsensfähige Regelung zwar in den Anwendungsbereich einbezogen, einzelnen Vertragsstaaten aber ein „opting out" ermöglicht. Tatsächlich ist die Option in Art. 5 III RL das Ergebnis eines Kompromisses der Mitgliedstaaten. Denn einigen ging die Regelung zu weit, anderen aber nicht weit genug.[249]

Auch sonst zeigt die Richtlinie **Kompromisscharakter** und hält sich, auch mit Rücksicht auf das Verhältnismäßigkeitsprinzip, in ihrer Regelungsintensität zurück.[250] Sie enthält zwar verbindlich in nationales Recht umzusetzende Pflichtinhalte, belässt den Mitgliedstaaten aber teilweise auch eigene Entscheidungsspielräume.[251] Denn die Richtlinie musste nicht nur den Vorgaben des EGV entsprechen, sondern sollte auch eine Lösung darstellen, die auf die verfassungsrechtlichen und politischen Schwierigkeiten der Mitgliedstaaten möglichst Rücksicht nimmt und sowohl der Vielfalt der Kommunalsysteme in Europa als auch den divergierenden politischen Vorstellungen der Mitgliedstaaten über die nähere Ausgestaltung des Kommunalwahlrechts gerecht wird.

Ausdruck des Kompromisscharakters sind zunächst die vielen **optionalen Regelungen** der Richtlinie, die den Mitgliedstaaten verschiedene Gestaltungsmöglichkeiten bieten. Solche Optionen finden sich außer in Art. 5 III RL auch in Art. 5 I, II RL (Ausschluss von der Wählbarkeit bei Wahlausschlussgründen im Herkunftsstaat), Art. 6 II RL (Unvereinbarkeitsregelungen), Art. 7 III RL (Eintragung in das Wählerverzeichnis), Art. 8 II und 9 II RL (Erfordernis besonderer Erklärungen und Nachweise als Voraussetzung für das aktive und passive Wahl-

[249] *Schrapper*, DVBl. 1995, S. 1171.
[250] Vgl. *Wegmann*, Kommunalpraxis Bayern 1995, S. 368.
[251] *Klang*, DNV 1996, S. 26.

recht) sowie in Art. 12 I, II RL (Ausnahmevorschriften für Belgien und Luxemburg).

Kennzeichnend für die Richtlinie ist auch, dass **Reichweite und Modalitäten des Wahlrechts** in gewissem Umfang **vom nationalen Recht der Mitgliedstaaten abhängig** sind, die beispielsweise über das Staatsangehörigkeitsrecht und die Definition des Begriffes „Wohnsitz“[252] einen Einfluss darauf haben, wer in den Genuss des Kommunalwahlrechts gelangt. Auch die sog. „Anhanglösung“ ermöglichte es, die lokale Gebietskörperschaft der Grundstufe unter Berücksichtigung mitgliedstaatlicher Besonderheiten und Wünsche zu konkretisieren. Zudem sieht die Richtlinie das Kommunalwahlrecht jeweils nur unter den Bedingungen vor, die in dem betreffenden Mitgliedstaat auch für Inländer gelten.

Durch ihre sehr knappe Fassung schafft die Richtlinie **offene Fragen**. Unklar ist insbesondere, wie in den von der Richtlinie nicht ausdrücklich erfassten Fällen (z.B. mittelbare Wahlen, kommunale Abstimmungen, Wahlen in besonderen Gemeindeverbänden) zu verfahren ist. Hier hat sich vielleicht auch ausgewirkt, dass der Richtlinienentwurf von der Kommission unter großem Zeitdruck ausgearbeitet werden musste.[253]

IV. Die rechtliche Wirkung von Art. 19 I EGV und der Richtlinie in den Mitgliedstaaten

Nachdem die europarechtlichen Vorschriften zum Kommunalwahlrecht für Unionsbürger dargestellt worden sind, stellt sich die Frage, wie sie sich auf das Recht der Mitgliedstaaten ausgewirkt haben. Dies betrifft die grundsätzliche **Frage des Verhältnisses von Gemeinschaftsrecht und nationalem Recht.** Nach der Rechtsprechung des Europäischen Gerichtshofes handelt es sich beim Gemeinschaftsrecht um eine eigenständige Rechtsordnung, die sich vom klassi-

---

[252] Vgl. *Oliver,* CML Rev. 1996, S. 483 und 493.
[253] Vgl. *Schrapper,* DVBl. 1995, S. 1169.

schen Völkerrecht durch ihre Höherrangigkeit und die Möglichkeit der unmittelbaren Geltung in den Mitgliedstaaten unterscheidet. Gilt eine europäische Bestimmung unmittelbar gegenüber den Bürgern, dann entfaltet sie ab ihrem Inkrafttreten in allen Mitgliedstaaten einheitlich ihre Wirkung. Die Bürger können sich darauf berufen, ohne dass ein nationaler Transformationsakt erfolgt ist. In seinem Regelungsbereich geht das Gemeinschaftsrecht jeglichem nationalem Recht vor, sogar nationalem Verfassungsrecht.[254] Dieser Vorrang des Gemeinschaftsrechts wird als „Anwendungsvorrang" bezeichnet,[255] weil entgegenstehendes nationales Recht bei einem Widerspruch zum Europarecht nicht nichtig ist, sondern nur unanwendbar. Dieser Vorrang ist auch vom Bundesverfassungsgericht im Grundsatz anerkannt.[256]

1. Zur unmittelbaren Wirkung von Art. 19 I EGV und der Richtlinie

Als erstes stellt sich die Frage, ob bereits **Art. 19 I EGV** unmittelbare Wirkung gegenüber den Bürgern entfaltet.[257] Dies würde bedeuten, dass EG-Ausländer direkt aus dem Vertrag einen Anspruch auf Teilnahme an den Kommunalwahlen hätten. Weitere Rechtsakte bzw. eine Transformation in nationales Recht wären hierzu nicht erforderlich, und entgegenstehendes nationales Recht würde durch den Anwendungsvorrang des Art. 19 I EGV verdrängt. Eine unmittelbare Wirkung setzt allerdings voraus, dass die entsprechende Norm des Gemeinschaftsrechts hinreichend klar und eindeutig ist. Auch muss sie „vollständig" sein, d.h. für ihre Anwendung dürfen keine weiteren Maßnahmen mehr erforderlich sein, die im Ermessen der Gemeinschaftsorgane oder der Mitgliedstaaten stehen, und

[254] EuGHE 1963, 1 ff. – van Gend & Loos; EuGHE 1964, 1251 ff. – Costa/E.N.E.L; EuGHE 1970, 1125 ff. – Internationale Handelsgesellschaft; EuGHE 1978, 629 ff. – Simmenthal; vgl. auch *Schmidt*, in: *von der Groeben/Thiesing/Ehlermann (Hrsg.)*, Kommentar zum EU-/EG-Vertrag, Art. 189 EGV Rn. 1-11; *Borchardt*, Die rechtlichen Grundlagen der Europäischen Union, S. 62.

[255] Vgl. z.B. *Schweitzer*, Staatsrecht III, Rn. 49; *Sieveking*, DÖV 1993, S. 457; *Hirsch*, NJW 1996, S. 2458.

[256] So z.B. BVerfGE 73, 339 (375).

[257] Ablehnend z.B. *Kaufmann-Bühler*, in: *Lenz (Hrsg.)*, EGV-Kommentar, Art. 19 Rn. 1; *Degen*, DÖV 1993, S. 752; *Schnedl*, ÖJZ 1995, S. 854 (Fn. 122); *Roller*, S. 19 ff.; *Laubach*, S. 69 f.; *Geiger*, EUV/EGV, Art. 17 EGV Rn. 3; *Engelken*, Kommentar zur Verfassung von Baden-Württemberg, Art. 72 Rn. 4 (Fn. 1).

ihre Ausführung darf nicht an eine Bedingung geknüpft sein.[258] Der EuGH hat bereits bei einigen Vertragsbestimmungen deren unmittelbare Wirkung festgestellt; zu Art. 19 I EGV liegt aber noch keine Entscheidung vor. Es spricht jedoch vieles die gegen unmittelbare Geltung dieser Vorschrift. Zunächst einmal zeigen schon die vielen Auslegungsmöglichkeiten des Begriffs „Kommunalwahlen“,[259] dass die Norm nicht hinreichend klar und bestimmt ist. Außerdem ist Art. 19 I EGV keine „vollständige“ Norm, da er ausdrücklich eine Konkretisierung durch Sekundärrecht vorsieht und der Rat bei dieser Konkretisierung einen gewissen Spielraum hatte. Zudem setzte Art. 8 b I 2 EGV in der Fassung des Maastrichter Vertrages eine Frist für den Erlass des Sekundärrechts, und es ist davon auszugehen, dass eine Vertragsbestimmung, die Fristen zu ihrer Ausführung einräumt, nicht sofort ab ihrem Inkrafttreten Rechte für die Unionsbürger begründen will. Der damalige Art. 8 b I EGV verpflichtete damit zunächst nur die Gemeinschaftsorgane zum Erlass von Durchführungsbestimmungen, ohne bereits selbst einklagbare Rechte für die Unionsbürger zu gewähren. Dies entspricht im Übrigen auch dem historischen Willen der Vertragsparteien bei der Regierungskonferenz.[260]

Auch die **Kommunalwahlrichtlinie** entfaltet grundsätzlich keine unmittelbare Wirkung gegenüber den Bürgern. Denn Richtlinien sind besondere Rechtsakte, die dadurch charakterisiert sind, dass sie von den Mitgliedstaaten erst eine Umsetzung in nationales Recht verlangen (Art. 249 III EGV). Allerdings können Richtlinien, die trotz Ablaufs der Umsetzungsfrist nicht oder nur unzureichend umgesetzt worden sind, unter bestimmten Umständen ausnahmsweise doch unmittelbare Wirkung für den Bürger entfalten, so dass der Bürger sich vor Gericht auf die Richtlinie berufen kann. Nach der Rechtsprechung des EuGH setzt dies voraus, dass die Vorschriften unbedingt und hinreichend genau formuliert sind. Das heißt, dass die Richtlinie „self-executing“ sein muss, es muss sich also direkt aus der Richtlinie eine Rechtsposition für einzelne ergeben und der nationale Gesetzgeber darf insoweit keinen Umsetzungsspielraum mehr haben. So-

[258] EuGHE 1963, 1 ff. – van Gend & Loos; EuGHE 1966, 257 ff. – Lütticke; EuGHE 1994 I, 497 ff. – Lombardia.
[259] Siehe vorne Punkt B II 3.
[260] So *Degen*, DÖV 1993, S. 752 (Fn. 19).

weit eine Richtlinie den Bürger belastet, ist eine unmittelbare Wirkung allerdings ausgeschlossen.[261] Die Frage der unmittelbaren Wirkung der Kommunalwahlrichtlinie ist vom Europäischen Gerichtshof noch nicht entschieden worden. Dass er bisher nicht damit befasst wurde, liegt auch daran, dass den Bürgern aus Verzögerungen bei der Umsetzung der Richtlinie erst dann akute Nachteile entstehen können, wenn eine Kommunalwahl anberaumt ist. In der Literatur wird eine unmittelbare Wirkung der Kommunalwahlrichtlinie meist grundsätzlich für möglich gehalten.[262] Die Umsetzungsfrist ist am 1.1.1996 abgelaufen, und die Richtlinie begründet konkrete Rechte für die EG-Bürger. Die Richtlinie ist auch relativ detailliert und legt die Reichweite des Kommunalwahlrechts und die Modalitäten der Wahl weitgehend selbst fest. Meist genügt es, die bestehenden nationalen wahlrechtlichen Regelungen unter Anwendung des Grundsatzes der Inländergleichbehandlung auch auf die EG-Ausländer zu erstrecken. Allerdings enthält die Richtlinie auch einige Optionen, bei denen den Mitgliedstaaten ein Umsetzungsspielraum verbleibt. Daher kann die Richtlinie nicht insgesamt, sondern höchstens im Hinblick auf ihre zwingenden Bestandteile unmittelbare Wirkung entfalten.[263] Zudem sind von der unmittelbaren Wirkung der Richtlinie auch die den Bürger belastenden Vorschriften, wie diejenigen zur Wahlpflicht, ausgeschlossen.

2. Die Pflicht der Mitgliedstaaten zur Umsetzung der Richtlinie

Doch selbst wenn der einzelne sich nach Ablauf der Umsetzungsfrist unmittelbar auf die Richtlinie berufen kann, befreit dies die Mitgliedstaaten nicht von ihrer Pflicht, die Richtlinie ordnungsgemäß in innerstaatliches Recht umzusetzen.[264]

---

[261] *Streinz*, Europarecht, Rn. 394 ff.; vgl. z.B. EuGHE 1974, 1337 ff. – van Duyn; EuGHE 1986, 723 ff. – Marshall.

[262] So z.B. *Fischer*, NVwZ 1995, S. 457; *Engelken*, Kommentar zur Verfassung von Baden-Württemberg, Art. 72 Rn. 4 (Fn. 1); *Laubach*, S. 70 f.; *Hasselbach*, ZG 1997, S. 59; *Schnedl*, ÖJZ 1995, S. 853 f.; *Roller*, S. 26 ff. A.a. *Papier*, in: *Magiera (Hrsg.)*, Das Europa der Bürger, S. 37 f. (für den Richtlinienvorschlag von 1988); *Reich*, S. 436.

[263] So auch *Engelken*, DÖV 1996, S. 740 und *Roller*, S. 41 f.

[264] EuGHE 1996 I, 2423 (2430) – Kommission/Deutschland; *Bleckmann*, Europarecht, S. 174.

Nach **Art. 249 III EGV** ist die Richtlinie für jeden Mitgliedstaat, an den sie gerichtet wird, hinsichtlich des zu erreichenden Ziels verbindlich, überlässt jedoch den innerstaatlichen Stellen die Wahl der Form und der Mittel. Die Mitgliedstaaten sind gemäß Art. 249 III EGV sowie dem Prinzip der Gemeinschaftstreue in Art. 10 I 1 EGV verpflichtet, die Richtlinie ordnungsgemäß in innerstaatliches Recht umzusetzen. Dabei ist das Ziel der Richtlinie für sie verbindlich vorgegeben, während sie bei der Wahl der Form und der Mittel grundsätzlich frei sind. Der Europäische Gerichtshof begrenzt durch seine Rechtsprechung diese Freiheit aber insofern, als er verlangt, dass die Mitgliedstaaten diejenige Vorgehensweise zu wählen haben, die für die Gewährleistung der praktischen Wirksamkeit der Richtlinie am besten geeignet ist.[265] Bei der Umsetzung von EG-Richtlinien handelt es sich folglich um eine besondere Form der Gesetzgebungstätigkeit, die durch eine Pflicht zum Normerlass und eine eingeengte inhaltliche Entscheidungsfreiheit des Gesetzgebers gekennzeichnet ist. Die Mitgliedstaaten müssen zur Umsetzung verbindliche innerstaatliche Vorschriften erlassen, die die erforderliche Rechtssicherheit und Rechtsklarheit bieten können. Insbesondere wenn eine Richtlinie den Bürgern Rechte einräumt, muss die Umsetzung so klar und detailliert erfolgen, dass die Betroffenen Kenntnis von ihren Rechten erlangen und diese gegebenenfalls auch vor nationalen Gerichten geltend machen können. Die Umsetzung muss also vor allem Publizität und die Möglichkeit des Rechtsschutzes sicherstellen, indem zwingende Vorschriften geschaffen werden, die den Bürgern einklagbare Rechte einräumen.[266] Hintergrund dieser Betonung der subjektiven Rechte durch den EuGH ist auch, dass die Bürger dafür eingesetzt werden sollen, im Wege von Klagen vor den nationalen Gerichten für die effektive Durchsetzung des Gemeinschaftsrechts zu sorgen. Damit soll ausgeglichen werden, dass die Kommission selbst die Einhaltung des Gemeinschaftsrechts nur unzureichend kontrollieren kann.[267] Wurde eine Richtlinie ordnungsgemäß umgesetzt, so können sich also die Bürger bezüglich der durch das Europarecht für sie vorgesehenen Rechte auf das innerstaatliche Recht berufen.

---

[265] *Jarass*, Grundfragen der innerstaatlichen Bedeutung des EG-Rechts, S. 52.
[266] Vgl. *Streinz*, Europarecht, Rn. 393; EuGHE 1997 I, 1653 ff. – Kommission/Deutschland.
[267] *Jarass*, Grundfragen der innerstaatlichen Bedeutung des EG-Rechts, S. 58.

Die **Kommunalwahlrichtlinie** wiederholt und konkretisiert diese Umsetzungspflicht. In Art. 14 I setzt sie eine Umsetzungsfrist bis zum 1.1.1996 und stellt – im Einklang mit der Rechtsprechung des EuGH – klar, dass die Umsetzung durch den Erlass rechtsverbindlicher Normen zu erfolgen hat. Da die Richtlinie den Unionsbürgern ein individuelles Recht, nämlich das Recht auf Teilnahme an Kommunalwahlen im Aufenthaltsstaat, gewährt, kommt den Geboten der Publizität und der Einklagbarkeit hier besonderes Gewicht zu. In Art. 16 RL heißt es, dass die Richtlinie an „*die* Mitgliedstaaten", also an alle Mitgliedstaaten, gerichtet ist, so dass sich auch für die Bundesrepublik Deutschland eine Umsetzungspflicht ergibt.

Welche innerstaatlichen Stellen für die Umsetzung einer Richtlinie zuständig sind, richtet sich nach der internen **Kompetenzverteilung** der Mitgliedstaaten.[268] In der Bundesrepublik sind die Länder für die Umsetzung der Kommunalwahlrichtlinie zuständig, weil das Kommunalrecht und das Kommunalwahlrecht gemäß Art. 70 GG zu ihrer ausschließlichen Gesetzgebungszuständigkeit gehören. Nach dem Grundgesetz sind die Länder verpflichtet, ihren Zuständigkeitsbereich betreffende EG-Richtlinien ordnungsgemäß umzusetzen.[269]

Nicht ganz klar ist jedoch, ob die **Bundesländer** zusätzlich auch kraft Europarechts zur Umsetzung verpflichtet sein können,[270] ob also die europarechtliche Umsetzungspflicht auch auf die zuständigen nationalen Stellen durchgreifen kann. Zwar sind nur die Mitgliedstaaten als Adressaten der Richtlinie in einem Vertragsverletzungsverfahren wegen Umsetzungsmängeln die richtigen Beklagten, d.h. sie allein müssen im Außenverhältnis zur EG die Verantwortung für eine nicht ordnungsgemäße Umsetzung tragen. Da die Loyalitätspflicht nach Art. 10 EGV aber für alle Träger öffentlicher Gewalt gilt[271] und Art. 249 III

[268] Vgl. *Jarass*, Grundfragen der innerstaatlichen Bedeutung des EG-Rechts, S. 60 f.; *Bleckmann*, Europarecht, S. 423.
[269] Zur Herleitung der verfassungsrechtlichen Umsetzungspflicht vgl. unten C I 3 c.
[270] Ablehnend z.B. *Papier*, in: *Magiera (Hrsg.)*, Das Europa der Bürger, S. 34 sowie *Jahn/Riedel*, ZAR 1989, S. 61. Befürwortend *Geiger*, EUV/EGV, Art. 10 EGV Rn. 24 f.; *Schnedl*, ÖJZ 1995, S. 848 (für die Länder in Österreich).
[271] *Jarass*, Grundfragen der innerstaatlichen Bedeutung des EG-Rechts, S. 61.

EGV selbst die „innerstaatlichen Stellen“ anspricht, die Form und Mittel der Umsetzung wählen sollen, ist ein solcher Durchgriff des Gemeinschaftsrechts auf die Bundesländer zu bejahen. Die Bundesländer sind daher auch kraft Europarechts zur Umsetzung der Kommunalwahlrichtlinie verpflichtet.

Verstößt ein Mitgliedstaat gegen seine Umsetzungspflicht, so kann dies neben der unmittelbaren Wirkung der Richtlinie noch andere Konsequenzen haben. So kann ein **Vertragsverletzungsverfahren** nach Art. 226 EGV bzw. 227 EGV gegen den säumigen Mitgliedstaat eingeleitet werden, das nach einem Vorverfahren zu einer Gerichtsentscheidung durch den EuGH führen kann. Stellt der Europäische Gerichtshof einen Vertragsverstoß fest, so hat der Staat die sich aus dem Urteil ergebenden Maßnahmen zu ergreifen. Anderenfalls kann das Gericht die Zahlung eines Pauschalbetrages oder eines Zwangsgeldes verhängen (Art. 228 EGV). Dabei kann ein Mitgliedstaat vorhandene Umsetzungsdefizite nicht damit rechtfertigen, dass etwa aufgrund des innerstaatlichen Rechts besondere Umsetzungsprobleme bestehen oder dass auch andere Mitgliedstaaten die Richtlinie nicht rechtzeitig umgesetzt haben („tu quoque-Einwand“).[272]

3. Überblick über die Umsetzung der Richtlinie in den Mitgliedstaaten

Im Folgenden soll daher kurz rechtsvergleichend betrachtet werden, wie die Mitgliedstaaten der Europäischen Union ihre Pflicht zur Umsetzung der Richtlinie in innerstaatliches Recht erfüllt haben. Da es sich bei dem Kommunalwahlrecht für Unionsbürger um ein vertraglich vereinbartes, europäisches Recht handelt, liegt es besonders nahe, den europäischen Kontext zu betrachten. Statt einer flächendeckenden Untersuchung sollen dabei hier jedoch nur exemplarisch einige, im Vergleich mit Deutschland besonders interessante Punkte angesprochen werden. Um eine Gegenüberstellung zu ermöglichen, werden daher bereits wesentliche Merkmale der Umsetzung der Richtlinie in Deutschland umrissen. Die genauere Analyse der Rechtslage in Deutschland soll dabei jedoch späteren Kapiteln vorbehalten werden.

---

[272] *Streinz*, Europarecht, Rn. 389; vgl. EuGHE 1999 I, 1996 ff. – Niederlande/Kommission.

Vor der Umsetzung der Richtlinie waren die **nationalen Regelungen** der heutigen fünfzehn Mitgliedstaaten im Hinblick auf die Gewährung eines kommunalen Ausländerwahlrechts sehr unterschiedlich. Außer in Deutschland gab es noch in sechs weiteren Staaten überhaupt kein Kommunalwahlrecht für Ausländer (Belgien, Frankreich, Griechenland, Italien, Luxemburg und Österreich). In vier Mitgliedstaaten, nämlich in Dänemark, Irland, den Niederlanden und in Schweden, war unter gewissen Voraussetzungen ein allgemeines kommunales Ausländerwahlrecht anerkannt. In den übrigen vier Staaten (Großbritannien, Finnland, Spanien und Portugal) durften sich jeweils nur Ausländer bestimmter Nationalitäten an den Kommunalwahlen beteiligen.[273]

Entsprechend der unterschiedlichen rechtlichen Ausgangslage waren auch die **Anstrengungen**, welche die Mitgliedstaaten zur Umsetzung der Kommunalwahlrichtlinie unternehmen mussten, unterschiedlich hoch. Dabei hatten erstaunlicherweise einige der Mitgliedstaaten, die zu den Vorreitern der europäischen Integration zählen, die größten Probleme, nämlich Deutschland, Frankreich, Belgien und Luxemburg.[274] Für andere Mitgliedstaaten, wie z.B. Großbritannien, Irland und die Niederlande, bereitete die Transformation dagegen keine besonderen Schwierigkeiten, da das ohnehin vorher schon bestehende Ausländerwahlrecht nur geringfügig modifiziert werden musste oder gar unverändert beibehalten werden konnte.[275] Die relativ tolerante Haltung von Großbritannien und Irland erklärt sich auch durch den vergleichsweise geringen Stellenwert der lokalen Verwaltung in diesen Staaten.[276] Auch andere Faktoren, wie der Ausländeranteil an der Bevölkerung, die allgemeine Ausländerpolitik und unterschiedliche Rechts- und Verfassungstraditionen spielten bei der politischen Durchsetzbarkeit des Kommunalwahlrechts für Unionsbürger eine Rolle.[277]

---

[273] *Haag*, in: *von der Groeben/Thiesing/Ehlermann (Hrsg.)*, Kommentar zum EU-/EG-Vertrag, Art. 8 b EGV Rn. 4.
[274] *Oliver*, CML Rev. 1996, S. 476.
[275] *Hasselbach*, ZG 1997, S. 64; *Koolen*, ZAR 1999, S. 81.
[276] *Oliver*, CML Rev. 1996, S. 476.
[277] Vgl. *Sieveking*, in: *Sieveking u.a. (Hrsg.)*, Das Kommunalwahlrecht für Ausländer, S. 82 f.

a) Verfassungsrechtliche Weichenstellungen in ausgewählten Mitgliedstaaten

Die meisten Mitgliedstaaten wurden – ebenso wie Deutschland – durch Art. 19 I EGV mit erheblichen verfassungsrechtlichen Schwierigkeiten konfrontiert,[278] so dass dieser Artikel eines der Hauptprobleme bei der Ratifikation des Maastrichter Vertrages darstellte.[279] Sowohl in Deutschland als auch in Frankreich und Spanien haben sich die **Verfassungsgerichte** mit dem kommunalen Ausländerwahlrecht befasst, und sind mit unterschiedlichen Begründungen zu dem Ergebnis gekommen, dass die Einführung des Kommunalwahlrechts für Unionsbürger eine Änderung der Verfassung erforderlich macht. Demzufolge haben unter anderem Deutschland, Frankreich und Spanien ihre Verfassungen entsprechend angepasst.[280] Dies lädt dazu ein, die mit dem Kommunalwahlrecht für Unionsbürger verbundenen verfassungsrechtlichen Probleme am Beispiel dieser drei Mitgliedstaaten näher zu beleuchten und einem Vergleich zu unterziehen.

In Deutschland erklärte das **Bundesverfassungsgericht** in zwei **Urteilen vom 31.10.1990** die landesgesetzliche Einführung des Ausländerwahlrechts für verfassungswidrig.[281] Diese Entscheidungen standen zwar nicht unmittelbar im Zusammenhang mit dem Maastrichter Vertrag, das Gericht gab aber in einem obiter dictum bereits im Vorgriff auf die damals im Bereich der Europäischen Gemeinschaften erörterte Einführung eines Kommunalwahlrechts für Ausländer zu verstehen, dass eine Verfassungsänderung insoweit zulässig sei.[282] Die Verfassungswidrigkeit des kommunalen Ausländerwahlrechts begründete das Gericht mit dem Volksbegriff des Art. 28 I 2 GG. Gemäß Art. 28 I 2 GG muss das Volk in den Ländern, Kreisen und Gemeinden eine Vertretung haben, die aus allge-

---

[278] Vgl. den Überblick bei *Cassese,* Der Staat 1994, S. 35 und *Garot,* S. 127 ff.
[279] *Gundel,* DÖV 1999, S. 354.
[280] Verfassungsänderungen gab es z.B. auch in Österreich (vgl. den durch die B-VG-Novelle 1994, BGBl. 1013, neu eingefügten Art. 117 II 4 B-VG) und in Portugal (Lei Constitucional 1/92 vom 25.11.1992, Diário da República, I-A Série, Suplemento der Nr. 273 vom 25.11.1992); vgl. *Hilf,* in: *Grabitz/Hilf (Hrsg.),* Das Recht der Europäischen Union, Band I, Art. 19 EGV Rn. 5.
[281] BVerfGE 83, 37 ff. (Schleswig-Holstein) und BVerfGE 83, 60 ff. (Hamburg); NJW 1991, S. 159 ff., 162 ff.
[282] Vgl. BVerfGE 83, 37 (59); NJW 1991, S. 162 (164 f.). Ausführlicher zu diesen Urteilen unter Punkt C I 1.

meinen, unmittelbaren, freien, gleichen und geheimen Wahlen hervorgegangen ist. Mit diesem „Volk" sei ebenso wie in Art. 20 II GG ausschließlich das deutsche Volk gemeint, weshalb ein kommunales Ausländerwahlrecht gegen die Verfassung verstoße.

Da in Deutschland integrationsbedingte Verfassungsdurchbrechungen grundsätzlich als zulässig betrachtet werden, wäre eine ausdrückliche **Verfassungsänderung** im Zusammenhang mit der Ratifikation des Maastrichter Vertrages vielleicht entbehrlich gewesen. Gleichwohl veranlassten die Urteile dazu, in das Grundgesetz einen **neuen Art. 28 I 3 GG** einzufügen, nach welchem bei Wahlen in Kreisen und Gemeinden auch Personen, die die Staatsangehörigkeit eines Mitgliedstaats der Europäischen Gemeinschaft besitzen, nach Maßgabe von Recht der Europäischen Gemeinschaft wahlberechtigt und wählbar sind.[283]

In dem Stadium zwischen Beschluss des Zustimmungsgesetzes und Hinterlegung der Ratifikationsurkunde wurden Zustimmungsgesetz und verfassungsänderndes Gesetz durch Verfassungsbeschwerden angegriffen. Im sog. **Maastricht-Urteil vom 12.10.1993** hat das Bundesverfassungsgericht beide Gesetze nicht beanstandet.[284] Allerdings wurden die Verfassungsbeschwerden im Hinblick auf das Kommunalwahlrecht für Unionsbürger wegen fehlender Beschwerdebefugnis der Beschwerdeführer für unzulässig erklärt, so dass das Urteil in puncto Kommunalwahlrecht nur wenig aussagekräftig ist.

Das **spanische Verfassungsgericht** (Tribunal Constitucional) dagegen prüfte in einem Verfahren zur präventiven Kontrolle der Verfassungsmäßigkeit völkerrechtlicher Verträge auf Antrag der Regierung ausführlich die Verfassungsmäßigkeit des Art. 8 b EGV im Maastrichter Vertrag. Dabei kam es in seiner verbindlichen **Erklärung vom 1.7.1992** zu dem Schluss, dass die spanische Verfassung zwar ein aktives, aber kein passives Kommunalwahlrecht für Ausländer

---

[283] Gesetz zur Änderung des Grundgesetzes vom 21.12.1992, BGBl. I vom 24.12.1992, S. 2086.

[284] BVerfGE 89, 155 ff. Vgl. hierzu *Tomuschat*, EuGRZ 1993, S. 489 ff.

zuließ.[285] Das Gericht hat das Kommunalwahlrecht für Unionsbürger an verschiedenen Bestimmungen der spanischen Verfassung gemessen. Nach Art. 1 II der spanischen Verfassung ist das spanische Volk, von dem alle Staatsgewalt ausgeht, Träger der nationalen Souveränität. Art. 23 der spanischen Verfassung garantiert den Bürgern das Recht, an den öffentlichen Angelegenheiten direkt oder durch Vertreter, die in periodischen allgemeinen Wahlen frei gewählt werden, teilzunehmen (Art. 23 I), und verleiht ihnen das Recht auf Zugang zu öffentlichen Funktionen und Ämtern unter den Bedingungen der Gleichheit und gemäß den gesetzlichen Bestimmungen (Art. 23 II). Art. 13 II der spanischen Verfassung legte in seiner ursprünglichen Fassung fest, dass *nur Spanier* Inhaber der in Art. 23 anerkannten (politischen) Rechte sind, mit Ausnahme dessen, was unter Berücksichtigung der Gegenseitigkeit für das *aktive* Wahlrecht bei Gemeindewahlen durch Vertrag oder Gesetz festgelegt wird. Die spanische Verfassung erlaubte also nur, Ausländern das *aktive* Wahlrecht bei Gemeindewahlen einzuräumen, was für die Staatsangehörigen Dänemarks, der Niederlande, Norwegens und Schwedens auch bereits geschehen war.[286] Das Tribunal Constitucional hat demzufolge erklärt, dass das *passive* Kommunalwahlrecht für Unionsbürger im Widerspruch zu Art. 13 II der Verfassung steht.[287] Dagegen hat das Gericht keinen Verstoß gegen Art. 23 II und Art. 1 II der Verfassung festgestellt. Demnach verbietet Art. 23 II der Verfassung die Diskriminierung spanischer Staatsbürger beim Zugang zu öffentlichen Ämtern. Er enthält aber keine Regelung, die im Hinblick auf das passive Wahlrecht Ausländer vom Zugang zu öffentlichen Ämtern und Funktionen ausschließt.[288] Im Vergleich zu Deutschland ist besonders interessant, dass das passive Ausländerwahlrecht bei Gemeindewahlen nach Ansicht des Gerichts die Souveränität des spanischen Volkes überhaupt nicht berührt, obwohl auch in Spanien die Gemeinden in den Staatsaufbau integriert sind und Hoheitsgewalt ausüben.[289] Einen Widerspruch zur Volkssouveränität hat das Gericht aber von vornherein nicht für möglich

---

[285] Tribunal Constitucional, Erklärung (Declaración) 108/1992 vom 1.7.1992, Boletín Oficial del Estado vom 24.7.1992; deutsche Übersetzung in EuGRZ 1993, S. 285 ff.

[286] *López Castillo/Polakiewicz,* EuGRZ 1993, S. 278.

[287] Vgl. Tribunal Constitucional, EuGRZ 1993, S. 285 (287).

[288] Tribunal Constitucional, EuGRZ 1993, S. 285 (288).

[289] Vgl. *Hofmann*, in: *Däubler-Gmelin u.a. (Hrsg.),* Gegenrede, S. 954 f. und *López Castillo/Polakiewicz,* EuGRZ 1993, S. 282.

gehalten, da die Gemeindeorgane keine Kompetenzen wahrnehmen, die ihnen unmittelbar durch die Verfassung oder die Autonomiestatute verliehen sind, und nicht im Zusammenhang mit der dem spanischen Volk zustehenden Souveränität stehen.[290] Obwohl die spanische Verfassung die Selbstverwaltung der Gemeinden anerkennt und die Grundsätze bei der Wahl der Gemeinderäte festlegt, scheint das Gericht also davon auszugehen, dass die in den Gemeinden ausgeübten Kompetenzen erst durch Gesetz konkretisiert werden und daher nicht dem Bereich der staatlichen Souveränität zuzuordnen sind.[291] In der Erklärung des spanischen Verfassungsgerichts heißt es abschließend, dass das im Maastrichter Vertrag vorgesehene passive Kommunalwahlrecht zu keiner anderen Norm als dem Art. 13 II der spanischen Verfassung im Widerspruch steht. Dieser Widerspruch könne jedoch nur durch eine ausdrückliche Verfassungsänderung beseitigt werden.[292] Zwar gibt es auch in Spanien einen Integrationsartikel, nämlich Art. 93 der Verfassung, der es erlaubt, einer internationalen Organisation oder Institution die Ausübung der aus der Verfassung abgeleiteten Kompetenzen zu übertragen. Dieser gestattet aber keine integrationsbedingten Verfassungsdurchbrechungen, da der Gesetzgeber nur die Ausübung derjenigen Kompetenzen übertragen kann, die ihm selbst eingeräumt sind. Damit sind die spanischen öffentlichen Gewalten beim Handeln in internationalen oder supranationalen Beziehungen der Verfassung nicht in geringerem Maße unterworfen wie bei rein innerstaatlichen Sachverhalten.[293]

Im Anschluss an die Erklärung des Verfassungsgerichts wurde die **spanische Verfassung** durch Gesetz vom 27.8.1992 in Art. 13 II um die Worte *„y pasivo"* ergänzt, so dass Ausländern nun auch das passive Wahlrecht bei Gemeindewahlen eingeräumt werden kann. Diese Ergänzung war nicht nur die einzige **Verfassungsänderung** im Zusammenhang mit der Ratifikation des Maastrichter

290 Tribunal Constitucional, EuGRZ 1993, S. 285 (288).
291 *López Castillo/Polakiewicz*, EuGRZ 1993, S. 282 f.
292 Tribunal Constitucional, EuGRZ 1993, S. 285 (290).
293 Vgl. Tribunal Constitucional, EuGRZ 1993, S. 285 (288 f.); *Hofmann*, in: *Däubler-Gmelin u.a. (Hrsg.)*, Gegenrede, S. 955; *Henrichs*, DÖV 1994, S. 371.

Vertrages, sondern auch die erste Änderung der noch jungen spanischen Verfassung überhaupt.[294]

Der **französische Verfassungsrat** (Conseil Constitutionnel) hat sich gleich in drei Verfahren mit verfassungsrechtlichen Fragen im Zusammenhang mit dem Maastrichter Vertrag beschäftigt[295] und in einem weiteren Verfahren die Verfassungsmäßigkeit des französischen Gesetzes zur Umsetzung der Kommunalwahlrichtlinie geprüft.[296] Damit erwies sich der Prozess zur Verankerung des Kommunalwahlrechts für Unionsbürger im französischen Recht als besonders schwierig und komplex.

Ebenso wie die spanische ermöglicht auch die französische Verfassung eine präventive verfassungsrechtliche Kontrolle völkerrechtlicher Verpflichtungen (vgl. Art. 54). Auf dieser Grundlage überprüfte der Verfassungsrat auf Antrag des Präsidenten der Republik die Vereinbarkeit des Maastrichter Vertrages mit der französischen Verfassung. In seiner **Entscheidung vom 9.4.1992 (Maastricht I)** kam er zum Ergebnis, dass unter anderem zur Einführung des kommunalen Wahlrechts für Unionsbürger eine Änderung der Verfassung erforderlich sei.[297] Dabei handelte es sich in Frankreich um die erste formell negative Gerichtsentscheidung im Hinblick auf einen internationalen oder europäischen Rechtsakt überhaupt.[298] Nach Ansicht des Gerichts verhindert der Grundsatz der Souveränität nicht, dass Frankreich unter dem Vorbehalt der Gegenseitigkeit Verträge abschließt, um an der Gründung und Entwicklung einer internationalen Organisation teilzunehmen, die rechtsfähig ist und mit Entscheidungskompetenzen kraft Zuständigkeitsübertragungen ausgestattet ist. Enthält der Vertrag aber eine verfassungswidrige Klausel oder berührt er wesentliche Voraussetzungen der Ausübung der nationalen Souveränität, so ist vor der Ratifizierung eine Ver-

---

[294] *López Castillo/Polakiewicz*, EuGRZ 1993, S. 277 und 279. Vgl. Reforma constitucional vom 27.8.1992, Boletín Oficial del Estado vom 28.8.1992.
[295] Vgl. hierzu *Fromont*, DÖV 1995, S. 481 ff.; *Hofmann*, in: *Däubler-Gmelin u.a. (Hrsg.)*, Gegenrede, S. 946 ff.; *Walter*, EuGRZ 1993, S. 183 ff.; *Blumann*, Revue du Marché commun et de l'Union européenne 1994, S. 393 ff.
[296] Vgl. *Genevois*, RFD adm. 1998, S. 671 ff; *Gundel*, DÖV 1999, S. 355 ff.
[297] Conseil Constitutionnel (CC), CC Nr. 92-308 DC, Journal Officiel vom 11.4.1992, 5354 ff.; deutsche Übersetzung in EuGRZ 1993, S. 187 ff.
[298] *Blumann*, Revue du Marché commun et de l'Union européenne 1994, S. 394.

fassungsänderung erforderlich.[299] Der Verfassungsrat hat die Verfassungswidrigkeit des kommunalen Ausländerwahlrechts auf drei Verfassungsvorschriften gestützt (Art. 3, 24 und 72). Gemäß Art. 3 I liegt die nationale Souveränität beim Volk, das sie durch seine Vertreter und durch den Volksentscheid ausübt. Die Wahl kann unter den in der Verfassung vorgesehenen Bedingungen unmittelbar oder mittelbar sein. Sie ist immer allgemein, gleich und geheim (Art. 3 III). Wahlberechtigt sind nach Maßgabe des Gesetzes alle volljährigen französischen Staatsangehörigen beiderlei Geschlechts, die im Besitz ihrer bürgerlichen und staatsbürgerlichen Rechte sind (Art. 3 IV). Aus Art. 24 der Verfassung geht insbesondere hervor, dass das Parlament aus der Nationalversammlung und dem Senat besteht, wobei der Senat in mittelbarer Wahl gewählt wird und die Vertretung der Gebietskörperschaften der Republik gewährleistet. Art. 72 der Verfassung regelt die Stellung der Gebietskörperschaften, zu denen auch die Gemeinden zählen (Art. 72 I) und die sich durch gewählte Räte und nach Maßgabe der Gesetze selbst verwalten (Art. 72 II). Zur Begründung der Verfassungswidrigkeit des kommunalen Ausländerwahlrechts hat der Verfassungsrat darauf hingewiesen, dass der Senat als Vertretung der Gebietskörperschaften von einem Wahlmännergremium gewählt wird, das seinerseits aus den Gebietskörperschaften hervorgeht, so dass die Wahl der Gemeinderäte auf die Wahl der Senatoren ausstrahlt. Da der Senat als parlamentarische Versammlung an der Ausübung der nationalen Souveränität teilhat, ergebe sich aus Art. 3 IV der Verfassung, dass nur die französischen Staatsangehörigen das aktive und passive Wahlrecht bei den Gemeinderatswahlen und den Wahlen zum Rat von Paris besitzen.[300] Damit hat der Conseil Constitutionnel den Art. 19 I EGV wohl nur deshalb beanstandet, weil sich die Kommunalwahlen indirekt auf die Zusammensetzung des Senats als zweiter Kammer des nationalen Parlaments auswirken.[301] In Frankreich war umstritten, ob Art. 3 IV der Verfassung, wonach nur die französischen Staatsangehörigen wahlberechtigt sind, lediglich auf nationale Wahlen Anwendung findet oder ob auch Gemeindewahlen politische Wahlen im Sinn dieser Vorschrift darstellen. Aus der Begründung der Entschei-

---

[299] Conseil Constitutionnel, EuGRZ 1993, S. 187 (189).
[300] Conseil Constitutionnel, EuGRZ 1993, S. 187 (190).
[301] Vgl. z.B. *Fromont*, DÖV 1995, S. 484 f.; *Walter*, EuGRZ 1993, S. 186; *Silvestro*, Revue du Marché commun et de l' Union européenne 1993, S. 613 f.; *Garot*, S. 131.

dung lässt sich jedoch schließen, dass der Verfassungsrat Art. 3 IV der Verfassung unmittelbar nur auf nationale Wahlen anwendet, und die Norm sich hier nur wegen des Zusammenhangs zwischen Senatswahl und Gemeindewahl auch auf die Wahlberechtigung bei den Gemeindewahlen auswirkt. Damit hat das Gericht die Gemeindewahlen nur wegen ihres Einflusses auf die Senatswahl in den Zusammenhang mit der Ausübung der nationalen Souveränität gebracht.[302]

Mit Gesetz vom 25.6.1992 wurde daraufhin in die **französische Verfassung** ein neuer Titel über die Europäischen Gemeinschaften und die Europäische Union eingefügt, der die Verfassung unter anderem um das Kommunalwahlrecht für Unionsbürger **ergänzt**. Im neuen Art. 88-3 heißt es: „*Vorbehaltlich der Gegenseitigkeit und gemäß den Modalitäten, die der am 7.2.1992 unterzeichnete Vertrag über die Europäische Union vorsieht, kann das aktive und passive Wahlrecht bei Gemeindewahlen nur Unionsbürgern mit Wohnsitz in Frankreich gewährt werden. Diese Bürger dürfen weder die Aufgaben eines Bürgermeisters oder eines Beigeordneten ausüben noch an der Nominierung der Wahlmänner zum Senat und der Wahl des Senats teilnehmen. Das Nähere regelt ein durch beide Kammern in gleicher Fassung beschlossenes Organgesetz.*"[303]

In seiner **Entscheidung vom 2.9.1992 (Maastricht II)** überprüfte der Conseil Constitutionnel wegen der Rechtskraft des ersten Urteils nur noch, ob die erfolgte Verfassungsänderung rechtmäßig war und tatsächlich alle Widersprüche zwischen Maastrichter Vertrag und Verfassung beseitigt hat. Dabei kam er zu dem Ergebnis, dass nach der Verfassungsänderung der Ratifikation des Vertrages über die Europäische Union auch im Hinblick auf das Kommunalwahlrecht nichts mehr im Wege stand, da Art. 88-3 S. 1 der Verfassung das verfassungsrechtliche Hindernis beseitigt hat. Zur Zulässigkeit der Verfassungsänderung betonte der Verfassungsrat die weitgehende Souveränität der verfassungsändernden Gewalt, die inhaltlich nur an die republikanische Staatsform gebunden ist. Auch billigte er die vom verfassungsändernden Gesetzgeber gewählte Tech-

---

[302] Vgl. *Hofmann*, in: *Däubler-Gmelin u.a. (Hrsg.)*, Gegenrede, S. 948; *Walter*, EuGRZ 1993, S. 186.

[303] Verfassungsgesetz Nr. 92-554 vom 25.6.1992, Journal Officiel vom 26.6.1992, 8406 (eigene Übersetzung).

nik der Verfassungsänderung, bei der nicht die einzelnen betroffenen Verfassungsbestimmungen selbst abgeändert, sondern Ausnahmebestimmungen eingefügt worden sind.[304]

Am 20.9.1992 fand ein **Referendum** über das Ratifizierungsgesetz statt, bei dem die Franzosen dem Maastrichter Vertrag mit knapper Mehrheit zustimmten. Eine gegen dieses Zustimmungsgesetz erhobene Beschwerde lehnte der Verfassungsrat in seiner **Entscheidung vom 23.9.1992 (Maastricht III)** bereits als unzulässig ab. Denn Gesetze, die vom Volk im Weg des Referendums beschlossen werden, sind unmittelbar Ausdruck der Volkssouveränität und nicht der Überprüfung durch den Verfassungsrat unterworfen.[305] Damit konnte das französische Ratifizierungsgesetz am 25.9.1992 in Kraft treten.[306]

In seinem **Urteil vom 20.5.1998** hat der Conseil Constitutionnel schließlich auch das **Organgesetz**, das die Anwendung des Art. 88-3 der Verfassung näher regelt und die Richtlinie 94/80/EG ins französische Recht umsetzt, vorab überprüft und für verfassungsgemäß erklärt.[307] Damit konnte Frankreich mit dem Organgesetz vom 25.5.1998 endlich seiner europarechtlichen Umsetzungspflicht nachkommen.[308] Mit Blick auf Deutschland ist an dem Urteil besonders bemerkenswert, dass das Verfassungsgericht das Organgesetz nicht nur an der Verfassung selbst gemessen, sondern inzident auch dessen Vereinbarkeit mit dem Gemeinschaftsrecht überprüft hat. Der Grund hierfür lag darin, dass Art. 88-3 der Verfassung ausdrücklich auf die im Vertrag über die Europäische Union vorgesehenen Modalitäten Bezug nimmt. Der Verfassungsrat ging daher davon aus, dass die Vorschrift die Verfassungsmäßigkeit des Organgesetzes von dessen Vereinbarkeit mit dem Gemeinschaftsrecht abhängig macht. Nach dem Willen

[304] CC Nr. 92-312 DC vom 2.9.1992, Journal Officiel vom 3.9.1992, 12095 ff.; deutsche Übersetzung in EuGRZ 1993, S. 193 ff.
[305] CC Nr. 92-313 DC vom 23.9.1992, Journal Officiel vom 25.9.1992, 13337 ff.; deutsche Übersetzung in EuGRZ 1993, S. 196 f.
[306] Gesetz Nr. 92-1017 vom 24.9.1992 zur Genehmigung der Ratifizierung des Vertrags über die Europäische Union, Journaux officiels vom 25.9.1992.
[307] CC Nr. 98-400 DC vom 20.5.1998, Journal Officiel vom 26.5.1998, 8003; RFD adm. 1998, S. 685 ff. Vgl. hierzu die Urteilsbesprechungen von *Genevois*, RFD adm. 1998, S. 671 ff. und *Gundel*, DÖV 1999, S. 355 ff.
[308] Organgesetz Nr. 98-404 vom 25.5.1998, Journal Officiel vom 26.5.1998, 7975.

des verfassungsändernden Gesetzgebers sei es daher Aufgabe des Gerichts, sicherzustellen, dass das Organgesetz sowohl dem EGV als auch der Richtlinie entspricht.[309] Im Sonderfall des Art. 88-3 der Verfassung wird also das Europarecht zum Gegenstand verfassungsgerichtlicher Prüfung gemacht, weil das Organgesetz nur verfassungsmäßig ist, wenn es auch mit dem Europarecht im Einklang steht. Dies birgt jedoch die Gefahr in sich, dass diese Interpretation des Gemeinschaftsrechts nicht vom EuGH geteilt wird.[310] Eine vergleichbare Problematik des Verhältnisses von Gemeinschaftsrecht und Verfassungsrecht stellt sich auch in Deutschland, wo Art. 28 I 3 GG ebenfalls ausdrücklich auf das maßgebliche Recht der Europäischen Gemeinschaft verweist.

b) Zeitpunkt und Inhalt der Umsetzung

Bei der Umsetzung der Richtlinie durch die Mitgliedstaaten interessiert zunächst, ob die Mitgliedstaaten überhaupt rechtzeitig Umsetzungsvorschriften erlassen und der Kommission mitgeteilt haben. Die Richtlinie 94/80/EG vom 19.12.1994 verlangte von den Mitgliedstaaten, die erforderlichen Rechts- und Verwaltungsvorschriften zu erlassen, um der Richtlinie vor dem 1.1.1996 nachzukommen (Art. 14 RL). Damit blieb den Mitgliedstaaten nur eine **Umsetzungsfrist** von einem Jahr.[311] Diese Frist war äußerst knapp, insbesondere weil sich die Mitgliedstaaten im Zusammenhang mit dem Kommunalwahlrecht für Unionsbürger mit vielerlei Problemen konfrontiert sahen. Etliche Mitgliedstaaten konnten die Frist bis zum 1.1.1996 daher nicht einhalten.[312] In Deutschland wurde die Richtlinie zwar größtenteils fristgerecht umgesetzt, im Land Bremen erfolgte die Umsetzung jedoch mit leichter Verspätung erst im Verlauf des Jahres 1996.[313] Am 1.1.1997, also ein Jahr nach Ablauf der Umsetzungsfrist, hatten

---

[309] Conseil Constitutionnel, RFD adm. 1998, S. 685 (686 und 688).

[310] Vgl. *Genevois,* RFD adm. 1998, S. 674 f. und 677; *Gundel,* DÖV 1999, S. 362 f.

[311] Der Zweite Bericht der Kommission über die Unionsbürgerschaft, KOM (97) 230, S. 10, spricht fälschlicherweise von einer Umsetzungsfrist von zwei Jahren. Dabei handelt es sich wohl um ein Versehen, da Datum der Richtlinie und Ende der Umsetzungsfrist korrekt angegeben sind.

[312] Nur vier Mitgliedstaaten (Dänemark, Irland, Luxemburg und das Vereinigte Königreich) setzten die Richtlinie fristgemäß um, vgl. Bericht der Kommission über die Anwendung der Richtlinie 94/80/EG, KOM (2002) 260 endg., S. 6.

[313] Ortsgesetz zur Änderung des Ortsgesetzes über Beiräte und Ortsämter vom 18.6.1996, GBl. der Freien Hansestadt Bremen vom 2.7.1996, Nr. 27, S. 132 und Gesetz zur Umsetzung

erst acht Mitgliedstaaten die Richtlinie vollständig in nationales Recht transformiert. Gegen alle anderen Staaten, nämlich Belgien, Frankreich, Österreich, Griechenland, Spanien, Schweden und Finnland, leitete die Kommission **Vertragsverletzungsverfahren** nach Art. 226 EGV ein.[314] Anfang 1998 schließlich stand nur noch die Umsetzung durch Frankreich und Belgien aus,[315] Ende 1998 nur noch durch Belgien.[316] Während die Kommission die Vertragsverletzungsverfahren gegen die übrigen Mitgliedstaaten nach und nach einstellen konnte, wurde nach Klageerhebung durch die Kommission der **Europäische Gerichtshof** mit der immer noch fehlenden Umsetzung in Belgien befasst.[317] In seinem Urteil vom 9.7.1998 stellte er fest, dass Belgien gegen seine Verpflichtungen aus Art. 14 I RL verstoßen hat. Belgien hatte während des Verfahrens die Verzögerung mit der Notwendigkeit einer Änderung der belgischen Verfassung begründet und den Abschluss des Gesetzgebungsverfahrens für das Umsetzungsgesetz bis Ende 1998 in Aussicht gestellt. Im Einklang mit seiner ständigen Rechtsprechung hielt der EuGH entgegen, dass ein Mitgliedstaat die Nichteinhaltung der Umsetzungsfrist nicht unter Berufung auf Bestimmungen, Übungen oder Umstände seiner internen Rechtsordnung rechtfertigen könne.[318] Die Kommission kündigte an, der Angelegenheit im Rahmen des Verfahrens nach Art. 228 EGV nachzugehen, falls Belgien die erforderlichen Maßnahmen nicht in angemessener Frist ergreife.[319] Nachdem Belgien am 27.1.1999 ein ent-

---

der Richtlinie 94/80/EG vom 1.10.1996, GBl. der Freien Hansestadt Bremen vom 16.10.1996, Nr. 46, S. 303.

[314] Zweiter Bericht der Kommission über die Unionsbürgerschaft, KOM (97) 230, S. 10; Schriftliche Anfrage E-1296/97 von Bárbara Dührkop Dührkop und Antwort der Kommission, ABl. EG Nr. C 367/113 vom 4.12.1997.

[315] Schriftliche Anfrage E-4145/97 von Antoinette Spaak und Antwort der Kommission, ABl. EG Nr. C 196/86 vom 22.6.1998; vgl. auch Anfrage Nr. 71 von Jan White, Verhandlungen des Europäischen Parlaments Nr. 4-517/277 vom 1.4.1998 sowie die Schriftliche Anfrage E-0452/96 von James Moorhouse und die Antwort der Kommission, ABl. EG Nr. C 217/45 vom 26.7.1996.

[316] Gesamtbericht EU 1998, Ziff. 20.

[317] Fünfzehnter Jahresbericht der Kommission über die Kontrolle der Anwendung des Gemeinschaftsrechts (1997), ABl. EG Nr. C 250 vom 10.8.1998, S. 24 und 126 sowie Sechzehnter Jahresbericht (1998), KOM (1999) 301 endg., S. 15 f.

[318] EuGH, NVwZ 1998, S. 1284.

[319] Antwort der Kommission auf die schriftliche Anfrage P-2479/98 von Bárbara Dührkop Dührkop, ABl. EG Nr. C 50/147 vom 22.2.1999.

sprechendes Gesetz beschlossen hat, ist die Umsetzung der Kommunalwahlrichtlinie nun in allen Mitgliedstaaten abgeschlossen.[320]

Des Weiteren fragt sich, wie die Mitgliedstaaten die Richtlinie **inhaltlich** umgesetzt haben. Bei näherer Betrachtung zeigt sich, dass die Mitgliedstaaten die **Optionen** in recht unterschiedlicher Weise genutzt haben, so dass sich ein buntes Bild ergibt.[321] Eine abschließende Darstellung würde jedoch den Rahmen dieser Arbeit sprengen. Denn die jeweilige Umsetzung könnte nur angemessen bewertet werden, wenn neben dem Inhalt der Umsetzungsgesetze auch das jeweilige nationale rechtliche Umfeld untersucht würde. Im Folgenden sollen daher nur exemplarisch einige Punkte herausgearbeitet werden, die im Vergleich mit der Umsetzung in Deutschland von besonderem Interesse sind. Auf diese Weise soll es möglich werden, die deutsche Umsetzung im europäischen Zusammenhang zu sehen und einzuordnen.

Für die **Umsetzung** des Kommunalwahlrechts für Unionsbürger **in Deutschland** ist charakteristisch, dass die Richtlinie als Auswirkung des **föderalistischen Staatsaufbaus** nicht nur einmal und bundeseinheitlich umgesetzt wurde, sondern durch sechzehn Länder in sechzehn unterschiedlichen Versionen. Denn das Kommunalrecht fällt in Deutschland grundsätzlich in die Gesetzgebungskompetenz der Länder, wo es zu den wichtigsten Zuständigkeiten der Legislative gehört. Damit unterscheidet sich die Umsetzung der Richtlinie in Deutschland bereits im Ausgangspunkt erheblich von derjenigen in den meisten anderen Mitgliedstaaten der Gemeinschaft, die zentralistisch organisiert sind. Diese föderale Struktur bedeutete für die Bundesrepublik bei der Umsetzung der Richtlinie unter Effektivitätsaspekten einen gewissen Nachteil,[322] da einerseits aufgrund der Zuständigkeitsverteilung viele Akteure bei der Umsetzung involviert waren, andererseits aber auch das Kommunalrecht der Länder sich vielfach inhaltlich voneinander unterscheidet, so dass jeweils spezifische Besonderheiten zu be-

---

[320] Gesamtbericht EU 1999, Ziff. 11. Zu den Maßnahmen der Mitgliedstaaten zur Umsetzung der Richtlinie vgl. Bericht der Kommission über die Anwendung der Richtlinie 94/80/EG, KOM (2002) 260 endg., S. 21 ff.

[321] Näher zu der Umsetzung durch die anderen Mitgliedstaaten *Hasselbach*, ZG 1997, S. 64 ff.

[322] Vgl. *von Danwitz*, NWVBl. 1997, S. 8.

rücksichtigen waren. Ein Mindestmaß an Übereinstimmung ist zwar durch das **Grundgesetz** vorgegeben, wonach das Volk in den Kreisen und Gemeinden eine nach den Wahlgrundsätzen der Allgemeinheit, Unmittelbarkeit, Freiheit, Gleichheit und Geheimheit gewählte Vertretung haben muss (Art. 28 I 2 GG). Abgesehen von der Beachtung dieser Wahlrechtsgrundsätze sind die Landesgesetzgeber in der Gestaltung des Wahlrechts jedoch grundsätzlich frei.[323] Dementsprechend ist das **Kommunalwahlrecht** in Deutschland durch seine Regelungsvielfalt und durch die Häufigkeit von Änderungen gekennzeichnet.[324]

Parallelen ergeben sich jedoch zu **Österreich**, wo ebenfalls die Länder wegen ihrer Gesetzgebungskompetenz im Bereich des Gemeinderechts für die Umsetzung der Richtlinie zuständig waren.[325] So heißt es im neu eingefügten Art. 117 II 4 B-VG: *„Unter den von den Ländern festzulegenden Bedingungen steht das aktive und passive Wahlrecht auch den Staatsbürgern anderer Mitgliedstaaten der Europäischen Union zu."* Die österreichische Bundesverfassung gewährleistet das Wahlrecht der Unionsbürger bei Gemeinderatswahlen selbst, ermächtigt und verpflichtet aber die Landesgesetzgeber, die Einzelheiten auszugestalten. Dabei wird davon ausgegangen, dass die Länder an die Vorgaben des Gemeinschaftsrechts gebunden sind,[326] auch wenn Art. 117 II 4 B-VG anders als Art. 28 I 3 GG nicht ausdrücklich auf das Gemeinschaftsrecht Bezug nimmt. Damit die Länder den EG-Ausländern auch bei der Direktwahl von Bürgermeistern das europarechtlich vorgeschriebene aktive Wahlrecht einräumen konnten, musste die Bundesverfassung noch einmal geändert werden.[327]

Bei der Umsetzung der Richtlinie ergaben sich in Deutschland besondere **Rechtsprobleme**, die sich in der Mehrzahl der anderen Mitgliedstaaten nicht in vergleichbarer Weise gestellt haben. So wurde in Deutschland hauptsächlich diskutiert, ob das Amt des direkt gewählten **Bürgermeisters** gemäß Art. 5 III

---

[323] BVerfGE 4, 44 f.; *Waechter*, Kommunalrecht, S. 281.
[324] *Saftig*, Kommunalwahlrecht, S. 26 f.
[325] *Schnedl*, ÖJZ 1995, S. 848.
[326] *Mayer*, ÖJZ 1997, S. 361 ff. Nach *Schnedl*, ÖJZ 1995, S. 850 f. zwingt Art. 117 II 4 B-VG dagegen nicht zur Einführung des Kommunalwahlrechts für Unionsbürger.
[327] Vgl. *Schnedl*, ÖJZ 1995, S. 851 f. und den inzwischen entsprechend geänderten Art. 117 VI 2 B-VG.

RL den eigenen Staatsangehörigen vorbehalten werden darf. In den meisten anderen Mitgliedstaaten werden die Bürgermeister jedoch gar nicht direkt gewählt. Da aber nur unmittelbare Wahlen in den Anwendungsbereich der Richtlinie fallen (Art. 2 I lit. b RL), war die Option des Art. 5 III RL außer für Deutschland nur noch für Italien, Portugal, Spanien[328] und für einige Länder in Österreich[329] von Bedeutung. Ein weiteres Problem bildete in Deutschland die Umsetzung der Richtlinie in den **Stadtstaaten** Berlin, Hamburg und Bremen, in denen gemeindliche und staatliche Ebene zusammenfallen. Von den ursprünglich zwölf Vertragsparteien des Maastrichter Vertrages hatte kein anderer Mitgliedstaat vergleichbare Probleme der Verbindung von regionaler und kommunaler Ebene.[330] Eine ähnliche Problematik wie in Bremen ergab sich jedoch mit dem Beitritt der Republik Österreich für die Bundeshauptstadt Wien, da der Gemeinderat von Wien auch die Funktion des Landtags erfüllt.[331] Im Zusammenhang mit der Einführung des Kommunalwahlrechts für EG-Ausländer war in Deutschland zudem sehr streitig, ob EG-Ausländern auch das Recht eingeräumt werden sollte, an kommunalen **Abstimmungen** teilzunehmen. Auch diese Frage stellte sich in den meisten anderen Mitgliedstaaten von vornherein nicht, da sie solche Formen unmittelbarer Demokratie auf Gemeindeebene nicht kennen. In Österreich dagegen können die Landesgesetze in Angelegenheiten des eigenen Wirkungskreises der Gemeinde die unmittelbare Teilnahme und Mitwirkung der zum Gemeinderat Wahlberechtigten vorsehen (Art. 117 VIII B-VG). Davon wurde auch Gebrauch gemacht, so dass einige Landesgesetze neben anderen Formen der Bürgerbeteiligung auch Gemeindevolksabstimmungen ermöglichen.[332]

In **Deutschland** haben Bayern und Sachsen die Richtlinie besonders restriktiv umgesetzt. Ursprünglich unterschied sich deren Umsetzung von derjenigen der

---

[328] *Oliver*, CML Rev. 1996, S. 495.
[329] Die Bundesverfassung von Österreich ermöglicht seit der Novelle von 1994 (BGBl. 504) die Direktwahl von Bürgermeistern (Art. 117 VI 2), wovon einige Länder Gebrauch gemacht haben (vgl. *Neuhofer*, Gemeinderecht, S. 17).
[330] Vgl. *Degen*, DÖV 1993, S. 756.
[331] *Neumann*, Die Verfassung der Freien Hansestadt Bremen, Art. 148 Rn. 1; zur Situation in Wien vgl. *Mayer*, ÖJZ 1997, S. 363 f.; *Schnedl*, ÖJZ 1995, S. 852.
[332] Vgl. *Neuhofer*, Gemeinderecht, S. 106 ff.

anderen Länder in zwei wesentlichen Punkten. Zunächst sahen Bayern und Sachsen vor, dass EG-Ausländer nur auf Antrag in das **Wählerverzeichnis** eingetragen werden, während in den anderen Ländern die Eintragung grundsätzlich von Amts wegen erfolgte. Zudem behielten sie den Zugang zu den Ämtern der direkt gewählten **Bürgermeister und Landräte** den Deutschen vor (Art. 5 III RL). Kein Bundesland macht von der Option der Unvereinbarkeit Gebrauch (Art. 6 II RL). In einigen Ländern sind Unionsbürger jedoch nur wählbar, wenn ihnen in ihrem Herkunftsstaat die Wählbarkeit nicht aberkannt worden ist (Art. 5 I RL). Hervorzuheben ist auch, dass die Länder EG-Bürgern den Status eines kommunalen Bürgers eingeräumt oder sie grundsätzlich mit diesen gleichgestellt haben, so dass EG-Ausländer insbesondere auch bei **kommunalen Abstimmungen** stimmberechtigt sind.

Kommunale Gebietskörperschaften der Grundstufe sind in **Österreich** nach Art. 1 der Richtlinie 96/30/EG die Gemeinden bzw. die Bezirke in der Stadt Wien, mit den deutschen Kreisen vergleichbare Selbstverwaltungskörperschaften gibt es dagegen nicht. In der Regel werden die wahlberechtigten EG-Ausländer in ein spezielles Wählerregister, die „Unionsbürger-Evidenz", eingetragen. Die Ämter des Bürgermeisters und des Gemeindevorstandes werden durchweg den Österreichern vorbehalten.[333]

In **Frankreich** sind EG-Ausländer bei den Wahlen zum Gemeinderat, zum Rat von Paris sowie zu den Vertretungskörperschaften in den Stadtbezirken (arrondissement) und Gemeindeteilen (section de commune) grundsätzlich unter den gleichen Bedingungen wie französische Wähler aktiv und passiv wahlberechtigt. Das Wahlrecht von EG-Ausländern setzt voraus, dass sie in die zusätzliche Wählerliste der Gemeinde aufgenommen sind. Hierfür müssen sie einen Antrag stellen und spezifische Erklärungen und Nachweise abgeben. Auch sonst unterliegt das Wahlrecht ausländischer Unionsbürger einigen Restriktionen. So sind sie als Ratsmitglied nur wählbar, wenn ihnen die Wählbarkeit im Herkunftsstaat nicht aberkannt worden ist (Art. 5 I RL), und die Ausübung des Mandats ist unvereinbar mit der gleichzeitigen Mitgliedschaft in der kommunalen Vertretungs-

---

[333] Vgl. *Hasselbach*, ZG 1997, S. 71 und 73 (Tabelle 3); *Neuhofer*, Gemeinderecht, S. 102.

körperschaft in einem anderen Mitgliedstaat (Art. 6 II RL). Nichtfranzösische Ratsmitglieder sind von der Teilnahme an der Wahl des Senats ausgeschlossen (Art. 5 IV RL). Zudem dürfen ausländische Unionsbürger nicht zum Bürgermeister (maire) oder Vizebürgermeister (adjoint) gewählt werden oder deren Aufgaben auch nur zeitweise ausüben.[334]

Inhaltlich hat die Kommission bisher die Umsetzung der Kommunalwahlrichtlinie nur in Deutschland und Griechenland beanstandet. Im Jahr 1997 leitete sie **Vertragsverletzungsverfahren** gegen Deutschland ein, da die Regelungen in **Bayern** und **Sachsen** teilweise nicht mit dem Gemeinschaftsrecht übereinstimmten.[335] Im Hinblick auf die Umsetzung in Bayern und Sachsen rügte die Kommission insbesondere, dass EG-Ausländer dort vor jeder Wahl erneut einen Antrag auf Eintragung in das Wählerverzeichnis stellen müssen, während Deutsche grundsätzlich von Amts wegen eingetragen werden. Inzwischen haben Bayern und Sachsen jedoch vor dem Hintergrund der laufenden Vertragsverletzungsverfahren ihre Vorschriften in diesem Punkt geändert, so dass Unionsbürger nun in ganz Deutschland von Amts wegen eingetragen werden.

4. Zusammenfassung und Bewertung

Die Einführung des Kommunalwahlrechts für Unionsbürger bereitete den meisten Mitgliedstaaten Schwierigkeiten. In Deutschland waren die Probleme deshalb besonders groß, weil vorher noch kein kommunales Ausländerwahlrecht bestand und die Gemeinden und Kreise eine relativ starke Rechtsstellung innehaben.

Die Verfassungsgerichte dreier Mitgliedstaaten, nämlich von Deutschland, Frankreich und Spanien, haben die Einführung des Kommunalwahlrechts für Unionsbürger von einer Verfassungsänderung abhängig gemacht. Allerdings nimmt nur das Bundesverfassungsgericht an, dass das kommunale Ausländer-

[334] Art. 88-3 der französischen Verfassung und Organgesetz Nr. 98-404 vom 25.5.1998, Journal Officiel vom 26.5.1998, 7975; RFD. adm. 1998, S. 686 ff. Vgl. auch *Gundel,* DÖV 1999, S. 356 ff.

[335] Vgl. Fünfzehnter Jahresbericht der Kommission über die Kontrolle der Anwendung des Gemeinschaftsrechts (1997), ABl. EG Nr. C 250/126 vom 10.8.1998 sowie Bericht der Kommission über die Anwendung der Richtlinie 94/80/EG, KOM (2002) 260 endg., S. 7 f.

wahlrecht gegen den Grundsatz der Volkssouveränität verstößt. Obwohl auch Frankreich und Spanien souveränitätsbewußte Staaten sind, sehen die Gerichte dort die nationale Souveränität nicht durch das Kommunalwahlrecht bedroht und argumentieren weniger grundsätzlich.[336] Die spanische Verfassung erlaubte bereits ein aktives Kommunalwahlrecht für Ausländer, so dass die Ergänzung der Verfassung um die Möglichkeit des passiven Wahlrechts relativ unproblematisch erschien. Und der französische Verfassungsrat diagnostizierte einen Konflikt mit der nationalen Souveränität nur im Zusammenhang mit dem Sonderproblem, dass die Gemeindeorgane in Frankreich an der Wahl des Senats mitwirken.

Die Mitgliedstaaten waren europarechtlich verpflichtet, die beiden Richtlinien zum Kommunalwahlrecht für Unionsbürger in ihr innerstaatliches Recht umzusetzen. Inzwischen sind alle Mitgliedstaaten dieser Pflicht nachgekommen, wenn auch häufig erst nach Ablauf der Umsetzungsfrist.

Die Ausgangssituation Deutschlands bei der Umsetzung der Richtlinie in einfaches Recht unterschied sich von den meisten anderen Mitgliedstaaten und ist am ehesten mit der Situation in Österreich vergleichbar. Denn sowohl in Deutschland als auch in Österreich wurde die Richtlinie durch die Bundesländer umgesetzt. Auch haben in beiden Mitgliedstaaten die Bürger mit der Direktwahl der Bürgermeister und der unmittelbaren Teilnahme an Gemeindeangelegenheiten besonders viele Mitwirkungsmöglichkeiten auf Gemeindeebene. Die Richtlinie wurde in Deutschland vergleichsweise schnell und großzügig umgesetzt, so dass Unionsbürger von der Partizipationsfreundlichkeit des deutschen Kommunalrechts profitieren können. Allerdings führten die Regelungen in Bayern und Sachsen zu einem Vertragsverletzungsverfahren seitens der Kommission, weshalb die beiden Länder ihre Umsetzungsgesetze nachbesserten und das ursprünglich vorgesehene Antragserfordernis bei der Eintragung in das Wählerverzeichnis durch den Grundsatz der Amtseintragung ersetzten.

---

[336] Vgl. *Hofmann*, in: *Däubler-Gmelin u.a. (Hrsg.)*, Gegenrede, S. 956.

C. DAS KOMMUNALWAHLRECHT FÜR UNIONSBÜRGER IM DEUTSCHEN VERFASSUNGSRECHT

In diesem Abschnitt soll näher untersucht werden, welche Weichen das Grundgesetz und die Landesverfassungen für die Umsetzung der Richtlinie stellen. Schwerpunktmäßig wird dabei Art. 28 I 3 GG erörtert, der zur Einführung des Kommunalwahlrechts für Unionsbürger neu in das Grundgesetz eingefügt worden ist. Zunächst soll die Entstehungsgeschichte dieser Verfassungsvorschrift aufgezeigt werden, um sie dann vor diesem Hintergrund näher interpretieren zu können. Im Anschluss wird auch die Rechtslage nach den Landesverfassungen diskutiert.

I. Die Regelung in Art. 28 I 3 GG

1. Entstehungsgeschichte der Norm

Grund für die Einfügung des Art. 28 I 3 GG war auf der einen Seite die Rechtsprechung des Bundesverfassungsgerichts zur Verfassungswidrigkeit des Ausländerwahlrechts und auf der anderen Seite die Ratifikation des Maastrichter Vertrages durch die Bundesrepublik.

a) Der Meinungsstreit zum kommunalen Ausländerwahlrecht

Die verfassungsrechtliche Zulässigkeit der Einführung eines kommunalen Ausländerwahlrechts war in Deutschland lange sehr umstritten.[337] Inzwischen ist der Meinungsstreit verfassungsgerichtlich schon geraume Zeit entschieden, so dass hier nur die wesentlichen Standpunkte kurz zusammengefasst werden sollen. Nach der einen Auffassung überließ es das Grundgesetz der Entscheidung der Länder, ob sie Ausländern ein Kommunalwahlrecht einräumen wollten.[338] Die herrschende Meinung dagegen hielt die Einführung des Ausländerwahlrechts

---

[337] Vgl. den Überblick über den Meinungsstand bei *Liegmann*, Kommunales Wahlrecht für Ausländer in den Bundesländern und Europa, S. 16 ff.

[338] So z.B. OVG Lüneburg, DÖV 1985, S. 1067 ff.; *Rittstieg*, KritV 1987, S. 315 ff.; *Zuleeg*, ZAR 1988, S. 18; *Däubler*, Aus Politik und Zeitgeschichte B 24/1988, S. 41 ff.; *Bryde*, Staatswissenschaften und Staatspraxis 1990, S. 217 ff.

durch einfaches Gesetz für verfassungswidrig.[339] Daher wurde auch diskutiert, ob eine entsprechende Verfassungsänderung im Hinblick auf die Ewigkeitsgarantie in Art. 79 III GG zulässig wäre.[340]

Das Grundgesetz enthielt ursprünglich keine ausdrückliche Aussage zur Verfassungsmäßigkeit eines kommunalen Ausländerwahlrechts. Die rechtliche Beurteilung hing daher im Wesentlichen von der Auslegung der Volksbegriffe in Art. 20 und 28 GG ab. Zum einen war umstritten, wer das „Volk" ist, von dem nach **Art. 20 II GG** alle Staatsgewalt ausgeht und das die Staatsgewalt durch Wahlen und Abstimmungen ausübt. Das Ausländerwahlrecht ist dann unproblematisch, wenn alle dauerhaft in Deutschland lebenden Menschen das deutsche Volk bilden können.[341] Nach der herrschenden Ansicht gehört jedoch nur zum Volk, wer Deutscher i.S.d. Art. 116 GG ist.[342]

Zweiter Scheideweg war die Interpretation des Volksbegriffes in **Art. 28 I 2 GG**, wonach „das Volk" in den Ländern, Kreisen und Gemeinden eine Vertretung haben muss, die aus allgemeinen, unmittelbaren, freien, gleichen und geheimen Wahlen hervorgegangen ist. Einige Stimmen in der Literatur hielten zumindest ein Ausländerwahlrecht auf kommunaler Ebene für verfassungsgemäß, weil das Volk in den Kommunen abweichend vom Staatsvolk in Art. 20 II GG durch die „örtliche Gemeinschaft" (vgl. Art. 28 II 1 GG) gebildet werde, also durch alle in der kommunalen Gebietskörperschaft ansässigen Einwohner.[343] Nach der Gegenauffassung gehörten auch zum kommunalen Volk nur

---

339 Vgl. z.B. *Isensee*, KritV 1987, S. 300 ff.; *Papier*, KritV 1987, S. 309 ff.; *Papier*, Staatswissenschaften und Staatspraxis 1990, S. 202 ff.; *Karpen*, NJW 1989, S. 1015; *Saftig*, Kommunalwahlrecht, S. 388 ff.; *Schiffer*, in: *Benda/Maihofer/Vogel (Hrsg.)*, Handbuch des Verfassungsrechts der Bundesrepublik Deutschland, S. 306 f.; *Niedermeyer-Krauß*, S. 85.

340 Bejahend *Papier*, KritV 1987, S. 314; *Karpen*, NJW 1989, S. 1016; *Weigl*, S. 104 ff.; ablehnend *Scholl*, ZAR 1989, S. 67; *Kämper*, ZRP 1989, S. 99; *Saftig*, Kommunalwahlrecht, S. 405 ff.; *Braun*, Kommentar zur Verfassung des Landes Baden-Württemberg, Art. 72 Rn. 6.

341 So z.B. *Rittstieg*, DuR 1991, S. 11. Vgl. auch *Meyer*, in: *Püttner (Hrsg.)*, Handbuch der kommunalen Wissenschaft und Praxis, Bd. 2, S. 64; *Gusy/Ziegler*, in: *Davy (Hrsg.)*, Politische Integration, S. 222 ff.; *Bryde*, Staatswissenschaften und Staatspraxis 1994, S. 322; *Hain*, Die Grundsätze des Grundgesetzes, S. 325 ff., 461.

342 Vgl. z.B. *Huber*, DÖV 1989, S. 531 ff.; *Isensee*, KritV 1987, S. 300; *Böckenförde*, Staat, Verfassung, Demokratie, S. 311 f.

343 *Zuleeg*, ZAR 1988, S. 18. Vgl. auch *Bryde*, JZ 1989, S. 260 f.; OVG Lüneburg, DÖV 1985, S. 1067 ff.

Deutsche[344] mit der Folge, dass das kommunale Ausländerwahlrecht gegen das Grundgesetz verstößt. Teilweise wurde das kommunale Ausländerwahlrecht dennoch für zulässig gehalten mit der Begründung, dass Art. 28 I 2 GG zwar nur das Wahlrecht der Deutschen vorschreibe, einer einfachgesetzlichen Ausdehnung des Wahlrechts auf weitere Personen aber nicht entgegenstehe.[345]

Im Fall der Verfassungswidrigkeit des Ausländerwahlrechts gelangte man zu einer dritten Weggabelung, an der zu entscheiden war, ob das Ausländerwahlrecht wenigstens mittels einer Verfassungsänderung eingeführt werden könnte. Hierfür war maßgeblich, ob es zu den nach **Art. 79 III GG** unabänderlichen Grundsätzen gehört, dass das Wahlrecht bei Kommunalwahlen auf Deutsche beschränkt wird.

b) Die Urteile des Bundesverfassungsgerichts vom 31.10.1990

Einen Höhepunkt erreichte die Diskussion mit den **Vorstößen der Länder Schleswig-Holstein, Hamburg und Bremen** im Jahr 1989. Da eine Grundgesetzänderung nicht in Aussicht war, änderten sie im Alleingang ihre Kommunalwahlgesetze, um Ausländern ein Wahlrecht einzuräumen. Die Ausgestaltung des Ausländerwahlrechts war dabei unterschiedlich konzipiert. Schleswig-Holstein entschied sich dafür, auf der Basis der Gegenseitigkeit nach fünfjährigem rechtmäßigen Aufenthalt den Angehörigen derjenigen Staaten das Wahlrecht bei Gemeinde- und Kreiswahlen zu gewähren, die selbst ein Ausländerwahlrecht kannten (Dänemark, Irland, die Niederlande, Norwegen, Schweden und die Schweiz).[346] Hamburg dagegen führte das Wahlrecht für alle Ausländer ein, die sich seit acht Jahren rechtmäßig im Bundesgebiet aufhielten, allerdings nur zu den Bezirksversammlungen.[347] Bremen verlieh das Wahlrecht zu den Beiräten der Stadtgemeinde Bremen an alle Ausländer mit vierjährigem Aufenthalt.[348]

---

[344] Vgl. z.B. *Huber*, DÖV 1989, S. 533.
[345] Vgl. *Zuleeg*, ZAR 1988, S. 14 f.; *Rittstieg*, KritV 1987, S. 316.
[346] Gesetz zur Änderung des Gemeinde- und Kreiswahlgesetzes vom 21.2.1989, GVBl. S. 12.
[347] Gesetz zur Einführung des Wahlrechts für Ausländer zu den Bezirksversammlungen vom 20.2.1989, GVBl. I S. 29.
[348] Ortsgesetz über Beiräte und Ortsämter vom 20.6.1989, Brem. GBl. S. 241.

Die umstrittenen Regelungen in Schleswig-Holstein und Hamburg gelangten im Verfahren der abstrakten Normenkontrolle vor das **Bundesverfassungsgericht**, das den juristischen Meinungsstreit schließlich entschieden und das Ausländerwahlrecht in Schleswig-Holstein und Hamburg in zwei einstimmigen **Urteilen vom 31.10.1990** für verfassungswidrig erklärt hat.[349] Der **Bremische Staatsgerichtshof** folgte dieser Rechtsprechung und stellte auch die Verfassungswidrigkeit des Ausländerwahlrechts bei den Beiratswahlen der Bremer Stadtgemeinde fest.[350]

Die wesentliche **Argumentation des BVerfG** soll hier als Grundlage für spätere Ausführungen kurz zusammengefasst werden.[351] Nach Art. 20 II GG geht alle Staatsgewalt vom Volk aus. Das Bundesverfassungsgericht folgert aus diesem Prinzip der Volkssouveränität, dass mit dem „Volk" in Art. 20 II GG nur das Staatsvolk der Bundesrepublik Deutschland gemeint sein kann, welches sich wiederum aus den Deutschen i.S.d. Art. 116 GG zusammensetzt. Damit könne auch das Wahlrecht als Ausübung von Staatsgewalt nur Deutschen zustehen. Die Vorstellung, *„es entspreche der demokratischen Idee, ... eine Kongruenz zwischen den Inhabern demokratischer politischer Rechte und den dauerhaft einer bestimmten staatlichen Herrschaft Unterworfenen herzustellen"*,[352] treffe zwar im Ausgangspunkt zu. Nach geltendem Verfassungsrecht sei der Weg zur Einräumung eines Ausländerwahlrechts aber versperrt, da die Ausübung von Staatsgewalt zwingend an die Zugehörigkeit zum deutschen Staatsvolk geknüpft sei. Dieses Ergebnis erstreckt das Bundesverfassungsgericht auch auf Wahlen in Kreisen und Gemeinden. Denn Art. 28 I 2 GG zielt nach Ansicht der Richter darauf ab, die Einheitlichkeit der demokratischen Legitimationsgrundlage im Staatsaufbau sicherzustellen. Der Volksbegriff müsse daher für alle Gebietskör-

---

349 BVerfGE 83, 37 ff. (Schleswig-Holstein) und BVerfGE 83, 60 ff. (Hamburg), abgedruckt auch in NJW 1991, S. 159 ff., 162 ff. Vgl. dazu die Dokumentation der Verfahren bei *Isensee/Schmidt-Jortzig (Hrsg.),* Das Ausländerwahlrecht vor dem Bundesverfassungsgericht, passim, sowie die Besprechungen von *Stöcker,* Der Staat 1991, S. 259 ff.; *Rittstieg,* DuR 1991, S. 10 ff. und *von Mutius,* Jura 1991, S. 410 ff.

350 StGH Bremen, DÖV 1992, S. 164; DVBl. 1991, S. 1075.

351 Die Ausführungen konzentrieren sich vor allem auf BVerfGE 83, 37 ff. (Schleswig- Holstein), NJW 1991, S. 162 ff., da es lediglich in Schleswig-Holstein um das Wahlrecht auf kommunaler Ebene ging.

352 BVerfGE 83, 37 (52); NJW 1991, S. 162 (163).

perschaften der Bundesrepublik einheitlich ausgelegt werden, so dass – im Einklang mit dem Volksbegriff des Art. 20 II GG – auch zum kommunalen „Volk" des Art. 28 I 2 GG nur deutsche Staatsbürger gehören könnten. Die Garantie der kommunalen Selbstverwaltung durch Art. 28 II GG spricht nach Auffassung des BVerfG nicht für eine körperschaftliche Legitimation durch alle Mitglieder der örtlichen Gemeinschaft. Denn nach der Konzeption des Grundgesetzes sei die kommunale Selbstverwaltung in den staatlichen Aufbau integriert und Teil der gegliederten Demokratie der Bundesrepublik. Dementsprechend werde in den Gemeinden und Kreisen nicht nur dann Staatsgewalt ausgeübt, wenn diese im übertragenen Wirkungskreis Aufgaben erfüllen, sondern auch, wenn sie in Selbstverwaltungsaufgaben tätig sind. Auch das Homogenitätsprinzip des Art. 28 I GG erlaube es den Landesgesetzgebern nicht, Ausländern das Kommunalwahlrecht einzuräumen. Zwar eröffne die Homogenitätsklausel den Ländern in der Regel gewisse Gestaltungsspielräume, weil Homogenität nicht mit Konformität oder Uniformität gleichgesetzt werden dürfe.[353] Dies gelte aber nicht, soweit das Grundgesetz bereits selbst das erforderliche Minimum an Homogenität präzisiert habe, wie hier die zwingende Beschränkung des Wahlrechts auf Deutsche.[354] Denn Art. 28 I 2 GG gestalte das Demokratieprinzip der Art. 20 II, 28 I 1 GG für die Ebene der Kreise und Gemeinden näher aus.

Während das Bundesverfassungsgericht in Schleswig-Holstein einen Verstoß gegen Art. 28 I 2 GG feststellte, folgerte es die Verfassungswidrigkeit des Ausländerwahlrechts in den Hamburger Bezirken dagegen nicht aus Art. 28 I 2 GG, weil die Hamburger Bezirke keine kommunalen Gebietskörperschaften im Sinn dieser Vorschrift darstellen. Dafür sah es das demokratische Prinzip des Art. 28 I 1 i.V.m. Art. 20 II GG verletzt. Da Bezirksversammlungen Staatsgewalt ausüben, müssen Ausländer von den Wahlen zu den Bezirksversammlungen ausgeschlossen werden. So heißt es in dem die Hamburger Regelung betreffenden Urteil des BVerfG wörtlich: *„Wahlen, bei denen auch Ausländer wahlberechtigt sind, können demokratische Legitimation nicht vermitteln."*[355]

---

[353] Ständige Rechtsprechung des Bundesverfassungsgerichts, vgl. z.B. BVerfGE 83, 37 (58).
[354] Vgl. BVerfGE 83, 37 (58 f.); ebenso *Engelken*, DÖV 1996, S. 738.
[355] BVerfGE 83, 60 (81); NJW 1991, S. 159 (162).

Diese Haltung des Bundesverfassungsgerichts zum Ausländerwahlrecht ist in der Literatur auch auf **Kritik** gestoßen.[356] So wurde dem Gericht vorgeworfen, durch ein zu staatszentriertes und nationalstaatliches Demokratieverständnis die Anpassung der Demokratie an moderne Herausforderungen, wie zunehmende internationale und europäische Vernetzung und wachsende gesellschaftliche Pluralisierung, zu erschweren.[357] Auch wenn die Argumentation des Gerichts nicht zwingend erscheint, soll sie hier dennoch als Grundlage für die weitere Diskussion dienen, nicht zuletzt, weil die Feststellungen des BVerfG zur Verfassungswidrigkeit des Ausländerwahlrechts nach § 31 BVerfGG Gesetzeskraft erlangt haben.

Die im Schrifttum ebenfalls umstrittene Frage, ob durch Änderung des Grundgesetzes ein kommunales Ausländerwahlrecht eingeführt werden könnte, stellte sich dagegen im damaligen Verfahren der Normenkontrolle nicht, weil kein solches verfassungsänderndes Gesetz Prüfungsgegenstand war. Dennoch fügte das Bundesverfassungsgericht im Hinblick auf die laufenden Verhandlungen auf europäischer Ebene und in Kenntnis der Richtlinienvorschläge von 1988 und 1989 in einem **obiter dictum** klärend hinzu: *„Daraus folgt nicht, dass die derzeit im Bereich der Europäischen Gemeinschaften erörterte Einführung eines Kommunalwahlrechts für Ausländer nicht Gegenstand einer nach Art. 79 III GG zulässigen Verfassungsänderung sein kann.“*[358] Diese viel zitierte Bemerkung ist als verfassungsrechtliche „Freigabeerklärung“[359] charakterisiert worden. Denn das Bundesverfassungsgericht hat damit im Ergebnis die Position bezogen, dass Ausländern nach einer entsprechenden Verfassungsänderung das Kommunalwahlrecht eingeräumt werden kann, dass also das Grundgesetz nach entsprechender Anpassung der Beteiligung Deutschlands an der Schaffung eines Kom-

---

[356] Vgl. z.B. *Rittstieg*, DuR 1991, S. 10 ff.; *Wallrabenstein*, S. 112 ff.; *Gusy/Ziegler*, in: *Davy (Hrsg.)*, Politische Integration, S. 231 ff.; *Bryde*, Staatswissenschaften und Staatspraxis 1994, S. 316 f.

[357] *Wallrabenstein*, S. 114. Vgl. auch *Bryde*, Staatswissenschaften und Staatspraxis 1994, S. 307 ff.

[358] BVerfGE 83, 37 (59); NJW 1991, S. 162 (164 f.).

[359] *Nierhaus*, in: *Sachs (Hrsg.)*, Grundgesetz-Kommentar, Art. 28 Rn. 22.

munalwahlrechts für Unionsbürger nicht im Weg steht.[360] Von Befürwortern des Ausländerwahlrechts wurde das obiter dictum daher häufig als Empfehlung, ja als Aufforderung zu einer entsprechenden Verfassungsänderung aufgefasst.[361]

c) Die Rechtsprobleme bei der Ratifizierung des Maastrichter Vertrages

Mit dem Abschluss des Maastrichter Vertrages wurden die Urteile des Bundesverfassungsgerichts vom 31.10.1990 wieder höchst relevant. Denn der Maastrichter Vertrag sah in Art. 8 b EGV die Einführung eines Kommunalwahlrechts für Unionsbürger vor. Das BVerfG hatte aber – wie soeben bemerkt – entschieden, dass die Einführung eines Kommunalwahlrechts für Ausländer verfassungswidrig ist. Es stellte sich daher die Frage, ob die Bundesrepublik den Maastrichter Vertrag ratifizieren durfte.

Die Verfassung erlaubt in **Art. 24 GG** die Übertragung von Hoheitsrechten auf zwischenstaatliche Einrichtungen. Diese Übertragung erfolgt gemäß Art. 59 II 1 GG durch Zustimmungsgesetz zum völkerrechtlichen Vertrag. Sie öffnet die deutsche Rechtsordnung derart, dass *„der ausschließliche Herrschaftsanspruch der Bundesrepublik im Geltungsbereich des Grundgesetzes zurückgenommen und der unmittelbaren Geltung und Anwendbarkeit eines Rechts aus anderer Quelle innerhalb des staatlichen Herrschaftsbereichs Raum gelassen wird"*.[362] Dabei darf der Bund auch Hoheitsrechte der Länder übertragen.[363] Art. 24 GG bereitete jedoch im Einzelnen einige Auslegungsprobleme. Zunächst waren die Grenzen eines möglichen Souveränitätsverzichts im Vorfeld von Maastricht unklar.[364] So hatte das Bundesverfassungsgericht judiziert, dass Art. 24 I GG nicht dazu ermächtige, die *„Identität der geltenden Verfassungsordnung der Bundesrepublik Deutschland durch Einbruch in ihr Grundgefüge, in die sie konstituie-*

[360] So z.B. *Simson/Schwarze*, Europäische Integration und Grundgesetz, S. 44; *Scholz*, in: *Maunz/Dürig*, Grundgesetz-Kommentar, Art. 28 Rn. 41 d; *Sieveking*, DÖV 1993, S. 450 ff; *Magiera*, Jura 1994, S. 4; *Hobe*, Der Staat 1993, S. 261; *Stöcker*, Der Staat 1991, S. 267. Nach a.A. hat das BVerfG die Vereinbarkeit mit Art. 79 III GG offengelassen, vgl. *Klein/ Haratsch*, DÖV 1993, S. 788; *Röger*, VR 1993, S. 139.
[361] Vgl. *Stöcker*, Der Staat 1991, S. 262.
[362] BVerfGE 37, 271 (280); 58, 1 (28); 73, 339 (374); 75, 223 (244).
[363] Vgl. z.B. *Schweitzer*, Staatsrecht III, Rn. 54 ff.
[364] Vgl. dazu *Magiera*, Jura 1994, S. 3 f.

renden Strukturen, aufzugeben".[365] Es herrschte aber keine Einigkeit darüber, ob die Schranke für die Übertragung von Hoheitsrechten identisch war mit der Schranke für Verfassungsänderungen in Art. 79 III GG.[366] Auch war streitig, ob der „Integrationshebel" des Art. 24 I GG die Ratifikation des Maastrichter Vertrages noch erlaubte,[367] da der Europäischen Union durch den Vertrag bedeutende, an den Nerv der staatlichen Souveränität rührende Hoheitsrechte übertragen werden sollten.[368] Die herrschende Ansicht wie auch das Bundesverfassungsgericht gingen vor dem Maastrichter Vertrag davon aus, dass bei einer Übertragung von Hoheitsrechten nach Art. 24 I GG keine formelle Verfassungsänderung nach den Art. 79 I und II GG erforderlich ist, da Art. 24 I GG im Verhältnis zu den Art. 79 I und II GG eine Spezialvorschrift darstelle.[369] Doch auch die Möglichkeit einer solchen integrationsbedingten „Verfassungsdurchbrechung" durch einfaches Gesetz wurde aus Anlass des Maastrichter Vertrages erneut in Frage gestellt.[370]

Besonders aber im Hinblick auf das Kommunalwahlrecht der EG-Ausländer wurde diskutiert, ob die Übertragung der Regelungskompetenz auf die Gemeinschaft von Art. 24 I GG gedeckt war[371] und ob eine formelle Verfassungsänderung nach Art. 79 I und II GG, also eine Textänderung mit verfassungsändernder Mehrheit in Bundestag und Bundesrat, vorgenommen werden musste.[372] Die Unsicherheiten wurden vor allem dadurch hervorgerufen, dass das Bundesverfassungsgericht in seiner Entscheidung zum Ausländerwahlrecht eine Verfassungsänderung zur Einführung des Kommunalwahlrechts für Unionsbürger für

---

365 BVerfGE 37, 271 (279 f.); 73, 339 (375 f.).

366 So aber die herrschende Meinung, vgl. z.B. *Klein*, Der Staat 1994, S. 52; *Magiera*, Jura 1994, S. 4. Differenzierend dagegen *Herdegen*, EuGRZ 1989, S. 312. Vgl. zum Streit auch *Grumann*, S. 85 ff.

367 So z.B. *Oppermann/Classen*, NJW 1993, S. 7; *Magiera*, Jura 1994, S. 7; a.A. *Tomuschat*, EuGRZ 1993, S. 492; *Jarass*, in: *Jarass/Pieroth*, Grundgesetz-Kommentar, Art. 23 Rn. 1, 2.

368 Vgl. *Herdegen*, EuGRZ 1992, S. 590.

369 Vgl. z.B. *Papier*, in: *Magiera (Hrsg.)*, Das Europa der Bürger, S. 36 f.

370 So z.B. *Herdegen*, EuGRZ 1992, S. 591 f.

371 So etwa *Magiera*, Jura 1994, S. 7; *Jahn/Riedel*, ZAR 1989, S. 60; *Papier*, in: *Magiera (Hrsg.)*, Das Europa der Bürger, S. 36 f. Vgl. zum Streit auch BT-Drs. 12/3338, S. 5.

372 So *Simson/Schwarze*, Europäische Integration und Grundgesetz, S. 55; *Oppermann/ Classen*, NJW 1993, S. 7.; *Hobe*, Der Staat 1993, S. 260; *Streinz*, in: *Sachs (Hrsg.)*, Grundgesetz-Kommentar, Art. 23 Rn. 2.

zulässig erklärt hatte. Aus dieser Bemerkung wurde meist geschlossen, dass das Bundesverfassungsgericht eine (formelle) Verfassungsänderung auch für notwendig hielt.[373] Dogmatisch gibt es für diese Auffassung verschiedene Ansatzpunkte. Zum einen wird vertreten, dass die Einräumung des Kommunalwahlrechts für EG-Ausländer keine Übertragung von Hoheitsrechten i.S.d. Art. 24 GG ist, weil die Rechtslage im wesentlichen durch den EGV selbst gestaltet wird.[374] Auch könnte man die Anwendung des Art. 24 GG bzw. zumindest die sonst mögliche Verfassungsdurchbrechung wegen der besonderen verfassungsrechtlichen Tragweite des kommunalen Ausländerwahlrechts ablehnen. Zudem war denkbar, dass das Gemeinschaftsrecht eine Anpassung des Grundgesetzes verlangte.[375]

Angesichts dieser offenen rechtlichen Probleme hat man in Deutschland vorsichtshalber vorab das Grundgesetz geändert, um die Verfassungsmäßigkeit der bevorstehenden Ratifizierung des Maastrichter Vertrages sicherzustellen und eine Kollision von Gemeinschaftsrecht und deutschem Verfassungsrecht von vornherein zu vermeiden. Am 21.12.1992 beschloss der Bundestag mit Zustimmung des Bundesrates eine **Teilrevision des Grundgesetzes**, die sog. Maastricht-Novelle.[376] Diese ist am 25.12.1992 in Kraft getreten, worauf am 31.12.1992 auch das Zustimmungsgesetz zum Maastrichter Vertrag in Kraft treten konnte.[377] Beide Gesetze wurden im Anschluss jedoch durch Verfassungsbeschwerden angegriffen, so dass der Bundespräsident mit der Ausfertigung und Hinterlegung der Ratifikationsurkunde zum Vertrag von Maastricht die Entscheidung des Bundesverfassungsgerichts abwartete. Erst als dieses mit Urteil vom 12.10.1993 das Zustimmungsgesetz zum Maastrichter Vertrag für verfassungsgemäß erklärt hatte,[378] konnte Deutschland als letzter EG- Mitglied-

---

373 Z.B. *Löwer*, in: *von Münch/Kunig*, Grundgesetz-Kommentar, Bd. 2, Art. 28 Rn. 30.
374 Vgl. *Sieveking*, DÖV 1993, S. 450.
375 Vgl. z.B. *Schnedl*, ÖJZ 1995, S. 849.
376 Gesetz zur Änderung des Grundgesetzes vom 21.12.1992, BGBl. I vom 24.12.1992, S. 2086. Vgl. hierzu z.B. *Magiera*, Jura 1994, S. 1 ff.
377 Gesetz zum Vertrag vom 7. Februar 1992 über die Europäische Union, BGBl. II vom 30.12.1992, S. 1251 ff.
378 BVerfGE 89, 155 ff.

staat die Ratifikationsurkunde hinterlegen. Damit konnte der Maastrichter Vertrag am 1.11.1993 in Kraft treten.

Eine wichtige Neuerung der Maastricht-Novelle stellt **Art. 23 GG** dar, der sog. Europaartikel. Er bildet die Rechtsgrundlage für die Ratifikation des Maastrichter Vertrages und künftige weitere Integrationsschritte. Im Hinblick auf die EG gilt nun statt Art. 24 I GG der speziellere Europaartikel, der bei einigen bisherigen Zweifelsfragen Klarheit schafft. Zunächst geht aus Art. 23 GG eindeutig hervor, dass der Bund auch Befugnisse übertragen darf, die in die Gesetzgebungskompetenz der Länder fallen (vgl. Art. 23 V 2, VI 1 GG).[379] Weiter regelt er ausdrücklich, dass bei materiellen Verfassungsänderungen im Rahmen der Europäischen Union das Verfahren des Art. 79 II GG und die Änderungssperre des Art. 79 III GG Anwendung finden (Art. 23 I 3 GG). Dafür wurde in Art. 23 GG eine Verweisung auf das Gebot der Textänderung in Art. 79 I GG bewusst unterlassen und damit entschieden, dass Änderungen des Verfassungstextes insoweit nicht (mehr) zwingend sind.[380] Durch diesen Verzicht auf das Gebot der Textänderung im Rahmen der europäischen Integration wurde in Kauf genommen, dass die Klarheit des Verfassungtextes – gerade im Verhältnis von Grundgesetz und EG-Recht – abnehmen wird.[381]

Der Bundestag hat den Maastrichter Vertrag bereits auf der Rechtsgrundlage des neu eingefügten Art. 23 GG ratifiziert.[382] Damit war für die Zustimmung zum Vertrag über die Begründung der Europäischen Union einschließlich seiner Regelung zum Kommunalwahlrecht für Unionsbürger die Vorschrift des Art. 23 I 3 GG maßgeblich.[383] Da Art. 23 I 3 GG die Geltung der Art. 79 II und III GG anordnet, war klargestellt, dass diese Vorschriften auch in Bezug auf Art. 19 I EGV zum Kommunalwahlrecht für Unionsbürger eingehalten werden mussten. Dass die Einführung des Kommunalwahlrechts für Unionsbürger mit der Ewigkeitsgarantie des Art. 79 III GG vereinbar war, hatte bereits das Bundesverfas-

[379] *Streinz*, in: *Sachs (Hrsg.)*, Grundgesetz-Kommentar, Art. 23 Rn. 55.
[380] Vgl. BT-Drs. 12/3338, S. 7 und BT-Drs. 12/3896, S. 18.
[381] Vgl. BT-Drs. 12/3338, S. 7; kritisch *Klein/Haratsch*, DÖV 1993, S. 789; *Herdegen*, EuGRZ 1992, S. 591 f.; *Lücke*, in: *Sachs (Hrsg.)*, Grundgesetz-Kommentar, Art. 79 Rn. 16.
[382] Näher *Tomuschat*, EuGRZ 1993, S. 492.
[383] Vgl. *Streinz*, in: *Sachs (Hrsg.)*, Grundgesetz-Kommentar, Art. 23 Rn. 71.

sungsgericht in seinem obiter dictum signalisiert.[384] Wegen Art. 23 I 3 GG i.V.m. Art. 79 II GG war zudem eine Grundgesetzänderung nach dem Verfahren des Art. 79 II GG notwendig, also mit Zustimmung von zwei Dritteln der Mitglieder des Bundestages und zwei Dritteln der Stimmen des Bundesrats. Wegen der fehlenden Verweisung des Art. 23 I 3 GG auf Art. 79 I GG musste der Verfassungstext jedoch nicht ausdrücklich geändert werden, um die europarechtliche Einführung des Kommunalwahlrechts für Unionsbürger mit dem Grundgesetz in Einklang zu bringen.[385] Für die Verfassungsmäßigkeit des Zustimmungsgesetzes zum Maastrichter Vertrag hätte es also auch hinsichtlich des Kommunalwahlrechts für Unionsbürger ausgereicht, dass das Zustimmungsgesetz vom Bundestag entsprechend Art. 79 II und III GG beschlossen worden ist.

d) Die Einfügung des Art. 28 I 3 GG

Dennoch wurde im Rahmen der Maastricht-Novelle mit dem neuen Art. 28 I 3 GG noch eine besondere verfassungsrechtliche Rechtsgrundlage für das Kommunalwahlrecht für Unionsbürger geschaffen.[386] Auf diese Weise haben Bundestag und Bundesrat dem Kommunalwahlrecht für Unionsbürger genau genommen gleich zwei Mal hintereinander mit verfassungsändernder Mehrheit zugestimmt, einmal als sie den Maastrichter Vertrag mit seinem Art. 8 b I EGV annahmen und zum zweiten Mal als sie das Grundgesetz um Art. 28 I 3 GG ergänzten. Auch wenn die Textänderung in Art. 28 I 3 GG neben dem Art. 23 GG nicht unbedingt erforderlich war, um die Einführung des Kommunalwahlrechts für Unionsbürger in Deutschland verfassungsrechtlich zu ermöglichen, so erschien sie der Bundesregierung doch wegen der besonderen Bedeutung der Sache verfassungspolitisch angezeigt.[387] In der Literatur wurde die ausdrückliche Verfassungsänderung als sinnvoll gewertet, weil sie mehr Rechtssicherheit und

---

[384] BVerfGE 83, 37 (59).

[385] Vgl. *Klein,* Der Staat 1994, S. 52. Anders *Scholz,* in: *Maunz/Dürig,* Grundgesetz-Kommentar, Art. 28 Rn. 41 c, nach dem es einer „ausdrücklichen Anpassung bzw. Öffnung des GG" bedurfte. Wahrscheinlich bezieht sich diese Stellungnahme allerdings noch auf die Rechtslage vor Schaffung des Art. 23 I 3 GG, da auf diese Vorschrift nicht eingegangen wird.

[386] Gesetz zur Änderung des Grundgesetzes vom 21.12.1992, BGBl. I vom 24.12.1992, S. 2086.

[387] Gesetzentwurf der Bundesregierung, Entwurf eines Gesetzes zur Änderung des Grundgesetzes, BT-Drs. 12/3338, S. 5.

Rechtsklarheit geschaffen hat.[388] Nach der Grundgesetzänderung bildet nun Art. 28 I 3 GG die lex specialis zum Kommunalwahlrecht für Unionsbürger.

In der neuen Fassung des **Art. 28 I 3 GG,** dessen Formulierung auf einen Vorschlag der Gemeinsamen Verfassungskommission zurückgeht, heißt es: *„Bei Wahlen in Kreisen und Gemeinden sind auch Personen, die die Staatsangehörigkeit eines Mitgliedstaates der Europäischen Gemeinschaft besitzen, nach Maßgabe von Recht der Europäischen Gemeinschaft wahlberechtigt und wählbar.“* Diese Vorschrift wurde als „EG-Öffnungsklausel“ bezeichnet,[389] da sie verfassungsrechtlich den Weg zur Schaffung eines Ausländerwahlrechts auf europäischer Ebene freigemacht hat.

Nach dem Wortlaut des Art. 28 I 3 GG ist das Ausländerwahlrecht zum einen auf die Ebene der Kreise und Gemeinden, zum anderen personell auf nur einen Teil der Ausländer, nämlich die Unionsbürger, beschränkt. Damit wurde eine **„europäische Lösung“** bei der Frage des Ausländerwahlrechts gewählt, die sich eng an den europarechtlichen Vorgaben orientiert.[390] Ein Kommunalwahlrecht von Nicht-EG-Ausländern wäre also, da es nicht von der Sonderregelung in Art. 28 I 3 GG umfasst wird, weiterhin als Verstoß gegen Art. 28 I 2 GG verfassungswidrig[391] und könnte höchstens über eine erneute Grundgesetzänderung eingeführt werden.[392] In der Gemeinsamen Verfassungskommission von Bundestag und Bundesrat hatte man zwar erwogen, das Kommunalwahlrechts auf alle Ausländer auszudehnen. Dieser Vorschlag hatte jedoch die für eine Empfehlung erforderliche Zweidrittelmehrheit nicht erreicht.[393] Auch der Bundestag lehnte die Einführung eines allgemeinen Ausländerwahlrechts bei

---

388 Vgl. *Klein,* Der Staat 1994, S. 52; *Engelken,* DÖV 1996, S. 739.

389 So z.B. VG Ansbach, NVwZ 1999, S. 324 (325); *Meyer-Teschendorf/Hofmann,* ZRP 1995, S. 290 f.; *Burkholz,* DÖV 1995, S. 819; *Scholz,* in: *Maunz/Dürig,* Grundgesetz- Kommentar, Art. 28 Rn. 41 b; *Engelken,* NVwZ 1995, S. 433; *Roller,* S. 51; *Laubach,* S. 79; *Tettinger,* in: *von Mangoldt/Klein/Starck,* Grundgesetz-Kommentar, Art. 28 Rn. 120.

390 Vgl. *Jahn/Riedel,* ZAR 1989, S. 58.

391 Vgl. z.B. *Nierhaus,* in: *Sachs (Hrsg.),* Grundgesetz-Kommentar, Art. 28 Rn. 23; *Löwer,* in: *von Münch/Kunig,* Grundgesetz-Kommentar, Bd. 2, Art. 28 Rn. 27.

392 Näher zum allgemeinen kommunalen Ausländerwahlrecht unter Punkt G.

393 Abschlussbericht der Verfassungskommission vom 5.11.1993, BT-Drs. 12/6000, S. 25 f., 97 ff.

Kommunalwahlen in einer Debatte vom 30.6.1994 ab.[394] Dass der verfassungsändernde Gesetzgeber das kommunale Ausländerwahlrecht auf EG-Ausländer beschränkt hat, begegnet allerdings keinen verfassungsrechtlichen Bedenken. Denn er musste bei seiner Entscheidung nur die Grenzen zulässiger Verfassungsänderungen nach Art. 79 III GG respektieren. Zudem kann die Entscheidung wegen der Besonderheiten der europäischen Integration nicht als willkürlich angesehen werden, so dass sie ebenso wenig gegen den Gleichheitssatz des Art. 3 I GG verstößt wie andere Privilegien der EG-Ausländer auch.[395]

Art. 28 I 3 GG hat hohe politische **Bedeutung**, da er der jahrzehntelangen Diskussion um ein kommunales Ausländerwahlrecht in Deutschland jedenfalls im Hinblick auf die Unionsbürger ein Ende gesetzt hat. Auch juristisch ist die neue Verfassungsnorm in vielerlei Hinsicht interessant. Zum einen fragt sich, wie die Norm mit der bisherigen Argumentation des Bundesverfassungsgerichts zum Demokratieprinzip in Einklang zu bringen ist. Die Frage ist umso brisanter, als das Demokratieprinzip durch Art. 79 III GG verfassungsrechtlich besonders abgesichert ist. Zum anderen ist das Verhältnis des Art. 28 I 3 GG zum Europarecht und zum Landesrecht zu klären. Art. 28 I 3 GG nimmt ausdrücklich auf das Europarecht Bezug, wenn er bestimmt, dass EG-Ausländer „nach Maßgabe von Recht der Europäischen Gemeinschaft“ wahlberechtigt und wählbar sind. Inhalt und Folgen der Bezugnahme sind jedoch auslegungsbedürftig. Da das Kommunalwahlrecht eine Materie darstellt, die eigentlich zur Verfassungshoheit und zur Gesetzgebungskompetenz der Länder gehört, wird auch erörtert, welche Wirkungen Art. 28 I 3 GG für die Bundesländer entfaltet. Die nähere Interpretation des Art. 28 I 3 GG ist nicht nur von akademischen Interesse, sondern spielt für die Lösung verschiedener Rechtsprobleme eine zentrale Rolle, da unterschiedliche Lösungen oft auf einem unterschiedlichen Vorverständnis dieser Verfassungsnorm beruhen.

---

[394] Plenarprotokoll 12/338, S. 21031 f.; vgl. auch Beschlussempfehlung und Bericht des Rechtsausschusses vom 28.6.1994, BT-Drs. 12/8165, S. 45 f.

[395] Vgl. *Däubler*, Aus Politik und Zeitgeschichte B 24/1988, S. 45; *Grüll*, S. 132 ff.; *Grumann*, S. 109 ff.; *Niedermeyer-Krauß*, S. 205 f.

2. Art. 28 I 3 GG und das Demokratieprinzip des Grundgesetzes

Bei Art. 28 I 3 GG stellt sich die grundsätzliche Frage, wie er sich zum Demokratieprinzip und zum Volksbegriff des Grundgesetzes verhält. Dies ist zunächst deshalb von Interesse, weil das Demokratieprinzip Verfassungsänderungen wegen **Art. 79 III GG** nur in begrenztem Umfang zugänglich ist.

In der Literatur wird heute durchgehend davon ausgegangen, dass die Einfügung des Art. 28 I 3 GG nicht gegen Art. 79 III GG verstoßen hat.[396] Auch das Bundesverfassungsgericht hatte bereits 1990 in einem obiter dictum allgemein angemerkt, dass Art. 79 III GG einer Verfassungsänderung zur Einführung eines Ausländerwahlrechts im Rahmen der Europäischen Union nicht im Weg stehe.[397] Dennoch wurde das obiter dictum als „etwas überraschend",[398] „rätselhaft",[399] mit den tragenden Urteilsgründen „nur schwer zu vermitteln"[400] und als „dogmatisch unklar"[401] bezeichnet, was wohl vor allem daran liegt, dass offen geblieben ist, mit welcher Argumentation, mit welchem „juristischen Kunstgriff"[402] eine solche Grundgesetzänderung im Hinblick auf Art. 79 III GG gerechtfertigt werden kann. Konkret zur Vorschrift des Art. 28 I 3 GG hat das Bundesverfassungsgericht im Maastricht-Urteil kurz Stellung genommen, als es die Rüge eines deutschen Beschwerdeführers, er werde durch das Kommunalwahlrecht für EG-Ausländer in seinen Rechten verletzt, mangels Beschwerdebefugnis als unzulässig zurückwies.[403] Obwohl das Bundesverfassungsgericht den Art. 28 I 3 GG darin nicht ausdrücklich für verfassungsmäßig erklärt hat, wurde der Umstand, dass das Kommunalwahlrecht für EG-Ausländer so knapp abge-

---

[396] So z.B. *Scholz*, in: *Maunz/Dürig*, Grundgesetz-Kommentar, Art. 28 Rn. 41 d; *Hobe*, Der Staat 1993, S. 260 ff.; *Sieveking*, DÖV 1993, S. 451 f.; *Hierl*, S. 66 ff; *Pieroth*, in: *Jarass/ Pieroth*, Grundgesetz-Kommentar, Art. 28 Rn. 8; *Grumann*, S. 113; *Barley*, S. 103; *Sommermann*, in: *von Mangoldt/Klein/Starck*, Grundgesetz-Kommentar, Art. 20 Rn. 149; *Hömig*, in: *Seifert/Hömig*, Grundgesetz-Kommentar, Art. 28 Rn. 5; *Huber*, Recht der europäischen Integration, S. 42; *Hain*, Die Grundsätze des Grundgesetzes, S. 329.

[397] BVerfGE 83, 37 (59); NJW 1991, S. 162 (164 f.).

[398] *Löwer*, in: *von Münch/Kunig*, Grundgesetz-Kommentar, Bd. 2, Art. 28 Rn. 28.

[399] *Stöcker*, Der Staat 1991, S. 260 f.

[400] *Dreier*, in: *ders. (Hrsg.)*, Grundgesetz-Kommentar, Bd. II, Art. 20 Rn. 48.

[401] *Simson/Schwarze*, Europäische Integration und Grundgesetz, S. 44 f. und 55. Ähnlich *Herdegen*, JuS 1992, S. 229 f.

[402] *Klein/Haratsch*, DÖV 1993, S. 788 f.

[403] BVerfGE 89, 155 (180).

handelt und nicht weiter problematisiert wurde, als implizite Billigung der Verfassungsänderung in Art. 28 I 3 GG verstanden.[404] Wie die Zulässigkeit der Verfassungsänderung jedoch im Einzelnen gerechtfertigt werden kann, ist auch hier offen geblieben.[405] Die **Begründung** hängt aber sehr davon ab, in welcher Weise Art. 28 I 3 GG auf das Demokratieprinzip des Grundgesetzes einwirkt.

Die dogmatische Einordnung des Art. 28 I 3 GG in das **Demokratiemodell des Grundgesetzes** wird des Weiteren praktisch relevant, weil das Vorverständnis des Art. 28 I 3 GG für die Lösung vieler Rechtsprobleme (wie dem Meinungsstreit über die Teilnahme von Unionsbürgern an kommunalen Abstimmungen) von Bedeutung ist. Für das Verhältnis des Art. 28 I 3 GG zum Demokratieprinzip des Grundgesetzes sind verschiedene Erklärungsansätze denkbar. Diese Fragen erscheinen bisher wissenschaftlich kaum geklärt.

Auszugehen ist von der Entscheidung des Bundesverfassungsgerichts zum Ausländerwahlrecht in Schleswig-Holstein aus dem Jahr 1990. Demnach sollte Art. 28 I 2 GG die Einheitlichkeit der demokratischen Legitimationsgrundlage im Staatsaufbau sicherstellen. Daher legte es den Volksbegriff für alle Gebietskörperschaften der Bundesrepublik einheitlich aus, so dass auch zum kommunalen „Volk" des Art. 28 I 2 GG nur deutsche Staatsbürger gehören können.[406] Damit hat das Bundesverfassungsgericht eine **Gleichung** aufgestellt: Die „demokratische Legitimationsgrundlage" für die Ausübung und demokratische Legitimation von Staatsgewalt darf nur das „Volk" sein, zu dem ausschließlich Deutsche i.S.d. Art. 116 GG gehören. Diese zunächst verfassungsrechtlich diktierte Gleichsetzung von demokratischer Legitimationsgrundlage, Volksbegriff, Deutschen-Eigenschaft und den an der Ausübung von Staatsgewalt Beteiligten, und somit auch die Konnexität Volk-Staat-Staatsgewalt-Staatsangehörigkeit,[407] wurde durch Art. 28 I 3 GG zwangsläufig durchbrochen. Es soll hier überlegt

---

[404] *Scholz,* in: *Maunz/Dürig,* Grundgesetz-Kommentar, Art. 28 Rn. 41 d. A.a. *Klein,* Der Staat 1994, S. 53, wonach die Frage der Verfassungsmäßigkeit offengelassen wurde.
[405] *Cremer,* EuR 1995, S. 23 (zu BVerfGE 89, 155 ff.).
[406] Vgl. BVerfGE 83, 37 (50 ff.).
[407] *Huber,* DÖV 1989, S. 533. Ähnlich *Wallrabenstein,* S. 112.

werden, wo genau die Bruchstelle liegt, um das Verhältnis des Art. 28 I 3 zum Demokratieprinzip zu klären.[408]

a) Art. 28 I 3 GG als Ausnahme vom Demokratieprinzip oder als Modifikation des Demokratieprinzips?

So könnte man auf die Idee kommen, den Art. 28 I 3 GG als eine beschränkte **Ausnahme vom Demokratieprinzip** des Grundgesetzes zu betrachten. Weiter bliebe es dabei, dass demokratische Legitimation, auch auf kommunaler Ebene, nur vom deutschen Staatsvolk als Souverän vermittelt werden kann. Es würde aber verfassungsrechtlich hingenommen werden, dass aufgrund europäischer Vorgaben auch ein Kommunalwahlrecht der EG-Ausländer existiert.[409] Dementsprechend bezeichnet ein Erklärungsansatz den Art. 28 I 3 GG als einen „integrationsbedingten Zurechnungstatbestand eigener Art". Das Kommunalwahlrecht der EG-Ausländer sei mit den tradierten Begriffen des demokratischen Staatsaufbaus nicht in Einklang zu bringen. Es sei folglich nicht Ausdruck des demokratischen Prinzips, sondern führe zu einer nicht-demokratischen „Fremdbestimmung". Dennoch sei Art. 28 I 3 GG verfassungsgemäß, da er vom Prinzip integrierter Staatlichkeit in Art. 23 I GG gedeckt sei.[410]

Nach dieser Konstruktion ist das Ausländerwahlrecht demokratietheoretisch ein Makel und kein Zugewinn. So wird konzediert, dass es sich beim Kommunalwahlrecht der EG-Ausländer nach diesem Erklärungsansatz um einen für den demokratischen Staatsaufbau prekären Ausnahmetatbestand handelt.[411] Das Demokratieprinzip würde in Gemeinden und Kreisen eingeschränkt werden, was auf eine Schwächung der Demokratie auf kommunaler Ebene hinauslaufen würde. Als Konsequenz des Ausnahme-Modells wird teilweise sogar gefordert, dass materiell und verfahrensmäßig sichergestellt wird, dass sich der Einfluss der EG-Ausländer auf die Ausübung der kommunalen Hoheitsgewalt in gewissen Grenzen hält. So wird etwa argumentiert, dass gegen das demokratische

---

[408] *Kaufmann*, ZG 1998, S. 32, spricht von einem „Trilemma".
[409] So z.B. *Grumann*, S. 96 ff.; *Kaufmann*, ZG 1998, S. 40 f. Vgl. auch *Huber*, Recht der europäischen Integration, S. 41 f.
[410] *Kaufmann*, ZG 1998, S. 40 f.
[411] *Kaufmann*, ZG 1998, S. 46.

Prinzip verstoßen werde, sobald bei einer Kommunalwahl die deutschen Staatsbürger nicht mehr die Mehrzahl der Wahlberechtigten bilden, da dann kein effektiver Einfluss des deutschen Volkes auf die Ausübung von Staatsgewalt mehr gegeben sei. Der Landesgesetzgeber müsse daher überwachen, dass die deutschen Wahlberechtigten bei einer Kommunalwahl jeweils in der Mehrheit sind.[412] Ein ähnlicher Rechtsgedanke liegt auch dem Parteiengesetz zugrunde, das einer politischen Vereinigung den Parteienstatus aberkennt, wenn deren Mitglieder oder Vorstandsmitglieder in der Mehrheit Ausländer sind (§ 2 III Nr. 1 ParteiG).

Eine Konstruktion, nach der Art. 28 I 3 GG das Demokratieprinzip einschränkt, trägt jedoch der demokratischen Dimension der kommunalen Selbstverwaltung und der Bedeutung der Kommunen als Grundlagen des demokratischen Staatsaufbaus[413] und Keimzellen der Demokratie nicht hinreichend Rechnung. Zudem ist sie im Hinblick auf **Art. 79 III GG** problematisch.[414] Denn eine Demokratie zeichnet sich gerade durch die zentrale Rolle der Wahlen aus. Das Junktim von Wahlrecht und Demokratie hat das Bundesverfassungsgericht im Maastricht-Urteil sogar besonders hervorgehoben, als es entschied, dass sich die Verbürgung des Wahlrechts zum Bundestag in Art. 38 GG auch auf den demokratischen Gehalt dieses Rechts erstreckt. Damit hat es dem einzelnen Bürger in gewisser Weise ein subjektives Recht auf Demokratie zuerkannt.[415] Es erscheint daher mit Art. 79 III GG kaum vereinbar, das Wahlrecht zu Kommunalorganen wie einen Fremdkörper aus dem demokratischen Legitimationszusammenhang herauszulösen und einen neuen Legitimationstatbestand zu kreieren. Nach der Rechtsprechung des BVerfG sind die Grundsätze des Art. 79 III GG dann nicht berührt, wenn ihnen im allgemeinen Rechnung getragen wird und sie nur für eine Sonderlage entsprechend deren Eigenart aus evident sachgerechten Gründen modifiziert werden.[416] Hier wird die Lösung aber nicht durch eine systemimmanente Modifikation der demokratischen Grundsätze gesucht, son-

[412] Vgl. *Grumann,* S. 96 ff., 193 und 195.
[413] *Stober,* Kommunalrecht, S. 116.
[414] Vgl. auch *Engelken,* VBlBW 1995, S. 232 (Fn. 71).
[415] Vgl. BVerfGE 89, 155 (171 f.). Vgl. auch *Tomuschat,* EuGRZ 1993, S. 489 f.; *Waechter,* Kommunalrecht, S. 283; *Huber,* Recht der europäischen Integration, S. 41.
[416] BVerfGE 30, 1 (24).

dern der demokratische Anspruch wird im kommunalen Bereich teilweise zurückgenommen.

Eine Interpretation, nach der Art. 28 I 3 GG das Demokratieprinzip einschränkt, wäre auch nicht im Sinn des **Europarechts**, welches mit dem Kommunalwahlrecht für Unionsbürger die Demokratie in Europa stärken und nicht schwächen möchte.[417] Zudem wäre es europarechtswidrig, EG-Ausländern das Wahlrecht zu verweigern, wenn die Dominanz der Inländer gefährdet ist. Denn das Europarecht garantiert EG-Ausländern das Wahlrecht als Individualrecht, da nach Art. 19 I EGV grundsätzlich *jeder* Unionsbürger mit Wohnsitz in einem Mitgliedstaat, dessen Staatsangehörigkeit er nicht besitzt, dort bei den Kommunalwahlen wahlberechtigt ist. Zwar enthält die Richtlinie Ausnahmevorschriften, die es erlauben, in Luxemburg und Belgien von EG-Ausländern im Wahlalter zusätzlich als Voraussetzung für das Wahlrecht noch eine bestimmte Mindestwohnsitzdauer im Staatsgebiet zu verlangen (vgl. Art. 12 I, II RL). Dies hat zwangsläufig zur Folge, dass der Prozentsatz der dort wahlberechtigten EG-Ausländer sich verringert, weil nicht alle EG-Ausländer im Wahlalter diese zusätzliche Voraussetzung erfüllen können. Das Europarecht enthält jedoch keine rechtlichen Vorkehrungen, um in jedem Fall zu verhindern, dass in einer Gemeinde die Mehrheit der Wahlberechtigten bzw. der Wähler EG-Ausländer sind oder dass ein Gemeinderat von Ausländern dominiert wird.

Es lässt sich daher nur eine Konstruktion rechtfertigen, nach der Art. 28 I 3 GG das **Demokratieprinzip** nicht einschränkt, sondern **modifiziert**.[418] Unter dem Einfluss des Europarechts hat sich also die demokratische Legitimationsgrundlage auf kommunaler Ebene, jedenfalls in Bezug auf Wahlen,[419] verbreitert, so dass die demokratische Legitimation nun gemeinsam durch deutsche Wahlberechtigte und Wahlberechtigte aus anderen Staaten der Europäischen Union erfolgt.[420] Zwar ist zuzugeben, dass die Wählerschaft in den Kommunen damit

---

417 Vgl. *Magiera*, EA 1988, S. 478; *Degen*, DÖV 1993, S. 753; *Hasselbach*, ZG 1997, S. 50; *Garot*, S. 126.
418 Vgl. z.B. *Klein*, Der Staat 1994, S. 51; *Fischer*, EuZW 1992, S. 568.
419 Zu den Abstimmungen näher unter Punkt D I 1.
420 Vgl. *Fischer*, EuZW 1992, S. 568; *Engelken*, DÖV 1996, S. 737 ff.; *Barley*, S. 76.

von der in Bund und Ländern abgekoppelt wird. Die vom Bundesverfassungsgericht in seiner Entscheidung zur Verfassungswidrigkeit des Ausländerwahlrechts in Schleswig-Holstein im Jahr 1990 aufgestellte These zur Einheitlichkeit der demokratischen Legitimationsgrundlage im Staatsaufbau[421] ist folglich durch die Einfügung des Art. 28 I 3 GG teilweise überholt.[422] Dafür werden die Kommunen aber zu Vorreitern der europäischen Integration,[423] da sie deutsche und nichtdeutsche Unionsbürger zum demokratischen Bezugspunkt haben.

b) Ausdehnung des Volksbegriffs oder Ausdehnung des Wahlrechts über das Volk hinaus?

Daran schließt sich die Frage an, ob die Modifikation des Demokratieprinzips mit einer Änderung des **Volksbegriffs** im Grundgesetz verbunden ist. Denn sowohl Art. 20 II GG als auch Art. 28 I 2 GG benennt beide ausdrücklich als demokratische Legitimationsgrundlage „das Volk".

Nach einer Auffassung führt die Erstreckung des Kommunalwahlrechts auf EG-Ausländer de facto dazu, dass der Begriff des Staatsvolkes in **Art. 20 II GG** modifiziert wird, so dass dieser nun für bestimmte Teilbereiche neben Deutschen auch EG-Ausländer umfasst. Da die Teilnahme an Kommunalwahlen Ausübung von Staatsgewalt sei, Staatsgewalt aber wegen der Homogenitätsklausel auch in den Kommunen nur vom Volk ausgeübt werden dürfe, seien EG-Ausländer partiell in den Volksbegriff des Art. 20 II GG einzubeziehen.[424] Damit würde also von der bisherigen Rechtsprechung des Bundesverfassungsgerichts abgewichen, wonach nur Deutsche i.S.d. Art. 116 GG zum Volk im Sinn des Grundgesetzes gehören.

Dass bei der Verfassungsänderung von 1992 Art. 20 GG überhaupt nicht in seinem Wortlaut geändert wurde, hindert diese Meinung nicht daran, vom Kommunalwahlrecht der EG-Ausländer auf deren Zugehörigkeit zum Staatsvolk zu

---

[421] Vgl. BVerfGE 83, 37 (53).
[422] Ähnlich *Sieveking*, DÖV 1993, S. 451.
[423] *Klang*, DNV 1996, S. 30.
[424] *Hobe*, Der Staat 1993, S. 262 f.; *ders.*, JZ 1994, S. 193 f. Ähnlich *Scholz*, in: *Maunz/Dürig*, Grundgesetz-Kommentar, Art. 28 Rn. 41 d; Vgl. auch *Gusy/Ziegler*, in: *Davy (Hrsg.)*, Politische Integration, S. 232.

schließen. Vielmehr wird kritisiert, dass der verfassungsändernde Gesetzgeber einem unveränderten Art. 20 GG einen neuen Art. 28 I 3 GG zur Seite gestellt hat. Durch dieses Vorgehen werde der Kern des Problems verschleiert[425] und eine Erosion des Begriffs des Staatsvolks quasi „durch die Hintertür" herbeigeführt.[426]

Nach einer weniger weitgehenden Meinung hat sich der **Volksbegriff** durch die Einfügung des Art. 28 I 3 GG nur **auf kommunaler Ebene** gewandelt. Das „Volk in den Kreisen und Gemeinden" im Sinn von Art. 28 I 2 GG sei durch die Einbeziehung von EG-Ausländern erweitert worden, während es auf den beiden Ebenen des Bundes und der Länder bei der restriktiveren Bedeutung des Wortes „Volk" geblieben sei. Der Begriff „Volk" habe demnach auf Bundes- und Landesebene einerseits und auf der Kommunalebene andererseits nicht mehr die gleiche Bedeutung.[427] Nach dieser Auslegung bleibt es bei der zwingenden Verbindung von Staatsgewalt und Volk, es werden aber ausnahmsweise auf kommunaler Ebene auch EG-Ausländer in den Volksbegriff einbezogen. Dabei wird von der Homogenitätslehre abgewichen, wonach das Volk auf kommunaler Ebene nur aus Angehörigen des Staatsvolks i.S.d. Art. 20 II GG bestehen kann.

Dass man EG-Ausländer nur mit Wirkung für die kommunale Ebene „einbürgern" kann, setzt allerdings voraus, dass es verfassungsrechtlich überhaupt möglich ist, ein eigenständiges kommunales Volk zu schaffen. Dies erscheint aufgrund der Integration der Kommunen in den **Staatsaufbau** zweifelhaft.[428] Folgt man dem Bundesverfassungsgericht, so kann es schon deshalb kein losgelöstes, eigenständiges kommunales Staatsvolk geben, weil die Kommunen im zweistufigen Verwaltungsaufbau der Bundesrepublik als Teile der Länderverwaltung keine eigene Staatsqualität haben, so dass man ihnen auch keine eigenen Völker zuordnen kann.

---

425 *Hobe*, Der Staat 1993, S. 263.
426 *Hobe*, JZ 1994, S. 193.
427 So etwa *Fastenrath*, FAZ vom 20.9.1995, S. 16; *Engelken*, DÖV 1996, S. 737 f.; ähnlich auch *Wallrabenstein*, S. 104; ablehnend *Dreier*, in: *ders. (Hrsg.)*, Grundgesetz-Kommentar, Bd. II, Art. 28 Rn. 75.
428 Ähnlich *Kaufmann*, ZG 1998, S. 37.

Doch selbst wenn man es für möglich hält, dass der verfassungsändernde Gesetzgeber den „demos“ bei Kommunalwahlen frei bestimmen kann,[429] so fehlt jeder Anhaltspunkt, dass er bei der Einfügung des **Art. 28 I 3 GG** von dieser Möglichkeit auch Gebrauch gemacht hat. Denn hätte der verfassungsändernde Gesetzgeber den Volksbegriff im Grundgesetz ändern wollen, so hätte es nahe gelegen, dies auch ausdrücklich zu tun.[430] Aber in Art. 28 GG fehlt eine ausdrückliche Erweiterung des Volksbegriffs auf EG-Ausländer. Vielmehr spricht die vom verfassungsändernden Gesetzgeber gewählte **Formulierung** gegen eine Neuinterpretation des Volksbegriffs auf kommunaler Ebene. Art. 28 I 2 GG ist die einzige Vorschrift im Grundgesetz, in der das Volk in den Kreisen und Gemeinden Erwähnung findet. Der Verfassungsgeber hat es jedoch vermieden, diesen Volksbegriff auf EG-Ausländer auszudehnen. Denn nachdem in Art. 28 I 2 GG das Wahlrecht des Volkes zu den Volksvertretungen der Länder und Kommunen verankert worden ist *(„In den ... Kreisen und Gemeinden muss das Volk eine Vertretung haben")*, sind nach Art. 28 I 3 GG bei Wahlen in Kreisen und Gemeinden „auch“ Unionsbürger wahlberechtigt und wählbar. Dieses Wörtchen „auch“ ist nach den Grundsätzen der juristischen Logik und Methodenlehre aber so zu verstehen, dass bei Kommunalwahlen *neben* dem Volk noch die Unionsbürger als zusätzliche Wahlberechtigte hinzukommen.[431] Wären EG-Ausländer dagegen bereits Mitglieder des Volkes i.S.d. Art. 28 I 2 GG, so würde sich ihr Wahlrecht bereits aus Art. 28 I 2 GG ergeben, so dass Art. 28 I 3 GG weitgehend überflüssig wäre. Folglich nimmt das Wort „Volk“ in Art. 28 I 2 GG weiterhin auf die bisherige Wortbedeutung Bezug, nämlich auf das deutsche Staatsvolk, das in der jeweiligen Gemeinde bzw. im jeweiligen Kreis ansässig ist. Art. 28 I 3 GG sieht dagegen nur das Wahlrecht der EG-Ausländer vor. Würde man aus dem Wahlrecht auf die Zugehörigkeit zum kommunalen Volk schließen, so dass dieses sich nun in den Kommunen aus dem deutschen Volk sowie den wahlberechtigten Unionsbürgern zusammensetzt, so würde man neben dem kommunalen Volksbegriff in Art. 28 I 2 GG einen zweiten kommunalen Volksbegriff erschaffen. Dieser erweiterte kommunale Volksbegriff würde jedoch im Text keinerlei Grundlage finden.

---

[429] Vgl. *Klein*, Der Staat 1994, S. 53; *Karpen*, NJW 1989, S. 1016.
[430] Vgl. *Burkholz*, DÖV 1995, S. 818; *Kaufmann*, ZG 1998, S. 35.
[431] So schon *Engelken*, NVwZ 1995, S. 433 (Fn. 6).

Auch für die These, dass bereits das **Gemeinschaftsrecht** das Volk konstitutiv um die Unionsbürger erweitert habe,[432] was über die Maßgabeklausel in Art. 28 I 3 GG Eingang in das Grundgesetz gefunden haben könnte, lassen sich bei näherer Betrachtung der konkreten europarechtlichen Regelungen keine Belege finden. Die Unionsbürgerschaft erfordert keine umfassende Neuinterpretation des grundgesetzlichen Volksbegriffs, da sie die nationale Staatsangehörigkeit nicht ersetzt und Unionsbürger hinsichtlich ihrer politischen Rechte nicht völlig mit den Staatsangehörigen gleichstellt. So sieht der EG-Vertrag nur ein Kommunalwahlrecht, nicht aber ein Wahlrecht bei Parlamentswahlen vor.[433] Selbst wenn man von der Möglichkeit eines eigenständigen Kommunalvolkes ausgeht, zwingt das europäische Kommunalwahlrecht nicht zu einer Erweiterung des kommunalen Volkes. Zwar gewährt das Gemeinschaftsrecht EG-Ausländern das Wahlrecht bei Kommunalwahlen grundsätzlich unter denselben Bedingungen wie Inländern, um die Integration der Unionsbürger in ihrem Aufenthaltsstaat zu verbessern. Damit liegt es durchaus in der Stoßrichtung des Europarechts, Unionsbürger zu kommunalen Bürgern zu „befördern".

Allerdings ist der Anwendungsbereich des Kommunalwahlrechts nach Art. 19 I EGV und der Richtlinie begrenzt und es sind Ausnahmen vom Prinzip der Inländergleichbehandlung möglich. Zu kommunalen Abstimmungen schweigt das Gemeinschaftsrecht ebenso wie zu Intraorganwahlen. Auch wird etwa beim passiven Wahlrecht zu Ämtern der Exekutivorgane den Mitgliedstaaten gestattet, Ausländer auszuschließen. Daher verwandelt das Gemeinschaftsrecht den (ausländischen) Unionsbürger keineswegs automatisch in einen völlig gleichberechtigten Gemeindebürger, sondern macht lediglich einen wichtigen Schritt in Richtung auf eine Gleichstellung auf Kommunalebene. Insgesamt ist also auch europarechtlich kein völlig einheitliches Kommunalvolk entstanden. Die Rechtsgewährung an Unionsbürger durch das nach Art. 28 I 3 GG maßgebliche EG-Recht bleibt selbst auf kommunaler Ebene lückenhaft. Im Übrigen wäre die Gemeinschaft auch nicht ermächtigt, das kommunale Volk zwingend um die

---

[432] *Engelken,* DÖV 1996, S. 737 ff.
[433] Vgl. *Hierl,* S. 54 f.; *Kaufmann,* ZG 1998, S. 35.

Unionsbürger zu erweitern, da es für über das Kommunalwahlrecht hinausgehende Regelungen keine europarechtliche Rechtsgrundlage gibt.

Gerade der begrenzte Anwendungsbereich des Kommunalwahlrechts für Unionsbürger und die europarechtlichen Einschränkungsmöglichkeiten deuten auch auf **verfassungsrechtlicher Ebene** darauf hin, dass EG-Ausländer nicht zum kommunalen Volk gehören. Denn hätte der verfassungsändernde Gesetzgeber sich dafür entschieden, EG-Ausländer in das kommunale Volk einzubeziehen, so wären Beschränkungen ihrer kommunalen Rechte mit ihrem verfassungsrechtlichen Status nicht mehr vereinbar,[434] da sonst zweierlei Klassen von kommunalem Volk entstehen würden. Der verfassungsändernde Gesetzgeber hat jedoch Unionsbürgern im Gegenteil nur ein einzelnes Teilhaberecht, das Kommunalwahlrecht, eröffnet, und dies „nach Maßgabe des Rechts der Europäischen Gemeinschaft", also mit allen Einschränkungsmöglichkeiten, die das Europarecht vorsieht. Damit zielt er gerade nicht darauf ab, Unionsbürger unabhängig von europarechtlichen Vorgaben mit deutschen Staatsbürgern auf kommunaler Ebene verfassungsrechtlich völlig gleich zu stellen. Genau dies wäre mit der Erweiterung des Volksbegriffs aber zwangsläufig verbunden.

Damit liefert die Auslegung des **Art. 28 I 3 GG** keine hinreichenden Anhaltspunkte für eine Ausdehnung des kommunalen Volksbegriffs.[435] Mit dem in Art. 28 I 2 GG erwähnten Volk in den Kreisen und Gemeinden ist demnach weiterhin ein territorialer Ausschnitt des gesamten Staatsvolkes gemeint, nämlich die in der jeweiligen kommunalen Gebietskörperschaft ansässigen Staatsbürger. Auch den Weg, das Kommunalwahlrecht für Unionsbürger durch eine Änderung des Volksbegriffs in **Art. 20 GG** zu verankern, hat der Gesetzgeber in Kenntnis der Judikatur des Bundesverfassungsgerichts nicht beschritten.[436] Zudem hat der Volksbegriff in Art. 20 II GG weder durch die europäische Integration im Allgemeinen noch durch das Wahlrecht der Unionsbürger im Besonderen eine

---

[434] Vgl. *Kaufmann,* ZG 1998, S. 40.
[435] Vgl. *Kaufmann,* ZG 1998, S. 38.
[436] Vgl. *Röger,* VR 1993, S. 139 f.

durchgehende Modifikation erfahren. Volk im Sinn des Art. 20 II GG ist folglich weiter das deutsche Staatsvolk.[437]

Als Zwischenergebnis lässt sich festhalten, dass EG-Ausländer nach Art. 28 I 3 GG an Kommunalwahlen teilnehmen dürfen, obwohl sie nicht zum „Volk" i.S.d. Grundgesetzes gehören.

c) Demokratische Legitimation nicht nur durch das deutsche Volk: Vereinbarkeit mit dem Grundsatz der Volkssouveränität?

Indem Art. 28 I 3 GG zulässt, dass nicht zum Staatsvolk gehörende Personen an der Ausübung von Staatsgewalt teilnehmen, weicht er von dem Grundsatz ab, dass alle Staatsgewalt (allein) vom Staatsvolk ausgeht.[438] Im Folgenden bleibt darzustellen, weshalb dies mit der zuvor getroffenen Feststellung, dass Art. 28 I 3 GG das Demokratieprinzip nicht einschränkt, sondern modifiziert, in Einklang zu bringen ist.

Auf den ersten Blick scheint sich eine Auslegung, nach der nicht zum Staatsvolk gehörende Personen an der Staatsgewalt beteiligt werden, mit Art. 79 III GG zu stoßen. Denn nach Art. 20 II 1 GG geht *alle* Staatsgewalt vom Volk aus und eine Verfassungsänderung, welche die Grundsätze des Art. 20 GG berührt, ist gemäß **Art. 79 III GG** unzulässig.

Zunächst stellt sich die Frage, inwieweit der Grundsatz der Volkssouveränität in **Art. 20 II GG im kommunalen Bereich** überhaupt Anwendung findet. Aufgrund der allgemeinen Formulierung in Art. 20 II GG („alle Staatsgewalt") und der zentralen Bedeutung der Vorschrift wird in der Literatur oft angenommen, dass Art. 20 II GG nicht nur auf die Bundesstaatsgewalt unmittelbar anwendbar ist, sondern auch direkt auf die Staatsgewalt in den Ländern und Kommunen durchgreift.[439] Würde Art. 20 II GG jedoch unmittelbar auf die Länder

---

[437] Vgl. *Dreier*, in: *ders. (Hrsg.)*, Grundgesetz-Kommentar, Bd. II, Art. 20 Rn. 46; *Kaufmann*, ZG 1998, S. 32 ff.; *Hierl*, S. 72 f.; *Schmidt-Aßmann*, in: *ders. (Hrsg.)*, Besonderes Verwaltungsrecht, S. 60.

[438] Ebenso *Ritgen*, S. 74.

[439] So z.B. *Sachs*, ThürVBl. 1993, S. 121; *Hierl*, S. 67 ff.; *Grumann*, S. 65.

durchgreifen, so wäre Art. 28 I 1 GG im Hinblick auf das Demokratieprinzip weitgehend überflüssig. Ihm käme insoweit nur noch deklaratorische Wirkung zu.[440] Ein solcher unmittelbarer Durchgriff würde jedoch nicht ausreichend berücksichtigen, dass Art. 28 I 1, 2 GG das Demokratieprinzip für die Länder und Kommunen systemimmanent modifiziert und mit Rücksicht auf die Verfassungsautonomie der Länder nur ein Mindestmaß an Homogenität, nicht aber Uniformität oder Konformität fordert.[441] Die Ansicht, dass Art. 20 II GG im kommunalen Bereich unmittelbar Anwendung findet, ist daher abzulehnen.[442] Davon scheint im Übrigen auch das Bundesverfassungsgericht auszugehen, welches das kommunale Ausländerwahlrecht (nur) wegen Verstoßes gegen Art. 28 I 2 GG, nicht aber auch gegen Art. 20 II GG für verfassungswidrig erklärt hat.[443]

Art. 28 GG fällt aber selbst nicht unmittelbar unter die Ewigkeitsgarantie des Art. 79 III GG. Er kann daher höchstens über den Umweg des in Art. 20 GG verankerten Demokratieprinzips änderungsfest sein, weil er das Demokratieprinzip für die Länder, Kreise und Gemeinden näher ausgestaltet. Dabei kann es graduell einen Unterschied machen, ob Art. 20 II GG unmittelbar oder nur mittelbar über Art. 28 I 1 bzw. 2 GG zur Anwendung gelangt. Nach **Art. 28 I 1 GG** muss die verfassungsmäßige Ordnung in den Ländern den *Grundsätzen* des demokratischen Rechtsstaates im Sinn des Grundgesetzes entsprechen. Folglich müssen die Länder das Demokratieprinzip zwar mit Blick auf die Regelungen für den Bund, aber nicht identisch ausgestalten.[444] Die Länder sind damit nur mittelbar über Art. 28 I 1 GG an Art. 20 II GG gebunden, soweit Art. 20 II GG die Grundsätze des demokratischen Staates zum Ausdruck bringt.

Hinzu kommt, dass die materielle Änderungsschranke des **Art. 79 III GG** als Ausnahmeregelung restriktiv auszulegen ist. Demnach verbietet sie nur die

---

[440] Vgl. *Kersten,* DÖV 1993, S. 900 f.; *Sommermann,* in: *von Mangoldt/Klein/Starck,* Grundgesetz-Kommentar, Art. 20 Rn. 148.

[441] Vgl. auch *Nierhaus,* in: *Sachs (Hrsg.),* Grundgesetz-Kommentar, Art. 28 Rn. 9.

[442] So z.B. *Kersten,* DÖV 1993, S. 901 f.; *Antoni,* in: *Seifert/Hömig,* Grundgesetz- Kommentar, Art. 20 Rn. 1; *Sommermann,* in: *von Mangoldt/Klein/Starck,* Grundgesetz-Kommentar, Art. 20 Rn. 148.

[443] BVerfGE 83, 37 ff. Vgl. auch *Kersten,* DÖV 1993, S. 901; *Grumann,* S. 66; *Engelken,* VBlBW 1995, S. 233 (Fn. 74).

[444] *Kersten,* DÖV 1993, S. 899.

„prinzipielle Preisgabe" der dort genannten Grundsätze, nicht aber einzelne systemimmanente Modifikationen.[445] Daher zementiert Art. 79 III GG das Demokratieprinzip nur im Grundsatz, nicht aber jede Einzelausgestaltung.[446]

Insgesamt fällt auf, dass Art. 28 I 1 GG und Art. 79 III GG ähnlich formuliert sind und beide nur vom demokratischen *Grundsatz* des Art. 20 GG sprechen.[447] Damit eröffnen beide Vorschriften **Spielräume bei der Ausgestaltung des Demokratieprinzips** und lassen systemimmanente Randmodifikationen zu. Das obiter dictum des BVerfG zum Ausländerwahlrecht[448] könnte daher dahingehend zu verstehen sein, dass Art. 79 III GG jedenfalls auf kommunaler Ebene Abweichungen vom Grundsatz der Monopolisierung des Wahlrechts beim deutschen Staatsvolk erlaubt.

Daher stellt sich hier die entscheidende Frage, ob es zu den demokratischen Grundsätzen i.S.d. **Art. 79 III GG** gehört, dass alle Staatsgewalt *allein* vom (deutschen) Volk ausgeht, ob sich also eine auf Kommunalwahlen beschränkte Abweichung vom Prinzip der Volkssouveränität als elementarem Wesensmerkmal der Demokratie vor Art. 79 III GG rechtfertigen lässt. Anders formuliert geht es darum, ob demokratische Legitimation nach dem Grundgesetz auch von Nichtmitgliedern des Staatsvolkes, also Verbandsfremden, vermittelt werden kann. Beim Kommunalwahlrecht für Unionsbürger spielt daher nicht die Abgrenzungsfunktion der Volkssouveränität zu anderen Staatsformen eine Rolle, sondern die Frage, inwieweit Art. 20 GG auch den Außenaspekt der Volkssouveränität schützt und als Ausdruck des Selbstbestimmungsrechts der Völker Fremdherrschaft verbietet.[449]

Diese Fragen rühren an das **Grundverständnis von Demokratie**. Das Demokratieprinzip des Grundgesetzes kommt in verschiedenen Einzelregelungen zum

---

[445] BVerfGE 30, 1 (24 f.); 84, 90 (120 f.).

[446] *Röger*, VR 1993, S. 139; *Pieroth*, in: *Jarass/Pieroth*, Grundgesetz-Kommentar, Art. 28 Rn. 8; *Scholz*, in: *Maunz/Dürig*, Grundgesetz-Kommentar, Art. 28 Rn. 41 d.

[447] *Tettinger*, in: *von Mangoldt/Klein/Starck*, Grundgesetz-Kommentar, Art. 28 Rn. 37, folgert daraus sogar, dass die Grundsätze in Art. 28 I 1 GG die gleichen sind wie in Art. 79 III GG.

[448] BVerfGE 83, 37 (59).

[449] Diesen Außenaspekt der Volkssouveränität unterstreicht *Stöcker*, Der Staat 1991, S. 259 ff.

Ausdruck, die nicht isoliert, sondern nach dem Grundsatz der Einheit der Verfassung in ihrem systematischen Zusammenhang auszulegen sind.[450] Damit verbietet sich auch eine isolierte Auslegung des Art. 20 GG, auch wenn dessen Grundsätze durch Art. 79 III GG besonders abgesichert sind.[451] Auf den ersten Blick scheint der Grundsatz der Volkssouveränität, nach dem *alle* Staatsgewalt vom *(Gesamt-)Volk* ausgeht (Art. 20 II 1 GG), zwar absolute Geltung zu beanspruchen. Doch auch diesem Grundsatz müssen nach deutschem Verfassungsrecht Grenzen gezogen werden,[452] weil das Grundgesetz ihn in anderen Bestimmungen modifiziert.

So weicht **Art. 28 I 2 GG** von Art. 20 II 1 GG ab, indem er nicht mehr auf das Gesamtvolk Bezug nimmt, sondern auf „Teilvölker“,[453] nämlich das Volk in den Ländern, Kreisen und Gemeinden. Damit wird etwa hingenommen, dass Deutsche mit Wohnsitz in Bayern von den Landtagswahlen in Schleswig-Holstein ausgeschlossen sind. Der Grund für die Segmentierung des Staatsvolkes liegt darin, dass das Grundgesetz das Demokratieprinzip mit dem Föderalismus und mit der kommunalen Selbstverwaltung kombiniert, wodurch das demokratische Legitimationssubjekt eine charakteristische Stufung erfährt.[454] Darin lediglich eine Einschränkung der Demokratie zugunsten anderer Prinzipien zu sehen, griffe jedoch zu kurz. Vielmehr wird die Effektivität demokratischer Legitimation durch das Modell der „gegliederten Demokratie“[455] quantitativ und qualitativ gestärkt. Zum einen vermehrt das demokratische Mehrebenensystem die Mitwirkungsmöglichkeiten der Bürger, zum anderen werden Staatsvolk und Staatsgewalt einander näher gebracht, indem die demokratische Legitimation auf diejenige Ebene verlagert wird, auf der im dezentralisierten Staat jeweils die Staatsgewalt ausgeübt wird. Im gemeindlichen Bereich können demokratische Mechanismen zudem wirksamer werden als im Bund und in den Ländern,[456] so

[450] Vgl. *Starck*, in: *Isensee/Kirchhof (Hrsg.)*, Handbuch des Staatsrechts, Bd. VII, § 164 Rn. 51, 53.
[451] *Cremer*, EuR 1995, S. 25.
[452] BVerfGE 37, 271 (279); *Huber*, DÖV 1989, S. 536.
[453] Vgl. *Böckenförde*, Staat, Verfassung, Demokratie, S. 316 ff.
[454] *Kaufmann*, ZG 1998, S. 27 für das Bundesstaatsprinzip.
[455] BVerfGE 83, 37 (54).
[456] *Von Arnim*, AöR 1988, S. 16.

dass die Demokratie für die meisten Bürger in der kommunalen Selbstverwaltung ihre greifbarste Gestalt gewinnt.[457]

Auch im Rahmen der europäischen Integration wird der Grundsatz der Volkssouveränität modifiziert. So rücken **Art. 24 GG** und **Art. 23 GG** ebenfalls vom Grundsatz ab, dass alle Staatsgewalt nur vom deutschen Volk ausgeht.[458] Nach Art. 23 I GG wirkt die Bundesrepublik bei der Entwicklung der Europäischen Union in Richtung auf ein vereintes Europa mit. Hierfür können auch Hoheitsbefugnisse übertragen werden. Art. 23 I 1 GG enthält eine sog. Struktursicherungsklausel, die garantieren soll, dass auch die Europäische Union demokratischen Grundsätzen verpflichtet ist. Damit gesteht das Grundgesetz implizit zu, dass das Demokratieprinzip in der Europäischen Union von dem bisherigen innerstaatlichen Demokratieverständnis abweichen kann. Dies entspricht auch der Sicht des Bundesverfassungsgerichts, wonach in einer Staatengemeinschaft mit eigenständigen Hoheitsbefugnissen demokratische Legitimation nicht in gleicher Weise hergestellt werden kann wie innerhalb eines Staates mit abschließend geregelter Staatsordnung.[459] Das BVerfG hat ausdrücklich hingenommen, dass in Folge dessen der Bundestag als vom (deutschen) Volk gewähltes Repräsentativorgan und mit ihm der wahlberechtigte Bürger an politischem Einfluss verliert. Einen Ausgleich sieht das Gericht jedoch darin, dass der Einflussbereich der Bürger auch erweitert wird, indem die Bundesrepublik an der Ausübung von Hoheitsgewalt der EG in anderen Mitgliedstaaten teilnimmt. Bei der Ausübung von Hoheitsgewalt durch die Europäische Union erfolgt die demokratische Legitimation nach Ansicht des BVerfG vor allem durch die von den Staatsvölkern der Mitgliedstaaten gewählten nationalen Parlamente, aber auch ergänzend durch das von den Unionsbürgern gewählte Europäische Parlament.[460] Bemerkenswert ist dabei besonders, dass das Gericht den Volksbegriff für die Vermittlung von demokratischer Legitimation nicht mehr für ausschlaggebend hält,

---

[457] BVerfGE 11, 274 ff.
[458] Vgl. *Bryde*, Staatswissenschaften und Staatspraxis 1994, S. 320 f.; *Niedermeyer-Krauß*, S. 139.
[459] BVerfGE 89, 155 (182).
[460] Vgl. BVerfGE 89, 155 (182 ff.).

sondern individualrechtlich an die Unionsbürgerschaft anknüpft.[461] Denn nach seiner Auffassung vermitteln neben den Staatsvölkern auch die Bürger der EG-Mitgliedstaaten selbst bereits demokratische Legitimation, obwohl es bisher weder eine europäische Staatsangehörigkeit noch ein europäisches Volk gibt.[462] Hier wird das Demokratieprinzip mit Blick auf die Offenheit des Grundgesetzes für die europäische Integration modifiziert. Allerdings regelt Art. 20 II 1 GG die Ausübung deutscher Staatsgewalt und nicht die demokratische Legitimation von Hoheitsgewalt der Europäischen Gemeinschaften, und kann insoweit nur mittelbar über Art. 23 I 3 i.V.m. Art. 79 III GG Anwendung finden.[463]

Damit lässt sich zusammenfassen, dass der Grundsatz der ausschließlichen Legitimation von Hoheitsgewalt durch das gesamte deutsche Staatsvolk in der Verfassung sowohl oberhalb als auch unterhalb der Bundesebene relativiert wird, ohne dass diese systemimmanente Modifikation des Demokratieprinzips die Grenzen des Art. 79 III GG überschreitet. Dies legt den Schluss nahe, dass Art. 20 II GG jedenfalls für die Ausübung von Hoheitsgewalt durch die EG und durch Länder, Kreise und Gemeinden eine gewisse Flexibilität aufweist[464] und dass sich demokratische Legitimation in einem gewissen Rahmen vom Staatsvolk lösen kann. Für die demokratische Legitimation von kommunaler und von europäischer Hoheitsgewalt lässt sich dies damit erklären, dass Art. 20 GG nicht unmittelbar, sondern nur mittelbar und modifiziert anwendbar ist. In diesem Sinn sprechen sowohl Art. 28 I 1 GG für die Länder als auch Art. 23 I 1 GG für die Europäische Union jeweils nur allgemein von „demokratischen Grundsätzen“, ohne direkt auf Art. 20 GG Bezug zu nehmen. Damit kann das Demokratieprinzip im kommunalen und europäischen Bereich durch Verfassungsänderung besonders weitgehend modifiziert werden, ohne dass dies gegen Art. 79 III GG verstößt.

---

[461] Vgl. *Gusy/Ziegler*, in: *Davy (Hrsg.)*, Politische Integration, S. 238 und 240.
[462] Vgl. BVerfGE 89, 155 (184, 188).
[463] *Cremer*, EuR 1995, S. 26 f. und 34 f.
[464] So *Cremer* für die demokratische Legitimation auf europäischer Ebene, EuR 1995, S. 35. Vgl. auch *Wallrabenstein*, S. 157.

Das Kommunalwahlrecht für Unionsbürger lässt sich insgesamt unter den folgenden Gesichtspunkten rechtfertigen: Eine Ausdehnung des Wahlrechts auf ausländische Einwohner widerspricht zwar dem historisch geprägten, im Kern nationalstaatlichen Demokratieverständnis des Grundgesetzes, dafür kommt man dadurch aber – wie das BVerfG selbst angedeutet hat[465] – der **demokratischen Idee** der Identität von Herrschenden und Beherrschten[466] einen Schritt näher.[467] Auch die Offenheit des Grundgesetzes für die **europäische Integration** erlaubt eine begrenzte Modifikation des Demokratieprinzips.[468] Ausschlaggebend ist dabei, dass die EG mit dem Kommunalwahlrecht für Unionsbürger gerade eine Stärkung der demokratischen Rechte europäischer Bürger anstrebt, die bisher bei einem Umzug ins Ausland oft ihr Wahlrecht verloren haben. Zudem lässt das **Homogenitätsprinzip** den Ländern Spielräume bei der näheren Ausgestaltung der Demokratie. Schützt Art. 79 III GG aber die Demokratie schon im Bund nur als Grundsatz, so muss dies erst recht für die Länder und Kommunen gelten. Bedenkt man zudem, in welchem Ausmaß das Europarecht, das ja hauptsächlich von Nichtdeutschen legitimiert wird, auf die Rechtslage in Deutschland einwirkt, so erscheint der Einfluss ausländischer Wähler bei Kommunalwahlen im Vergleich dazu eher gering.[469] Abstellen kann man auch auf die **besondere Stellung der Kommunen im Staatsaufbau**, die durch die Integration in die Länderexekutive und die Garantie der kommunalen Selbstverwaltung geprägt ist. Insbesondere haben Kommunen keine eigene Staatsqualität, so dass hier eine Ausnahme von der grundsätzlichen Monopolisierung des Wahlrechts beim Staatsvolk möglich ist.[470]

---

465 BVerfGE 83, 37 (52); NJW 1991, S. 162 (163).

466 Näher hierzu *Böckenförde*, Staat, Verfassung, Demokratie, S. 334 f.

467 Vgl. etwa *Röger*, VR 1993, S. 139.

468 So z.B. *Hömig*, in: *Seifert/Hömig*, Grundgesetz-Kommentar, Art. 28 Rn. 5; *von Mutius*, Kommunalrecht, S. 34; *Sieveking*, DÖV 1993, S. 451; *Scholz*, in: *Maunz/Dürig*, Grundgesetz-Kommentar, Art. 28 Rn. 41 d. Nach *Kaufmann*, ZG 1998, S. 40 ff., rechtfertigt Art. 23 I GG sogar eine Ausnahme vom Demokratieprinzip.

469 *Zuleeg*, ZAR 1988, S. 19, bereits vor den Verträgen von Maastricht und Amsterdam.

470 Vgl. *Brockmeyer*, in: *Schmidt-Bleibtreu/Klein*, Kommentar zum Grundgesetz, Art. 28 Rn. 7; *Kaufmann*, ZG 1998, S. 43 ff.; *Tettinger*, in: *von Mangoldt/Klein/Starck*, Grundgesetz-Kommentar, Art. 28 Rn. 124.

Zusammengefasst heißt dies: Nach der Rechtsprechung des Bundesverfassungsgerichts beinhaltet der nach Art. 79 III GG geschützte Kern des Demokratieprinzips, dass die Ausübung staatlicher Befugnisse sich auf das Staatsvolk zurückführen lässt und *grundsätzlich* ihm gegenüber verantwortet wird.[471] Dabei kann der Zurechnungszusammenhang auf verschiedene Weise hergestellt werden, solange nur ein hinreichendes Legitimationsniveau erreicht wird.[472] Der Verfassungsänderung zur Einführung des Kommunalwahlrechts für EG-Ausländer konnte Art. 79 III GG daher nicht entgegenstehen, weil demokratische Idee, Integrationsoffenheit des Grundgesetzes, Homogenitätsprinzip und die besondere Stellung der Kommunen im Staatsaufbau sich alle für die Zulässigkeit des Art. 28 I 3 GG ins Feld führen lassen.

d) Zwischenbilanz: Die neue demokratische Legitimation in den Kommunen

Die Einführung des Kommunalwahlrechts für Unionsbürger hat demnach die demokratische Legitimation in den Kommunen nicht unerheblich verändert. Daher soll hier näher beleuchtet werden, wie die demokratische Legitimation kommunaler Hoheitsgewalt heute genau aussieht.

Im kommunalen Bereich wird demokratische Legitimation einerseits durch **staatliche Verfassungen und Gesetze** sowie die staatliche Kommunalaufsicht und andererseits durch Formen der **kommunalen Demokratie** vermittelt (dualistische demokratische Legitimation).[473] Damit erfolgte die demokratische Legitimation bisher sowohl durch das Staatsvolk als auch durch das Gemeindevolk.[474] Zunächst sind die Gemeinden und deren Aufgaben unmittelbar durch das Grundgesetz (Art. 28 I 2, II 1 GG) und die Verfassungen der Länder vorgesehen und erfahren dadurch *institutionelle und funktionelle demokratische Legitimation*. Insoweit wird also die in den Gemeinden ausgeübte Staatsgewalt auf den Willen des Staatsvolkes als Verfassungsgeber zurückgeführt (pouvoir

---

[471] Vgl. BVerfGE 89, 155 (182).
[472] BVerfGE 83, 60 (72); 89, 155 (182); 93, 37 (67).
[473] Vgl. *Kaufmann*, ZG 1998, S. 43.
[474] *Von Arnim*, AöR 1988, S. 11.

constituant).[475] Demokratische Legitimation wird zudem durch Wahlen vermittelt (pouvoir constitué). Die *personelle demokratische Legitimation* der Gemeindeorgane, ob diese nun Selbstverwaltungsangelegenheiten oder übertragene Angelegenheiten wahrnehmen, ging bisher immer auf das Gemeindevolk zurück, d.h. auf das deutsche Volk in der Gemeinde. Denn dieses wählte die Gemeindeorgane bei den Kommunalwahlen entweder unmittelbar oder die Personalentscheidung ließ sich durch eine ununterbrochene Legitimationskette zumindest mittelbar auf das deutsche Volk in der Gemeinde zurückführen. *Inhaltlich-sachlich* wurde die von den Gemeindeorganen ausgeübte Staatsgewalt sowohl vom Gemeinde- als auch vom Staatsvolk legitimiert. Im Bereich der Selbstverwaltungsangelegenheiten handeln die Gemeinden in eigener Verantwortung und unterliegen keinen staatlichen Weisungen, so dass hier die Legitimation durch das Gemeindevolk zentrale Bedeutung gewinnt. Allerdings sind die Gemeinden auch im Bereich der kommunalen Selbstverwaltung an staatliche Gesetze gebunden. Bei der Erfüllung staatlicher Aufgaben, wo die Gemeinden wieder in vollem Umfang der staatlichen Aufsicht unterliegen, verschiebt sich die Legitimation noch deutlicher hin zum Staatsvolk.[476]

Neu aber ist, dass beim Kommunalwahlrecht für Unionsbürger zusätzlich eine demokratische **Legitimation nach europäischen Muster** hinzutritt. Für die Kommunen bedeutet dies, dass oberhalb der deutschen „Mehrebenen-Demokratie"[477] als weitere Legitimationsebene die europäische Ebene ins Spiel kommt. Umgekehrt gewinnt das Gemeinschaftsrecht eine kommunaldemokratische Dimension, die zum Ausdruck bringt, dass die EG die Kommunen als vierte politische Ebene in Europa anerkennt[478] und sich deren demokratischer Bedeutung bewusst ist.

Insgesamt ergeben sich daher folgende, sich gegenseitig ergänzende **Legitimationsstränge**: Beim Kommunalwahlrecht geht es um die Teilnahme an der Ausübung nationaler Hoheitsgewalt, und nicht, wie bei der Wahl des Europäischen

---

[475] *Von Arnim*, AöR 1988, S. 7 f.
[476] Vgl. *von Arnim*, AöR 1988, S. 8 ff., 26; *Waechter*, Kommunalrecht, S. 280.
[477] Vgl. z.B. *Thieme*, DÖV 1998, S. 754 f.
[478] *Stober*, Kommunalrecht, S. 116.

Parlaments, um die Mitwirkung an der Legitimation eines Gemeinschaftsorgans und damit an „europäischer Unionsgewalt".[479] Da das Kommunalwahlrecht der EG-Ausländer jedoch durch **europäische Rechtsvorschriften** verbindlich vorgegeben ist, wirkt hier die supranationale Hoheitsgewalt in den kommunalen Bereich hinein. So sind Art. 19 I EGV und die Kommunalwahlrichtlinie einerseits durch die *Staatsvölker* und andererseits – wegen der Mitwirkung des Europäischen Parlaments – durch die *Bürger der EG-Mitgliedstaaten* demokratisch legitimiert. Für die Bundesrepublik haben die zuständigen Staatsorgane am Entstehen des europäischen Rechts mitgewirkt, indem sie die Verträge und die Richtlinie mit ausgehandelt und ihnen schließlich zugestimmt haben. Damit ist im Hinblick auf die europäischen Rechtsgrundlagen für das Wahlrecht der Unionsbürger der erforderliche Legitimationszusammenhang zum deutschen Volk gegeben.

Soweit das Kommunalwahlrecht der EG-Ausländer in Art. 28 I 3 GG und in den Landesverfassungen verankert wurde, erfährt dieses **verfassungsunmittelbare demokratische Legitimation** durch das *Staatsvolk* (pouvoir constituant). Auch bei der näheren Ausgestaltung des Kommunalwahlrechts in den Landesgesetzen wird die demokratische Legitimation weiterhin allein vom deutschen Volk vermittelt, diesmal im Weg der Parlamentswahlen (pouvoir constitué). Gleiches gilt, soweit staatliche Gesetze den kommunalen Handlungsrahmen vorgeben und der Staat Aufsicht über die Kommunen ausübt.

Bei den **Kommunalwahlen** selbst und bei der anschließenden hoheitlichen Tätigkeit der gewählten Kommunalorgane bleibt der Zurechnungszusammenhang zwischen deutschen Staatsbürgern und Staatsgewalt grundsätzlich weiter bestehen, wenn auch die demokratische Legitimation **personell** und **inhaltlich-sachlich** nicht mehr ausschließlich durch Mitglieder des deutschen Volks erfolgt. Bei den Wahlen zum Europäischen Parlament hat das Bundesverfassungsgericht das Legitimationssubjekt in den Bürgern der Mitgliedstaaten, also den Unionsbürgern, gesehen, soweit die vorrechtlichen Voraussetzungen für Demokratie, wie

[479] *Hobe*, Der Staat 1993, S. 259.

eine gemeinsame politische Meinungsbildung, gegeben sind.[480] Diese Anknüpfung der demokratischen Legitimation an die Unionsbürgerschaft kann auch auf das Kommunalwahlrecht übertragen werden, so dass *in- und ausländische Unionsbürger gemeinsam* die Ausübung von kommunaler Hoheitsgewalt legitimieren. Dabei dürften die vorrechtlichen Voraussetzungen für Demokratie auf kommunaler Ebene sogar eher verwirklicht sein als auf europäischer Ebene, da der politische Meinungsaustausch von in- und ausländischen Unionsbürgern als gemeinsamen Einwohnern einer kommunalen Gebietskörperschaft schon durch die örtliche Nähe erleichtert wird. So wurden die Kommunen im Hinblick auf ihre besondere Fähigkeit zur Integration von EG-Ausländern als „örtliche Inseln der politischen Integration" bezeichnet.[481] Dass sich durch das Wahlrecht von EG-Ausländern das Stimmgewicht deutscher Staatsbürger bei Kommunalwahlen und folglich deren politischer Einfluss auf kommunaler Ebene in Deutschland verringert, wird dadurch kompensiert, dass deutsche Staatsbürger mit Wohnsitz in einem anderen Mitgliedstaat der EG dort an den Kommunalwahlen und damit an der Ausübung ausländischer Hoheitsgewalt teilnehmen können. Wie bei Art. 23 GG und Art. 28 I 2 GG wird wiederum die **Effektivität der demokratischen Legitimation** dadurch gesteigert, dass die Menschen dort mitbestimmen dürfen, wo sie von Entscheidungen betroffen werden, hier also in der kommunalen Gebietskörperschaft, in der sie ihren Wohnsitz haben. Dabei wird der Unionsbürger in Bezug auf sein Kommunalwahlrecht aus der bisher fast vollständigen Mediatisierung durch seinen Herkunftsstaat im Verhältnis zur Europäischen Union herausgelöst.[482] Festzuhalten ist also, dass Art. 28 I 3 GG das traditionelle Vorstellungsbild von Staatlichkeit, wonach Träger der Staatsgewalt ausschließlich das aus Deutschen zusammengesetzte Volk ist, erheblich modifiziert.[483]

Damit erweist sich, dass das Kommunalwahlrecht für Unionsbürger in wohl einzigartiger Weise verschiedene Möglichkeiten demokratischer Legitimation miteinander verbindet. **Erscheinungsformen europäischer, staatlicher und**

---

[480] Vgl. BVerfGE 89, 155 (184 ff.).
[481] *Kaufmann*, ZG 1998, S. 45.
[482] *Hobe*, Der Staat 1993, S. 255.
[483] *Hilf*, in: *Grabitz/Hilf (Hrsg.)*, Das Recht der Europäischen Union, Band I, Art. 17 EGV Rn. 51.

kommunaler Demokratie werden miteinander verschränkt, so dass die kommunale Hoheitsgewalt auf verschiedene Legitimationssubjekte zurückzuführen ist. So bleibt es teilweise bei einer „Demokratie der Deutschen",[484] teilweise aber geht als Folge des Kommunalwahlrechts der EG-Ausländer die in Kreisen und Gemeinden ausgeübte Hoheitsgewalt nun von allen Unionsbürgern einer kommunalen Gebietskörperschaft gemeinsam aus, seien sie deutscher oder ausländischer Staatsangehörigkeit.

e) Rückwirkungen auf die Wahlrechtsgrundsätze

Nachdem festgestellt wurde, dass die Einführung des Kommunalwahlrechts für Unionsbürger das Demokratieprinzip modifiziert hat, schließt sich die Frage an, wie sich dies auf die Interpretation der demokratischen Wahlrechtsgrundsätze des Art. 28 I 2 GG auswirkt.

Zwei der Wahlrechtsgrundsätze, die *allgemeine und die unmittelbare Wahl*, werden auch in der Richtlinie bei der Definition des Begriffs der Kommunalwahl ausdrücklich vorausgesetzt (Art. 2 I lit. b RL). Daher sind zumindest diese beiden Wahlgrundsätze schon aufgrund des **Europarechts** auf EG-Ausländer zu erstrecken, welches über die Maßgabeklausel in Art. 28 I 3 GG innerstaatliche Geltung erlangt.

Zudem verlangt Art. 19 I EGV, dass für das Wahlrecht von EG-Ausländern die gleichen Bedingungen gelten wie für Inländer. Hier ist jedoch Vorsicht geboten, da dieser Grundsatz der gleichen Wahlrechtsbedingungen mit dem Grundsatz der *Wahlgleichheit* in Art. 28 I 2 GG inhaltlich wohl nicht völlig deckungsgleich ist. Die Wahlgleichheit in Art. 28 I 2 GG umfasst vor allem zwei Aspekte. Zum einen müssen alle Personen unter den gleichen Voraussetzungen zur Wahl zugelassen werden, zum anderen geht es bei der Ermittlung des Wahlergebnisses darum, dass jede abgegebene Stimme den gleichen Erfolgs- und Zählwert hat.[485] Das Europarecht regelt diesen zweiten Aspekt dagegen nicht und setzt ihn höchstens stillschweigend voraus.

---

[484] So die Bezeichnung von *Rittstieg*, vgl. DuR 1991, S. 10.
[485] Vgl. *Stober*, Kommunalrecht, S. 135.

Aber auch aus dem **Grundgesetz** lässt sich ableiten, dass bei Kommunalwahlen die Wahlgrundsätze, die bisher nur für Deutsche galten, nun auch im Hinblick auf die wahlberechtigten EG-Ausländer Geltung beanspruchen müssen. Zunächst könnten die Wahlgrundsätze als wesentliche Elemente des Demokratieprinzips ebenso wenig wie das Demokratieprinzip selbst für einen Teil der Wählerschaft generell ausgeklammert werden. Zudem ergibt sich dies aus Art. 28 I 3 GG, der durch das Wort „auch" auf die in Art. 28 I 2 GG genannten allgemeinen, unmittelbaren, freien, gleichen und geheimen Wahlen in Kreisen und Gemeinden Bezug nimmt. Der Wahlakt bildet einen einheitlichen Vorgang, so dass eine Abweichung von den Wahlgrundsätzen für einen Teil der Wähler grundsätzlich auf die gesamte Wahl durchschlüge und diese verfassungswidrig werden ließe. Hätten die Stimmen von Ausländern etwa ein geringeres Stimmgewicht als diejenigen der Inländer, so könnte insgesamt nicht mehr von einer gleichen Wahl die Rede sein. Allerdings ist zu berücksichtigen, dass die Wahlrechtsgrundsätze des Art. 28 I 2 GG nur soweit auf EG-Ausländer Anwendung finden, wie deren Wahlrecht nach Art. 28 I 3 GG reicht.

Die Erstreckung der Wahlrechtsgrundsätze auf Unionsbürger ist vor allem für den *Grundsatz der allgemeinen Wahl* von Bedeutung. Denn vor der Einfügung des Art. 28 I 3 GG war weithin anerkannt, dass sich aus dem Grundsatz der allgemeinen Wahl in Art. 28 I 2 GG kein Ausländerwahlrecht ableiten lässt.[486] Diese Sichtweise lässt sich heute nicht mehr aufrechterhalten. Bei Kommunalwahlen ist der Grundsatz der allgemeinen Wahl demnach nur dann gewahrt, wenn außer den deutschen Staatsbürgern auch die EG-Ausländer wahlberechtigt sind.[487]

Bei Sonderregelungen für Unionsbürger stellt sich nun darüber hinaus das Problem, ob diese gegen den Grundsatz der *Wahlgleichheit* verstoßen. Dieser Grundsatz lässt Differenzierungen nur zu, wenn sie durch zwingende Gründe gerechtfertigt sind.[488] Die Richtlinie enthält einige Optionen, bei denen den Mit-

---

[486] So z.B. *Niedermeyer-Krauß*, S. 59 ff.

[487] Ebenso *Stober*, Kommunalrecht, S. 135.

[488] So das Bundesverfassungsgericht in ständiger Rechtsprechung seit BVerfGE 1, 208 (248 f., 255). Näher zum strengen Gleichheitssatz *von Arnim*, DÖV 1984, S. 85 ff.

gliedstaaten erlaubt wird, vom Grundsatz der gleichen Wahlrechtsbedingungen abzuweichen. Wegen des optionalen Charakters dieser Bestimmungen kann aber nicht davon gesprochen werden, dass die Länder durch das Europarecht zur Differenzierung gezwungen sind. Aus der Sicht des Verfassungsrechts genügt es daher nicht, dass die Länder sich rein formal auf die Einschränkungsmöglichkeiten im Gemeinschaftsrecht berufen. Vielmehr müssen sie darlegen können, dass im konkreten Fall zwingende sachliche Gründe eine Ausnahme von der Wahlgleichheit erforderlich machen. Ob die Länder dies beachtet haben, wird später noch im Einzelnen erörtert.

3. Die Bezugnahme auf das Gemeinschaftsrecht in Art. 28 I 3 GG

Gemäß Art. 28 I 3 GG sind Staatsangehörige der EG-Mitgliedstaaten bei Wahlen in Kreisen und Gemeinden *„nach Maßgabe von Recht der Europäischen Gemeinschaft"* wahlberechtigt und wählbar. Diese Maßgabeklausel provoziert einige Auslegungsfragen nach Inhalt, Reichweite und Rechtswirkungen des Art. 28 I 3 GG, die im Folgenden untersucht werden sollen. Die Antworten auf diese Fragen hängen von den systematischen Grundentscheidungen ab, ob es sich bei der Maßgabeklausel um eine statische oder eine dynamische, eine deklaratorische oder eine konstitutive sowie eine inkorporierende oder eine geltungseröffnende Bezugnahme auf EG-Recht handelt.

Bei der Formulierung *„nach Maßgabe von Recht der Europäischen Gemeinschaft"* handelt es sich um eine **Verweisung auf das Gemeinschaftsrecht**. Bei einer Verweisung nimmt der Wortlaut einer Norm (Verweisungsnorm) auf eine andere Rechtsvorschrift (Verweisungsobjekt) Bezug und inkorporiert deren Inhalt. Der Regelungsgehalt der Verweisungsnorm lässt sich also erst vollständig erfassen, wenn auch ein Blick auf die in Bezug genommene Norm geworfen wird.[489] Dies erschwert es dem Leser der Verweisungsnorm zwar, ihren Inhalt zu erfassen, da er erst noch eine weitere Norm hinzuziehen muss. Andererseits werden durch Verweisungen Wiederholungen vermieden[490] und manchmal

---

[489] Vgl. *Clemens*, AöR 1986, S. 65; *Haratsch*, EuR 2000, S. 44.
[490] *Clemens*, AöR 1986, S. 66; *Haratsch*, EuR 2000, S. 44.

systematische Zusammenhänge deutlicher gemacht. Normative Verweisungen stellen daher eine häufige Gesetzestechnik dar.

Dabei ist es auch keine Seltenheit, dass der deutsche Gesetzgeber – wie hier – auf Normen des Europarechts verweist, also auf Normen eines anderen Normgebers.[491] Das Bundesverfassungsgericht hat dies akzeptiert, auch wenn sich der genaue Inhalt des Gesetzes erst in Zusammenschau mit dem Amtsblatt der EG erschließt.[492] Die Maßgabeklausel in Art. 28 I 3 GG ist jedoch insofern eine Besonderheit, als es sich dabei um die bisher einzige ausdrückliche inhaltliche Bezugnahme der **Verfassung** auf Gemeinschaftsrecht handelt.[493] Auffallend ist zudem, dass Art. 28 I 3 GG nur **recht allgemein und unbestimmt** auf das „Recht der Europäischen Gemeinschaft" Bezug nimmt. Durch die allgemeine Verweisung auf maßgebliches EG-Recht setzt Art. 28 I 3 GG eine **Verweisungskette** in Gang. Denn Art. 19 I EGV verweist für die Einzelheiten auf die Richtlinie, welche keine abschließende Regelung trifft, sondern ihrerseits zum Teil auf nationales Recht Bezug nimmt. Durch diese gegenseitige Verweisung der Normen aufeinander kann es zu Auslegungsschwierigkeiten kommen.[494]

a) Statische oder dynamische Verweisung?

Daher soll zunächst geklärt werden, auf welches Recht der EG die Maßgabeklausel sich konkret bezieht. Während **statische Verweisungen** auf eine Norm in einer ganz bestimmten Fassung Bezug nehmen, beziehen **dynamische Verweisungen** sich auf die jeweils gültige Fassung einer Norm. Wird also die in Bezug genommene Norm später geändert, so wirkt sich das automatisch auch auf den Inhalt der verweisenden Norm aus.[495] Eine Auslegung als dynamische Verweisung liegt besonders dann nahe, wenn ohne nähere Kennzeichnung auf

---

[491] *Klindt,* DVBl. 1998, S. 373 und 377.
[492] BVerfGE 29, 198 ff.
[493] *Barley,* S. 53.
[494] Vgl. die indirekte Kritik des Berliner Senats an Art. 28 I 3 GG, Gesetzentwurf zur Änderung der Verfassung von Berlin, Drs. 12/5498, S. 2.
[495] Vgl. z.B. *Ossenbühl,* DVBl. 1967, S. 401; *Clemens,* AöR 1986, S. 80; *Klindt,* DVBl. 1998, S. 374.

ein anderes Gesetz verwiesen wird[496] oder wenn eine Norm nach ihrer Entstehungsgeschichte der Rechtsangleichung dienen soll.[497]

Damit spricht hier zunächst die sehr offene **Formulierung** der Maßgabeklausel, die nur ganz allgemein auf „Recht der Europäischen Gemeinschaft“ verweist, für eine dynamische Verweisung auf EG-Recht.

Die aktuellen europarechtlichen Regelungen zum Kommunalwahlrecht für Unionsbürger sind in den Art. 19 I EGV und den beiden Richtlinien 94/80/EG und 96/30/EG enthalten. Diese Regelungen waren jedoch zum Zeitpunkt der Verfassungsänderung alle noch nicht in Kraft. Sie können daher nur dann das nach Art. 28 I 3 GG maßgebliche Gemeinschaftsrecht bilden, wenn es sich bei der Verweisung in Art. 28 I 3 GG nicht um eine statische, sondern um eine dynamische Verweisung handelt. Die **Entstehungsgeschichte** des Art. 28 I 3 GG bestätigt, dass von vornherein beabsichtigt war, dass die gemeinschaftsrechtlichen Rechtsgrundlagen für das Ausländerwahlrecht erst im Anschluss an die Verfassungsänderung in Kraft treten. Auch in der Literatur wird die Maßgabeklausel folglich richtig als dynamische Verweisung eingeordnet[498] mit der Folge, dass Art. 28 I 3 GG das Kommunalwahlrecht für Unionsbürger in der Weise vorsieht, wie es vom jeweils geltenden Europarecht vorgegeben ist.

Da Artikel 28 I 3 GG auf eine inhaltliche Ergänzung durch Gemeinschaftsrecht angewiesen ist, konnte er seine volle **rechtliche Wirkung** nicht vor Inkrafttreten des Maastrichter Vertrages am 1.11.1993 entfalten. Wäre der Vertrag von Maastricht niemals in Kraft getreten, weil die Ratifizierung in einem Mitgliedstaat gescheitert wäre, so hätte auch der „EG-Öffnungsklausel“ in Art. 28 I 3 GG der erforderliche Regelungsgegenstand gefehlt.[499] Aber auch mit Inkrafttreten des Maastrichter Vertrages konnte das Kommunalwahlrecht für Unionsbürger nicht sofort Wirkung entfalten, weil Art. 8 b I EGV seinerseits noch näher

---

[496] *Klindt*, DVBl. 1998, S. 374.
[497] Vgl. *Clemens*, AöR 1986, S. 81.
[498] Vgl. z.B. *Hilf*, in: *Grabitz/Hilf (Hrsg.)*, Das Recht der Europäischen Union, Band I, Art. 17 EGV Rn. 51; *Roller*, S. 80; *Neumann*, Die Verfassung der Freien Hansestadt Bremen, Art. 148 Rn. 3.
[499] *Magiera*, Jura 1994, S. 11.

konkretisiert werden musste und deshalb eine Frist für den Erlass von Sekundärrecht vorsah. Die Richtlinie vom 19.12.1994 garantierte das Kommunalwahlrecht für Unionsbürger ebenfalls nicht von Anfang an, sondern setzte den Mitgliedstaaten eine Umsetzungsfrist bis zum 1.1.1996. Damit konnte die Verfassungsnorm des Art. 28 I 3 GG in den ersten Jahren ihrer Existenz ihr „Versprechen" eines Kommunalwahlrechts für EG-Ausländer noch nicht erfüllen. Die Verfassungsnorm ist jedoch in der Zwischenzeit nicht leer gelaufen, sondern hat die Mitwirkung deutscher Staatsorgane an der Schaffung der europäischen Rechtsvorschriften zum Kommunalwahlrecht der Unionsbürger nach dem Grundgesetz erst möglich gemacht.[500]

Die dynamische Verweisung wäre auch für eventuelle **künftige Änderungen der europäischen Regelungen** zum Kommunalwahlrecht für Unionsbürger von Bedeutung.[501] Denn die sprachlich knappe, sehr allgemein gehaltene Verweisung auf das Gemeinschaftsrecht hätte zur Folge, dass die Verfassung zeitgleich und inhaltlich vollständig an die neuen europarechtlichen Vorschriften angepasst würde. Eine neue Verfassungsänderung wäre nicht erforderlich, soweit die Ermächtigung in Art. 28 I 3 GG reicht. Damit stellt Art. 28 I 3 GG sich durch seine Flexibilität auf die europarechtliche Konzeption ein, nach der die Unionsbürgerrechte mit Hilfe der Evolutivklausel in Art. 22 EGV künftig weiterentwickelt werden sollen, und gewährleistet dennoch Stabilität und Beständigkeit der Verfassung.

Dieser Befund einer dynamischen Verweisung ist allerdings nicht unproblematisch, da gegen die Gesetzestechnik dynamischer Verweisungen häufig **verfassungsrechtliche Bedenken** vorgebracht werden.[502] Bei Art. 28 I 3 GG ist die dynamische Verweisung jedoch im Verfassungs-text selbst enthalten, was die verfassungsrechtliche Anerkennung dieser Gesetzestechnik impliziert. In Betracht kommt daher nur ein Verstoß des verfassungsändernden Gesetzes gegen **Art. 79 III GG**, der insbesondere das Demokratie- und das Rechtsstaatsprinzip besonders absichert.

---

[500] Vgl. *Engelken*, NVwZ 1995, S. 433.
[501] Vgl. *Barley*, S. 67.
[502] Vgl. den Überblick bei *Klindt*, DVBl. 1998, S. 375 ff.

Zunächst ergeben sich Bedenken hinsichtlich des **Demokratieprinzips**. Insoweit ist zu fragen, ob der Gesetzgeber noch in ausreichendem Umfang eine eigene Entscheidung trifft, wenn er auf eine Norm verweist, deren künftigen Regelungsgehalt er beim Gesetzeserlass noch nicht kennt.[503] Zum Zeitpunkt der Einfügung des Art. 28 I 3 GG war der Maastrichter Vertrag zwar noch nicht in Kraft, aber bereits unterzeichnet, so dass der Inhalt des Art. 8 b I EGV dem verfassungsändernden Gesetzgeber durchaus bekannt war. Er konnte nur noch nicht genau absehen, in welcher Weise das Sekundärrecht das Kommunalwahlrecht näher konkretisieren würde. Der Gesetzgeber darf aber mit einer dynamischen Verweisung zum Ausdruck bringen, dass er den Inhalt einer künftigen Norm bereits vorweg zu akzeptieren bereit ist, insbesondere da er die dynamische Verweisung jederzeit wieder aufheben kann. Auch ist das in Bezug genommene Europarecht seinerseits demokratisch legitimiert,[504] so dass die Verweisung in Art. 28 I 3 GG das von Art. 79 III GG geschützte Demokratieprinzip nicht verletzt.

Die dynamische Verweisung verstößt auch nicht gegen den aus dem **Rechtsstaatsprinzip** abgeleiteten Bestimmtheitsgrundsatz. Zwar lässt sich bei einer dynamischen Verweisung der Inhalt des Gesetzes nicht allein aus diesem selbst ablesen, für den Bestimmtheitsgrundsatz reicht es jedoch aus, wenn der Inhalt der verweisenden Norm unter Heranziehung der in Bezug genommenen Norm bestimmt werden kann.[505] Durch Auslegung der Maßgabeklausel des Art. 28 I 3 GG lässt sich deren Inhalt jedoch ermitteln, so dass Art. 28 I 3 GG auch hinreichend bestimmt ist. Zudem werden dynamische Verweisungen kritisiert, weil sie zu Verlagerungen von Rechtsetzungsbefugnissen führen. Dies soll insbesondere bei Verweisungen auf außerstaatliche Normen problematisch sein.[506] Hier greift der Einwand aber nicht durch. Denn die Verfassung lässt die Übertragung von Hoheitsrechten auf die EG durch Art. 23 und 28 I 3 GG ausdrücklich zu und er-

---

503 Vgl. hierzu *Ossenbühl*, DVBl. 1967, S. 403 f. und 408; *Clemens*, AöR 1986, S. 100 ff.; *Klindt*, DVBl. 1998, S. 375 f.; *von Danwitz*, NWVBl. 1997, S. 10.
504 *Klindt*, DVBl. 1998, S. 376 und 378.
505 *Klindt*, DVBl. 1998, S. 376 f.
506 *Sachs*, in: *Sachs (Hrsg.)*, Grundgesetz-Kommentar, Art. 20 Rn. 123.

laubt folglich auch die damit zwangsläufig verbundene Änderung der Zuständigkeitsordnung.[507]

Im Hinblick auf das Gebot der grundgesetzinternen Verfassungsänderung nach **Art. 79 I GG** wird es teilweise auch für unzulässig gehalten, in das Grundgesetz überhaupt eine dynamische Verweisung auf andere Rechtsquellen aufzunehmen, weil das Grundgesetz auf diese Weise außerhalb des Verfassungstextes inhaltlich abgeändert werden könne.[508] Allerdings zeigt die Rechtsprechung des BVerfG, dass Art. 79 I GG es nicht ausschließt, Vorschriften in das Grundgesetz einzufügen, die ihrerseits materielle Verfassungsänderungen ohne Änderung des Verfassungswortlauts ermöglichen. So hat das Bundesverfassungsgericht in seiner Maastricht-Entscheidung weder beanstandet, dass nach Art. 23 I 3 GG im Rahmen der europäischen Integration auf Textänderungen des Grundgesetzes verzichtet werden kann, noch hat es Bedenken gegen die Verweisung in Art. 28 I 3 GG geäußert.[509]

Zusammenfassend lässt sich daher festhalten, dass es sich bei der Maßgabeklausel in Art. 28 I 3 GG um eine zulässige dynamische Verweisung auf das Gemeinschaftsrecht in seiner jeweils gültigen Fassung handelt. Das maßgebliche EG-Recht, auf das Art. 28 I 3 GG Bezug nimmt, bilden zurzeit Art. 19 I EGV und die Richtlinien 94/80/EG und 96/30/EG.

b) Inkorporierende oder geltungseröffnende Verweisung?

Eine Verweisung hat normalerweise zur Folge, dass der Inhalt der in Bezug genommenen Norm in die Verweisungsnorm inkorporiert wird und damit auch den Rang und die Geltungskraft der Verweisungsnorm teilt. Man spricht daher von einer **inkorporierenden Verweisung.**[510] Würde es sich bei der Verweisung in Art. 28 I 3 GG um eine solche inkorporierende Verweisung handeln, so wären Art. 19 I EGV und die Kommunalwahlrichtlinie zwar weiterhin Normen des Europarechts, ihr Inhalt hätte jedoch durch die Bezugnahme in Art. 28 I 3 GG gleichzeitig auch Verfassungsrang. Dies würde bedeuten, dass ein Verstoß ge-

[507] Vgl. *Streinz*, in: *Sachs (Hrsg.)*, Grundgesetz-Kommentar, Art. 23 Rn. 65.
[508] So *Lücke*, in: *Sachs (Hrsg.)*, Grundgesetz-Kommentar, Art. 79 Rn. 4.
[509] Vgl. BVerfGE 89, 155 (179).

gen die europarechtlichen Vorschriften zum Kommunalwahlrecht für Unionsbürger gleichzeitig auch ein Verstoß gegen Art. 28 I 3 GG wäre.[511]

Ein solches Ergebnis macht stutzig. Denn zum einen wird der Inhalt des Gemeinschaftsrechts in Deutschland gewöhnlich nicht mit Verfassungsrang versehen, und zum anderen enthält das Grundgesetz in der Regel nur Grundsatzentscheidungen, nicht aber Detailregelungen wie in der Richtlinie. Auch wenn das Kommunalwahlrecht für Unionsbürger eine besonders wichtige Materie darstellt, erscheint es nicht überzeugend, dass allein dieses Recht in allen Einzelheiten verfassungsrechtlich garantiert sein soll. Allerdings zeigt ein Blick über die Grenze des Nachbarstaats Frankreich, dass dort der Conseil Constitutionnel der vergleichbaren Verfassungsbestimmung in der französischen Verfassung eine solche inkorporierende Wirkung beigemessen hat. Auf eine Klage gegen das französische Umsetzungsgesetz hin untersuchte er folglich, ob das Gesetz das in der Verfassungsnorm in Bezug genommene Europarecht verletzt, weil dann gleichzeitig auch die französische Verfassung verletzt wäre.[512] Wenn also in Frankreich dem Inhalt der Kommunalwahlrichtlinie Verfassungsrang zukommt, so kann dies auch für Deutschland erwogen werden.

Es wird in der Literatur jedoch vorgeschlagen, Verweisungen in Ausnahmefällen keine inkorporierende Wirkung beizumessen. Demnach gibt es auch Verweisungen, die durch die Bezugnahme auf eine Norm lediglich deren Geltungsbereich auf andere Adressaten und Konstellationen ausdehnen. Diese Art der Verweisung, die **geltungseröffnende Verweisung** genannt werden könnte, unterscheidet sich von der inkorporierenden Verweisung dadurch, dass der Regelungsgehalt des Verweisungsobjektes nicht den Rang der Verweisungsnorm erhält.[513]

---

510 Vgl. BVerfGE 26, 338 (368); 47, 285 (309 f.); *Clemens*, AöR 1986, S. 65 f.; *Haratsch*, EuR 2000, S. 44 ff.

511 So im Ergebnis *Grumann*, S. 166 f.

512 CC Nr. 98-400 DC vom 20.5.1998, Journal Officiel vom 26.5.1998, 8003 (zu Art. 88-3 der Verfassung).

513 *Haratsch*, EuR 2000, S. 45 f., spricht insoweit von einer „geltungserweiternden Verweisung“. Vgl. auch *Haratsch*, ZG 1999, S. 350 f.

Ob es sich bei Art. 28 I 3 GG um eine inkorporierende oder eine nur geltungseröffnende Verweisung handelt, hängt vom **Sinn und Zweck der Vorschrift** ab. Nach dem Gesetzentwurf der Bundesregierung zur Änderung des Grundgesetzes sollte durch Art. 28 I 3 GG das innerstaatliche Verfassungsrecht an die durch das (primäre) Gemeinschaftsrecht bei Inkrafttreten des Maastrichter Vertrages entstehende neue Rechtslage angepasst werden, um eine Kollision zwischen (primärem) Gemeinschaftsrecht und Grundgesetz sowie eine Verfassungswidrigkeit des Vertragsgesetzes zu vermeiden.[514] Die inhaltliche Verweisung des Art. 28 I 3 GG auf das (jeweils) maßgebliche Europarecht sollte also Grundgesetz und Europarecht miteinander in Einklang bringen und somit schwierigen Konflikten, die sich bei Divergenzen zwischen nationaler und europäischer Rechtsordnung ergeben könnten, von vornherein aus dem Weg gehen. In der Literatur wird Art. 28 I 3 GG daher oft als „Öffnungsklausel" bezeichnet.[515] Das maßgebliche Europarecht bilden (derzeit) neben Art. 19 EGV auch die beiden Ausführungsrichtlinien. Damit erlaubt Art. 28 I 3 GG nicht nur die Einführung des Kommunalwahlrechts für Unionsbürger als solches, sondern akzeptiert aufgrund der Maßgabeklausel auch die nähere Ausgestaltung des Kommunalwahlrechts in den Richtlinien.[516] Die Richtlinien werden sozusagen verfassungsrechtlich abgesegnet. Diese **verfassungsrechtliche Billigung der Richtlinien** ist in zweierlei Hinsicht von Vorteil. Zum einen stellt sie klar, dass die deutschen Vertreter im Rat bei ihrer Zustimmung zur Richtlinie nicht gegen das Grundgesetz verstoßen haben. Die Rechtmäßigkeit der Zustimmung wäre sonst nicht einfach zu beurteilen, da der Umfang der Verfassungsbindung deutscher Staatsorgane bei der Mitwirkung an Ratsbeschlüssen rechtlich problematisch ist.[517] Zum zweiten bedeutet die verfassungsrechtliche Billigung der Richtlinien, dass die Verfassung der Umsetzung des EG-Rechts nicht im Weg steht. Im Fall einer Verfassungswidrigkeit der Richtlinien wäre dagegen fraglich, welche Konsequenzen dies für die Umsetzung nach sich zieht. Denn der einfache Gesetzgeber

---

[514] Gesetzentwurf der Bundesregierung, BT-Drs. 12/3338 vom 2.10.1992, S. 5.
[515] So z.B. VG Ansbach, NVwZ 1999, S. 324 (325); *Meyer-Teschendorf/Hofmann*, ZRP 1995, S. 290 f.; *Burkholz*, DÖV 1995, S. 819; *Scholz*, in: *Maunz/Dürig*, Grundgesetz- Kommentar, Art. 28 Rn. 41 b; *Engelken*, NVwZ 1995, S. 433; *Roller*, S. 51; *Laubach*, S. 79; *Tettinger*, in: *von Mangoldt/Klein/Starck*, Grundgesetz-Kommentar, Art. 28 Rn. 120.
[516] Dies gilt jedenfalls, soweit die Richtlinien ihrerseits primärrechtskonform sind.
[517] Näher zu diesem Problem *Herdegen*, EuGRZ 1989, S. 313 f.

sähe sich dann in einem Konflikt zwischen Verfassungsbindung und Bindung an das Europarecht.[518] Doch auch dieses Problem stellt sich hier dank der Maßgabeklausel von vornherein nicht.

Die Rechtsfigur der geltungseröffnenden Verweisung scheint wie geschaffen für den Fall des Art. 28 I 3 GG. Denn es wurde bereits festgestellt, dass der Zweck dieser Grundgesetzbestimmung darin besteht, die europarechtlichen Vorschriften zum Kommunalwahlrecht für Unionsbürger verfassungsrechtlich zu legitimieren und ihnen innerstaatliche Geltung zu verschaffen. Auch die Rechtsfolge einer geltungseröffnenden Verweisung dahingehend, dass der Inhalt der in Bezug genommenen Norm nicht den Rang der Verweisungsnorm erhält, passt hier gut. Denn um die Verfassungsmäßigkeit und innerstaatliche Anwendbarkeit des Europarechts sicherzustellen, reicht es völlig aus, dass das Grundgesetz die europarechtlichen Vorschriften billigend zur Kenntnis nimmt. Nicht erforderlich und unangemessen wäre es jedoch, deren Inhalt in Verfassungsrang zu heben. Wenn Art. 28 I 3 GG in der Literatur als bloße Öffnungsklausel bezeichnet wird, ist im Ergebnis letztlich das gleiche gemeint wie bei einer geltungseröffnenden Verweisung. Denn auch die Bezeichnung als Öffnungsklausel bringt zum Ausdruck, dass die Geltung des Gemeinschaftsrechts in Deutschland verfassungsrechtlich ermöglicht wird, ohne dass das deutsche Recht sich dabei den Inhalt des Europarechts zu eigen macht. Der Inhalt des in Art. 28 I 3 GG in Bezug genommenen Europarechts erwächst daher nicht in den Rang von Verfassungsrecht, sondern wirkt weiterhin (nur) in seiner Eigenschaft als Europarecht. Damit ist ein Verstoß gegen die Kommunalwahlrichtlinie nicht automatisch auch ein Verstoß gegen Art. 28 I 3 GG.

c) Deklaratorische oder konstitutive Verweisung?

In der Literatur findet man häufig die Aussage, dass Art. 28 I 3 GG sich auf die Funktion einer reinen Öffnungsklausel beschränkt und keinen eigenen, konstitutiven Regelungsgehalt besitzt. Zwar bewirke die Öffnungsklausel, dass das Gemeinschaftsrecht, welches das Kommunalwahlrecht für Unionsbürger eigentlich

---

[518] Vgl. zu dieser Problematik *Borchardt,* Die rechtlichen Grundlagen der Europäischen Union, S. 56; *Bleckmann,* Europarecht, S. 172 und 424 f. Vgl. auch BVerfGE 73, 339 (340) – Solange II; BVerfGE 89, 155 (188).

einräume, in Deutschland zur Geltung und Anwendung komme. Art. 28 I 3 GG gewähre das Kommunalwahlrecht für Unionsbürger aber nicht selbst, sondern verweise lediglich auf das Europarecht als originäre Rechtsquelle.[519] Diese Einordnung des Art. 28 I 3 GG scheint auf eine Protokollnotiz Bayerns bei der Gemeinsamen Verfassungskommission[520] und ein Schreiben des Bundesministeriums des Innern an die Länder vom 29.4.1994[521] zurückzugehen. Nach der Gegenauffassung besitzt Art. 28 I 3 GG einen eigenen – konstitutiven – Regelungsgehalt dahingehend, dass das Grundgesetz das Kommunalwahlrecht für Unionsbürger selbst gewährleistet.[522]

Für einen eigenen Regelungsgehalt des Art. 28 I 3 GG spricht, dass er nicht nur darauf verzichtet, den Art. 19 I EGV ausdrücklich zu nennen, sondern auch etwas **anders formuliert** ist **als Art. 19 I EGV**, und sich diesem von Wortlaut und Inhalt her nur ungefähr annähert. So ist beispielsweise in Art. 28 I 3 GG von „Wahlen in Gemeinden und Kreisen" statt allgemein von „Kommunalwahlen" die Rede.[523] Zum Zeitpunkt der Grundgesetzänderung war aber noch nicht absehbar, in welcher Weise der Begriff der Kommunalwahl durch die späteren europarechtlichen Ausführungsbestimmungen konkretisiert würde und insbesondere, ob er die Kreisebene überhaupt einbeziehen würde. Durch die verfassungsrechtliche Festlegung schon lange vor Erlass der Richtlinie wurde im Ergebnis ein gewisser Druck auf die EG-Organe ausgeübt, die deutschen Kreise in den Anwendungsbereich der Richtlinie einzubeziehen, da sonst die Grundgesetzbestimmung im Hinblick auf das Wahlrecht der Unionsbürger in den Kreisen leer gelaufen wäre. Zudem wurde durch die Präzisierung des Begriffs der Kommunalwahl dem Gemeinschaftsrecht eine Grenze gezogen. Obwohl die anstehende Ratifikation des Maastrichter Vertrages also konkreter Anlass war für

---

[519] *Meyer-Teschendorf/Hofmann*, ZRP 1995, S. 290 f.; *Burkholz*, DÖV 1995, S. 818 f.; *Scholz*, in: *Maunz/Dürig*, Grundgesetz-Kommentar, Art. 28 Rn. 41 b; *Engelken*, NVwZ 1995, S. 433; *Roller*, S. 51; *Laubach*, S. 79; *Tettinger*, in: *von Mangoldt/Klein/Starck*, Grundgesetz-Kommentar, Art. 28 Rn. 120. Vgl. auch VG Ansbach, NVwZ 1999, S. 324 (325).

[520] Gemeinsame Verfassungskommission, Arbeitsunterlage Nr. 62.

[521] Vgl. das bei *Engelken*, NVwZ 1995, S. 434 (Fn. 7), zitierte Schreiben mit dem Az. V I 1 – 110 020-3/0.

[522] So z.B. *Barley*, S. 53 ff.; wohl auch *Waechter*, Kommunalrecht, S. 284 f.

[523] Vgl. *Barley*, S. 54.

die Neufassung des Art. 28 I 3 GG, löst sich dieser Artikel von der Ausgestaltung des Wahlrechts im Unionsvertrag.

aa) Deklaratorische oder konstitutive Wirkung der Öffnung?

Richtig ist an der These von der „nur deklaratorischen Wirkung", dass **Art. 28 I 3 GG** selbst noch **keine Umsetzung der Kommunalwahlrichtlinie** darstellt. Zwar können Richtlinien zuweilen in der Weise umgesetzt werden, dass in das innerstaatliche Recht einfach eine Verweisung auf Gemeinschaftsrecht aufgenommen und dieses für innerstaatlich anwendbar erklärt wird. Dies setzt aber voraus, dass die Richtlinie inhaltlich nicht weiter präzisiert werden muss.[524] Für die Kommunalwahlrichtlinie mit ihren Ausgestaltungsspielräumen genügt eine Umsetzung in Form eine Maßgabeklausel daher nicht, ganz abgesehen davon, dass der recht unspezifische Hinweis auf das EG-Recht für eine ordnungsgemäße Umsetzung nicht ausreichen würde.[525] Damit müssen die Landesgesetzgeber die eigentliche Umsetzung der Richtlinie vornehmen.

Es wurde bereits festgestellt, dass Art. 28 I 3 GG die deutsche Verfassungsordnung für das Kommunalwahlrecht für Unionsbürger öffnet. Aus verfassungsrechtlicher Sicht stellt bereits diese Öffnung eine konstitutive Regelung dar. Dem Meinungsstreit liegt aber ein anderes Begriffsverständnis zugrunde. Die Öffnungswirkung in Art. 28 I 3 GG kann demnach nur dann als rein **deklaratorisch** eingestuft werden, wenn das Gemeinschaftsrecht seine Regelungswirkung auch ohne die Verweisung entfalten könnte.[526]

Dass Art. 28 I 3 GG nur eine reine Öffnungsklausel darstellt, wird damit begründet, dass nach der Rechtsprechung des EuGH das Gemeinschaftsrecht jedem nationalen Recht – auch Verfassungsrecht – vorgeht,[527] so dass im Fall eines Widerspruchs das Europarecht **Anwendungsvorrang** genießt. Daraus wird gefolgert, dass allein das Gemeinschaftsrecht das Kommunalwahlrecht für Uni-

---

[524] Vgl. *Klindt,* DVBl. 1998, S. 378 f.
[525] EuGHE 1997 I, S. 1653 ff. – Kommission/Deutschland; EuZW 1997, S. 348 (350).
[526] Vgl. *Klindt,* DVBl. 1998, S. 377.
[527] Vgl. z.B. *Schmidt,* in: *von der Groeben/Thiesing/Ehlermann (Hrsg.),* Kommentar zum EU-/EG-Vertrag, Art. 189 EGV Rn. 1-11.

onsbürger gewährt und sich der verfassungsändernde Gesetzgeber dem ohnehin höherrangigen und zwingenden Gemeinschaftsrecht nur unterordnen wollte,[528] indem er auf das Gemeinschaftsrecht als (alleinige) originäre Rechtsquelle für das Ausländerwahlrecht hinweist.[529] Diese Auffassung geht also davon aus, dass das Kommunalwahlrecht für Unionsbürger unmittelbar durch das Gemeinschaftsrecht eingeräumt wird. Dabei wird vorausgesetzt, dass das maßgebliche primäre und sekundäre Gemeinschaftsrecht unmittelbar anwendbar ist.[530] Art. 19 I EGV ist jedoch nicht unmittelbar anwendbar, da er zu unbestimmt ist. Die Kommunalwahlrichtlinie dagegen kann zwar nach Fristablauf unter Umständen direkte Wirkung entfalten, bedarf aber grundsätzlich der Transformation in innerstaatliches Recht. Der Anwendungsvorrang bei fehlender oder fehlerhafter Umsetzung der Richtlinie stellt nur eine Mindestgarantie dar und kann die Umsetzung durch die Mitgliedstaaten nicht ersetzen.[531]

Zudem ist zu berücksichtigen, dass das europäische Kommunalwahlrecht nur unter Mitwirkung der Bundesrepublik entstehen konnte, weil sowohl der Maastrichter Vertrag als auch die Kommunalwahlrichtlinie nach Gemeinschaftsrecht nur einstimmig beschlossen werden konnten. Ein Anwendungsvorrang des Gemeinschaftsrechts kommt aber nur in Betracht, soweit der Gemeinschaft von den Mitgliedstaaten Hoheitsrechte übertragen worden sind (**Prinzip der begrenzten Einzelermächtigung**). Der Vorrang des Gemeinschaftsrechts gilt somit aus mitgliedstaatlicher Sicht wiederum nur nach Maßgabe der nationalen Verfassungen.[532] Letztendlich setzte damit die europarechtliche Begründung des Kommunalwahlrechts für Unionsbürger auch die Zustimmung Deutschlands im Rahmen seiner Verfassung voraus.[533]

Damit zeigt sich, dass **Gemeinschaftsrecht und nationales Recht wechselseitig miteinander verschränkt** sind und das Verhältnis beider Rechtsordnungen

[528] So *Engelken*, VBlBW 1995, S. 229, für die vergleichbare Regelung in Art. 72 I 2 der Landesverfassung von Baden-Württemberg.
[529] *Meyer-Teschendorf/Hofmann*, ZRP 1995, S. 291.
[530] *Engelken*, NVwZ 1995, S. 433.
[531] Näher dazu bereits vorne unter Punkt B IV 1 und 2.
[532] Vgl. BVerfGE 89, 155 (190); *Herdegen*, EuGRZ 1992, S. 591.
[533] Vgl. z.B. *Scholz*, in: *Maunz/Dürig*, Grundgesetz-Kommentar, Art. 28 Rn. 41 c.

allein durch kollisionsrechtliche Vorstellungen (wie die Theorie vom Anwendungsvorrang des Gemeinschaftsrechts) nicht adäquat erfasst werden kann.[534] Da auch das Europarecht auf die Einräumung von Befugnissen durch das nationale Recht angewiesen ist, kann es sich bei der Verweisung in Art. 28 I 3 GG nicht um eine bloß deklaratorische Verweisung auf Europarecht handeln. Bereits die **Öffnung des Grundgesetzes** für das Kommunalwahlrecht der EG-Ausländer stellt daher eine europarechtlich unabdingbare, **eigenständige Regelung** dar.

bb) Begründung einer Umsetzungspflicht für die Länder?

Auch **Sinn und Zweck des Art. 28 I 3 GG** sprechen für eine konstitutive Regelung. Das Europarecht verpflichtet die Mitgliedstaaten, die Kommunalwahlrichtlinie in innerstaatliches Recht umzusetzen. Das eigentliche Ziel der Verfassungsänderung bestand daher darin, soweit wie möglich dafür Sorge zutragen, dass das Kommunalwahlrecht für Unionsbürger in Deutschland europarechtskonform eingeführt wird. Eine reine Öffnungsklausel würde auf dem Weg zu diesem Ziel aber auf halbem Weg stehen bleiben.

Als bloße Öffnungsklausel könnte Art. 28 I 3 GG nämlich nicht sicherstellen, dass die Länder die Richtlinie ordnungsgemäß umsetzen. Zwar macht die Grundgesetznorm den Ländern in diesem Fall verfassungsrechtlich den Weg zur Umsetzung der Kommunalwahlrichtlinie frei, sie kann sie aber nicht zur Umsetzung verpflichten. Die **verfassungsrechtliche Pflicht zur Umsetzung** von Richtlinien wird im Allgemeinen unterschiedlich hergeleitet. Oft wird auf den ungeschriebenen Verfassungsgrundsatz der **Bundestreue** zurückgegriffen. Demnach haben die Länder ihr Landesrecht mit Rücksicht auf die europarechtliche Verantwortung des Bundes anzupassen.[535] Nach Einfügung des **Art. 23 I GG** wird die Pflicht zur Umsetzung auch auf diese Vorschrift gestützt.[536] Wiederum eine andere Auffassung macht die Umsetzungspflicht im Sonderfall der Kommunalwahlrichtlinie an **Art. 28 I 3 GG** fest.[537] Diese Ansicht verdient Zu-

[534] *Herdegen*, EuGRZ 1989, S. 309.
[535] So beispielsweise *Jahn/Riedel*, ZAR 1989, S. 61; *Papier*, in: *Magiera (Hrsg.)*, Das Europa der Bürger, S. 34; *Herdegen*, JuS 1992, S. 227 f.; *Weigl*, S. 101; *Grüll*, S. 27.
[536] *Jarass*, in: *Jarass/Pieroth*, Grundgesetz-Kommentar, Art. 23 Rn. 15.
[537] Vgl. *Barley*, S. 110.

stimmung. Denn nachdem mit Art. 28 I 3 GG eine Spezialvorschrift für das Kommunalwahlrecht für Unionsbürger geschaffen worden ist, wäre es nicht überzeugend, die verfassungsrechtliche Pflicht zur Umsetzung der Kommunalwahlrichtlinie aus einer anderen Bestimmung des Grundgesetzes abzuleiten. Eine Auslegung, nach der Art. 28 I 3 GG den Ländern die Einführung des Kommunalwahlrechts für Unionsbürger nur erlaubt, während Art. 23 GG sie dazu verpflichtet, wäre inkonsistent. Eine bloße Ermächtigung in Art. 28 I 3 GG würde also höchstens Sinn machen, wenn die Länder bei der Frage, ob sie das Kommunalwahlrecht für Unionsbürger einführen wollen, einen Entscheidungsspielraum hätten. Dies ist aber wegen der europarechtlichen Umsetzungspflicht hier gerade nicht der Fall.[538]

Damit hat die Verweisung in Art. 28 I 3 GG konstitutiven Charakter, weil sie die Anwendung der europarechtlichen Rechtsvorschriften zum Kommunalwahlrecht für Unionsbürger in der Bundesrepublik Deutschland erst ermöglicht und eine verfassungsrechtliche Pflicht der Länder zur Umsetzung der Kommunalwahlrichtlinie begründet.

cc) Begründung eines subjektiven Rechts für die Unionsbürger?

Zu klären bleibt, ob Art. 28 I 3 GG im Vergleich zum Europarecht noch einen anderen oder überschießenden Regelungsgehalt hat, insbesondere ob er eine **eigene Garantie des Wahlrechts** für Unionsbürger enthält. Diese Frage, die auch das Verhältnis der Verfassungsnorm zum Recht der Bundesländer betrifft, wird jedoch erst im folgenden Abschnitt genauer erörtert werden.

Grundsätzlich ist aber bereits hier festzuhalten: Die **Formulierung** in Art. 28 I 3 GG *(„sind ... wahlberechtigt und wählbar")* könnte auf ein subjektives Recht hindeuten, welches allerdings aufgrund der Verweisung auf das maßgebliche EG-Recht nur in Abhängigkeit von diesem, also akzessorisch, gewährt wird. In die gleiche Richtung weist auch die **Begründung des Gesetzentwurfs** der Bundesregierung zur Änderung des Grundgesetzes, nach welcher Art. 28 I 3 GG das aktive und passive Kommunalwahlrecht in dem in Art. 19 I EGV vorgesehenen

---

[538] *Schnedl*, ÖJZ 1995, S. 851.

Umfang *„erweitert (gewährt)"*. Die Verweisung auf das EG-Recht solle dabei nur klarstellen, dass die Vorgaben des Gemeinschaftsrechts für die *Ausgestaltung* des Wahlrechts *im einzelnen* maßgebend sind.[539]

Das Europarecht schließt es jedenfalls nicht aus, neben der europarechtlichen auch eine nationale Rechtsgrundlage für das kommunale Ausländerwahlrecht zu schaffen oder im innerstaatlichen Recht über die Gewährleistung durch das Gemeinschaftsrecht inhaltlich hinauszugehen. Eine konstitutive Verfassungsänderung erscheint auch insoweit möglich.

Auf jeden Fall lässt sich zusammenfassen, dass es sich bei der Bezugnahme auf das Gemeinschaftsrecht in Art. 28 I 3 GG um eine dynamische, geltungseröffnende und konstitutive Verweisung auf das EG-Recht handelt.

4. Art. 28 I 3 GG und die Länder

Art. 28 I 3 GG hat vor allem für die Länder Bedeutung. Denn die Regelung des Kommunalwahlrechts obliegt grundsätzlich den Ländern, in deren Verwaltungsaufbau die Gemeinden und Kreise integriert sind. Im Folgenden soll daher untersucht werden, welche Wirkungen Art. 28 I 3 GG für das Landesrecht entfaltet.

a) Art. 28 I 3 GG – Durchgriffsnorm oder Normativbestimmung?

Das Verhältnis von Grundgesetz und Landesverfassungsrecht, insbesondere die Art und Weise, in der Bestimmungen des Grundgesetzes auf das Landesrecht einwirken, ist in der Wissenschaft im Einzelnen umstritten. Allgemein können drei verschiedene **Formen der Einwirkung** unterschieden werden.[540]

Art. 28 I 3 GG könnte zunächst eine sog. **Normativbestimmung** sein. Normativbestimmungen schränken die Verfassungsautonomie der Länder ein, um das in einem Bundesstaat erforderliche Mindestmaß an Homogenität sicherzustellen. Nach der Rechtsprechung des Bundesverfassungsgerichts gelten Normativbe-

---

[539] BT-Drs. 12/3338, S. 5.

[540] Vgl. etwa die Unterscheidung bei *Kersten*, DÖV 1993, S. 897.

stimmungen nicht „in“ den Ländern, sondern nur „für“ die Länder.[541] Damit wird zum Ausdruck gebracht, dass sie nicht unmittelbar in den Ländern geltendes Verfassungsrecht setzten, sondern den Ländern einen verbindlichen Rahmen für die Gestaltung ihres Landesverfassungsrechts vorgeben.[542] Die Homogenität muss also durch eigene Akte der Länder erst hergestellt werden.[543] Falls Art. 28 I 3 GG eine Normativbestimmung wäre, so würde das Kommunalwahlrecht für Unionsbürger nicht schon unmittelbar kraft Grundgesetzes in den Ländern gelten. Vielmehr würde Art. 28 I 3 GG die Landesgesetzgeber dazu verpflichten, das Kommunalwahlrecht für Unionsbürger selbständig im Landesrecht zu verankern.

Bei Art. 28 I 3 GG könnte es sich jedoch auch – wie etwa bei Art. 28 II GG und den Grundrechten – um eine grundgesetzliche **Durchgriffsnorm** handeln. Auch hier trifft das Grundgesetz auf der Ebene des Bundesrechts eine Regelung, die inhaltlich Landesverfassungsrecht zum Gegenstand hat. Im Unterschied zur Normativbestimmung entfaltet die Durchgriffsnorm ihre Wirkung in den Ländern jedoch unmittelbar, indem sie unmittelbar Rechte und Pflichten innerhalb der Landesrechtsordnungen erzeugt.[544] Wäre Art. 28 I 3 GG also eine Durchgriffsnorm, so würde er selbst unmittelbar das Kommunalwahlrecht für Unionsbürger gewährleisten.

In seiner Rechtsprechung hat das Bundesverfassungsgericht noch eine weitere Kategorie gebildet. So hat es angenommen, dass eine Grundgesetznorm gleichzeitig „Bestandteil“ der Landesverfassung und damit formelles Landesverfassungsrecht sein kann („Bestandteilstheorie“).[545] Diese Auffassung ist jedoch mit Rücksicht auf die Verfassungsautonomie der Länder und aus Gründen der

---

[541] BVerfGE 1, 208 (236); 6, 104 (111).
[542] *Kersten*, DÖV 1993, S. 897.
[543] *Maunz*, in: *Maunz/Dürig*, Grundgesetz-Kommentar, Art. 28 Rn. 17 und 20; *Tettinger*, in: *von Mangoldt/Klein/Starck*, Grundgesetz-Kommentar, Art. 28 Rn. 34.
[544] Vgl. *Sachs*, ThürVBl. 1993, S. 121; *Kersten*, DÖV 1993, S. 897; *Nierhaus*, in: *Sachs (Hrsg.)*, Grundgesetz-Kommentar, Art. 28 Rn. 2, 4 und 33.
[545] So z.B. BVerfGE 1, 208 (227). Vgl. *Kersten*, DÖV 1993, S. 897.

Rechtsklarheit abzulehnen.[546] Nur was dem Text der Verfassungsurkunde eines Landes entnommen werden kann, kann sinnvollerweise den Rang von formellem Landesverfassungsrecht haben.[547] Zudem wurde die **„Bestandteilstheorie"** speziell für den Fall des Art. 21 GG, also der Grundgesetznorm zu den politischen Parteien, entwickelt,[548] so dass eine Ausdehnung auf andere Bereiche fraglich erscheint.

Während die „Bestandteilstheorie" also von vornherein ausgeklammert werden soll, bleibt noch zu entscheiden, ob es sich bei Art. 28 I 3 GG um eine Durchgriffsnorm oder um eine Normativbestimmung handelt. Der **Wortlaut** einer Norm gibt für deren Einordnung nur wenig Aufschluss. Denn während bei Art. 28 I 1 und 2 GG der Wortlaut *„muss ... entsprechen"* und *„muss ... haben"* richtig auf deren Charakter als Normativbestimmungen hindeutet,[549] wird Art. 28 II 1 GG trotz seiner ähnlichen Formulierung *„muss ... gewährleistet sein"* als Durchgriffsnorm interpretiert.

Für eine Einordnung des Art. 28 I 3 GG als Normativbestimmung spricht aber seine **systematische Stellung im Grundgesetz**. Art. 28 I 1 und 2 GG werden vom Bundesverfassungsgericht als Normativbestimmungen verstanden,[550] und Art. 28 I 3 GG schließt sich an diese beiden Sätze an. Zudem stehen Art. 28 I 3 GG und Art. 28 I 2 GG inhaltlich in engem Zusammenhang. Nachdem in Art. 28 I 2 GG vom Wahlrecht des Volkes in Ländern, Kreisen und Gemeinden die Rede war, nimmt Art. 28 I 3 GG auf den vorherigen Satz durch das Wörtchen „auch" ausdrücklich Bezug und ergänzt ihn, indem er den Kreis der Wahlberechtigten bei Wahlen in Kreisen und Gemeinden um die EG-Ausländer erweitert.

---

[546] Ablehnend auch *Rozek*, S. 182 und 285 f.; *Tettinger*, in: *von Mangoldt/Klein/Starck*, Grundgesetz-Kommentar, Art. 28 Rn. 32; *Pieroth*, in: *Jarass/Pieroth*, Grundgesetz- Kommentar, Art. 28 Rn. 1; *Sachs*, ThürVBl. 1993, S. 121.
[547] *Sachs*, ThürVBl. 1993, S. 121.
[548] BVerfGE 1, 208 (227).
[549] Vgl. *Rozek*, S. 115.
[550] BVerfGE 6, 104 (111).

Bei der Entscheidung zwischen Normativbestimmung und Durchgriffsnorm ist zudem zu berücksichtigen, dass eine grundgesetzliche Durchgriffsnorm stärker in die **Verfassungsautonomie der Länder** eingreift. Bei Art. 28 I 3 GG wäre ein Durchgriff zwar insofern weniger gravierend, als die Einführung des Kommunalwahlrechts für Unionsbürger ohnehin bereits durch Europarecht zwingend vorgeschrieben ist und dieses Europarecht auch unter Mitwirkung der deutschen Länder geschaffen wurde (vgl. Art. 23 GG). Dennoch sollte einer Grundgesetznorm mit Rücksicht auf die Verfassungsautonomie der Länder nur dann Durchgriffscharakter zugebilligt werden, wenn dies aus besonderen Gründen gerechtfertigt ist, und im Zweifelsfall von der länderfreundlicheren Normativbestimmung ausgegangen werden.

Ein Durchgriffscharakter des Art. 28 I 3 GG ließe sich demgegenüber rechtfertigen, wenn er den Individualrechtsschutz für die Unionsbürger erhöhen würde. Eine Durchgriffsnorm hat in der Regel zur Folge, dass die Bürger sich – wie insbesondere bei den im Grundgesetz verbürgten Grundrechten – direkt auf das Grundgesetz berufen können. Bei den Grundrechten trägt deren Durchgriffscharakter zum **effektiven Grundrechtsschutz** der Bürger bei. Anders verhält es sich mit Art. 28 I 3 GG. Selbst wenn er unmittelbar in den Ländern gelten würde, wäre damit für die Unionsbürger nicht automatisch das Recht verbunden, Verfassungsbeschwerde vor dem Bundesverfassungsgericht zu erheben. Denn Art. 28 GG fehlt im Katalog der beschwerdefähigen Grundrechte des Art. 93 I Nr. 4a GG. Das Bundesverfassungsgericht hat sich mit seinem Beschluss vom 16.7.1998 allgemein aus der Prüfung von Verfassungsbeschwerden zum Kommunalwahlrecht zurückgezogen und seine frühere Rechtsprechung, wonach Verfassungsbeschwerden zu den Wahlrechtsgrundsätzen der allgemeinen und gleichen Wahl auf den allgemeinen Gleichheitssatz des Art. 3 I GG gestützt werden konnten, aufgegeben.[551] Für Verfahren der abstrakten und konkreten Normenkontrolle vor dem Bundesverfassungsgericht dagegen ist Art. 28 I 3 GG Prüfungsmaßstab unabhängig davon, ob er Durchgriffscharakter besitzt oder nicht.

---

[551] BVerfGE 99, 1 ff. Vgl. dazu *Lenz*, NJW 1999, S. 34 f.

Die **fehlende Möglichkeit zur Verfassungsbeschwerde** spricht vielmehr dagegen, dass es sich bei Art. 28 I 3 GG um ein direkt vom Grundgesetz gewährtes Grundrecht oder grundrechtsähnliches Recht handelt. Denn soweit das Grundgesetz den Bürgern bisher unmittelbare Rechte einräumt, eröffnet es ihnen regelmäßig flankierend auch die Möglichkeit verfassungsgerichtlichen Rechtsschutzes in Form der Verfassungsbeschwerde vor dem BVerfG. Das Gericht könnte zwar seine Rechtsprechung ändern und künftig zumindest über Verfassungsbeschwerden zum Kommunalwahlrecht der Unionsbürger entscheiden. Auf diese Weise würden EG-Ausländer hinsichtlich des Rechtsschutzes vor dem Bundesverfassungsgericht allerdings besser gestellt als Deutsche. Eine solche Bevorzugung ist aber nicht erforderlich, da EG-Ausländer ihr Wahlrecht ebenso wie Deutsche in den Ländern gerichtlich durchsetzen können.[552] Der Gedanke der **Gleichbehandlung von inländischen und ausländischen Unionsbürgern** weist daher ebenfalls auf den Charakter des Art. 28 I 3 GG als Normativbestimmung hin, da auch für Deutsche das Kommunalwahlrecht nur in einer Normativbestimmung enthalten ist (Art. 28 I 2 GG).

Insgesamt gesehen erscheint die Auslegung des Art. 28 I 3 GG als Normativbestimmung vorzugswürdig, weil sie sowohl dessen systematischer Stellung im Grundgesetz, dem Grundsatz der Verfassungsautonomie der Länder als auch dem Gesichtspunkt der Gleichbehandlung der in- und ausländischen Unionsbürger beim Kommunalwahlrecht am besten Rechnung trägt. Art. 28 I 3 GG gewährleistet damit Unionsbürgern das Kommunalwahlrecht nicht unmittelbar, sondern verpflichtet nur die Länder dazu, das Kommunalwahlrecht für Unionsbürger im Landesrecht zu verankern.[553]

b) Die doppelte Bindung der Länder bei der Umsetzung der Richtlinie

Die europarechtlichen Vorschriften zum Kommunalwahlrecht für Unionsbürger betreffen mit dem Kommunalrecht einen klassischen Bereich der ausschließlichen Gesetzgebungskompetenz der Länder. Mit Europarecht, das sich auf Landesrecht auswirkt, besteht aber noch wenig Erfahrung, und die dabei aufgewor-

---

552 Zum subjektiven Rechtsschutz beim Wahlrecht vgl. BVerfGE 99, 1 (18 f.).

553 So im Ergebnis auch *Hopfe*, in: *Linck/Jutzi/Hopfe*, Verfassung des Freistaats Thüringen: Kommentar, Art. 95 Rn. 6.

fenen grundsätzlichen Fragen des Verhältnisses von Europarecht, Bundesrecht und Landesrecht sind teilweise noch nicht geklärt.[554] Hier interessiert insbesondere, in welchem Umfang die Länder bei der Umsetzung der Richtlinie an Europarecht und Grundgesetz gebunden sind.

Die Länder müssen bei der Umsetzung von Richtlinien in deutsches Recht nicht nur das Europarecht, sondern auch das Grundgesetz beachten. Denn die Rechtsvorschriften, die von den Mitgliedstaaten zur Ausführung einer Richtlinie erlassen werden, bleiben innerstaatliche Rechtsakte, auch wenn ihr Inhalt weitgehend vom Europarecht vorgegeben ist.[555] Nationale Umsetzungsnormen, die gegen die Verfassung verstoßen, sind grundsätzlich nichtig.

Probleme können sich ergeben, falls das Europarecht etwas vorschreibt, was das Grundgesetz verbietet, da der zur Umsetzung verpflichtete Gesetzgeber dann in einen Konflikt zwischen Verfassungsbindung und Bindung an das Europarecht gerät. Die Öffnungsklausel in Art. 28 I 3 GG schließt hier aber einen solchen Konflikt zwischen Europarecht und Grundgesetz von vornherein aus.[556] Zum gleichen Ergebnis kommt man auch, wenn man bedenkt, dass die Richtlinie wegen der Eigenständigkeit der Gemeinschaftsrechtsordnung grundsätzlich nur am Gemeinschaftsrecht, nicht aber auch inzident an deutschem Verfassungsrecht gemessen werden darf.[557] Soweit der Inhalt der Umsetzungsnormen auf **zwingenden Vorgaben des EG-Rechts** beruht, kann er folglich nicht verfassungswidrig sein. Vielmehr verpflichtet Art. 28 I 3 GG die Länder sogar zur Umsetzung der Kommunalwahlrichtlinie. Andererseits aber bildet ein Verstoß gegen die Richtlinie nicht automatisch auch einen Verstoß gegen Art. 28 I 3 GG, da der Inhalt der Richtlinie nicht in die Verfassung inkorporiert worden ist. Bei zwingenden Vorschriften der Richtlinie steht damit die Bindung der Länder an das Europarecht im Vordergrund.

---

[554] *Engelken,* Kommentar zur Verfassung von Baden-Württemberg, Art. 72 Rn. 5.
[555] Vgl. *Bleckmann,* Europarecht, S. 172 und 423 f.
[556] Näher oben unter Punkt C I 3 b.
[557] *Borchardt,* Die rechtlichen Grundlagen der Europäischen Union, S. 56. Vgl. auch BVerfGE 73, 339 (340) – Solange II; BVerfGE 89, 155 (188); BVerfG, DÖV 2000, S. 957 ff.

Damit konzentriert sich die Frage, ob die Umsetzungsgesetze der Länder mit dem Grundgesetz vereinbar sind, im wesentlichen auf die Bereiche, in denen die Richtlinie keine Vorgaben macht oder den Ländern noch einen **Umsetzungsspielraum** lässt. Denn insoweit ist die Kontrolle des Bundesverfassungsgerichts weiterhin in vollem Umfang eröffnet.[558] Die vom Gemeinschaftsrecht eröffneten Spielräume müssen in einer Weise ausfüllt werden, die mit Art. 28 I 3 GG und sonstigem Verfassungsrecht in Einklang steht. Dies ergibt sich auch aus der Maßgabeklausel in Art. 28 I 3 GG. Denn soweit das maßgebliche Europarecht die nähere Ausgestaltung dem nationalen Recht überlässt, gehört zu diesem nationalen Recht insbesondere auch das Grundgesetz. Die Optionen der Kommunalwahlrichtlinie sind daher von den nach der Verfassung zuständigen Organen innerhalb der von der Verfassung gesetzten inhaltlichen Grenzen auszufüllen. Die Länder sind bei der Umsetzung der Richtlinie an sämtliche Bestimmungen des Grundgesetzes gebunden, und Art. 28 I 3 GG ist im verfassungsrechtlichen Gesamtzusammenhang auszulegen.

Bei der Ausgestaltung des Kommunalwahlrechts für Unionsbürger unterliegen die Länder damit einer **doppelten Bindung.**[559] Nur soweit weder Europarecht noch höherrangiges Bundesrecht zwingende Vorschriften machen, bleibt den Ländern noch ein eigener Regelungsspielraum.

5. Zusammenfassung

Art. 28 I 3 GG dehnt das Wahlrecht bei Kommunalwahlen auf die Staatsangehörigen anderer EG-Mitgliedstaaten aus, ohne sie in den Volksbegriff des Grundgesetzes einzubeziehen. Damit wird vom Grundsatz der Volkssouveränität abgewichen, nach dem alle Staatsgewalt vom Volk ausgeht. Dennoch verstößt das Kommunalwahlrecht für Unionsbürger nicht gegen das Demokratieprinzip des Grundgesetzes, sondern modifiziert es in zulässiger Weise. Bei Kommunalwahlen wird die demokratische Legitimation nun von nun in- und ausländischen Unionsbürgern gemeinsam vermittelt, so dass zu der herkömmlichen Legitima-

---

[558] Vgl. *Bleckmann*, Europarecht, S. 173.
[559] Ebenso z.B. *Grumann*, S. 126.

tion kommunaler Hoheitsgewalt noch eine europäische Legitimation über die Unionsbürgerschaft hinzutritt.

Gemäß Art. 28 I 3 GG sind Staatsangehörige der EG-Mitgliedstaaten bei Wahlen in Kreisen und Gemeinden *„nach Maßgabe von Recht der Europäischen Gemeinschaft"* wahlberechtigt und wählbar. Damit nimmt Art. 28 I 3 GG in Form einer dynamischen Verweisung auf das jeweils gültige Gemeinschaftsrecht Bezug. Zudem handelt es sich nicht um eine inkorporierende, sondern um eine geltungseröffnende Verweisung, d.h. Art. 28 I 3 GG sichert die Anwendung der europarechtlichen Vorschriften zum Kommunalwahlrecht für Unionsbürger verfassungsrechtlich ab, ohne dass diese dadurch Verfassungsrang erhalten. Da das Gemeinschaftsrecht ohne die verfassungsrechtliche Billigung in Art. 28 I 3 GG in Deutschland nicht zur Anwendung kommen könnte und Art. 28 I 3 GG eine Umsetzungspflicht für die Länder begründet, kommt ihm neben dem Gemeinschaftsrecht eine eigenständige, konstitutive Wirkung zu. Als Normativbestimmung gewährleistet Art. 28 I 3 GG das Kommunalwahlrecht der Unionsbürger jedoch nicht unmittelbar, sondern verpflichtet nur die Länder, es im Landesrecht festzuschreiben.

II. Die Rechtslage nach den Landesverfassungen

Nachdem das Grundgesetz das Kommunalwahlrecht für Unionsbürger in Art. 28 I 3 GG ausdrücklich anerkennt, interessiert auch, wie sich die Landesverfassungen zum Kommunalwahlrecht für Unionsbürger verhalten. Im folgenden wird erst der Inhalt der Landesverfassungen ermittelt und dann auf dieser Basis untersucht, ob die Landesverfassungen noch geändert und dem Grundgesetz bzw. dem Europarecht angepasst werden müssen.

1. Isolierte Betrachtung der Landesverfassungen

a) Länder mit ausdrücklicher Verankerung des Kommunalwahlrechts für Unionsbürger in der Landesverfassung

In vier Bundesländern wurde im Zusammenhang mit der Umsetzung der Kommunalwahlrichtlinie die Landesverfassung ergänzt. Während die Verfassungsänderung in Bremen (nur) besonderen Problemen der Stadtgemeinde Bremen Rechnung trug, wurde in Baden-Württemberg, Berlin und Rheinland-Pfalz das Wahlrecht für Unionsbürger nach dem Vorbild des Art. 28 I 3 GG in der Landesverfassung (LV) verankert.[560] Die Verfassungen von *Baden-Württemberg* (Art. 72 I 2 LV), *Berlin* (Art. 70 I 2 LV) und *Rheinland-Pfalz* (Art. 50 I 2 LV) sehen das **Kommunalwahlrecht für Unionsbürger** nun explizit vor und sind daher ohne weiteres mit dem Grundgesetz und dem Europarecht vereinbar.

Auch die Verfassung des Landes *Brandenburg* vom 20.8.1992 bereitet insoweit keine Probleme. Denn sie legte von Anfang an fest, dass **nichtdeutschen Einwohnern** Brandenburgs das Wahlrecht zum Landtag und zu den kommunalen Vertretungskörperschaften zu gewähren ist, sobald und soweit das Grundgesetz dies zulässt (vgl. Art. 22 I 2 LV i.V.m. 3 I LV). Seitdem Art. 28 I 3 GG das Kommunalwahlrecht für Unionsbürger ermöglicht, muss EG-Ausländern folglich auch gemäß Art. 22 I 2 LV das Wahlrecht zu den kommunalen Vertretungskörperschaften eingeräumt werden. Eine ähnliche Regelung enthält die Verfassung des Landes *Sachsen-Anhalt*, nach der Staatenlosen und Ausländern das Wahlrecht nach Maßgabe des Grundgesetzes gewährt werden kann (Art. 42 II LV). Allerdings bezieht sich Art. 42 LV wegen seiner systematischen Stellung im Abschnitt über den Landtag allein auf das Landtagswahlrecht. Daher sieht die Verfassung des Landes Sachsen-Anhalt jedenfalls ausdrücklich nur die Möglichkeit eines Ausländerwahlrechts zum Landtag, nicht aber auch eines Ausländerwahlrechts bei Kommunalwahlen vor.

---

[560] Näher zu den Verfassungsänderungen unter Punkt E bei den einzelnen Ländern.

Somit wird das kommunale Ausländerwahlrecht lediglich in den Landesverfassungen von Baden-Württemberg, Berlin, Brandenburg und Rheinland-Pfalz explizit anerkannt.

b) Länder ohne ausdrückliche Regelung des Kommunalwahlrechts für Unionsbürger in der Landesverfassung

Alle anderen Bundesländer haben darauf verzichtet, das Kommunalwahlrecht für Unionsbürger in der Landesverfassung ausdrücklich zu regeln. In mehreren Landesverfassungen ist immer noch, ähnlich wie im Grundgesetz vor der Maastricht-Novelle, (nur) vom **Wahlrecht der Deutschen** die Rede. So sind nach der *Bayerischen Verfassung* sowohl auf Landes- als auch auf Kommunalebene das „Volk" bzw. die „Staatsbürger" wahl- und stimmberechtigt.[561] Mit den Begriffen „Volk" bzw. „Staatsbürger" bezeichnet sie alle deutschen Staatsangehörigen mit Wohnsitz in Bayern.[562] Ebenso sind nach der Verfassung des Freistaates *Sachsen* alle volljährigen Deutschen, die im Land wohnen oder sich dort gewöhnlich aufhalten, bei Wahlen und Abstimmungen wahl- und stimmberechtigt (Art. 4 II, 115 LV). Diese Vorschriften gelten auch für Kommunalwahlen.[563] Denn Art. 4 I LV nimmt ausdrücklich auf alle nach der Verfassung durch das Volk vorzunehmenden Wahlen und Abstimmungen Bezug, also auch auf die Wahl der Volksvertretung in den Gemeinden und Kreisen (Art. 86 I 1 LV). Hingegen ist zweifelhaft, ob auch die Verfassungsbestimmungen zum Wahlrecht der Deutschen in *Hessen* (Art. 71, 73 I LV), im *Saarland* (Art. 64 LV) und in *Thüringen* (Art. 45, 46 II, 104 VerfThür) auf Kommunalwahlen Anwendung finden.[564] Die systematische Stellung der Vorschriften legt dies jedoch nahe. Denn Art. 71 und 73 I der Verfassung des Landes Hessen befinden sich im Abschnitt über die Staatsgewalt, Art. 64 der Verfassung des Saarlandes in einem allgemeinen Ab-

---

561 Art. 2 II 1, 4, 5 I, 7 II, 12 I, III 1 und 14 I 1, II der Bayerischen Verfassung.

562 Art. 8 und 11 V der Bayerischen Verfassung. Eine eigene bayerische Staatsangehörigkeit (Art. 6, 7 I, 8 der Bayerischen Verfassung) wurde nämlich nie geschaffen, vgl. BayVerfGH 24, 1 (22).

563 *Degenhart*, in: *Stober (Hrsg.)*, Handbuch des Sächsischen Staats- und Verwaltungsrechts, S. 78.

564 Vgl. *Schmellenkamp*, S. 114 f., S. 137. Ablehnend hinsichtlich Art. 73 I LV in Hessen *Meyer*, in: *Püttner (Hrsg.)*, Handbuch der kommunalen Wissenschaft und Praxis, Bd. 2, S. 63; ablehnend hinsichtlich Art. 46 II LV in Thüringen *Hopfe*, in: *Linck/Jutzi/Hopfe*, Die Verfassung des Freistaats Thüringen: Kommentar, Art. 95 Rn. 5.

schnitt über Wahlen und Volksabstimmungen und Art. 45 und 46 II der Verfassung des Freistaats Thüringen im Abschnitt über die Grundlagen des Freistaats. Jedenfalls wurden Verfassungsbestimmungen zur Wahlberechtigung der Deutschen bisher meist im Einklang mit der Rechtsprechung des Bundesverfassungsgerichts als abschließend interpretiert, so dass ein Wahlrecht von Ausländern unzulässig war.[565]

Mehrere Landesverfassungen legen fest, dass bei Kommunalwahlen **das „Volk"** wahlberechtigt ist, ohne den Volksbegriff näher zu definieren. In der Verfassung des Landes *Nordrhein-Westfalen* heißt es, dass das Volk seinen Willen durch Wahl, Volksbegehren und Volksentscheid ausübt (Art. 2 LV). Diese Vorschrift im Kapitel über die Grundlagen des Staates findet auch auf Kommunalwahlen Anwendung.[566] Ähnlich bestimmt die Verfassung des Landes *Schleswig-Holstein*, dass das Volk seinen Willen durch Wahlen und Abstimmungen bekundet und durch seine gewählten Vertretungen im Lande, in den Gemeinden und Gemeindeverbänden sowie durch Abstimmungen handelt (Art. 2 II LV). In mehreren Landesverfassungen ist die Regelung nach dem Vorbild des Art. 28 I 2 GG gestaltet. So heißt es in den Verfassungen von *Mecklenburg-Vorpommern* (Art. 72 II 1 LV), *Niedersachsen* (Art. 57 II 1 LV), *Sachsen-Anhalt* (Art. 89 LV) und *Thüringen* (Art. 95 LV), dass das „Volk" in den Gemeinden und Kreisen eine gewählte Vertretung haben muss. Der in diesen Vorschriften verwendete Volksbegriff wurde gewöhnlich aber genauso ausgelegt wie der Volksbegriff des Grundgesetzes mit der Folge, dass nur Deutsche i.S.d. Art. 116 GG bei Kommunalwahlen wahlberechtigt sind.[567]

In anderen Bundesländern enthalten die Landesverfassungen **keine ausdrücklichen Regelungen zur Wahlberechtigung** bei Kommunalwahlen. So legt die Landesverfassung der Freien Hansestadt *Bremen* weder für die Wahl zur Bür-

---

565 So z.B. *Jahn/Riedel*, ZAR 1989, S. 61; *Schmellenkamp*, Das Ausländerwahlrecht in der Bundesrepublik Deutschland, passim; *Wegmann*, Kommunalpraxis BY 1995, S. 371; *Niedermeyer-Krauß*, S. 6.

566 *Grawert*, Verfassung für das Land Nordrhein-Westfalen: Kommentar, S. 43; zweifelnd *Schmellenkamp*, Das Ausländerwahlrecht, S. 126.

567 So z.B. *Hopfe*, in: *Linck/Jutzi/Hopfe*, Die Verfassung des Freistaats Thüringen: Kommentar, Art. 95 Rn. 5; *Papier*, KritV 1987, S. 309 ff. (für Nordrhein-Westfalen).

gerschaft noch für Wahlen in den Städten und Bezirken von Bremen und Bremerhaven explizit fest, ob EG-Ausländer teilnehmen dürfen.[568] Zwar wurde Art. 148 I 3 LV durch das Umsetzungsgesetz extra neu gefasst, um EG-Ausländern das Wahlrecht zur Stadtbürgerschaft der Stadtgemeinde Bremen zu ermöglichen. Aus Art. 148 I 3 LV geht aber direkt nur hervor, dass die „stadtbremischen Wähler" zur Stadtbürgerschaft wahlberechtigt sind. Die *Hamburger Verfassung* trifft ebenfalls keine Regelung zum Wahlrecht in den Bezirken. Dementsprechend wurde auch das Wahlrecht der Unionsbürger in Hamburg nicht verfassungsrechtlich verankert. Allerdings bekennen sich alle Landesverfassungen zum Prinzip der Volkssouveränität.[569] Aus diesem Prinzip wurde jedoch vor der Grundgesetzergänzung ebenfalls abgeleitet, dass das Wahlrecht auf Deutsche beschränkt werden muss.[570]

2. Die Landesverfassungen im Kontext von Grundgesetz und Europarecht

Daher fragt sich, ob diejenigen Landesverfassungen, die das Kommunalwahlrecht für Unionsbürger nicht ausdrücklich zulassen, diesem weiterhin entgegenstehen. Ist dem so, so müssen sie unter Umständen geändert werden.[571] Eine Änderung der Landesverfassungen könnte darüber hinaus erforderlich sein, wenn die Länder aufgrund höherrangigen Rechts verpflichtet wären, das Kommunalwahlrecht *ausdrücklich* in die Landesverfassung aufzunehmen. Damit sind schwierige Fragen im Verhältnis der Normebenen Landesverfassung, Grundgesetz und EG-Recht aufgeworfen.

a) Höherrangiges Recht als Bestandteil der Landesverfassung?

Die Landesverfassungen stehen dem Kommunalwahlrecht für Unionsbürger heute nicht mehr entgegen, wenn Art. 28 I 3 GG oder die europarechtlichen Rechtsgrundlagen zum Kommunalwahlrecht für Unionsbürger auch Bestandteil des Landesverfassungsrechts geworden sind.

---

568 Vgl. Art. 75 I, 143 ff. der Landesverfassung der Stadtgemeinde Bremen.

569 So z.B. Art. 3 II 1 der Hamburger Verfassung; Art. 70 der Verfassung des Landes Hessen; Art. 3 I 1 der Verfassung des Landes Mecklenburg-Vorpommern und Art. 2 I 1 der Niedersächsischen Verfassung.

570 So. z.B. *Isensee*, KritV 1987, S. 307 f. (für Nordrhein-Westfalen); *Schmellenkamp*, Das Ausländerwahlrecht in der Bundesrepublik Deutschland, passim.

571 Vgl. *Magiera*, EA 1988, S. 480.

Wegen der prinzipiell getrennten Verfassungsräume von Bund und Ländern wurde aber bereits abgelehnt, dass das **Grundgesetz** in das Landesverfassungsrecht in der Weise hineinwirken kann, dass es automatisch Bestandteil der Landesverfassung wird.[572] Allerdings können die Länder freiwillig eine solche Rechtsfolge anordnen. In Art. 5 III der Verfassung des Landes *Mecklenburg-Vorpommern* heißt es, dass die im Grundgesetz für die Bundesrepublik Deutschland festgelegten Grundrechte und staatsbürgerlichen Rechte Bestandteil der Landesverfassung und unmittelbar geltendes Recht sind. Vergleichbare Regelungen finden sich auch in den Landesverfassungen von *Baden-Württemberg* (Art. 2 I LV), *Nordrhein-Westfalen* (Art. 4 I LV) und *Niedersachsen* (Art. 3 II LV). Falls das kommunale Wahlrecht nach Art. 28 I 3 GG ein solches Grundrecht oder staatsbürgerliches Recht darstellen würde, so wäre das Kommunalwahlrecht für Unionsbürger in den genannten Ländern automatisch auch in der Landesverfassung verankert. Was im Einzelnen die „staatsbürgerlichen Rechte“ des Grundgesetzes sind, wird in der Kommentarliteratur unterschiedlich beurteilt. Einigkeit scheint jedoch insoweit zu bestehen, dass das Kommunalwahlrecht nicht zu diesen staatsbürgerlichen Rechten zählt.[573] Dies muss erst recht für das Kommunalwahlrecht der EG-Ausländer gelten, die ja keine Staatsbürger sind. Auch gehört das Kommunalwahlrecht nicht zu den Grundrechten des Grundgesetzes, da Art. 28 I GG als Normativbestimmung keine unmittelbaren Rechte gewährt. Damit ergibt sich aus den landesverfassungsrechtlichen Bestimmungen, die die Grundrechte und staatsbürgerlichen Rechte des Grundgesetzes in die Landesverfassung aufnehmen, keine landesverfassungsrechtliche Garantie des Kommunalwahlrechts für Unionsbürger.

In gleicher Weise ist auch das **Europarecht** nicht Bestandteil der Landesverfassungen geworden. Europarecht ist zwar gegenüber dem Landesverfassungsrecht höherrangig, so dass ihm gegebenenfalls Anwendungsvorrang zukommen kann. Dabei bleibt es jedoch Europarecht und wird nicht in das nationale Recht inkor-

---

[572] Oben C I 4 a.

[573] Vgl. *Braun*, Kommentar zur Verfassung des Landes Baden-Württemberg, Art. 2 Rn. 11; *Grawert*, Verfassung für das Land Nordrhein-Westfalen: Kommentar, S. 48; *Hagebölling*, Niedersächsische Verfassung: Kommentar, S. 40; *Pirsch*, in: *Thiele/Pirsch/Wedemeyer*, Die Verfassung des Landes Mecklenburg-Vorpommern, Art. 5 Rn. 13.

poriert mit der Folge, dass es Bestandteil des nationalen Rechts wäre. Dementsprechend hat der Bayerische Verfassungsgerichtshof entschieden, dass das Recht der Europäischen Gemeinschaft die Vorschriften der Bayerischen Verfassung nicht dahingehend abgeändert hat, dass ausländische Unionsbürger nun auch kraft der Landesverfassung ein Grundrecht auf Teilnahme an den Kommunalwahlen und auf Zulassung zu öffentlichen Ämtern haben.[574]

Grundgesetz und Europarecht können den Inhalt der Landesverfassungen daher nur in den Grenzen zulässiger Verfassungsauslegung beeinflussen.

b) Auslegung im Licht des Grundgesetzes und der Richtlinie

Damit schließt sich die Frage an, ob die Landesverfassungen trotz gleich gebliebenen Textes heute im Licht der Art. 19 I EGV und Art. 28 I 3 GG vielleicht europarechtskonform und grundgesetzkonform so ausgelegt werden können, dass sie dem Wahlrecht von EG-Ausländern auf kommunaler Ebene zumindest nicht mehr entgegenstehen. Keine der Landesverfassungen verbietet das Ausländerwahlrecht ausdrücklich. Damit ist die Möglichkeit der Auslegung der Verfassungsbestimmungen prinzipiell eröffnet, ohne dass dem von vornherein ein eindeutiger Wortlaut entgegensteht.

Die **richtlinienkonforme Auslegung** nationalen Rechts stellt einen nahe liegenden Weg dar, um das nationale Recht mit dem Gemeinschaftsrecht in Einklang zu bringen. Auch ist eine richtlinienkonforme Auslegung der Landesverfassungen der unmittelbaren Anwendbarkeit der Kommunalwahlrichtlinie nach Ablauf der Umsetzungsfrist vorzuziehen, weil die unionsrechtskonforme Auslegung gegenüber der Durchsetzung des Anwendungsvorrangs des EG-Rechts grundsätzlich Vorrang hat.[575] Dies ist auch im Interesse des Landesrechts, das bei einer unmittelbaren Anwendung der Richtlinie von dieser verdrängt würde.

Eine inhaltliche Anpassung des Landesverfassungsrechts **allein** durch europarechtskonforme Auslegung ist hier jedoch problematisch. Darauf deuten zu-

[574] Vgl. BayVerfGH 50, 76 (96 ff.); BayVBl. 1997, S. 495 (496).
[575] *Huber*, Recht der europäischen Integration, S. 136 und 140.

nächst zwei Gerichtsurteile hin. So kann das Bundesverfassungsgericht mit seinem obiter dictum von 1990 so verstanden werden, dass es auch im Fall der Einführung des Ausländerwahlrechts aufgrund europäischen Rechts eine formelle Grundgesetzänderung für erforderlich erachtete.[576] Dies könnte wie für das Grundgesetz, so auch für die Landesverfassungen gelten. So hat auch der Bayerische Verfassungsgerichtshof eine europarechtskonforme Auslegung der Bayerischen Landesverfassung beim Kommunalwahlrecht für Unionsbürger nicht für möglich gehalten.[577] Zudem kann für eine europarechtskonforme Auslegung der Landesverfassungen nur Raum sein, soweit die Verfassungsautonomie der Länder reicht, d.h. soweit die Länder nach Art. 28 I GG eigene Gestaltungsspielräume haben. Ob eine europarechtskonforme Auslegung der Landesverfassungen zulässig ist, kann also nur im Zusammenhang mit dem Grundgesetz beantwortet werden. Vor der richtlinienkonformen Auslegung sind daher die Möglichkeiten einer **grundgesetzkonformen Auslegung** der Landesverfassungen auszuloten, wobei die Verweisung des Art. 28 I 3 GG auf das Europarecht zu berücksichtigen ist.

Die Landesverfassungen können trotz der prinzipiellen Verfassungsautonomie der Länder nicht unabhängig vom Grundgesetz interpretiert werden. Dies gilt insbesondere im Hinblick auf Art. 28 I 3 GG, der sich als Normativbestimmung direkt an die Länder richtet. Zwar entfaltet Art. 28 I 3 GG keine unmittelbaren Rechtswirkungen für die Bürger, er verpflichtet jedoch die Länder, ihr Recht anzupassen. Diese Homogenität kann nicht nur durch formelle Gesetzes- bzw. Verfassungsänderungen hergestellt werden, sondern in den Grenzen des Wortlauts auch durch eine grundgesetzkonforme Auslegung des Landesrechts.[578] Bei der **Auslegung des Demokratieprinzips** in den Landesverfassungen muss daher nun berücksichtigt werden, dass das Grundgesetz den Ländern die Einführung des Kommunalwahlrechts für Unionsbürger in Art. 28 I 3 GG vorschreibt und das Prinzip der Volkssouveränität im Hinblick auf das Kommunalwahlrecht für Unionsbürger nur eingeschränkt Anwendung findet. In den Landesverfassungen darf daher das Demokratieprinzip nicht mehr länger so ausgelegt werden, dass

[576] BVerfGE 83, 37 (59).
[577] Vgl. BayVerfGH 50, 76 (97); BayVBl. 1997, S. 495 (496).
[578] Ähnlich *Isensee*, KritV 1987, S. 307.

es der Gewährung des Kommunalwahlrechts für Unionsbürger nach Maßgabe von Recht der EG entgegensteht. Die Landesverfassungen, die keine (ausdrückliche) Regelung zur Wahlberechtigung bei Kommunalwahlen treffen, enthalten demnach kein Verbot des Ausländerwahlrechts mehr und müssen nicht geändert werden.[579]

Schwieriger ist die Rechtslage in Ländern wie Bayern und Sachsen, in denen die Verfassungen Regelungen über die Wahlberechtigten bei Kommunalwahlen enthalten, das Wahlrecht aber nur Deutschen zuerkennen. Hier zieht der Normtext der Auslegung vielleicht engere Grenzen. Eine grundgesetzkonforme Auslegung ist jedoch möglich, wenn die Landesverfassung den Kreis der Wahlberechtigten nicht abschließend festlegt. Die Landesverfassung würde dann zwar nur Deutschen das Wahlrecht garantieren, aber nicht verbieten, dass das Wahlrecht einfachgesetzlich auch auf weitere Personen erstreckt wird. Im Sinn einer solchen **Mindestverbürgung** wird beispielsweise die Versammlungsfreiheit nach Art. 8 I GG verstanden. Danach haben „alle Deutschen“ das Recht, sich zu versammeln. Daraus wird der Schluss gezogen, dass das Grundrecht nach Art. 8 I GG zwar nur für Deutsche verfassungsrechtlich gewährleistet und abgesichert ist. Dennoch dürfe der einfache Gesetzgeber auch Ausländern das politische Recht der Versammlungsfreiheit einräumen. Im Einklang damit dehnt § 1 des Versammlungsgesetzes das Versammlungsrecht auf Nichtdeutsche aus.[580] Beim Wahlrecht wurde eine solche Interpretation vor der Maastricht-Novelle aber meist strikt abgelehnt, obwohl der Wortlaut auch hier nicht eindeutig dazu zwingt, den Kreis der genannten Wahlberechtigten als abschließend zu betrachten. Der exklusiven Interpretation beim Wahlrecht lag vielmehr wiederum zugrunde, dass man sich an einer Ausdehnung des Wahlrechts auf Nichtdeutsche durch das Demokratieprinzip, insbesondere das Prinzip der Volkssouveränität, gehindert sah. Da das Grundgesetz nach der Einfügung des Art. 28 I 3 GG jedoch im Bereich des Kommunalwahlrechts eine modifizierte Auslegung des Demokratieprinzips erforderlich macht, sind die Landesverfassungen, die nur ein Kommunalwahlrecht der Deutschen vorsehen, nun so auszulegen, dass sie

[579] So auch *von Lennep*, StG 1994, S. 250.
[580] Vgl. *Zuleeg*, ZAR 1988, S. 17; *Rittstieg*, KritV 1987, S. 316.

einem Ausländerwahlrecht nicht länger im Weg stehen. Der Bayerische Verfassungsgerichtshof hat offengelassen, ob die Bayerische Verfassung das kommunale Wahlrecht von EG-Ausländern und deren Zulassung zu öffentlichen Ämtern ausschließt,[581] so dass dieses Ergebnis mit der Rechtsprechung des BayVerfGH jedenfalls nicht im Widerspruch steht.

Folglich untersagt keine der Landesverfassungen die einfachgesetzliche Einführung des Kommunalwahlrechts für Unionsbürger. Bei den Verfassungen von Baden-Württemberg, Berlin, Brandenburg und Rheinland-Pfalz ist dies unproblematisch, weil sie das Ausländerwahlrecht ausdrücklich im Text verankert haben. Doch auch die anderen Landesverfassungen können grundgesetzkonform so ausgelegt werden, dass das Wahlrecht der EG-Ausländer bei Kommunalwahlen landesverfassungsrechtlich zulässig ist. Auch eine richtlinienkonforme Auslegung ergibt nichts anderes, insbesondere weil über die Maßgabeklausel in Art. 28 I 3 GG bereits das maßgebliche Europarecht mitberücksichtigt worden ist.

c) (Alternative) Kollisionslösung

Obwohl jede Landesverfassung nach dem Vorstehenden grundgesetz- und richtlinienkonform ausgelegt werden kann, soll hier kurz auch eine alternative Lösungsmöglichkeit angesprochen werden für den Fall, dass die grundgesetzkonforme Auslegung einer Landesverfassung doch nicht für möglich gehalten wird. Dann steht diese Landesverfassung dem Kommunalwahlrecht für Unionsbürger entgegen[582] und befindet sich somit im Widerspruch zum Europarecht, zum Grundgesetz und zum einfachen Landesrecht. Wäre die Landesverfassung dennoch uneingeschränkt wirksam und anwendbar, so wären die einfachen Landesgesetze, die das Kommunalwahlrecht für Unionsbürger in das innerstaatliche Recht umsetzen, wegen Verstoßes gegen die Landesverfassung nichtig, obwohl Europarecht und Grundgesetz die Umsetzung gebieten. Es fragt sich daher, wie der Konflikt der Landesverfassung mit dem höherrangigen Recht aufgelöst werden könnte.

---

[581] Vgl. BayVerfGH 50, 76 (97); BayVBl. 1997, S. 495 (496).

[582] So für die Bayerische Verfassung *Wegmann*, Kommunalpraxis BY 1995, S. 371; *Barley*, S. 117; *von Lennep*, StG 1994, S. 250; *Hierl*, S. 79 f.

Die Kollision zwischen EG-Recht und Landesverfassungsrecht kann über den **Anwendungsvorrang des Gemeinschaftsrechts** gelöst werden.[583] Denn das Gemeinschaftsrecht genießt, soweit es unmittelbar anwendbar ist, Anwendungsvorrang vor widersprechenden Regelungen des nationalen Rechts. Da die Kommunalwahlrichtlinie nach Ablauf der Umsetzungsfrist unmittelbar anwendbar ist,[584] verdrängt sie entgegenstehendes Landesverfassungsrecht.

Soweit die Bestimmungen der Landesverfassungen das Kommunalwahlrecht für Unionsbürger untersagen, verstoßen sie darüber hinaus gegen Art. 28 I 3 GG. Nach dem Grundgesetz ist Landesrecht, das gegen Art. 28 I GG verstößt, nichtig. Dabei ergibt sich die **Nichtigkeit aus Art. 28 I GG** selbst und nicht aus Art. 31 GG.[585] Allerdings erhalten die Landesverfassungen kein ausdrückliches Verbot des Ausländerwahlrechts, das einfach für nichtig erklärt werden könnte. Denn die Landesverfassungen stehen dem Kommunalwahlrecht für Unionsbürger allenfalls deshalb entgegen, weil den Regelungen zum Wahlrecht der Deutschen eine abschließende Wirkung beigemessen oder dem Demokratieprinzip der Landesverfassung ein Verbot des Ausländerwahlrechts entnommen wird. Die Bestimmungen zum Wahlrecht der Deutschen oder zum Demokratieprinzip können folglich (höchstens) insofern nichtig sein, als sie das Kommunalwahlrecht für Unionsbürger ausschließen. Es tritt also eine partielle Nichtigkeit der entsprechenden landesverfassungsrechtlichen Bestimmungen ein.[586] Letztlich könnte hier vom Bundesverfassungsgericht also nicht eine bestimmte Norm, sondern allenfalls eine bestimmte Auslegung des Landesverfassungsrechts für grundgesetzwidrig erklärt werden.

Dann erscheint es vorzugswürdig, die Landesverfassungen gleich von vornherein grundgesetzkonform so auszulegen, dass sie dem Kommunalwahlrecht für

583 So z.B. *Hierl*, S. 80 f. und *Barley*, S. 117 f. (für die Bayerische Verfassung).
584 Näher dazu oben B IV 1.
585 So die h.M., vgl. z.B. *Dreier*, in: *ders. (Hrsg.)*, Grundgesetz-Kommentar, Art. 28 Rn. 76; *Nierhaus*, in: *Sachs (Hrsg.)*, Grundgesetz-Kommentar, Art. 28 Rn. 25 ff.; *Rozek*, S. 116 f.; *Pieroth*, in: *Jarass/Pieroth*, Grundgesetz-Kommentar, Art. 28 Rn. 2.
586 *Hopfe*, in: *Linck/Jutzi/Hopfe*, Die Verfassung des Freistaats Thüringen: Kommentar, Art. 95 Rn. 6.

Unionsbürger nicht entgegenstehen. Dieses oben gefundene Ergebnis wird also zusätzlich bestätigt, wenn man die Folgen einer Kollisionslösung bedenkt.

d) Pflicht zur ausdrücklichen Änderung der Landesverfassung?

Zwar stehen die Landesverfassungen der Umsetzung der Kommunalwahlrichtlinie auf keinen Fall im Weg, da sie entweder im Einklang mit höherrangigen Recht ausgelegt werden können oder von diesem verdrängt werden. Dennoch stellt sich die Frage, ob das Europarecht oder das Grundgesetz nicht auch verlangen, dass die Länder das Kommunalwahlrecht für Unionsbürger ausdrücklich in der Landesverfassung festschreiben, so dass diejenigen Länder, in denen das Kommunalwahlrecht für Unionsbürger nicht erwähnt ist, gegen höherrangiges Recht verstoßen.

Das **Europarecht** gibt bei einer Richtlinie das Ziel verbindlich vor, überlässt den Mitgliedstaaten jedoch weitgehend die Wahl der Form (Art. 249 III EGV). Aufgrund dieses Spielraums bei der Umsetzung der Kommunalwahlrichtlinie steht es den Ländern prinzipiell frei, das Kommunalwahlrecht für Unionsbürger nur durch einfache Gesetze und Verordnungen umzusetzen.[587] Auch der Anwendungsvorrang des Gemeinschaftsrechts verlangt keine ausdrückliche Änderung der widersprechenden Landesverfassungen.[588] Denn der Anwendungsvorrang wendet sich an die Verwaltung und Rechtsprechung, die das Recht anwenden und auslegen. Dagegen besteht in der Regel keine Pflicht des nationalen Gesetzgebers, einen Normenwiderspruch zu beseitigen und das innerstaatliche Recht an die gemeinschaftsrechtliche Rechtslage anzupassen.

Das Europarecht könnte aber verlangen, das Kommunalwahlrecht für Unionsbürger in den Ländern mit Verfassungsrang auszustatten, in denen auch das Kommunalwahlrecht für Deutsche in der Landesverfassung verankert ist. Festmachen könnte man diese Forderung an dem Grundsatz der **Inländergleichbehandlung** in Art. 19 I EGV und der Richtlinie, der eine Spezialausprägung des

[587] Zur Freiheit bei der Wahl der Form der Umsetzung vgl. *Bleckmann*, Europarecht, S. 171 und 422 f.

[588] Vgl. *Jahn/Riedel*, ZAR 1989, S. 61; *Barley*, S. 117 f.; *Hierl*, S. 80 f.; *Wegmann*, Kommunalpraxis 1995, S. 371; *Geiger*, EUV/EGV, Art. 249 EGV Rn. 9.

Diskriminierungsverbots in Art. 12 EGV darstellt. Allerdings zielt die Richtlinie vor allem auf inhaltlich gleiche Rechte ab. Wegen der Umsetzungsspielräume des Gesetzgebers ist daher grundsätzlich abzulehnen, dass das Wahlrecht der Unionsbürger auch in formal gleicher Weise, in einer Rechtsnorm gleichen Ranges, geregelt sein muss.

Allerdings verlangt **Art. 10 II RL**, dass Unionsbürger dieselben Rechtsbehelfe einlegen können wie die inländischen Wahlberechtigten in vergleichbaren Fällen. Ein Verstoß gegen das Gebot des gleichen Rechtsschutzes könnte aber gegeben sein, wenn nur Inländern Rechtsschutz für ihr Wahlrecht in Form der Verfassungsbeschwerde vor dem Landesverfassungsgericht gewährt wird. Diese Gefahr liegt in allen Ländern nahe, in denen es bei Wahlrechtsbeschwerden zwar grundsätzlich subjektiven verfassungsgerichtlichen Rechtsschutz gibt,[589] das Kommunalwahlrecht der EG-Ausländer aber nicht ausdrücklich in der Landesverfassung verankert ist,[590] also in Bayern, Hessen, Mecklenburg-Vorpommern, im Saarland, in Sachsen, Sachsen-Anhalt und in Thüringen. Denn dort können EG-Ausländer anders als Deutsche womöglich keine Landesverfassungsbeschwerde erheben. Der Bayerische Verfassungsgerichtshof hat festgestellt, dass die Bayerische Verfassung keine Garantie des Kommunalwahlrechts für Unionsbürger enthält. Gleichzeitig hat er aber ausdrücklich offengelassen, ob und in welchem Umfang ausländischen Unionsbürgern wegen des gemeinschaftsrechtlichen Diskriminierungsverbots Individualrechtsschutz in Form der Verfassungsbeschwerde für die Rüge zu gewähren ist, das Recht auf gleiche Wahl nach Maßgabe des EG-Rechts werde durch behördliche Maßnahmen oder gerichtliche Entscheidungen verletzt.[591] Wie allerdings eine Verfassungsbeschwerde zulässig sein soll, wenn die Verfassung kein rügefähiges subjektives Recht beinhaltet, bleibt rätselhaft. Eine Verfassungsbeschwerde von EG-Ausländern, die sich in ihrem kommunalen Wahlrecht verletzt sehen, wäre daher in Bayern höchstwahrscheinlich unzulässig. Für die Länder Hessen, Mecklenburg-

[589] Dies sind alle Länder außer Baden-Württemberg, Bremen, Hamburg, Niedersachsen, Nordrhein-Westfalen und Schleswig-Holstein, vgl. BVerfGE 99, 1 (18 f.).
[590] Das ist in allen Ländern außer Baden-Württemberg, Berlin, Brandenburg und Rheinland-Pfalz der Fall, vgl. oben Punkt C II 1.
[591] BayVerfGH 50, 76 (98); BayVBl. 1997, S. 495 (496).

Vorpommern, das Saarland, Sachsen, Sachsen-Anhalt und Thüringen gilt ähnliches. Wenn allerdings die Länder bei der Umsetzung schon nicht verpflichtet sind, das Kommunalwahlrecht für Unionsbürger in der Landesverfassung zu verankern, so können sie in Folge dessen auch nicht verpflichtet sein, Unionsbürgern den gleichen verfassungsgerichtlichen Rechtsschutz einzuräumen wie Deutschen. Zudem stellt die Verfassungsbeschwerde kein ordentliches Rechtsmittel dar, so dass Art. 10 II RL hier nicht einschlägig sein wird.

Für eine Anpassung der Landesverfassungen könnte aber sprechen, dass die Mitgliedstaaten Richtlinien so in innerstaatliches Recht umsetzen müssen, dass **Rechtssicherheit und Rechtsklarheit** gewährleistet sind. Auch wenn nach der hier vertretenen Auffassung die Landesverfassungen dahingehend ausgelegt werden können, dass sie der einfachgesetzlichen Umsetzung des Kommunalwahlrechts für Unionsbürger nicht entgegenstehen, so ist diese Auslegung doch nicht von vornherein evident. Ist eine richtlinienkonforme Auslegung aber mit Unsicherheiten behaftet, so empfiehlt sich eine ausdrückliche Anpassung der Normen, um die praktische Wirksamkeit der Richtlinie nicht zu gefährden.[592] Dies gilt insbesondere, falls man annimmt, dass eine Landesverfassung dem Ausländerwahlrecht weiterhin entgegensteht, so dass sie sich im **Widerspruch** zum Europarecht, zum Grundgesetz und zum einfachen Landesrecht befindet.[593] Denn die volle praktische Wirksamkeit der Richtlinie erscheint gefährdet, wenn widersprechendes Recht aufrechterhalten wird.[594] Daher wäre es wünschenswert, wenn die Zulässigkeit des Kommunalwahlrechts für Unionsbürger in allen Landesverfassungen ausdrücklich klargestellt würde. Da der Wortlaut der Landesverfassungen das Kommunalwahlrecht für Unionsbürger aber nicht eindeutig verbietet, ist eine klarststellende Verfassungsänderung hier europarechtlich nicht zwingend erforderlich.

Als nächstes fragt sich, ob vielleicht **das Grundgesetz** die Länder dazu verpflichtet, das Kommunalwahlrecht für Unionsbürger in der Landesverfassung festzuschreiben. Nach Art. 28 I 1 GG muss die verfassungsmäßige Ordnung der

---

[592] Vgl. ähnlich *Jarass*, Grundfragen der innerstaatlichen Bedeutung des EG-Rechts, S. 55.
[593] Für die Bayerische Verfassung vgl. *Wegmann*, Kommunalpraxis Bayern 1995, S. 371.
[594] Vgl. *Schnedl*, ÖJZ 1995, S. 848 f.

Länder bestimmten Grundsätzen des Grundgesetzes entsprechen. Art. 28 I 2 und 3 GG machen nähere Vorgaben für das Wahlrecht in den Ländern. Gemäß Art. 28 III GG gewährleistet der Bund, dass die verfassungsmäßige Ordnung der Länder den Grundrechten und den Bestimmungen der Absätze 1 und 2 entspricht. Nach der Ergänzung des Art. 28 I GG um das Kommunalwahlrecht für Unionsbürger erstreckt sich die Gewährleistungspflicht des Bundes nun auch auf die Übereinstimmung der verfassungsmäßigen Ordnung der Länder mit Art. 28 I 3 GG. Da aber einige Landesverfassungen das Wahlrecht der Unionsbürger nicht erwähnen, könnte die verfassungsmäßige Ordnung dieser Länder hinter dem Mindeststandard des Art. 28 I GG zurückbleiben.[595] Allerdings ist eine wörtliche Erwähnung zumindest in den Verfassungsurkunden nicht notwendig, die – anders als das Grundgesetz – ungeschriebenes Verfassungsrecht nicht grundsätzlich ausschließen. Außerdem bezeichnet der Begriff „verfassungsmäßige Ordnung" in Art. 28 I 1 GG nicht nur das formelle Verfassungsrecht der Länder, sondern auch einfaches Gesetzesrecht, das materiell Verfassungsrecht zum Inhalt hat.[596] Die verfassungsmäßige Ordnung eines Landes genügt daher nur dann nicht dem Mindeststand des Art. 28 I GG, wenn das gesamte Landesrecht keine Aussage zum Kommunalwahlrecht für Unionsbürger macht.[597] Alle Länder haben aber das Kommunalwahlrecht für Unionsbürger im einfachen Landesrecht verankert, so dass auch insoweit keine Änderung der Landesverfassungen erforderlich ist. Ob die Länder in ihren Verfassungen Regelungen zum Kommunalwahlrecht treffen und ob sie das Wahlrecht der Unionsbürger in den Rang von Landesverfassungsrecht erheben oder nicht, fällt somit grundsätzlich in die Verfassungshoheit der Länder.

Damit sind die Länder weder durch Europarecht noch durch das Grundgesetz verpflichtet, ihre Verfassung zu ändern. Sie können selbst entscheiden, ob sie das Kommunalwahlrecht für Unionsbürger in der Landesverfassung ausdrücklich zulassen möchten. Aus Gründen der Rechtsklarheit erscheint es jedoch vor-

---

[595] Vgl. *Dreier*, in: *ders. (Hrsg.)*, Grundgesetz-Kommentar, Art. 28 Rn. 77.
[596] *Maunz*, in: *Maunz/Dürig*, Grundgesetz-Kommentar, Art. 28 Rn. 18.
[597] Vgl. *Dreier*, in: *ders. (Hrsg.)*, Grundgesetz-Kommentar, Art. 28 Rn. 77.

zugswürdig, dass die Länder das Kommunalwahlrecht für Unionsbürger in ihren Landesverfassungen explizit anerkennen.[598]

3. Zusammenfassung

Nur die Verfassungen von Baden-Württemberg, Berlin, Brandenburg und Rheinland-Pfalz sehen das Kommunalwahlrecht für Unionsbürger ausdrücklich vor. Doch auch die Verfassungen der anderen Länder verbieten das Unionsbürgerwahlrecht nicht eindeutig. Nach der Einfügung des Art. 28 I 3 GG sind sie daher grundgesetzkonform so auszulegen, dass sie dem Wahlrecht der EG-Ausländer nicht mehr entgegenstehen. Die Länder sind jedoch weder durch Europarecht noch durch das Grundgesetz verpflichtet, Unionsbürgern ihr Kommunalwahlrecht in der Verfassung selbst zu garantieren. Vielmehr ist es ausreichend, wenn das Kommunalwahlrecht im einfachen Landesrecht verankert ist. Eine ausdrückliche Anpassung der Landesverfassungen empfiehlt sich jedoch im Interesse der Rechtsklarheit.

[598] So ist z.B. nach *Kunzmann*, in: *Kunzmann/Haas/Baumann-Hasske*, Die Verfassung des Freistaates Sachsen, Art. 4 Rn. 7, eine Verfassungsänderung in Sachsen geboten.

D. RECHTSPROBLEME BEI DER UMSETZUNG DER RICHTLINIE DURCH DIE LÄNDER

Bei der Umsetzung der Richtlinie unterlagen die Länder einer doppelten Bindung, an Europarecht und an Bundesverfassungsrecht.[599] Ursache für Probleme war dabei insbesondere, dass die europäischen Regelungen nicht passgenau auf die Situation der deutschen Kommunen zugeschnitten sind. Vielmehr haben die europäischen Regelungen vorrangig gesamteuropäische Standards im Blick und gehen auf die **Besonderheiten des deutschen Verfassungs- und Kommunalrechts** nur unzureichend ein.[600]

Während der Europäische Gerichtshof (EuGH) die Europarechtskonformität der deutschen Umsetzungsgesetze noch nicht geprüft hat, wurden bereits das **Bundesverfassungsgericht** (BVerfG) und der **Bayerische Verfassungsgerichtshof** (BayVerfGH) mit Fragen der Verfassungsmäßigkeit der Umsetzungsgesetze befasst. Die daraufhin ergangenen Entscheidungen sind jedoch – was die materielle Rechtmäßigkeit der geprüften Regelungen betrifft – nur wenig aussagekräftig.

Das **Bundesverfassungsgericht** stufte Verfassungsbeschwerden deutscher Staatsbürger gegen die Umsetzungsgesetze in Hessen[601] und in Baden-Württemberg[602] mangels Beschwerdebefugnis der Beschwerdeführer als unzulässig ein und stieg damit erst gar nicht in die Begründetheitsprüfung ein. In einem der Beschlüsse zur Nichtannahme der Verfassungsbeschwerde heißt es ausdrücklich: *„Ob die angegriffenen Bestimmungen objektives Verfassungsrecht verletzen, ist in diesem Verfahren nicht zu prüfen.“*[603] Die fehlende Beschwerdebefugnis begründete das Gericht damit, dass die Bürger kein subjektives Recht auf den Ausschluss anderer von der Wahl hätten. Eine wahlrechtliche „Konkurren-

599 Näher zur doppelten Bindung oben C I 4 b.
600 Vgl. allgemein *Heberlein,* BWGZ 1999, S. 363.
601 BVerfG, Beschluss vom 19.2.1997 (Hessen), NVwZ 1998, S. 52; BayVBl. 1997, S. 499 f. (Sachverhalt und Gründe) sowie NJW 1998, S. 444 (Leitsatz).
602 BVerfG, Beschluss vom 8.1.1997 (Baden-Württemberg), NVwZ 1998, S. 52 f. (Sachverhalt und Gründe); NJW 1998, S. 444 (Leitsatz).
603 BVerfG, Beschluss vom 8.1.1997 (Baden-Württemberg), NVwZ 1998, S. 53.

tenklage" sei daher unzulässig.[604] Hintergrund ist zum einen, dass Art. 38 GG nur die Wahl der Abgeordneten des Deutschen Bundestages regelt, so dass eine Verfassungsbeschwerde wegen einer Verletzung von Wahlrechtsgrundsätzen bei *Kommunalwahlen* von vornherein nicht auf Art. 38 GG gestützt werden kann.[605] Zum anderen können deutsche Wahlberechtigte durch eine Erweiterung des Kreises der Wahlberechtigten auf Ausländer nach Ansicht des Gerichts ohnehin nicht in ihren Rechten verletzt sein. Daraus lässt sich folgern, dass auch künftig Verfassungsbeschwerden deutscher Wahlberechtigter vor dem Bundesverfassungsgericht keine gerichtliche Überprüfung des Kommunalwahlrechts für Unionsbürger herbeiführen können.

In Bayern urteilte der **Bayerische Verfassungsgerichtshof** im Rahmen von Popularklagen über die (landes-)verfassungsrechtliche Vereinbarkeit der bayerischen Umsetzungsregelungen. Im Gegensatz zu den Verfassungsbeschwerden zum Bundesverfassungsgericht waren die Popularklagen zulässig, weil eine Popularklage keine subjektive Beschwerdebefugnis voraussetzt. Der BayVerfGH ging jedoch nur von einem sehr eingeschränkten Prüfungsumfang aus. Denn die gemeinschaftsrechtlichen Regelungen sind nicht Inhalt und Teil der Bayerischen Verfassung, welche im Popularklageverfahren einziger Prüfungsmaßstab ist. Er prüfte daher nur anhand des Rechtsstaatsprinzips der Bayerischen Verfassung (BV), ob ein offenkundiger und schwerwiegender Verstoß des Umsetzungsgesetzes gegen Gemeinschaftsrecht oder Bundesrecht vorliegt. Einen solchen Verstoß gegen das Rechtsstaatsprinzip lehnte er aber genauso ab wie einen Verstoß gegen das Willkürverbot oder das Grundrecht der Handlungsfreiheit (Art. 3 I, 118 I, 101 BV).[606] Daher erwies sich auch die Popularklage als Rechtsmittel ungeeignet, um Bedenken, ob das bayerische Umsetzungsgesetz mit höherrangigem Europarecht vereinbar ist, umfassend nachzugehen.[607]

---

604 BVerfG, NVwZ 1998, S. 53 und BVerfG, NVwZ 1998, S. 52.
605 Vgl. zuletzt BVerfGE 99, 1 (7).
606 BayVerfGH 50, 76 ff.; BayVBl. 1997, S. 495 ff. Vgl. hierzu *Schmitt Glaeser*, BayVBl. 1999, S. 359 ff. Kritisch *Rozek*, S. 286 f., zur Praxis des BayVerfGH, über das Rechtsstaatsprinzip der BV auch die Vereinbarkeit mit Bundesrecht zu überprüfen.
607 Vgl. *Schmitt Glaeser*, BayVBl. 1999, S. 359.

Damit bleiben viele Rechtsfragen höchstrichterlich ungeklärt. Zu behandeln sind im Folgenden namentlich die Abgrenzung der Wahlen zu anderen Formen der Bürgerbeteiligung, die Abgrenzung der Kommunalwahlen zu Wahlen auf anderen Ebenen, das passive Wahlrecht der Unionsbürger zu den kommunalen Exekutivorganen sowie einige Durchführungsregelungen zum Wahlrecht. Abschließend soll ein Gesamtbild der sich aus dem Wahlrecht und nah verwandten politischen Rechten ergebenden Rechtsstellung der Unionsbürger in den Kommunen gezeichnet werden.

I. Die Teilnahme von Unionsbürgern an anderen Formen der Bürgerbeteiligung

Art. 19 I EGV und die Richtlinie sehen ein aktives und passives Wahlrecht der Unionsbürger bei „Kommunalwahlen" vor. Das deutsche Kommunalrecht eröffnet den Bürgern jedoch einige Partizipationsmöglichkeiten, die nicht eindeutig als „Wahlen" im Sinn des Europarechts qualifiziert werden können. Es stellt sich daher die Frage, ob Unionsbürger in Deutschland auch insoweit an der politischen Willensbildung in der Kommune teilnehmen dürfen, als es sich um besondere Formen der Bürgerbeteiligung handelt. Problematisch sind dabei insbesondere die kommunalen Abstimmungen, die Abwahlen von Amtsinhabern und die Gemeindeversammlungen.

1. Die Teilnahme von Unionsbürgern an kommunalen Abstimmungen

Während das Volk bei „Wahlen" die Personen bestimmt, die als seine Repräsentanten Staatsgewalt ausüben sollen, entscheidet es bei „Abstimmungen" über Sachfragen selbst. Auch wenn das Grundgesetz grundsätzlich eine repräsentative Demokratie vorschreibt, darf diese doch auf kommunaler Ebene durch Elemente direkter Demokratie ergänzt werden.[608] Nach einem regelrechten Siegeszug der direkten Demokratie in Deutschland stehen inzwischen in allen Bundesländern die Instrumente des Bürgerbegehrens und Bürgerentscheids zur Ver-

[608] *Stober*, Kommunalrecht, S. 122; *Schmidt-Aßmann*, in: *ders. (Hrsg.)*, Besonderes Verwaltungsrecht, S. 63.

fügung. Das Problem, ob daran auch EG-Ausländer teilnehmen dürfen, ist daher praktisch sehr relevant. Im Zusammenhang mit der Umsetzung der Kommunalwahlrichtlinie haben sich alle Länder schließlich dafür entschieden, den Unionsbürgern gleichzeitig mit dem Wahlrecht auch das Stimmrecht auf kommunaler Ebene einzuräumen.[609] Ob die Bundesländer EG-Ausländern dieses Recht zur Mitwirkung an kommunalen Abstimmungen (Bürgerbegehren, Bürgerentscheid) auch einräumen *durften*, wird jedoch sehr heftig und kontrovers diskutiert.[610]

a) Europarechtliche Vorgaben

In den gemeinschaftsrechtlichen Rechtsgrundlagen für das Kommunalwahlrecht der Unionsbürger sucht man vergeblich nach einer ausdrücklichen Regelung über die Teilnahme von Unionsbürgern an kommunalen Abstimmungen. Daher fragt sich, ob sich kommunale Abstimmungen unter den Begriff „Kommunalwahlen" in Art. 19 I EGV subsumieren lassen.

Betrachtet man die Entstehungsgeschichte der europarechtlichen Normen, so stößt man auf Vorschläge des Europäischen Parlaments und des Ausschusses der Regionen zur ausdrücklichen Einbeziehung von Abstimmungen, die sich aber nicht durchsetzen konnten.[611] So hatte etwa das Europäische Parlament in seiner Stellungnahme zum Richtlinienentwurf des Rates die Ergänzung angeregt: *„als Kommunalwahlen gelten auch allgemeine, unmittelbare Abstimmungen, die bei*

---

[609] *Klang*, DNV 1996, S. 30.

[610] **Für die Zulässigkeit** der Teilnahme von Unionsbürgern an kommunalen Abstimmungen: *Engelken*, NVwZ 1995, 432 ff.; *ders.*, DÖV 1996, S. 737 ff.; *ders.*, Kommentar zur Verfassung von Baden-Württemberg, Art. 72 Rn. 40 ff.; *Kremer*, VR 1996, S. 147; *Dreier*, in: *ders. (Hrsg.)*, Grundgesetz-Kommentar, Art. 28 Rn. 75; *Pieroth*, in: *Jarass/Pieroth*, Grundgesetz-Kommentar, Art. 28 Rn. 8; *Kluth*, in: *Calliess/Ruffert (Hrsg.)*, EUV/EGV-Kommentar, Art. 19 EGV Rn. 11; *Quecke*, Kommunalpraxis BW 1995, S. 303; *Barley*, S. 68 ff.; *Fastenrath*, FAZ vom 20.9.1995, S. 16; *Laubach*, S. 78 ff; *Thum*, BayVBl. 1997, S. 232; *Roller*, S. 115 f.; *Grumann*, S. 186. **Gegen die Zulässigkeit** sprechen sich aus: *Burkholz*, DÖV 1995, 816 ff.; *Meyer-Teschendorf/Hofmann*, ZRP 1995, 290 ff.; *Scholz*, in: *Maunz/Dürig*, Grundgesetz-Kommentar, Art. 28 Rn. 41 f; *Brockmeyer*, in: *Schmidt-Bleibtreu/Klein*, Kommentar zum Grundgesetz, Art. 28 Rn. 7; *Bundesministerium des Innern* im Vermerk vom 30.1.1995, zitiert nach *Engelken*, NVwZ 1995, S. 433 f. (Fn. 6); *Wehr*, BayVBl. 1996, S. 549 f.; *Kaufmann*, ZG 1998, S. 31 f.; *Hierl*, S. 151 ff.; *Ritgen*, S. 68 ff.; *Tettinger*, in: *von Mangoldt /Klein/Starck*, Grundgesetz-Kommentar, Art. 28 Rn. 121.

[611] Vgl. *Schrapper*, DVBl. 1995, S. 1170; *Fastenrath*, FAZ vom 20.9.1995, S. 16.

den lokalen Körperschaften stattfinden".[612] Die Stellungnahmen zeigen, dass man sich in der EG der Problematik bewusst war, dass der Rat sich aber nicht auf die Einbeziehung kommunaler Abstimmungen einigen konnte. Wahrscheinlich scheiterte die Einigung daran, dass die Rechtslage in den Mitgliedstaaten insofern recht unterschiedlich ist.[613] Heute versteht Art. 2 I lit. b RL unter „Kommunalwahlen" nur die Auswahl von Personen für bestimmte kommunale Ämter, nicht aber Entscheidungen in der Sache.

Damit fallen kommunale Abstimmungen nicht unter den europarechtlichen Begriff der „Kommunalwahlen". Vielmehr schreibt das EG-Recht nur das Kommunal*wahl*recht zwingend vor und regelt die Frage der Beteiligung von Unionsbürgern an kommunalen Abstimmungen überhaupt nicht.[614] Dies bedeutet, dass das Gemeinschaftsrecht die Teilnahme von Unionsbürgern an kommunalen Plebisziten weder verlangt noch verbietet.[615]

Dafür spricht auch, dass es für über das Kommunal*wahl*recht hinausgehende Regelungen auch an einer europarechtlichen Regelungskompetenz fehlen würde. Nach dem Prinzip der begrenzten Einzelermächtigung sind dafür vielmehr weiterhin die Mitgliedstaaten zuständig, und sie können – aus der Sicht des Gemeinschaftsrechts – völlig frei entscheiden, ob sie EG-Ausländern weitere Rechte als das Wahlrecht einräumen möchten oder nicht. Jedenfalls steht das Europarecht einer Verbesserung der Rechtsstellung der EG-Ausländer nicht entgegen, da es mit dem Kommunalwahlrecht nur eine Mindestgarantie vorschreibt.[616] Im Übrigen soll die mitgliedstaatliche Regelungsfreiheit nicht angetastet werden. Es bleibt also der freien Entscheidung jedes Mitgliedstaates überlassen, EG-Ausländern auch ein Teilnahmerecht bei kommunalen Abstim-

---

[612] Änderungsvorschlag des Europäischen Parlaments, Bericht vom 6.10.1994, EP-Dok. A 4-11/94, S. 6, vgl. ABl. EG Nr. C 323/77 vom 21.11.1994.
[613] *Laubach*, S. 80.
[614] So die allgemeine Meinung, vgl. etwa *Meyer-Teschendorf/Hofmann*, ZRP 1995, S. 291 f.; *Burkholz*, DÖV 1995, S. 817; *Schrapper*, DVBl. 1995, S. 1170; *Engelken*, NVwZ 1995, S. 433; *Laubach*, S. 79; *Pieroth/Schmülling*, DVBl. 1998, S. 367.
[615] *Engelken*, NVwZ 1995, S. 433; *Hilf*, in: *Grabitz/Hilf (Hrsg.)*, Das Recht der Europäischen Union, Band I, Art. 19 EGV Rn. 15; *Roller*, S. 102.
[616] So z.B. auch *Barley*, S. 73.

mungen einzuräumen,[617] so dass die Umsetzungsgesetze der deutschen Länder in diesem Punkt mit dem Europarecht vereinbar sind.

b) Verfassungsrechtliche Vorgaben

Damit verlagert sich das Problem auf die verfassungsrechtliche Ebene. Lässt das Grundgesetz es zu, dass Unionsbürger an Bürgerbegehren und Bürgerentscheiden mitwirken? Um diese Frage zu beantworten, sollen im Folgenden die beiden möglichen Anknüpfungspunkte in der Verfassung, Art. 28 I 3 GG und Art. 28 I 1 GG, näher beleuchtet werden. Art. 28 I 2 GG dagegen hat eindeutig nur das *Wahlrecht* zur Volksvertretung zum Gegenstand, nicht aber das *Stimmrecht* bei Volksabstimmungen, so dass er hier nicht direkt weiterhelfen kann.

aa) Art. 28 I 3 GG

Als Rechtsgrundlage für ein Abstimmungsrecht der EG-Ausländer kommt zunächst der neu eingefügte Art. 28 I 3 GG in Betracht. Art. 28 I 3 GG spricht jedoch nur von *Wahlen* in Kreisen und Gemeinden. Sollte die Vorschrift tatsächlich ein Abstimmungsrecht der Unionsbürger zum Gegenstand haben, so hätte es nahe gelegen, sie auch eindeutig in diese Richtung zu formulieren, z.B. durch eine ausdrückliche Modifikation des kommunalen Volksbegriffs oder durch eine ausdrückliche Einbeziehung der Abstimmungen.[618] Abstimmungen können auch nicht unter den Begriff der Wahlen subsumiert werden, weil das Grundgesetz zwischen Wahlen und Abstimmungen als inhaltlich und gesetzestechnisch verschiedenen Tatbeständen differenziert (vgl. Art. 20 II 2 GG).[619] Zudem zielt die Formulierung „nach Maßgabe des Rechts der Europäischen Gemeinschaft" darauf ab, die Auslegung des Grundgesetzes mit dem Europarecht in Einklang zu bringen. Die Verfassung sollte nur soweit geändert werden, als dies nach Gemeinschaftsrecht veranlasst war. Da aber im Europarecht unter „Kommunalwahlen" keine Abstimmungen über Sachfragen zu verstehen sind, gilt dies auch für die Interpretation des Begriffs „Kommunalwahlen" in Art. 28 I 3 GG. Damit findet sich im **Wortlaut** des Art. 28 I 3 GG keinerlei Anhaltspunkt dafür, dass er

---

[617] *Stober*, Kommunalrecht, S. 124 f.

[618] *Burkholz*, DÖV 1995, S. 318.

[619] *Meyer-Teschendorf/Hofmann*, ZRP 1995, S. 290; *Scholz*, in: *Maunz/Dürig*, Grundgesetz-Kommentar, Art. 28 Rn. 41 f.

auch ein Abstimmungsrecht ausländischer Unionsbürger vorsieht. Andererseits verbietet der Wortlaut des Art. 28 I 3 GG es auch nicht eindeutig, dass die Länder Unionsbürgern aus eigenem Entschluss neben dem Wahlrecht noch ein Abstimmungsrecht einräumen. Denn er lässt offen, ob die Vorschrift abschließend gemeint ist oder das Wahlrecht nur als Mindestgarantie versteht.

Neben der grammatikalischen Auslegung spricht auch die **genetische Auslegung** dagegen, dass kommunale Abstimmungen vom Anwendungsbereich des Art. 28 I 3 GG umfasst sind. Die Grundgesetzänderung von 1992 zur Einführung des Kommunalwahlrechts für Unionsbürger geht auf einen Vorschlag der Gemeinsamen Verfassungskommission zurück. Die Verfassungskommission hat sich bei ihren Beratungen auch mit Anträgen befasst, die Abstimmungen in den Gemeinden und Kreisen in den Wortlaut der Verfassungsänderung aufnehmen wollten. Diese Anträge wurden aber nicht angenommen.[620] Da der verfassungsändernde Gesetzgeber den Wortlaut bewusst nicht auf Abstimmungen erstreckt hat, liegt keine planwidrige Regelungslücke vor. Damit können Abstimmungen auch nicht im Weg eines Analogieschlusses in den Regelungsinhalt einbezogen werden.[621] Dass der verfassungsändernde Gesetzgeber die kommunalen Abstimmungen in Art. 28 I 3 GG nicht geregelt hat, zwingt jedoch nicht zu dem Schluss, dass er die Teilnahme von EG-Ausländern an kommunalen Abstimmungen nicht zulassen wollte.[622] Die Beweggründe dafür, weshalb in der Gemeinsamen Verfassungskommission auf eine ausdrückliche Regelung dieser Frage verzichtet wurde, lassen sich anhand der Dokumente nicht im Einzelnen nachvollziehen.[623] Fest steht nur, dass ein entsprechender Antrag aus Zeitnot zurückgenommen wurde. Um die rechtzeitige Ratifikation des Maastrichter Vertrages nicht zu gefährden, wollte man sich zunächst nur auf das durch den Maastrichter Vertrag unbedingt erforderliche „Minimum" konzentrieren.[624] Dabei könnte auch eine Rolle gespielt haben, dass die Frage der kommunalen Abstimmungen damals eine viel geringere praktische Bedeutung hatte als heute.

---

[620] Abschlussbericht der Verfassungskommission, BR-Drs. 800/93 und BT-Drs. 12/6000.
[621] So auch *Roller*, S. 102 f.
[622] Vgl. *Dreier*, in: *ders. (Hrsg.)*, Grundgesetz-Kommentar, Bd. II, Art. 28 Rn. 75.
[623] *Burkholz*, DÖV 1995, S. 818.
[624] Vgl. *Barley*, S. 44.

Denn ursprünglich sah nur das Kommunalrecht von Baden-Württemberg die direkte Bürgerbeteiligung in Form von Bürgerbegehren und Bürgerentscheid vor. Erst *nach* der Einfügung des Art. 28 I 3 GG fanden diese Beteiligungsformen bundesweite Verbreitung. Zudem sind kommunale Abstimmungen bisher im Grundgesetz nirgends ausdrücklich erwähnt, so dass eine Regelung nur für den Sonderfall des Abstimmungsrechts der Unionsbürger vielleicht unangebracht erschien. Auch ist denkbar, dass der verfassungsändernde Gesetzgeber auf eine Regelung über das Abstimmungsrecht der Unionsbürger verzichtet hat, um den Ländern in dieser Frage freie Hand zu lassen.

Damit ergibt sich, dass **Art. 28 I 3 GG** Unionsbürgern das Recht zur Teilnahme an kommunalen Abstimmungen **nicht selbst** gewährt.[625] Andererseits steht er der Mitwirkung von Unionsbürgern an Bürgerbegehren und Bürgerentscheid aber auch nicht entgegen.[626]

bb) Art. 28 I 1 GG i.V.m. Art. 20 I, II GG (Demokratieprinzip)

Da Art. 28 I 3 GG keine Regelung zum Stimmrecht von Unionsbürgern enthält, ist die allgemeine Homogenitätsklausel des Art. 28 I 1 GG als Prüfungsmaßstab für die Verfassungsmäßigkeit kommunaler Abstimmungen heranzuziehen. Nach Art. 28 I 1 GG muss die verfassungsmäßige Ordnung in den Ländern den Grundsätzen des republikanischen, demokratischen und sozialen Rechtsstaates im Sinne dieses Grundgesetzes entsprechen. Relevant wird hier die Auslegung des Demokratieprinzips. Es kommt darauf an, ob die Teilnahme von EG-Ausländern an Bürgerbegehren und Bürgerentscheid die demokratischen Grundsätze des Grundgesetzes verletzt.

Ausgangspunkt für die Prüfung sind wiederum die Urteile des Bundesverfassungsgerichts zum Ausländerwahlrecht aus dem Jahr 1990, nach denen nur Deutsche an der Ausübung von Staatsgewalt teilnehmen dürfen (Art. 20 I, II, 28 I 1, 2 GG). Begründet hat das Gericht dies nämlich mit dem **Demokratieprinzip des Grundgesetzes,** wonach – als Ausdruck der Volkssouveränität – aus-

---

[625] So die allgemeine Meinung, vgl. z.B. *Meyer-Teschendorf/Hofmann*, ZRP 1995, S. 292; *Burkholz,* DÖV 1995, S. 817; *Engelken,* NVwZ 1995, S. 433.

[626] Im Ergebnis ebenso *Engelken,* NVwZ 1995, S. 433.

schließlich das deutsche Staatsvolk die Ausübung von Staatsgewalt legitimieren kann.[627] Diese Argumentation des Gerichts zur Verfassungswidrigkeit des Ausländerwahlrechts lässt sich auch auf Abstimmungen übertragen.[628] Denn **Ausübung von Staatsgewalt** sind alle rechtsverbindlichen Entscheidungen der öffentlichen Gewalt,[629] so dass neben Wahlen auch andere Formen der Bürgerbeteiligung mit Entscheidungscharakter umfasst sind. Der Bürgerentscheid entfaltet nach dem Kommunalrecht der Länder im Erfolgsfall die gleiche Wirkung wie ein Gemeinderatsbeschluss.[630] Das Bürgerbegehren bildet als Antrag auf Durchführung eines Bürgerentscheides eine Art kommunale Gesetzgebungsinitiative und hat als Vorstufe des Bürgerentscheides ebenfalls Entscheidungscharakter, so dass sowohl durch Bürgerbegehren als auch durch Bürgerentscheid Staatsgewalt ausgeübt wird.[631] Anders zu beurteilen sind dagegen rein konsultative Formen der Bürgerbeteiligung, etwa Einwohneranträge und konsultative Bürgerbefragungen. Diese Formen der Bürgerbeteiligung stellen keine Ausübung von Staatsgewalt dar, weil die verbindliche Entscheidung bei der kommunalen Volksvertretung verbleibt, so dass die Teilnahme von Ausländern hieran verfassungsrechtlich unproblematisch ist.[632] Auf der Grundlage der Rechtsprechung des Bundesverfassungsgerichts ist daher festzuhalten, dass die Teilnahme von EG-Ausländern an Bürgerbegehren und Bürgerentscheiden jedenfalls vor der Änderung des Grundgesetzes im Jahr 1992 verfassungswidrig gewesen wäre, weil sie gegen die von Art. 28 I 1 GG geschützten demokratischen Grundsätze verstoßen hätte.[633] Ausländer durften nur bei rein konsultativen Formen der Bürgerbeteiligung einbezogen werden, bei denen keine Staatsgewalt ausgeübt wird.

Nun stellt sich aber die Frage, ob das Ergebnis, dass die Teilnahme von Unionsbürgern an Bürgerbegehren und Bürgerentscheid verfassungswidrig ist, heute

---

[627] Vgl. BVerfGE 83, 37 ff. (Schleswig-Holstein); BVerfGE 83, 60 ff. (Hamburg).
[628] Ebenso *Ritgen*, S. 72.
[629] BVerfGE 47, 253 (273); 83, 60 (73); 93, 37 (68).
[630] *Stober*, Kommunalrecht, S. 121.
[631] Allgemeine Auffassung, vgl. z.B. *Engelken*, NVwZ 1995, S. 434; *Burkholz*, DÖV 1995, S. 817.
[632] *Barley*, S. 71. Vgl. BVerfGE 47, 253 (273); 83, 60 (74).
[633] Ebenso *Ritgen*, S. 72.

noch aufrechterhalten werden kann. Die Entscheidungen des Bundesverfassungsgerichts zum Ausländerwahlrecht binden die Verfassungsorgane des Bundes und der Länder sowie alle Gerichte und Behörden und haben sogar Gesetzeskraft (§ 31 I, II 1 BVerfGG). Diese Bindungswirkung ist jedoch aufgehoben, soweit die Rechtslage sich durch eine Änderung des Grundgesetzes verändert hat. Am 21.12.1992 wurde durch die Maastricht-Novelle **Art. 28 I 3 GG** eingefügt, um die Verfassung für das Kommunalwahlrecht für Unionsbürger zu öffnen. Ob das Grundgesetz heute die Teilnahme von EG-Ausländern an Bürgerbegehren und Bürgerentscheid erlaubt, hängt daher von der **Reichweite der Verfassungsänderung ab.** Es kommt also darauf an, in welchem Umfang Art. 28 I 3 GG das übrige Verfassungsrecht modifiziert hat. Insbesondere interessiert, ob er sich auf die Auslegung der Homogenitätsklausel in Art. 28 I 1 GG so ausgewirkt hat, dass nun auch bei kommunalen Abstimmungen die Staatsgewalt von in- und ausländischen Unionsbürgern gemeinsam ausgeübt werden kann.

Die Ansichten über die Tragweite des Art. 28 I 3 GG sind geteilt. Eine Auffassung hebt den **Ausnahmecharakter des Art. 28 I 3 GG** hervor und reduziert daher die Bedeutung der Norm auf das vom Wortlaut her Notwendige.[634] Art. 28 I 3 GG sei als Ausnahme vom Grundsatz der Volkssouveränität prinzipiell eng auszulegen.[635] Weil die Ausnahmeregelung Abstimmungen aber nicht umfasst, müsse die Teilnahme daran weiterhin den Deutschen i.S.d. Art. 116 GG vorbehalten werden. Damit beziehe sich die Erweiterung der Legitimationsbasis um die Unionsbürger eben nur auf kommunale Wahlen, wohingegen es für Abstimmungen beim Grundsatz der Volkssouveränität verbleibe.[636] Das Grundgesetz lasse den Ländern hier keinen Gestaltungsspielraum mehr, weil es in Art. 28 I 1 GG bereits selbst das erforderliche Minimum an Homogenität präzisiert

---

634 *Kaufmann*, ZG 1998, S. 25 ff.; *Brockmeyer*, in: *Schmidt-Bleibtreu/Klein*, Kommentar zum Grundgesetz, Art. 28 Rn. 7; *Burkholz*, DÖV 1995, S. 817; *Wehr*, BayVBl. 1996, S. 550.
635 *Meyer-Teschendorf/Hofmann*, ZRP 1995, S. 292.
636 *Burkholz*, DÖV 1995, S. 817.

habe.[637] Sämtliche landesrechtliche Regelungen, die EG-Ausländer zu Bürgerbegehren und Bürgerentscheid zulassen, seien demnach verfassungswidrig.[638]

Nach der Gegenmeinung sind die Länder befugt, EG-Ausländern durch Landesgesetz das Stimmrecht bei kommunalen Abstimmungen einzuräumen. Demnach enthalten zwar weder das Gemeinschaftsrecht noch Art. 28 I 3 GG eine Regelung über kommunale Abstimmungen. Aus Art. 28 I 3 GG ergebe sich aber indirekt eine **Regelungsbefugnis der Länder,** was auf zwei unterschiedlichen Wegen hergeleitet wird.

Die eine Argumentation unterstellt, dass sich der **Volksbegriff** auf kommunaler Ebene insgesamt **verbreitert** hat.[639] Abweichend vom sonstigen Volksbegriff des Grundgesetzes, der sich auf Deutsche i.S.d. Art. 116 GG bezieht, setze sich das kommunale Volk nun aus in- und ausländischen EG-Bürgern zusammen. Zwar lasse Art. 28 I 1 GG nicht zu, dass die Länder vom zwingenden Grundsatz der Volkssouveränität abweichen. Durch die Erweiterung des Volkes um die Unionsbürger habe aber der Grundsatz der Volkssouveränität auf kommunaler Ebene eine neue Bedeutung erfahren, so dass Unionsbürgern im Einklang mit diesem – modifizierten – Grundsatz der Volkssouveränität die Teilnahme an Bürgerbegehren und Bürgerentscheid ermöglicht werden könne.[640] Teilweise wird aus der Annahme, dass EG-Ausländer zum kommunalen Volk gehören, sogar ein weiter reichender Schluss gezogen. Demnach sind die Länder, soweit sie kommunale Abstimmungen vorsehen, nach dem Grundgesetz sogar verpflichtet, das Recht zur Teilnahme an den kommunalen Abstimmungen auch auf EG-Ausländer zu erstrecken.[641] Diese Argumentation mit dem Volksbegriff

---

[637] Vgl. früher BVerfGE 83, 37 (58 f.); ebenso *Burkholz,* DÖV 1995, S. 819; *Engelken,* DÖV 1996, S. 737 f.

[638] So insbesondere *Burkholz,* DÖV 1995, S. 816 ff.; *Meyer-Teschendorf/Hofmann,* ZRP 1995, S. 290 ff.; *Scholz,* in: *Maunz/Dürig,* Grundgesetz-Kommentar, Art. 28 Rn. 41 f.

[639] So etwa *Fastenrath,* FAZ vom 20.9.1995, S. 16; *Kremer,* VR 1996, S. 147; *Engelken,* DÖV 1996, S. 737.

[640] *Engelken,* DÖV 1996, S. 737 ff., in Abweichung von früherer Argumentation, vgl. *ders.,* NVwZ 1995, S. 433 (Fn. 6).

[641] So *Barley,* S. 76. *Engelken,* DÖV 1996, S. 740 f., lässt die Frage dagegen offen.

kann jedoch nicht überzeugen. Denn es wurde oben bereits dargelegt, dass Art. 28 I 3 GG keine Ausweitung des Volksbegriffs bewirkt hat.[642]

Die Freiheit der Länder, Unionsbürgern das Abstimmungsrecht einzuräumen, wird aber auch auf andere Weise begründet. Dabei wird davon ausgegangen, dass sich durch die Einführung des Kommunalwahlrechts für Unionsbürger die **demokratische Legitimationsgrundlage** auf kommunaler Ebene **insgesamt verändert** hat. Denn die demokratische Legitimationsgrundlage müsse auf kommunaler Ebene einheitlich sein,[643] da Wahlrecht und Abstimmungsrecht sinnvollerweise nicht voneinander getrennt werden könnten. Durch die Öffnungsklausel des Art. 28 I 3 GG sei die strikte Beschränkung der Ausübung von Staatsgewalt auf das Staatsvolk „gelockert" worden. Damit wäre den Ländern nach Art. 28 I 1 GG wieder ein **Spielraum** zur Ausgestaltung des kommunalen Demokratieprinzips eröffnet worden, den diese zur Einbeziehung von Abstimmungen nutzen durften.[644]

Damit muss die **systematische und teleologische Auslegung der Verfassung** Aufschluss darüber geben, ob die Teilnahme von Unionsbürgern an Bürgerbegehren und Bürgerentscheiden auch nach Einfügung des Art. 28 I 3 GG noch gegen die von Art. 28 I 1 GG geschützten demokratischen Grundsätze des Grundgesetzes verstößt.[645]

Einen der demokratischen Grundsätze bildet der **Grundsatz der Volkssouveränität** (Art. 20 I 1 GG), nach dem die Staatsgewalt prinzipiell vom Volk ausgeht und ihm gegenüber verantwortet werden muss. Art. 28 I 3 GG hat diese strikte Begrenzung der Ausübung von Staatsgewalt auf das Staatsvolk zwar bereits – und wie schon dargestellt auch in zulässiger Weise – zugunsten des Kommunalwahlrechts der Unionsbürger durchbrochen.[646] Wird Unionsbürgern aber ne-

---

642 Siehe oben C I 2 b.
643 So z.B. *Engelken,* NVwZ 1995, S. 434.
644 Landtag Baden-Württemberg, Drs. 11/5402, S. 31; *Engelken,* NVwZ 1995, S. 434 ff.; *Laubach,* S. 80 f.; vgl. auch die Darstellung bei *Schrapper,* DVBl. 1995, S. 1170; *Thum,* BayVBl. 1997, S. 232; *Roller,* S. 109 ff.
645 Vgl. *Grumann,* S. 185.
646 Oben C I 2.

ben dem Wahlrecht auch das Abstimmungsrecht eingeräumt, so wird der Grundsatz der Volkssouveränität noch weiter eingeschränkt.

Diese Einschränkung ist aber unumgänglich, wenn nach dem Grundgesetz die demokratische Legitimationsgrundlage auf kommunaler Ebene in dem Sinne zwingend einheitlich ist, dass wahlberechtigte Personen auch bei Abstimmungen teilnahmeberechtigt sein müssen. Um die These einer einheitlichen Ausdehnung des kommunalen demokratischen Legitimationssubjekts auf die Unionsbürger zu belegen, müssen Anhaltspunkte hierfür in der Verfassung gefunden werden.[647] Nach der Rechtsprechung des Bundesverfassungsgerichts muss auf *allen staatlichen Ebenen* eine **einheitliche demokratische Legitimationsgrundlage** bestehen, weil die demokratische Legitimation auf den verschiedenen Ebenen eng miteinander verbunden ist.[648] Ähnlich heißt es im Gesetzentwurf der Hessischen Landesregierung, es sei verfassungsrechtlich zwingend, das Legitimationssubjekt im gleichen Umfang wie für Wahlen auch für Abstimmungen zu erweitern.[649] Wenn hier unter Berufung auf den Begriff „einheitliche demokratische Legitimationsgrundlage" für die Teilnahme von Unionsbürgern an Bürgerentscheiden plädiert wird,[650] so findet jedoch eine gewisse **Uminterpretation** des Begriffs statt. Ging es dem Bundesverfassungsgericht um die Einheitlichkeit der demokratischen Legitimationsgrundlage in *vertikaler* Hinsicht, im Verhältnis Bund/Länder/Kommunen, so stellt sich hier die Frage, ob die demokratische Legitimationsgrundlage auch *horizontal*, im Verhältnis von kommunalem Wahlrecht und kommunalem Abstimmungsrecht, einheitlich sein muss. Art. 28 I 2 GG kann hierzu keine Aussage treffen, da er sich nur auf Wahlen bezieht.

Allerdings deutet **Art. 20 II GG** darauf hin, dass das Grundgesetz prinzipiell davon ausgeht, dass Wahlrecht und Abstimmungsrecht Hand in Hand gehen.[651] Soweit gesetzlich direkte Sachentscheidungen durch das Volk vorgesehen sind, fiel bisher tatsächlich die Teilnahmeberechtigung bei Wahlen und bei Abstim-

[647] Vgl. *Burkholz*, DÖV 1995, S. 318.
[648] BVerfGE 83, 37 (53).
[649] Gesetzentwurf der Landesregierung für ein Gesetz zur Einführung des Kommunalwahlrechts für Unionsbürgerinnen und Unionsbürger, Hessischer Landtag, Drs. 14/93, S. 11 f.
[650] Vgl. auch *Engelken*, NVwZ 1995, S. 434.
[651] *Roller*, S. 114.

mungen grundsätzlich immer zusammen. So ist auch im Kommunalrecht bei Wahlen und Abstimmungen jeweils der gleiche Personenkreis teilnahmeberechtigt. Diese **Gleichbehandlung von Wahlrecht und Abstimmungsrecht** beruhte bisher auf verfassungsrechtlichen Vorgaben. So würde eine Differenzierung bei deutschen Staatsbürgern gegen das **Prinzip der staatsbürgerlichen Gleichheit** verstoßen. Denn Art. 33 I GG gebietet den Ländern, im jeweiligen Land alle Deutschen in ihren staatsbürgerlichen Rechten und Pflichten gleichzustellen. Dies gilt insbesondere für die politischen Mitwirkungsrechte.[652] Damit musste ein einmal eingeführtes Abstimmungsrecht, ebenso wie das Wahlrecht, auf alle (im jeweiligen Gebiet ansässigen) Deutschen erstreckt werden. Zum gleichen Ergebnis führt auch das **Prinzip der demokratischen Gleichheit**, das aus Art. 20 GG abgeleitet wird und das über Art. 28 I 1 GG grundsätzlich auch in den Kreisen und Gemeinden gilt. Insbesondere Art. 20 II 2 GG verdeutlicht, dass jeweils das Volk, und das kann nur heißen: grundsätzlich alle Mitglieder des Volkes, die Staatsgewalt in Wahlen und Abstimmungen legitimiert. Für Wahlen wiederholt der Grundsatz der **Allgemeinheit der Wahl** (Art. 38 I 1, 28 I 2 GG), dass das Wahlrecht grundsätzlich allen Staatsbürgern zustehen muss,[653] und es wird aus dem Demokratieprinzip abgeleitet, dass dieser Wahlrechtsgrundsatz auch für politische Abstimmungen Geltung beansprucht.[654] Die bisherige Gleichbehandlung von Wahlen und Abstimmungen im Hinblick auf das Legitimationssubjekt ergab sich also als zwangsläufige **Folge der politischen Mitwirkungsrechte aller deutschen Staatsbürger**. Diese Argumentation ist jedoch nicht auf EG-Ausländer übertragbar, da diese auch nach der Verfassungsergänzung in Art. 28 I 3 GG nicht zum Volk zählen.[655]

Es stellt sich aber die Frage, ob sich die Ausübung von Staatsgewalt durch Wahlen und durch Abstimmungen **systematisch** überhaupt **voneinander trennen lassen**. Denn wenn dies nicht möglich wäre, müsste das Legitimationssub-

---

[652] Vgl. *Bergmann*, in: *Seifert/Hömig*, Grundgesetz-Kommentar, Art. 33 Rn. 2.
[653] *Silberkuhl*, in: *Seifert/Hömig*, Grundgesetz-Kommentar, Art. 38 Rn. 6.
[654] Vgl. *Sachs*, in: *Sachs (Hrsg.)*, Grundgesetz-Kommentar, Art. 20 Rn. 34; *Pieroth*, in: *Jarass/Pieroth*, Grundgesetz-Kommentar, Art. 38 Rn. 2; *Silberkuhl*, in: *Seifert/Hömig*, Grundgesetz-Kommentar, Art. 38 Rn. 5.
[655] Siehe oben C I 2 b.

jekt schon kraft Sachzusammenhangs immer dasselbe sein.[656] Eine zwingende Übereinstimmung der Teilnahmeberechtigung bei Wahlen einerseits und Abstimmungen andererseits müsste man dann annehmen, wenn das Wahlrecht der Unionsbürger ohne Abstimmungsrecht weitgehend ausgehöhlt würde. Denn das kommunale Wahlrecht der Unionsbürger macht nur Sinn, wenn damit auch ein effektiver Einfluss auf die Ausübung von kommunaler Hoheitsgewalt verbunden ist. So hat das Bundesverfassungsgericht zu Art. 38 GG entschieden, dass sich die Gewährleistung auch auf den demokratischen Gehalt des Wahlrechts, an der Legitimation der Staatsgewalt mitzuwirken und auf sie Einfluss zu nehmen, erstreckt.[657] Doch trotz der Möglichkeit von Sachentscheidungen durch das Volk bildet in der Praxis die Vertretungskörperschaft, die auch von den Unionsbürgern gewählt wird, das Hauptentscheidungsorgan der kommunalen Gebietskörperschaft. Bürgerentscheide, erst recht erfolgreiche, sind nicht der Normalfall, sondern punktuelle Ergänzungen der prinzipiell repräsentativen Demokratie. Damit ist das Wahlrecht selbst dann von großer Bedeutung, wenn es nicht durch ein Abstimmungsrecht ergänzt wird. Der Gesichtspunkt der **Effektivität des Wahlrechts** zwingt also nicht dazu, Unionsbürgern bei kommunalen Abstimmungen ein Mitwirkungsrecht einzuräumen. Zudem haben Wahlen und Abstimmungen unterschiedliche **Funktionen**. Wahlen dienen der unmittelbaren Auswahl von Repräsentanten, bei Abstimmungen fällen die Bürger die Sachentscheidung selbst. Auch wenn für den Wähler bei einer Wahlentscheidung die Haltung der Kandidaten zu einer bestimmten Sachfrage eine Rolle spielen sollte, wird deshalb aus der Wahl keine mittelbare Sachabstimmung, da die gewählten Kandidaten keinem imperativen Mandat unterliegen. Ebenso zeigt die Vorschrift des Art. 20 II 2 GG, dass Abstimmungen systematisch kein Minus gegenüber Wahlen bilden, sondern ein Aliud, so dass von der Einräumung eines Wahlrechts nicht darauf geschlossen werden kann, dass „erst recht“ das Stimmrecht zuerkannt werden müsse.[658]

[656] Vgl. *Barley*, S. 75 f.
[657] BVerfGE 89, 155 (171 f.).
[658] So aber *Kremer*, VR 1996, S. 147.

Dennoch sprechen systematische Argumente dafür, die **demokratische Legitimationsgrundlage** auf kommunaler Ebene einheitlich zu gestalten,[659] wenn schon eine Abkoppelung von dem Legitimationssubjekt auf anderen Ebenen des staatlichen Organisationsgefüges stattgefunden hat.[660] Denn Wahlen und Abstimmungen sind lediglich zwei unterschiedliche Formen der Legitimation derselben Staatsgewalt,[661] die systematisch in engem Zusammenhang stehen. So ersetzt ein erfolgreicher Bürgerentscheid den Beschluss der kommunalen Volksvertretung. Es wäre daher nicht einleuchtend, wenn Unionsbürger zwar die Volksvertretung wählen oder selbst als Volksvertreter bei Beschlüssen mitwirken könnten, bei Bürgerentscheiden zur gleichen Materie aber ausgeschlossen wären. Zudem betreffen Bürgerentscheide nur den eigenen Wirkungskreis der Gemeinde, während EG-Ausländer durch ihr kommunales Wahlrecht sogar an der Legitimation von Hoheitsgewalt im übertragenen Wirkungskreis beteiligt sind.[662]

Für eine Teilnahme von Unionsbürgern an kommunalen Abstimmungen spricht auch, dass ansonsten der **Zweck des Wahlrechts** teilweise unterlaufen werden könnte. Alle Gründe, die für die Einführung des Ausländerwahlrechts ins Feld geführt worden sind, treffen ebenso auf Abstimmungen zu. Da das Abstimmungsrecht in gleicher Weise wie das Wahlrecht zur Verbesserung der **Integration** der Unionsbürger in Kreisen und Gemeinden und zur Förderung der europäischen Integration beitragen kann, erscheint es angebracht, dieses Recht ebenfalls auf Unionsbürger zu erstrecken.[663] Wird Unionsbürgern dagegen das Abstimmungsrecht vorenthalten, so könnte das Erreichen der durch das Wahlrecht angestrebten Ziele gefährdet werden. Die Lösung, Ausländer zwar bei Wahlen

---

[659] *Engelken*, NVwZ 1995, S. 435: „klar wünschenswert"; vgl. auch *Burkholz*, DÖV 1995, S. 818.
[660] *Engelken*, VBlBW 1995, S. 232.
[661] Vgl. ähnlich *Engelken*, DÖV 1996, S. 738.
[662] Vgl. *Dreier*, in: *ders. (Hrsg.)*, Grundgesetz-Kommentar, Art. 28 Rn. 75.
[663] Vgl. *Stober*, Kommunalrecht, S. 124.

zuzulassen, bei Sachentscheidungen aber auszuschließen, wurde daher als widersinniges Ergebnis bezeichnet, das der Bevölkerung nicht zu vermitteln sei.[664]

c) Ergebnis

Weder das Europarecht noch Art. 28 I 3 GG regeln die Frage, ob Unionsbürger an kommunalen Abstimmungen teilnehmen dürfen. Entscheidend ist daher, ob die Beteiligung der Unionsbürger gemäß Art. 28 I 1 GG den demokratischen Grundsätzen des Grundgesetzes entspricht. Insgesamt verhält sich Art. 28 I 1 GG zur Mitwirkung von Unionsbürgern an Bürgerbegehren und Bürgerentscheiden neutral. Einerseits steht er der Teilnahme von Unionsbürgern an kommunalen Abstimmungen nicht entgegen. Denn die Beteiligung von Unionsbürgern entspricht demokratischen Grundsätzen des Grundgesetzes, insbesondere dem Grundsatz, dass das demokratische Legitimationssubjekt auf kommunaler Ebene wegen des engen systematischen Zusammenhanges von Wahlrecht und Abstimmungsrecht möglichst einheitlich zu gestalten ist. Auch wird die demokratische Funktion des Wahlrechts, den Wählern einen effektiven Einfluss auf die kommunale Hoheitsgewalt zu gewähren, besser erfüllt, wenn das Wahlrecht um das Abstimmungsrecht ergänzt wird. Andererseits wäre es auch nach Art. 28 I 1 GG zulässig, Unionsbürger von kommunalen Abstimmungen auszuschließen, da auf diese Weise der demokratische Grundsatz der Volkssouveränität weitgehender verwirklicht würde und das Wahlrecht der EG-Ausländer nicht zwangsläufig auch ein Abstimmungsrecht nach sich zieht. Im **Ergebnis** steht es den Ländern daher frei, ob sie Unionsbürgern das Recht, an kommunalen Abstimmungen teilzunehmen, einräumen möchten. Dass alle Länder sich dafür entschieden haben, ist nicht nur rechtspolitisch zu begrüßen, sondern steht auch mit dem Demokratieprinzip des Grundgesetzes in Einklang.

Dennoch sollte zur Klärung der verfassungsrechtlichen Kontroverse zu diesem Thema über eine **Verfassungsergänzung** bzw. über einen gemeinschaftsrechtlichen Ausbau der Unionsbürgerrechte nachgedacht werden. Die gemeinschaftsrechtliche Lösung hätte dabei den Vorteil, dass sie eine einheitliche Rechtslage

[664] So der baden-württembergische Innenminister Birzele im Landtag, zitiert nach *Engelken*, VBlBW 1995, S. 229; ähnlich der ehemalige nordrhein-westfälische Innenminister Schnoor, der von einer „Posse" sprach, zitiert nach *Burkholz*, DÖV 1995, S. 816.

in Europa schaffen und das Abstimmungsrecht ebenso wie das Wahlrecht auf der Basis der Gegenseitigkeit verleihen würde.[665] Allerdings würden Rechtseinheit und Gegenseitigkeit nur auf dem Papier stehen, solange es in den meisten Mitgliedstaaten der Gemeinschaft gar keine kommunalen Abstimmungen gibt. Auch würde eine solche gemeinschaftsrechtliche Einführung des kommunalen Abstimmungsrechts längere Zeit in Anspruch nehmen. Daher liegt eine Änderung des Grundgesetzes unabhängig von europäischen Vorgaben im Moment näher. So könnte – je nach vertretener Meinung zu der hier diskutierten Frage – die Verfassungsmäßigkeit wiederhergestellt bzw. im Grundgesetz ausdrücklich klargestellt werden. Eine solche Verfassungsänderung zum Mitwirkungsrecht der Unionsbürger bei kommunalen Abstimmungen wäre aus ähnlichen Gründen wie beim Kommunalwahlrecht nach Art. 79 III GG zulässig.[666] Auch die politische Durchsetzbarkeit (vgl. Art. 79 II GG) dürfte eigentlich keine Probleme bereiten, da die Teilnahme von Unionsbürgern an kommunalen Abstimmungen im Ergebnis auf große Zustimmung stößt und bereits durch alle Länder rechtlich vorgesehen ist.

2. Die Teilnahme von Unionsbürgern an Abwahlen und Gemeindeversammlungen

Zu zwei anderen Fällen, in denen die Anwendbarkeit der Kommunalwahlrichtlinie zweifelhaft erscheint, nimmt eine Protokollerklärung der deutschen Delegation im Anhang der Richtlinie Stellung.

Der eine Fall betrifft die **Abwahl** kommunaler Exekutivorgane. Diese Frage ist deshalb von Bedeutung, weil das Volk in den meisten Bundesländern die direkt gewählten Bürgermeister und Landräte vor Ablauf ihrer Amtszeit auch wieder abwählen kann. Der Protokollerklärung zufolge geht die Bundesrepublik Deutschland davon aus, dass sich die Definition der „Kommunalwahlen" in Art. 2 I lit. b RL über die Wahl des Leiters und der Mitglieder des Exekutivorgans einer lokalen Gebietskörperschaft der Grundstufe auch auf die Abwahl erstre-

[665] Ebenso *Meyer-Teschendorf/Hofmann*, ZRP 1995, S. 292.
[666] *Meyer-Teschendorf/Hofmann*, ZRP 1995, S. 293; *Ritgen*, S. 76.

cken kann.[667] Diese Auffassung erscheint rechtlich unbedenklich. Auch die Abwahl ist eine Form der Wahl, also eine Personalentscheidung durch das Volk per Stimmzettel. Da die Abwahl den actus contrarius zur Wahl im engeren Sinn darstellt, erscheint es logisch, dass die Berechtigung zur Wahl auch die Berechtigung zur Abwahl nach sich zieht.[668] Damit können Abwahlen als Kommunalwahlen eingestuft werden, an denen Unionsbürger nach Gemeinschaftsrecht und nach Art. 28 I 3 GG teilnehmen dürfen.

Die Protokollerklärung äußert sich auch zum Sonderfall der **Gemeindeversammlung**. Gemeindeversammlungen sind als eine Form der gemeindlichen „Urdemokratie" eines der wenigen plebiszitären Elemente im Grundgesetz.[669] Die versammelten Bürger einer Gemeinde treffen alle Entscheidungen über Gemeindeangelegenheiten selbst, so dass die Wahl eines Gemeinderats überflüssig wird. Dies ist nur in ganz kleinen Gemeinden praktikabel, so dass solche Gemeindeversammlungen heute kaum noch vorkommen. Nachdem als letztes der alten Bundesländer auch Schleswig-Holstein diese Einrichtung abgeschafft hat,[670] ist sie nur noch im Kommunalrecht von Brandenburg zu finden.[671] In Art. 28 I 4 GG heißt es: *„In Gemeinden kann an die Stelle einer gewählten Körperschaft die Gemeindeversammlung treten."* Die Protokollerklärung weist daher darauf hin, dass nach deutschem Verfassungsrecht die Regelungen über Kommunalwahlen entsprechend für Gemeindeversammlungen gelten, wenn diese an die Stelle einer gewählten Vertretungskörperschaft treten.[672] Anders als bei der Abwahl wird hier also nicht versucht, die Gemeindeversammlung unter den europarechtlichen Begriff der Kommunalwahl zu subsumieren. Vielmehr wird angedeutet, dass Deutschland die Richtlinie auf Gemeindeversammlungen analog anwenden möchte. Damit erstreckt die Protokollerklärung der deutschen Delegation die Anwendung der Richtlinie im Ergebnis auch auf Gemeindever-

---

[667] Protokollerklärung zu Art. 2 I lit. b RL, ABl. EG Nr. L 368/45 vom 31.12.1994.
[668] Vgl. *Engelken*, Kommentar zur Verfassung von Baden-Württemberg, Art. 72 Rn. 43.
[669] *Nierhaus*, in: *Sachs (Hrsg.)*, Grundgesetz-Kommentar, Art. 28 Rn. 20.
[670] Vgl. *Dreier*, in: *ders. (Hrsg.)*, Grundgesetz-Kommentar, Art. 28 Rn. 78.
[671] § 53 GO Brandenburg.
[672] Protokollerklärung zu Art. 2 I lit. b RL, ABl. EG Nr. L 368/45 vom 31.12.1994.

sammlungen.[673] Gemeindeversammlungen sind kaum von der Definition der Kommunalwahlen in Art. 2 I lit. b RL erfasst. Ob der „effet utile" des Gemeinschaftsrechts es dennoch gebietet, Unionsbürger an Gemeindeversammlungen teilnehmen zu lassen, weil diese die Wahlen völlig ersetzen, kann hier dahinstehen. Jedenfalls hindert das Europarecht die Mitgliedstaaten nicht daran, Unionsbürgern neben dem Wahlrecht noch weitere Rechte einzuräumen. Verfassungsrechtlich lässt sich von der Mitwirkungsmöglichkeit der Unionsbürger bei Abstimmungen auch auf deren Mitwirkungsmöglichkeit bei Gemeindeversammlungen schließen. Denn während gemeindliche Abstimmungen Gemeindewahlen nur ergänzen, treten Gemeindeversammlungen völlig an deren Stelle. Gemeindlichen Wahlen, Abwahlen, Abstimmungen und Versammlungen bilden lediglich unterschiedliche Formen der gemeindlichen Willensbildung, die alle darauf abzielen, dem Bürger effektiven Einfluss auf die Ausübung kommunaler Hoheitsgewalt zu gewähren. Auch das Grundgesetz erlaubt es also, dass Unionsbürger bei Gemeindeversammlungen mitwirken.

Damit ist die Teilnahme von Unionsbürgern an Abwahlen und Gemeindeversammlungen von Europarecht und Verfassungsrecht gedeckt.[674]

II. Das passive Wahlrecht der Unionsbürger zu den kommunalen Exekutivorganen

1. Die Wählbarkeit bei Direktwahlen von Bürgermeistern und Landräten

„Ein Spanier als Bürgermeister?" titelte die Presse[675] und brachte damit die schwierige Rechtsfrage, ob bei Direktwahlen zum Bürgermeister oder Landrat auch EG-Ausländer gewählt werden dürfen, auf eine kurze Formel. Die Schwierigkeiten beim passiven Wahlrecht der Unionsbürger ergeben sich daraus, dass die Umsetzungsgesetze der Länder mit sämtlichem höherrangigen Recht, also primärem und sekundärem Gemeinschaftsrecht, deutschem Bundes- und Lan-

---

[673] *Schrapper*, DVBl. 1995, S. 1170. Nach *Barley*, S. 78, hat die Erklärung nur klarstellende Bedeutung.

[674] *Engelken*, Kommentar zur Verfassung von Baden-Württemberg, Art. 72 Rn. 43.

[675] So der Titel des Artikels von *Fastenrath* in der FAZ vom 20.9.1995, S. 16.

desverfassungsrecht sowie einfachem Bundesrecht (wobei hier vor allem das Beamtenrecht eine Rolle spielt) vereinbar sein müssen. Um die Rechtmäßigkeit der Umsetzungsgesetze der Länder beurteilen zu können, ist also zu klären, inwieweit die Länder durch höherrangiges Recht gebunden sind und welcher Entscheidungsspielraum ihnen noch verbleibt. Die Ansichten in der Literatur gehen in dieser Frage weit auseinander: Während die einen es für rechtlich zwingend halten, Unionsbürger von diesen Ämtern auszuschließen,[676] muss nach der gegenteiligen Ansicht Unionsbürgern das passive Wahlrecht zwingend eingeräumt werden.[677] Wieder anderen zufolge können die Landesgesetzgeber frei entscheiden, ob in ihrem Land EG-Ausländer Bürgermeister und Landräte werden können oder nicht.[678]

Die Länder haben die Richtlinie schließlich unterschiedlich umgesetzt. Bayern und Sachsen haben die für Unionsbürger restriktivsten **Regelungen** getroffen und die kommunalen Exekutivämter durchweg deutschen Staatsangehörigen vorbehalten. Alle anderen Länder dagegen räumten EG-Ausländern das Recht ein, zum Bürgermeister gewählt zu werden und, soweit eine Direktwahl stattfindet, auch zum Landrat.[679]

Auch die **Gerichte** haben sich bereits mit einem Teil der aufgeworfenen Rechtsprobleme befasst. Anlass hierfür war der Fall des spanischen Staatsangehörigen Juan Cabrera, der im März 1996 bei der Wahl des Oberbürgermeisters der Stadt Nürnberg nicht als Kandidat zugelassen worden war,[680] weil das bayerische Kommunalwahlrecht das Bürgermeisteramt Deutschen vorbehält. Das Verwaltungsgericht Ansbach wies die Wahlanfechtungsklage des Spaniers als unbegründet zurück, da es keinen Verstoß gegen höherrangiges Recht feststellen konnte.[681] Die Berufung zum VGH wurde nicht zugelassen. Schließlich

---

676 Vgl. z.B. *Grube/Ulrich*, BayVBl. 1998, S. 746 ff.; *Voß*, Kommunalpraxis N 1995, S. 235 ff.
677 Vgl. z.B. *Wollenschläger/Schraml*, BayVBl. 1995, S. 387 f. und BayVBl. 1996, S. 726 (für den bayerischen Bürgermeister); *Hierl*, S. 134; *Grumann*, S. 167.
678 So z.B. *Barley*, S. 86 ff.
679 Näher zu den Regelungen in den einzelnen Ländern unter Punkt E.
680 Nürnberger Nachrichten vom 3.4.1996, S. 14.
681 VG Ansbach, NVwZ 1999, S. 324 ff.; BayVBl. 1998, S. 346 ff.

wandte sich der zurückgewiesene Bürgermeisterkandidat an das Bundesverfassungsgericht mit der Begründung, dass sein Recht auf den gesetzlichen Richter durch die unterbliebene Vorlage an den EuGH verletzt worden sei. Das Bundesverfassungsgericht nahm die Verfassungsbeschwerde jedoch nicht zur Entscheidung an. Dabei argumentierte es im wesentlichen, dass im konkreten Fall Art. 101 I 2 GG i.V.m. Art. 177 III EGV (heute: Art. 234 III EGV) nicht verletzt sei, weil es keine vernünftigen Zweifel an der Richtigkeit der Auslegung des Gemeinschaftsrechts durch das Fachgericht gebe.[682] Auch der Bayerische Verfassungsgerichtshof hat die bayerischen Regelungen, die die Richtlinie einfachgesetzlich umsetzen, nicht beanstandet. Auf Popularklagen hin untersuchte er, ob die Regelungen die Bayerische Verfassung verletzen. Inzident überprüfte er dabei auch, ob ein offensichtlicher Verstoß gegen Gemeinschaftsrecht oder Bundesrecht vorliegt, und lehnte dies ab.[683]

Im Folgenden sollen die verschiedenen Facetten des Problems der Wählbarkeit von Unionsbürgern zum Bürgermeister oder Landrat im Zusammenhang diskutiert werden. Dabei können mehrere Argumentationsebenen voneinander unterschieden werden. Auf der ersten Ebene geht es darum, welchen rechtlichen Rahmen das Europarecht den Ländern für ihre Umsetzungsgesetze vorgibt, auf der zweiten und dritten Ebene sind die Vorgaben durch höherrangiges innerstaatliches Recht (durch Grundgesetz und einfaches Bundesrecht) auszuloten. Auf dieser Grundlage lässt sich dann beurteilen, ob sich die einzelnen Länder beim Erlass ihrer Umsetzungsgesetze im erlaubten Rahmen gehalten haben.

a) Gemeinschaftsrechtliche Regelungen (Art. 19 I und 39 EGV)

Zunächst ist zu untersuchen, ob das Kommunalwahlrecht nach Art. 19 I EGV oder die Arbeitnehmerfreiheit nach Art. 39 EGV die Länder dazu verpflichten, die Ämter der direkt gewählten Bürgermeister und Landräte für EG-Ausländer zu öffnen. Wichtig ist diese Frage in Deutschland vor allem für die Länder Bayern und Sachsen. Denn dort wurden, obwohl Bürgermeister und Landräte

---

[682] BVerfG, NVwZ 1999, S. 293; NJW 1999, S. 1100.
[683] BayVerfGH 50, 76 ff.; BayVBl. 1997, S. 495 ff.

direkt vom Volk gewählt werden, diese Ämter für Deutsche i.S.d. Art. 116 GG reserviert.

Grundsätzlich fallen alle Direktwahlen kommunaler Exekutivspitzen in den Anwendungsbereich der Richtlinie. **Art. 5 III 1 RL** eröffnet den Mitgliedstaaten aber die Option, unter bestimmten Voraussetzungen Unionsbürger von der Wählbarkeit in diese Ämter auszuschließen. Diese Regelung steht nach der hier vertretenen Auffassung auch mit dem Primärrecht im Einklang. Denn **Art. 19 I EGV** ermächtigt, wie bereits erörtert, zur Ausgestaltung der „Einzelheiten" des Wahlrechts durch das Sekundärrecht, wozu insbesondere auch die Definition des gemeinschaftsrechtlichen Begriffs der Kommunalwahlen und damit die Festlegung des Anwendungsbereichs der Richtlinie gehören. Es war daher zulässig, dass die Richtlinie die Wählbarkeit zu Leitungsämtern der kommunalen Exekutive nur fakultativ in den Anwendungsbereich der Richtlinie aufgenommen hat.[684] Damit darf gemäß Art. 19 I EGV i.V.m. Art. 5 III RL die Wählbarkeit von EG-Ausländern zum Leiter eines lokalen Exekutivorgans ausgeschlossen werden. Die Regelung des Art. 5 III RL findet auch auf unmittelbar vom Volk gewählte Bürgermeister und Landräte Anwendung. Denn zum einen handelt es sich bei diesen Wahlen um Kommunalwahlen gemäß Art. 2 I lit. a RL, zum anderen sind Bürgermeister und Landräte Leiter der Kommunalverwaltung im engen Sinn.[685] Nach der Präambel der Richtlinie trägt die Option in Art. 5 III RL dem Umstand Rechnung, dass die Aufgaben des Exekutivorgans der lokalen Gebietskörperschaft der Grundstufe die Teilnahme an der Staatsgewalt und die Wahrung der allgemeinen Interessen umfassen können.[686] Beide Kriterien treffen auf die Aufgaben des Bürgermeisters und des Landrats zu.[687] Insbesondere ist die deutsche Unterscheidung zwischen unmittelbarer und mittelbarer Staatsverwaltung aus der Sicht des Gemeinschaftsrechts unerheblich, weil es nicht zwischen den in den Mitgliedstaaten verschieden ausgeprägten Erscheinungsformen der Staatsgewalt differenziert.[688] Ob z.B. in Bayern der Bürgermeister

[684] Näher oben unter Punkt B III 2 b.
[685] VG Ansbach, NVwZ 1999, S. 324 (327).
[686] 9. Erwägungsgrund der Richtlinie 94/80/EG, ABl. EG Nr. L 368/38 vom 31.12.1994.
[687] So z.B. für Bayern *Wegmann*, Kommunalpraxis BY 1995, S. 369.
[688] VG Ansbach, NVwZ 1999, S. 324 (327).

Gemeindeaufgaben im eigenen oder im übertragenen Wirkungskreis erfüllt und ob der Landrat mit seiner Doppelstellung als Organ des Landkreises Kreisaufgaben oder als Vertreter des Staates Aufgaben der unmittelbaren Staatsverwaltung wahrnimmt,[689] handelt es sich verfassungsrechtlich und europarechtlich immer um die Ausübung von Staatsgewalt.[690] Damit kann die Wählbarkeit von Unionsbürgern zum Bürgermeister und Landrat grundsätzlich ausgeschlossen und das Amt deutschen Staatsbürgern vorbehalten werden.[691]

Gemäß **Art. 5 III 3 RL** müssen die Vorschriften der Mitgliedstaaten zum Staatsbürgervorbehalt jedoch den Vertrag und die allgemeinen Prinzipien des Rechts beachten und geeignet, erforderlich und verhältnismäßig sein. Nach einem Urteil des Verwaltungsgerichts Ansbach hat der bayerische Gesetzgeber in Art. 36 I 1 BayGLKrWG rechtmäßig von der Option Gebrauch gemacht. Insbesondere sei der Ausschluss der Unionsbürger vom Amt des Bürgermeisters verhältnismäßig.[692] In Bayern ist der Bürgermeister auch für den Vollzug von Ratsbeschlüssen und für Beanstandungen zuständig und hat Aufgaben im Bereich der Verteidigung und in Angelegenheiten, die im Interesse der nationalen Sicherheit oder der Sicherheit eines Landes geheimhaltungsbedürftig sind.[693] Vor allem in diesen Bereichen könne es zu Interessenkollisionen kommen, wenn der Bürgermeister eine andere Staatsangehörigkeit habe.[694] Dem ist zuzustimmen. Die Gefahr einer Interessenkollision kann nicht völlig ausgeschlossen werden, auch wenn das Argument mit dem weiteren Ausbau der Gemeinsamen Außen- und Sicherheitspolitik der Mitgliedstaaten an Bedeutung verlieren wird. Für die bayerischen Landräte und die Bürgermeister und Landräte in Sachsen gilt ähnliches. Damit lässt sich festhalten, dass die Regelungen in Bayern und Sachsen nicht gegen Art. 19 I EGV verstoßen.

Gleichwohl könnte sich aus **Art. 39 EGV** ergeben, dass die Ämter des Bürgermeisters und des Landrats für EG-Ausländer geöffnet werden müssen. Art. 39

[689] Vgl. Art. 6 BayGO und Art. 37 LkrO.
[690] *Hierl*, S. 124.
[691] So auch das BVerfG, NVwZ 1999, S. 293.
[692] VG Ansbach, NVwZ 1999, S. 324 (327).
[693] Vgl. Art. 36, 37 I 1 Nr. 2 und 3, 59 II BayGO.
[694] VG Ansbach, NVwZ 1999, S. 324 (327 f.).

EGV garantiert die Freizügigkeit der Arbeitnehmer innerhalb der Gemeinschaft. Diese Freizügigkeitsgarantie beinhaltet ein Grundrecht der Arbeitnehmer auf freien Zugang zur Beschäftigung, einen Anspruch auf Inländergleichbehandlung und ein Aufenthaltsrecht.[695] Sie ist in den Mitgliedstaaten unmittelbar anwendbar und ihr kommt gegenüber widersprechendem innerstaatlichem Recht Anwendungsvorrang zu.[696] Falls Art. 39 EGV bei Bürgermeistern und Landräten eingreifen sollte, so müssten Unionsbürger selbst dann zu diesen Positionen zugelassen werden, wenn dies gegen deutsches Recht verstoßen sollte.

Bei der systematischen Auslegung des Art. 19 I EGV wurde das Verhältnis der beiden Vorschriften zueinander bereits diskutiert und festgestellt, dass Art. 39 EGV und Art. 19 I EGV voneinander unabhängige Rechtsgarantien für Unionsbürger enthalten können.[697] Dass Art. 39 EGV anwendbar ist, setzt allerdings voraus, dass Bürgermeister und Landräte als **Arbeitnehmer** i.S.d. Europarechts eingestuft werden können.[698] Bürgermeister und Landräte haben in Deutschland den Status von kommunalen Wahlbeamten, die ihr Amt im Beamtenverhältnis auf Zeit ausüben. In der Regel sind sie hauptamtliche Beamte auf Zeit, in kleineren Gemeinden sind Bürgermeister teilweise als Ehrenbeamte auf Zeit tätig.[699] Nach der Rechtsprechung des EuGH erstreckt sich die Freizügigkeitsgarantie aber grundsätzlich auch auf öffentlich Bedienstete. Dass Beamte nach deutschem Recht nicht in einem Arbeitsverhältnis, sondern in einem besonderen Dienst- und Treueverhältnis stehen, und kein Arbeitsentgelt, sondern eine Alimentation erhalten, ist aus Sicht des Gemeinschaftsrechts unerheblich, weil es danach auf die Rechtsnatur des Beschäftigungsverhältnisses nicht ankommt.[700] Damit reicht der Beamtenstatus der Bürgermeister und Landräte allein jedenfalls nicht aus, um deren Eigenschaft als Arbeitnehmer abzulehnen. Gemeinschaftsrechtlich gilt jeder als Arbeitnehmer, der eine weisungsgebundene Tätigkeit ge-

---

[695] *Schwidden*, RiA 1996, S. 167 f.
[696] *Fischer*, RiA 1995, S. 106.
[697] Oben B II 3 d.
[698] Ablehnend *Barley*, S. 83 f.
[699] Vgl. *Stober*, Kommunalrecht, S. 131 f.
[700] Ständige Rechtsprechung seit EuGHE 1974, 153 ff. – Sotgiu/Deutsche Bundespost. Vgl. auch *Fischer*, RiA 1995, S. 106.

gen Entgelt ausübt.[701] Es ist zu untersuchen, ob Bürgermeister und Landräte unter diese Definition fallen. Hauptamtliche Bürgermeister und Landräte werden als kommunale Beamte besoldet, so dass bei ihnen das Merkmal des **„Entgelts“** erfüllt ist. Anders verhält es sich mit ehrenamtlich tätigen Bürgermeistern, die kein Entgelt erhalten und nicht in einem Anstellungsverhältnis stehen. Sie scheiden an dieser Stelle aus dem Anwendungsbereich des Art. 39 EGV aus mit der Folge, dass sie aus Art. 39 EGV keinen Anspruch auf Zugang zum Amt des ehrenamtlichen Bürgermeisters ableiten können. Dass Bürgermeister und Landräte nur für bestimmte Zeit gewählt sind und ihr „Arbeitsverhältnis“ deshalb befristet ist, schließt ihre Arbeitnehmereigenschaft nicht aus. Allerdings ist fraglich, ob man bei diesen kommunalpolitischen Ämtern mit ihren weitreichenden Entscheidungsbefugnissen noch von einer **weisungsgebundenen Tätigkeit** sprechen kann. Bürgermeister und Landräte sind aber auch nicht völlig frei von Weisungen, da sie von der übergeordneten staatlichen Aufsichtsbehörde Weisungen erhalten können. Zudem sind sie verpflichtet, Beschlüsse des Gemeinderats bzw. des Kreistages ausführen, die Handlungsanweisungen, wenn auch keine Weisungen im strengen Sinn, darstellen. Lehnt man eine weisungsgebundene Tätigkeit dennoch ab, so könnte statt der Arbeitnehmerfreizügigkeit die Niederlassungsfreiheit der Selbständigen nach Art. 43 EGV eingreifen. Mit Selbständigen, die als Privatleute völlig frei von staatlichen Weisungen agieren können, sind Bürgermeister und Landräte aber erst recht nicht vergleichbar. Kommunale Wahlbeamte üben also eine Tätigkeit aus, die – wenn auch in geringerem Umfang – so doch weisungsgebunden ist. Letztlich haben Bürgermeister und Landräte in Deutschland eine Rechtsstellung inne, die Elemente der Stellung eines Politikers mit denen eines Beamten vereint. Ihre Tätigkeit dient jedenfalls auch dem Broterwerb, und in der Praxis ist der Berufspolitiker in diesen Positionen keine Seltenheit. Da der Begriff des Arbeitnehmers zudem nach der Rechtsprechung des EuGH weit auszulegen ist,[702] erscheint es sachgerecht, in einem Zweifelsfall wie hier die Tätigkeit von kommunalen Wahlbeamten nicht von vornherein aus dem Anwendungsbereich der Arbeitnehmerfreiheit auszuklammern. Bürgermeister und Landräte unterscheiden sich zwar von sons-

---

[701] EuGHE 1986, 2121 ff. – Lawrie-Blum.

[702] Vgl. *Schwidden*, RiA 1995, S. 170.

tigen Beamten, weil sie ein Wahlamt bekleiden und eine politische Aufgabe wahrnehmen. Diese Sonderstellung rechtfertigt es aber nicht, ihnen die Eigenschaft als Arbeitnehmer abzusprechen.[703]

Allerdings nimmt **Art. 39 IV EGV** die **„Beschäftigung in der öffentlichen Verwaltung"** von der Anwendung der Freizügigkeitsgarantie ausdrücklich aus. Wenn die hauptamtlichen Bürgermeister und Landräte unter diese Ausnahmevorschrift fallen sollten, könnten sie sich doch nicht auf die Arbeitnehmerfreiheit berufen.

Nach der **Rechtsprechung des Europäischen Gerichtshofs** handelt es sich bei dem Begriff der „Beschäftigung in der öffentlichen Verwaltung" um einen autonomen Rechtsbegriff des Gemeinschaftsrechts, der als Ausnahmevorschrift restriktiv auszulegen ist.[704] Er erfasst nicht die gesamte Institution der öffentlichen Verwaltung, sondern nur einen Kernbereich. Dabei ist nach einer funktionalen Sichtweise auf die Natur der auszuübenden Tätigkeiten abzustellen.[705] Von der Ausnahme des Art. 39 IV EGV betroffen sind daher nur ganz bestimmte Stellen, die angesichts der mit ihnen verbundenen Aufgaben und Verantwortlichkeiten die Merkmale der spezifischen Tätigkeit der Verwaltung aufweisen. Voraussetzung ist demnach, dass eine Stelle eine unmittelbare oder mittelbare Teilnahme an der Ausübung hoheitlicher Befugnisse und an der Wahrnehmung solcher Aufgaben mit sich bringt, die auf die Wahrnehmung der allgemeinen Belange des Staates und anderer öffentlicher Körperschaften gerichtet sind, so dass sie ein Verhältnis besonderer Verbundenheit des jeweiligen Stelleninhabers zum Staat sowie die Gegenseitigkeit von Rechten und Pflichten voraussetzen, die dem Staatsangehörigkeitsverband zugrunde liegen.[706] Dem EuGH zufolge greift Art. 39 IV EGV insbesondere bei staatlichen Leitungs- und Kontrollaufgaben und im Sicherheitsbereich ein.[707] Das Gericht hat sogar weniger herausragende

---

[703] Anders *Barley*, S. 84.

[704] *Wölker*, in: *von der Groeben/Thiesing/Ehlermann (Hrsg.)*, Kommentar zum EU-/EG-Vertrag, Art. 48 EGV Rn. 125.

[705] Vgl. *Erhard*, in: *Lenz (Hrsg.)*, EGV-Kommentar, Art. 48 Rn. 46.

[706] Ständige Rechtsprechung seit EuGHE 1980, 3881 ff. – Kommission/Belgien; vgl. hierzu auch *Fischer*, RiA 1995, S. 107.

[707] *Schotten*, DVBl. 1994, S. 571.

Ämter in der belgischen Gemeindeverwaltung, wie z.B. Nachtwächter, unter Art. 39 IV EGV subsumiert, weil die Amtsinhaber Zugang zu geheimhaltungsbedürftigen Unterlagen hatten.[708]

Die **EG-Kommission** hat in einer systematischen Aktion zur Anwendung des Art. 39 IV EGV auch Beschäftigte in Gebietskörperschaften zum nationalen Vorbehaltsbereich gezählt, soweit sie hoheitliche Aufgaben wahrnehmen, wie etwa die Ausarbeitung von Rechtsakten, ihre Durchführung und Überwachung und die Aufsicht über nachgeordnete Stellen.[709]

In der **Bundesrepublik** haben sich Bund und Länder zur Herstellung einer einheitlichen Staatspraxis bei der Anwendung des Art. 39 IV EGV auf einen **Kriterienkatalog** geeinigt, der als „Anwendungsempfehlung" zu verstehen ist. Demnach sollen beispielsweise Tätigkeiten im Bereich der Eingriffsverwaltung, die Leitung oder stellvertretende Leitung von Behörden, die Aufsicht und Finanzkontrolle von anderen Behörden sowie Tätigkeiten, bei denen es bei einer anderen Staatsangehörigkeit der Beamten zu Interessenkollisionen kommen kann, Deutschen vorbehalten werden.[710] Bürgermeister und Landräte erfüllen gleich mehrere der im Kriterienkatalog enthaltenen Funktionen, so dass diese Ämter nach der Anwendungsempfehlung eigentlich Deutschen vorzubehalten wären. Dennoch gesteht die Anwendungsempfehlung zu, dass aufgrund besonderer gesetzlicher Regelungen (zum Beispiel für kommunale Wahlbeamte) eine vom Kriterienkatalog abweichende Einordnung gerechtfertigt sein kann.[711]

---

[708] EuGHE 1980, 3881 ff. – Kommission/Belgien.

[709] Systematische Aktion der EG-Kommission vom 18.3.1988, vgl. ABl. EG Nr. C 72/2. Vgl. hierzu auch *Fischer,* RiA 1995, S. 108; *Zängl,* in: *Fürst (Hrsg.),* Gesamtkommentar Öffentliches Dienstrecht, § 7 BBG Rn. 4d.

[710] Rundschreiben des Bundesministeriums des Innern vom 20.5.1996, Koordinierung der Anwendung der vorgesehenen gesetzlichen Regelung über den Zugang von EU-Mitbürgern zum deutschen Beamtenverhältnis – Anwendungsempfehlungen, zitiert nach *Schwidden,* RiA 1996, S. 174 f.; Sächsisches Staatsministerium des Innern, Hinweise für den Zugang von EU-Bürgern zum deutschen Beamtenverhältnis, Sächsisches Amtsblatt vom 26.9.1996, S. 904.

[711] Sächsisches Staatsministerium des Innern, Hinweise für den Zugang von EU-Bürgern zum deutschen Beamtenverhältnis, Sächsisches Amtsblatt vom 26.9.1996, S. 905.

In der **Literatur** wird meist bejaht, dass deutsche Bürgermeister und Landräte Hoheitsgewalt ausüben und allgemeine öffentliche Belange wahrzunehmen haben. Denn sie haben als Leiter einer kommunalen Verwaltungsbehörde herausgehobene Ämter inne, durch die sie Staat und kommunale Gebietskörperschaft in besonderer Weise repräsentieren, und nehmen viele klassische Hoheitsaufgaben (z.B. als Ortspolizeibehörde) wahr.[712]

In die gleiche Richtung weist auch die **Begründung der EG-Richtlinie**, wonach die Option in Art. 5 III RL deshalb eingefügt worden ist, weil *„das lokale Vollzugsorgan auch an der Ausübung der Staatsgewalt und der Wahrung der allgemeinen Interessen ... teilnimmt, wie sie der Gerichtshof in seiner Rechtsprechung zu den Artikeln 48 Absatz 4 und 55 ausgelegt hat"*.[713]

Es ist daher davon auszugehen, dass deutsche Bürgermeister und Landräte in dem Kernbereich der öffentlichen Verwaltung tätig sind, der unter die Ausnahme des Art. 39 IV EGV fällt.[714] Spätestens an dieser Stelle gelangt man also zu dem Ergebnis, dass EG-Ausländer sich hinsichtlich der Ämter eines Bürgermeisters und Landrats nicht auf die Garantie der europarechtlichen Arbeitnehmerfreiheit berufen können. Art. 39 IV EGV räumt der Erfüllung öffentlicher Aufgaben im Bereich der öffentlichen Verwaltung gegenüber der Arbeitnehmerfreiheit Vorrang ein und dient dem Schutz einzelstaatlicher Belange.[715] Daher steht das Europarecht selbstverständlich nicht im Weg, wenn die Mitgliedstaaten freiwillig über die Rechtsgarantie des Art. 39 EGV hinausgehen und Unionsbürger auch im Bereich der öffentlichen Verwaltung mit Inländern gleichstellen möchten. Das Europarecht überlässt es damit den Mitgliedstaaten, ob sie auslän-

---

712 So z.B. *Quecke*, Kommunalpraxis BW 1995, S. 306; *Engelken*, Kommentar zur Verfassung von Baden-Württemberg, Art. 72 Rn. 20 (für den Bürgermeister in Baden-Württemberg); *Klang*, DNV 1996, S. 29.

713 Begründung des Vorschlages für die Kommunalwahlrichtlinie, KOM (94) 38, S. 29; die Artikel des EGV werden nach der alten Zählweise zitiert.

714 *Fastenrath*, FAZ vom 20.9.1995, S. 16; a.A. *Wind*, in: *Wind/Schimana/Wichmann*, Öffentliches Dienstrecht, S. 94, wonach es in den Kommunalverwaltungen keine nur Deutschen vorbehaltenen Ämter gibt.

715 Vgl. Gesetzentwurf der Bundesregierung, Entwurf eines Zehnten Gesetzes zur Änderung dienstrechtlicher Vorschriften, BT-Drs. 12/3791 vom 23.11.1992, S. 7.

dischen Unionsbürgern das passive Wahlrecht zum Bürgermeister oder Landrat einräumen wollen oder nicht.

b) Verfassungsrechtliche Vorgaben (Art. 28 I 3 und 33 GG)

Demnach steht es dem Grundgesetz offen, Aussagen zur Frage der Wählbarkeit von Unionsbürgern zum Bürgermeister und Landrat zu machen und damit eventuell den Entscheidungsspielraum der Länder bei der Umsetzung der Richtlinie zu begrenzen. Im Europarecht waren zweierlei Normen Prüfungsgegenstand, nämlich Art. 19 I EGV für das passive Wahlrecht und Art. 39 EGV für die Amtsausübung. Parallel hierzu sollen auch im Verfassungsrecht die beiden entsprechenden Regelungen untersucht werden. Ausgangspunkt ist dabei selbstverständlich Art. 28 I 3 GG, der das Wahlrecht für Unionsbürger in der Verfassung verankert. Art. 33 GG dagegen könnte maßgeblich sein, wenn es in einem zweiten Schritt um die Amtsausübung durch Ausländer geht.

Art. 28 I 3 GG räumt Unionsbürgern die Wählbarkeit *„nach Maßgabe von Recht der Europäischen Gemeinschaft"* ein und verweist damit zur Konkretisierung des genauen Umfangs des Wahlrechts auf EG-Recht.[716] Da die Richtlinie grundsätzlich auch die Direktwahlen der kommunalen Exekutivspitze in den Anwendungsbereich des Wahlrechts mit einbezieht, fallen diese Wahlen über die Maßgabeklausel auch in den Anwendungsbereich des Art. 28 I 3 GG. Dies lässt sich auch mit dem sonstigen Wortlaut des Art. 28 I 3 GG in Einklang bringen, der anders als Art. 28 I 2 GG nicht nur von Wahlen zu Volksvertretungen, sondern allgemein von Wahlen in Kreisen und Gemeinden spricht. Art. 5 III RL sieht jedoch eine Option vor, die es den Mitgliedstaaten erlaubt, die Wählbarkeit der Unionsbürger zum Bürgermeister und Landrat auszuschließen. Die Offenheit des Gemeinschaftsrechts in diesem Punkt wirkt sich auch auf den Regelungsgehalt des Art. 28 I 3 GG aus, der nun ebenso wie das maßgebende EG-Recht dem Gesetzgeber beide Alternativen erlaubt, ohne die Entscheidung bereits selbst vorweg zu nehmen. Wenn durch Gesetz Unionsbürgern das passive Wahlrecht zum Bürgermeister oder Landrat eingeräumt wird, ist dies von Art. 28 I 3 GG gedeckt, so dass kein Verstoß gegen das Demokratieprinzip des

[716] Näher hierzu vorne unter Punkt C I 3.

Grundgesetzes (Art. 20 i.V.m. Art. 28 I 1 GG) vorliegt. Andererseits schreibt Art. 28 I 3 GG die Wählbarkeit von Unionsbürgern in diese Ämter auch nicht zwingend vor und verleiht ihnen keinen verfassungsrechtlichen Anspruch.[717] Die gleiche Auslegung muss auch für die Regelungen in den Landesverfassungen gelten, die dem Art. 28 I 3 GG nachgebildet worden sind.[718]

Als nächstes ist näher zu untersuchen, ob **Art. 33 GG** die Amtsausübung durch EG-Ausländer zulässt. Denn wäre die Amtsausübung durch ausländische Bürgermeister im Beamten- bzw. Angestelltenverhältnis verfassungswidrig, so wäre aus der Unzulässigkeit der Beschäftigung wohl auch auf die Unzulässigkeit der Wählbarkeit zu schließen.[719]

Art. 33 II GG bestimmt, dass jeder Deutsche nach seiner Eignung, Befähigung und fachlichen Leistung gleichen Zugang zu jedem öffentlichen Amte hat. Damit räumt er zwar nur Deutschen ein Grundrecht ein. Einer einfachgesetzlichen Zulassung von Ausländern zu öffentlichen Ämtern steht er aber nicht entgegen.[720] Ohnehin ist zweifelhaft, ob Art. 33 II GG bei Wahlämtern überhaupt einschlägig ist, da er insoweit vom Demokratieprinzip verdrängt oder zumindest überlagert sein könnte.[721]

Teilweise wird in der Berufung von EG-Bürgern zu kommunalen Wahlbeamten auch ein Verstoß gegen **Art. 33 IV GG** gesehen,[722] wonach die Ausübung hoheitsrechtlicher Aufgaben als ständige Aufgabe in der Regel Beamten zu

---

[717] A.a. wohl *Hierl*, S. 133 f., als Folge der angenommenen Rechtswidrigkeit des Art. 5 III RL.
[718] So auch *Engelken*, Kommentar zur Verfassung von Baden-Württemberg, Art. 72 Rn. 18.
[719] Vgl. *Engelken*, BayVBl. 1996, S. 392.
[720] *Schotten*, DVBl. 1994, S. 572; *Fischer*, RiA 1995, S. 109; *Kunig*, in: *von Münch/Kunig*, Grundgesetz-Kommentar, Art. 33 Rn. 19; *Zängl*, in: *Fürst (Hrsg.)*, Gesamtkommentar Öffentliches Dienstrecht, § 7 BBG Rn. 7c; *Jarass*, in: *Jarass/Pieroth*, Grundgesetz-Kommentar, Art. 33 Rn. 11 (nach *Jarass* sind EU-Bürger sogar Grundrechtsträger, soweit Art. 39 EGV zum Tragen kommt). Anderer Ansicht *Jachmann*, in: *von Mangoldt/Klein/Starck*, Grundgesetz-Kommentar, Art. 33 Rn. 14.
[721] Vgl. *Jarass*, in: *Jarass/Pieroth*, Grundgesetz-Kommentar, Art. 33 Rn. 9; *Bergmann*, in: *Seifert/Hömig*, Grundgesetz-Kommentar, Art. 33 Rn. 3; *Wind*, in: *Wind/Schimana/Wichmann*, Öffentliches Dienstrecht, S. 71 ff.; *Niedermeyer-Krauß*, S. 87.
[722] *Voß*, Kommunalpraxis N 1995, S. 235 f.

übertragen ist. Zwar nehmen kommunale Wahlbeamte überwiegend Hoheitsbefugnisse i.S.d. Art. 33 IV GG wahr, so dass der Anwendungsbereich des Funktionsvorbehaltes eröffnet ist. Es ist jedoch abzulehnen, dass die Norm implizit die deutsche Staatsangehörigkeit der Beamten voraussetzt und daher eine Verbeamtung von Ausländern verbieten will.[723] Denn ihr Regelungsinhalt beschränkt sich darauf festzulegen, dass hoheitsrechtliche Aufgaben Beamten vorzubehalten sind. Über die Staatsangehörigkeit der Beamten trifft sie keine Aussage,[724] auch wenn die deutsche Staatsangehörigkeit in der Regel Bestandteil des besonderen öffentlich-rechtlichen Dienst- und Treueverhältnisses i.S.d. **Art. 33 IV GG** sein mag.[725] Damit lässt sich aus Art. 33 IV GG kein generelles Verbot der Verbeamtung von Ausländern ableiten.

Schwieriger ist die Frage, ob die deutsche Staatsangehörigkeit zu den hergebrachten Grundsätzen des Berufsbeamtentums gehört (**Art. 33 V GG**). Die überwiegende Auffassung lehnt dies jedoch zu Recht ab.[726] Denn nach dem Reichsbeamtengesetz von 1873 war für die Ernennung eines Beamten nicht erforderlich, dass er Deutscher war. Erst das Deutsche Beamtengesetz von 1937 machte die Reichsbürgerschaft zur Voraussetzung.[727] Doch selbst wenn man die Deutscheneigenschaft zu den hergebrachten Grundsätzen zählen würde, würde es sich bei der Öffnung des Beamtenverhältnisses für Unionsbürger um eine zulässige Fortentwicklung des Beamtenrechts im Rahmen der europäischen Integration handeln, die wegen Art. 23 GG i.V.m. Art. 39 EGV gerechtfertigt wäre.[728] Denn Art. 33 V GG erfordert nur eine Berücksichtigung, nicht aber eine strikte und unbedingte Beachtung der Grundsätze,[729] da diese im Einklang mit den übrigen Verfassungsbestimmungen auszulegen sind. Anzumerken ist in die-

---

[723] So aber *Voß*, Kommunalpraxis N 1995, S. 235 f.
[724] *Fischer*, RiA 1995, S. 109 f.
[725] *Battis*, Bundesbeamtengesetz, § 7 BBG Rn. 3.
[726] So z.B. *Battis*, Bundesbeamtengesetz, § 7 BBG Rn. 3; *Schwidden*, RiA 1996, S. 172; *Merten*, in: *Magiera/Siedentopf (Hrsg.)*, Recht des öffentlichen Dienstes, S. 191; *Kunig*, in: *von Münch/Kunig*, Grundgesetz-Kommentar, Art. 33 Rn. 63; *Jachmann*, in: *von Mangoldt/Klein/Starck*, Grundgesetz-Kommentar, Art. 33 Rn. 41.
[727] Vgl. die Darstellung bei *Merten*, in: *Magiera/Siedentopf (Hrsg.)*, Recht des öffentlichen Dienstes, S. 191 f.
[728] Vgl. *Summer/Zängl*, BayVBl. 1995, S. 546; *Battis*, Bundesbeamtengesetz, § 7 BBG Rn. 5; *Zängl*, in: *Fürst (Hrsg.)*, Gesamtkommentar Öffentliches Dienstrecht, § 7 BBG Rn. 7b.
[729] BVerfGE 3, 58 (137); 8, 1 (16).

sem Zusammenhang auch, dass die Beamtenverhältnisse der Bürgermeister und Landräte ohnehin nicht dem normalen Typus des Beamtenverhältnisses auf Lebenszeit entsprechen. Die Einrichtung des Beamten auf Zeit wird durch Art. 33 V GG nicht garantiert. Ist sie durch einfaches Gesetz vorgesehen, so können auch hierfür hergebrachte Grundsätze des Berufsbeamtentums Anwendung finden,[730] wobei aber die Eigenart des Rechtsverhältnisses als Beamter auf Zeit oder Wahlbeamter berücksichtigt werden kann.[731] Die direkte demokratische Legitimation der volksgewählten Bürgermeister und Landräte und damit auch deren direkte Verantwortung gegenüber dem Wähler könnten in diesem Zusammenhang einen zusätzlichen Grund bilden, vom Erfordernis der deutschen Staatsangehörigkeit abzusehen.

Damit erlaubt das Grundgesetz nicht nur, dass EG-Ausländern bei Volkswahlen von Bürgermeistern und Landräten das passive Wahlrecht eingeräumt wird. Es lässt darüber hinaus auch zu, dass zum Bürgermeister oder Landrat gewählte EG-Ausländer ihre Aufgaben im Dienstverhältnis eines kommunalen Wahlbeamten erfüllen.

c) Regelungen im Beamtenrechtsrahmengesetz (§ 4 BRRG)

Die Wählbarkeit von Unionsbürgern zu kommunalen Wahlbeamten ist jedoch noch in anderer Hinsicht problematisch. Denn die Länder sind bei der Gestaltung ihres Beamtenrechts nicht nur an das Grundgesetz gebunden, sondern auch an das Beamtenrechtsrahmengesetz (BRRG), das der Bund aufgrund seiner Kompetenz zur Rahmengesetzgebung auf dem Gebiet des öffentlichen Dienstrechts erlassen hat (Art. 75 Nr. 1 GG). Das BRRG enthält Rahmenvorschriften, die die Länder bei ihrer Landesgesetzgebung zu beachten haben. Die Länder haben für die Beamten in den Ländern dementsprechend eigene Landesbeamtengesetze mit parallelen Regelungen zum BRRG erlassen. So ist zu untersuchen, ob die landesgesetzliche Zulassung von Unionsbürgern zum Amt des Bürgermeisters und des Landrates mit dem BRRG vereinbar ist. Wäre ihre Beschäf-

[730] *Pieroth*, in: *Jarass/Pieroth*, Grundgesetz-Kommentar, Art. 33 Rn. 35.
[731] *Brockmeyer*, in: *Schmidt-Bleibtreu/Klein*, Kommentar zum Grundgesetz, Art. 33 Rn. 35.

tigung als Beamte nicht mit dem Beamtenrecht vereinbar, so könnte dies auch ihre kommunalrechtliche Wählbarkeit in Frage stellen.

Grundsätzlich finden für Beamte auf Zeit die Vorschriften für Beamte auf Lebenszeit entsprechende Anwendung (vgl. § 95 II 1 BRRG). Es gibt zwar auch einige Sonderregelungen. Insbesondere kann gesetzlich bestimmt werden, dass bei Beamten auf Zeit, bei denen die Verleihung des Amtes auf einer Wahl durch das Volk beruht, das Beamtenverhältnis anders als durch Ernennung begründet wird (§ 95 I 2 BRRG). Einige Länder haben von dieser Möglichkeit Gebrauch gemacht. So wird etwa in Baden-Württemberg das Beamtenverhältnis bei einer Volkswahl des Bürgermeisters direkt durch die rechtsgültige Wahl begründet und beginnt mit dem Amtsantritt, ohne dass es eines Ernennungsaktes bedarf.[732] In Nordrhein-Westfalen werden direkt gewählte Bürgermeister und Landräte mit dem Tag der Annahme der Wahl in das Beamtenverhältnis auf Zeit berufen, eine Ernennung entfällt ebenfalls.[733] Der Verzicht auf einen förmlichen Ernennungsakt suspendiert aber nicht von der Erfüllung der allgemeinen Voraussetzungen für eine Berufung in das Beamtenverhältnis.[734]

aa) Prinzipielle Gleichstellung der Unionsbürger mit Deutschen

Ursprünglich konnten nach dem BRRG in der Regel nur Deutsche i.S.d. Art. 116 GG in ein Beamtenverhältnis berufen werden. Für Ausländer war eine Verbeamtung nur möglich, wenn – ganz ausnahmsweise – ein dringendes dienstliches Bedürfnis für die Gewinnung des Beamten bestand. Im Jahr 1993 wurde das BRRG durch das „**Zehnte Gesetz** zur Änderung dienstrechtlicher Vorschriften" zugunsten von EG-Ausländern entscheidend geändert.[735] Die Länder haben in der Folgezeit mit ihren Landesbeamtengesetzen nachgezogen und die Eignungsvoraussetzungen für Beamte nach dem Vorbild des BRRG ebenfalls

---

[732] § 134 Nr.1 LBG Baden-Württemberg.
[733] § 195 II 1, III 1, IX LBG Nordrhein-Westfalen.
[734] Vgl. z.B. in Nordrhein-Westfalen § 9 II LBG i.V.m. § 6 LBG.
[735] Zehntes Gesetz zur Änderung dienstrechtlicher Vorschriften vom 20.12.1993, BGBl. I S. 2136.

neu geregelt,[736] so dass im folgenden die heutige Regelung im BRRG näher erläutert werden soll.

Gemäß § 4 I Nr. 1 BRRG dürfen neben Deutschen nun auch Staatsangehörige anderer Mitgliedstaaten der Europäischen Gemeinschaften in das Beamtenverhältnis berufen werden. Bei der Staatsangehörigkeit als persönlicher Voraussetzung für die Berufung in das Beamtenverhältnis stellt die Unionsbürgerschaft nun also eine prinzipiell gleichberechtigte Alternative zur Deutscheneigenschaft dar.[737] Im übrigen müssen Unionsbürger aber die gleichen Einstellungsvoraussetzungen erfüllen wie Deutsche, d.h. sie müssen die Gewähr dafür bieten, dass sie jederzeit für die freiheitliche demokratische Grundordnung eintreten (§ 4 I Nr. 2 BRRG) und die erforderliche Qualifikation besitzen (vgl. §§ 4 I Nr. 3, IV BRRG). Im Gesetzentwurf zur Änderung des BRRG heißt es dementsprechend, dass Staatsangehörige anderer EG-Mitgliedstaaten beim Zugang zum Beamtenverhältnis Deutschen grundsätzlich gleichgestellt werden sollen.[738] Das Beamtenverhältnis wurde für EG-Ausländer jedoch nicht uneingeschränkt geöffnet; vielmehr wurde die Öffnung durch eine Ausnahmeregelung begrenzt. *„Wenn die Aufgaben es erfordern"*, so heißt es in § 4 II BRRG, *„darf nur ein Deutscher i.S.d. Art. 116 GG in ein Beamtenverhältnis berufen werden (Art. 48 IV EWGV)"*. Damit bleibt es für bestimmte Aufgaben weiterhin bei einem Stellenvorbehalt für Deutsche. Der Gesetzentwurf erläutert, es sei für die Wahrnehmung bestimmter Aufgaben erforderlich, dass sie nur von solchen öffentlich Bediensteten erfüllt werden, die selbst Mitglied der Gemeinschaft sind, um deren Belange es geht.[739] EG-Ausländer sind folglich beim Zugang zum Beamtenstatus zwar gegenüber übrigen Ausländern privilegiert, aber wegen des Staatsbürgervorbehalts in § 4 II BRRG Deutschen nicht völlig gleichgestellt.

---

[736] Vgl. z.B. in Bayern die Neuregelung des Art. 9 BayBG durch das 12. Gesetz zur Änderung beamtenrechtlicher Vorschriften vom 23.7.1994 (GVBl. S. 611); in Baden-Württemberg § 6 LBG. Die Parallelvorschrift für den Bund findet sich in § 7 BBG.
[737] Vgl. *Battis*, Bundesbeamtengesetz, § 7 BBG Rn. 5.
[738] Gesetzentwurf der Bundesregierung, Entwurf eines Zehnten Gesetzes zur Änderung dienstrechtlicher Vorschriften, BT-Drs. 12/3791 vom 23.11.1992, S. 1 und 7.
[739] Begründung des Gesetzentwurfs, BT-Drs. 12/3791 vom 23.11.1992, S. 7.

Die Vorschriften im BRRG sind vor ihrem **europarechtlichen Hintergrund** zu sehen. Ziel der Neuregelung war es nämlich, EG-Ausländern den Zugang zum Beamtenverhältnis im Einklang mit der Freizügigkeitsgarantie des Art. 39 EGV (damals Art. 48 EWGV) zu öffnen. Handlungsdruck bestand insofern, als die Europäische Kommission 1991 bereits ein Vertragsverletzungsverfahren gegen die Bundesrepublik Deutschland eingeleitet hatte.[740] **§ 4 I Nr. 1 BRRG** lässt EG-Ausländer prinzipiell zu Beamtenstellen zu, da es eine unzulässige Schlechterstellung wäre, ihnen den Zugang zu bestimmten Beschäftigungen ganz zu verwehren. Zwar müssen nach der Rechtsprechung des Europäischen Gerichtshofs EG-Ausländer nicht wie Inländer als Beamte beschäftigt werden. Es kann auch ein anderes Beschäftigungsverhältnis begründet werden, soweit die Arbeitsbedingungen gleichwertig sind.[741] Da jedoch Zweifel daran bestehen, dass die Arbeitsbedingungen eines Angestellten mit denen eines Beamten vollständig gleichwertig sind,[742] entschloss sich der Gesetzgeber schließlich für eine Gleichstellung der Unionsbürger auch im Hinblick auf die Art des Beschäftigungsverhältnisses. Diese Lösung trug nicht nur dem Gleichbehandlungsgebot des Art. 39 II EGV Rechnung, sondern bedeutete gleichzeitig auch den geringsten Eingriff in die Struktur des öffentlichen Dienstrechts.[743]

bb) Zwingende Ausnahme für Ämter in der öffentlichen Verwaltung

§ 4 II BRRG, der eine Ausnahme vom Zugangsrecht vorsieht, nimmt in einem Klammerzusatz auf den EWGV Bezug und zeigt damit, dass er im europarechtlichen Kontext zu interpretieren ist. Dem Gesetzentwurf zufolge entspricht § 4 II BRRG der europäischen Freizügigkeitsregelung, da nach Art. 48 IV EWGV (in der Fassung vor Maastricht) die Bestimmungen über die Freizügigkeit der Arbeitnehmer in der Gemeinschaft bei der *„Beschäftigung in der öffentlichen Ver-*

---

[740] Vgl. *Schotten,* DVBl. 1994, S. 568; *Battis,* Bundesbeamtengesetz, § 7 BBG Rn. 5; *Schwidden,* RiA 1996, S. 172.

[741] Vgl. *Wölker,* in: *von der Groeben/Thiesing/Ehlermann (Hrsg.),* Kommentar zum EU-/EG-Vertrag, Art. 48 EGV Rn. 126 und *Erhard,* in: *Lenz (Hrsg.),* EGV-Kommentar, Art. 48 Rn. 49.

[742] Vgl. z.B. *Fastenrath,* FAZ vom 20.9.1995, S. 16; *Schwidden,* RiA 1996, S. 172, der wegen Sondervorteilen der Beamten, wie z.B. die Anstellung auf Lebenszeit und die beitragsfreie Versorgung, die Gleichwertigkeit der Arbeitsbedingungen ablehnt.

[743] *Zängl,* in: *Fürst (Hrsg.),* Gesamtkommentar Öffentliches Dienstrecht, § 7 BBG Rn. 4e.; *Summer/Zängl,* BayVBl. 1995, S. 546.

waltung" keine Anwendung finden. Die Bezugnahme auf Art. 48 EWGV solle es ermöglichen, der künftigen europäischen Entwicklung Rechnung zu tragen.[744] Der Klammerverweis auf Art. 48 IV EWGV (heute: Art. 39 IV EGV) sollte also sicherstellen, dass die unbestimmte Formulierung *„wenn die Aufgaben es erfordern"* im Sinn der Rechtsprechung des EuGH zu dieser Vorschrift ausgelegt wird, damit die gesetzliche Regelung mit dem Gemeinschaftsrecht im Einklang steht.[745] Der Nachteil dieser Lösung ist, dass die europarechtlichen Auslegungsschwierigkeiten in das Beamtenrecht übernommen werden.[746]

Allerdings ist man mit der Öffnung des Beamtenverhältnisses für Unionsbürger nur so weit gegangen, wie dies nach der europarechtlichen Arbeitnehmerfreiheit zwingend erforderlich ist. Sobald ein Fall der *„Beschäftigung in der öffentlichen Verwaltung"* nach Art. 39 IV EGV vorliegt, also nach dem Gemeinschaftsrecht ausnahmsweise der Zugang zum Beamtenverhältnis den eigenen Staatsangehörigen vorbehalten werden **darf, muss** Ausländern nach der Formulierung des § 4 II BRRG *(„darf nur ein Deutscher i.S.d. Art. 116 GG in ein Beamtenverhältnis berufen werden")* die Ernennung verwehrt werden. Aus der europarechtlichen Kann-Vorschrift wird also in § 4 II BRRG eine Muss-Vorschrift.[747] Dass im Bereich der öffentlichen Verwaltung weiterhin nur Deutsche als Beamte ernannt werden dürfen, lässt sich damit erklären, dass der Gesetzgeber zwar den europarechtlichen Vorgaben genügen, ansonsten aber aus politischen und rechtlichen Gründen das deutsche Beamtenrecht möglichst unverändert beibehalten wollte.

Kommen wir zurück zur Ausgangsfrage, ob EG-Ausländer zur Ausübung der Aufgaben eines Bürgermeisters oder eines Landrats in das Beamtenverhältnis berufen werden dürfen. Unionsbürgern steht heute der Zugang zum Beamtenverhältnis offen, wenn nicht die Ausnahme des § 4 II BRRG eingreift. Es

---

[744] Begründung des Gesetzentwurfs, BT-Drs. 12/3791 vom 23.11.1992, S. 7 f.
[745] *Fastenrath,* FAZ vom 20.9.1995, S. 16.
[746] So *Schotten,* Die Auswirkungen des Europäischen Gemeinschaftsrechts, S. 118; *ders.,* DVBl. 1994, S. 573.
[747] Dies betont insbesondere *Fastenrath* in der FAZ vom 20.9.1995, S. 16. Ebenso *Summer/ Zängl,* BayVBl. 1995, S. 546; *Quecke,* Kommunalpraxis BW 1995, S. 306; *Zängl,* in: *Fürst (Hrsg.),* Gesamtkommentar Öffentliches Dienstrecht, § 7 BBG Rn. 8c. Anderer Ansicht *Battis,* Bundesbeamtengesetz, § 7 BBG Rn. 5, allerdings ohne Begründung.

kommt also darauf an, ob die Aufgaben von Bürgermeistern und Landräten es erfordern, dass nur Deutsche berufen werden dürfen. Diese Frage ist wegen des Klammerverweises auf Art. 48 EWGV (dem heute Art. 39 EGV entspricht) im Licht der Rechtsprechung des EuGH zur Freizügigkeit zu beurteilen. Das Auslegungsergebnis hängt somit weitgehend von der Auslegung der europarechtlichen Vorfragen ab. Wenn man Bürgermeister und Landräte nicht unter die *„Beschäftigung in der öffentlichen Verwaltung"* i.S.d. Art. 39 IV EGV subsumiert, dann können sie nach § 4 I BRRG in das Beamtenverhältnis berufen werden. Greift Art. 39 IV EGV dagegen ein, so lässt § 4 II BRRG die Beamtenernennung von Ausländern nicht zu. Im vorletzten Abschnitt wurden die europarechtlichen Vorfragen bereits diskutiert und dabei festgestellt, dass Bürgermeister und Landräte Arbeitnehmer sind, die unter die *„Beschäftigung in der öffentlichen Verwaltung"* i.S.d. Art. 39 IV EGV (früher: Art. 48 IV EWGV) fallen.[748] Damit ergibt sich aus § 4 II BRRG, dass Unionsbürger nicht als Beamte ernannt werden dürfen, um die Aufgaben des Bürgermeisters und des Landrats auszuüben.

Doch selbst wenn Bürgermeister und Landräte von vornherein nicht als Arbeitnehmer i.S.d. Art. 39 I EGV eingestuft werden, kann daraus nicht der Schluss gezogen werden, dass EG-Ausländer gemäß § 4 I Nr. 1 BRRG verbeamtet werden dürfen.[749] Zwar verweist § 4 II BRRG auf die Ausnahme von der Freizügigkeit in Art. 39 IV EGV, während in § 4 I Nr. 1 BRRG eine ausdrückliche Bezugnahme auf die Freizügigkeitsregeln der Art. 39 I-III EGV fehlt. Dennoch sind diese in § 4 BRRG hineinzulesen, da nach dem Sinn des Änderungsgesetzes die Öffnung von Beamtenverhältnissen für Unionsbürger (nur) im Hinblick auf die europarechtliche Arbeitnehmerfreiheit erfolgte.[750] Fallen Bürgermeister und Landräte aber, aus welchem Grund auch immer, nicht unter den Schutz der Arbeitnehmerfreiheit, so sollen sie nach der ratio legis der §§ 4 I, II BRRG auch keinen Beamtenstatus erhalten.

---

[748] Vgl. Punkt D II 1 a.
[749] So aber *Barley*, S. 84.
[750] Vgl. z.B. *Summer/Zängl*, BayVBl. 1995, S. 546.

Insgesamt gesehen zeigt sich, dass die §§ 4 I und II BRRG Unionsbürger mit Blick auf die Freizügigkeitsgarantie des Art. 39 EGV zum Beamtenverhältnis zulassen. Dasselbe gilt aber nicht mit Blick auf das Kommunalwahlrecht für Unionsbürger (Art. 19 I EGV). Zwar heißt es im Gesetzentwurf der Bundesregierung zur Änderung des BRRG vage, die Neuregelung in den Beamtengesetzen sei *„auch vor dem Hintergrund der durch den Vertrag über die Europäische Union eingeführten Unionsbürgerschaft zu sehen und ihrer Auswirkungen auf die Bedeutung der nationalen Staatsangehörigkeit in der Europäischen Gemeinschaft"*.[751] An das konkrete Problem, welches durch die restriktive Fassung des § 4 II BRRG beim passiven Wahlrecht von Unionsbürgern in kommunale Exekutivämter entstanden ist, hat man scheinbar nicht gedacht. Nun stammt der Gesetzentwurf von 1992 aus einer Zeit, in der der Maastrichter Vertrag noch nicht einmal in Kraft getreten war und nicht unbedingt voraussehbar war, dass die spätere Kommunalwahlrichtlinie Unionsbürgern prinzipiell auch ein passives Wahlrecht in kommunale Exekutivämter einräumen würde. Doch selbst wenn man eine planwidrige Regelungslücke annimmt und den Klammerzusatz um den Art. 19 I EGV ergänzt, verbietet § 4 II BRRG immer noch, dass EG-Ausländer verbeamtet werden. Denn die Regelung bringt zum Ausdruck, dass der Gesetzgeber das Beamtenverhältnis nur in dem Umfang für Unionsbürger öffnen wollte, als dies nach Gemeinschaftsrecht *zwingend* erforderlich ist. Da die Kommunalwahlrichtlinie in ihrem Art. 5 III jedoch eine Option vorsieht, besteht keine europarechtliche Pflicht zur Zulassung von Unionsbürgern und damit nach § 4 II BRRG auch keine Möglichkeit hierzu. Falls keine andere Lösung gefunden werden kann, sind die Länder daher wegen § 4 II BRRG i.V.m. den Landesbeamtengesetzen gezwungen, die Option in Art. 5 III RL wahrzunehmen und die Ämter der Bürgermeister und Landräte deutschen Staatsbürgern vorzubehalten.

cc) Rückausnahme im Sonderfall kommunaler Wahlämter

Gemäß **§ 4 III BRRG** können indes Ausnahmen vom Staatsangehörigkeitserfordernis in §§ 4 I Nr. 1 und 4 II BRRG zugelassen werden, wenn für die Gewinnung des Beamten ein dringendes dienstliches Bedürfnis besteht. Selbst die in der Regel Deutschen vorbehaltenen Aufgaben können demnach ausnahms-

[751] Begründung des Gesetzentwurfs, BT-Drs. 12/3791 vom 23.11.1992, S. 7.

weise ausländischen Beamten übertragen werden. Es wird daher erwogen, zum Bürgermeister oder Landrat gewählte Unionsbürger auf der Grundlage des § 4 III BRRG als Beamte zu berufen.[752] Zweck des § 4 III BRRG ist die Sicherung der Funktionsfähigkeit des Staates. Die Vorschrift bringt zum Ausdruck, dass bei der Berufung in das Beamtenverhältnis dem Kriterium der konkreten Qualifikation des Bewerbers letztlich der Vorrang vor dem abstrakten Eignungskriterium der Staatsangehörigkeit eingeräumt werden kann.

Bisher betraf die Ausnahmevorschrift in der Praxis vor allem Fälle, in denen Ausländer im Vergleich zu deutschen Mitbewerbern über besondere fachliche Qualifikationen verfügten.[753] Die Eignung ist immer konkret im Hinblick auf ein bestimmtes Amt zu beurteilen, so dass bei kommunalen Wahlbeamten auch die politische Einstellung zur Eignung gehört.[754] Dass die erforderliche Qualifikation beim politischen Amt des Bürgermeisters demnach inhaltlich eine andere ist als bei sonstigen Beamten, schließt die Anwendung des § 4 III BRRG unter diesem Aspekt allerdings nicht aus. Vielmehr offenbart die Wahl eines EG-Ausländers hier gerade seine besondere Eignung für das konkrete Amt. Bei einer Volkswahl ist nämlich davon auszugehen, dass das Volk jeweils den besten Bewerber wählt.[755] Deshalb muss bei einer Bürgermeisterwahl die besondere Eignung eines Unionsbürgers für das Amt des Bürgermeisters immer dann unterstellt werden, wenn das Volk sich bei der Wahl für ihn als besten Kandidaten entschieden hat. Im Wahlsieg manifestiert sich das dringende dienstliche Bedürfnis für die Gewinnung dieser Person als Beamten. Da die Personalentscheidung im Unterschied zu anderen Fällen direkt durch das Volk getroffen wird, wird das personalpolitische Ermessen der Behörde, das normalerweise bei der Zulassung einer Ausnahme nach § 4 III BRRG besteht,[756] hier auf Null reduziert. Für das personalpolitische Ermessen einer Behörde ist kein Raum mehr, wenn die Entscheidung für einen ausländischen Bürgermeisterkandidaten bereits

---

[752] *Quecke,* Kommunalpraxis BW 1995, S. 307, zur Parallelvorschrift in Baden-Württemberg (§ 6 III LBG); ablehnend *Engelken*, Kommentar zur Verfassung von Baden-Württemberg, Art. 72 Rn. 22 (Fn 20).
[753] *Engelken*, Kommentar zur Verfassung von Baden-Württemberg, Art. 72 Rn. 22 (Fn 20).
[754] *Wind,* in: *Wind/Schimana/Wichmann,* Öffentliches Dienstrecht, S. 72.
[755] *Wind,* in: *Wind/Schimana/Wichmann*, Öffentliches Dienstrecht, S. 72.
[756] Vgl. *Summer/Zängl,* BayVBl. 1995, S. 546 (zu Art. 9 III BayBG).

im Weg der Volkswahl gefällt worden ist. Gewählte Personen haben nämlich jedenfalls kommunalverfassungsrechtlich einen Anspruch darauf, dass das Wahlergebnis respektiert und vollzogen wird.[757] Die Behörde ist folglich auf der Grundlage des § 4 III BRRG zur Berufung des Wahlsiegers verpflichtet, weil ihr Ermessen durch das Demokratieprinzip auf Null reduziert wird.

Insbesondere verlangt das Beamtenrecht auch bei der Erteilung einer Ausnahme nach § 4 III BRRG von den Ausländern, dass sie die Gewähr dafür bieten, jederzeit für die **freiheitliche demokratische Grundordnung** einzutreten (§ 4 I Nr. 2 BRRG). Damit ist zwar nicht die deutsche Staatsangehörigkeit, aber das Eintreten für bestimmte Grundwerte des deutschen Staates Voraussetzung für die Einstellung. In der Literatur hat man sich bereits darüber Gedanken gemacht, inwieweit ein Eintreten für die freiheitliche demokratische Grundordnung von Ausländern überhaupt erwartet werden kann.[758] Dass das BRRG bei den Einstellungsvoraussetzungen zwischen deutscher Nationalität und Loyalität differenziert, wobei nur die deutsche Staatsangehörigkeit ersetzbar ist, bringt wohl zum Ausdruck, dass die Verfassungs- und Staatstreue letztlich eine Frage der individuellen Einstellung und Verbundenheit ist. Die Nationalität kann insoweit höchstens eine widerlegbare Vermutung begründen. Die in Deutschland wohnenden EG-Ausländer dürften aber keine besonderen Probleme haben, für die „freiheitlich demokratische Grundordnung" des Grundgesetzes einzutreten.[759] Denn alle Mitgliedstaaten der EG sind demokratische Rechtsstaaten mit Grundwerten, die denen der Bundesrepublik vergleichbar sind. So heißt es etwa in Art. 6 I EUV: *„Die Union beruht auf den Grundsätzen der Freiheit, der Demokratie, der Achtung der Menschenrechte und Grundfreiheiten sowie der Rechtsstaatlichkeit; diese Grundsätze sind allen Mitgliedstaaten gemeinsam."* Die Elemente der „freiheitlich demokratischen Grundordnung" der Bundesrepublik Deutschland sind den Unionsbürgern daher im Wesentlichen vertraut.

Um **Wertungswidersprüche** zu vermeiden, sollte man angesichts der Rechtslage bei Bürgermeistern und Landräten allerdings überlegen, gleich die gesamte

[757] Vgl. *Stober*, Kommunalrecht, S. 132.
[758] Vgl. z.B. *Engelken*, Kommentar zur Verfassung von Baden-Württemberg, Art. 72 Rn. 23.
[759] Vgl. *Hailbronner*, VBlBW 2000, S. 135.

Kommunalverwaltung, auch soweit sie mit der Ausübung von Hoheitsgewalt verbunden ist, vom Staatsangehörigkeitsvorbehalt zu befreien und in die Freizügigkeit von Personen einzubeziehen. Denn es wäre inkonsequent, wenn der direkt gewählte Bürgermeister als Chef der Kommunalverwaltung ein EG-Ausländer sein dürfte, nicht aber seine Untergebenen.[760]

dd) Ausweichen auf privatrechtliche Dienstverhältnisse

Als Alternative zur Verbeamtung von Unionsbürgern gemäß § 4 III BRRG wird erwogen, sie das Amt des Bürgermeisters bzw. des Landrats in einer **anderen Form des Dienstverhältnisses** ausüben zu lassen. Denn direkt verbiete § 4 II BRRG nur, EG-Ausländer in das Beamtenverhältnis zu berufen. Dies bedeute aber nicht, dass er damit automatisch auch die Wählbarkeit von Unionsbürgern in diese Ämter und eine Amtsausübung in anderer Form ausschließe.[761] Zunächst stellt sich die Frage, ob diese Lösung nicht eine **Umgehung** des § 4 II BRRG wäre. Lässt dieser eine Verbeamtung von Ausländern nicht zu, so möchte er nach seiner ratio legis vielleicht auch verhindern, dass Ausländer die Amtsaufgaben in einer anderen Form des Dienstverhältnisses erfüllen. Allerdings ist das BRRG in seinem Anwendungsbereich auf Beamtenverhältnisse beschränkt (vgl. § 2 BRRG). Darüber hinaus kann das Gesetz keine Regelungswirkung entfalten, so dass hier auch keine Umgehung des BRRG vorliegen kann.

Ein privatrechtliches Beschäftigungsverhältnis für ausländische Bürgermeister und Landräte könnte jedoch gegen **Art. 33 IV GG** verstoßen, wonach die Ausübung hoheitsrechtlicher Befugnisse als ständige Aufgabe in der Regel Beamten zu übertragen ist (sog. Funktionsvorbehalt). Dass Bürgermeister und Landräte hoheitsrechtliche Aufgaben wahrnehmen, wurde bereits bejaht. Zweifelhaft ist hier aber bereits, ob eine „ständige Aufgabe" vorliegt, weil kommunale Wahlbeamte nur für eine bestimmte Amtszeit gewählt und dementsprechend nur Beamte auf Zeit sind. Zeitlich begrenzte Aufgaben fallen aber selbst dann nicht

---

[760] Vgl. *Wind*, in: *Wind/Schimana/Wichmann*, Öffentliches Dienstrecht, S. 94.
[761] *Fastenrath*, FAZ vom 20.9.1995, S. 16.

unter die Norm, wenn sie von langer Dauer sind.[762] Außerdem lässt Art. 33 IV GG Ausnahmen zu. Selbst ständige hoheitliche Aufgaben müssen nicht immer, sondern nur in der Regel auf Beamte übertragen werden, so dass in sachlich begründeten Einzelfällen auch die Wahrnehmung durch Angestellte zulässig ist. Verfassungswidrig wäre dies erst, wenn die Übertragung auf Nichtbeamte in größerem Umfang geschehen würde.[763] Ausnahmen können mit den Eigenheiten des Rechtsverhältnisses im Vergleich zum typischen Beamtenstatus gerechtfertigt werden, wie der Einstellung nur für eine bestimmte Tätigkeit statt auf Lebenszeit, der Kündbarkeit und dem fehlenden Laufbahnprinzip.[764] Nun werden kommunale Wahlbeamte immer nur auf Zeit eingestellt, sind keine Laufbahnbeamten und in den meisten Ländern sogar vorzeitig abwählbar, so dass hier eine Ausnahme möglich erscheint. Zudem würde sich eine Ausnahmeregelung für ausländische Bürgermeister und Landräte sowohl vom sachlichen Anwendungsbereich als auch von der Anzahl der praktischen Anwendungsfälle her in so engen Grenzen halten, dass die Regel des Art. 33 IV GG dadurch nicht in Frage gestellt wäre. Damit erscheint es verfassungsrechtlich vertretbar, in kommunale Exekutivämter gewählte Unionsbürger als Angestellte der Gemeinde zu beschäftigen.[765]

Allerdings sehen die **Landesgesetze** bisher nicht vor, dass ausländische Bürgermeister und Landräte in einem privatrechtlichen Dienstverhältnis eingestellt werden. Nach jetziger Gesetzeslage ist dieser Weg daher nicht gangbar. Vielmehr erhalten Bürgermeister und Landräte überall den Status von Beamten, ohne dass im Zusammenhang mit der Umsetzung der Kommunalwahlrichtlinie Ausnahmebestimmungen für EG-Ausländer eingefügt worden wären. In einigen Ländern erhalten volksgewählte kommunale Wahlbeamte ihren Beamtenstatus sogar direkt durch die Wahl (ohne dass ein gesonderter Ernennungsakt erforderlich ist), so dass nach der jetzigen Systematik nicht zwischen Wählbarkeit und

---

[762] *Brockmeyer*, in: *Schmidt-Bleibtreu/Klein*, Kommentar zum Grundgesetz, Art. 33 Rn. 11.
[763] BVerfGE 9, 268 (284)..
[764] *Kunig*, in: *von Münch/Kunig*, Grundgesetz-Kommentar, Art. 33 Rn. 50.
[765] So auch *Fastenrath*, FAZ vom 20.9.1995, S. 16; anderer Ansicht *Engelken*, Kommentar zur Verfassung von Baden-Württemberg, Art. 72 Rn. 21, „wohl schwerlich mit Art. 33 Abs. 4 GG zu vereinbaren".

beamtenrechtlichen Ernennungsvoraussetzungen unterschieden werden kann.[766] Gesetzesänderungen dahingehend, dass Bürgermeister und Landräte künftig keine Beamten mehr sein müssen, wären nach der hier vertretenen Auffassung zwar kein Verstoß gegen Art. 33 IV GG. Allerdings würde diese Lösung eine völlige Abkehr vom bewährten kommunalen Wahlbeamtenverhältnis bedeuten[767] und wäre daher weniger wünschenswert. In Betracht zu ziehen wäre sie daher nur als ultima ratio, wenn EG-Ausländern sonst der Zugang zum Amt des Bürgermeisters oder Landrats ganz versperrt werden müsste. Es ist daher vorzuziehen, direkt gewählte EG-Ausländer auf der Grundlage des § 4 III BRRG in das Beamtenverhältnis zu berufen.

Festzuhalten bleibt, dass es den Ländern freisteht, ob sie die Positionen der unmittelbar gewählten Exekutivbeamten für EG-Ausländer öffnen möchten oder nicht. Rechtspolitisch ist dabei zu begrüßen, dass die meisten Bundesländer die europafreundliche Lösung gewählt haben, so dass auch ausländische Unionsbürger wählbar sind. Zwar wurden in der Literatur Zweifel geäußert, ob die Bürger eine Öffnung dieser Ämter für Ausländer derzeit (schon) verstehen würden, denn „sensible Wahlrechtsfragen dieser Art könnten die Seelen der Deutschen berühren".[768] Dies spricht aber nicht dagegen, den Bürgern selbst die Entscheidung zu überlassen, ob sie im konkreten Fall einen ausländischen Kandidaten wählen möchten oder nicht. Nur wenn EG-Ausländern generell die Wählbarkeit zum Bürgermeister oder Landrat eingeräumt ist, haben die Bürger diese Auswahlmöglichkeit und damit eine größere Freiheit bei der Wahl.

2. Die Wählbarkeit bei indirekten Wahlen

Darüber hinaus stellt sich die Frage, ob EU-Bürger wählbar sind, wenn kommunale Exekutivorgane nicht in allgemeinen und unmittelbaren Wahlen gewählt werden, sondern durch den Gemeinderat bzw. durch den Kreistag. Diese schwierige Frage hat trotz ihrer praktischen Bedeutung in der wissenschaftlichen Diskussion bisher noch zu wenig Aufmerksamkeit erfahren.

---

[766] *Engelken*, Kommentar zur Verfassung von Baden-Württemberg, Art. 72 Rn. 22 (Fn. 20).
[767] *Engelken*, Kommentar zur Verfassung von Baden-Württemberg, Art. 72 Rn. 21.
[768] So *Engelken*, Kommentar zur Verfassung von Baden-Württemberg, Art. 72 Rn. 26.

Die Ersten Bürgermeister und die Landräte werden in Deutschland heute fast durchgängig direkt vom Volk gewählt. Eine Ausnahme bilden in den Flächenstaaten im Wesentlichen nur die Landräte in Baden-Württemberg und Brandenburg, die vom Kreistag bestimmt werden.[769] Das Problem, ob EG-Ausländer auch in Ämter gewählt werden dürfen, die durch indirekte Wahl besetzt werden, betrifft daher in der Praxis vor allem die sonstigen Mitglieder lokaler Exekutivorgane, wie die Beigeordneten und die Stellvertreter des Bürgermeisters und des Landrats. Diese werden bundesweit durch Intraorganwahl bestimmt, d.h. durch Wahl innerhalb der kommunalen Vertretungskörperschaft bzw. innerhalb des kommunalen Vollzugsorgans. In den Ländern, die erst in den neunziger Jahren die Einführung der Direktwahl der Bürgermeister und Landräte beschlossen haben, gab es zudem in der Übergangsphase bis zur endgültigen Umsetzung der kommunalen Reformen noch indirekt gewählte Stadtdirektoren und Oberkreisdirektoren als kommunale Wahlbeamte.

In ihren **Umsetzungsgesetzen** haben die meisten Länder keine klare Regelung getroffen. Allerdings hat Baden-Württemberg das Amt des mittelbar gewählten Landrats ausdrücklich Deutschen vorbehalten, und einige Länder haben die Ämter indirekt gewählter Beigeordneter explizit für Unionsbürger geöffnet (z.B. Hessen,[770] Rheinland-Pfalz[771] und das Saarland[772]).

a) Europarechtliche Fragen

Nach **Art. 2 I lit. b RL** bezeichnet der Ausdruck „Kommunalwahlen" die allgemeinen und unmittelbaren Wahlen. In der Begründung der Richtlinie heißt es nochmals, dass nur allgemeine, unmittelbare Wahlen und nicht Wahlen innerhalb der lokalen Vertretungskörperschaft von der Definition der Kommunalwahl erfasst seien.[773]

---

[769] § 39 LKO in Baden-Württemberg und § 51 LKO in Brandenburg.

[770] Vgl. Gesetzentwurf der Landesregierung, Hessischer Landtag, Drs. 14/93, S. 12 f.

[771] §§ 53a I 2 GO und §§ 47 I, 46 III 1 LKO in Rheinland-Pfalz. Zur Begründung vgl. Gesetzentwurf der Landesregierung, Landtag Rheinland-Pfalz, Drs. 12/7293, S. 12 und 23.

[772] Gesetzentwurf der Regierung des Saarlandes (zu § 18 KSVG), Landtag des Saarlandes, Drs. 11/397.

[773] Begründung des Richtlinienvorschlags, KOM (94) 38, S. 23. Vgl. auch *Schnedl*, ÖJZ 1995, S. 844; *Pieroth/Schmülling*, DVBl. 1998, S. 367.

Zwar wird eingewandt, es entspreche dem System der Richtlinie eher, die Wahl zur kommunalen Exekutivspitze immer in den Anwendungsbereich einzubeziehen, ganz unabhängig davon, ob diese als unmittelbare Wahl ausgestaltet sei oder nicht.[774] Mit Wortlaut und Begründung der Richtlinie lässt sich eine so weite Interpretation aber nicht vereinbaren.

Auch wird darauf hingewiesen, dass in den Mitgliedstaaten die kommunalen Leitungsfunktionen überwiegend durch indirekte Wahl besetzt werden. Insbesondere gelte dies für die sog. „Gelegenheitsvertretungen".[775] Würden mittelbare Wahlen nicht in den Anwendungsbereich der Richtlinie fallen, so würde – jedenfalls hinsichtlich der kommunalen Exekutivorgane – von den Mitwirkungsmöglichkeiten der EG-Ausländer nicht viel übrig bleiben. Nun ist es zwar richtig, dass das Kommunalwahlrecht der Unionsbürger dadurch, dass indirekte Wahlen ausgeklammert werden, in seinem Anwendungsbereich eingeschränkt wird. Allerdings hat der Richtliniengeber diese Einschränkung bewusst vorgenommen. Sie lässt sich möglicherweise dadurch erklären, dass es sich bei indirekten Wahlen um interne Vorgänge innerhalb der Kommunalverwaltung handelt, in welche die Richtlinie nicht eingreifen möchte.[776] Angesichts des Entscheidungsspielraums des Richtliniengebers bei der Definition des Begriffs der Kommunalwahl war die Begrenzung des Kommunalwahlrechts auf allgemeine und unmittelbare Wahlen aber rechtmäßig und muss daher grundsätzlich akzeptiert werden. Damit ist festzuhalten, dass EG-Ausländer aus Art. 2 I lit. b RL jedenfalls direkt kein Wahlrecht ableiten können, soweit kommunale Leitungsfunktionen durch mittelbare Wahl besetzt werden.[777]

Falls das Europarecht diese Wahlen aber völlig aus seinem Anwendungsbereich ausklammert, so könnte ein passives Wahlrecht von Unionsbürgern bei indirekten Wahlen gegen das Grundgesetz verstoßen, das EG-Ausländern das Kommunalwahlrecht (nur) nach Maßgabe des Europarechts gewährt. Daher wird in

[774] *Gundel,* DÖV 1999, S. 360.
[775] Vgl. *Schrapper,* DVBl. 1995, S. 1171.
[776] Vgl. *de Lobkowicz,* DÖV 1989, S. 528 (zum Richtlinienvorschlag von 1988).
[777] So z.B. *Haag,* in: *von der Groeben/Thiesing/Ehlermann (Hrsg.),* Kommentar zum EU-/EG-Vertrag, Art. 8 b EGV Rn. 9; *Engelken,* Kommentar zur Verfassung von Baden-Württemberg, Art. 72 Rn. 27 und 29; *Barley,* S. 85.

Deutschland erörtert, ob sich aus dem Europarecht nicht doch unter bestimmten Voraussetzungen ein Wahlrecht der Unionsbürger bei indirekten Wahlen ableiten lässt. So wird die Wählbarkeit von Unionsbürgern bei indirekten Wahlen unter bestimmten Voraussetzungen aus ihrer **Rechtsstellung als kommunale Mandatsträger** gefolgert. Unionsbürger sind nach der Richtlinie in den Gemeinderat und den Kreistag wählbar. Hat ein EG-Ausländer aber ein kommunales Mandat erhalten, etwa einen Sitz im Gemeinderat, so müsse er als ausländisches Gemeinderatsmitglied die gleichen Rechte aus dem Mandat haben wie deutsche Gemeinderatsmitglieder auch.[778] Wenn nach der Gemeindeordnung die Beigeordneten vom Gemeinderat gewählt werden, so müssten alle Ratsmitglieder unabhängig von ihrer Staatsangehörigkeit an der Wahl der Beigeordneten teilnehmen dürfen. Ansonsten wäre das aus den Wahlen resultierende politische Gleichgewicht in Frage gestellt.[779] Bei dieser Argumentation wird die Wählbarkeit von EG-Ausländern bei indirekten Wahlen also letztlich aus ihrem passiven Wahlrecht bei einer Direktwahl i.S.d. Art. 2 I lit. b RL abgeleitet. Daher kommt es also darauf an, in welchem Umfang das Europarecht das **passive Wahlrecht** schützt.

Art. 19 I EGV gewährt das aktive Wahlrecht, d.h. das Recht zur Stimmabgabe, sowie das passive Wahlrecht, d.h. das Recht, sich wählen zu lassen. In welchem Umfang Art. 19 I EGV und die dazu erlassene Richtlinie weitere **Folgerechte** gewähren, ist strittig. Es wird einerseits vertreten, dass das Wahlrecht auch alle Betätigungen schützt, die mit der effektiven Ausübung dieser Rechte zusammenhängen, wie etwa im Vorfeld der Wahl den Wahlkampf und nach einer erfolgreichen Wahl die Mandatsausübung.[780] Andere wiederum lehnen es ab, über den Wortlaut des primären und sekundären Gemeinschaftsrechts hinaus die Mandatsausübung in den Schutzbereich des Kommunalwahlrechts für Unionsbürger einzubeziehen.[781]

---

[778] *Gundel,* DÖV 1999, S. 359.
[779] Vgl. *de Lobkowicz,* DÖV 1989, S. 528.
[780] *Haag,* in: *von der Groeben/Thiesing/Ehlermann (Hrsg.),* Kommentar zum EU-/EG-Vertrag, Art. 8 b EGV Rn. 8.
[781] So z.B. *Schrapper,* DVBl. 1995, S. 1171; *Pieroth/Schmülling,* DVBl. 1998, S. 367.

Für eine Garantie gleicher **Mandatsrechte** gewählter Unionsbürger spricht die Regelung in **Art. 5 IV RL**. Danach können die Mitgliedstaaten bestimmen, dass die Unionsbürger, die als Mitglied einer Vertretungskörperschaft gewählt werden, weder an der Ernennung der Wahlmänner einer parlamentarischen Versammlung noch an der Wahl von deren Mitgliedern teilnehmen dürfen. Diese Regelung wurde in die Richtlinie auf französischen Wunsch eingefügt. Da in Frankreich die Gemeinderatsmitglieder normalerweise kraft Amtes an den nationalen Wahlen zum Senat teilnehmen, sollte klargestellt werden, dass die in den Gemeinderat gewählten EG-Ausländer von der Mitwirkung an der Senatswahl ausgeschlossen werden dürfen. In Art. 5 IV RL wird also ausdrücklich die Mandatsausübung von EG-Ausländern in einem speziellen Fall eingeschränkt. Diese Regelung wäre systematisch überflüssig, wenn die Kommunalwahlrichtlinie das Recht gewählter EG-Ausländer zur Mandatsausübung ohnehin nicht schützen würde.[782] Daher ist aus Art. 5 IV RL geschlossen worden, dass deutsche und ausländische Mitglieder von Vertretungskörperschaften im Allgemeinen dieselben Rechte und Pflichten haben müssen.[783] Dennoch ist es fraglich, ob Art. 5 IV RL einen solch weitreichenden Schluss rechtfertigt. Denn Art. 5 IV RL soll nur Zweifelsfragen zur Wahl des französischen Senats ausräumen. Auch wenn es die Vorschrift nicht gäbe, könnte man aus Art. 19 I EGV nicht folgern, dass ausländische Gemeinderatsmitglieder in Frankreich an der Arbeit nationaler Institutionen teilnehmen dürfen.[784] Denn die Wahl des Senats stellt keine Kommunalwahl mehr dar. Damit lässt sich von Art. 5 IV RL nicht zwingend darauf schließen, dass auch die Mandatsausübung gewählter Unionsbürger von der Richtlinie in vollem Umfang geschützt ist.

Allerdings erfordert es der **„effet utile"** des Gemeinschaftsrechts, dass gewählte Unionsbürger als Mandatsinhaber oder Amtsträger grundsätzlich die gleichen Rechte und Pflichten haben wie Inländer. So stellt etwa die Wahl des Landrats oder die Wahl der Beigeordneten eine besonders wichtige Aufgabe einer Vertretungskörperschaft dar. Ein völliger Ausschluss ausländischer Kreistagsmit-

---

782 *Schrapper*, DVBl. 1995, S. 1171.
783 Gesetzentwurf der Landesregierung, Landtag Nordrhein-Westfalen, Drs. 12/175, S. 13.
784 *Oliver*, CML Rev. 1996, S. 496.

glieder von dieser Wahl würde ihr Mandat entwerten[785] und letztlich auch das Wahlrecht all derjenigen, die Unionsbürger als ihre Repräsentanten in die Vertretungskörperschaft gewählt haben. Der Zweck des Kommunalwahlrechts für Unionsbürger würde nämlich verfehlt, wenn die Mitgliedstaaten es in der Hand hätten, das passive Wahlrecht der Unionsbürger in kommunalen Vertretungskörperschaften je nach Belieben zu „entschärfen", indem sie gewählten Unionsbürgern wichtige Mandatsrechte entziehen und sie somit zu Ratsmitgliedern minderen Rechts degradieren. Daran schließt sich die Frage an, in welchem Umfang der „effet utile" des Gemeinschaftsrechts ein aktives und passives Wahlrecht ausländischer Kommunalvertreter bei Intraorganwahlen verlangt. Dies hängt davon ab, welche Mandatsrechte das jeweilige Kommunalrecht den Mitgliedern der Vertretungskörperschaft verleiht. Soweit das Kommunalrecht Wahlrechte der Vertretungskörperschaft vorsieht, müssen grundsätzlich auch Unionsbürger mitwirken dürfen. Dies heißt zunächst, dass ausländische Ratsmitglieder **aktiv wahlberechtigt** sein müssen, wenn nach dem Kommunalrecht eine Wahl durch das Organ Gemeinderat stattfindet. Das **passive Wahlrecht** steht ausländischen Mandatsträgern bei einer Intraorganwahl grundsätzlich jedoch nur dann zu, wenn nach dem Kommunalrecht ein Amtsinhaber aus dem Kreis der Mitglieder der Vertretungskörperschaft bestimmt wird. Denn nur in diesem Fall ist die Wählbarkeit eines Ratsmitglieds überhaupt Ausfluss seiner Rechtsstellung als Mandatsträger. Ist dagegen ein Amtsinhaber zwar vom Gemeinderat, nicht aber unbedingt aus dessen Mitte zu wählen, ist also der Bewerberkreis offen, so stellt nur das aktive, nicht aber das passive Wahlrecht zur Wahl dieses Amtsinhabers ein Mandatsrecht dar.[786] In diesem Fall würde also wieder relevant, dass die Richtlinie kein (eigenständiges) Wahlrecht der Unionsbürger bei mittelbaren Wahlen gewährt. Auch wenn Wortlaut und Begründung der Richtlinie ausdrücklich nur unmittelbare Wahlen in den Anwendungsbereich der Richtlinie aufnehmen und die Richtlinie die Rechte von EG-Ausländern in ihrer speziellen Funktion als Mandats- oder Amtsträger zunächst nicht im Blick hat, so zeigt sich, dass die Intraorganwahlen dem Europarecht

---

[785] Ähnlich *Roller*, S. 87 (zu Art. 72 I 2 LV Baden-Württemberg).

[786] So auch *Gundel*, DÖV 1999, S. 359 f.

letztlich doch nicht gleichgültig sein können, wenn der effet utile des Gemeinschaftsrechts nicht gefährdet sein soll.

Doch selbst soweit ein passives Wahlrecht grundsätzlich besteht, muss wiederum der Rechtsgedanke des **Art. 5 III RL** Berücksichtigung finden, der bei kommunalen Exekutivämtern einen Staatsbürgervorbehalt erlaubt. Können also bestimmte Ämter wie das Amt des Landrats Deutschen vorbehalten werden, wenn der Landrat direkt gewählt wird, so muss dies auch gelten, wenn das Amt durch Intraorganwahl besetzt wird. Damit kann Art. 5 III RL eine Einschränkung der Mandatsausübung ausländischer Ratsmitglieder rechtfertigen, so dass ihre Wählbarkeit zu kommunalen Exekutivämtern auch bei Intraorganwahlen ausgeschlossen werden kann.[787]

Damit lässt sich zusammenfassen, dass das passive Wahlrecht von EG-Ausländern bei mittelbaren Wahlen dann vom (optionalen) Anwendungsbereich der Richtlinie umfasst ist, wenn der Amtsinhaber aus dem Kreis der Mitglieder des Kommunalorgans gewählt wird. Jedoch bleibt den Mitgliedstaaten die Möglichkeit, von der Option des Art. 5 III RL Gebrauch zu machen und die Wählbarkeit der EG-Ausländer wieder auszuschließen.

b) Verfassungsrechtliche Fragen (Art. 28 I 3 und 33 GG)

Das Gemeinschaftsrecht hat über die Maßgabeklausel in **Art. 28 I 3 GG** Einfluss auf das Verfassungsrecht. Wählen die Mitglieder einer kommunalen Vertretungskörperschaft aus ihrem Kreis einen Amtsinhaber, so fällt diese Wahl aufgrund der Mandatsrechte der Kommunalvertreter grundsätzlich in den Anwendungsbereich der Richtlinie und damit auch in den Anwendungsbereich des Art. 28 I 3 GG. Damit steht die Verfassung, insbesondere das Demokratieprinzip, nicht entgegen, wenn die Länder EG-Ausländern bei solchen mittelbaren Wahlen das passive Wahlrecht einräumen. Da die Wählbarkeit nach EG-Recht aufgrund der Option in Art. 5 III RL aber auch ausgeschlossen werden kann, erlaubt dies auch das Grundgesetz. Im Fall von Intraorganwahlen aus dem Kreis der Mandatsträger sind daher beide Regelungsalternativen verfassungsgemäß.

---

[787] *Gundel*, DÖV 1999, S. 360. Vgl. auch *Schrapper*, DVBl. 1995, S. 1171.

Schwieriger gestaltet sich die Rechtslage bei mittelbaren Wahlen mit offenem Bewerberkreis, die vom EG-Recht nicht erfasst sind und damit auch nicht über die Maßgabeklausel in den Art. 28 I 3 GG hineininterpretiert werden können. Wie bei der Frage der Teilnahme von Unionsbürgern an kommunalen Abstimmungen kommt es auch hier darauf an, in welchem Umfang Art. 28 I 3 GG eine Ausnahme vom Grundsatz der Volkssouveränität macht.[788] Da die Vorschrift das Kommunalwahlrecht für EG-Ausländer nur nach Maßgabe des Europarechts gewährt und zudem als Ausnahmevorschrift eng zu interpretieren ist, spricht zunächst einiges dafür, dass die Wählbarkeit von EG-Ausländern bei diesen mittelbaren Wahlen gegen das Demokratieprinzip verstößt. Demgegenüber wird die Auffassung vertreten, Art. 28 I 3 GG überlasse es ganz dem einfachen Gesetzgeber, ob er EG-Ausländern bei indirekt gewählten Landräten oder sonstigen indirekt gewählten Gemeindevorständen ein passives Wahlrecht verleihen wolle. Denn durch Art. 28 I 3 GG sei das zwingende Erfordernis der deutschen Staatsangehörigkeit beseitigt worden und Landräte würden, ob sie nun vom Volk oder vom Kreistag gewählt werden, in gleicher Art und Weise Staatsgewalt ausüben.[789] Tatsächlich sprechen hier ähnlich wie bei der Diskussion um Bürgerbegehren und Bürgerentscheid[790] systematische und teleologische Argumente dafür, die Wählbarkeit von Unionsbürgern bei mittelbaren Kommunalwahlen generell zuzulassen, da Art. 28 I 3 GG sich indirekt auf die Auslegung des Demokratieprinzips auswirkt. Das bei der Erörterung der kommunalen Abstimmungen erzielte Ergebnis, dass das Grundgesetz dem Gesetzgeber freie Hand lässt, kann daher auch auf den Bereich der mittelbaren Kommunalwahlen übertragen werden.

Insgesamt ist daher festzuhalten, dass Art. 28 I 3 GG das passive Wahlrecht von EG-Ausländern bei mittelbaren Wahlen nicht garantiert. Andererseits steht das Demokratieprinzip des Grundgesetzes der Wählbarkeit von EG-Ausländern bei mittelbaren Kommunalwahlen nicht entgegen.[791] Im übrigen gilt auch hier, dass

788 Ähnlich *Gundel,* DÖV 1999, S. 360.
789 *Barley,* S. 85.
790 Siehe vorne unter Punkt D I 1 b.
791 Im Ergebnis ebenso *Engelken,* Kommentar zur Verfassung von Baden-Württemberg, Art. 72 Rn. 37.

Art. 33 GG kein Hindernis für die Amtsausübung der Unionsbürger darstellt, wobei zur Begründung auf die Ausführungen zum Wahlrecht der Unionsbürger bei volksgewählten Bürgermeistern und Landräten verwiesen werden kann.[792]

c) Regelungen im Beamtenrechtsrahmengesetz (§ 4 BRRG)

Soweit die mittelbar gewählten EG-Ausländer ihre Position im Beamtenverhältnis ausüben sollen, stellt sich wiederum die oben ausgeführte beamtenrechtliche Problematik.[793] Hier ist nur noch kurz darauf einzugehen, ob auch bei indirekt gewählten Amtsinhabern die Argumentation greift, dass sich das dringende dienstliche Bedürfnis zur Gewinnung des Beamten (nach § 4 III BRRG) in der erfolgreichen Wahl manifestiert. Zwar handelt es sich dabei nicht um eine Volkswahl, aber auch eine mittelbare Wahl ist Ausdruck des Demokratieprinzips und unterscheidet sich wesentlich vom Normalfall der Ernennung von Beamten aufgrund von hierarchischen Behördenentscheidungen. Zudem sind die bei der Intraorganwahl wahlberechtigten Mitglieder der kommunalen Vertretungskörperschaft selbst unmittelbar durch die Bürger der Gemeinde bzw. des Kreises gewählt worden. Aufgrund dieser engen Rückkoppelung der kommunalen Mandatsträger an das Volk kommt auch ihrer Wahlentscheidung bei der Intraorganwahl erhöhte Legitimationskraft zu. Damit lässt es sich auch für mittelbar gewählte, kommunale Amtsinhaber rechtfertigen, dass für die Begründung des Beamtenverhältnisses von EG-Ausländern auf den Ausnahmetatbestand des § 4 III BRRG zurückgegriffen wird.

III. Abgrenzung der Kommunalwahlen zu Wahlen auf anderen Ebenen

Bei der Bestimmung der kommunalen Ebene, auf der in Deutschland ein Kommunalwahlrecht für Unionsbürger garantiert ist, ergeben sich verschiedene Abgrenzungsprobleme. Dabei muss zwischen der Situation in den Flächenländern

---

[792] Siehe oben unter Punkt D II 1 b.

[793] Vgl. oben Punkt D II 1 c.

und der besonderen Situation in den Stadtstaaten Berlin, Hamburg und Bremen differenziert werden.

1. Zweifelsfälle in den Flächenländern

Gemäß Art. 2 I lit. a RL besteht das Kommunalwahlrecht in den „lokalen Gebietskörperschaften der Grundstufe", d.h. in den Verwaltungseinheiten, die nach nationalem Recht in allgemeiner, unmittelbarer Wahl gewählte Organe besitzen und die auf der Grundstufe der politischen und administrativen Organisation für die Verwaltung bestimmter örtlicher Angelegenheiten unter eigener Verantwortung zuständig sind. Die Aufzählung im Anhang der Richtlinie nennt die für Deutschland maßgeblichen „lokalen Gebietskörperschaften der Grundstufe". Für die Flächenländer lassen sie sich in drei Gruppen einordnen, die Kreisebene (kreisfreie Stadt bzw. Stadtkreis, Kreis), die Gemeindeebene und die untergemeindliche Ebene (Stadt-, Gemeinde- oder Ortsbezirke bzw. Ortschaften).

a) Wahlen in den Untergliederungen der Gemeinde

Alle deutschen Gemeindeordnungen sehen vor, dass Gemeinden weiter untergliedert werden können. Diese Gemeindeteile verfügen dann über eigene Organe wie Ortsbeiräte und Ortsvorsteher, die von den ansässigen Bürgern oft auch unmittelbar gewählt werden.[794] Dennoch erscheint es aus deutscher Sicht nicht unproblematisch, dass die Richtlinie in ihrem Anhang auch Wahlen auf untergemeindlicher Ebene, also in den Stadt-, Gemeinde- und Ortsbezirken sowie den Ortschaften, unter den Begriff der Kommunalwahlen subsumiert. Auch die Präambel der Richtlinie stellt klar, dass die Richtlinie auf die allgemeinen und unmittelbaren Wahlen in den Untergliederungen der lokalen Gebietskörperschaften der Grundstufe Anwendung findet.[795] Im Richtlinienentwurf wird dies damit begründet, dass die Untergliederungen von lokalen Gebietskörperschaften der Grundstufe wesentliche Bestandteile dieser Körperschaften sind. Voraussetzung ist jedoch, dass es sich bei den Untergliederungen um untergeordnete Verwal-

[794] *Schmidt-Aßmann*, in: *ders. (Hrsg.)*, Besonderes Verwaltungsrecht, S. 64 f.
[795] 7. Erwägungsgrund der Richtlinie.

tungseinheiten mit bestimmten besonderen Aufgaben und in unmittelbarer Volkswahl gewählten Organen handelt.[796]

Art. 28 I 3 GG spricht jedoch nur von Wahlen in Kreisen und Gemeinden, die Wahlen unterhalb der Gemeindeebene werden nicht erwähnt. Es stellt sich daher die Frage, ob die Verfassung die Teilnahme von Unionsbürgern an Wahlen in örtlichen Untergliederungen der Gemeinde überhaupt erlaubt. Die gemeindlichen Untergliederungen sind rechtlich unselbständige Teile der Gebietskörperschaft Gemeinde. Die Garantie der kommunalen Selbstverwaltung nach **Art. 28 II 1 GG** gilt nur für die Gemeinde selbst, und nach dem Grundgesetz ist die Wahl einer Volksvertretung nur für die Gemeinde, nicht aber für deren Untergliederungen, obligatorisch (vgl. **Art. 28 I 2 GG**).[797] Finden damit weder die Vorschriften des Art. 28 I 2 GG noch des Art. 28 II GG auf die Gemeindeteile unmittelbar Anwendung,[798] so liegt es nahe, dass sie auch vom Anwendungsbereich des Art. 28 I 3 GG nicht umfasst sind. Denn es ist zunächst von einer einheitlichen Bedeutung des Begriffs „Gemeinde" auszugehen.[799]

Allerdings gewährt Art. 28 I 3 GG das Wahlrecht in Gemeinden und Kreisen „nach **Maßgabe** von Recht der Europäischen Gemeinschaft", welches die Mitwirkung von Unionsbürgern an Wahlen unterhalb der Gemeindeebene vorsieht. Der Begriff „Gemeinde" in Art. 28 I 3 GG ist aber, abweichend vom sonstigen Wortgebrauch, europarechtskonform so auszulegen, dass er sich auch auf gemeindeinterne Gliederungen erstreckt. Denn wenn das Grundgesetz bereits eine Durchbrechung des Grundsatzes der Volkssouveränität auf Gemeinde- und Kreisebene zulässt, so lässt sich dies erst recht für die innerhalb von Gemeindeteilen stattfindenden Wahlen rechtfertigen. Selbst wenn man berücksichtigt, dass Art. 28 I 3 GG nicht nur eine Öffnungsfunktion, sondern auch eine Begrenzungsfunktion besitzt, erscheint eine solche Auslegung verfassungsrechtlich vertretbar. Denn auch Wahlen zu Vertretungsorganen untergemeindlicher Gliederungsebenen sind Wahlen „in" den Gemeinden. Damit müssen nach Art. 28 I

---

[796] Begründung des Richtlinienentwurfs, KOM (94) 38, S. 22.
[797] BVerfGE 47, 253 (272); 83, 60 (76).
[798] Vgl. auch *Gern*, Deutsches Kommunalrecht, S. 134.
[799] Vgl. *Burkholz*, DÖV 1995, S. 817 (insbesondere Fn. 10).

3 GG in Verbindung mit dem maßgeblichen Gemeinschaftsrecht EG-Ausländer die Möglichkeit haben, an direkten Wahlen in den Untergliederungen der Gemeinde teilzunehmen.[800]

b) Wahlen in Gesamtgemeinden

Die enumerative Aufzählung der „lokalen Gebietskörperschaften der Grundstufe" im Anhang der Richtlinie ist ihrem Sinn und Zweck nach als abschließend gedacht.[801] Dies ist aber im Hinblick auf die Gesamtgemeinden problematisch, die im Anhang unerwähnt bleiben. Gesamtgemeinden werden durch den Zusammenschluss von meist kleineren Gemeinden gebildet, um die Verwaltungskraft zu stärken. Die Ortsgemeinden bestehen weiter, nehmen aber durch den Verband örtliche und überörtliche Aufgaben gemeinsam wahr. Anders als in den Gesamtgemeinden anderer Bundesländer[802] finden in den Gesamtgemeinden in Rheinland-Pfalz und in Niedersachsen auch allgemeine und unmittelbare Wahlen statt.[803] Damit könnten die **Verbandsgemeinden in Rheinland-Pfalz**[804] und die **Samtgemeinden in Niedersachsen**[805] – bis auf die Tatsache, dass sie im Anhang fehlen – unter die abstrakte Definition von „lokalen Gebietskörperschaften der Grundstufe" in Art. 2 I lit. a RL subsumiert werden. Denn es handelt sich bei ihnen um Verwaltungseinheiten, in denen allgemeine und unmittelbare Wahlen von Vertretungskörperschaften stattfinden und die auf der Grundstufe der politischen und administrativen Organisation für die Verwaltung bestimmter örtlicher Angelegenheiten unter eigener Verantwortung zuständig sind. Auch sind Gesamtgemeinden im Vergleich zu den Kreisen, die nach dem Anhang ausdrücklich erfasst sind, als „ortsnähere Verbände" einzustufen, so dass sie nach systematischen Gesichtspunkten einzubeziehen wären. Es wird daher angenommen, dass die Gesamtgemeinden bei der Auflistung vergessen worden sind. Dadurch sei eine planwidrige Regelungslücke entstanden, die im Wege der

---

[800] Im Ergebnis ebenso *Barley*, S. 79.

[801] *Schrapper*, DVBl. 1995, S. 1170; zustimmend *Barley*, S. 63. Ebenso VG Ansbach, BayVBl. 2001, S. 26 (27).

[802] Vgl. die Gemeindeverwaltungsverbände in Baden-Württemberg, Hessen und Sachsen, die Verwaltungsgemeinschaften in Bayern, Sachsen-Anhalt und Thüringen und die Ämter in Brandenburg, Mecklenburg-Vorpommern und Schleswig-Holstein.

[803] *Schmidt-Aßmann*, in: *ders. (Hrsg.)*, Besonderes Verwaltungsrecht, S. 101.

[804] §§ 64 ff. der Gemeindeordnung Rheinland-Pfalz.

[805] §§ 71 ff. der Niedersächsischen Gemeindeordnung (NGO).

Analogie geschlossen werden könne. Die h.M. wendet daher zu Recht die Richtlinie auch auf die Verbandsgemeinden in Rheinland-Pfalz und die Samtgemeinden in Niedersachsen an, so dass auch EG-Ausländer an diesen Wahlen teilnehmen können.[806]

Ähnlich wie in den Gemeindeteilen stellt sich aber das Problem, ob die Beteiligung von EG-Ausländern bei Wahlen in den Gesamtgemeinden **verfassungsmäßig** ist. Denn Art. 28 I 3 GG spricht nur von „Wahlen in Kreisen und Gemeinden", nicht aber von Wahlen in „Gesamtgemeinden". Nun könnte man auf die Idee kommen, die Gesamtgemeinde als eine besondere Gemeindeart unter den Begriff der „Gemeinde" i.S.d. Art. 28 GG zu subsumieren. Denn in den Verbandsgemeinden ist die Zuständigkeit zur Erfüllung der gemeindlichen Aufgaben zwischen den Verbandsgemeinden und den Ortsgemeinden aufgeteilt, so dass die Verbandsgemeinde innerhalb der zweistufig aufgebauten Föderalgemeinde als „zweite Gemeindeebene" angesehen werden kann.[807] Doch selbst wenn man die Verbandsgemeinde im Allgemeinen nicht als Gemeinde i.S.d. Art. 28 GG einordnet,[808] kann hier – mittelbar – die Maßgabeklausel des Art. 28 I 3 GG weiterhelfen. Denn die analoge Anwendung der Richtlinie auf die Verbandsgemeinden in Rheinland-Pfalz und die Samtgemeinden in Niedersachsen wirkt sich über die Maßgabeklausel auf die Interpretation der Formulierung „Wahlen in Kreisen und Gemeinden" in Art. 28 I 3 GG aus. Eine Deutung, die Volkswahlen zu Gesamtgemeinden einschließt, überschreitet auch nicht die Grenzen zulässiger Verfassungsauslegung, weil Gesamtgemeinden auf einer Ebene zwischen normaler Einheitsgemeinde und Kreisebene angesiedelt sind. Dementsprechend wurde den Unionsbürgern in Rheinland-Pfalz das Wahlrecht zum Verbandsgemeinderat[809] und in Niedersachsen zum Samtgemeinderat[810] zu Recht eingeräumt.

---

[806] So *Schrapper,* DVBl. 1995, S. 1170; *Hasselbach,* ZG 1997, S. 52 f.; *Pieroth/Schmülling,* DVBl. 1998, S. 366; *Laubach,* S. 72; *Barley,* S. 79 f.; a.A. *Burkholz,* DÖV 1995, S. 817.
[807] So BVerfGE 77, 288 (307); *Stargardt,* DVP 1993, S. 309. Offen gelassen in BVerwG, DÖV 1984, S. 548 ff.
[808] Nach *Gern,* Deutsches Kommunalrecht, S. 585, handelt es sich vielmehr um einen „Gemeindeverband" i.S.d. Art. 28 II GG.
[809] § 64 GO Rh.-Pf. i.V.m. §§ 1, 53 KWG Rh.-Pf.
[810] §§ 75 II 1, 34 I Nr. 1 und 35 I 1 Nr. 3 der Niedersächsischen Gemeindeordnung (NGO).

c) Wahlen in höheren Kommunalverbänden

Anders zu beurteilen ist die Situation bei Wahlen in sog. „höheren Kommunalverbänden", d.h. den kommunalen Gebietskörperschaften, die oberhalb der Kreisebene angesiedelt sind. Zwar finden auch dort teilweise allgemeine und unmittelbare Wahlen statt, nämlich in den **bayerischen Bezirken** und dem **Bezirksverband Pfalz,**[811] so dass man daran denken könnte, diese Wahlen in den Anwendungsbereich der Richtlinie einzubeziehen. Es würde schließlich auch einiges dafür sprechen, das Wahlrecht für Unionsbürger konsequent auf sämtliche Wahlen zu erstrecken, die der kommunalen Ebene noch zugerechnet werden können. Eine solche Auslegung würde aber dem Wortlaut und Konzept der Richtlinie widersprechen. Nicht alle Wahlen in lokalen Gebietskörperschaften, sondern nur Wahlen in lokalen Gebietskörperschaften „der Grundstufe" sollen erfasst sein. Der Anhang der Richtlinie konkretisiert dies für Deutschland so, dass die Kreisebene die höchste kommunale Ebene sein soll, die von dieser Definition erfasst ist. Ein Wahlrecht für Unionsbürger bei Wahlen zu höheren Kommunalverbänden und bei Regionalwahlen lässt sich daher aus der Richtlinie nicht ableiten.[812] Auch das Grundgesetz lässt hier keinen Spielraum, da Art. 28 I 3 GG nur von Wahlen in Kreisen und Gemeinden spricht.[813] Dementsprechend haben Bayern das Wahlrecht bei der Wahl der Bezirksräte und Rheinland-Pfalz das Wahlrecht bei der Wahl des Vertretungsorgans des Bezirksverbands Pfalz zu Recht deutschen Staatsangehörigen vorbehalten.[814] Auch das **Verwaltungsgericht Ansbach** hat dies so gesehen und in seinem Urteil vom 13.1.2000 festgestellt, dass nichtdeutsche Unionsbürger kein Recht auf Teilnahme an den Wahlen zu den bayerischen Bezirkstagen haben. Die Klage eines österreichischen und eines italienischen Staatsangehörigen, die bei der Bezirkstagswahl 1998

---

[811] *Schmidt-Aßmann,* in: *ders. (Hrsg.),* Besonderes Verwaltungsrecht, S. 102; *Gern,* Deutsches Kommunalrecht, S. 591 f.

[812] *Pieroth/Schmülling,* DVBl. 1998, S. 366; *Schrapper,* DVBl. 1995, S.1169; ***Burkholz,*** DÖV 1995, S. 817; anderer Ansicht *Grumann,* S. 182.

[813] *Burkholz,* DÖV 1995, S. 817; ***Barley,*** S. 81.

[814] Vgl. in Bayern Art. 4 I Nr. 1 BezWG, Art. 1 I LWG und in Rheinland-Pfalz § 56 I 2 KWG. Zur Begründung Landtag Rheinland-Pfalz, Gesetzentwurf der Landesregierung, Drs. 12/7293, S. 12 und 27.

nicht in das Wählerverzeichnis eingetragen worden waren, wies es daher als unbegründet zurück.[815]

d) Wahlen in Stadt-Umland-Verbänden

Um die Verwaltungsprobleme zwischen Großstädten und ihrem Umland in den Griff zu bekommen, wurden oftmals Stadt-Umland-Verbände geschaffen. Diese Verbände erfüllen öffentliche Aufgaben, die über den räumlichen Zuständigkeitsbereich der Zentralstadt hinausreichen, ohne jedoch bereits staatliche Aufgaben zu sein.[816] Schon deshalb gehört der **Verband Region Stuttgart *nicht*** zur Kategorie der Stadt-Umland-Verbände. Denn die Aufgaben des Verbands Region Stuttgart, wie z.B. die Regionalplanung, sind staatlicher und nicht kommunaler Natur.[817] Der Verband ist kein Kommunalverband mehr und die Wahl zum Verbandstag stellt keine Kommunalwahl, sondern eine Regionalwahl dar.[818] Daher besteht zu Recht kein Wahlrecht der EG-Ausländer bei der unmittelbaren Wahl der Regionalversammlung des Verbandes Region Stuttgart.[819]

In zwei Stadt-Umland-Verbänden mit kommunalen Aufgaben, nämlich im Stadtverband Saarbrücken und im Umlandverband Frankfurt, werden die Mitglieder der Vertretungskörperschaften unmittelbar vom Volk gewählt. Hier stellt sich ebenfalls die Frage, ob EG-Ausländer an den Wahlen teilnehmen dürfen. Da die beiden Verbände im Anhang der Richtlinie nicht ausdrücklich erwähnt sind, hängt dies davon ab, ob sie als „lokale Gebietskörperschaften der Grundstufe" i.S.d. Art. 2 I lit. a RL eingestuft werden können, d.h. ob sie auf der Grundstufe der politischen und administrativen Organisation für die Verwaltung bestimmter örtlicher Angelegenheiten unter eigener Verantwortung zuständig sind.

---

[815] VG Ansbach, BayVBl. 2001, S. 26 ff.
[816] *Wagener*, in: *Püttner (Hrsg.)*, Handbuch der kommunalen Wissenschaft und Praxis, Bd. 2, S. 414.
[817] *Groß*, VBlBW 1994, S. 433; *Gern*, Deutsches Kommunalrecht, S. 593.
[818] Vgl. *Roller*, S. 75 ff.; *Sixt*, Kommunalwahlrecht in Baden-Württemberg, S. 17, 19, 28 f., 44; *Engelken*, VBlBW 1995, S. 230; *ders.*, Kommentar zur Verfassung von Baden-Württemberg, Art. 72 Rn. 13 f.; *Bock*, BWGZ 1999, S. 647.
[819] §§ 8 und 9 des Gesetzes über die Errichtung des Verbands Region Stuttgart.

Der **Stadtverband Saarbrücken** ist als Zusammenschluss benachbarter Gemeinden des Großraums Saarbrücken Gemeindeverband und Gebietskörperschaft. Sowohl die Mitglieder des Stadtverbandstags als auch der Stadtverbandspräsident werden von den Bürgern der stadtverbandsangehörigen Gemeinden in allgemeiner, unmittelbarer, freier, gleicher und geheimer Wahl gewählt (§§ 205 I, 212 I 1 KSVG). Der Stadtverband erfüllt die überörtlichen, in ihrer Bedeutung auf das Verbandsgebiet beschränkten öffentlichen Aufgaben im Rahmen der Gesetze in eigener Verantwortung (§ 194 KSVG). Mit der Gründung des Stadtverbandes war die Auflösung des Landkreises Saarbrücken verbunden. Da der Stadtverband hauptsächlich überörtliche Aufgaben auf Landkreisebene wahrnimmt (§§ 197 und 198 KSVG), hat das Bundesverfassungsgericht ihn folgerichtig als eine „landkreisähnliche Institution" bezeichnet.[820] Tritt der Stadtverband Saarbrücken jedoch an die Stelle eines Landkreises, so müssen EG-Ausländer an der Wahl der Mitglieder des Stadtverbandstags und des Stadtverbandspräsidenten genauso mitwirken dürfen wie sonst an Wahlen in den Kreisen. Damit hat der saarländische Landtag Unionsbürgern das Wahlrecht im Stadtverband Saarbrücken (§§ 205 I, 212 I i.V.m. § 18 II KSVG) zu Recht eingeräumt.

In Hessen sah der Gesetzentwurf der Landesregierung ursprünglich vor, das aktive und passive Wahlrecht zum Verbandstag ausdrücklich Deutschen vorzubehalten. Zur Begründung wurde ausgeführt, der **Umlandverband Frankfurt** sei keine Gebietskörperschaft der Grundstufe, so dass eine Teilnahme von Ausländern an der Wahl verfassungsrechtlich nicht zulässig sei.[821] Auf eine Beschlussempfehlung des federführenden Innenausschusses änderte der Landtag den Gesetzentwurf jedoch später wieder ab,[822] so dass sich das Wahlrecht bei der Wahl des Umlandverbands Frankfurt nun doch auf EG-Ausländer erstreckt (§ 6 III 2 Umlandverbandsgesetz i.V.m. §§ 30 ff. HGO). Die Frage der Verfassungsmäßigkeit der Mitwirkung von Unionsbürgern im Umlandverband Frankfurt ist problematischer als im Stadtverband Saarbrücken. Denn Mitglieder des Um-

---

[820] BVerfGE 77, 288 (305).
[821] Gesetzentwurf der Landesregierung, Hessischer Landtag, Drs. 14/93, S. 4, 8 und 14.
[822] Beschlussempfehlung und Bericht des Innenausschusses vom 23.8.1995, Hessischer Landtag, Drs. 14/394; Zweite Lesung des Gesetzentwurfs, PlPr. 14/13 vom 6.9.1995, S. 623 ff.

landverbands Frankfurt sind neben Städten und Gemeinden auch Landkreise im Raum Frankfurt. Dies könnte ein Indiz dafür sein, dass es sich um einen Kommunalverband höherer Stufe handelt[823] mit der Konsequenz, dass EG-Ausländer vom Wahlrecht auszuschließen wären. Allerdings gehören die Landkreise nur für das Gebiet der dem Verband angehörenden Städte und Gemeinden zum Verbandsgebiet (§ 2 Umlandverbandsgesetz), so dass von sechs Landkreisen drei nur teilweise erfasst sind.[824] Dies spricht dagegen, den Umlandverband oberhalb der Kreisebene anzusiedeln. Zudem erfüllt der Umlandverband Aufgaben (vgl. § 3 Umlandverbandsgesetz), die sonst von den Gemeinden und Kreisen wahrgenommen werden. Für die gemeindliche Aufgabe der Aufstellung des Flächennutzungsplans besteht innerhalb des Verbands eine eigene Gemeindekammer, für die übrigen Aufgaben, wie z.B. die Abwasserbeseitigung, ist der Verband weitgehend nach dem Vorbild eines Landkreises organisiert.[825] Damit kann auch der Umlandverband Frankfurt anhand seines Gebietszuschnitts und seiner Aufgaben zu den „Gebietskörperschaften der Grundstufe" i.S.d. Europarechts und zu den „Kreisen und Gemeinden" i.S.d. Art. 28 I 3 GG gezählt werden. Die Beteiligung der Unionsbürger an den Wahlen zum Verbandstag verstößt daher nicht gegen das Grundgesetz.[826]

2. Abgrenzung der kommunalen Ebene in den Stadtstaaten

Die Probleme bei der Umsetzung des Kommunalwahlrechts für Unionsbürger in den Stadtstaaten Berlin, Bremen und Hamburg ergeben sich aus der Besonderheit, dass dort kommunale und staatliche Ebene zusammenfallen, so dass es keine eigenständigen Kommunalwahlen gibt. Denn durch die Stimmabgabe, mit der die kommunale Aufgabenerfüllung legitimiert wird, wird gleichzeitig auch das jeweilige Landesparlament gewählt.[827] Verantwortlich für das **Dilemma** ist also der Mischcharakter der Bürgerschaftswahl in Bremen und Hamburg bzw. der Wahl des Abgeordnetenhauses in Berlin, die jeweils gleichzeitig Landtags- und Kommunalwahl ist.

---

[823] So *Stargardt*, DVP 1993, S. 344.
[824] *Wagener*, in: *Püttner (Hrsg.)*, Handbuch der kommunalen Wissenschaft und Praxis, Bd. 2, S. 425.
[825] *Meyer*, in: *Meyer/Stolleis (Hrsg.)*, Staats- und Verwaltungsrecht für Hessen, S. 261.
[826] Im Ergebnis ebenso *Grumann*, S. 178 ff.
[827] Vgl. *Sieveking*, DÖV 1993, S. 454.

Art. 19 I EGV verlangt die Einräumung des Kommunalwahlrechts, ohne andererseits die Einräumung des Landtagswahlrechts fordern zu dürfen. Denn die Teilnahme von Unionsbürgern an einer Wahl auf Staatsebene, wie einer Landtagswahl, ist von der Garantie des Art. 19 I EGV nicht umfasst.[828] Dies ergibt sich bereits ganz klar aus dem Wortlaut, so dass selbst in den Stadtstaaten Landtagswahlen nicht in „Kommunalwahlen im Sinn des Europarechts" uminterpretiert werden können. Daran ändert nichts, dass ein „Mehr" in Form eines „Stadt-Land-Wahlrechts" der Integration der EG-Ausländer im Aufenthaltsstaat und damit dem Ziel des Wahlrechts nur förderlich wäre,[829] da es insoweit an einer europarechtlichen Regelungsbefugnis fehlt (Grundsatz der begrenzten Einzelermächtigung).

Denkbar wäre eine **organisatorische Trennung** von Kommunalwahl und Landtagswahl, die allerdings mit hohen Kosten verbunden wäre und auf eine Verwässerung der Institution der Stadtstaaten hinauslaufen würde. Das Gemeinschaftsrecht misst jedoch dem Erhalt regionaler und kommunaler Besonderheiten große Bedeutung zu und strebt grundsätzlich keine Vereinheitlichung an. Auch die Richtlinie verlangt nicht, dass die Mitgliedstaaten ihre gewachsenen Strukturen umformen. Daher zwingt sie nicht zu einer Auflösung der historisch gewachsenen stadtstaatlichen Strukturen.[830] Damit schreibt das Gemeinschaftsrecht ein Wahlrecht für Unionsbürger nur in dem Umfang vor, in welchem das Recht der einzelnen Mitgliedstaaten überhaupt kommunale Organisationsstrukturen und kommunale Volkswahlen kennt. Das Gemeinschaftsrecht fordert aber nicht, dass die Mitgliedstaaten ihre Verwaltungsorganisation umgestalten und eigenständige kommunale Organe neu schaffen, nur damit Unionsbürgern eine Wahlteilnahme ermöglicht wird. Vielmehr respektiert es den vorgefundenen innerstaatlichen Verwaltungsaufbau und kann nur auf dieser Basis das bestehende Kommunalwahlrecht auf EG-Ausländer ausdehnen.[831]

---

[828] *Scholz*, in: *Maunz/Dürig*, Grundgesetz-Kommentar, Art. 28 Rn. 41 g.
[829] *Sieveking*, DÖV 1993, S. 460.
[830] Vgl. *Sieveking*, DÖV 1993, S. 459.
[831] Vgl. Mitteilung des Senats vom 7.5.1996, Bremische Bürgerschaft, Drs. 14/294 vom 9.5.1996, S. 5; *Hilf*, in: *Grabitz/Hilf*, Das Recht der Europäischen Union, Band I, Art. 19 EGV Rn. 12.

Im Vorfeld der Umsetzung wurden verschiedene Lösungsmöglichkeiten diskutiert,[832] die heute aber teilweise überholt sind. Die folgende Darstellung konzentriert sich daher darauf, die **konkret realisierten Umsetzungsmodelle** auf ihre Rechtmäßigkeit hin zu untersuchen.

a) Hamburg und Berlin

Die Kommunalwahlrichtlinie hat dazu beigetragen, das Stadtstaatenproblem zu entschärfen.[833] So enthält der Anhang der **Richtlinie 94/80/EG** die gesetzliche Fiktion, dass in der Freien und Hansestadt Hamburg und im Land Berlin der **Bezirk** als die „lokale Gebietskörperschaft der Grundstufe" i.S.d. Art. 2 I lit. a RL zu gelten hat. Ähnlich stuft die Richtlinie 96/30/EG die Bezirke der Stadt Wien als „lokale Gebietskörperschaften der Grundstufe" ein, weil der Gemeinderat von Wien auch die Funktion des Landtags hat.[834]

Damit erlaubt die Richtlinie 94/80/EG indirekt, dass in Hamburg und Berlin die EG-Ausländer von der Wahl der Bürgerschaft bzw. des Abgeordnetenhauses – die sowohl kommunale Aufgaben als auch Landesaufgaben wahrnehmen – ausgeschlossen bleiben und ihnen stattdessen (nur) ein Wahlrecht zu den Bezirksversammlungen eingeräumt wird. Hamburg und Berlin sind diesen Vorgaben gefolgt und haben im Einklang mit der Richtlinie das Unionsbürgerwahlrecht auf die Bezirkswahlen beschränkt.[835]

Diese Lösung wird weithin als **primärrechtskonform** akzeptiert.[836] Vereinzelt wird in der Literatur aber auch die Meinung vertreten, dass in den Stadtstaaten Hamburg und Berlin das Kommunalwahlrecht für Unionsbürger nicht gemäß den Anforderungen des Art. 19 I EGV verwirklicht worden sei, da ein Wahl-

---

[832] Vgl. z.B. Bremische Bürgerschaft, Drs. 14/294 vom 9.5.1996.
[833] *Scholz*, in: *Maunz/Dürig*, Grundgesetz-Kommentar, Art. 28 Rn. 41 g.
[834] Vgl. zur Problematik der Stadt Wien *Schnedl*, ÖJZ 1995, S. 852 und *Mayer*, ÖJZ 1997, S. 363 f.
[835] Siehe insbesondere Art. 70 I VvB und § 22 a LWG in Berlin und §§ 6 II, 10 I BezVersWahlG in Hamburg. Näher zur Umsetzung der Richtlinie in den beiden Ländern unter Punkt E.
[836] Vgl. z.B. *Pieroth/Schmülling*, DVBl. 1998, S. 366 und *Barley*, S. 91 und 99.

recht in den Bezirken nicht ausreiche.[837] Nach dieser Auffassung verstößt die Richtlinie gegen Art. 19 I EGV, weil sie den Anwendungsbereich des Ausländerwahlrechts in den Stadtstaaten Hamburg und Berlin zu eng fasst. Unionsbürger müssten in den Stadtstaaten zur Wahl der Bürgerschaft bzw. des Abgeordnetenhauses zugelassen werden, da diese – zumindest auch – Kommunalwahl ist, sie müssten also ebenso wie deutsche Bürger ein „Stadt-Land-Wahlrecht" erhalten.[838] Die Mitgliedstaaten dürften die volle Verwirklichung des Gemeinschaftsrechts nicht unter Berufung auf ihre Verfassungs- und Verwaltungsstrukturen verhindern. Aus der Sicht des Gemeinschaftsrechts spiele es aber keine Rolle, dass die Städte Hamburg und Berlin gleichzeitig als Bundesländer regionale Aufgaben erfüllen.[839] Dem ist entgegenzuhalten, dass Art. 19 I EGV nur das bereits in den Mitgliedstaaten bestehende Kommunalwahlrecht auf Unionsbürger ausdehnen möchte. Da in den Stadtstaaten Berlin und Hamburg aber keine von der staatlichen Ebene getrennte eigene kommunale Vertretungskörperschaft mit eigener Kommunalwahl existiert und das Europarecht auch nicht zur Schaffung einer solchen verpflichtet, ist es europarechtlich nicht erforderlich, EG-Ausländer zu dieser Mischwahl zuzulassen. Eine andere Interpretation würde den Inhalt des Art. 19 I EGV überdehnen.[840]

Nach der Kommunalwahlrichtlinie soll daher in den Stadtstaaten Berlin und Hamburg die Wahl in den Bezirken als Kommunalwahl i.S.d. Art. 19 I EGV gelten, auch wenn die Bezirke nach dem Grundgesetz gar keine Kommunen sind. Damit definiert das **Europarecht** den **Begriff der Kommunalwahl** anders als das deutsche Verfassungsrecht. Maßgebliche kommunale Ebene ist europarechtlich die „lokale Gebietskörperschaft der Grundstufe". Art. 2 I lit. a RL beschreibt diese als Verwaltungseinheit, die auf der Grundstufe der politischen und administrativen Organisation für die Verwaltung bestimmter örtlicher Angele-

---

[837] *Hasselbach,* ZG 1997, S. 53; ebenfalls *Sieveking,* DÖV 1993, S. 457 f. (noch vor Erlass der Richtlinie).

[838] Nach *Sieveking,* DÖV 1993, S. 458 ff., wäre der Bund daher verpflichtet gewesen, in das Grundgesetz eine Stadtstaaten-Klausel aufzunehmen, um Unionsbürgern die Teilnahme an der Stadt-Land-Wahl zu ermöglichen.

[839] *Hasselbach,* ZG 1997, S. 53.

[840] *Scholz,* in: *Maunz/Dürig,* Grundgesetz-Kommentar, Art. 28 Rn. 41 g (S. 21 j Fn. 2), in Auseinandersetzung mit der Ansicht von Sieveking; ebenso *Löwer,* in: *von Münch/Kunig,* Grundgesetz-Kommentar, Art. 28 Rn. 31.

genheiten unter eigener Verantwortung zuständig ist und in allgemeiner und unmittelbarer Wahl gewählte Organe besitzt. Diese Voraussetzungen sind bei den Bezirken erfüllt. Zudem legt der Anhang der Richtlinie, in dem die Bezirke in Hamburg und Berlin im gleichen Atemzug wie die Gemeinden genannt werden, nahe, dass das Europarecht die Bezirke in den Stadtstaaten Hamburg und Berlin den Gemeinden in den Flächenländern gleichstellen möchte. Selbst wenn die Bezirke nicht unter die Garantie der kommunalen Selbstverwaltung i.S.d. Art. 28 II GG fallen, so ist ihre rechtliche Stellung derjenigen der Gemeinden doch angenähert.[841] Was Größe und Einwohnerzahl betrifft, sind die Bezirke in Hamburg und Berlin in ihrer Bedeutung sogar mit Großstädten in den Flächenländern vergleichbar.[842] Das Europarecht fordert aber nicht, dass kommunale Selbstverwaltung im Sinn des deutschen Verfassungsrechts vorliegt. Das Gemeinschaftsrecht ist insofern weniger streng. Der Zweck dieser eigenständigen Begriffsbildung liegt auch darin, das Kommunalwahlrecht überhaupt erst in allen Mitgliedstaaten möglich zu machen. Die Alternative wäre nur, EG-Ausländern in den Stadtstaaten Berlin und Hamburg überhaupt kein Wahlrecht zu eröffnen.

Damit kann europarechtlich die Wahl in den Bezirken der Stadtstaaten Berlin und Hamburg als gleichwertig mit der Wahl in den Gemeinden der Flächenstaaten eingestuft werden, so dass der Vorgabe des **Art. 19 I EGV** genügt wird.

Dafür stellt sich nun die Frage der Vereinbarkeit mit dem **Grundgesetz**. Zunächst mag ein Wahlrecht in den Bezirken aus der Sicht des deutschen Verfassungsrechts unzureichend erscheinen. Denn **Art. 28 I 3 GG** eröffnet Unionsbürgern ein Wahlrecht in Kreisen und Gemeinden. Die Berliner und Hamburger Bezirke sind verfassungsrechtlich aber nicht mit Gemeinden gleichzustellen, so dass Bezirkswahlen einen anderen Stellenwert haben als Gemeindewahlen. Das Bundesverfassungsgericht hat bereits für die Hamburger Bezirke entschieden, dass diese keine Gebietskörperschaften sind und mit Gemeinden nicht vergli-

---

[841] Vgl. VG Ansbach, BayVBl. 2001, S. 26 (28). Für die Berliner Bezirke vgl. *Haaß*, LKV 1996, S. 84 ff. und *Neumann*, in: *Pfennig/Neumann (Hrsg.)*, Verfassung von Berlin, Art. 66, 67 Rn. 17.

[842] Für Hamburg vgl. BVerfGE 83, 60 (63).

chen werden können, weil ihnen die Rechtsfähigkeit und die Allzuständigkeit fehlen, die die gemeindliche Selbstverwaltung prägen.[843] Auch für die Berliner Bezirke gilt, dass sie keine kommunalen Gebietskörperschaften i.S.v. Art. 28 I 2 GG und Art. 28 II GG darstellen.[844]

Das verfassungsrechtliche Problem des Wahlrechts der Unionsbürger in den Stadtstaaten Berlin und Hamburg lässt sich aber über eine Interpretation des Art. 28 I 3 GG lösen. Zwar sind die Bezirke in Hamburg und Berlin keine Gemeinden im Sinn der Art. 28 I 2 und Art. 28 II 1 GG. Allerdings ermöglicht es die Maßgabeklausel in Art. 28 I 3 GG, den Gemeindebegriff in dieser Vorschrift im Licht des Gemeinschaftsrechts auszulegen. Im übrigen wurde durch die Berliner Verfassungs- und Verwaltungsreform von 1994[845] die bezirkliche Selbstverwaltung zumindest in Berlin so gestärkt, dass die Bezirke den Gemeinden i.S.v. Art. 28 II GG heute zwar nicht völlig, aber annähernd gleichgestellt sind.[846] Deshalb kann das Grundgesetz im Hinblick auf das Wahlrecht der Unionsbürger die europarechtliche Entscheidung, die Bezirke in Hamburg und Berlin den Gemeinden der Flächenländer gleichzustellen, übernehmen. Der Begriff „Gemeinde" in Art. 28 I 3 GG bezieht sich also in den Stadtstaaten Berlin und Hamburg auf die Bezirke und hat damit eine etwas andere Bedeutung als in Art. 28 I 2 GG und Art. 28 II 1 GG, wo die Bezirke nicht unter den Gemeindebegriff subsumiert werden können. Damit ist die in den Stadtstaaten Berlin und Hamburg gefundene Lösung, die Unionsbürgern das Wahlrecht nur in den Bezirken gewährt, auch verfassungsrechtlich nicht zu beanstanden.[847]

---

[843] BVerfGE 83, 60 (76). Vgl. auch *Thieme,* Verfassung der Freien und Hansestadt Hamburg, S. 27 ff.

[844] Vgl. *Scholz,* in: *Maunz/Dürig,* Grundgesetz-Kommentar, Art. 28 Rn. 41 g; *Sieveking,* DÖV 1993, S. 452 und 454. Siehe auch §§ 2 I, 3 II und 4 I Bezirksverwaltungsgesetz Berlin.

[845] Verfassungsreformgesetz vom 6.7.1994, GVBl. S. 217 und Verwaltungsreformgesetz vom 19.7.1994, GVBl. S. 241; bestätigt durch die Verfassung i.d.F. vom 23.11.1995, GVBl. S. 779.

[846] *Haaß,* LKV 1996, S. 84 ff.; *Neumann,* in: *Pfennig/Neumann (Hrsg.),* Verfassung von Berlin, Art. 66, 67 Rn. 17.

[847] So im Ergebnis auch *Barley,* S. 92 und 99; *Hilf,* in: *Grabitz/Hilf,* Das Recht der Europäischen Union, Band I, Art. 19 EGV Rn. 14. Zum ähnlichen Verfassungsproblem in der Stadt Wien *Mayer,* ÖJZ 1997, S. 363 ff.

Zudem weist der Gesetzentwurf von Hamburg zu Recht darauf hin, dass eine über das Wahlrecht in den Bezirken hinausgehende Ausdehnung des Ausländerwahlrechts, insbesondere ein Wahlrecht zur Bürgerschaft, gegen das Grundgesetz verstoßen würde. Dabei gebe den Ausschlag, dass die Bürgerschaft auch Landesparlament sei, während Art. 28 I 3 GG lediglich die Umsetzung von EG-Recht zum kommunalen Wahlrecht ermögliche.[848] Auch das Bundesverfassungsgericht hat festgestellt, dass die Hamburger Bürgerschaft sowohl die Aufgaben eines Landtags als auch einer kommunalen Volksvertretung erfüllt.[849] Ein Ausländerwahlrecht zum Landtag wäre daher selbst in den Stadtstaaten nicht von der Ausnahmeregelung in Art. 28 I 3 GG gedeckt und demzufolge als Verstoß gegen den Grundsatz der **Volkssouveränität** (Art. 20 II, 28 I 1 GG) weiterhin verfassungswidrig.[850] Es ist sogar streitig, ob das Grundgesetz im Hinblick auf die Ewigkeitsgarantie des Art. 79 III GG in diesem Punkt überhaupt geändert werden dürfte.[851]

b) Bremen

Die Situation in der Freien Hansestadt **Bremen** unterscheidet sich stark von derjenigen in den anderen Stadtstaaten. So besteht der Stadtstaat Bremen nicht aus einer, sondern aus zwei Städten, Bremen und Bremerhaven, die beide Gebietskörperschaften mit echtem Selbstverwaltungsrecht sind. Die Stadtgemeinde Bremerhaven besitzt eine eigene Stadtverfassung, die selbständige Wahlen zur Stadtverordnetenversammlung und einen eigenen Magistrat vorsieht. Das Problem bei der Umsetzung der Richtlinie beschränkt sich daher auf die Stadtgemeinde Bremen. Der Landtag von Bremen (Bürgerschaft) und die Landesregierung (Senat) übernehmen nämlich gleichzeitig auch die Funktionen des Stadtrats und der Stadtregierung der Stadtgemeinde Bremen. Mitglieder der Stadtbürgerschaft werden dabei die von den stadtbremischen Wählern in die Bürgerschaft

---

[848] Mitteilung des Senats an die Bürgerschaft: Entwurf eines Gesetzes zur Einführung des Wahlrechts für Unionsbürger zu den Bezirksversammlungen, Bürgerschaft der Freien und Hansestadt Hamburg, Drs. 15/4207, S. 2 f.

[849] BVerfGE 83, 60 (76).

[850] So die Bundesregierung im Gesetzentwurf zur Änderung des Grundgesetzes, BT-Drs. 12/3338, S. 11. Ebenso *Scholz,* in: *Maunz/Dürig,* Grundgesetz-Kommentar, Art. 28 Rn. 41 g; *Thieme,* Verfassung der Freien und Hansestadt Hamburg, S. 35.

[851] Ablehnend die Bundesregierung im Gesetzentwurf zur Änderung des Grundgesetzes, BT-Drs. 12/3338, S. 11; befürwortend *Sieveking,* DÖV 1993, S. 458 f.

gewählten Vertreter (Art. 148 I BremLV), sie werden also durch die Landtagswahl im Wahlbereich Bremen bestimmt. Jedenfalls vor der Einführung des Wahlrechts der Unionsbürger gab es somit in der Stadtgemeinde Bremen keine eigenständige Kommunalwahl, und die Stadtbürgerschaft war automatisch mit der Bürgerschaft des Landes teilidentisch.[852]

Nach dem Anhang der **Richtlinie** stellt in der Freien Hansestadt Bremen neben der Stadtgemeinde Bremerhaven auch die **Stadtgemeinde Bremen** eine lokale Gebietskörperschaft der Grundstufe dar. Die Richtlinie wurde in der Stadtgemeinde Bremen so umgesetzt, dass Unionsbürger ein nur auf die Stadtbürgerschaft bezogenes Wahlrecht zur Bürgerschaft erhalten haben.[853] Weiterhin gibt es also nur einen Wahlakt zur Bürgerschaft, bei dem sich die Stimmen der Unionsbürger aber nur auf die Zusammensetzung der Stadtbürgerschaft auswirken. Diese Lösung wird einhellig als **europarechtskonform** bezeichnet.[854] Sie entspricht der Richtlinie und begegnet auch im Hinblick auf Art. 19 I EGV keinen Bedenken, weil anders als in Berlin und Hamburg die EG-Ausländer in Bremen nicht nur auf die Beiratswahlen auf der untergemeindlichen Ebene verwiesen werden, sondern ein Wahlrecht auf Gemeindeebene selbst erhalten haben. Zudem stellt die Wahl zur Stadtbürgerschaft jedenfalls für Unionsbürger zweifellos eine unmittelbare Wahl der Vertretungskörperschaft im Sinn der Richtlinie dar.

Auch **verfassungsrechtliche Risiken** sollten möglichst vermieden werden, indem man darauf verzichtet hat, Unionsbürgern im Wahlbereich Bremen auch das Wahlrecht zum Landtag zu gewähren. Denn es wurde zu Recht befürchtet, dass die Teilnahme von Unionsbürgern an einer Landtagswahl gegen das Grundgesetz (Art. 20, 28, 38 GG) und gegen die Landesverfassung (Art. 66)

---

[852] Vgl. *Sieveking,* DÖV 1993, S. 453 f.

[853] Gesetz zur Umsetzung der Richtlinie 94/80/EG, GBl. der Freien Hansestadt Bremen vom 16.10.1996, Nr. 46, S. 303. Näher dazu unter Punkt E II 2 c.

[854] Siehe z.B. *Pieroth/Schmülling,* DVBl. 1998, S. 366. Selbst *Hasselbach,* ZG 1997, S. 53, sieht hier keinen Verstoß gegen Art. 19 I EGV. Vgl. zu diesem Lösungsmodell ebenso Mitteilung des Senats vom 7.5.1996, Bremische Bürgerschaft, Drs. 14/294 vom 9.5.1996, S. 10.

verstoßen könnte.[855] Dennoch galt im Gesetzgebungsverfahren auch die dann realisierte Lösung als rechtlich nicht unproblematisch.[856] Viele **Probleme** wurden jedoch nicht erst durch die Umsetzung der Richtlinie geschaffen, sondern waren bereits in der Verfassung des Stadtstaates Bremen angelegt.[857] Denn schon vorher gab es Zweifel, ob alle Regelungen über die Stadtgemeinde Bremen mit dem Grundgesetz vereinbar waren. Diese allgemeinen Verfassungsfragen sollen und können hier nicht abschließend erörtert werden. Der Schwerpunkt liegt hier vielmehr bei der Frage, inwieweit die Umsetzung der Richtlinie in Bremen die vorherige Verfassungslage verändert hat.

Zum einen wurde in der Stadtgemeinde Bremen eine Rechtslage geschaffen, nach der die Wahl zur Stadtbürgerschaft – nur im Hinblick auf Unionsbürger – eine **eigenständige Kommunalwahl** darstellt, während es für Deutsche weiterhin bei einem einheitlichen Wahlakt, nämlich einer kommunal-regionalen Mischwahl, bleibt. Diese Regelung wird teilweise für verfassungsrechtlich bedenklich gehalten. Denn deutsche Bürger in der Stadtgemeinde Bremen können ihre kommunale Vertretung nur in Abhängigkeit von ihrer Entscheidung bei der Landtagswahl wählen,[858] während Unionsbürger die Mitglieder der Stadtbürgerschaft in einem eigenständigen Wahlakt bestimmen können.[859] Darin eine Benachteiligung der deutschen Wähler zu sehen, die gegen den Gleichheitssatz verstößt, wäre aber falsch. Schließlich haben die deutschen Wähler im Vergleich zu den Unionsbürgern nicht weniger Rechte, sondern mehr, weil ihre Stimme auch Wirkung auf die Zusammensetzung des Landtags hat. Auch eine europarechtswidrige Diskriminierung der EG-Ausländer im Wahlbereich Bremen ist nicht gegeben, weil sie nach dem Europarecht keinen Anspruch auf Teilnahme

---

[855] Vgl. Mitteilung des Senats vom 7.5.1996, Bremische Bürgerschaft, Drs. 14/294 vom 9.5.1996, S. 8 ff. und S. 12; *Hilf,* in: *Grabitz/Hilf (Hrsg.),* Das Recht der Europäischen Union, Band I, Art. 19 EGV Rn. 14.

[856] Vgl. Bericht und Antrag des nichtständigen Ausschusses gemäß Artikel 125 der Landesverfassung (Kommunalwahlrecht für Unionsbürger), Bremische Bürgerschaft, Drs. 14/400 vom 12.8.1996; ebenso Mitteilung des Senats vom 7.5.1996, Bremische Bürgerschaft, Drs. 14/294 vom 9.5.1996, S. 10.

[857] Ähnlich *Barley,* S. 96.

[858] *Hasselbach,* ZG 1997, S. 53 und 61.

[859] Dies ist wohl auch gemeint, wenn davon die Rede ist, dass nur Unionsbürger die Stadtbürgerschaft „unmittelbar“ wählen können, vgl. Mitteilung des Senats vom 7.5.1996, Bremische Bürgerschaft, Drs. 14/294, S. 13.

an den Landtagswahlen haben. Der Grundsatz des Art. 19 I EGV, wonach das Wahlrecht Unionsbürgern unter den gleichen Bedingungen wie Inländern zu gewähren ist, ist eben nur bei Kommunalwahlen anwendbar. Im übrigen ist eine gewisse Ungleichbehandlung der Wähler in Bremen im Vergleich zu Wählern in Bremerhaven bereits im System angelegt und von der Landesverfassung gebilligt, als sie zulässt, dass die Staatsbürger aus Bremerhaven ein eigenständiges Landtagswahlrecht und ein eigenständiges Kommunalwahlrecht besitzen, die Staatsbürger der Stadtgemeinde Bremen aber nicht. Schon bisher war zudem zweifelhaft, ob die Wahl der Bremer Stadtbürgerschaft dem Erfordernis der Unmittelbarkeit der Wahl (vgl. Art. 28 I 2 GG) genügte.[860] Für das Wahlrecht der deutschen Wähler hat sich durch die Einführung des Unionsbürgerwahlrechts nichts geändert, so dass diese Frage hier offen gelassen werden kann.

Allerdings ist die bisherige personelle **Teilidentität** der Stadtbürgerschaft der Stadtgemeinde Bremen (Kommunalvertretung) mit der Bürgerschaft (Landtag) nun nicht mehr garantiert. Während bisher automatisch alle Mitglieder der Stadtbürgerschaft Bremen auch Abgeordnete der Bürgerschaft waren, kann es nun zu Abweichungen kommen.[861] Insbesondere unterschiedliches Wahlverhalten von ausländischen und deutschen Wählern sowie der Wahlerfolg ausländischer Kandidaten können dazu führen, dass einige Volksvertreter nur ein kommunales Mandat oder nur ein Landtagsmandat erhalten, andere aber ein „Doppelmandat“. Es werden damit verschiedene Klassen von Volksvertretern geschaffen. Verfassungswidrig dürfte dies nicht sein, weil der Grundsatz der Gleichheit der Wahl jeweils nur die Gleichbehandlung hinsichtlich der Wahl auf einer bestimmten Ebene, also bei der Kommunalwahl *oder* der Landtagswahl, verlangt.

Die Aufhebung der Teilidentität von Stadtbürgerschaft und Bürgerschaft in der Stadtgemeinde Bremen könnte aber praktische Schwierigkeiten mit sich bringen, da manche Volksvertreter nur in kommunalen Angelegenheiten, andere nur in Landesangelegenheiten mitwirken dürfen. Ähnlich verhält es sich damit, dass

---

[860] Ähnlich Mitteilung des Senats vom 7.5.1996, Bremische Bürgerschaft, Drs. 14/294, S. 10.
[861] Vgl. Mitteilung des Senats vom 7.5.1996, Bremische Bürgerschaft, Drs. 14/294, S. 10 und 14.

nun die grundsätzliche **Identität der Wahlberechtigten** und Wähler zur Stadtbürgerschaft Bremen einerseits und zum Landtag andererseits aufgehoben worden ist. Denn EG-Ausländer dürfen nur auf die Zusammensetzung der Stadtbürgerschaft Einfluss nehmen. Dies erschwert in der Praxis die korrekte Durchführung der Wahl. Insbesondere muss bei der Nominierung der Kandidaten bereits im Vorfeld der jeweils unterschiedliche Kreis der Wahlberechtigten berücksichtigt werden, um Wahlanfechtungen zu vermeiden. Dies ist aber nicht einfach zu bewerkstelligen, weil andererseits an den kombinierten Wahlvorschlägen für die Wahl zur Stadtbürgerschaft und zur Bürgerschaft prinzipiell festgehalten werden soll.[862]

Bedenklich ist insbesondere ein anderer Punkt. Nach der Landesverfassung sind sowohl die Stadtbürgerschaft als auch der Senat Organe der Stadtgemeinde Bremen. Die EG-Ausländer wirken aber nur an der Legitimation eines der beiden Organe mit. Sie nehmen an der Wahl der Stadtbürgerschaft teil, eine **Legitimationskette zum Senat** in seiner Eigenschaft als gemeindliches Exekutivorgan besteht jedoch nicht.[863] Denn der Senat wird allein von der Bürgerschaft (Landtag) gewählt, bei deren Wahl wiederum nur deutsche Bürger wahlberechtigt sind. Damit geht die mittelbare demokratische Legitimation des Senats nur vom deutschen Volk aus. Auch hier war ansatzweise schon nach der vorherigen Rechtslage ein Problem vorhanden, das aber nun noch verstärkt worden ist. Denn der Senat, der nur für die Stadtgemeinde Bremen noch eine Zusatzfunktion als Stadtregierung erfüllte, wurde dennoch indirekt auch von den Bürgern von Bremerhaven, also Gebietsfremden, mitgewählt. Es könnte aber sein, dass der Grundsatz der kommunalen Selbstverwaltung (Art. 28 II GG) bzw. das Demokratieprinzip verlangen, dass die Stadtregierung (allein) von sämtlichen wahlberechtigten Bewohnern der jeweiligen Gemeinde legitimiert wird. Dann müsste durch die Bremer Stadtbürgerschaft oder direkt durch die wahlberechtigten Einwohner der Stadtgemeinde Bremen eine eigenständige Stadtregierung gewählt werden. Das Problem wurde durch die Umsetzung der Richtlinie noch

---

[862] Näher hierzu Mitteilung des Senats vom 7.5.1996, Bremische Bürgerschaft, Drs. 14/294, S. 10.

[863] Kritisch insbesondere *Neumann,* Die Verfassung der Freien Hansestadt Bremen, Art. 148 Rn. 4.

verschärft, weil nun Stadtbürgerschaft und Bürgerschaft personell nicht mehr teilidentisch sind und in der Stadt Bremen wohnende Unionsbürger von der mittelbaren Einflussnahme auf die Zusammensetzung des Senats als ihrem eigenen kommunalen Exekutivorgan – im Gegensatz zu den Bürgern von Bremerhaven – völlig ausgeschlossen sind.[864]

Europarechtlich ergeben sich allerdings keine Bedenken, weil der Anwendungsbereich der Kommunalwahlrichtlinie sich auf unmittelbar durch das Volk gewählte Organe der kommunalen Ebene beschränkt. In der Stadtgemeinde Bremen gibt es jedoch kein eigenständiges kommunales Exekutivorgan. Der Senat ist ein „Zwitter", der auch und vor allem Landesregierung ist. Zudem verpflichtete das Europarecht den bremischen Gesetzgeber nicht dazu, ein eigenständiges kommunales Exekutivorgan für die Stadtgemeinde Bremen zu schaffen. Damit liegt auch kein Verstoß gegen Art. 28 I 3 GG vor, der das Wahlrecht der Unionsbürger nur nach Maßgabe des Gemeinschaftsrechts garantiert. Auch eine Verletzung des Art. 28 I 2 GG scheidet von vornherein aus, weil dieser nur die Wahl von Vertretungskörperschaften betrifft. Die Umsetzung könnte aber im Hinblick auf das verfassungsrechtliche Demokratieprinzip (Art. 20, 28 I 1 GG) problematisch sein. Denn nach der Rechtsprechung des Bundesverfassungsgerichts muss eine ununterbrochene Legitimationskette zwischen den die Staatsgewalt ausübenden Staatsorganen und dem Staatsvolk bestehen.[865] Nun wurde aber bereits festgestellt, dass EG-Ausländer verfassungsrechtlich nicht zum Volk gehören, so dass der Grundsatz der Volkssouveränität nicht verletzt sein kann, wenn sie von der Mitwirkung ausgeschlossen sind. Allerdings hat die Einräumung des Kommunalwahlrechts für Unionsbürger in Art. 28 I 3 GG das Demokratieprinzip des Grundgesetzes modifiziert und die demokratische Legitimation bei Kommunalwahlen verändert.[866] Diese Modifikation des Demokratieprinzips reicht aber nur soweit wie das durch Art. 28 I 3 GG gewährte Wahlrecht selbst, das sich nur auf kommunale Organe bezieht. Wegen seiner Eigen-

---

[864] Ähnlich Mitteilung des Senats vom 7.5.1996, Bremische Bürgerschaft, Drs. 14/294, S. 10; Bericht und Antrag des nichtständigen Ausschusses gemäß Artikel 125 der Landesverfassung (Kommunalwahlrecht für Unionsbürger), Bremische Bürgerschaft Drs. 14/400 vom 12.8.96, S. 2.

[865] So z.B. BVerfGE 47, 253 (275); 83, 60 (72 f.); 93, 37 (67 f.).

[866] Näher vorne unter Punkt C I 2.

schaft als staatliches Exekutivorgan wäre eine – selbst mittelbare – demokratische Legitimation des Senats unter Einbeziehung der EG-Ausländer sogar als Verstoß gegen den Grundsatz der Volkssouveränität verfassungswidrig. Auf der Grundlage der geltenden Bremer Verfassung durften und mussten EG-Ausländer also von jeglicher, auch nur indirekter, Mitwirkung bei der Bestimmung der Senatsmitglieder ausgeschlossen werden.

Damit ergibt sich, dass die Umsetzung der Richtlinie in Bremen inhaltlich rechtmäßig ist. Auch der **Bremische Staatsgerichtshof** hat in seinem Urteil vom 29.8.2000 hingenommen, dass in Bremen nur Unionsbürger ein selbständiges Wahlrecht zur Stadtbürgerschaft haben, während die deutschen Bürger nur die Bürgerschaft (Landtag) wählen können und damit zugleich die Zusammensetzung der Stadtbürgerschaft beeinflussen. Diese Differenzierung sei rechtlich zulässig, um stadtstaatliche Struktur und Wahlrecht der Unionsbürger zur Stadtbürgerschaft miteinander zu vereinbaren. Denn es habe im staatsorganisatorischen Spielraum des bremischen Gesetzgebers gelegen, auch nach Einführung des Kommunalwahlrechts für Unionsbürger am traditionellen Modell der Stadtstaatlichkeit Bremens festzuhalten. Die einzige Alternative wäre eine Verselbständigung der Stadtbürgerschaft gewesen; der bremische Gesetzgeber sei aber von Verfassungs wegen nicht verpflichtet gewesen, sich für diese staatsorganisatorisch tief greifende und folgenreiche Alternative zu entscheiden.[867]

Bremen hat sich also nur insofern europarechtswidrig verhalten, als es die Richtlinie erst verspätet umgesetzt hat. Allerdings sind mit der Umsetzung der Richtlinie in Bremen praktische Schwierigkeiten verbunden, und die Umsetzung hat bisher schon bestehende Schwächen des Bremer Staatsaufbaus weiter aufrechterhalten. Rechtspolitisch wäre es daher vorzugswürdig, wenn die Stadt Bremen – ebenso wie die Stadt Bremerhaven – von ihrem in der Landesverfassung verbürgten Recht, sich eine eigene Gemeindeverfassung zu geben,[868] Gebrauch machen würde.

---

[867] StGH Bremen, NVwZ-RR 2001, S. 76 f.; DVBl. 2000, S. 1791.
[868] Art. 145 I 1 der Landesverfassung von Bremen.

IV. Durchführungsbestimmungen zum Kommunalwahlrecht

1. Die Eintragung in das Wählerverzeichnis

Die Ausübung des aktiven Wahlrechts setzt normalerweise voraus, dass der Wahlberechtigte in das Wählerverzeichnis eingetragen ist. Grundsätzlich werden in Deutschland die Wahlberechtigten von Amts wegen in das Wählerverzeichnis eingetragen. Die meisten Bundesländer sahen daher auch für EG-Ausländer von Anfang an das Prinzip der Amtseintragung vor. Nur wenn EG-Ausländer ausnahmsweise von der Meldepflicht befreit sind, beispielsweise weil sie einer ausländischen diplomatischen Mission angehören (§ 14 MRRG), machen einige Bundesländer das Wahlrecht von einem vorherigen Antrag abhängig.[869]

Bayern und Sachsen dagegen hatten die Richtlinie zunächst so umgesetzt, dass EG-Ausländer, die ihr aktives Wahlrecht ausüben wollten, immer erst einen **Antrag** auf Eintragung in das Wählerverzeichnis stellen mussten.[870] Ob dieses generelle Antragserfordernis für EG-Ausländer zulässig war, ist jedoch fraglich.[871] Nachdem die Kommission wegen bestimmter Regelungen des bayerischen und sächsischen Antragsverfahrens Vertragsverletzungsverfahren eingeleitet hatte, haben die beiden Länder ihre Rechtsvorschriften nachgebessert und ebenfalls den Übergang zur Amtseintragung der EG-Ausländer beschlossen.[872] Dennoch soll hier kurz erörtert werden, ob das ursprünglich vorgesehene Antragsverfahren rechtmäßig war, zumal es in Bayern noch bis zu den allgemeinen Kommunalwahlen im Jahr 2002 Anwendung fand.

---

[869] Vgl. z.B. 12 I, VII 1 KWO in Nordrhein-Westfalen und §§ 11, 11 a I KWO in Rheinland-Pfalz.

[870] Vgl. Art. 11 I 2 GLKrWG in Bayern und § 4 I 3 KWG in Sachsen (i.d.F. des Gesetzes vom 14.12.1995, Sächsisches GVBl. vom 28.12.1995, S. 414).

[871] Für die Zulässigkeit spricht sich z.B. *Grumann*, S. 174 f., aus.

[872] Vgl. in Bayern das „Gesetz zur Änderung des Gemeinde- und Landkreiswahlgesetzes und anderer kommunalrechtlicher Vorschriften" vom 27.12.1999 (GVBl. S. 542) und in Sachsen das „Zweite Gesetz zur Änderung des Gesetzes über die Kommunalwahlen im Freistaat Sachsen" vom 5.4.2000 (GVBl. S. 147). Näher hierzu unter Punkt E.

a) Das Antragserfordernis als solches

Bayern und Sachsen beriefen sich als Rechtfertigung für das Antragserfordernis auf die EG-Richtlinie. Diese sieht ausdrücklich vor, dass aktiv wahlberechtigte Unionsbürger ihr Wahlrecht im Wohnsitzmitgliedstaat ausüben, wenn sie eine entsprechende Willensbekundung abgegeben haben (Art. 7 I RL). Da bereits oben festgestellt wurde, dass die Regelungen zur Eintragung in das Wählerverzeichnis in **Art. 7 I und III RL** mit dem primären Gemeinschaftsrecht vereinbar sind,[873] ist hier nur noch zu untersuchen, ob Bayern und Sachsen die Richtlinie richtig angewandt haben.

In Bayern und Sachsen besteht wie auch sonst in Deutschland keine Wahlpflicht, so dass es nach der Richtlinie zulässig ist, EG-Ausländer ebenso wie Inländer von Amts wegen in die Wählerverzeichnisse einzutragen (Art. 7 III RL). Denn auch im Fall der Amtseintragung bleibt Unionsbürgern die freie Entscheidung, ob sie ihr Wahlrecht im Wohnsitzstaat tatsächlich ausüben möchten oder nicht.[874] Die Willensbekundung der Wahlberechtigten zur Ausübung der Wahl (Art. 7 I RL) kann dann im Wahlakt selbst gesehen werden. Hier kommt es jedoch darauf an, ob Bayern und Sachsen europarechtlich verpflichtet waren, die **Option** der Amtseintragung zu wählen. Denn bei Art. 7 III RL handelt es sich um eine Kann-Bestimmung, die den Mitgliedstaaten grundsätzlich einen Ausgestaltungsspielraum lässt. Allerdings ist Art. 7 III RL primärrechtskonform auszulegen. Dabei ist zu berücksichtigen, dass Art. 19 I EGV Regelungen entgegensteht, die ohne sachlichen Grund gerade EG-Ausländern die Ausübung des Wahlrechts erschweren.[875] Das Eintragungsverfahren bedeutet aber einen zusätzlichen bürokratischen Aufwand und stellt daher eine Benachteiligung der Unionsbürger dar.[876] Zudem kann das Antragserfordernis ein faktisches Wahlrechtshindernis darstellen, weil es ausländischen Unionsbürgern die spontane

---

[873] Näher vorne unter Punkt B III 2 c.

[874] So auch *Grumann*, S. 173.

[875] Vgl. *Haag*, in: *von der Groeben/Thiesing/Ehlermann (Hrsg.)*, Kommentar zum EU-/EG-Vertrag, Art. 8 b EGV Rn. 7.

[876] Vgl. VG Stuttgart, NVwZ 2000, S. 347 f. (zum Antragserfordernis bei der Europawahl); *Hasselbach*, ZG 1997, S. 54.

Wahlausübung nahezu unmöglich macht.[877] Da Art. 19 I EGV beim Kommunalwahlrecht „gleiche Bedingungen“ vorschreibt, dürfen die Mitgliedstaaten zwischen in- und ausländischen Unionsbürgern nur bei **Vorliegen sachlicher Gründe** differenzieren.

Ein sachlicher Grund bestände zunächst, wenn die **Amtseintragung** ausländischer Unionsbürger praktisch **nicht durchführbar** wäre. Grundsätzlich sind ausländische Einwohner nach den Meldegesetzen der Länder ebenso wie deutsche Einwohner meldepflichtig (vgl. § 11 MRRG), so dass die für die Feststellung des Wahlrechts erforderlichen Informationen, wie Staatsangehörigkeit und Wohnsitz, aus dem Melderegister entnommen werden können.[878] Daher ist es den Behörden durchaus möglich, die wahlberechtigten EG-Ausländer anhand der Daten in den Melderegistern zu ermitteln und von Amts wegen in die Wählerverzeichnisse einzutragen. Auch mit der Gefahr eventueller Ungenauigkeiten in den melderechtlichen Unterlagen kann ein Antragserfordernis, das sich nur auf EG-Ausländer bezieht, nicht gerechtfertigt werden.[879] Denn Fehler lassen sich auch bei den Unterlagen von Inländern nicht ausschließen. Im Übrigen können Fehler hinsichtlich der Daten von Ausländern ebenso wie bei Inländern behoben werden. Zudem wird argumentiert, dass nach dem Landesrecht für das Wahlrecht nicht der melderechtliche Wohnsitz, sondern der tatsächliche Lebensmittelpunkt ausschlaggebend sein kann. Die Angaben im Melderegister reichten dann nicht aus, um festzustellen, ob die Voraussetzungen des Wahlrechts vorliegen, weshalb auf das Antragsverfahren zurückgegriffen werden müsse.[880] Dieses Argument trifft aber auf alle Wahlberechtigten unabhängig von ihrer Staatsangehörigkeit zu, so dass dann letztlich ganz auf die Möglichkeit der Amtseintragung der Wahlberechtigten verzichtet werden müsste. Denn schließlich können auch bei Deutschen melderechtlicher Wohnsitz und tatsächlicher Lebensmittelpunkt auseinander fallen. Nur in dem in der Praxis seltenen Fall, dass EG-Ausländer z.B. wegen ihres Diplomatenstatus ausnahmsweise von der

[877] So der Gesetzentwurf der SPD zum Zweiten Gesetz zur Änderung des Gesetzes über die Kommunalwahlen im Freistaat Sachsen, Sächsischer Landtag, Drs. 3/0103.
[878] Vgl. z.B. Gesetzentwurf der Landesregierung vom 6.9.1995, Schleswig-Holsteinischer Landtag, Drs. 13/2975, S. 2 und 13.
[879] So aber *Hierl*, S. 94 und *Grumann*, S. 172.
[880] *Grumann*, S. 173. Ähnlich *Wegmann*, Kommunalpraxis BY 1995, S. 372.

Meldepflicht befreit sind, ist das Antragsverfahren erforderlich. Denn über Personen, die nicht im Melderegister eingetragen sind, fehlen die notwendigen Daten zur Feststellung des Wahlrechts, so dass eine Amtseintragung nicht möglich wäre.[881]

Zudem ist eine Amtseintragung für EG-Ausländer **nicht mit Nachteilen verbunden**. Denn weder besteht in Deutschland Wahlpflicht, noch verlieren EG-Ausländer durch die Teilnahme an der Wahl in Deutschland ein eventuell bestehendes Kommunalwahlrecht in ihrem Herkunftsstaat. Ein Nachteil könnte höchstens darin bestehen, dass die Bundesländer in ihrem Kommunalrecht auch Pflichten an die Wahlberechtigung knüpfen, insbesondere die Pflicht zur Übernahme eines Ehrenamtes (vgl. z.B. in Bayern Art. 19 I 2 GO). Es ist jedoch bereits fraglich, ob diese mit dem Wahlrecht verbundenen Pflichten das Antragserfordernis rechtfertigen könnten, da die Vorschriften über die Pflicht zur Übernahme von Ehrenämtern in der Praxis nur von untergeordneter Bedeutung sind. Entscheidend ist jedoch, dass diese Pflichten an das Wahlrecht selbst anknüpfen und nicht an die Voraussetzungen zur tatsächlichen Ausübung des Wahlrechts. Damit bestehen die Pflichten unabhängig davon, ob ein Antrag auf Eintragung in das Wählerverzeichnis gestellt wurde oder nicht. So tritt z.B. in Bayern die Pflicht zur Übernahme von Ehrenämtern auch ohne Eintragung in das Wählerverzeichnis oder Antrag hierauf bereits ein, wenn die Wahlrechtsvoraussetzungen erfüllt sind.[882]

Damit war das **Antragserfordernis** in Bayern und Sachsen bereits als solches **rechtswidrig,** weil es EG-Ausländer gegenüber deutschen Wahlberechtigten in unzulässiger Weise diskriminierte.[883]

---

[881] So auch *Pieroth/Schmülling,* DVBl. 1998, S. 370.

[882] Heute ist dabei auf das aktive Wahlrecht nach Art. 1 GLKrWG abzustellen, während früher das passive Wahlrecht nach Art. 20 GLKrWG erforderlich war. Vgl. *Wegmann,* Kommunalpraxis BY 1995, S. 374.

[883] Ebenfalls kritisch Gesetzentwurf der SPD zum Zweiten Gesetz zur Änderung des Gesetzes über die Kommunalwahlen im Freistaat Sachsen, Sächsischer Landtag, Drs. 3/0103; anderer Ansicht *Hierl,* S. 94 f., und *Pieroth/Schmülling,* DVBl. 1998, S. 369.

b) Das Erfordernis der wiederholten Antragstellung

Die Kommission hat bisher jedoch nicht am Antragsverfahren als solchem, sondern nur am Erfordernis einer wiederholten Antragstellung Anstoß genommen.[884] So sahen Bayern und Sachsen ursprünglich vor, dass Unionsbürger den **Antrag** auf Eintragung in das Wählerverzeichnis **für jede einzelne Kommunalwahl neu** stellen müssen. **Art. 8 III 1 RL** bestimmt aber, dass EG-Ausländer, die in das Wählerverzeichnis eingetragen worden sind, unter den gleichen Bedingungen wie Inländer so lange eingetragen bleiben, bis sie von Amts wegen aus diesem Wählerverzeichnis gestrichen werden, weil sie die Voraussetzungen für die Ausübung des aktiven Wahlrechts nicht mehr erfüllen. Die Anwendung dieser Vorschrift ist in Deutschland allerdings problematisch, weil es keine permanenten Wählerverzeichnisse gibt, sondern die Wählerverzeichnisse für jede Wahl anhand der Melderegister neu erstellt werden. Da auch die Kommunen vor jeder Wahl ein neues Wählerverzeichnis anlegen, haben Bayern und Sachen festgelegt, dass der Antrag jeweils nur für eine bestimmte Wahl Gültigkeit besitzt.[885] Das Antragserfordernis solle vor jeder Wahl erneut vor Augen führen, dass eine Zwangsintegration der Unionsbürger nicht gewollt sei.[886] Die Regelung in Art. 8 III 1 RL zielt jedoch darauf ab, dass EG-Ausländer ihren Willen, ihr Wahlrecht im Wohnsitzstaat auszuüben, nur einmal bekunden müssen. Denn selbst wenn man zum Schutz der Wahlfreiheit der EG-Ausländer einen einmaligen Antrag für erforderlich halten sollte, kann die Entscheidungsfreiheit der Unionsbürger jedenfalls bei weiteren Wahlen auf andere Weise gewahrt werden. Dementsprechend sieht **Art. 8 III 2 RL** vor, dass Unionsbürger, die auf ihren Antrag hin in das Wählerverzeichnis eingetragen wurden, auch auf Antrag wieder aus dem Wählerverzeichnis gestrichen werden können. Die Regelungen in Bayern und Sachsen, wonach EG-Ausländer ihren Antrag bei weiteren Wahlen

---

[884] Vgl. Schriftliche Anfrage E-1121/95 von Jannis Sakellariou an die Kommission vom 20. April 1995 und Antwort der Kommission vom 7. Juni 1995, ABl. EG Nr. C 257/20 vom 2.10.1995; Stellungnahme der Kommission mit Gründen an die Bundesrepublik Deutschland vom 30.7.1999, zusammengefasst vom Abgeordneten Schimpff (CDU), Sächsischer Landtag, PlPr 3/10 vom 15.3.2000, S. 581 f.

[885] § 18 I 1 GLKrWO in Bayern und § 5 I 1 KWG in Sachsen. Vgl. *Wegmann*, Kommunalpraxis BY 1995, S. 372.

[886] BayVerfGH 50, 76 (103); BayVBl. 1997, S. 495 (498).

wiederholen müssen, sind daher nicht mit dem Europarecht vereinbar.[887] Dem steht nicht entgegen, dass ein permanentes Wählerverzeichnis fehlt, weil z.B. im Melderegister der kommunalen Gebietskörperschaft ein Vermerk angebracht werden könnte, dass ein EG-Ausländer von seinem Kommunalwahlrecht tatsächlich Gebrauch machen möchte.[888]

Des Weiteren müssen nach **Art. 8 III 3 RL** die antragsgemäß in das Wählerverzeichnis eingetragenen EG-Ausländer, die ihren Wohnsitz in eine andere lokale Gebietskörperschaft desselben Mitgliedstaats verlegen, dort unter denselben Bedingungen in das Wählerverzeichnis eingetragen werden wie Inländer. Wenn Unionsbürger innerhalb Deutschlands in eine andere Gemeinde umziehen, müssten die Gemeinden also gegebenenfalls die Information weiterleiten, dass der Unionsbürger seinen Willen zur Wahlausübung bereits bekundet hat. Um Art. 8 III 3 RL Rechnung zu tragen und einen wiederholten Antrag zu vermeiden, erschien es jedoch am einfachsten, auch in Bayern und Sachsen gleich ganz auf das Antragserfordernis für EG-Ausländer zu verzichten, eine Lösung, die mit dem Europarecht in jedem Fall in Einklang steht.

2. Der Nachweis des Wahlrechts

Bevor die Wahlberechtigten ihr Wahlrecht ausüben können, müssen sie oft erst nachweisen, dass sie die Wahlrechtsvoraussetzungen erfüllen. In Deutschland trifft die Nachweispflicht hauptsächlich die passiv Wahlberechtigten, weil die aktiv Wahlberechtigten in der Regel anhand der Melderegister ermittelt und ohne weitere Nachweise in das Wählerverzeichnis eingetragen werden können. Gemäß den Art. 8 II 1 und Art. 9 I 1 RL haben ausländische Unionsbürger grundsätzlich die gleichen Nachweise zu erbringen wie Inländer. Jedoch gestattet die Richtlinie den Mitgliedstaaten, von EG-Ausländern bestimmte **zusätzliche Erklärungen und Nachweise** zu verlangen. Die erlaubten zusätzlichen Nachweise werden ausdrücklich aufgezählt (Art. 8 II 2 RL und Art. 9 I 2, II

---

[887] Im Ergebnis ebenso *Pieroth/Schmülling*, DVBl. 1998, S. 369; *Hierl*, S. 98; Gesetzentwurf der SPD zum Zweiten Gesetz zur Änderung des Gesetzes über die Kommunalwahlen im Freistaat Sachsen, Sächsischer Landtag, Drs. 3/0103; Bericht der Kommission über die Anwendung der Richtlinie 94/80/EG, KOM (2002) 260 endg., S. 8.

[888] *Pieroth/Schmülling*, DVBl. 1998, S. 369.

RL). Probleme ergeben sich daraus, dass einige Bundesländer von ausländischen Kandidaten zusätzliche Nachweise fordern, die in der Richtlinie nicht genannt sind.[889]

Die in der Richtlinie aufgezählten Ausnahmen vom Grundsatz der gleichen Nachweise können aber nach Sinn und Systematik der Richtlinienbestimmungen nur abschließend gemeint sein. Denn Art. 8 II und Art. 9 RL konkretisieren den Grundsatz des Art. 19 I EGV, wonach für in- und ausländische Unionsbürger die gleichen Wahlrechtsbedingungen gelten, im Hinblick auf den Nachweis des Wahlrechts. Soweit die Richtlinie es erlaubt, von EG-Ausländern zusätzliche Nachweise zu verlangen, stellt dies eine formale Ungleichbehandlung dar, die aber durch einen sachlichen Grund gerechtfertigt wird. Schließlich muss auch bei EG-Ausländern nachprüfbar sein, ob sie die materiellen Voraussetzungen für das Wahlrecht erfüllen. Dies wäre bei EG-Ausländern aber ohne die Vorlage zusätzlicher Nachweise praktisch oft nicht durchführbar. Wenn die Richtlinie nur ganz bestimmte zusätzliche Nachweise nennt, so verhindert sie, dass die verfahrensrechtlichen Erschwernisse für EG-Ausländer ausufern und erleichtert die Kontrolle der Einhaltung des Gleichheitssatzes in den Mitgliedstaaten. Da die Richtlinie den Gleichbehandlungsgrundsatz des Art. 19 I EGV hier verbindlich konkretisiert, ist es den Mitgliedstaaten verwehrt, diesen an der Richtlinie vorbei auszulegen und von der Richtlinie nicht erlaubte Nachweise einzuführen. Damit verstoßen landesrechtliche Vorschriften dann gegen das Gemeinschaftsrecht, wenn sie von EG-Ausländern Nachweise fordern, die weder von der Richtlinie ausdrücklich zugelassen noch von Inländern in vergleichbarer Weise gefordert werden. Um das Vorliegen der Wahlrechtsvoraussetzungen bei EG-Ausländern in nicht diskriminierender Weise zu überprüfen, können die Mitgliedstaaten also auch von inländischen Wahlberechtigten einen vergleichbaren Nachweis verlangen. Gerade die Frage der Vergleichbarkeit ist im Einzelfall aber oft schwer zu beurteilen. Rechtliche Regelungen, die von Art. 8 und 9 RL abweichende Ausnahmen vorsehen, provozieren daher Auslegungsschwierigkeiten und sollten vom Normgeber möglichst vermieden werden. Im Folgenden soll auf einige Problemfälle näher eingegangen werden.

---

[889] Vgl. z.B. § 30 V 1 Nr. 2 a, b und § 30 V 3 KWO in Niedersachsen.

Nach Art. 9 I 2 RL können sich die Mitgliedstaaten von ausländischen Kandidaten eine förmliche Erklärung über deren Staatsangehörigkeit geben lassen. Nicht von der Vorschrift gedeckt ist es jedoch, wenn darüber hinaus noch versichert werden muss, dass die Staatsangehörigkeit schon seit mindestens einem Jahr besteht, also auch die **Dauer der Staatsangehörigkeit** anzugeben ist. Entsprechende Regelungen in den Landesgesetzen[890] sind daher nicht mit der Richtlinie vereinbar.[891] Ähnlich liegt ein weiterer Fall. Nach Art. 9 II lit. a RL darf vom Unionsbürger eine förmliche Erklärung verlangt werden, dass er *nach dem Recht seines Herkunftsmitgliedstaates* nicht von der Wählbarkeit ausgeschlossen ist. Möchte der Landesgesetzgeber jedoch zusätzlich eidesstattlich versichert haben, dass der Unionsbürger auch durch **Richterspruch nach deutschem Recht** nicht von der Wählbarkeit ausgeschlossen ist,[892] so stellt dies einen Verstoß gegen die Richtlinie dar.[893]

Ein praktisch wichtiges Problem bildet in diesem Zusammenhang auch, dass in mehreren Bundesländern EG-Ausländer eine **eidesstattliche Versicherung über die Dauer des Wohnsitzes** im Wahlgebiet abgeben müssen, obwohl Art. 8 II 2 RL und Art. 9 I 2 RL nur eine eidesstattliche Versicherung hinsichtlich der Anschrift(en) im Wohnsitzmitgliedstaat zulassen. Damit ist der Grundsatz der gleichen Wahlrechtsbedingungen verletzt, wenn von Deutschen nicht Vergleichbares verlangt wird. Dabei ist zwischen zwei Fallgruppen zu differenzieren. In den meisten Bundesländern wird die eidesstattliche Erklärung zur Wohnsitzdauer nur von denjenigen EG-Ausländern gefordert, die von der Meldepflicht befreit sind und daher nur auf Antrag in das Wählerverzeichnis eingetragen werden können.[894] Allerdings hängt auch bei Deutschen das Wahlrecht letztlich davon ab, dass sie Angaben darüber machen, seit wann sie im Wahlgebiet ihren Wohnsitz begründet haben. Bei Deutschen und bei meldepflichtigen Unionsbürgern ergibt sich diese Mitteilungspflicht aus den Meldegesetzen. Danach hat sich grundsätzlich jeder, der eine Wohnung bezieht, bei der Meldebehörde

---

[890] Vgl. z.B. in Niedersachsen § 30 V 1 Nr. 2 a KWO.
[891] *Pieroth/Schmülling*, DVBl. 1998, S. 371; *Barley*, S. 132.
[892] So § 23 IV Nr. 1 a KWO in Hessen und § 30 V 1 Nr. 2 b KWO in Niedersachsen.
[893] So auch *Barley*, S. 132 f.; *Pieroth/Schmülling*, DVBl. 1998, S. 372.
[894] Vgl. z.B. § 30 V 1 Nr. 2 c KWO in Niedersachsen und § 12 VIII 3 Nr. 3 KWO in Nordrhein-Westfalen.

anzumelden (vgl. § 11 I MRRG), wobei auch der Tag des Einzugs gespeichert wird (vgl. § 2 I Nr. 13 MRRG). Die Meldegesetze werden wiederum zur Feststellung der Wahlrechtsvoraussetzungen herangezogen. Diese Angaben nach dem Melderecht, die Zugezogene bereits nach Begründung eines Wohnsitzes in der Gemeinde machen müssen, und die förmliche Erklärung nicht meldepflichtiger EG-Ausländer kurz vor einem Wahltermin können als in etwa vergleichbar angesehen werden. Damit ist in diesem Fall keine europarechtswidrige Diskriminierung ausländischer Unionsbürger gegeben.[895] Anders verhält es sich dagegen bei den anfänglichen Umsetzungsvorschriften in Bayern und Sachsen.[896] Diese verstoßen gegen das Europarecht, weil sie auch von meldepflichtigen EG-Ausländern, die bereits bei ihrer Anmeldung nach dem Meldegesetz den Tag ihres Einzuges angegeben haben, nochmals eine eidesstattliche Erklärung über ihre Wohnsitzdauer verlangen.[897]

3. Die Unterrichtung über das Wahlrecht

Nach **Art. 11 RL** hat der Wohnsitzmitgliedstaat die aktiv und passiv Wahlberechtigten rechtzeitig und in geeigneter Form über die Bedingungen und Einzelheiten für die Ausübung des aktiven und passiven Wahlrechts zu unterrichten. Dabei handelt es sich um eine besonders wichtige Vorschrift, da die neuen Rechte ohne eine angemessene Information nicht ausgeübt werden können.[898] Dennoch überlässt Art. 11 RL den Mitgliedstaaten hinsichtlich Zeitpunkt und Form der Unterrichtung gewisse Spielräume. Eine Unterrichtung spätestens drei Tage vor Ablauf der Antragsfrist zur Eintragung in das Wählerverzeichnis wie bei nicht meldepflichtigen Unionsbürgern in Hessen (§§ 9 VI, 11 Nr. 8 KWO) erscheint jedoch unangemessen kurz[899] und daher nicht mehr **„rechtzeitig“** i.S.d. Art. 11 RL.

---

[895] Ebenso mit ähnlicher Begründung *Pieroth/Schmülling*, DVBl. 1998, S. 370.
[896] Vgl. in Bayern Art. 11 II 1 GLKrWG.
[897] *Pieroth/Schmülling*, DVBl. 1998, S. 370; *Hierl*, S. 104; Bericht der Kommission über die Anwendung der Richtlinie 94/80/EG, KOM (2002) 260 endg., S. 8.
[898] Zweiter Bericht der Kommission über die Unionsbürgerschaft, KOM (97) 230, S. 9.
[899] *Pieroth/Schmülling*, DVBl. 1998, S. 372, folgern daraus jedoch keinen Verstoß gegen Art. 11 RL, sondern gegen Art. 8 I RL.

Schwieriger gestaltet sich die Frage, inwieweit eine Unterrichtung in **Form der öffentlichen Bekanntmachung** den Anforderungen des Art. 11 RL gerecht wird. So sahen Bayern und Sachsen ursprünglich vor, dass EG-Ausländer anders als Deutsche über ihr aktives Wahlrecht und das Antragserfordernis bei der Eintragung in das Wählerverzeichnis nicht individuell, sondern lediglich durch öffentliche Bekanntmachung unterrichtet werden.[900] Das VG Stuttgart hat zur Parallelvorschrift in der Europawahlrichtlinie entschieden, dass zur Unterrichtung keine individuellen Anschreiben in der jeweiligen Sprache des Unionsbürgers erforderlich sind.[901] Ähnlich antwortete die Kommission auf eine schriftliche Anfrage im Europaparlament, dass Art. 11 RL die Mitgliedstaaten einzig verpflichte, die Bürger in angemessener Art und Weise zu unterrichten, dass ihnen die Form der Informationsübermittlung aber völlig offen stehe. Daraus folgerte sie, dass eine Information der Öffentlichkeit allein durch öffentliche Bekanntmachung nicht als Verstoß gegen die Bestimmungen der Richtlinie angesehen werden könne.[902] Aus der Antwort der Kommission ergibt sich, dass eine öffentliche Bekanntmachung nicht von vornherein als unzulässig betrachtet werden darf. Es ist jedoch zu berücksichtigen, dass die Kommission nicht zur konkreten bayerischen Regelung Stellung genommen hat, da ihr damals noch keine offizielle Meldung über die Umsetzung der Richtlinie in Deutschland vorlag. Daher blieb offen, ob die öffentliche Bekanntmachung vielleicht deshalb ungenügend war, weil sie nur für EG-Ausländer galt und diese damit schlechter stellte als Inländer.

Art. 11 RL ist – wie die Richtlinie insgesamt – im Licht des Art. 19 I EGV auszulegen, der den Grundsatz der gleichen Bedingungen beim Wahlrecht festschreibt. Demnach ist eine Unterrichtung durch öffentliche Bekanntmachung jedenfalls dann nicht zu beanstanden, wenn nicht zwischen inländischen und ausländischen Wahlberechtigten differenziert wird. Das spezielle Diskriminierungsverbot könnte jedoch verletzt sein, wenn Inländer im Weg der Wahlbe-

---

[900] Vgl. in Bayern Art. 11 I 2 GLKrWG, § 19 a I GLKrWO und in Sachsen § 1 IV KWO (i.d.F. der VO vom 29.12.1995, GVBl. vom 30.12.1995, S. 436).

[901] VG Stuttgart, NVwZ 2000, S. 347 f. (zu Art. 12 der Richtlinie 93/109/EG).

[902] Vgl. die Schriftliche Anfrage E-3111/95 von Wolfgang Ullmann und Wolfgang Kreissl-Dörfler an die Kommission vom 20.11.1995 und die Antwort der Kommission vom 3.1.1996, ABl. EG Nr. C 79/50 vom 18.3.1996.

nachrichtigung individuell von ihrem Wahlrecht benachrichtigt werden, EG-Ausländer dagegen nur durch eine öffentliche Bekanntmachung, ohne dass hierfür ein sachlicher Grund vorliegt.

Soweit EG-Ausländer nicht meldepflichtig sind, verfügen die Behörden nicht über die erforderlichen Informationen, um diese individuell von ihrem Wahlrecht zu benachrichtigen. In diesem Fall ist es einsichtig, dass sie nur durch öffentliche Bekanntmachung vom Antragserfordernis unterrichtet werden können. Bei EG-Ausländern, die ebenso wie Deutsche im Melderegister eingetragen sind, ist die unterschiedliche Unterrichtung von deutschen und nichtdeutschen Wahlberechtigten jedoch nicht gerechtfertigt. Dies gilt erst recht, wenn noch (wie nach der früheren Regelung in Bayern und Sachsen) der unterschiedliche Eintragungsmodus von Inländern und Ausländern hinzukommt. Diese Kumulation von Antragsverfahren und öffentlicher Bekanntmachung erschwert es EG-Ausländern nämlich doppelt, von ihrem Wahlrecht Gebrauch zu machen. Denn es wird von den EG-Ausländern nicht nur verlangt, bereits rechtzeitig im Vorfeld der Wahl von sich aus aktiv zu werden und einen Antrag auf Eintragung in das Wählerverzeichnis zu stellen. Über dieses Antragserfordernis werden sie zudem nur durch amtliche Bekanntmachung unterrichtet, so dass sie davon nicht so leicht rechtzeitig Kenntnis nehmen können.

Über die Gleichbehandlung hinaus verlangt die Richtlinie sogar die Besserstellung ausländischer EU-Bürger, was den **Umfang der Unterrichtung** betrifft. Art. 11 RL regelt, indem er auf Art. 3 RL Bezug nimmt, ausdrücklich nur die Unterrichtung der ausländischen Wahlberechtigten. Damit begnügt sich die Richtlinie nicht damit, nach dem Grundsatz der Inländergleichbehandlung vorzuschreiben, dass EG-Ausländer in gleicher Weise wie die Inländer vom Wahlrecht zu benachrichtigen sind, sondern sieht eine inhaltlich darüber hinausgehende staatliche Pflicht zur Unterrichtung der EG-Ausländer vor.[903] Die Kommission betont, Art. 11 RL solle sicherstellen, dass EG-Ausländer ihr Wahlrecht auch ausüben können. Denn die EG-Ausländer hätten die gleichen

[903] Vgl. Bericht der Kommission über die Anwendung der Richtlinie 94/80/EG, KOM (2002) 260 endg., S. 17.

Bedingungen wie Inländer und darüber hinaus hinsichtlich der Nachweise gewisse spezifische Bedingungen zu erfüllen.[904] Die Vorschrift möchte also der Sondersituation der wahlberechtigten EG-Ausländer durch eine Spezialvorschrift Rechnung tragen. Bei der Unterrichtung muss daher auch darauf hingewiesen werden, welche zusätzlichen Bedingungen und Voraussetzungen für das Wahlrecht von Unionsbürgern bestehen. Insoweit ist die Umsetzung der Richtlinie in einigen Ländern unzureichend. So enthält beispielsweise die öffentliche Bekanntmachung, mit welcher der Wahlleiter in Schleswig-Holstein zur Einreichung von Wahlvorschlägen auffordert, zwar einen Hinweis darauf, dass bei Vorliegen der sonstigen Voraussetzungen neben den Deutschen auch alle Unionsbürger wählbar sind (§ 22 Nr. 5 GKWO). Dabei wird jedoch nicht eigens darauf aufmerksam gemacht, dass Unionsbürger nur dann gewählt werden können, wenn sie durch eidesstattliche Versicherung nachweisen, dass sie im Herkunftsmitgliedstaat nicht von der Wählbarkeit ausgeschlossen sind (§ 20 V GKWG; § 25 II Nr. 3 KWO).[905]

Damit lässt sich zusammenfassen, dass Zeitpunkt, Form und Umfang der Unterrichtung der EG-Ausländer in mehreren Ländern nicht den Anforderungen der Richtlinie entsprach. Die Regelungen in Bayern und Sachsen sind inzwischen nachgebessert worden. Da die beiden Länder zur Amtseintragung der EG-Ausländer übergegangen sind und für die Eintragung keine besonderen Nachweise mehr fordern, wurden auch die Sondervorschriften zur Unterrichtung der EG-Ausländer aufgehoben.[906] In anderen Ländern sind die Unterrichtungsvorschriften jedoch noch korrekturbedürftig.

---

[904] Vgl. Begründung des Vorschlages für die Richtlinie durch die Kommission, KOM (94) 38, S. 32.
[905] Vgl. auch *Pieroth/Schmülling*, DVBl. 1998, S. 372.
[906] Vgl. die Dritte Verordnung des Sächsischen Staatsministeriums des Innern zur Änderung der Kommunalwahlordnung vom 20.4.2000, Sächsisches GVBl. vom 26.5.2000, S. 222.

4. Der Rechtsschutz

Nach **Art. 10 I RL** hat der Wohnsitzmitgliedstaat den Betreffenden rechtzeitig darüber zu unterrichten, wie über seinen Antrag auf Eintragung in das Wählerverzeichnis oder die Frage der Zulässigkeit seiner Kandidatur entschieden wurde. Da es sich um eine spezielle Unterrichtung im Rahmen des Rechtsschutzes der EG-Ausländer handelt, kann hier weitgehend auf die Ausführungen zu Art. 11 RL verwiesen werden. Insbesondere gilt auch hier, dass die Mitgliedstaaten bei der Regelung der Art und Weise der Unterrichtung einen großen Spielraum haben, solange sie nicht zwischen deutschen und ausländischen Wahlberechtigten differenzieren. Damit stellt es keinen Verstoß gegen die Richtlinie dar, wenn deutsche und ausländische Kandidaten in einigen Bundesländern nicht persönlich über die Zulässigkeit ihrer Kandidatur informiert werden, sondern nur mittelbar über Vertrauenspersonen der Wahlvorschläge bzw. durch öffentliche Bekanntmachung.[907]

Gemäß **Art. 10 II RL** müssen EG-Ausländer bei Nichteintragung in das Wählerverzeichnis, bei Ablehnung des Antrags auf Eintragung in das Wählerverzeichnis oder bei Ablehnung der Kandidatur die Rechtsbehelfe einlegen können, welche die Rechtsvorschriften des Wohnsitzstaates in vergleichbaren Fällen für die inländischen aktiv und passiv Wahlberechtigten vorsehen. Dieses Gebot des gleichen Rechtsschutzes haben die Bundesländer bei der Umsetzung der Richtlinie grundsätzlich beachtet. Die Länder unterscheiden in ihren Kommunalwahlgesetzen zwischen Rechtsbehelfen gegen wahlvorbereitende Entscheidungen einerseits (wie die Eintragung in das Wählerverzeichnis und die Zulassung von Wahlvorschlägen) und der Wahlprüfung bzw. Wahlanfechtung zur Überprüfung des Wahlergebnisses andererseits. Bei der Kontrolle gegenüber den wahlvorbereitenden Verwaltungsentscheidungen zu Wählerverzeichnis und Wahlvorschlägen sehen dabei mehrere Länder nur ein verwaltungsinternes, behördliches Kontrollverfahren vor und schließen gerichtlichen Rechtsschutz aus. [908] Dies wird im Hinblick auf die Garantie effektiven Rechtsschutzes in Art. 19 IV GG

[907] Näher hierzu *Pieroth/Schmülling*, DVBl. 1998, S. 372.

[908] *Stober*, Kommunalrecht, S. 141 ff.; *Schmidt-Aßmann*, in: *ders. (Hrsg.)*, Besonderes Verwaltungsrecht, S. 61 f.

teilweise als verfassungswidrig eingestuft.[909] Allerdings handelt es sich dabei um ein Problem des effektiven Rechtsschutzes nach dem Grundgesetz und nicht um ein Problem des gleichen Rechtsschutzes nach Art. 10 II RL. Denn die Umsetzung der Richtlinie durch die Länder differenziert bei diesen Rechtsbehelfen nicht zwischen Deutschen und EG-Ausländern.

Ein Verstoß gegen das Gebot des gleichen Rechtsschutzes würde auch dann nicht vorliegen, wenn in einem Land nur Inländern subjektiver verfassungsgerichtlicher Rechtsschutz vor dem Landesverfassungsgericht gewährt werden sollte. Denn Art. 10 II RL bezieht sich nur auf ordentliche Rechtsmittel.[910]

Damit verletzt die Umsetzung der Richtlinie in den Ländern weder Art. 10 I RL noch Art. 10 II RL.

V. Die Rechtsstellung der Unionsbürger in den Kommunen

Zwar erforderte die Kommunalwahlrichtlinie im Wesentlichen nur eine punktuelle Änderung im Kommunalwahlrecht, nämlich die Beseitigung der Staatsangehörigkeitshürde. Die Zulassung von EG-Ausländern zu Kommunalwahlen warf jedoch auch die Frage nach Folgeänderungen auf. Im Folgenden soll daher ein Gesamtbild der neuen Rechtsstellung der Unionsbürger in den Kommunen gezeichnet werden.

1. Der Unionsbürger als kommunaler Bürger

Das Kommunalrecht der Länder differenziert zwischen Einwohnern und Bürgern der kommunalen Gebietskörperschaft, wobei in der Regel soziale Rechte an den Einwohnerstatus und politische Rechte wie das Wahlrecht an den Bürgerstatus anknüpfen.[911] Da die Ausübung von Staatsgewalt vor der Einfügung

---

[909] So *Meyer*, in: *Püttner (Hrsg.)*, Handbuch der kommunalen Wissenschaft und Praxis, Bd. 2, S. 74 ff.; *Schmidt-Aßmann*, in: *ders. (Hrsg.)*, Besonderes Verwaltungsrecht, S. 62; anderer Ansicht *Stober*, Kommunalrecht, S. 142.
[910] Näher oben Punkt C II 2 d.
[911] *Waechter*, Kommunalrecht, S. 280; *Stober*, Kommunalrecht, S. 116 ff.

des Art. 28 I 3 GG n.F. durchweg Deutschen vorbehalten werden musste, wurden alle ansässigen Ausländer vom Kommunalrecht nur als Einwohner, nicht aber als Bürger der Gemeinde eingestuft. Bei der Umsetzung der Richtlinie haben die meisten **Bundesländer** Unionsbürgern jedoch den Status eines Gemeinde- bzw. Kreisbürgers eingeräumt, um aus systematischen Gründen die Kongruenz von Bürgerstatus und Wahlrecht weiter aufrechtzuerhalten. Die rechtlichen Konstruktionen sind dabei unterschiedlich: In einigen Ländern wurde Unionsbürgern explizit der kommunale Bürgerstatus eingeräumt, indem der Bürgerbegriff auf sie ausgedehnt worden ist.[912] In anderen Ländern hat man EG-Ausländern dagegen zunächst nur das Wahlrecht verliehen. Da aber nach dem Kommunalrecht diejenigen, die das Wahlrecht besitzen, automatisch Bürger der Gemeinde bzw. des Kreises sind, haben EG-Ausländer dort über den Umweg des Wahlrechts auch den Bürgerstatus erhalten.[913]

Es fragt sich jedoch, ob diese kommunale „Einbürgerung" mit dem **Grundgesetz** in Einklang steht. Denn mit dem „Volk" in Art. 28 I 2 GG ist weiterhin nur ein territorialer Ausschnitt des deutschen Volks gemeint, so dass wahlberechtigte EG-Ausländer verfassungsrechtlich nicht zum kommunalen Volk gehören.[914] Es ist also festzustellen, dass der kommunale Volksbegriff nach dem Grundgesetz und der landesrechtliche kommunale Bürgerbegriff auseinander fallen. Allein die **unterschiedliche Begrifflichkeit** kann aber nicht zur Verfassungswidrigkeit der Umsetzungsgesetze führen. Denn zum einen haben die Länder aufgrund ihrer Zuständigkeit für das Kommunalrecht eine weite Definitionskompetenz, zum anderen besteht kein wirklicher Widerspruch, da das Grundgesetz zwar vom Volk und vom Staatsbürger spricht, den Begriff eines Gemeindebürgers aber gar nicht erwähnt und folglich auch nicht festlegen kann.

Ob EG-Ausländern der kommunale Bürgerstatus verliehen werden durfte, richtet sich daher allein danach, welche **konkrete Rechtsstellung** für EG-Ausländer mit dem Bürgerstatus verbunden ist. Neben dem Kommunalwahlrecht knüpfen

---

[912] So z.B. in Baden-Württemberg (nur für die Gemeindeebene, weil es dort auf Kreisebene keinen Bürgerstatus gibt), in Rheinland-Pfalz, im Saarland und in Sachsen-Anhalt.
[913] So z.B. in Bayern, Brandenburg, Hessen, Nordrhein-Westfalen und Schleswig-Holstein.
[914] Siehe vorne unter Punkt C I 2 b.

die Kommunalgesetze der Länder vor allem die Teilnahme an Bürgerbegehren und Bürgerentscheid sowie die Pflicht zur Übernahme von Ehrenämtern an den kommunalen Bürgerstatus. Mit dem Bürgerstatus erhalten Unionsbürger grundsätzlich die gleichen Rechte und Pflichten wie deutsche Gemeinde- bzw. Kreisbürger, sind diesen also auf kommunaler Ebene im Wesentlichen gleichgestellt. Allerdings haben selbst Länder, die EG-Ausländern den Bürgerstatus zuerkannt haben, im Kommunalwahlrecht Sonderregelungen für Unionsbürger eingefügt, die Ausnahmen vom Grundsatz der Gleichbehandlung vorsehen. Ob der Bürgerstatus materiell-rechtlich tatsächlich einen Unterschied macht, zeigt sich erst im Vergleich mit den Ländern, die Unionsbürger nicht in den Kreis der kommunalen Bürger aufgenommen haben. In Sachsen sind EG-Ausländer zwar keine Gemeindebürger, sie sind diesen jedoch im Ergebnis weitgehend gleichgestellt und es ist nicht ersichtlich, dass sich der vorenthaltene Bürgerstatus auf den konkreten Inhalt der Rechte und Pflichten der EG-Ausländer negativ ausgewirkt hat. Insbesondere dürfen EG-Ausländer auch in Sachsen an Bürgerbegehren und Bürgerentscheid teilnehmen und sind zur Übernahme kommunaler Ehrenämter verpflichtet. Thüringen ist sogar das einzige Bundesland, in dem eine völlige und ausnahmslose Gleichstellung der Unionsbürger mit deutschen Staatsangehörigen erfolgt ist, obwohl Unionsbürger gerade dort keinen Bürgerstatus erhalten haben.[915] Da der formale Bürgerstatus für die tatsächliche Rechtsstellung der Unionsbürger in der Kommune also nicht ausschlaggebend ist, muss die Frage vielmehr lauten, ob die Bundesländer die üblicherweise mit dem Bürgerstatus verbundenen Rechte und Pflichten auf EG-Ausländer ausdehnen durften. Das Kommunalwahlrecht als Hauptelement des Bürgerstatus ist bereits in Art. 28 I 3 GG verankert. Auch wurde schon dargelegt, dass die Teilnahme von EG-Ausländern an kommunalen Abstimmungen nicht verfassungswidrig ist.[916]

Problematisch sind daher höchstens noch die **kommunalen Bürgerpflichten**. Da die Länder EG-Ausländern den Status von kommunalen Bürgern eingeräumt oder sie diesen zumindest weitgehend gleichgestellt haben, haben sie EG-Ausländern auch die Pflichten übertragen, die für Bürger der Gemeinde oder des

---

[915] Näher unter Punkt E bei den einzelnen Ländern.
[916] Siehe vorne unter Punkt D I 1.

Kreises mit dem Wahlrecht automatisch verbunden sind. Demnach sind Unionsbürger insbesondere verpflichtet, gemeindliche Ehrenämter zu übernehmen. Es stellt sich jedoch die Frage, ob die Länder Unionsbürgern diese Pflicht auferlegen durften.

Denn das **EG-Recht** erwähnt diese Pflicht nicht. In der Richtlinie wird nur geregelt, dass die Wahlpflicht in einigen Mitgliedstaaten dort ansässige EG-Ausländer nicht automatisch trifft, sondern erst, wenn sie durch Eintragung in das Wählerverzeichnis ihren Willen zur Ausübung des Wahlrechts im Wohnsitzstaat zum Ausdruck gebracht haben (Art. 7 RL). Soweit die Richtlinie es zulässt, dass Unionsbürger zur Ausübung ihres Wahlrechts einen Antrag stellen oder bestimmte Nachweise erbringen müssen, handelt es sich nicht um eigenständige Pflichten, sondern lediglich um Obliegenheiten. Kommen Unionsbürger diesen Anforderungen nicht nach, so hat dies höchstens zur Folge, dass sie ihr Wahlrecht nicht ausüben können, weitere Rechtsnachteile sind damit jedoch nicht verbunden. Allerdings hindert das EG-Recht die Mitgliedstaaten nicht, den EG-Ausländern im Zusammenhang mit der Gewährung des Wahlrechts die gleichen Pflichten aufzuerlegen, die auch bei Inländern mit dem Wahlrecht verbunden sind.[917] Denn soweit das Europarecht keine Regelung trifft, bleibt die Regelungsbefugnis nach dem Prinzip der begrenzten Einzelermächtigung weiterhin bei den Mitgliedstaaten. Zudem differenzieren die Bundesländer bei den Bürgerpflichten nicht zwischen Inländern und Ausländern, so dass kein Verstoß gegen das Diskriminierungsverbot vorliegen kann.

Auch das **Grundgesetz** verbietet es nicht, Bürgerpflichten wie die Pflicht zur Übernahme gemeindlicher Ehrenämter auf wahlberechtigte EG-Ausländer zu erstrecken. Im Gegenteil könnte es zur Herstellung der Symmetrie von Rechten und Pflichten sogar geboten sein, das Wahlrecht mit Bürgerpflichten zum Ausgleich zu bringen.[918]

---

[917] Vgl. auch *Engelken*, VBlBW 1995, S. 233 (Fn. 71).
[918] So etwa *Stober*, Kommunalrecht, S. 119 und 126 f.

Damit steht es den Ländern frei, Unionsbürgern den Status von Gemeinde- und Kreisbürgern zu verleihen. Mit dem auf Deutsche begrenzten Volksbegriff des Grundgesetzes steht dies nicht im Widerspruch. Die Verleihung des kommunalen Bürgerstatus an EG-Ausländer empfiehlt sich jedoch, da sie der Systematik des Kommunalrechts am besten entspricht und positive Symbolwirkung entfaltet.

2. Die Beibehaltung des Wahlrechts zum Ausländerbeirat

In vielen Gemeinden wirken Ausländer über Ausländerbeiräte am kommunalen Geschehen mit. Seit einigen Jahren ist die Einrichtung von Ausländerbeiräten im Kommunalrecht einiger Länder sogar ausdrücklich vorgesehen.[919] Da Ausländerbeiräte nur beratende Funktion haben und damit keine Staatsgewalt ausüben, steht diese Form der politischen Beteiligung von Ausländern auch mit der Verfassung im Einklang. Die Einführung des Kommunalwahlrechts für Unionsbürger warf jedoch die Frage auf, ob EG-Ausländer neben dem Kommunalwahlrecht weiterhin zum Ausländerbeirat wahlberechtigt bleiben sollten. Insbesondere in **Rheinland-Pfalz** (§ 46 a II GO; § 40 a II LKO), **Hessen** (§ 86 HGO), **Nordrhein-Westfalen** (§ 27 GO) und im **Saarland** (§ 50 KSVG) hat der Gesetzgeber entschieden, dass weiterhin alle ausländischen Einwohner (und somit auch die EG-Ausländer) ein aktives und passives Wahlrecht zum Ausländerbeirat besitzen sollen. Dies könnte aber die deutschen Wahlberechtigten in unzulässiger Weise benachteiligen und den Grundsatz der Gleichheit der Wahl verletzen. Denn Unionsbürger sind nun im Gegensatz zu Deutschen in der Gemeinde gleich zu zwei verschiedenen Gremien wahlberechtigt, und ihnen kommt damit möglicherweise mehr politischer Einfluss zu als deutschen Gemeindebürgern.

Sogar das **Bundesverfassungsgericht** wurde bereits mit dem Problem befasst. Ein in Wiesbaden wohnender Bürger deutscher Staatsangehörigkeit griff das hessische Umsetzungsgesetz mit einer Verfassungsbeschwerde an, weil es Unionsbürgern das kommunale Wahlrecht einräumt (§§ 30 I 1 Nr. 1 und 39 II 1

[919] Sie wurden z.B. im Saarland im Jahr 1989, in Hessen im Jahr 1993 und in Rheinland-Pfalz im Jahr 1994 erstmals gesetzlich verankert.

HGO), ohne ihnen im Gegenzug das Wahlrecht zu den Ausländerbeiräten zu nehmen (§ 86 HGO). Dies führe zu einem quantitativen Plus an Wahlrechten für Unionsbürger und benachteilige deutsche Staatsbürger ohne sachlichen Grund. Das Bundesverfassungsgericht hat die Verfassungsbeschwerde jedoch nicht zur Entscheidung angenommen. Es führte aus, dass die Verfassungsbeschwerde unzulässig sei, da der Beschwerdeführer nicht in eigenen subjektiven Rechten verletzt werde. Denn ein Ausschluss der Unionsbürger von den Wahlen zu den Ausländerbeiräten würde die Rechtslage des Beschwerdeführers nicht verbessern. Außerdem wies das Gericht darauf hin, dass Ausländerbeiräte nur Unterrichtungs-, Vorschlags-, und Anhörungsrechte wahrnehmen und aufgrund dieser rein konsultativen Tätigkeit keine Staatsgewalt ausüben. Ausländerbeiräte sollten dazu beitragen, dass die spezifischen Interessen ausländischer Einwohner neben anderen Partikularinteressen in der Kommune angemessen berücksichtigt würden.[920] Diese Ausführungen deuten darauf hin, dass das Bundesverfassungsgericht das fortbestehende Wahlrecht der EG-Ausländer zum Ausländerbeirat auch materiell für verfassungsmäßig hält, da der Ausländerbeirat ein Organ der Interessenvertretung und kein Beschlussorgan ist. Dieser Argumentation ist zuzustimmen. Gemeindevertretung und Ausländerbeirat sind zwei Vertretungskörperschaften mit unterschiedlichen **Aufgaben** und Zuständigkeiten, so dass von einer „doppelten Repräsentation“ der Unionsbürger nicht wirklich die Rede sein kann.[921] Denn der Ausländerbeirat wurde als ein spezielles Organ zur Vertretung der Interessen von ausländischen Einwohnern geschaffen, das deren Integration fördern soll.[922] Bei der Integration von Ausländern bestehen aber noch Defizite.[923] Insofern kann selbst für Ausländer aus der Europäischen Union die politische Mitwirkung über den Ausländerbeirat noch von Bedeutung sein.

Damit ist es verfassungsrechtlich unbedenklich, wenn EG-Ausländer nach Einführung des Kommunalwahlrechts für Unionsbürger weiterhin zum Ausländerbeirat wahlberechtigt sind. Andererseits ist es rechtlich aber auch nicht geboten,

---

[920] BVerfG, Beschluss vom 19.2.1997, NVwZ 1998, S. 52.
[921] Vgl. Gesetzentwurf der Landesregierung, Hessischer Landtag, Drs. 14/93, S. 13 f.
[922] Gesetzentwurf der Landesregierung, Landtag Rheinland-Pfalz, Drs. 12/7293, S. 13 f.
[923] Gesetzentwurf der Landesregierung, Landtag Rheinland-Pfalz, Drs. 12/7293, S. 16.

EG-Ausländer an den Ausländerbeiratswahlen teilnehmen zu lassen. Die Länder haben insoweit einen politischen Entscheidungsspielraum, so dass sie entweder zur Unterstützung der Integration der EG-Ausländer deren Mitwirkung im Ausländerbeirat aufrechterhalten können oder die Teilnahme daran denjenigen ausländischen Einwohnern vorbehalten können, die nach wie vor kein Kommunalwahlrecht besitzen.

3. Politische Freiheitsrechte

Ob Unionsbürger ihr kommunales Wahlrecht effektiv ausüben können, hängt maßgeblich davon ab, ob ihr politisches Mitwirkungsrecht durch politische Freiheitsrechte wie die Meinungs-, Versammlungs- und Vereinigungsfreiheit sinnvoll ergänzt wird. Für eine Umsetzung der Richtlinie, die sich am effet utile orientiert, ist die Trägerschaft politischer Grundrechte daher nicht ohne jeden Belang.

Das **Grundgesetz** unterscheidet bei den Grundrechten zwischen Menschenrechten, die allen Menschen, also auch Ausländern, zustehen (wie der Meinungsfreiheit nach Art. 5 I 1 GG), und den sog. Deutschen-Grundrechten (wie der Versammlungs- und der Vereinigungsfreiheit nach Art. 8 und 9 GG). Damit können sich EG-Ausländer zwar auf Art. 5 I 1 GG, nicht aber auf Art. 8 und 9 GG berufen. Allerdings räumen **einfache Gesetze** Ausländern vergleichbare Rechte ein. So hat nach § 1 I des Versammlungsgesetzes (VersG) jedermann das Recht, öffentliche Versammlungen und Aufzüge zu veranstalten und an solchen Veranstaltungen teilzunehmen. Die Bildung von Vereinen ist nach § 1 I des Vereinsgesetzes (VereinsG) frei. § 37 I 1 des Ausländergesetzes (AuslG) bekräftigt ebenfalls, dass Ausländer sich im Rahmen der allgemeinen Rechtsvorschriften politisch betätigen dürfen. Bei den politischen Rechten besteht zwischen Deutschen und Ausländern jedoch insofern ein Unterschied, als das Versammlungs- und Vereinigungsrecht von Ausländern nicht in gleicher Weise verfassungsrechtlich abgesichert ist und leichter eingeschränkt werden kann als bei Deutschen. So kann nach § 37 AuslG die politische Betätigung von Ausländern unter bestimmten Voraussetzungen beschränkt oder untersagt werden. Ähnlich sieht § 14 VereinsG besondere Verbotstatbestände für sog. „Ausländervereine“

vor, d.h. für Vereine, deren Mitglieder oder Leiter sämtlich oder überwiegend Ausländer sind.[924] § 37 AuslG und § 14 VereinsG sind grundsätzlich auch auf EG-Ausländer anwendbar. Im Hinblick auf § 37 AuslG bildet jedoch § 2 II AuslG einen Ansatzpunkt dafür, Unionsbürger vom Anwendungsbereich auszunehmen. Denn nach § 2 II AuslG findet das Ausländergesetz auf Ausländer, die nach Europäischem Gemeinschaftsrecht Freizügigkeit genießen, nur Anwendung, soweit das Europäische Gemeinschaftsrecht und das Aufenthaltsgesetz/EWG keine abweichenden Regelungen enthalten.

Es stellt sich daher die Frage, ob das **Europarecht** das Versammlungs- und Vereinigungsrecht von EG-Ausländern weitgehender schützt als das deutsche Recht.

Allgemein nimmt **Art. 6 II EUV** zum Grundrechtsschutz in der Union Stellung. Demnach achtet die Union die Grundrechte, wie sie in der am 4.11.1950 in Rom unterzeichneten Europäischen Konvention zum Schutze der Menschenrechte und Grundfreiheiten gewährleistet sind und wie sie sich aus den gemeinsamen Verfassungsüberlieferungen der Mitgliedstaaten als allgemeine Grundsätze des Gemeinschaftsrechts ergeben. Die **Europäische Menschenrechtskonvention** wiederum garantiert politische Rechte, insbesondere die Meinungs-, Versammlungs-, und Vereinigungsfreiheit (Art. 10 und 11 EMRK), allen Menschen unabhängig von ihrer Nationalität (Art. 14 EMRK). Allerdings erlaubt Art. 16 EMRK den Vertragsparteien, die politische Betätigung von Ausländern zu beschränken. In einer Entscheidung hat der **Europäische Gerichtshof für Menschenrechte** (EGMR) den Begriff des „Ausländers“ in Art. 16 EMRK jedoch so ausgelegt, dass er auf Unionsbürger keine Anwendung findet.[925] Würde man diese Rechtsprechung verallgemeinern, so müssten die EG-Mitgliedstaaten ausländischen Unionsbürgern politische Rechte in gleichem Umfang gewähren wie den eigenen Staatsangehörigen. Der EG-Kommission geht diese Schlussfolgerung jedoch zu weit. Die Interpretation des EGMR bedürfe erst weiterer Klärung. Vorerst könne die Bezugnahme auf die EMRK in Art. 6 II EUV nicht so

---

[924] Zum Grundrechtsschutz für Ausländervereine vgl. BVerfG, NVwZ 2000, S. 1281 ff.
[925] EGMR, Urteil Piermont gegen Frankreich vom 27.4.1995, Serie A Nr. 314.

ausgelegt werden, dass automatisch alle Unionsbürger, die in einem Mitgliedstaat wohnen, dessen Staatsangehörigkeit sie nicht besitzen, dort politische Rechte genießen.[926] Hier ist hinzuzufügen, dass sich das Urteil auf den Sonderfall einer Europaabgeordneten auf Dienstreise bezog. Zudem erscheint fraglich, inwieweit der Europäische Gerichtshof für Menschenrechte zur eigenen Interpretation des EG-Rechts befugt ist. Daher ist davon auszugehen, dass nach der EMRK die Staaten die Meinungs-, Versammlungs-, und Vereinigungsfreiheit von Unionsbürgern einschränken dürfen. Auch aus den gemeinsamen **Verfassungsüberlieferungen** der Mitgliedstaaten lässt sich nichts anderes ableiten. Denn die politische Betätigung von Ausländern ist nach dem innerstaatlichen Recht einiger Mitgliedstaaten Beschränkungen unterworfen. So dürfen Ausländer beispielsweise keiner politischen Partei beitreten oder müssen sich in innenpolitischen Fragen des Aufenthaltsstaates politisch neutral verhalten.[927]

Im **EGV** werden im Kapitel über die **Unionsbürgerschaft** verschiedene Rechte der Unionsbürger verankert (Art. 17 ff. EGV), die Rechte der Meinungs-, Versammlungs-, und Vereinigungsfreiheit sucht man dort jedoch vergeblich. Zwar hatte bereits der Adonnino-Ausschuss zum „Europa der Bürger" in seinem Schlussbericht von 1985 die Einführung solcher Bürgerrechte vorgeschlagen.[928] Bis heute sind sie aber nicht im Katalog der Unionsbürgerrechte enthalten.

Die am 7.12.2000 in Nizza unterzeichnete **Charta der Grundrechte der Europäischen Union** beinhaltet auch die Grundrechte der Meinungs-, Versammlungs-, und Vereinigungsfreiheit (Art. 11 I und 12 I der Charta). Allerdings besitzt die Charta bisher keine rechtliche Verbindlichkeit.[929] Zudem gilt die Charta für die Mitgliedstaaten ausschließlich bei der Durchführung des Rechts der Union (Art. 50 I der Charta), so dass ein europarechtlicher Anknüpfungspunkt vorhanden sein muss. Einen solchen Anknüpfungspunkt bildet hier die Umsetzung und Anwendung des Kommunalwahlrechts für Unionsbürger. Denn der

[926] Zweiter Bericht der Kommission über die Unionsbürgerschaft, KOM (97) 230, S. 11 (Fn. 12).
[927] Zweiter Bericht der Kommission über die Unionsbürgerschaft, KOM (97) 230, S. 11.
[928] Vgl. hierzu die Berichte des Ad-hoc-Ausschusses zum „Europa für Bürger", Bull. EG Beilage 7/85, S. 9 ff. und 19 ff.
[929] Vgl. *Grabenwarter,* DVBl. 2001, S. 1.

Zusammenhang von Wahlrecht und sonstiger Teilnahme an der politischen Auseinandersetzung ist offensichtlich. So sind politisch bedeutsame Freiheitsrechte wie die Meinungs-, Versammlungs-, und Vereinigungsfreiheit Vorbedingungen für eine sinnvolle Ausübung des Wahlrechts.[930] Damit ist zunächst festzuhalten, dass Unionsbürger sich im Zusammenhang mit ihrem Kommunalwahlrecht auf die Meinungs-, Versammlungs-, und Vereinigungsfreiheit der Charta berufen können. In Frage steht nur noch, in welchem Umfang diese Rechte geschützt sind und eingeschränkt werden können. In der Literatur wird die Auffassung vertreten, dass das Gebot gleicher Bedingungen beim Kommunalwahlrecht nach Art. 19 I EGV weit auszulegen sei. Es verlange, dass alle Ungleichheiten bei den politischen Rechten im kommunalen Bereich beseitigt werden, um die Chancengleichheit ausländischer Kandidaten zu wahren.[931] Diese Auslegung erscheint jedoch zu weit, da Art. 19 I EGV direkt nur das Wahlrecht regelt und selbst dort Abweichungen vom Prinzip der gleichen Wahlrechtsbedingungen zulässt. Hinsichtlich der Tragweite der Meinungs-, Versammlungs-, und Vereinigungsfreiheit ist vielmehr auf Art. 52 III der Charta abzustellen, der insoweit wiederum auf den Schutzumfang der EMRK Bezug nimmt.[932] Bei der Einschränkung der Rechte müssen die Mitgliedstaaten daher sowohl die entsprechenden Artikel der EMRK beachten als auch die besondere Bedeutung der politischen Grundfreiheiten für die Ausübung des Kommunalwahlrechts berücksichtigen.

Nationale Beschränkungen der Meinungs-, Versammlungs-, und Vereinigungsfreiheit von Unionsbürgern sind also bisher europarechtlich zulässig, soweit sie die effektive Ausübung des Kommunalwahlrechts für Unionsbürger nicht behindern. Die deutschen Gesetze sind daher im Licht des Europarechts und des Art. 28 I 3 GG auszulegen. Darüber hinaus ist jedoch wünschenswert, dass die gesetzlichen Regelungen zur politischen Betätigung von Ausländern im Hinblick auf das Kommunalwahlrecht für Unionsbürger modifiziert werden, um mehr Rechtssicherheit und Rechtsklarheit zu schaffen. Die Neuregelungen sollten vorsehen, dass Unionsbürger im kommunalen Bereich grundsätzlich die gleichen politischen Grundfreiheiten genießen wie Deutsche.

[930] Zweiter Bericht der Kommission über die Unionsbürgerschaft, KOM (97) 230, S. 11.
[931] Vgl. *Barley*, S. 59 f. und S. 160 f.
[932] *Grabenwarter*, DVBl. 2001, S. 2 und 4.

4. Die Mitwirkung in politischen Parteien

Ob Unionsbürger ihr passives Wahlrecht bei Europa- und Kommunalwahlen ausüben können, hängt insbesondere davon ab, inwieweit sie in politischen Parteien mitwirken dürfen. So dürfen etwa in manchen Mitgliedstaaten nur politische Parteien Kandidaten für die Europawahlen und Kommunalwahlen vorschlagen.[933] In der Literatur wird daher die Ansicht vertreten, dass EG-Ausländer jedenfalls im Hinblick auf die Kommunalwahlen in gleicher Weise Zugang zu politischen Parteien haben müssen wie Inländer.[934] Zunächst sind jedoch die europarechtlichen Regelungen zu untersuchen.

Art. 191 EGV betont die Bedeutung der politischen Parteien *auf europäischer Ebene* und stellt herkömmliche Abkapselungen des Parteiwesens gegenüber Ausländern, insbesondere im Hinblick auf die Europawahlen, in Frage.[935] Auch Art. 12 II der Europäischen Grundrechtecharta nimmt auf die politischen Parteien auf der Ebene der Union Bezug und erkennt an, dass diese dazu beitragen, den politischen Willen der Unionsbürger zum Ausdruck zu bringen. Die parteipolitische Betätigungsfreiheit von Unionsbürgern *im innerstaatlichen Bereich* ist dagegen Bestandteil der allgemeinen Vereinigungsfreiheit des Art. 12 I der Charta.[936] Insofern kann auf den vorhergehenden Abschnitt zu den politischen Grundfreiheiten verwiesen werden, wo bereits gezeigt wurde, dass die Mitgliedstaaten die politische Vereinigungsfreiheit von Unionsbürgern einschränken dürfen (Art. 52 III der Charta i.V.m. Art. 16 EMRK), solange die effektive Ausübung des Kommunalwahlrechts für Unionsbürger dadurch nicht in Frage gestellt wird. Zu untersuchen bleibt also noch, ob das deutsche Parteienrecht dem Kommunalwahlrecht für Unionsbürger bereits hinreichend Rechnung trägt.

In Deutschland wirken die Parteien gemäß Art. 21 I 1 GG bei der politischen Willensbildung des Volkes mit. Ein Monopol auf politische Einwirkung kommt ihnen jedoch nicht zu.[937] Das Gesetz über die politischen Parteien (PartG) ent-

---

[933] Zweiter Bericht der Kommission über die Unionsbürgerschaft, KOM (97) 230, S. 11.
[934] So z.B. *Herdegen*, Europarecht, Rn. 268.
[935] Vgl. *Morlok*, in: *Dreier (Hrsg.)*, Grundgesetz-Kommentar, Bd. II, Art. 21 Rn. 14.
[936] *Grabenwarter*, DVBl. 2001, S. 7.
[937] BVerfGE 85, 264 (284).

hält eine Legaldefinition des Parteienbegriffs, die nach der ständigen Rechtsprechung des Bundesverfassungsgerichts den Parteienbegriff in verfassungskonformer Weise konkretisiert.[938] Nach **§ 2 I PartG** sind Parteien *„Vereinigungen von Bürgern, die dauernd oder für längere Zeit für den Bereich des Bundes oder eines Landes auf die politische Willensbildung Einfluss nehmen und an der Vertretung des Volkes im Deutschen Bundestag oder einem Landtag mitwirken wollen …“*. Ist eine Vereinigung anhand dieser Kriterien als Partei einzustufen, so sind auch ihre regionalen Untergliederungen und die Beteiligung an Kommunalwahlen vom Schutzbereich des Art. 21 I GG erfasst.[939] Sog. „Rathausparteien“ und kommunale Wählergemeinschaften, die sich in ihrer Tätigkeit allein auf die kommunale Ebene beschränken, stellen dagegen keine politischen Parteien dar.[940] Bei den Kommunalwahlen konkurrieren die politischen Parteien demnach mit den „Rathausparteien“ und den kommunalen Wählergemeinschaften. Dennoch spielen auch bei Kommunalwahlen in Deutschland die politischen Parteien eine herausragende Rolle. In der Regel bilden sie sogar den eigentlichen Motor der Kommunalwahlen.[941] Ein Ausschluss der EU-Bürger von der Mitwirkung in Parteien würde deren kommunalpolitische Betätigungsmöglichkeiten daher stark einschränken. Hinzu kommt, dass der Parteienstatus, auch über das „Parteienprivileg“ des Art. 21 II GG hinaus, mit verschiedenen Vorteilen verbunden ist. Soweit aber andere politische Vereinigungen, die auf kommunaler Ebene mit den Parteien im politischen Wettbewerb stehen, gewisse Wettbewerbsnachteile haben,[942] würde es eine indirekte Diskriminierung der Unionsbürger darstellen, wenn diese nicht in Parteien mitwirken dürften.

Grundsätzlich verbietet das deutsche Recht jedoch nicht, dass EG-Ausländer in politischen Parteien mitwirken, Mitglieder werden und sich in den Vorstand einer Partei wählen lassen. Allerdings sind nach **§ 2 III Nr. 1 PartG** politische Vereinigungen dann keine Parteien, wenn ihre Mitglieder oder die Mitglieder ih-

---

[938] So z.B. BVerfGE 47, 198 (222); 79, 379 (384); 89, 266 (269 f.).
[939] Vgl. *Silberkuhl,* in: *Seifert/Hömig,* Grundgesetz-Kommentar, Art. 21 Rn. 4 und 7.
[940] So z.B. BVerfGE 6, 367 (372 f.); *Silberkuhl,* in: *Seifert/Hömig,* Grundgesetz-Kommentar, Art. 21 Rn. 4; *Klein,* in: *Schmidt-Bleibtreu/Klein,* Kommentar zum Grundgesetz, Art. 21 Rn. 1.
[941] Vgl. *Stober,* Kommunalrecht, S. 130.
[942] Vgl. *von Arnim,* DVBl. 1999, S. 417 ff.

res Vorstandes *in der Mehrheit* Ausländer sind. Solchen „Ausländerparteien" wird also der privilegierte Parteienstatus vorenthalten. Für EG-Ausländer bedeutet das nicht nur, dass sie keine eigene Partei gründen können, sondern auch dass ihre Mitwirkung in deutschen Parteien möglicherweise auf Grenzen stößt. Denn deutsche Parteien könnten sich gegebenenfalls veranlasst sehen, die Mitgliedschaft von Ausländern abzulehnen, um die Mehrheit der deutschen Staatsbürger bei den Parteimitgliedern oder den Vorstandsmitgliedern und damit auch den privilegierten Parteienstatus nicht zu gefährden.[943]

Die Regelungen im Parteiengesetz sind daher problematisch. Zunächst erscheint es inkonsistent, dass nach § 2 I PartG einerseits nur Vereinigungen von Bürgern, die für den Bereich des Bundes oder eines Landes auf die politische Willensbildung Einfluss nehmen wollen und an der Vertretung des Volkes im Deutschen Bundestag oder einem Landtag mitwirken wollen, unter den Begriff der Parteien subsumiert werden, andererseits aber die bevorzugte Stellung dieser Parteien auch auf die Kommunalebene ausstrahlt und ihnen bei Kommunalwahlen im Verhältnis zu den „Rathausparteien" Wettbewerbsvorteile verschafft. Diese allgemeine Problematik der politischen Chancengleichheit zwischen politischen Parteien einerseits und Rathausparteien sowie kommunalen Wählervereinigungen andererseits[944] besteht bereits unabhängig von Fragen des Unionsbürgerwahlrechts. Aufgrund des Kommunalwahlrechts für Unionsbürger gewinnt sie jedoch europarechtliche Relevanz, wenn von der Benachteiligung kommunaler Wählergemeinschaften Unionsbürger in besonderer Weise betroffen sind.

Dass § 2 III Nr. 1 PartG den sog. „Ausländerparteien" den privilegierten Parteienstatus verwehrt, erscheint zwar für die Beteiligung der Parteien an Bundes- und Landtagswahlen gerechtfertigt, da Ausländer bei diesen Wahlen nicht wahlberechtigt sind und somit der Grundsatz der Volkssouveränität der Mitwirkung von Ausländern Grenzen zieht. Soweit politische Parteien jedoch auf kommunaler Ebene tätig sind, dürfen die bei Kommunalwahlen wahlberechtigten Unionsbürger nicht ausgeschlossen werden. Denn sonst ist das passive Wahl-

---

[943] *Barley*, S. 154 f.
[944] Vgl. dazu z.B. *Tettinger*, in: *von Mangoldt/Klein/Starck*, Grundgesetz-Kommentar, Art. 28 Rn. 106.

recht der Unionsbürger bei Kommunalwahlen nicht effektiv gewährleistet („effet utile“ des Gemeinschaftsrechts). Im Übrigen verlangt auch das Grundgesetz, dass Unionsbürger sich im Zusammenhang mit ihrem Kommunalwahlrecht ungehindert parteipolitisch betätigen können. Denn soweit Art. 28 I 3 GG das Demokratieprinzip modifiziert, muss dies auch für das Parteienrecht Konsequenzen haben. Diese Bedeutung des Demokratieprinzips für die Parteien verdeutlicht insbesondere Art. 21 I 3 GG, wonach die innere Ordnung der Parteien demokratischen Grundsätzen entsprechen muss. Wie die Gleichstellung wahlberechtigter Unionsbürger in der Praxis auf die kommunale Ebene der Parteiarbeit beschränkt werden kann, ist allerdings ein praktisches Problem.

Um die Chancengleichheit politischer Vereinigungen bei Kommunalwahlen zu verbessern, können prinzipiell zwei Wege beschritten werden. Zum einen könnte die Ausgrenzung der kommunalen Ebene in § 2 I PartG, die in der Literatur teilweise als verfassungswidrig eingestuft wird,[945] aufgehoben werden. Somit wären auch „Rathausparteien“, die nur an Kommunalwahlen teilnehmen, in den Parteienbegriff einzubeziehen und kämen in den Genuss ähnlicher Vergünstigungen wie diejenigen Vereinigungen, die landes- oder bundespolitisch aktiv sind. Ohne diese Alternative hier abschließend zu diskutieren, ist nur anzumerken, dass sie die Ungleichbehandlung der Unionsbürger gegenüber Deutschen sogar noch verschärfen würde, wenn nicht gleichzeitig auch § 2 III Nr. 1 PartG modifiziert würde. Denn sonst wären auch noch Rathausparteien mit mehrheitlich deutschen Mitgliedern gegenüber solchen mit mehrheitlich ausländischen Mitgliedern privilegiert, was im Hinblick auf Art. 28 I 3 GG nicht zu rechtfertigen wäre. Die andere Möglichkeit bestünde darin, zwar die Definition der Parteien in § 2 I PartG aufrechtzuerhalten, aber die kommunalpolitisch tätigen Untergliederungen der Parteien möglichst so zu verselbständigen, dass sie nicht von Vergünstigungen der Landes- und Bundesparteien profitieren können. Zu diesen organisatorisch selbständigen Kommunalparteien könnten und müssten Unionsbürger dann unter den gleichen Voraussetzungen Zugang haben wie Deutsche, da der Ausschluss von Ausländerparteien in § 2 III Nr. 1 PartG dann nur für die Bundes- und Landesparteien Geltung beanspruchen würde.

---

[945] So z.B. *Morlok*, in: *Dreier (Hrsg.)*, Grundgesetz-Kommentar, Bd. II, Art. 21 Rn. 36.

VI. Zusammenfassung

Trotz der europarechtlichen und verfassungsrechtlichen Vorgaben verblieben den Ländern bei der Umsetzung der Richtlinie einige politische Gestaltungsspielräume. So stand es den Ländern frei, ob sie Unionsbürger auch zu kommunalen Abstimmungen zulassen und ihnen bei der Wahl von Bürgermeistern und Landräten das passive Wahlrecht einräumen.

Das Wahlrecht der Unionsbürger besteht in den Flächenländern außer in den Gemeinden und Kreisen auch in den Untergliederungen der Gemeinden, in den Verbandsgemeinden in Rheinland-Pfalz, den Samtgemeinden in Niedersachsen, im Stadtverband Saarbrücken und im Umlandverband Frankfurt. Von den Wahlen in den bayerischen Bezirken, dem Bezirksverband Pfalz und dem Regionalverband Stuttgart sind Unionsbürger dagegen ausgeschlossen. In den Stadtstaaten Hamburg und Berlin beschränkt sich das Wahlrecht der Unionsbürger auf die Wahlen in den Bezirken, in Bremen erstreckt es sich auch auf die Wahlen in den Stadtgemeinden Bremen und Bremerhaven.

Die Verfahrensregelungen der Länder zum Kommunalwahlrecht für Unionsbürger stehen teilweise nicht mit der Richtlinie in Einklang. Nachdem die Kommission wegen bestimmter Regelungen zur Eintragung der Wahlberechtigten in Bayern und Sachsen bereits Vertragsverletzungsverfahren eingeleitet hatte, haben die beiden Länder ihre Rechtsvorschriften nachgebessert. Zudem fordern einige Bundesländer von ausländischen Kandidaten Nachweise, die nicht von der Richtlinie gedeckt sind. Auch die Unterrichtung der EG-Ausländer über ihr Wahlrecht entspricht in mehreren Ländern nicht den Anforderungen der Richtlinie.

Die Länder haben Unionsbürgern meist den Status von Gemeinde- und Kreisbürgern verliehen, ohne dass dies mit dem auf Deutsche begrenzten Volksbegriff des Grundgesetzes im Widerspruch steht. Auch ist es verfassungsrechtlich nicht zu beanstanden, wenn EG-Ausländer weiterhin zum Ausländerbeirat wahlberechtigt sind. Nach Einführung des Kommunalwahlrechts für Unionsbürger sind nationale Beschränkungen der Meinungs-, Versammlungs-, und Vereinigungsfreiheit von Unionsbürgern nur noch zulässig, soweit sie die effektive Ausübung des Kommunalwahlrechts für Unionsbürger nicht behindern. Auch das Parteienrecht darf EG-Ausländer nicht benachteiligen, soweit sie sich im Zusammenhang mit ihrem Kommunalwahlrecht parteipolitisch betätigen wollen.

E. ÜBERBLICK ÜBER DIE UMSETZUNG DER RICHTLINIE IN DEN LÄNDERN – EINE RECHTSVERGLEICHENDE DARSTELLUNG

Die Länder haben ihr Landesrecht durch eine Fülle von Gesetzen und Verordnungen an die europäischen Vorgaben angepasst, in vier Ländern (Baden-Württemberg, Berlin, Bremen und Rheinland-Pfalz) wurde sogar die Landesverfassung geändert. Dies bedeutet nicht nur, dass in Deutschland der Aufwand bei der Umsetzung der Richtlinie relativ hoch war, sondern auch, dass im Ergebnis eine schwer zu überblickende Regelungsvielfalt entstanden ist. Wegen ihrer Gesetzgebungskompetenz für das Kommunalrecht (Art. 70 I GG) konnten die Länder über die Umsetzung der Kommunalwahlrichtlinie im Rahmen der ihnen durch das Europarecht und höherrangiges nationales Recht überlassenen Entscheidungsspielräume eigenständig entscheiden, so dass die Regelungen inhaltlich teilweise voneinander abweichen. Unterschiedliche Regelungen von Bundesland zu Bundesland verstoßen jedoch ebenso wenig gegen den Gleichheitssatz wie Regelungsunterschiede von Mitgliedstaat zu Mitgliedstaat, da der Gleichheitssatz nur innerhalb des Zuständigkeitsbereichs des jeweiligen Gesetzgebers gilt und auch das Europarecht keine Vereinheitlichung des Kommunalwahlrechts verlangt.[946]

Im Folgenden soll, gleichsam im Weg der **innerdeutschen Rechtsvergleichung,**[947] ein Überblick über die Umsetzung in den einzelnen Ländern gegeben werden. Besondere Aufmerksamkeit soll dabei der Frage gelten, welche Ursachen für Unterschiede bei der Ausgestaltung verantwortlich waren. Oft wird dabei nur darauf hingewiesen, dass die Länder von den **Optionen**, die die Richtlinie eröffnet, auf verschiedene Weise Gebrauch gemacht haben. Es darf aber nicht übersehen werden, dass die neue Rechtsposition von EG-Ausländern in den Bundesländern auch deshalb variiert, weil das **Kommunalrecht der Län-**

---

[946] *Wegmann*, Kommunalpraxis BY 1995, S. 370. Vgl. auch BVerfG, Beschluss vom 8.1.97, NVwZ 1998, S. 52 (53).

[947] Vgl. hierzu *Sommermann*, DÖV 1999, S. 1017 ff.

der unterschiedlich aussieht[948] und sich dies, vor allem über das europarechtliche Prinzip der Inländergleichbehandlung, auf die Rechtsposition der EG-Ausländer auswirkt. Besonders deutlich wird dies für die Stadtstaaten Berlin, Bremen und Hamburg, in denen bei der Umsetzung der Richtlinie den Besonderheiten der stadtstaatlichen Strukturen Rechnung getragen werden musste. Aber auch in den Flächenländern der Bundesrepublik hat sich die jeweils etwas unterschiedliche kommunalrechtliche Ausgangslage auf die Umsetzung der Kommunalwahlrichtlinie ausgewirkt.

Das Homogenitätsprinzip des Art. 28 I 1 GG lässt den Ländern große Freiheit bei der Ausgestaltung des Kommunalverfassungsrechts, die sie auch ausgiebig genutzt haben. Lange Zeit konnte man in Deutschland vier Haupttypen von **Kommunalverfassungen** unterscheiden (Süddeutsche Ratsverfassung, Bürgermeisterverfassung, Magistratsverfassung und Norddeutsche Ratsverfassung), die historisch gewachsen waren oder sich unter dem Einfluss der Besatzungsmächte in der Nachkriegszeit herausgebildet hatten.[949] Die Gemeinsamkeiten erschöpften sich vor allem in der Wahl kommunaler Vertretungskörperschaften nach den Grundsätzen des Art. 28 I 2 GG sowie in der Existenz kommunaler Exekutivorgane.

Zu einem grundlegenden Einschnitt kam es erst zum Ende der achtziger Jahre, als eine regelrechte **Reformwelle** einsetzte. Diese hat im Ergebnis zu einer bundesweiten Annäherung der Kommunalverfassungen an das Modell der Süddeutschen Ratsverfassung nach dem Vorbild der baden-württembergischen Gemeindeverfassung geführt, welche nicht nur besonders effizient ist, sondern auch besonders starke politische Mitwirkungsmöglichkeiten für die Bürger bietet.[950] Waren die Möglichkeiten der Bürger zur politischen Mitwirkung auf kommunaler Ebene vor diesem „Siegeszug" der baden-württembergischen Gemeindeverfassung meist auf die Teilnahme an der Wahl der kommunalen Volksvertretung beschränkt gewesen, so wurden durch die mehr oder weniger flächendeckende Einführung der Direktwahl von Bürgermeistern und Landräten sowie

---

[948] *Klang*, DNV 1996, S. 26.
[949] *Von Arnim*, in: *Lüder (Hrsg.)*, Staat und Verwaltung, S. 297.
[950] *Von Arnim*, in: *Lüder (Hrsg.)*, Staat und Verwaltung, S. 303 und 305 f.

durch die direkte Demokratie in Form von Bürgerbegehren und Bürgerentscheid die Beteiligungsmöglichkeiten der Bürger schlagartig entscheidend erweitert.[951] Nach der Umsetzung der Kommunalwahlrichtlinie können auch EG-Ausländer von dieser Ausweitung kommunaler Beteiligungsrechte profitieren.

I. Die Umsetzung der Richtlinie in den Flächenländern

1. Baden-Württemberg

a) Die Änderung der Landesverfassung

Schon im Vorfeld der einfachgesetzlichen Umsetzung der Richtlinie wurde in Baden-Württemberg durch das **„Gesetz zur Änderung der Verfassung des Landes Baden-Württemberg"** vom 15.2.1995 die Landesverfassung an die neue europäische Rechtslage angepasst.[952] Ursprünglich war in Art. 72 I LV nur von der Vertretung des „Volkes" in den Kreisen und Gemeinden die Rede, wobei der Begriff „Volk" auf das Staatsvolk, also die Staatsangehörigen, Bezug nahm.[953] Daher wurde folgender Art. 72 I 2 LV eingefügt: *„Bei Wahlen in Kreisen und Gemeinden sind auch Personen, die die Staatsangehörigkeit eines Mitgliedstaates der Europäischen Gemeinschaft besitzen, nach Maßgabe von Recht der Europäischen Gemeinschaft wahlberechtigt und wählbar sowie bei Abstimmungen stimmberechtigt."* Da auch Art. 26 I LV, der im Kapitel über die Grundlagen des Staates steht, nur vom Wahl- und Stimmrecht der Deutschen spricht, wurde zudem in Art. 26 VIII LV klargestellt, dass für Wahlen und Abstimmungen in Gemeinden und Kreisen Art. 72 als Spezialregelung gilt.[954] In der Zielsetzung des Gesetzentwurfs heißt es, dass die für die konstitutive Einführung des Kommunalwahlrechts für Unionsbürger erforderliche Änderung der

---

951 Näher hierzu *von Arnim*, in: *Lüder (Hrsg.)*, Staat und Verwaltung, S. 303, 307, 319 f. und S. 328 f. (tabellarischer Überblick über die Gemeindeverfassungen in Deutschland).
952 GBl. für Baden-Württemberg vom 10.3.1995, S. 269. Vgl. hierzu ausführlicher *Sannwald/ Sannwald*, BWVP 1995 S. 217 ff.; *Engelken*, VBlBW 1995, S. 217 ff.; *ders.*, Kommentar zur Verfassung von Baden-Württemberg, Art. 72 Rn. 1 ff. und *Roller*, Kommunalwahlrecht für Unionsbürger im Wohnsitzstaat, S. 55 ff.
953 *Braun*, Kommentar zur Verfassung von Baden-Württemberg, Art. 72 Rn. 6.
954 Vgl. Begründung des Gesetzentwurfs der Fraktion der CDU und der Fraktion der SPD, Landtag von Baden-Württemberg, Drs. 11/5326 vom 27.1.1995, S. 6.

Landesverfassung den Weg für eine entsprechende Novellierung der Kommunalverfassungs- und Kommunalwahlgesetze bereiten solle.[955]

Art. 72 I 2 LV entspricht weitgehend dem Art. 28 I 3 GG, wurde jedoch zusätzlich noch um die Wendung *„bei Abstimmungen stimmberechtigt"* ergänzt. Damit hat sich bereits der verfassungsändernde Gesetzgeber dafür entschieden, EG-Ausländer an Bürgerbegehren und Bürgerentscheid teilnehmen zu lassen. Bei der Ausdehnung der politischen Rechte der Unionsbürger auf den Bereich der **kommunalen Abstimmungen** übernahm das Land Baden-Württemberg innerhalb Deutschlands eine Vorreiterrolle. Vorausgegangen war eine verfassungsrechtliche Kontroverse des baden-württembergischen Innenministeriums mit dem Bundesinnenministerium. Eine verfassungsrechtliche Prüfung im baden-württembergischen Innenministerium war zu dem Ergebnis gelangt, dass eine landesrechtliche Einbeziehung von Bürgerbegehren und Bürgerentscheid verfassungsgemäß sei. Das dem zugrunde liegende Gutachten wurde an den Bund und an andere Länder zur Kenntnis- und Stellungnahme weitergeleitet. Das Bundesministerium des Innern beurteilte eine solche Regelung aber als grundgesetzwidrig und kündigte dem Land Baden-Württemberg für den Fall einer Zuwiderhandlung Konsequenzen an. Der Landtag in Stuttgart hielt dennoch an seiner Rechtsauffassung fest und beschloss am 15.2.1995, EG-Ausländer zu kommunalen Sachentscheidungen zuzulassen.[956] In der Folgezeit haben die anderen Bundesländer nachgezogen und sich dabei der verfassungsrechtlichen Argumentation Baden-Württembergs angeschlossen,[957] ohne dass der Bund gegen die landesrechtliche Zulassung von Unionsbürgern zu Bürgerbegehren und Bürgerentscheid tatsächlich eingeschritten wäre.

b) Kommunalrechtliche Änderungen

Das einfache Recht wurde in Baden-Württemberg durch das mit breiter Mehrheit verabschiedete **„Gesetz über die Teilnahme von Unionsbürgern an kommunalen Wahlen und Abstimmungen"** vom 13.11.1995 angepasst, das Änderungen der Gemeindeordnung (GO), der Landkreisordnung (LKO) und des

---

[955] Drs. 11/5326 vom 27.1.1995, S. 1.
[956] Ausführlicher *Engelken*, VBlBW 1995, S. 228 f.
[957] *Klang*, DNV 1996, S. 30.

Kommunalwahlgesetzes (KWG) vornahm.[958] Im Wesentlichen trat das Gesetz am 1.12.1995 in Kraft,[959] und somit auch die Verfassungsänderung bzgl. Art. 72 I 2 LV, deren Inkrafttreten an das der kommunalrechtlichen Umsetzungsgesetze gekoppelt worden war.[960] Zur Regelung wahltechnischer Fragen erließ das Innenministerium am 27.11.1995 noch eine umfangreiche **„Verordnung zur Änderung der Kommunalwahlordnung“**, die auf die Verordnungsermächtigung in § 55 KWG gestützt ist.[961] Zu bemängeln ist allerdings, dass entgegen Art. 14 RL weder in der Verordnung selbst noch bei ihrer amtlichen Veröffentlichung direkt auf die Richtlinie Bezug genommen wurde. Im Folgenden sollen nur die zentralen Inhalte der Umsetzung angesprochen werden.

Nach dem Gesetzentwurf der Landesregierung entspricht es der Unionsbürgerschaft am besten, wenn man Unionsbürger kommunalrechtlich als Bürger anerkennt.[962] § 12 I 1 GO dehnt daher den **Begriff des Gemeindebürgers** auf EG-Ausländer aus. Bürger der Gemeinde ist nun, wer Deutscher im Sinne von Art. 116 GG ist oder die Staatsangehörigkeit eines anderen Mitgliedstaates der Europäischen Union besitzt (Unionsbürger). Parallel zur Gemeindeordnung verleiht die Landkreisordnung, welche den Begriff des Kreisbürgers nicht kennt, EG-Ausländern den Status von **„wahlberechtigten Kreiseinwohnern“** (§ 10 I 1 LKO). Voraussetzung für den Status des Gemeindebürgers und wahlberechtigten Kreiseinwohners ist jedoch, dass die Person das 18. Lebensjahr vollendet hat und seit mindestens drei Monaten in der Gemeinde bzw. dem Kreis wohnt, wobei es sich bei mehreren Wohnungen innerhalb der Bundesrepublik Deutschland um die Hauptwohnung handeln muss (vgl. §§ 12 I 1, II 1 GO, 10 I 1, II 1 LKO). Zudem wurden § 13 GO und § 10 V LKO für den Verlust des Bürgerrechts bzw. des Wahlrechts bei Kreiswahlen angepasst, damit Unionsbürger den Status eines

---

[958] GBl. für Baden-Württemberg vom 24.11.1995, S. 761. Zum Umsetzungsgesetz vgl. PlPr 11/76 vom 9.11.1995, S. 6389 ff; *Quecke*, Kommunalpraxis BW 1995, S. 303 ff. und *Bock*, BWGZ 1995, S. 631.

[959] Vgl. Art. 5 des Gesetzes.

[960] Art. 2 III des Gesetzes zur Änderung der Verfassung des Landes Baden-Württemberg vom 15.2.1995, GBl. vom 10.3.1995, S. 270. Vgl. auch LT-Drs. 11/5326, S. 9.

[961] GBl. vom 29.11.1995, S. 784. Die Verordnung trat nach ihrem Art. 3 ebenfalls am 1.12.95 in Kraft.

[962] Gesetzentwurf der Landesregierung, Landtag Baden-Württemberg, Drs. 11/6505 vom 20.9.1995, S. 10.

Gemeindebürgers bzw. eines wahlberechtigten Kreiseinwohners unter den gleichen Voraussetzungen wie Deutsche erwerben und verlieren.

Aufgrund ihres neuen Status steht EG-Ausländern das aktive und passive **Wahlrecht** bei der unmittelbaren Wahl der Gemeinderäte (§§ 14 I, 26 I, 28 I GO), der Ortschaftsräte (§ 69 I GO) und der Kreisräte (§§ 10 I, 22 I, 23 I LKO) zu sowie das aktive Wahlrecht bei der Direktwahl des Bürgermeisters (§ 45 I GO). Auch können sie sich vom Gemeinderat zum Bezirksbeirat in einem Gemeindebezirk (§ 65 I GO) und zum ehrenamtlichen Ortsvorsteher in einer Ortschaft bestimmen lassen (§ 71 I GO). Auf Gemeindeebene erhalten Unionsbürger noch weitere Mitwirkungsrechte, insbesondere bei **Bürgerbegehren und Bürgerentscheiden** (§§ 14 I, 21 GO) und im Rahmen von Bürgerversammlungen (§ 20 a GO) und Bürgeranträgen (§ 20 b GO).[963] Als Gemeindebürger bzw. wahlberechtigte Kreiseinwohner trifft EG-Ausländer auch die Pflicht, eine ehrenamtliche Tätigkeit anzunehmen und auszuüben (§ 15 GO, § 11 LKO).[964] Mit dem Rechtsstatus eines Gemeindebürgers bzw. eines wahlberechtigten Kreiseinwohners erhalten EG-Ausländer also automatisch alle damit verbundenen Rechte und Pflichten, ohne dass die einzelnen Vorschriften eigens abgeändert werden mussten. Damit führen die Bestimmungen nicht nur zu einer prinzipiellen rechtlichen Gleichstellung von Deutschen und EG-Ausländern auf kommunaler Ebene, sondern erweisen sich auch als regelungstechnisch geschickt

Damit EG-Ausländer ihr aktives Wahlrecht ausüben können, trägt sie der Bürgermeister wie alle anderen Wahlberechtigten von Amts wegen in die **Wählerverzeichnisse** ein (§ 6 I KWG, § 3 I KWO, Art. 7 III RL). Die Daten zur Feststellung des Wahlrechts können dabei aus dem Melderegister entnommen werden, da auch EG-Ausländer gewöhnlich der Meldepflicht unterliegen. Zusätzlich kann der Bürgermeister von Unionsbürgern jedoch die Vorlage eines gültigen Identitätsausweises sowie eine Versicherung an Eides Statt mit der Angabe der Staatsangehörigkeit verlangen (vgl. § 3 III KWO; Art. 8 II 2 RL). Diejenigen

[963] Auf Kreisebene existieren in Baden-Württemberg keine entsprechenden Partizipationsmöglichkeiten.
[964] Gesetzentwurf der Landesregierung, Landtag Baden-Württemberg, Drs. 11/6505, S. 1, 9 f. und 12.

Unionsbürger, die ausnahmsweise von der Meldepflicht befreit sind (wie nach § 22 MeldeG z.B. Diplomaten) und daher melderechtlich nicht erfasst sind, müssen ihre Eintragung in das Wählerverzeichnis jedoch eigens beantragen und ihr Wahlrecht dadurch nachweisen, dass sie eine eidesstattliche Versicherung über ihre Staatsangehörigkeit und darüber, seit wann sie in der Gemeinde eine Wohnung (bei mehreren Wohnungen in der Bundesrepublik Deutschland ihre Hauptwohnung) haben, abgeben; bei mehreren Wohnungen sind deren Anschriften zu nennen (§ 3 IV 1, 2 KWO; Art. 8 II 2 RL).

Eine Besonderheit stellt in Baden-Württemberg der **Verband Region Stuttgart** dar, in dem sich der Stadtkreis Stuttgart und fünf angrenzende Landkreise zusammengeschlossen haben. Bei der **Direktwahl der Mitglieder der Regionalversammlung** dieses Verbandes haben Unionsbürger jedoch kein Wahlrecht erhalten (§§ 8 und 9 des Gesetzes über die Errichtung des Verbands Region Stuttgart), weil diese Wahl nicht mehr als Kommunalwahl, sondern als Regionalwahl einzuordnen ist.[965]

Dafür hat der Gesetzgeber § 46 I GO ergänzt, damit Unionsbürger, die vor der Zulassung der Bewerbungen in der Bundesrepublik wohnen, auch zum **Bürgermeister** wählbar sind. Die Option der Richtlinie, EG-Ausländer von der Wählbarkeit zu Ämtern des Leiters des Exekutivorgans auszuschließen (Art. 5 III RL), wurde also nicht wahrgenommen. Denn nach Meinung der Landesregierung würde dies europapolitisch einen Schritt zurück bedeuten. Der EUV wolle durch das Unionsbürgerwahlrecht der neu eingeführten Unionsbürgerschaft und mit dieser der europäischen Integration weiterführende Impulse geben, und es sei erst kürzlich eine gewisse Öffnung des Beamtenverhältnisses auch für Unionsbürger erreicht worden. Außerdem würden die Aufgaben des Bürgermeisters einen solchen Vorbehalt für Deutsche nicht erfordern.[966] Die Neufassung des § 46 I GO ist anders als das übrige Gesetz erst am 1.3.1996 in Kraft

[965] Dazu bereits vorne unter D III 1 d.
[966] Gesetzentwurf der Landesregierung, Landtag Baden-Württemberg, Drs. 11/6505, S. 11.

getreten,[967] also nach Ablauf der Umsetzungsfrist des Art. 14 I RL. Dies ist jedoch unschädlich, da die Richtlinie die Wählbarkeit von Unionsbürgern zum Bürgermeister ohnehin nicht zwingend vorschreibt.[968] Das **Amt des Landrats,** der in Baden-Württemberg nicht direkt vom Volk, sondern durch die Kreisräte gewählt wird (§ 39 V 1 LKO), bleibt weiterhin ausdrücklich Deutschen i.S.d. Art. 116 GG vorbehalten (§ 38 LKO).[969] Dies ist auch rechtmäßig.[970]

Beim passiven Wahlrecht hat der Gesetzgeber außerdem von der Option in Art. 5 I RL, wonach neben inländischen **Wahlausschlussgründen** auch solche des Herkunftsmitgliedstaates berücksichtigt werden dürfen, Gebrauch gemacht. So bestimmt § 28 II 2 GO, dass Unionsbürger nicht in den Gemeinderat gewählt werden können, wenn sie infolge einer zivilrechtlichen Einzelfallentscheidung oder einer strafrechtlichen Entscheidung des Mitgliedstaates, dessen Staatsangehörige sie sind, die Wählbarkeit nicht besitzen. Entsprechendes gilt für die Wählbarkeit von Unionsbürgern zum Bürgermeister (§ 46 II 1 GO) und zum Kreistag (§ 23 II 2 LKO). In anderen Vorschriften wurde dagegen klargestellt, dass es für alle Bürger beim Ausschluss vom *aktiven* Wahl- und Stimmrecht und für Deutsche beim Ausschluss von der Wählbarkeit weiterhin nur auf Richtersprüche *„in der Bundesrepublik Deutschland"* ankommt.[971]

Das Kommunalwahlgesetz verlangt bei der Kandidatur von Unionsbürgern für kommunale Ämter **besondere Erklärungen und Nachweise** (Art. 9 I 2, II lit. a, b, c, e RL). Bewirbt sich ein Unionsbürger um ein *Gemeinderatsmandat*, so muss er gegenüber dem Vorsitzenden des Wahlausschusses an Eides Statt versichern, dass er die Staatsangehörigkeit des Herkunftsmitgliedstaates besitzt und dass er in diesem Mitgliedstaat die Wählbarkeit nicht verloren hat. Sofern er nach § 22 MeldeG von der Meldepflicht befreit ist und nicht in das Melderegis-

---

[967] Vgl. Art. 5 II i.V.m. Art. 1 Nr. 5 des Gesetzes über die Teilnahme von Unionsbürgern an Wahlen und Abstimmungen, GBl. vom 24.11.1995, S. 761. Begründung im Gesetzentwurf, Landtag Baden-Württemberg, Drs. 11/6505, S. 16.

[968] Ebenso *Barley*, S. 113 f.

[969] Vgl. auch Beschlussempfehlung und Bericht des Innenausschusses, Landtag Baden-Württemberg, Drs. 11/6627, S. 1 f.

[970] Näher oben unter Punkt D II 2.

[971] §§ 14 II Nr. 1, 28 II 1 Nr. 2 GO und §§ 10 IV Nr. 1, 23 II 1 Nr. 2 LKO.

ter eingetragen ist, hat er ferner an Eides Statt zu versichern, seit wann er in der Gemeinde eine Wohnung hat (bzw. bei mehreren Wohnungen in der Bundesrepublik Deutschland seine Hauptwohnung). Bei mehreren Wohnungen in der Bundesrepublik Deutschland sind deren Anschriften anzugeben. Bei Zweifeln an der Richtigkeit der Versicherungen an Eides Statt über die Wählbarkeit im Herkunftsstaat hat der Unionsbürger auf Verlangen eine Bescheinigung der zuständigen Verwaltungsbehörden seines Herkunftsmitgliedstaats vorzulegen (§ 8 II KWG; § 14 V 1 Nr. 2 KWO). Ferner muss der Unionsbürger auf Verlangen einen gültigen Identitätsausweis oder Reisepass vorlegen und seine letzte Adresse im Herkunftsstaat angeben (§ 14 V 2 KWO). Entsprechendes gilt für die Bewerbung eines Unionsbürgers um das *Amt des Bürgermeisters*, wobei allerdings die förmliche Erklärung über die Hauptwohnung in der Gemeinde und die Anschriften in Deutschland entfällt. Gibt der Unionsbürger die eidesstattliche Versicherung über seine Wählbarkeit im Herkunftsmitgliedstaat nicht ab oder legt er die verlangte Bescheinigung nicht vor, so ist die Bewerbung eines Unionsbürgers um das Amt des Bürgermeisters zurückzuweisen.[972]

Das Umsetzungsgesetz enthält in Art. 4 einige komplizierte **Übergangsvorschriften.**[973] So waren die bisherigen Bestimmungen noch anzuwenden für Bürgeranträge, Bürgerbegehren sowie Anträge auf Anberaumung einer Bürgerversammlung, über deren Zulässigkeit der Gemeinderat vor dem Stichtag 1.12.1995, dem Tag des Inkrafttretens des Gesetzes, entschieden hatte (Art. 4 I). Das Gleiche galt für Gemeindewahlen, die Wahl der Kreisräte, für Bürgerentscheide und für Anhörungen bei Grenzänderungen, wenn die Wahl bzw. Abstimmung vor dem Stichtag 1.12.1995 bekannt gemacht worden ist (Art. 4 II). Für Wahlen und Abstimmungen nach dem 31.12.1995, für die (nach Art. 4 II) noch die bisherigen Bestimmungen anwendbar waren, wurden Unionsbürger nur auf Antrag in das Wählerverzeichnis eingetragen (Art. 4 III). Für eine Übergangszeit bis zum 31.12.2000 wurde zudem eine nur eingeschränkte Berücksichtigung von Ausschlüssen der Unionsbürger vom Wahlrecht, Abstimmungs-

---

[972] Nach zwischenzeitlichen Änderungen der Kommunalgesetze befinden sich die Regelungen heute in § 10 IV 3, 4, V 2 KWG und § 20 III 1 Nr. 3, III 2 KWO.
[973] Vgl. ergänzend auch die Übergangsvorschriften in Art. 2 der Verordnung vom 27.11.1995, GBl. S. 784.

recht und von der Wählbarkeit angeordnet. Ausschlussgründe sollten demnach nur berücksichtigt werden, soweit sie dem Bürgermeister zu wahlrechtlichen Zwecken oder im Einspruchsverfahren übermittelt worden oder sonst bekannt geworden waren (Art. 4 IV).

2. Bayern

Die anfänglich sehr restriktive Umsetzung der Richtlinie in Bayern wurde durch ein Gesetz von 1999 inzwischen wieder teilweise revidiert. Vor den Neuregelungen soll jedoch zunächst die Umsetzung von 1995 erläutert werden.

a) Die Umsetzung der Richtlinie im Jahr 1995

Zur Umsetzung der Richtlinie 94/80/EG wurden in Bayern das **„Gesetz zur Änderung des Gemeinde- und Landkreiswahlgesetzes“** vom 26.7.1995[974] und die **„Gemeinde- und Landkreiswahlordnung“** (GLKrWO) vom 28.8.1995[975] erlassen. Damit hat Bayern als eines der ersten Länder in Deutschland sein Landesrecht an die europäischen Vorgaben angepasst.[976] Grund hierfür waren die bereits im März 1996 anstehenden allgemeinen Kommunalwahlen. Die Richtlinie sollte bereits zu einem frühen Zeitpunkt umgesetzt werden, um es allen Beteiligten zu ermöglichen, sich rechtzeitig vor dem Kommunalwahltermin auf die neuen Gegebenheiten einzustellen.[977]

Das bayerische Umsetzungsgesetz vom 26.7.1995 ist durch restriktive Regelungen bei der Eintragung der Unionsbürger in das Wählerverzeichnis und beim Zugang zu kommunalen Exekutivämtern charakterisiert. Das Gesetz geht im wesentlichen auf einen Gesetzentwurf der Staatsregierung zurück, welcher im Landtag genau in diesen beiden Punkten von der Opposition kritisiert und

---

[974] Bayerisches GVBl. S. 371. Das Gesetz ist nach seinem § 4 im Wesentlichen am 1.8.1995 in Kraft getreten. Aufgrund der Ermächtigung zur Neubekanntmachung (§ 3) wurde das GLKrWG durch Gesetz vom 27.8.1995 in der vom 1.8.1995 an geltenden Fassung neu bekanntgemacht (GVBl. S. 590).

[975] Bayerisches GVBl. S. 605. Die Verordnung ist am 20.9.1995 in Kraft getreten (§ 103 I GLKrWO).

[976] Zur Umsetzung der Richtlinie durch den bayerischen Gesetzgeber vgl. *Wegmann*, Kommunalpraxis BY 1995, S. 367 ff.; *Hierl*, S. 82 ff.; *von Klitzing*, Der Bayerische Bürgermeister 1996, S. 20 ff.

[977] Gesetzentwurf der Staatsregierung, Bayerischer Landtag, Drs. 13/1493, S. 7.

schließlich auch nur mit den Stimmen der CSU beschlossen wurde. Ein eigener Gesetzentwurf der Fraktion Bündnis 90/Die Grünen und ein Antrag der Fraktion der SPD, die eine andere Form der Umsetzung favorisierten, blieben ohne Erfolg.[978]

Das Umsetzungsgesetz ändert neben dem Gemeinde- und Landkreiswahlgesetz (GLKrWG) auch andere Gesetze, insbesondere die Gemeindeordnung (GO), die Landkreisordnung (LKO) und die Bezirksordnung (BezO). Es dient nicht nur der Umsetzung der Richtlinie, sondern bezieht andere Regelungsvorhaben mit ein. Die auf Art. 55 GLKrWG gestützte GLKrWO enthält Vollzugsvorschriften zum Kommunalwahlrecht der Unionsbürger, ohne aber entsprechend Art. 14 RL auf die EG-Richtlinie gesondert hinzuweisen. Im Folgenden soll nur auf die Vorschriften näher eingegangen werden, die im Zusammenhang mit der Einführung des Kommunalwahlrechts für Unionsbürger stehen.

Die zentrale Bestimmung zur Einführung des Kommunalwahlrechts für Unionsbürger ist der neue Art. 1 I GLKrWG, der die **Wahlberechtigung** bei Gemeinde- und Landkreiswahlen auf die Staatsangehörigen der übrigen Mitgliedstaaten der Europäischen Union (Unionsbürger) erstreckt. Zu diesen Gemeinde- und Landkreiswahlen gehört neben der Wahl des Gemeinderats und des Kreistags auch die Direktwahl des ersten Bürgermeisters und des Landrats (Art. 17 GO, Art. 12 und 31 I 2 LKO). Das Wahlrecht bei der **Wahl des Bezirkstags** bleibt dagegen weiterhin den Deutschen vorbehalten (Art. 4 I Nr. 1 BezWG, Art. 1 I LWG). Denn die Bezirke als nächsthöhere Ebene im bayerischen Staatsaufbau sind zwar Gebietskörperschaften mit Selbstverwaltungsrecht (Art. 1 BezO), gehören aber nach dem Anhang der Richtlinie nicht mehr zu den lokalen Gebietskörperschaften der Grundstufe.[979]

---

[978] Vgl. Gesetzentwurf der Staatsregierung, Bayerischer Landtag, Drs. 13/1493 vom 9.5.1995; Gesetzentwurf der Abgeordneten Dr. Fleischer, Rieger, Schammann und der Fraktion Bündnis 90/Die Grünen, Drs. 13/469 vom 14.2.1995; Antrag der Abgeordneten Renate Schmidt, Dr. Albert Schmid, Schindler, Dr. Hahnzog und der Fraktion der SPD, Drs. 13/463 vom 14.2.1995 sowie PlPr. 13/25 vom 18.7.1995, S. 1741 ff.

[979] Vgl. auch *Wegmann*, Kommunalpraxis BY 1995, S. 368; VG Ansbach, BayVBl. 2001, S. 26 ff. Näher zur Problematik bereits unter Punkt D III 1 c.

Das Umsetzungsgesetz sieht vor, dass wahlberechtigte EG-Ausländer nur **auf Antrag** in das **Wählerverzeichnis** eingetragen werden; hierüber sind sie **durch Bekanntmachung zu unterrichten** (Art. 11 I 2 GLKrWG; § 19 a GLKrWO; Art. 7, 11 RL). Der Antrag auf Eintragung in das Wählerverzeichnis muss zudem für jede Wahl neu gestellt werden. Denn nach § 18 I 1 GLKrWO legt die Gemeinde vor jeder Wahl ein neues Wählerverzeichnis an, so dass auch der Antrag jeweils nur für eine bestimmte Wahl Gültigkeit besitzt.[980] In der Begründung des Gesetzentwurfs heißt es, die Eintragung auf Antrag bilde nach der Richtlinie den Regelfall und es solle die freie Entscheidung der Unionsbürger respektiert werden, ob sie an der Kommunalwahl im Wohnsitzmitgliedstaat teilnehmen wollen. Deshalb sei es sachgerecht, dass die Unionsbürger ihren Willen, im Wohnsitzmitgliedstaat zu wählen, zum Ausdruck brächten.[981] Es wurde jedoch bereits erläutert, dass nicht nur das wiederholte, sondern auch das einmalige Antragserfordernis EG-Ausländer in unzulässiger Weise diskriminiert, so dass die bayerische Regelung insoweit europarechtswidrig ist.[982]

Auch das bayerische Kommunalrecht verleiht Unionsbürgern den **Status von Gemeinde- und Landkreisbürgern,** da es den kommunalen Bürger über das Wahlrecht definiert. So bezeichnet Art. 15 II GO alle Gemeindeangehörigen, die in ihrer Gemeinde das Recht besitzen, an den Gemeindewahlen teilzunehmen, als Gemeindebürger.[983] Da für die Wahlberechtigung allein auf Art. 1 GLKrWG abzustellen ist, besteht der Bürgerstatus unabhängig von einer Eintragung in das Wählerverzeichnis oder von einem Antrag hierauf.[984] Mit dem Inkrafttreten des Umsetzungsgesetzes am 1.8.1995 erhielten die wahlberechtigten EG-Ausländer somit automatisch alle mit dem Bürgerstatus verbundenen Rechte und Pflichten, wie etwa das Recht zur Teilnahme an Bürgerversammlungen (Art. 18 GO) und die Pflicht zur Übernahme von Ehrenämtern (vgl. heute Art. 19 GO, Art. 13 LKO).

980 *Wegmann*, Kommunalpraxis BY 1995, S. 372.
981 Gesetzentwurf der Staatsregierung, Bayerischer Landtag, Drs. 13/1493, S. 1 und 7 ff.
982 Näher bereits vorne unter Punkt D IV 1.
983 Vgl. auch die entsprechende Regelung für den Kreisbürger in Art. 11 II LKO.
984 *Wegmann*, Kommunalpraxis BY 1995, S. 373.

Kommunale Abstimmungen kannte das bayerische Recht damals allerdings noch nicht. Nachdem zwischenzeitlich durch Gesetz vom 27.10.1995 im Weg eines Volksentscheides **Bürgerbegehren** und **Bürgerentscheid** und durch Gesetz vom 26.3.1999 **Bürgeranträge** eingeführt worden sind,[985] steht auch EG-Ausländern als Gemeindebürgern die Mitwirkung daran offen (Art. 18 a, 18 b GO; Art. 12 a, 12 b LKO). Dabei können wahlberechtigte EG-Ausländer das Bürgerbegehren auch unterzeichnen, wenn sie nicht in das **Wählerverzeichnis** eingetragen sind. Denn anders als das Wahlrecht knüpft das Teilnahmerecht am Bürgerbegehren allein an den Status als Gemeindebürger.[986] Früher gab es Zweifel an dieser Auslegung, weil nach der ursprünglichen Fassung des Art. 18 a V 2 GO die Zahl der gültigen Unterschriften beim Bürgerbegehren anhand eines *„Wählerverzeichnisses"* vom Stand des Eingangs des Bürgerbegehrens ermittelt werden sollte.[987] Inzwischen wurde jedoch durch eine Gesetzesänderung dieser Begriff durch den Ausdruck *„Bürgerverzeichnis"* ersetzt und bestimmt, dass die Gemeinde für das Bürgerbegehren ein eigenes Bürgerverzeichnis anzulegen hat.[988] Damit wurde klargestellt, dass bei kommunalen Abstimmungen nicht das gleiche Verzeichnis wie bei Kommunalwahlen gemeint ist.[989] Da die Vorschrift des Art. 11 GLKrWG über das Wählerverzeichnis nur für Kommunalwahlen Anwendung findet, setzt die Eintragung der EG-Ausländer in das Bürgerverzeichnis keinen Antrag voraus. Die Gemeinde hat daher alle Personen, die am Stichtag Gemeindebürger sind, von Amts wegen einzutragen.[990] Beim Bürgerentscheid sind ebenfalls alle ausländischen Gemeindebürger unabhängig von einem Antrag stimmberechtigt.[991]

---

985 Vgl. das Gesetz vom 27.10.1995 (GVBl. S. 730), in Kraft seit dem 1.11.1995, das auf das Volksbegehren „Mehr Demokratie in Bayern" zurückgeht, sowie das Gesetz vom 26.3.1999 (GVBl. S. 86), in Kraft seit dem 1.4.1999.

986 So z.B. *Bauer/Böhle/Masson/Samper*, Bayerische Kommunalgesetze, Art. 18 a GO Rn. 14; *Hierl*, S. 164; *Thum*, BayVBl. 1997, S. 231.

987 Vgl. etwa *Wehr*, BayVBl. 1996, S. 550.

988 Änderungsgesetz der Gemeinde- und Landkreisordnung vom 26.3.1999 (GVBl. S. 86), in Kraft seit dem 1.4.1999.

989 Vgl. *Hierl*, S. 162 f. So bereits zu Art. 18 a V 2 GO alter Fassung *Thum*, BayVBl. 1997, S. 231.

990 *Hierl*, S. 168.

991 *Bauer/Böhle/Masson/Samper*, Bayerische Kommunalgesetze, Art. 18 a GO Rn. 14; *Thum*, BayVBl. 1997, S. 231.

Die Eintragung von EG-Ausländern in das Wählerverzeichnis darf gemäß Art. 8 II 2 RL von **spezifischen Erklärungen und Nachweisen** abhängig gemacht werden. Dementsprechend müssen EG-Ausländer in Bayern Angaben über den gültigen Identitätsausweis machen und eine Versicherung an Eides Statt über die Staatsangehörigkeit abgeben. Im Zweifelsfall haben sie auch einen gültigen Identitätsausweis vorzulegen (vgl. Art. 11 II 2, 3 GLKrWG). Art. 11 II 1 GLKrWG verlangt zudem von den Unionsbürgern eine Versicherung an Eides Statt, dass sie sich am Wahltag seit mindestens drei Monaten ununterbrochen mit dem Schwerpunkt ihrer Lebensbeziehungen in der Gemeinde (bzw. bei Landkreiswahlen im Landkreis) aufhalten. Denn das bayerische Kommunalwahlrecht setzt einen mindestens dreimonatigen Aufenthalt mit dem Schwerpunkt der Lebensbeziehungen voraus, wobei bei mehreren Wohnungen der Schwerpunkt der Lebensbeziehungen bei der melderechtlichen Hauptwohnung nur vermutet wird (Art. 1 I Nr. 2 GLKrWG). Dabei wird argumentiert, die Ermittlung des Schwerpunktes der Lebensbeziehungen sei bei EG-Ausländern anders als durch eidesstattliche Versicherung nicht möglich bzw. unverhältnismäßig aufwendig.[992] Nach Art. 8 II 2 RL darf jedoch höchstens eine eidesstattliche Versicherung über die Anschriften im Wohnsitzmitgliedstaat verlangt werden, so dass die Regelung nicht mehr von der Option gedeckt ist. Nach Art. 8 II 1 RL haben EG-Ausländer für die Eintragung in das Wählerverzeichnis daher lediglich die gleichen Nachweise zu erbringen wie Inländer. Da deutsche Wahlberechtigte den dreimonatigen Aufenthalt mit dem Schwerpunkt der Lebensbeziehungen aber nur nachweisen müssen, wenn sie in der Gemeinde nicht gemeldet sind (Art. 11 III GLKrWG), ist die Vorschrift in Art. 11 II 1 GLKrWG nicht mit der Richtlinie vereinbar, soweit sie auch von im Melderegister erfassten Unionsbürgern eine eidesstattliche Erklärung über den dreimonatigen Aufenthalt mit dem Schwerpunkt der Lebensbeziehungen verlangt.[993]

Da nach Art. 11 RL eine **Unterrichtung** der Unionsbürger über ihr Wahlrecht erforderlich ist, legt § 19 a I GLKrWO fest, dass die Gemeinde bekannt macht, unter welchen Voraussetzungen ausländische Unionsbürger an der Gemeinde-

---

[992] *Grumann*, S. 173; *Wegmann*, Kommunalpraxis BY 1995, S. 372.
[993] So auch *Hierl*, S. 104. Näher vorne unter Punkt D IV 2.

und der Landkreiswahl teilnehmen können und wo, in welcher Form und in welcher Weise sie die Eintragung in das Wählerverzeichnis beantragen können.[994] § 19 a I GLKrWO verbietet es den Gemeinden zwar nicht, die wahlberechtigten EG-Ausländer zusätzlich noch in anderer Form, etwa durch persönliche Anschreiben, zu informieren oder ihnen sogar das amtliche Formblatt für den Antrag auf Eintragung in das Wählerverzeichnis (Anlage 2 zur GLKrWO) zuzuschicken.[995] Nach § 19 a I GLKrWO langt es jedoch aus, EG-Ausländer über ihr Wahlrecht und das Antragserfordernis durch öffentliche Bekanntmachung zu informieren, während deutsche Wahlberechtigte als Folge ihrer Amtseintragung ohne ihr Zutun eine individuelle Wahlbenachrichtigung erhalten. Daher sind EG-Ausländer auch bei der Unterrichtung in unzulässiger Weise benachteiligt.[996]

Das **passive Wahlrecht** der Unionsbürger bei Kommunalwahlen wird in Bayern stark eingeschränkt. Unionsbürger haben lediglich zum Amt eines ehrenamtlichen Gemeinderatsmitglieds und Kreisrats Zugang (Art. 20 GLKrWG). Von den Ämtern und Aufgaben der kommunalen Exekutivorgane bleiben EG-Ausländer dagegen ganz ausgeschlossen. So sind bei der Volkswahl des **ersten Bürgermeisters** und des **Landrats nur Deutsche** i.S.d. Art. 116 I GG **wählbar** (Art. 36 I GLKrWG). Gleiches gilt für die übrigen Mitglieder der Exekutivorgane, die durch die kommunalen Vertretungskörperschaften bestimmt werden, also die **weiteren Bürgermeister** (Art. 35 II 1 GO), den Stellvertreter des Landrats (Art. 32 II LKO) und die weiteren Stellvertreter des Bürgermeisters und des Landrats (Art. 39 I 2 GO, Art. 36 LKO). Versperrt bleibt Unionsbürgern auch das Amt des vom Gemeinderat gewählten berufsmäßigen Gemeinderatsmitglieds (vgl. Art. 40, 41 GO, Art. 5 II KWBG). Art. 5 III RL eröffnet die Möglichkeit, die Ämter des Leiters des Exekutivorgans sowie seiner Vertreter den eigenen Staatsangehörigen vorzubehalten, weil die Aufgaben des Exekutivorgans die Teilnahme an der Ausübung der Staatsgewalt und die Wahrung der allgemeinen Interessen umfassen können (9. Erwägung der Richtlinie). Im bayerischen Gesetzentwurf heißt es dazu knapp, dass diese Voraussetzungen beim ersten Bür-

[994] Die Anlage 1 zur GLKrWO enthält den verbindlichen Text der Bekanntmachung.
[995] *Wegmann*, Kommunalpraxis BY 1995, S. 371.
[996] Näher schon unter Punkt D IV 3.

germeister und beim Landrat sowie deren Stellvertretern gegeben seien. Diese würden auch staatliche bzw. vom Staat übertragene Aufgaben wahrnehmen, weshalb von der Ausschlussmöglichkeit Gebrauch gemacht werden solle.[997]

Zudem nimmt der Gesetzgeber die Option in Art. 5 I und II RL wahr und schließt ausländische Unionsbürger von der Wählbarkeit zum Amt des Gemeinderatsmitglieds oder Kreisrats aus, wenn nach dem Recht ihres Herkunftsmitgliedstaates **Ausschlussgründe** vorliegen (Art. 20 S. 3 GLKrWG). In diesem Zusammenhang wird in einigen Vorschriften nochmals klargestellt, dass diese Kumulation von Ausschlussgründen lediglich für das passive Wahlrecht von EG-Ausländern gilt.[998]

Auch die Aufnahme in einen Wahlvorschlag setzt spezifische **Erklärungen und Nachweise** seitens des Unionsbürgers voraus (Art. 23 IV 4-7 GLKrWG; Art. 9 I 2, II lit. a, b, c RL). So müssen sich bewerbende Unionsbürger eine eidesstattliche Versicherung abgeben, dass sie sich im Wahlgebiet am Wahltag seit mindestens sechs Monaten mit dem Schwerpunkt ihrer Lebensbeziehungen aufhalten und dass sie die Wählbarkeit im Herkunftsmitgliedstaat nicht verloren haben, Angaben über den gültigen Identitätsausweis machen und eine eidesstattliche Versicherung über ihre Staatsangehörigkeit vorlegen. Bei Zweifeln kann der Wahlleiter zudem die Vorlage eines gültigen Identitätsausweises und eine Bescheinigung der zuständigen Verwaltungsbehörden des Herkunftsmitgliedstaats über die den Verlust der Wählbarkeit verlangen. Dabei ist die Forderung nach einer eidesstattlichen Versicherung über den Schwerpunkt der Lebensbeziehungen aus den gleichen Gründen wie beim aktiven Wahlrecht europarechtswidrig.

Der im Weg zweier Popularklagen angerufene **Bayerische Verfassungsgerichtshof** hat die restriktiven Regelungen des GLKrWG zum Kommunalwahlrecht für Unionsbürger allerdings nicht beanstandet, da die Bayerische Verfassung nur im Fall eines offenkundigen und schwerwiegenden Widerspruchs des Landesrechts zum Gemeinschaftsrecht verletzt wäre. Einen solchen Verstoß ge-

---

[997] Gesetzentwurf der Staatsregierung, Bayerischer Landtag, Drs. 13/1493, S. 1, 7 und 11.
[998] Art. 2 Nr. 1 und Nr. 2, Art. 20 S. 2, Art. 36 II 1 Nr. 1 GLKrWG; Art. 30 I 3 BezO.

gen das Rechtsstaatsprinzip der Bayerischen Verfassung konnte er aber ebenso wenig feststellen wie einen Verstoß gegen das Willkürverbot oder das Grundrecht der Handlungsfreiheit (Art. 3 I, 118, 101 BV).[999]

b) Die Änderung der Umsetzung im Jahr 1999

Dennoch hat der bayerische Landtag mit dem „**Gesetz zur Änderung des Gemeinde- und Landkreiswahlgesetzes und anderer kommunalrechtlicher Vorschriften**“ vom 27.12.1999 das **Kommunalwahlrecht für Unionsbürger** in einigen bedeutsamen Punkten **neu geregelt.**[1000] Das Gesetz ist zwar bereits am 1.1.2000 in Kraft getreten, die Änderung des GLKrWG fand jedoch erstmals zu den allgemeinen Gemeinde- und Landkreiswahlen im Jahr 2002 Anwendung finden; vorher galt weiterhin das GLKrWG in der Fassung vom 27.8.1995 (§ 7). Die Novelle sieht vor, dass die ausländischen Unionsbürger künftig **von Amts wegen** in die Wählerverzeichnisse eingetragen werden. Das bisherige Antragserfordernis und die damit verbundenen Erklärungen und Nachweise entfallen (Art. 11 GLKrWG; Art. 7, 8 RL). Auch wird darauf verzichtet, ausländische Unionsbürger von der Wählbarkeit zum Amt des Gemeinderatsmitglieds oder Kreisrats auszuschließen, wenn nach dem Recht des Herkunftsmitgliedstaates **Ausschlussgründe** vorliegen. In diesem Zusammenhang werden sämtliche bisher bestehenden zusätzlichen Anforderungen für ausländische Unionsbürger, die sich um ein Mandat bewerben, abgeschafft (Art. 20 GLKrWG; Art. 23, 23 a GLKrWG; 5 I, 9 RL). Damit werden erstmals bei den allgemeinen Kommunalwahlen im Jahr 2002 sowohl beim aktiven als auch beim passiven Wahlrecht von EG-Ausländern keine besonderen **Erklärungen und Nachweise** mehr verlangt. Es wird allerdings daran festgehalten, das passive Wahlrecht in kommunale Exekutivämter deutschen Wahlberechtigten vorzubehalten.

Nach Darstellung der Staatsregierung sollen die Änderungen zur fortschreitenden europäischen Integration und zur Verwaltungsvereinfachung beitragen sowie Kosten in der Kommunalverwaltung einsparen. Zur Begründung der Neure-

---

[999] BayVerfGH 50, 76; BayVBl. 1997, S. 495 ff. Vgl. hierzu *Schmitt Glaeser*, BayVBl. 1999, S. 359 ff.

[1000] GVBl. S. 542. Vgl. vor allem § 1 Nr. 2 (zu Art. 1 GLKrWG), § 1 Nr. 8 (zu Art. 11 GLKrWG), § 1 Nr. 11 (zu Art. 20 GLKrWG) und § 1 Nr. 13 (zu Art. 23 und 23a GLKrWG).

gelungen wird zudem auf Erfahrungen verwiesen, die in der Praxis mit dem Kommunalwahlrecht für Unionsbürger gewonnen worden sind. Dabei wird angedeutet, dass es in anderen Ländern trotz des Verzichts auf das Antragsverfahren und auf zusätzliche Erklärungen und Nachweise nicht zu Schwierigkeiten gekommen sei.[1001] Die Opposition im Landtag begrüßte den Gesetzentwurf, sah darin jedoch die Reaktion der Staatsregierung auf Kritik von Seiten des Bayerischen Städtetags und auf eine Rüge der Europäischen Kommission an der Umsetzung der Richtlinie in Bayern. Das Gesetz wurde vom Landtag schließlich einstimmig verabschiedet.[1002]

Die Neuregelungen sind zu begrüßen, weil sie rechtliche Mängel der bayerischen Umsetzung beseitigen und das Wahlverfahren nicht nur unbürokratischer, sondern auch europafreundlicher gestalten. Allerdings ist die unnötig lange Übergangsfrist von mehr als zwei Jahren zu kritisieren, aufgrund der es für alle Wahlen bis zum Jahr 2002 noch bei der alten Rechtslage blieb.

3. Brandenburg

a) Die Regelung in der Landesverfassung

Die Verfassung des Landes Brandenburg vom 20.8.1992[1003] war von Anfang an auf die Einführung eines Ausländerwahlrechts eingestellt. So ist nach Art. 22 I 2 LV i.V.m. Art. 3 I LV ausländischen Einwohnern Brandenburgs das Recht zu gewähren, zum Landtag und zu den kommunalen Vertretungskörperschaften zu wählen und in diese gewählt zu werden, sobald und soweit das Grundgesetz dies zulässt. Seitdem Art. 28 I 3 GG das Kommunalwahlrecht für Unionsbürger vorsieht, muss EG-Ausländern daher auch gemäß Art. 22 I 2 LV das Wahlrecht zu den kommunalen Vertretungskörperschaften eingeräumt werden. Gemäß Art. 22 II LV i.V.m. Art. 3 I LV haben ausländische Einwohner Brandenburgs zudem

---

[1001] Vgl. Gesetzentwurf der Staatsregierung, Bayerischer Landtag, Drs. 14/1904 vom 19.10.1999, S. 1, 10, und 12 f.; Staatssekretär Regensburger (Innenministerium) bei der Ersten Lesung des Gesetzentwurfs, PlPr. 14/29 vom 28.10.1999, S. 1880 f. und 1883 f. und Staatsminister Dr. Beckstein (Innenministerium) bei der Zweiten Lesung, PlPr. 14/32 vom 10.12.1999, S. 2092.

[1002] Vgl. die Abgeordneten Helga Schmitt (SPD) und Tausendfreund (Bündnis 90/Die Grünen), Bayerischer Landtag, PlPr. 14/29 vom 28.10.1999, S. 1881 f. sowie Abgeordnete Helga Schmitt (SPD), PlPr. 14/32 vom 10.12.1999, S. 2091 f.

das Recht, sich an Volks-initiativen und Einwohneranträgen[1004] zu beteiligen. Das Recht, sich an Bürgerbegehren und Bürgerentscheiden zu beteiligen, ist ihnen wiederum zu gewähren, soweit und sobald das Grundgesetz es zulässt. Da das Grundgesetz es erlaubt, EG-Ausländer bei kommunalen Abstimmungen in den Kreis der Stimmberechtigten einzubeziehen,[1005] ist der Landesgesetzgeber dazu nach Art. 22 II LV auch verpflichtet.

b) Kommunalrechtliche Änderungen

Das Kommunalwahlrecht für Unionsbürger wurde in Brandenburg durch das **„Gesetz zur Änderung des Brandenburgischen Kommunalwahlgesetzes** zur Umsetzung der Richtlinie 94/80/EG des Rates vom 19. Dezember 1994 über die Einzelheiten der Ausübung des aktiven und passiven Wahlrechts bei Kommunalwahlen für Unionsbürger mit Wohnsitz in einem Mitgliedstaat, dessen Staatsangehörigkeit sie nicht besitzen, und zur Änderung des Landesbeamtengesetzes“ vom 14.12.1995 eingeführt.[1006] Dabei nahm der Landtag die mit der Umsetzung der Richtlinie erforderliche Änderung des Kommunalwahlgesetzes zum Anlass, das Gesetz gleich noch in weiteren Punkten zu überarbeiten,[1007] so dass insgesamt ein recht umfangreiches Änderungsgesetz herausgekommen ist. Das Gesetz wurde durch eine ebenso umfangreiche **„Verordnung zur Änderung der Brandenburgischen Kommunalwahlverordnung“** vom 18.12.1995 ergänzt.[1008] Hier soll nur auf die Bestimmungen eingegangen werden, die für die neue Rechtsstellung der EG-Ausländer maßgeblich sind.

Zentrale Bedeutung kommt § 8 S. 1 Nr. 1 KWG zu, der die **Wahlberechtigung** für die unmittelbaren Wahlen der Gemeindevertretungen, Stadtverordnetenver-

---

[1003] Verfassung des Landes Brandenburg vom 20.8.1992, GVBl. I für das Land Brandenburg vom 20.8.1992, S. 298.

[1004] Die Verfassungsänderung vom 7.4.1999 (GVBl. I S. 98) hat das Wort „Bürgeranträge“ im ursprünglichen Verfassungstext (GVBl. I S. 298) durch das Wort „Einwohneranträge“ ersetzt.

[1005] Vgl. vorne unter Punkt D I 1.

[1006] GVBl. I für das Land Brandenburg vom 15.12.1995, S. 274. Das Gesetz trat am Tag nach der Verkündung in Kraft (Art. 5).

[1007] So bereits der Gesetzesentwurf der Landesregierung, Landtag Brandenburg, Drs. 2/1517, S. 2 und 30.

[1008] GVBl. II für das Land Brandenburg vom 28.12.1995, S. 738. Die Verordnung trat am Tag nach der Verkündung in Kraft (Art. 2).

sammlungen, Kreistage, Bürgermeister und Oberbürgermeister auf die Staatsangehörigen anderer Mitgliedstaaten der Europäischen Union ausdehnt (vgl. §§ 1, 63 I KWG). Der Landrat in Brandenburg dagegen wird weiterhin nicht direkt durch die Bürger, sondern durch den Kreistag gewählt (§ 51 I LKO).

Die wahlberechtigten EG-Ausländer werden – ebenso wie Deutsche – von Amts wegen in das **Wählerverzeichnis** eingetragen, wenn sie nach den Vorschriften des Brandenburgischen Meldegesetzes in dem Wahlbezirk gemeldet sind (§ 15 I KWVO, Art. 7 RL). Die Landesregierung begründet dies damit, dass sich die für die Aufstellung und Führung des Wählerverzeichnisses benötigten Angaben zur Staatsangehörigkeit und zu den Wohnanschriften der Einwohner bereits aus dem Melderegister ergeben und die Amtseintragung sowohl den Unionsbürgern als auch den Wahlbehörden unnötigen Aufwand bei der Vorbereitung der Wahl erspare.[1009] Seit einer Änderung der Kommunalwahlverordnung vom 3.4.1998 können wahlberechtigte Unionsbürger, die nicht der Meldepflicht unterliegen, sich auf Antrag in das Wählerverzeichnis eintragen lassen (§ 15 IV KWVO). Beim Antragsverfahren gelten für sie jedoch die gleichen Vorschriften wie für Deutsche, insbesondere sind keine zusätzlichen Nachweise zu erbringen (vgl. § 15 a KWVO, Art. 8 RL).[1010]

Da der Begriff des Bürgers der Gemeinde (§ 13 II GO) bzw. des Landkreises (§ 12 II LKO) an die Wahlberechtigung anknüpft, erhalten EG-Ausländer den kommunalen **Bürgerstatus**, mit dem weitere Rechte und Pflichten verbunden sind. Insbesondere sind sie zur Übernahme von Ehrenämtern und ehrenamtlichen Tätigkeiten verpflichtet (§ 26 GO, § 24 LKO) und dürfen an **Bürgerbegehren und Bürgerentscheid** teilnehmen (§ 20 GO, § 18 LKO). Dies schließt auch die Mitwirkung an der vorzeitigen Abberufung eines Bürgermeisters durch Bürgerentscheid ein (§ 81 GO). Obwohl die Richtlinie ein Abstimmungsrecht der Unionsbürger nicht vorschreibt, hält die Landesregierung die Einbeziehung der Unionsbürger bei kommunalen Sachabstimmungen doch für *„verfassungsrechtlich zulässig, integrationspolitisch notwendig und im Interesse einer*

[1009] Gesetzesentwurf der Landesregierung, LT-Drs. 2/1517, S. 2 und 27 f.
[1010] Zweite Verordnung zur Änderung der Brandenburgischen Kommunalwahlverordnung, GVBl. II für das Land Brandenburg vom 21.4.1998, S. 324.

Gleichstellung von Deutschen und (anderen) Unionsbürgern geboten".[1011] Hervorzuheben ist, dass EG-Ausländer als Gemeindebürger auch an Gemeindeversammlungen i.S.v. Art. 28 I 4 GG teilnehmen dürfen. In kleinen Gemeinden in Brandenburg kann an die Stelle einer gewählten Gemeindevertretung eine **Gemeindeversammlung** aus den Bürgern der Gemeinde treten (§ 2 KWG, § 53 GO). Die Kommunalwahlrichtlinie ist auf eine solche Gemeindeversammlung entsprechend anzuwenden.[1012]

Unionsbürger sind nicht nur in die kommunalen Vertretungskörperschaften und zum ehrenamtlichen Bürgermeister wählbar (§§ 8, 11 I und 65 I KWG), sondern können auch zum hauptamtlichen **Bürgermeister** oder Oberbürgermeister gewählt werden (§ 65 II Nr. 1 KWG). Die Möglichkeit, diese Exekutivämter den eigenen Staatsangehörigen vorzubehalten (Art. 5 III RL), wurde demnach nicht wahrgenommen. Zur Wählbarkeit von Unionsbürgern zum Landrat enthält das Gesetz keine eindeutige Aussage, wohl weil der Landrat nach einer öffentlichen Ausschreibung der Stelle vom Kreistag gewählt wird (§ 51 III LKO) und das Amt somit nicht unter die Richtlinie fällt.[1013] Es ist daher davon auszugehen, dass EG-Ausländer nicht zum Landrat wählbar sind.

Das Brandenburgische Gesetz zur Umsetzung der Kommunalwahlrichtlinie beinhaltet auch eine **Änderung des Landesbeamtengesetzes** (LBG). Diese nimmt die – ohnehin überfällige – inhaltliche Anpassung des LBG an Rahmenrecht des Bundes vor, steht aber auch im Zusammenhang mit der Einführung des Kommunalwahlrechts für Unionsbürger.[1014] Denn der brandenburgische Gesetzgeber hat sich für das passive Wahlrecht der Unionsbürger zum hauptamtlichen Bürgermeister und zum Oberbürgermeister entschieden, die aufgrund ihrer Wahl in ein Beamtenverhältnis zu berufen sind (§ 74 I KWG, § 145 LBG). Bisher war der Zugang zum Beamtenstatus nach dem LBG regelmäßig Deutschen vorbehalten. Erst die Anpassung des LBG an das Zehnte Gesetz zur Änderung dienst-

[1011] Gesetzesentwurf der Landesregierung, LT-Drs. 2/1517, S. 2, 28 f.
[1012] Näher vorne unter Punkt D I 2.
[1013] Näher vorne unter Punkt D II 2.
[1014] Gesetzesentwurf der Landesregierung, Drs. 2/1517, S. 30.

rechtlicher Vorschriften[1015] eröffnet EG-Ausländern auch beamtenrechtlich den Zugang zu den Ämtern des hauptamtlichen Bürgermeisters und des Oberbürgermeisters (vgl. § 9 LBG).

Von der Option, Unionsbürger zusätzlich von der Wählbarkeit auszuschließen, wenn sie infolge einer zivil- oder strafrechtlichen **Einzelfallentscheidung im Herkunftsmitgliedstaat** die Wählbarkeit nicht besitzen (Art. 5 I RL), wurde in Brandenburg Gebrauch gemacht (§§ 11 III Nr. 2, 65 I, V Nr. 2 KWG). Diese Regelung sei aufgrund der Bedeutung des kommunalen Mandats und unter Berücksichtigung des Verhältnismäßigkeitsgrundsatzes angezeigt. Auch bestünde sonst eine Ungleichbehandlung gegenüber Deutschen.[1016] Dementsprechend müssen Unionsbürger, die sich um das Mandat eines Kommunalvertreters oder (Ober-)Bürgermeisters bewerben, dem Wahlleiter eine **Versicherung an Eides Statt** über ihre Staatsangehörigkeit und ihre Wählbarkeit im Herkunftsmitgliedstaat vorlegen (§§ 28 VIII 2, 3; 70 IV 2, 3 KWG; Art. 9 lit. I, II a RL). Da das Instrument der Versicherung an Eides Statt jedoch nach Auffassung der Landesregierung hinreichend Gewähr für das Vorliegen der Wählbarkeitsvoraussetzung bietet,[1017] wird – aus Gründen der Verwaltungsvereinfachung – darauf verzichtet, auch eine Bescheinigung der zuständigen Behörde des Herkunftsmitgliedstaats über die Wählbarkeit zu verlangen (vgl. Art. 9 II lit. b RL).

4. Hessen

Am 12.9.1995 beschloss der hessische Landtag mit großer Mehrheit das „**Gesetz zur Einführung des Kommunalwahlrechts für Unionsbürgerinnen und Unionsbürger**“,[1018] das Änderungen der Hessischen Gemeindeordnung (HGO), der Hessischen Landkreisordnung (HKO) und des Hessischen Kommunalwahlgesetzes (KWG) enthält. Weitere Regelungen zum Kommunalwahlrecht für

---

[1015] Vgl. das Gesetz vom 20.12.1993, BGBl. I S. 2136.

[1016] Gesetzesentwurf der Landesregierung, Landtag Brandenburg, Drs. 2/1517, S. 29 und 32.

[1017] Gesetzesentwurf der Landesregierung, Landtag Brandenburg, Drs. 2/1517, S. 29, 35 und 38.

[1018] Gesetz vom 12.9.1995, GVBl. I für das Land Hessen vom 20.9.1995, S. 462; Zweite Lesung des Gesetzentwurfs, PlPr. 14/13 vom 6.9.1995, S. 623 ff. Zur Umsetzung in Hessen vgl. *Grumann*, S. 126 ff.

Unionsbürger trifft die **„Vierte Verordnung zur Änderung der Kommunalwahlordnung“** vom 8.11.1995.[1019]

§ 30 I 1 Nr. 1 HGO dehnt das aktive **Wahlrecht bei Gemeindewahlen** auf Unionsbürger aus, d.h. auf Staatsangehörige der übrigen Mitgliedstaaten der Europäischen Union mit Wohnsitz in Deutschland. Die Wählbarkeit der Unionsbürger zur Gemeindevertretung folgt dann aus § 32 I HGO, der für das passive Wahlrecht an die Wahlberechtigung anknüpft. Da nach § 8 II HGO alle wahlberechtigten Einwohner **Bürger** der Gemeinde sind, erhalten EG-Ausländer durch die Verleihung des Wahlrechts automatisch den kommunalen Bürgerstatus mit sämtlichen sonst damit verbundenen Rechten und Pflichten, wie dem Recht zur Teilnahme an Bürgerbegehren und **Bürgerentscheid** (vgl. §§ 8 b, 29 I HGO), dem Wahlrecht zu den Mitgliedern des **Ortsbeirats** in den Ortsbezirken (§ 82 I HGO) und der Pflicht zur Übernahme und Ausübung einer ehrenamtlichen Tätigkeit (§ 21 I 2 HGO).

Die Bürgermeister werden von den Bürgern der Gemeinde in unmittelbarer Wahl gewählt (vgl. §§ 29 I, 39 I a HGO) und können von ihnen auch vorzeitig wieder abgewählt werden (§ 76 IV HGO). Bei der Umsetzung der Richtlinie hat der Landtag § 39 II 1 HGO ergänzt, damit auch Unionsbürger zum **Bürgermeister** wählbar sind (vgl. Art. 5 III RL). Da § 39 a I 2 HGO für die durch die Gemeindevertretung gewählten **hauptamtlichen Beigeordneten** auf § 39 II HGO verweist, steht Unionsbürgern das Amt des hauptamtlichen Beigeordneten ebenfalls offen. Im Gesetzentwurf heißt es, Unionsbürger könnten in das Beamtenverhältnis als Bürgermeister oder als hauptamtlicher Beigeordneter berufen werden, nachdem § 7 des Hessischen Beamtengesetzes neu gefasst worden sei. Denn für die Wahrnehmung der Aufgaben des Bürgermeisters sei die deutsche Staatsangehörigkeit nicht erforderlich (§ 7 II des Hessischen Beamtengesetzes). Die notwendige Verbundenheit mit dem Land bzw. der Kommune könne über

---

[1019] GVBl. I für das Land Hessen vom 12.12.1995, S. 522.

den Diensteid begründet werden, und die Wahrung der allgemeinen Belange werde auch durch die Staatsaufsicht gesichert.[1020]

Im Zusammenhang mit der Umsetzung der Richtlinie wurde in Hessen das **Wahlrecht zum Ausländerbeirat** neu geregelt (§ 86 HGO). Weiterhin sind alle ausländischen Einwohner wahlberechtigt und wählbar, also auch EG-Ausländer. Es wurde jedoch ein neuer § 86 IV HGO eingefügt, so dass als Mitglied des Ausländerbeirats nun auch Deutsche wählbar sind, die diese Rechtsstellung als ausländische Einwohner im Inland erworben haben (also ehemalige Ausländer) oder die zugleich eine ausländische Staatsangehörigkeit besitzen (deutsche Mehrstaater). Diese Vorschriften wurden sehr kontrovers diskutiert. Teilweise wurde kritisiert, dass für die betroffenen Deutschen nur ein passives, nicht aber ein aktives Wahlrecht zum Ausländerbeirat vorgesehen ist. Demgegenüber forderten andere, der Ausländerbeirat solle allein ein Organ derjenigen ausländischen Einwohner sein, die nach wie vor kein Kommunalwahlrecht besitzen. Die Landesregierung vertrat hierzu die Auffassung, dass von einer „doppelten Repräsentation" der Unionsbürger nicht die Rede sein könne, da Gemeindevertretung und Ausländerbeirat zwei Vertretungskörperschaften mit unterschiedlichen Aufgaben und Zuständigkeiten sind.[1021]

Parallel zur Gemeindeordnung wurde die Hessische Landkreisordnung (HKO) in einigen Punkten reformiert. § 22 I Nr. 1 HKO führt das aktive **Wahlrecht** der Unionsbürger **zum Kreistag** ein. Die Wahlberechtigung hat zur Folge, dass Unionsbürger auch zum Kreistagsabgeordneten wählbar sind (§ 23 I HKO) und sich an der Direktwahl des Landrats sowie an dessen Abwahl beteiligen können (§§ 37 I a, 49 IV HKO). § 37 II 1 HKO wurde geändert, um das **Amt des Landrats** für Unionsbürger zu öffnen. Ebenso können Unionsbürger nun vom Kreistag zu **hauptamtlichen Kreisbeigeordneten** gewählt werden (§§ 37 a I 3, 37 II HKO). Allerdings kennt die HKO weder den Begriff des Kreisbürgers noch die Mitwirkung der Bürger durch Bürgerbegehren und Bürgerentscheid.

[1020] Gesetzentwurf der Landesregierung für ein Gesetz zur Einführung des Kommunalwahlrechts für Unionsbürgerinnen und Unionsbürger, Hessischer Landtag, Drs. 14/93, S. 12 f.
[1021] Vgl. Gesetzentwurf der Landesregierung, Hessischer Landtag, Drs. 14/93, S. 13 f. sowie PlPr. 14/13 vom 6.9.1995, S. 623 ff.

Neben den Gemeinden und Kreisen gibt es in Hessen den **Umlandverband Frankfurt,** dessen Mitglieder Städte, Gemeinden und Landkreise im Raum Frankfurt sind. Der Verbandstag als Vertretungskörperschaft des Umlandverbandes wird von den Einwohnern des Verbandes in unmittelbarer Wahl gewählt. Der Gesetzentwurf der Landesregierung hatte ursprünglich eine Ergänzung des Gesetzes über den Umlandverband Frankfurt (§ 6 III Umlandverbandsgesetz) vorgesehen, nach der das aktive und passive Wahlrecht zum Verbandstag ausdrücklich Deutschen vorbehalten bleiben sollte. Zur Begründung war ausgeführt worden, der Umlandverband sei keine Gebietskörperschaft der Grundstufe, so dass eine Teilnahme von Ausländern an der Wahl verfassungsrechtlich nicht zulässig sei.[1022] Auf eine Beschlussempfehlung des federführenden Innenausschusses hin strich der Landtag diese Passage des Gesetzentwurfs jedoch später wieder.[1023] Da § 6 III 2 Umlandverbandgesetz für das Wahlrecht auf die §§ 30 bis 33 HGO verweist, hat dies zur Folge, dass EG-Ausländer nach jetziger Gesetzeslage auch zum Verbandstag aktiv und passiv wahlberechtigt sind. Dies ist auch mit dem Grundgesetz vereinbar.[1024]

Für die Eintragung in das **Wählerverzeichnis** gilt, dass alle zum Stichtag bei der Gemeinde gemeldeten Wahlberechtigten von Amts wegen in das Wählerverzeichnis eingetragen werden (§ 9 III 1 KWO). Ein gesonderter Antrag ist nur bei denjenigen wahlberechtigten Unionsbürgern erforderlich, die nicht der Meldepflicht unterliegen. Hierfür ist der Inlandsaufenthalt durch eine Bescheinigung des Herkunftsmitgliedstaates oder in sonstiger Weise glaubhaft zu machen (§ 9 IV KWO). Nach Art. 8 II 2 RL darf zwar eine förmliche Erklärung über die Anschriften im Wohnsitzmitgliedstaat verlangt werden, welche ein Beweismittel zur Glaubhaftmachung nach § 294 I ZPO darstellt. Darüber hinausgehende Nachweise zum Inlandsaufenthalt dürfen nach der Richtlinie jedoch nicht gefordert werden. § 9 IV 2 KWO ist daher einschränkend so auszulegen, dass andere

---

1022 Gesetzentwurf der Landesregierung, Hessischer Landtag, Drs. 14/93, S. 4, 8 und 14.
1023 Beschlussempfehlung und Bericht des Innenausschusses vom 23.8.1995, Hessischer Landtag, Drs. 14/394; Zweite Lesung des Gesetzentwurfs, PlPr. 14/13 vom 6.9.1995, S. 623 ff.
1024 Näher dazu bereits vorne unter Punkt D III 1 d.

Beweismittel als die eidesstattliche Erklärung von der Behörde zwar akzeptiert, aber nicht beansprucht werden können.[1025]

Des Weiteren wurden einige Vorschriften ergänzt, um Unionsbürger über ihr Wahlrecht zu **unterrichten** (vgl. heute §§ 10 I 2 Nr. 5, 11 Nr. 8, 22 I 2 KWO). Für nicht meldepflichtige Unionsbürger, die spätestens bis zum 21. Tag vor der Wahl ihre Eintragung in das Wählerverzeichnis beantragen müssen (§ 9 VI 1 KWO), erfolgt diese Unterrichtung jedoch nicht mehr rechtzeitig i.S.v. Art. 11 RL. Denn der Gemeindevorstand muss gemäß § 11 Nr. 8 KWO erst spätestens am 24. Tag vor der Wahl öffentlich bekannt machen, unter welchen Voraussetzungen Unionsbürger an der Wahl teilnehmen können, so dass eventuell nur eine Antragsfrist von drei Tagen verbleibt.[1026]

Von der Option der Richtlinie, zusätzliche **Wahlausschlussgründe** für Unionsbürger einzuführen (Art. 5 I RL), hat der Gesetzgeber bewusst keinen Gebrauch gemacht.[1027] Dementsprechend sind die Vorschriften zum Ausschluss vom Wahlrecht (§§ 31, 32, 39 II 3 HGO und §§ 22 III, 23 HKO) so auszulegen, dass weiterhin nur inländische Ausschlussgründe berücksichtigt werden dürfen.[1028]

Problematisch ist, dass nach § 23 IV Nr. 1 a KWO kandidierende Unionsbürger eine Versicherung an Eides Statt abgeben müssen, dass sie nicht von der Wählbarkeit nach § 32 HGO oder § 23 HKO ausgeschlossen sind. Zwar darf von EG-Ausländern verlangt werden, dass sie zum **Nachweis ihrer Wählbarkeit** förmlich erklären, dass sie in ihrem *Herkunftsmitgliedstaat* ihr passives Wahlrecht nicht verloren haben (Art. 9 II lit. a RL). § 32 HGO und § 23 HKO beziehen sich aber, wie bereits dargelegt, nur auf *inländische* Ausschlussgründe. Demnach findet Art. 9 I 1 RL Anwendung, wonach EG-Ausländer bei ihrer Kandidatur die gleichen Nachweise zu erbringen haben wie Inländer. Da von Inlän-

[1025] Vgl. *Pieroth/Schmülling*, DVBl. 1998, S. 371.
[1026] Vgl. hierzu bereits vorne unter Punkt D IV 3.
[1027] Gesetzentwurf der Landesregierung, Hessischer Landtag, Drs. 14/93, S. 10.
[1028] Vgl. *Pieroth/Schmülling*, DVBl. 1998, S. 368.

dern aber keine derartige eidesstattliche Erklärung verlangt wird, muss dies auch für EG-Ausländer gelten. § 23 IV Nr. 1 a KWO ist europarechtswidrig.[1029]

Das hessische Umsetzungsgesetz enthält eine umfangreiche **Übergangsregelung für Wahlrechts- und Wählbarkeitsausschlüsse** bei Unionsbürgern (Art. 4). Hintergrund dieser Regelung ist, dass für Unionsbürger die gleichen Wahlrechtsausschlussgründe gelten wie für Deutsche (§§ 31 HGO; 22 III HKO). Da Unionsbürger von Amts wegen in das Wählerverzeichnis eingetragen werden, muss die Wohnsitzgemeinde über sämtliche Ausschlusstatbestände informiert sein.[1030] Die Landesregierung führte im Gesetzentwurf aus, besonders für außerhessische Ausschlussgründe sowie für bereits in der Vergangenheit entstandene strafrechtliche Ausschlussgründe sei dies bisher nicht gewährleistet.[1031] Die Übergangsvorschriften regelten die Mitteilung von Wahlausschlussgründen (Art. 4 I-III) weitgehend nach dem Vorbild des Art. 2 des Dritten Gesetzes zur Änderung des Europawahlgesetzes vom 8.3.1994[1032] und sahen vor, dass für eine Übergangszeit bis zum 31.12.2000 Ausschlüsse vom Wahlrecht bei Unionsbürgern nur dann berücksichtigt wurden, wenn sie dem Gemeindevorstand bekannt geworden sind (vgl. 4 IV). Problematisch war jedoch Art. 4 V des Umsetzungsgesetzes, wonach in der Übergangsphase Unionsbürger, die für eine Kommunalwahl als Bewerber aufgestellt waren, mit einem Führungszeugnis und einer eidesstattlichen Versicherung nachweisen mussten, dass sie nicht von der Wählbarkeit ausgeschlossen waren (§ 32 HGO; § 23 HKO).[1033] Damit wurden anders als bei Deutschen bei Unionsbürgern wiederum besondere Nachweise für ihre Wählbarkeit verlangt, die gemäß Art. 9 RL nicht gefordert werden durften. Art. 4 V des Umsetzungsgesetzes verstieß damit ebenso gegen das Europarecht wie § 23 IV Nr. 1 a KWO. Allerdings sind die Übergangsregelungen nach Ablauf der Übergangsfrist heute ohnehin nicht mehr anwendbar.

[1029] Näher vorne unter Punkt D IV 2.
[1030] Gesetzentwurf der Landesregierung, Hessischer Landtag, Drs. 14/93, S. 14 f.
[1031] Gesetzentwurf der Landesregierung, Hessischer Landtag, Drs. 14/93, S. 15 f.
[1032] BGBl. I S. 419.
[1033] Vgl. hierzu *Pieroth/Schmülling*, DVBl. 1998, S. 371.

Das **Umsetzungsgesetz** trat am Tag nach der Verkündung, also am 21.9.1995, in Kraft. Die Änderungen der HGO und HKO galten jedoch erstmals für Direktwahlen, Bürgerentscheide und Ausländerbeiratswahlen, die frühestens drei Monate nach Inkrafttreten des Gesetzes stattfanden (Art. 5). Damit hat Hessen die Richtlinie rechtzeitig umgesetzt, da sie erst für Kommunalwahlen ab dem 1.1.1996 Anwendung finden musste (Art. 14 I RL).

5. Mecklenburg-Vorpommern

Am 18.12.1995 beschloss der Landtag in Schwerin das „**Erste Gesetz zur Änderung wahlrechtlicher Vorschriften (1. WRÄndG)**", mit dem er das Kommunalwahlrecht für Unionsbürger in Mecklenburg-Vorpommern einführte.[1034] Das relativ knappe Umsetzungsgesetz nimmt zunächst einige Änderungen des Kommunalwahlgesetzes (KWG) vor.[1035] In § 7 I KWG wird das aktive **Wahlrecht** auf Unionsbürger erstreckt, was auch deren passives Wahlrecht zur Folge hat (Art. 10 I KWG). Die zu den Gemeindewahlen wahlberechtigten EG-Ausländer sind automatisch **Bürger** der Gemeinde (§ 13 II Kommunalverfassung) und können an Bürgerbegehren und **Bürgerentscheiden** teilnehmen (§ 20 KV). In den Kreisen gilt Entsprechendes (§§ 98 II, 102 KV). Seit den Kommunalwahlen 1999 werden zudem die **Bürgermeister und Landräte** direkt von den Bürgern gewählt (§§ 37, 116 KV).[1036] Dabei sind EG-Ausländer nicht nur aktiv, sondern auch passiv wahlberechtigt (§§ 56, 61 KWG).

Das KWG macht von der Option in Art. 5 I RL Gebrauch und schließt Unionsbürger auch dann von der Wählbarkeit aus, wenn sie infolge einer zivil- oder strafrechtlichen **Einzelfallentscheidung im Herkunftsmitgliedstaat** die Wählbarkeit nicht besitzen (§§ 10 III Nr. 2, 56, 61 II Nr. 4 KWG). Um nachzuweisen, dass ein solcher Wählbarkeitsausschluss nicht vorliegt, müssen ausländische Wahlbewerber eine entsprechende Versicherung an Eides Statt abgeben (§ 22 XII Nr. 2 b KWG; Art. 9 II lit. a RL). Die Vorlage einer Wählbarkeitsbescheini-

[1034] GVBl. für Mecklenburg-Vorpommern vom 29.12.1995, S. 651. Das 1. WRÄndG ist seit dem 30.12.1995 in Kraft.

[1035] Damit änderte es erstmals das KWG vom 26.11.1993 (GVBl. S. 938). Inzwischen wurde am 22.4.1998 eine Neufassung des KWG bekanntgemacht (GVBl. S. 424, 549).

[1036] Vgl. die Kommunalverfassung in der Fassung der Bekanntmachung vom 13.1.1998 (GVBl. S. 92, 890).

gung des Herkunftmitgliedstaates verlangt der Gesetzgeber in Mecklenburg-Vorpommern dagegen nicht, da dies dazu führen könnte, dass ein Wahlvorschlag zurückgewiesen werden muss, weil der Herkunftmitgliedstaat die Bescheinigung nicht rechtzeitig übersandt hat. Im Gesetzentwurf hebt die Landesregierung hervor, nach dem Grundsatz der Verhältnismäßigkeit reiche die einfacher zu erbringende eidesstattliche Erklärung aus.[1037]

Zudem enthält das Umsetzungsgesetz in seinem Artikel 2 **Übergangsregelungen** für Wahlrechts- und Wählbarkeitsausschlüsse bei Unionsbürgern,[1038] die im Wesentlichen den Übergangsregelungen in Art. 4 I-III des hessischen Umsetzungsgesetzes entsprechen.[1039]

Die „**Erste Verordnung zur Änderung der Kommunalwahlordnung**" vom 21.12.1995[1040] ergänzt die gesetzlichen Regelungen und sieht insbesondere vor, dass Unionsbürger grundsätzlich von Amts wegen in das **Wählerverzeichnis** eingetragen werden. Ein Antrag ist jedoch erforderlich, wenn ein Unionsbürger nicht bei der Meldebehörde gemeldet ist, weil er ausnahmsweise nicht der Meldepflicht unterliegt. In diesem Fall muss der Unionsbürger nachweisen, dass er am Wahltag seit mindestens drei Monaten seine (Haupt-)Wohnung im Wahlgebiet hat (vgl. heute § 14 I, II KWO).[1041] Die richtlinienkonforme Auslegung ergibt, dass als **Nachweis** höchstens eine eidesstattliche Versicherung verlangt werden darf (vgl. Art. 8 II RL). Problematisch ist auch, dass nicht meldepflichtige Unionsbürger über ihr Wahlrecht und das Antragserfordernis nicht geson-

---

1037 Gesetzentwurf der Landesregierung, Landtag Mecklenburg-Vorpommern, Drs. 2/674 vom 10.8.1995, S. 41.

1038 Vgl. Gesetzentwurf der Landesregierung, LT-Drs. 2/674, S. 49.

1039 Siehe oben unter Punkt E I 4. Allerdings verweist Art. 2 III des 1. WRÄndG bezüglich der Justizmitteilungen auf Art. 3 des Dritten Gesetzes zur Änderung des Europawahlgesetzes statt auf dessen Art. 2 (wie Art. 4 III des hessischen Gesetzes). Anders als in Hessen gibt es in Mecklenburg-Vorpommern zudem keine Unbeachtlichkeitsregel.

1040 GVBl. für Mecklenburg-Vorpommern vom 29.12.1995, S. 675. Die Verordnung ist am 1.1.1996 in Kraft getreten.

1041 Im Umsetzungsgesetz befand sich die entsprechende Regelung noch in § 13 KWO. Zur Amtseintragung vgl. Gesetzentwurf der Landesregierung, LT-Drs. 2/674, S. 27 und 34.

dert unterrichtet werden. Damit wird der Pflicht zur **Unterrichtung** der EG-Ausländer nach Art. 11 RL nicht in vollem Umfang genügt.[1042]

6. Niedersachsen

Am 20.11.1995 beschloss der Niedersächsische Landtag das „**Gesetz zur Einführung des aktiven und passiven Wahlrechts bei den Kommunalwahlen für nichtdeutsche Staatsangehörige von Mitgliedstaaten der Europäischen Union und zur Herabsetzung der Altersgrenze für das aktive Wahlrecht bei Kommunalwahlen**".[1043] Wie bereits der Titel des Gesetzes verrät, werden zwei bisher von den Kommunalwahlen ausgeschlossene Personenkreise, nämlich nichtdeutsche Unionsbürger und deutsche Minderjährige ab dem 16. Lebensjahr, erstmals in den Kreis der Wahlberechtigten einbezogen. Die Herabsetzung des Wahlalters wird im Gesetzentwurf damit begründet, dass nach Untersuchungen die politische Urteilsfähigkeit von Jugendlichen bereits vor dem 18. Lebensjahr ausgeprägt sei, weshalb ihnen eine möglichst frühzeitige Mitwirkungsmöglichkeit gegeben werden solle.[1044]

Dementsprechend räumen § 34 I Nr. 1 der Niedersächsischen Gemeindeordnung (NGO) sowie § 29 I Nr. 1 der Niedersächsischen Landkreisordnung (NLO) deutschen und nichtdeutschen Unionsbürgern ab dem vollendeten 16. Lebensjahr das aktive **Wahlrecht auf Gemeinde- und Kreisebene** ein. Voraussetzung für das passive Wahlrecht bleibt jedoch weiterhin die Vollendung des 18. Lebensjahres. Allerdings sind neben Personen, die seit mindestens einem Jahr die deutsche Staatsangehörigkeit besitzen, auch solche erstmals wählbar, die seit mindestens einem Jahr die Staatsangehörigkeit eines anderen Mitgliedstaates der Europäischen Union besitzen (vgl. § 35 I 1 Nr. 3 NGO; § 30 I 1 Nr. 3 NLO). Diese Vorschriften entsprechen dem Grundsatz der gleichen Wahlrechtsbedingungen für deutsche und ausländische Unionsbürger (Art. 3 lit. b RL),[1045] weil im Hinblick auf die Mindestdauer der Staatsangehörigkeit die Staatsangehörigkeit eines anderen EG-Mitgliedstaats der deutschen Staatsangehörigkeit gleich-

[1042] Vgl. vorne Punkt D IV 3 und *Pieroth/Schmülling*, DVBl. 1998, S. 372.
[1043] Niedersächsisches GVBl. Nr. 21/1995 vom 24.11.1995, S. 432.
[1044] Gesetzentwurf der Landesregierung, Niedersächsischer Landtag, Drs. 13/1240, S. 5 und 9.
[1045] Gesetzentwurf der Landesregierung, Niedersächsischer Landtag, Drs. 13/1240, S. 9.

gestellt wird. Das Wahlrecht der EG-Ausländer zum **Stadtbezirksrat** und **Ortsrat** folgt aus den §§ 55 b und 55 f NGO. Auch sind Unionsbürger in den **Samtgemeinden** bei der unmittelbaren Wahl des Samtgemeinderats aktiv und passiv wahlberechtigt (§§ 75 II 1, 34 I Nr. 1, 35 I 1 Nr. 3 NGO). Dies steht mit Europarecht und Grundgesetz in Einklang.[1046]

Kurze Zeit nach dem Gesetz zur Umsetzung der EG-Richtlinie beschloss der Landtag von Niedersachsen tief greifende **Reformen des Kommunalverfassungsrechts,**[1047] die sich auch auf die Rechtsstellung der EG-Ausländer positiv ausgewirkt haben. Als wahlberechtigte Einwohner haben EG-Ausländer **Bürgerstatus** in der Gemeinde (§ 21 II NGO) und können von den neu eingeführten Möglichkeiten der Bürgerbeteiligung, insbesondere Bürgerbegehren und **Bürgerentscheid** (§ 22 b NGO; § 17 b NLO), profitieren. Nach Abschaffung der sog. Doppelspitze und der Einführung der Direktwahl des **Bürgermeisters und Landrats** sind in Niedersachsen ansässige EG-Ausländer auch bei diesen Volkswahlen aktiv und passiv wahlberechtigt (§ 61 I, IV NGO; § 55 I, IV NLO). Dies gilt ebenfalls für die Volkswahl der Samtgemeindebürgermeister in den Samtgemeinden (§ 75 III NGO) und für die Abwahl der Exekutivspitzen (§§ 61 a, 75 III NGO; § 55 a NLO).

Im Niedersächsischen Kommunalwahlgesetz (NKWG) wurde der schon bisher geltende Grundsatz, dass die Wahlberechtigten von Amts wegen in die **Wählerverzeichnisse** eingetragen werden, erstmals in gesetzlicher Form niedergelegt und auf nichtdeutsche Unionsbürger erstreckt (§ 18 I NKWG; Art. 7 III RL). Daneben besteht aber auch die Möglichkeit einer Eintragung auf Antrag.[1048]

Der niedersächsische Gesetzgeber hat von der Option der Richtlinie, Unionsbürger von der **Wählbarkeit auszuschließen**, wenn sie nach dem Recht ihres Her-

---

1046 Näher vorne unter Punkt D III 1 b.

1047 Vgl. v.a. das Gesetz zur Reform des niedersächsischen Kommunalverfassungsrechts vom 1.4.1996 (GVBl. S. 82, berichtigt S. 227), das nach seinem Art. 14 I im Wesentlichen am 1.11.1996 in Kraft getreten ist und bereits mehrmals geändert wurde.

1048 Vgl. Gesetzentwurf der Landesregierung, Niedersächsischer Landtag, Drs. 13/1240, S. 7 und 10.

kunftmitgliedstaates die Wählbarkeit nicht besitzen (Art. 5 I RL), Gebrauch gemacht (§ 35 II Nr. 3 NGO; § 30 II Nr. 3 NLO).

Einzelheiten über die Nachweise, die Unionsbürger mit dem Wahlvorschlag einzureichen haben, regelt die **„Niedersächsische Kommunalwahlordnung (NKWO)"** vom 16.4.1996.[1049] Die Verordnung ist jedoch in vielerlei Hinsicht problematisch. Obwohl sie inhaltlich zur Umsetzung der Richtlinie beiträgt, wurde sie erst nach Ablauf der Umsetzungsfrist erlassen (Art. 14 I RL). Außerdem wurde entgegen Art. 14 II RL weder in der KWO selbst noch durch einen Hinweis bei ihrer amtlichen Veröffentlichung auf die Richtlinie Bezug genommen. Auch geht der § 30 V 1 Nr. 2 KWO inhaltlich über das hinaus, was die Richtlinie zulässt. Die Vorschrift sieht vor, dass sich bewerbende EG-Ausländer bestimmte **Nachweise** vorlegen, die von deutschen Kandidaten nicht gefordert werden. Nach Art. 9 I 1 RL müssen passiv wahlberechtigte Unionsbürger jedoch grundsätzlich nur die gleichen Nachweise erbringen wie Inländer. Zusätzliche Nachweise dürfen von EG-Ausländern nur verlangt werden, soweit Art. 9 I 2, II RL dies erlaubt.[1050] Gemäß Art. 9 I 2 RL kann der Wohnsitzmitgliedstaat zwar eine förmliche Erklärung mit der Angabe der Staatsangehörigkeit verlangen. **§ 30 V 1 Nr. 2 a KWO** fordert daneben aber noch eine Versicherung an Eides Statt, dass die Staatsangehörigkeit des Herkunftsmitgliedstaates am Wahltag seit mindestens einem Jahr besteht, und verstößt insoweit gegen die Richtlinie.[1051] Nach Art. 9 II lit. a RL kann vom Unionsbürger eine förmliche Erklärung verlangt werden, dass er *nach dem Recht seines Herkunftsmitgliedstaates* nicht von der Wählbarkeit ausgeschlossen ist. **§ 30 V 1 Nr. 2 b KWO** erstreckt die eidesstattliche Versicherung jedoch auf den Ausschluss von der Wählbarkeit durch Richterspruch *nach deutschem Recht*, was ebenfalls nicht mit dem Europarecht zu vereinbaren ist.[1052] Zudem verlangt **§ 30 V 1 Nr. 2 c KWO**, dass nicht meldepflichtige Unionsbürger eidesstattlich versichern, seit wann sie im Wahlgebiet ihren Wohnsitz begründet haben. Art. 9 I 2 RL erlaubt das Erfordernis einer eidesstattlichen Versicherung jedoch nur hinsichtlich der *Anschrift* im Wohnsitz-

[1049] Niedersächsisches GVBl. vom 30.4.1996, S. 121.
[1050] Vgl. im einzelnen vorne unter Punkt D IV 2.
[1051] *Pieroth/Schmülling*, DVBl. 1998, S. 371; *Barley*, S. 132.
[1052] So auch *Barley*, S. 132 f.; *Pieroth/Schmülling*, DVBl. 1998, S. 372.

staat, nicht aber hinsichtlich der *Dauer* des Wohnsitzes. Damit scheint auch hier der Grundsatz der gleichen Wahlrechtsbedingungen verletzt zu sein. Bei genauerem Hinsehen zeigt sich jedoch, dass auch bei Deutschen das Wahlrecht davon abhängig gemacht wird, dass sie eine Erklärung darüber abgeben, wann sie im Wahlgebiet ihren Wohnsitz begründet haben. Bei Deutschen und bei meldepflichtigen Unionsbürgern ergibt sich diese Pflicht jedoch nicht aus der KWO, sondern aus dem Meldegesetz, das unter anderem zur Feststellung der Wählbarkeit dient. Damit liegt keine Diskriminierung der EG-Ausländer vor, weil von Deutschen und von meldepflichtigen Unionsbürgern ein vergleichbarer Nachweis verlangt wird. Allerdings geht **§ 30 V 3 KWO**, wonach die Wahlleitung bei Zweifeln an der Richtigkeit der eidesstattlichen Versicherung nach § 30 V 1 Nr. 2 a und b die Vorlage einer Auskunft der zuständigen Behörden fordern kann, zu weit. Denn nach Art. 9 II lit. b RL darf höchstens eine behördliche Bescheinigung über die Wählbarkeit im Herkunftsmitgliedstaat verlangt werden, nicht aber die Vorlage anderer behördlicher Auskünfte.

7. Nordrhein-Westfalen

Am 12.12.1995 beschloss der nordrhein-westfälische Landtag einstimmig das **„Gesetz zur Einführung des Kommunalwahlrechts für Unionsbürger/-innen“**, das am 16.12.1995 in Kraft trat.[1053] Dieses wurde mit Recht inhaltlich als europafreundlich gelobt, in technischer Hinsicht aber als schwer lesbar kritisiert.[1054] Ergänzt wurde das Gesetz durch die **„Verordnung zur Änderung der Kommunalwahlordnung“** vom 19.12.1995.[1055]

§ 7 KWG räumt Unionsbürgern das aktive **Wahlrecht** ein, das zunächst in den Gemeinden die Wahl des Rates, in den Kreisen die Wahl des Kreistages und in den Stadtbezirken der kreisfreien Städte die Wahl der Bezirksvertretung umfasst (vgl. § 1 KWG). Da die Wählbarkeit an die Wahlberechtigung anknüpft (§ 12 I KWG), war zur Begründung des passiven Wahlrechts für die genannten Volksvertretungen keine weitere Gesetzesänderung mehr erforderlich. Mit dem Wahl-

---

1053 GVBl. für das Land Nordrhein-Westfalen vom 15.12.1995, S. 1198. Zu diesem Gesetz vgl. *Kremer*, VR 1996, S. 145 ff. und *Sundermann*, DVP 1996, S. 54 ff.

1054 *Kremer*, VR 1996, S. 147.

1055 GVBl. für das Land Nordrhein-Westfalen vom 30.12.1995, S. 1262.

recht ist für EG-Ausländer die Rechtsstellung als kommunaler **Bürger** verbunden (§ 21 II GO i.V.m. § 7 KWG), so dass sie an Bürgerbegehren und **Bürgerentscheid** mitwirken können (§ 26 GO; § 23 KrO). Die Landesregierung bezeichnete die Teilnahme von EG-Ausländern an kommunalen Abstimmungen als folgerichtig und systemgerecht.[1056] Zudem sind Unionsbürger zum sachkundigen Bürger in Ausschüssen des Rates bzw. des Kreistages (§ 58 III GO; § 41 V KrO) wahlberechtigt sowie zur Übernahme von Ehrenämtern verpflichtet (§ 28 II GO; § 24 KrO). Trotz ihres kommunalen Bürgerstatus behalten Unionsbürger ihr aktives und passives Wahlrecht zum **Ausländerbeirat** (§ 27 GO).[1057]

Nach einer grundlegenden Reform des nordrhein-westfälischen Kommunalverfassungsrechts werden seit den Kommunalwahlen 1999 die hauptamtlichen **Bürgermeister** und die **Landräte** landesweit unmittelbar durch die Bürger gewählt (§ 65 I GO; § 44 I KrO).[1058] Damit erstreckt sich das aktive Wahlrecht der EG-Ausländer auch auf die Direktwahl und Abwahl (§ 66 I GO; § 45 I KrO) der Bürgermeister und Landräte (vgl. §§ 1, 7 KWG). Zudem können Unionsbürger mit Wohnung in der Bundesrepublik Deutschland zum Amt des Bürgermeisters oder Landrates gewählt werden (§ 65 III 1 GO; § 44 III 1 KrO; Art. 5 III RL).

Sind Unionsbürger zu Mitgliedern der Vertretungskörperschaft einer kreisfreien Stadt oder eines Kreises gewählt worden, so können sie in dieser Eigenschaft auch bei **Wahlen außerhalb der Gemeinde- und Kreisebene** mitwirken, wie der Landschaftsversammlung von Landschaftsverbänden, der Verbandsversammlung beim Kommunalverband Ruhrgebiet und der Verbandsversammlung von Zweckverbänden. Diese indirekten Wahlen liegen zwar außerhalb des Anwendungsbereiches der Richtlinie, der nordrhein-westfälische Gesetzgeber schließt aber aus Art. 5 IV RL, dass deutsche und ausländische Mitglieder von Vertretungskörperschaften dieselben Rechte und Pflichten haben müssen.[1059] Damit reicht der politische Einfluss der Unionsbürger über die Ebene der loka-

---

[1056] Gesetzentwurf der Landesregierung, Landtag Nordrhein-Westfalen, Drs. 12/175, S. 12.
[1057] *Sundermann*, DVP 1996, S. 55. Näher dazu vorne unter Punkt D V 2.
[1058] Gesetz zur Änderung der Kommunalverfassung vom 17.5.1994, GVBl. S. 270. Vgl. *Krell/ Wesseler*, Das neue kommunale Verfassungsrecht in Nordrhein-Westfalen, S. 108 f.
[1059] Gesetzentwurf der Landesregierung, Landtag Nordrhein-Westfalen, Drs. 12/175, S. 13.

len Gebietskörperschaft der Grundstufe noch hinaus, soweit die Mitglieder der Vertretungsorgane weitergehende Kompetenzen besitzen.[1060]

Grundsätzlich werden alle Wahlberechtigten von Amts wegen in das **Wählerverzeichnis** eingetragen (§ 10 I KWG; 12 I KWO). Da dies nach dem Willen des Gesetzgebers auch für die Unionsbürger gelten soll, war insoweit keine Gesetzesänderung erforderlich. Die KWO wurde jedoch ergänzt, um nicht meldepflichtigen Unionsbürgern die Eintragung auf Antrag zu ermöglichen (§ 12 VII 1 KWO).[1061] Hierfür sind entsprechend Art. 8 II 2 RL zusätzliche **Nachweise** erforderlich (§ 12 VIII KWO). Insbesondere ist es zulässig, dass EG-Ausländer eine eidesstattliche Versicherung darüber abzugeben haben, dass sie am Wahltag seit mindestens drei Monaten eine (Haupt-)Wohnung innehaben (**§ 12 VIII 3 Nr. 3 KWO**). Denn Art. 8 II 2 RL erlaubt eine förmliche Erklärung über die Anschriften im Wohnsitzstaat, und die Erklärung zur Wohnsitzdauer ist mit der Erklärung zum Einzugstag vergleichbar, die meldepflichtige Personen bei der Meldebehörde machen müssen.[1062] Zusätzlich ermächtigt **§ 12 VIII 4 KWO** den Gemeindedirektor, vom Unionsbürger einen Nachweis über die Wohnung und den Zeitpunkt des Innehabens der Wohnung zu verlangen. Da die Richtlinie zum Nachweis des Wohnsitzes jedoch höchstens eine förmliche Erklärung erlaubt, wovon in Nordrhein-Westfalen bereits in dem § 12 VIII 3 Nr. 3 KWO Gebrauch gemacht wird, kommt § 12 VIII 4 KWO bei richtlinienkonformer Auslegung insoweit keine eigenständige Bedeutung mehr zu.[1063] Zudem schreibt **§ 12 VIII 1 KWO** vor, dass der Antrag persönlich und handschriftlich zu unterzeichnen ist. Dabei handelt es sich weniger um einen Nachweis i.S.d. Art. 8 RL als um ein Schriftformerfordernis für die Willensbekundung des Wahlberechtigten, sein Wahlrecht im Wohnsitzmitgliedstaat ausüben zu wollen (Art. 7 I RL). Da Art. 7 RL offenläßt, in welcher Form die Willensbekundung abgegeben werden muss, bleibt den Mitgliedstaaten hier ein gewisser Spielraum. Das Erfordernis der eigenhändigen Unterschrift erscheint dabei nicht als unangemessen und ist daher

[1060] Vgl. hierzu die Diskussion unter Punkt D II 2.
[1061] Gesetzentwurf der Landesregierung, Landtag Nordrhein-Westfalen, Drs. 12/175, S. 10.
[1062] Näher hierzu bereits vorne unter Punkt D IV 2.
[1063] Vgl. *Pieroth/Schmülling*, DVBl. 1998, S. 371.

nicht zu beanstanden.[1064] Des Weiteren enthält die KWO Vorschriften zur **Unterrichtung** der Unionsbürger über ihr Wahlrecht (§§ 12 VII 2, 13, 24 Nr. 5 KWO; Art. 11 RL).[1065]

Für Unionsbürger gelten in Nordrhein-Westfalen nicht nur für das aktive, sondern auch für das passive Wahlrecht dieselben **Ausschlussgründe** wie für Deutsche, da der Gesetzgeber von der Option des Art. 5 I RL keinen Gebrauch gemacht hat. § 8 Nr. 2 KWG stellt klar, dass (nur) vom Wahlrecht ausgeschlossen ist, wer infolge Richterspruchs *in der Bundesrepublik Deutschland* das Wahlrecht nicht besitzt, und § 12 II KWahlG bestimmt, dass nicht wählbar (nur) ist, wer am Wahltag infolge Richterspruchs *in der Bundesrepublik Deutschland* die Wählbarkeit oder die Fähigkeit zur Bekleidung öffentlicher Ämter nicht besitzt. Entsprechendes gilt für die Wählbarkeit zum Bürgermeister oder Landrat (vgl. § 65 III 2 GO; § 44 III 2 KrO). Bei der Beratung des Einführungsgesetzes im Landtag stellte die Frage, ob von der Option des Art. 5 I RL Gebrauch gemacht werden sollte, den einzigen inhaltlich streitigen Punkt dar. Im Übrigen stieß das Gesetz auf breite Zustimmung, und erst die Diskussion über ein allgemeines Ausländerwahlrecht löste kontroverse Debatten aus.[1066]

8. Rheinland-Pfalz

a) Die Änderung der Landesverfassung

Auf Gesetzentwürfe aus der Mitte des Landtages hin[1067] wurde als erster Schritt zur Einführung des kommunalen Unionsbürgerwahlrechts in Rheinland-Pfalz am 12.10.1995 das **„Dreiunddreißigste Landesgesetz zur Änderung der Verfassung für Rheinland-Pfalz“** beschlossen. Im Anschluss an Art. 50 I 1 der Verfassung, nach dem die Bürger in den Gemeinden und Gemeindeverbänden die Vertretungskörperschaften sowie die Bürgermeister und Landräte wählen, wurde folgender Satz 2 eingefügt: *„Auch Angehörige anderer Mitgliedstaaten*

[1064] Anders *Pieroth/Schmülling*, DVBl. 1998, S. 369 f.
[1065] Gesetzentwurf der Landesregierung, Landtag Nordrhein-Westfalen, Drs. 12/175, S. 11 f.
[1066] Vgl. PlPr 12/15 vom 6.12.1995, S. 949 ff.; Beschlussempfehlung und Bericht des Ausschusses für Innere Verwaltung, Landtag Nordrhein-Westfalen, Drs. 12/453, S. 3 f.
[1067] Gesetzentwurf der Fraktionen der SPD und F.D.P., Landtag Rheinland-Pfalz, Drs. 12/6972 und Gesetzentwurf der Fraktion Bündnis 90/ Die Grünen, LT-Drs. 12/7121; Beschlussempfehlung des Rechtsausschusses, LT-Drs. 12/7294.

der Europäischen Union sind nach Maßgabe des Rechts der Europäischen Union wahlberechtigt und wählbar.“[1068] Damit gehört Rheinland-Pfalz zu den wenigen Bundesländern, deren Landesverfassung in Anlehnung an Art. 28 I 3 GG ausdrücklich ein kommunales Wahlrecht für Unionsbürger vorsieht.

b) Kommunalrechtliche Änderungen

Die einfachgesetzliche Umsetzung der Richtlinie erfolgte im **„Zweiten Landesgesetz zur Änderung kommunalrechtlicher Vorschriften“** vom 22.12.1995.[1069] In diesem Gesetz nimmt der Landtag auch anderweitige Regelungen vor (wie die Gründung eines Kommunalen Rats), auf die hier nicht näher eingegangen werden soll. Alle Bestimmungen, die der Umsetzung der Richtlinie dienen oder damit im Zusammenhang stehen, traten am 31.12.1995 in Kraft, also an dem nach Art. 14 I RL letztmöglichen Tag.[1070] Auf einer weiteren Stufe dient die **„Fünfte Landesverordnung zur Änderung der Kommunalwahlordnung“** vom 22.12.1995 der Umsetzung der Richtlinie in wahlrechtlichen Einzelfragen, wie der Unterrichtung der Unionsbürger über ihr Wahlrecht (vgl. z.B. §§ 11 a II, 12, 72 KWO; Art. 11 RL). Diese Verordnung ist am 30.1.1996 und damit erst nach Ablauf der Umsetzungsfrist in Kraft getreten.[1071]

Das **Kommunalwahlrecht** für Unionsbürger wurde zunächst im Kommunalwahlgesetz (KWG) verankert. So bezieht § 1 I KWG bei der Wahl zum Gemeinderat Staatsangehörige anderer Mitgliedstaaten der Europäischen Union ausdrücklich in den Kreis der Wahlberechtigten ein. Dies hat zur Folge, dass EG-Ausländer zum Gemeinderat auch wählbar sind (§ 4 I KWG) und bei den unmittelbaren Wahlen zum Verbandsgemeinderat und Kreistag (§ 53 KWG) sowie zum Bürgermeister, Landrat und Ortsvorsteher (§ 58 KWG) mitwirken können. Dagegen erhalten Unionsbürger **kein Wahlrecht zum Bezirkstag** des Bezirksverbands Pfalz (§ 56 I 2 KWG), weil diese Wahl anders als die Wahl zum Verbandsgemeinderat nicht mehr in den Anwendungsbereich des Art.

[1068] GVBl. für das Land Rheinland-Pfalz vom 20.10.1995, S. 405.
[1069] GVBl. für das Land Rheinland-Pfalz vom 30.12.1995, S. 521.
[1070] Vgl. Art. 6 Nr. 3 des Gesetzes und Gesetzentwurf der Landesregierung, LT-Drs. 12/7293, S. 31.
[1071] Vgl. Art. 2 der Verordnung, GVBl. für das Land Rheinland-Pfalz vom 29.1.1996, S. 27.

28 I 3 GG und der Richtlinie fällt.[1072] Ein Ausländerwahlrecht zum Bezirkstag wäre daher verfassungswidrig.[1073]

In Rheinland-Pfalz wird Einwohnern mit der Staatsangehörigkeit eines anderen Mitgliedstaates der Europäischen Union unter den gleichen Voraussetzungen wie Deutschen expressis verbis der **Status eines Bürgers** der Gemeinde bzw. des Landkreises eingeräumt (§ 13 II 1 Nr. 1 GO; § 9 II 1 Nr. 1 LKO). Auch aus diesem Bürgerstatus ergibt sich für EG-Ausländer das Recht, den Gemeinderat und den Bürgermeister zu wählen und zum Mitglied des Gemeinderats gewählt zu werden (§ 14 I GO), sowie das Recht zur Wahl des Kreistags und Landrats und die Wählbarkeit zum Kreistag (§ 10 I LKO). Als Bürger dürfen EG-Ausländer zudem in den Ortsbezirken an der Direktwahl der Mitglieder des Ortsbeirats und des Ortsvorstehers (§§ 75 IV, 76 I GO) teilnehmen sowie an der vorzeitigen Abwahl eines hauptamtlichen Bürgermeisters oder eines Landrats (§ 55 I GO; § 49 I LKO). Durch die Einbeziehung in den kommunalverfassungsrechtlichen Bürgerbegriff hat sich der Landesgesetzgeber zudem dafür entschieden, nichtdeutsche Unionsbürger auch an Bürgerbegehren und **Bürgerentscheid** in den Gemeinden (§ 17 a GO) und Landkreisen (§ 11 e LKO) teilnehmen zu lassen. Im Gesetzentwurf der Landesregierung heißt es, dies gehe inhaltlich zwar über die bloße Umsetzung der Richtlinie hinaus, sei aber europa- und verfassungsrechtlich zulässig.[1074]

Trotz der Einführung des kommunalen Unionsbürgerwahlrechts ist vorgesehen, dass Unionsbürger ihr aktives und passives Wahlrecht zum **Ausländerbeirat** behalten (§ 46 a II GO; § 40 a II LKO).[1075] Als kommunale Bürger haben EG-Ausländer das Recht und die Pflicht zur **Übernahme eines Ehrenamtes** für die Gemeinde bzw. den Kreis. Da generell aber keine Verpflichtung zur Übernahme eines *politischen* Ehrenamtes besteht, wurde aus systematischen Gründen auch

[1072] Näher zum Wahlrecht zum Verbandsgemeinderat und zum Bezirkstag in Rheinland-Pfalz bereits unter Punkt D III 1 b und c.
[1073] Vgl. die Begründung im Gesetzentwurf der Landesregierung, Drs. 12/7293, S. 12 und 27.
[1074] Gesetzentwurf der Landesregierung, Landtag Rheinland-Pfalz, Drs. 12/7293, S. 13 und 18 ff.
[1075] Zu dieser Problematik vgl. vorne Punkt D V 2.

das Amt eines Mitglieds des Ausländerbeirats aus dem Pflichtenkreis ausgenommen (§ 18 I GO; § 12 I LKO).[1076]

Nach § 53 III 1 GO und § 46 III 1 LKO können nichtdeutsche Unionsbürger zum **Bürgermeister** oder zum **Landrat** gewählt werden, wenn sie die sonstigen Voraussetzungen erfüllen. In der Begründung des Gesetzentwurfes vertritt die Landesregierung die Auffassung, dass ein Ausschluss der Unionsbürger von der Wählbarkeit zum ehrenamtlichen Ortsbürgermeister wegen dessen geringen Aufgabenumfangs mit Art. 5 III RL wohl nicht vereinbar wäre. Beim hauptamtlichen Bürgermeister dagegen wäre ein Ausschluss vom passiven Wahlrecht zwar möglich, es sei aber vorzugswürdig, das Amt des hauptamtlichen ebenso wie das des ehrenamtlichen Bürgermeisters für EG-Ausländer zu öffnen. Auch die Wählbarkeit zum Landrat dürfe der Landesgesetzgeber einführen, ohne dadurch gegen das Beamtenrechtsrahmengesetz zu verstoßen. Dabei wird insbesondere darauf hingewiesen, dass durch eine Reform der Kreisaufgaben im Jahr 1994 die meisten früheren Staatsaufgaben der Kreisverwaltung zu Auftragsangelegenheiten der Landkreise geworden seien.[1077]

Ebenso steht EG-Ausländern das passive Wahlrecht zu den Ämtern der **Beigeordneten und Kreisbeigeordneten** zu, ohne dass eine weitere Gesetzesänderung erforderlich gewesen wäre (§§ 53 a I 2 GO und §§ 47 I, 46 III 1 LKO). Diese Regelungen gehen über eine Umsetzung der Richtlinie hinaus, weil die Richtlinie nur Volkswahlen anwendbar ist. Beigeordnete werden jedoch durch den Gemeinderat bzw. Kreistag bestimmt. Allerdings zwingt nach Ansicht der Landesregierung die europarechtliche Freizügigkeitsgarantie dazu, auch EG-Ausländer zu den Ämtern der Beigeordneten zuzulassen (vgl. Art. 39 EGV i.V.m. § 4 II BRRG). Könnten Unionsbürger Bürgermeister werden, so müssten sie erst recht Beigeordnete werden dürfen.[1078]

[1076] Gesetzentwurf der Landesregierung, Landtag Rheinland-Pfalz, Drs. 12/7293, S. 20.
[1077] Gesetzentwurf der Landesregierung, Landtag Rheinland-Pfalz, Drs. 12/7293, S. 12, 21 f. und 24 f.
[1078] Gesetzentwurf der Landesregierung, Landtag Rheinland-Pfalz, Drs. 12/7293, S. 12 und 23.

Die Eintragung von Unionsbürgern in das **Wählerverzeichnis** erfolgt in der Regel von Amts wegen auf der Grundlage des Melderegisters. Nur nicht meldepflichtige und daher nicht im Melderegister erfasste Personen müssen ihre Eintragung ins Wählerverzeichnis eigens beantragen (§§ 11, 11a I KWO; Art. 7 RL).[1079] Mit dem Antrag haben EG-Ausländer ihre Staatsangehörigkeit und den Umstand, seit wann sie in der Gemeinde eine Wohnung haben, durch eine eidesstattliche Versicherung bzw. durch die Vorlage eines gültigen Passes nachzuweisen (vgl. § 11 a III KWO; Art. 8 II 2 RL).

In § 4 II Nr. 3 KWG macht der Landesgesetzgeber von der **Option des Art. 5 I RL** Gebrauch, wonach Unionsbürger vom passiven Wahlrecht auch ausgeschlossen werden dürfen, wenn sie nach dem Recht ihres Herkunftsmitgliedstaates die Wählbarkeit nicht besitzen. Nichtdeutsche Wahlbewerber müssen daher neben den für alle Wahlbewerber erforderlichen **Nachweisen** zusätzlich eine Versicherung an Eides Statt über ihre Staatsangehörigkeit und über ihre Wählbarkeit im Herkunftsmitgliedstaat erbringen sowie für den Fall, dass sie nicht meldepflichtig und nicht gemeldet sind, außerdem eine Versicherung an Eides Statt, seit wann sie in der Gemeinde eine Wohnung haben (§ 20 I Nr. 3 KWG; §§ 25 VI Nr. 2 a, 74 IV 3 KWO; Art. 9 I 2, II lit. a RL).[1080]

9. Saarland

Die Kommunalwahlrichtlinie wurde im Saarland durch das **„Gesetz Nr. 1357 zur Änderung des Kommunalwahlrechts“**[1081] vom 27.9.1995 und die **„Verordnung zur Änderung der Kommunalwahlordnung“**[1082] vom 6.10.1995 umgesetzt. Im Landtag wurde der Gesetzentwurf von allen Fraktionen begrüßt. Unterschiedliche parteipolitische Positionen zeigten sich erst, als in der Diskussion auch die Frage eines kommunalen Wahlrechts für *alle* Ausländer aufgegriffen wurde.[1083]

[1079] Vgl. Gesetzentwurf der Landesregierung, Landtag Rheinland-Pfalz, Drs. 12/7293, S. 12 f.
[1080] Zum Problem der eidesstattlichen Versicherung zur Wohnsitzdauer vgl. Punkt D IV 2.
[1081] Amtsblatt des Saarlandes vom 19.10.1995, S. 990.
[1082] Amtsblatt des Saarlandes vom 26.10.1995, S. 1010.
[1083] Erste Lesung des Gesetzentwurfs am 6.9.1995, Landtag des Saarlandes, Pl. 11/12, S. 536 ff.

Die Regelungen sind recht überschaubar und führen zu einer weitgehenden Gleichbehandlung der EG-Ausländer mit deutschen Bürgern. Nach § 13 I 2 Kommunalwahlgesetz (KWG) sind alle Staatsangehörigen der übrigen Mitgliedstaaten der Europäischen Union (Unionsbürger) unter denselben Voraussetzungen **wahlberechtigt**, wie sie für Deutsche gelten. Beim aktiven Wahlrecht sind keine Sonderbestimmungen für Unionsbürger vorgesehen. Insbesondere werden sie ebenso wie Deutsche von Amts wegen in die **Wählerverzeichnisse** eingetragen (§ 6 II KWO).[1084]

Unionsbürgern, die das 18. Lebensjahr vollendet haben und seit mindestens drei Monaten in der Gemeinde wohnen, verleiht das Umsetzungsgesetz den Status von **Bürgern der Gemeinde** (§ 18 II KSVG). Das saarländische Kommunalselbstverwaltungsgesetz (KSVG) vereinigt in sich gleich drei Kommunalordnungen (Gemeindeordnung, Landkreisordnung und Stadtverbandsordnung des Stadtverbandes Saarbrücken). Eine besondere Stellung hat der Stadtverband Saarbrücken, der als Gemeindeverband und Gebietskörperschaft die überörtlichen öffentlichen Aufgaben der verbandsangehörigen Gemeinden im Großraum Saarbrücken wahrnimmt (§ 194 KSVG). Bei der Reform der Kommunalverfassung im Jahr 1994 wurde die unmittelbare Volkswahl der Bürgermeister, Landräte und Stadtverbandspräsidenten eingeführt.[1085] Als kommunale Bürger besitzen EG-Ausländer das aktive und passive Wahlrecht zu den kommunalen Vertretungsorganen in den Gemeinden, Kreisen und im Stadtverband Saarbrücken, das Recht zur Teilnahme an der Direktwahl der Bürgermeister, Landräte und Stadtverbands-präsidenten und die Wählbarkeit zu den durch den Rat gewählten ehrenamtlichen Beigeordneten und Ortsvorstehern.[1086] Dass EG-Ausländer auch das Wahlrecht im **Stadtverband Saarbrücken** erhalten haben, ist rechtlich nicht zu beanstanden, da es sich beim Stadtverband um eine landkreisähnliche Institution handelt.[1087] Die Vorschrift über die **Ausländerbeiräte** (§ 50 KSVG)

[1084] Vgl. hierzu Minister Läpple bei der Ersten Lesung des Gesetzentwurfs am 6.9.1995, Landtag des Saarlandes, Pl. 11/12, S. 536.

[1085] Gesetz zur Änderung von Vorschriften auf dem Gebiet des Kommunalselbstverwaltungsrechts und Kommunalwahlrechts vom 11.5.1994, Amtsblatt des Saarlandes S. 818.

[1086] Gesetzentwurf der Regierung des Saarlandes (zu § 18 KSVG), Landtag des Saarlandes, Drs. 11/397.

[1087] Vgl. dazu bereits vorne unter Punkt D III 1 d.

blieb durch das Umsetzungsgesetz unberührt, so dass Unionsbürger ihr bisheriges aktives und passives Wahlrecht zum Ausländerbeirat behalten.[1088]

Zum Zeitpunkt der Umsetzung der Richtlinie in das saarländische Recht gab es im Saarland noch keine kommunalen Abstimmungen, so dass das Umsetzungsgesetz hierzu keine Regelung enthält. Inzwischen wurden im Saarland neben verschiedenen Formen der Einwohnerbeteiligung auch Bürgerbegehren und **Bürgerentscheid** eingeführt (§ 21 a KSVG).[1089] Damit stehen Unionsbürgern als Bürgern der Gemeinde auch diese neuen Mitwirkungsmöglichkeiten offen.

In § 54 I 1 KSVG wurde die **Wählbarkeit zum Bürgermeister** neu geregelt. Demnach ist zum Bürgermeister jeder Deutsche und jeder Unionsbürger wählbar, der am Tag der Wahl das 25. Lebensjahr vollendet hat, die Wählbarkeit zum Deutschen Bundestag oder zum Europäischen Parlament besitzt und die Gewähr dafür bietet, dass er jederzeit für die freiheitliche demokratische Grundordnung im Sinne des Grundgesetzes eintritt. Unionsbürger sind zudem zum **Landrat**, zum **Stadtverbandspräsidenten** und zu **hauptamtlichen Beigeordneten** wählbar.[1090] Damit hat der saarländische Gesetzgeber darauf verzichtet, Unionsbürger gemäß Art. 5 III RL von kommunalen Exekutivämtern auszuschließen.[1091]

Beim passiven Wahlrecht hat der saarländische Landtag jedoch von der **Option** in **Art. 5 I RL** Gebrauch gemacht und schließt Unionsbürger auch von der Wählbarkeit aus, wenn sie nach dem Recht ihres Herkunftsmitgliedstaates infolge einer zivil- oder strafrechtlichen Einzelfallentscheidung ihr passives Wahlrecht verloren haben (§ 16 II Nr. 2 KWG). In diesem Zusammenhang werden auch besondere formale Anforderungen an die Kandidatur von EG-Ausländern gestellt (vgl. Art. 9 I 2, II lit. b RL). Diese müssen neben den für Deutsche vorgeschriebenen Nachweisen mit dem Wahlvorschlag noch **zusätzliche Nach-**

1088 Näher dazu unter vorne Punkt D V 2.

1089 Gesetz Nr. 1386 zur Änderung kommunalrechtlicher Vorschriften vom 23.4.1997, Amtsblatt des Saarlandes vom 26.6.1997, S. 538. Die Neufassung des KSVG wurde am 27.6.1997 neu bekanntgemacht (Amtsblatt vom 1.8.1997, S. 682).

1090 Dies ergibt sich durch Verweisungsvorschriften z.B. in den §§ 177 III, 212 III KSVG.

1091 Vgl. Gesetzentwurf der Regierung des Saarlandes (zu § 54 KSVG), Landtag des Saarlandes, Drs. 11/397.

weise einreichen, nämlich eine Versicherung an Eides Statt über die Staatsangehörigkeit und eine Bescheinigung der zuständigen Verwaltungsbehörden ihres Herkunftsmitgliedstaats, mit denen bestätigt wird, dass sie in diesem Mitgliedstaat nicht von der Wählbarkeit ausgeschlossen sind oder dass diesen Behörden ein solcher Ausschluss nicht bekannt ist (§ 24 VIII Nr. 3 b und c KWG; § 19 VII KWO). Da bei der Aufforderung zur Einreichung von Wahlvorschlägen durch öffentliche Bekanntmachung auf diese besonderen Bedingungen für das Wahlrecht von Unionsbürgern nicht hingewiesen wird, ist die **Unterrichtung** der Unionsbürger über ihr Wahlrecht nach Art. 11 RL unvollständig und damit fehlerhaft.[1092]

10. Sachsen

a) Die Umsetzung der Richtlinie im Jahr 1995

Über die Umsetzung der Kommunalwahlrichtlinie gab es im Sächsischen Landtag größere Meinungsverschiedenheiten. Die Gesetzgebungsinitiative ging anders als in anderen Ländern nicht von der Landesregierung aus, sondern kam aus der Mitte des Landtages. Sowohl die Fraktion der SPD[1093] als auch die CDU-Fraktion[1094] brachten eigene, miteinander **konkurrierende Gesetzentwürfe** ein. Im Parlament und in den Ausschüssen konzentrierte sich die Kontroverse darauf, ob ausländische Unionsbürger entsprechend dem CDU-Entwurf nur auf Antrag in das Wählerverzeichnis eingetragen und von den Ämtern der Bürgermeister und Landräte ausgeschlossen werden sollten. Im Verfassungs- und Rechtsausschuss des Landtages wurden gegenüber beiden Gesetzentwürfen verfassungsrechtliche Bedenken geäußert. Im federführenden Europaausschuss verweigerten die Abgeordneten der SPD und der PDS die Teilnahme an der Abstimmung über die beiden Gesetzentwürfe, und von den sieben abstimmenden Abgeordneten der CDU befürworteten schließlich nur fünf den CDU-Entwurf,

---

[1092] Vgl. auch *Pieroth/Schmülling*, DVBl. 1998, S. 372.

[1093] Gesetzentwurf der Fraktion der SPD, Gesetz zur Einführung des aktiven und passiven Wahlrechts für Bürger der Europäischen Union im Freistaat Sachsen, Sächsischer Landtag, Drs. 2/1168.

[1094] Gesetzentwurf der CDU-Fraktion, Gesetz zur Umsetzung der Richtlinie 94/80/EG des Rates der Europäischen Union vom 19. Dezember 1994 über die Einzelheiten der Ausübung des aktiven und passiven Wahlrechts bei den Kommunalwahlen für Unionsbürger in einem Mitgliedstaat, dessen Staatsangehörigkeit sie nicht besitzen, Sächsischer Landtag, Drs. 2/1248.

in den noch einige klarstellende Ergänzungen und redaktionelle Berichtigungen eingearbeitet worden waren.[1095]

Am 14.12.1995 billigte der Landtag mehrheitlich den Gesetzentwurf der CDU-Fraktion in der Fassung der Beschlussempfehlung des Europaausschusses und erließ das „**Gesetz zur Umsetzung der Richtlinie 94/80/EG des Rates der Europäischen Union vom 19. Dezember 1994 über die Einzelheiten der Ausübung des aktiven und passiven Wahlrechts bei den Kommunalwahlen für Unionsbürger in einem Mitgliedstaat, dessen Staatsangehörigkeit sie nicht besitzen**“.[1096] Das relativ umfangreiche Gesetz enthält in seinen Artikeln 1 bis 3 Änderungen und Ergänzungen der Gemeindeordnung (GemO), der Landkreisordnung (LKrO) und des Kommunalwahlgesetzes (KomWG). Es folgen in Artikel 4 Übergangsbestimmungen und in Artikel 5 eine Regelung zum Inkrafttreten des Gesetzes.

§ 16 I 2 GemO und § 14 I 2 LKrO verleihen Staatsangehörigen eines anderen Mitgliedstaates der Europäischen Gemeinschaft, die das 18. Lebensjahr vollendet haben und seit mindestens drei Monaten in der Gemeinde bzw. im Landkreis wohnen, das **Wahl- und Stimmrecht** in Gemeinde- und Kreisangelegenheiten. § 16 II GemO und § 14 II LKrO stellen klar, dass beim Ausschluss vom aktiven Wahlrecht und vom Stimmrecht nur deutsche Richtersprüche und Betreuerbestellungen nach deutschem Recht maßgeblich sind.

Im Vergleich mit anderen Ländern fällt auf, dass weiterhin nur deutsche Staatsbürger Bürger der Gemeinde bzw. des Landkreises sind, den EG-Ausländern also der Bürgerstatus vorenthalten wird (vgl. § 15 I GemO; § 13 I LKrO). Allerdings werden Unionsbürger **den Bürgern** der Gemeinden und Landkreise hinsichtlich der einzelnen Rechte und Pflichten weitgehend **gleichgestellt**. Diese etwas umständliche Regelungstechnik machte es erforderlich, das ganze Kommunalrecht zu durchforsten, um dort, wo es um die Rechtsstellung der Bürger geht, jeweils den Zusatz *„und die nach § 16 I 2 Wahlberechtigten“* anzufü-

---

[1095] Vgl. PlPr 2/25 vom 14.12.1995, S. 1824 ff.; Beschlussempfehlung und Bericht zu den Drs. 2/1168 und 2/1248 des Europaauschusses, Sächsischer Landtag, Drs. 2/2175.
[1096] Sächsisches GVBl. vom 28.12.1995, S. 414.

gen.[1097] So wurden die Vorschriften über die Rechtsstellung des Gemeinderats und des Kreistags geändert, weil diese Organe nun die Vertretung der Bürger und aller sonst zur Kommunalwahl Wahlberechtigten übernehmen (§ 27 GemO; § 23 LKrO). Auch die Regelungen über die für die Wahlen zu den Gemeinderäten, Bürgermeistern, Kreisräten und Landräten geltenden Wahlgrundsätze mussten um das **aktive Wahlrecht** der EG-Ausländer ergänzt werden (§§ 30 I, 48 I GemO; §§ 26 I, 44 I LKrO). Als Spiegelbild zur Wahl dürfen EG-Ausländer auch gleichberechtigt an der **Abwahl** des Bürgermeisters und des Landrats teilnehmen (§ 51 VII 1, 2, VIII 2 GemO; § 47 VI 1, 2, VII 2 LKrO). Zudem wurden in § 15 II GemO und § 13 II LKrO die **Bürgerpflichten** auf EG-Ausländer ausgedehnt und die Vorschriften über ehrenamtlich tätige Bürger so ergänzt, dass sie auch für wahlberechtigte EG-Ausländer Anwendung finden (§§ 17 ff. GemO; §§ 15 ff. LKrO).

Den Unionsbürgern wurde auch das Recht zur Teilnahme an Bürgerbegehren und **Bürgerentscheid** eingeräumt (§§ 24 f. GemO, §§ 21 f. LKrO). Trotz gewisser verfassungsrechtlicher Unklarheiten hatten dies im Landtag die Mitglieder aller drei Fraktionen mehrheitlich befürwortet.[1098] Allerdings kann beim Bürgerentscheid nur abstimmen, wer in ein Wählerverzeichnis eingetragen ist oder einen Wahlschein hat, wobei die §§ 3 bis 5 des KWG vom 18.10.1993 entsprechende Anwendung finden (§ 4 BürgerentscheidsDVO).[1099]

Die **Wählbarkeit** der Staatsangehörigen anderer Mitgliedstaaten der EG in den Gemeinderat bzw. in den Kreistag legen § 31 GemO und § 27 LKrO fest. Zusätzlich zu den auch für Deutsche geltenden **Wahlausschlussgründen** dürfen Ausländer auch nach dem Recht ihres Herkunftsstaates nicht von der Wählbarkeit ausgeschlossen sein (§ 31 II 2 GemO; § 27 II 2 LKrO). Damit hat der Sächsische Landtag die Option nach Art. 5 I RL wahrgenommen.

[1097] So lautet der Zusatz in der Gemeindeordnung. Dem entspricht in der Landkreisordnung die Formulierung *„und die nach § 14 I 2 Wahlberechtigten"*.
[1098] Beschlussempfehlung und Bericht zu den Drs. 2/1168 und 2/1248 des Europaausschusses, Sächsischer Landtag, Drs. 2/2175, Bericht S. 2.
[1099] Vgl. Verordnung des Sächsischen Staatsministeriums des Innern zur Durchführung von Bürgerentscheiden (BürgerentscheidsDVO) vom 19.6.1995, Sächsisches GVBl. S. 195.

Zum **Bürgermeister** und zum **Landrat** sind nach dem Willen des sächsischen Gesetzgebers weiterhin **nur Deutsche** i.S.d. Art. 116 GG **wählbar** (vgl. § 49 I GemO; § 45 I LkrO; Art. 5 III RL). Im Landtag hieß es, dass sich in dieser Frage die meisten Bundesländer anders entschieden hätten. Sachsen beschreite bei der Umsetzung der Richtlinie jedoch einen „eigenen sächsischen Weg". Allerdings wurde auch die bayerische Regelung als Vorbild genannt. Begründet wurde der Ausschluss von Ausländern unter anderem damit, dass kommunale Spitzenbeamte nach der in Sachsen übernommenen Süddeutschen Ratsverfassung weitreichende Machtbefugnisse hätten.[1100]

Auf **untergemeindlicher Ebene** sind EG-Ausländer bei der Wahl des **Ortschaftsrats** wahlberechtigt und wählbar (§ 66 I 3 GemO), sofern in Ortsteilen einer Gemeinde eine Ortschaftsverfassung besteht. Teilen Kreisfreie Städte durch Hauptsatzung ihr Stadtgebiet in Stadtbezirke ein und werden dort Stadtbezirksbeiräte gebildet, so können im Stadtbezirk wohnende wahlberechtigte Unionsbürger durch den Gemeinderat zu Mitgliedern des **Stadtbezirksbeirats** bestellt werden (§ 71 I 1 GemO).

Wahlberechtigte, die die Staatsangehörigkeit eines anderen Mitgliedstaates der Europäischen Gemeinschaft haben, werden nur auf Antrag in das **Wählerverzeichnis** eingetragen, deutsche Wahlberechtigte dagegen von Amts wegen (vgl. §§ 4 I, 48 KomWG). Dieses auf EG-Ausländer beschränkte Antragserfordernis ist jedoch bereits als solches rechtswidrig. Zwar erlaubt Art. 7 III RL in Mitgliedstaaten ohne Wahlpflicht auch die Eintragung auf Antrag, eine Auslegung des Art. 7 III RL im Licht des Grundsatzes der gleichen Wahlrechtsbedingungen (Art. 19 I EGV) ergibt jedoch, dass es eine unzulässige Diskriminierung darstellt, ohne sachlichen Grund nur von EG-Ausländern einen solchen Antrag zu verlangen. Da die Wählerverzeichnisse vor jeder Wahl neu aufgestellt werden, kommt hinzu, dass EG-Ausländer für jede Kommunalwahl einen neuen Antrag einreichen müssen, was erst recht gegen das Europarecht verstößt.[1101]

[1100] So Abgeordneter Metz, CDU-Fraktion, am 14.12.1995 im Sächsischen Landtag, PlPr 2/25, S. 1825 f. Zur Rechtmäßigkeit der Regelung vgl. vorne unter Punkt D II 1.
[1101] Näher dazu unter Punkt D IV 1.

Nach dem sächsischen Umsetzungsgesetz muss der Antragsteller zum **Nachweis** seines Wahlrechts eine Versicherung an Eides Statt über seine Staatsangehörigkeit abgeben und einen gültigen Identitätsnachweis und eine amtliche Bestätigung vorlegen, dass er am Wahltag seit mindestens drei Monaten seinen Hauptwohnsitz in der Gemeinde bzw. im Landkreis hat (§§ 4 IV, 48 S. 2 KomWG). Auch letzteres widerspricht dem Gemeinschaftsrecht, weil die Vorlage einer amtlichen Bestätigung über den Hauptwohnsitz weder von Inländern verlangt noch von Art. 8 II 2 RL zugelassen wird.[1102]

Bewirbt sich ein EG-Ausländer um einen Sitz im Gemeinderat, so setzt seine Aufnahme in einen Wahlvorschlag voraus, dass er bestimmte **Nachweise** erbringt, die von deutschen Bewerbern nicht gefordert werden (§ 6 Va, VI 2 KomWG). Zusätzlich zu den Unterlagen, die er auch für eine Eintragung in das Wählerverzeichnis braucht, muss er eine Versicherung an Eides Statt über seine letzte Anschrift in seinem Herkunftsmitgliedstaat abgeben. Dies geht in unzulässiger Weise über Art. 9 II lit. e RL hinaus, wonach insoweit nur eine einfache Erklärung verlangt werden darf.[1103] Auch muss er förmliche Erklärungen abgeben über seine Anschriften in der Bundesrepublik Deutschland (Art. 9 I 2 RL) und darüber, dass er im Herkunftsmitgliedstaat die Wählbarkeit nicht verloren hat (Art. 9 II lit. a RL). Bestehen Zweifel an der Richtigkeit der letztgenannten Versicherung, ist vom Bewerber zusätzlich eine Bescheinigung der zuständigen Verwaltungsbehörde seines Herkunftsmitgliedstaates vorzulegen (Art. 9 II lit. b RL). Gibt der ausländische Bewerber die Versicherung an Eides Statt nicht ab oder legt er die verlangte Bescheinigung nicht vor, so ist seine Bewerbung zurückzuweisen. Ein von der Meldepflicht befreiter Unionsbürger hat ferner an Eides Statt zu versichern, seit wann er in der Gemeinde eine Wohnung, bei mehreren Wohnungen in der Bundesrepublik Deutschland seine Hauptwohnung hat. Bei mehreren Wohnungen in der Bundesrepublik Deutschland sind zudem deren Anschriften anzugeben. Für Bewerbungen zu Kreistagswahlen gilt Entsprechendes (§ 48 KomWG).

[1102] Ebenso *Barley*, S. 139.

[1103] *Pieroth/Schmülling*, DVBl. 1998, S. 371.

Nähere Einzelheiten des Kommunalwahlrechts für Unionsbürger regelt die **„Verordnung des Sächsischen Staatsministeriums des Innern zur Änderung der Kommunalwahlordnung“** vom 29.12.1995.[1104] Dabei hat man es allerdings unterlassen, auf die Richtlinie ausdrücklich Bezug zu nehmen, wie das nach Art. 14 S. 3 RL erforderlich wäre. Die Verordnung enthält vor allem nähere Bestimmungen zum Antragsverfahren bei der Eintragung der EG-Ausländer in das Wählerverzeichnis (vgl. v.a. § 5a KomWO). Zudem legt sie fest, dass EG-Ausländer über die Voraussetzungen ihres Wahlrechts und die Einzelheiten des Antragsverfahrens durch öffentliche Bekanntmachung unterrichtet werden (§ 1 IV KomWO; vgl. Art. 11 RL). Auch diese Vorschrift stellt eine nach Art. 19 I EGV unzulässige Diskriminierung der EG-Ausländer dar, da EG-Ausländer die individuelle Wahlbenachrichtigung im Gegensatz zu deutschen Staatsbürgern nur erhalten, wenn sie vorher einen Antrag auf Eintragung in das Wählerverzeichnis gestellt haben (vgl. § 6 I 1, 2 KomWO).

Als sächsische Besonderheit soll hier noch ein **Entschließungsantrag der CDU-Fraktion**[1105] erwähnt werden, der vom Landtag am 14.12.1995 zusammen mit dem Umsetzungsgesetz mehrheitlich angenommen wurde.[1106] Der Antrag nimmt Bezug auf Art. 6 der Verfassung des Freistaates Sachsen, der den im Land lebenden **Bürgern sorbischer Volkszugehörigkeit** besonderen Schutz garantiert. Um den deutsch-sorbischen Charakter des Siedlungsgebiets der sorbischen Volksgruppe zu erhalten, sprach sich der Antrag dafür aus, dass im Rahmen der Regierungskonferenz 1996 eine Änderung des EG-Rechts bewirkt würde. Diese sollte es ermöglichen, das aktive Wahlrecht auf diejenigen Unionsbürger zu beschränken, die bereits mindestens für die Dauer einer Wahlperiode in der kommunalen Gebietskörperschaft ihren Wohnsitz haben. In ähnlicher Weise schütze die Richtlinie bereits die flämisch-sprachige Bevölkerung in bestimmten Gemeinden in Belgien. Bei der Regierungskonferenz 1996 wurde eine solche Korrektur des EG-Rechts jedoch nicht vorgenommen.

1104 Sächsisches GVBl. vom 30.12.1995, S. 436.
1105 Entschließungsantrag der CDU-Fraktion vom 12.12.1995 zur Drs. 2/2175 (Beschlussempfehlung und Bericht des Europaauschusses), Sächsischer Landtag, Drs. 2/2256.
1106 Sächsischer Landtag, PlPr 2/25, S. 1832.

Insgesamt lässt sich festhalten, dass in Sachsen die Gesetzgebung zur Umsetzung der Richtlinie kontrovers verlief und zu einem technisch schwierigen, inhaltlich restriktiven und teilweise sogar europarechtswidrigen Gesetz führte. Im Kontrast hierzu steht, dass die Bedeutung des Unionsbürgerwahlrechts in Sachsen jedenfalls zahlenmäßig eher gering ist. Denn in Sachsen ist der Anteil der Unionsbürger an der Gesamtbevölkerung im Vergleich zu anderen Bundesländern nicht allzu hoch. So war im Landtag 1995 von 6.350 EU-Bürgern die Rede.[1107]

b) Die Änderung der Umsetzung in den Jahren 1998 und 2000

Inzwischen wurde das Umsetzungsgesetz bereits zweimal nachgebessert. Das **„Erste Gesetz zur Änderung des Gesetzes über die Kommunalwahlen im Freistaat Sachsen"** vom 10.12.1998 hält am Antragsverfahren für die Eintragung von EG-Ausländern in das Wählerverzeichnis fest, nimmt aber eine Änderung bei den beizufügenden **Nachweisen** vor.[1108] Ziel des Gesetzes ist es, ein doppeltes Kommunalwahlrecht der Unionsbürger (im Herkunftsstaat und im Aufenthaltsstaat) auszuschließen und dafür zu sorgen, dass Unionsbürger in Sachsen nur dann wahlberechtigt sind, wenn sie – auch unter Berücksichtigung ausländischer Wohnsitze – seit mindestens drei Monaten ihren tatsächlichen Lebensmittelpunkt in der sächsischen Kommune haben. Die bisher vorgesehene amtliche Meldebescheinigung konnte darüber jedoch mangels eines europäischen Meldeabgleichs nicht abschließend Auskunft geben. Daher sollen Unionsbürger nun durch eine Versicherung an Eides Statt nachweisen, dass sie am Wahltag seit mindestens drei Monaten ununterbrochen ihren Hauptwohnsitz in der Gemeinde haben (§ 4 IV 1 KomWG). Die CDU-Fraktion räumte zwar ein, dass diese Regelung für Unionsbürger das Risiko der Strafverfolgung erhöhe. Allerdings erleichtere sie das Verwaltungsverfahren für Kommunalbe-

---

[1107] Abgeordnete Weihnert (SPD) am 14.12.1995 im Sächsischen Landtag, PlPr 2/25, S. 1829.
[1108] Sächsisches GVBl. vom 30.12.1998, S. 664. Das Gesetz trat am 31.12.1998 in Kraft.

hörde und Unionsbürger.[1109] Zudem wurde die **Kommunalwahlordnung** an das geänderte Gesetz angepasst.[1110]

Vor dem Hintergrund eines von der Kommission eingeleiteten **Vertragsverletzungsverfahrens** wurden die Rechtsvorschriften zum Kommunalwahlrecht durch das **„Zweite Gesetz zur Änderung des Gesetzes über die Kommunalwahlen im Freistaat Sachsen"** vom 5.4.2000 erneut modifiziert.[1111] Dabei galt es, einer drohenden Vertragsverletzungsklage der Kommission vor dem Europäischen Gerichtshof zuvorzukommen und damit Schaden vom Land abzuwenden.[1112] Bemerkenswert ist, dass das Gesetz auf einen **Gesetzentwurf der SPD-Fraktion** zurückgeht, die sich im Landtag in der Opposition befindet. Dennoch setzte sich der Gesetzentwurf in der Fassung des Beschlusses des Innenausschusses nach langem Ringen durch. In ihrer Stellungnahme vom 30.7.1999 hatte die **Europäische Kommission** beanstandet, dass EG-Ausländer in Sachsen die Eintragung in das Wählerverzeichnis für jede Kommunalwahl erneut beantragen müssen. Sie forderte, dass EG-Ausländer in Sachsen auch ohne Antrag wahlberechtigt sind, wenn sie ihren Willen zur Teilnahme an den Kommunalwahlen bereits bei einer früheren Wahl im Bundesgebiet bekundet haben (vgl. Art. 8 III RL). Auch nach genauerer Begutachtung des Problems sah die CDU-Fraktion jedoch keinen rechtlich gangbaren Weg, der Forderung der Kommission nachzukommen, ohne gleich ganz auf das Antragserfordernis zu verzichten.[1113] Denn für den Fall, dass EG-Ausländer von einem anderen Bundesland nach Sachsen umziehen, gebe es im föderalen System der Bundesrepublik keine Rechtsgrundlage dafür, dass dieses Bundesland dem Freistaat Sachsen mitteilt, ob die EG-Ausländer dort bereits ihren Willen zur Teilnahme an der Kommunalwahl bekundet haben. Da die anderen Länder zumeist gar kein Antragsver-

[1109] Vgl. Gesetzentwurf der CDU-Fraktion, Sächsischer Landtag, Drs. 2/10017, S. 4; PlPr 2/90 vom 12.11.1998, S. 6509 f. (Abgeordneter Schimpff, CDU).

[1110] Zweite Verordnung des Sächsischen Staatsministeriums des Innern zur Änderung der Kommunalwahlordnung vom 10.2.1999, Sächsisches GVBl. vom 4.3.1999, S. 61.

[1111] Sächsisches GVBl. vom 12.4.2000, S. 147. Das Gesetz ist gem. seinem Art. 2 seit dem 13.4.2000 in Kraft.

[1112] Vgl. Gesetzentwurf der Fraktion der SPD, Sächsischer Landtag, Drs. 3/0103.

[1113] Vgl. Zweite und Dritte Lesung des Gesetzentwurfs, Sächsischer Landtag, PlPr 3/10 vom 15.3.2000, S. 577 ff.; Beschlussempfehlung und Bericht des Innenausschusses zur LT-Drs. 3/0103, Drs. 3/1220.

fahren vorsehen, könne eine Willensbekundung der EG-Ausländer dort höchstens in der Teilnahme an der Wahl gesehen werden. Ob EG-Ausländer sich bereits an einer Kommunalwahl beteiligt haben oder nicht, dürfe aber erst recht nicht erfasst und mitgeteilt werden.[1114]

Angesichts dieser Probleme wurden § 4 I 3 KomWG, der das Antragserfordernis für EG-Ausländer verankert, und § 4 IV KomWG, wonach EG-Ausländer für die Eintragung in das Wählerverzeichnis besondere Nachweise erbringen müssen, ersatzlos gestrichen.[1115] Damit geht Sachsen wie alle anderen Bundesländer dazu über, EG-Ausländer ohne spezielle Nachweise von Amts wegen in die **Wählerverzeichnisse** einzutragen. Auch wurden die **Nachweispflichten für ausländische Kandidaten** erheblich reduziert, so dass von den umfangreichen Nachweisen, die § 6 Va 1 KomWG bisher vorsah, nur die Versicherung an Eides Statt über die Wählbarkeit im Herkunftsmitgliedsstaat übrig geblieben ist.

Die **„Dritte Verordnung zur Änderung der Kommunalwahlordnung“** vom 20.4.2000 nahm die notwendigen Folgeänderungen vor.[1116] Dabei wurden die Sonderregelungen für ausländische Unionsbürger, die durch die Verordnung vom 29.12.1995 zur Umsetzung des Kommunalwahlrechts für Unionsbürger eingefügt worden waren, fast alle wieder aufgehoben. Insbesondere werden EG-Ausländer nun in gleicher Weise wie Inländer von ihrem Wahlrecht unterrichtet.

Für die Landesregierung bedeutete die Novelle des KWG, dass sie von ihrem früheren Vorhaben, ein mehrfaches Kommunalwahlrecht der Unionsbürger (in Sachsen und in anderen Mitgliedstaaten) auszuschließen, wieder Abstand nehmen musste. Ihren Missmut darüber brachte die CDU-Fraktion in einem begleitenden **Entschließungsantrag** zum Ausdruck, den der Landtag, wenn auch mit vielen Gegenstimmen, mehrheitlich annahm. Darin wird bekundet, dass dem Freistaat Sachsen eine direkte Umsetzung der Richtlinie nach ihrem Wortlaut hinsichtlich der einmaligen Antragstellung nicht mehr möglich sei. Gleichzeitig

---

1114 Abgeordneter Schimpff, CDU, Sächsischer Landtag, PlPr 3/10 vom 15.3.2000, S. 581 f.
1115 Dabei wurde allerdings übersehen, auch den § 48 S. 2 KomWG zu streichen, der nun auf den aufgehobenen § 4 IV Nr. 3 KomWG verweist.
1116 Sächsisches GVBl. vom 26.5.2000, S. 222.

bemängelt der Landtag, weder die Richtlinie noch die Kommission mit ihrer Stellungnahme hätten dem föderalen System Deutschlands ausreichend Beachtung geschenkt, und ersucht die Landesregierung, sich zur Vermeidung der Mehrfachwahl für ein Europäisches Melderechtsrahmenübereinkommen einzusetzen.[1117] Im Vergleich mit anderen Bundesländern erstaunt, welche Bedeutung in Sachsen dem Anliegen, ein mehrfaches Wahlrecht auszuschließen, beigemessen wird.

So begrüßenswert die jüngsten Änderungen beim Kommunalwahlrecht für Unionsbürger auch sind, bleibt doch festzuhalten, dass bei den allgemeinen Kommunalwahlen am 13. Juni 1999, als das Wahlrecht für EG-Ausländer in Sachsen seine Premiere erlebte, noch die alten, teilweise rechtswidrigen Regelungen Anwendung fanden.

11. Sachsen-Anhalt

Zur Umsetzung der Richtlinie beschloss der Landtag von Sachsen-Anhalt am 6.11.1995 mit großer Mehrheit[1118] das **„Gesetz über das Kommunalwahlrecht für nichtdeutsche Unionsbürger"**, das die Gemeinde- und die Landkreisordnung novelliert.[1119] Damit folgte das Parlament der Beschlussempfehlung des Ausschusses für Inneres[1120] und nahm den Gesetzentwurf der Landesregierung[1121] in unveränderter Fassung an.

§ 20 II 1 der Gemeindeordnung (GO) dehnt den **Bürgerbegriff** auf Staatsangehörige eines anderen Mitgliedstaates der Europäischen Union aus. Als Gemeindebürger erlangen EG-Ausländer automatisch das aktive **Wahlrecht zu den Gemeindewahlen** nach § 21 GO (d.h. den Wahlen zum Gemeinderat, zum Bür-

---

[1117] Entschließungsantrag der CDU-Fraktion zu Drs. 3/1220, Sächsischer Landtag, Drs. 3/1311 vom 15.3.2000; PlPr 3/10 vom 15.3.2000, S. 577 ff.
[1118] Landtag von Sachsen-Anhalt, PlPr 2/27 vom 28.9.1995, S. 1926.
[1119] GVBl. LSA vom 10.11.1995, S. 314. Zur Umsetzung der Richtlinie in Sachsen-Anhalt vgl. auch *Klang*, DNV 1996, S. 25 ff. und 29 f.
[1120] Beschlussempfehlung vom Ausschuss für Inneres, Landtag von Sachsen-Anhalt, Drs. 2/1354 vom 19.9.1995.
[1121] Gesetzentwurf der Landesregierung, Landtag von Sachsen-Anhalt, Drs. 2/981 vom 26.5.1995.

germeister und zum Ortschaftsrat),[1122] die Wählbarkeit in den Gemeinderat und in den Ortschaftsrat (§§ 39, 86 III GO) und das Recht zur Teilnahme an Bürgerbegehren und **Bürgerentscheid** (§§ 25 f. GO). Da das Kommunalwahlgesetz (KWG) an die Begriffe der „Wahlberechtigten" bzw. der „wahlberechtigten Bürger" anknüpft, musste es nicht eigens geändert werden.[1123] Insbesondere gilt nun bei der Erstellung der **Wählerverzeichnisse** auch für Unionsbürger, dass sie von Amts wegen eingetragen werden (§ 18 KWG).

In Sachsen-Anhalt wurde Unionsbürgern auch der Zugang zum **Amt des Bürgermeisters** eröffnet (§ 59 I 1 GO). Um beamtenrechtliche Barrieren zu beseitigen, wurde § 57 I GO um folgenden Satz 3 ergänzt: *„Für die Berufung von Staatsangehörigen anderer Mitgliedstaaten der Europäischen Union in das Beamtenverhältnis auf Zeit gelten die Anforderungen des § 7 II des Beamtengesetzes Sachsen-Anhalt als erfüllt."* Hier wurde in das Kommunalrecht eine Spezialregelung beamtenrechtlicher Natur eingefügt, weil das Land damals sein Landesbeamtengesetz noch nicht an § 4 BRRG n.F., der die Verbeamtung von EG-Bürgern grundsätzlich ermöglicht, angepasst hatte.[1124]

In Art. 2 des „Gesetzes über das Kommunalwahlrecht für nichtdeutsche Unionsbürger" finden sich Änderungen der Landkreisordnung für das Land Sachsen-Anhalt (LKO), die denjenigen der Gemeindeordnung entsprechen. So erhalten EG-Ausländer die Stellung von **Bürgern des Landkreises** (§ 14 II 1 LKO) und dürfen damit aktiv an Wahlen (§ 15 LKO) sowie an Bürgerbegehren und Bürgerentscheiden im Landkreis teilnehmen (§§ 18 f. LKO). Zudem können sie zu **Landräten** gewählt und verbeamtet werden (§§ 46 S. 2, 48 I 1 LKO).

Über die Gemeinde- und Kreisebene hinaus ist es als Folgewirkung auch möglich, dass Unionsbürger, die als Bürgermeister oder Gemeinderatsmitglied einer

---

[1122] *Klang/Gundlach*, Gemeindeordnung Sachsen-Anhalt: Kommentar, § 21 GO Rn. 1.
[1123] Vgl. die Begründung des Gesetzentwurfs der Landesregierung, Landtag von Sachsen-Anhalt, Drs. 2/981, S. 9 und 11.
[1124] *Klang*, DNV 1996, S. 29.

Mitgliedsgemeinde gewählt wurden, in dieser Eigenschaft einen Sitz im Gemeinschaftsausschuss einer **Verwaltungsgemeinschaft** innehaben.[1125]

Nach den §§ 39 II Nr. 3, 59 I 2 GO sind EG-Ausländer nicht zum Gemeinderatsmitglied und zum Bürgermeister wählbar, wenn nach den Rechtsvorschriften ihres Herkunftsstaates ein derartiger Ausschluss oder Verlust des Wahlrechts besteht. Von der Wählbarkeit in den Kreistag oder zum Landrat sind sie ebenfalls dann ausgeschlossen, wenn sie dies in ihrem Herkunftsmitgliedstaat sind (§§ 28 II Nr. 3, 48 I 2 LKO). Damit hat der Landesgesetzgeber die Richtlinienoption zur Kumulation von **Wahlausschlussgründen** wahrgenommen. Nach Art. 5 I RL darf dabei jedoch nur berücksichtigt werden, ob der Unionsbürger sein Wahlrecht im Herkunftsstaat infolge einer zivilrechtlichen Einzelfallentscheidung oder strafrechtlichen Entscheidung verloren hat. Die genannten Vorschriften der GO und der LKO sind daher im Licht des Art. 5 I RL einschränkend auszulegen.[1126]

Als zweite Stufe zur Umsetzung der Richtlinie erging die **„Zweite Verordnung zur Änderung der Kommunalwahlordnung für das Land Sachsen-Anhalt"** vom 5.12.1995.[1127] Sie passt die Vorschriften zur Wahlbekanntmachung an (vgl. §§ 29 II a, 38 a I KWO) und sieht vor, dass nichtdeutsche Kandidaten zum **Nachweis** ihres passiven Wahlrechts versichern müssen, dass sie im Heimatstaat nicht vom Wahlrecht ausgeschlossen sind oder die Wählbarkeit verloren haben (§§ 30 V 1 Nr. 1, 38 a II KWO). Anders als in anderen Bundesländern wird jedoch nur eine einfache Erklärung und keine Versicherung an Eides Statt verlangt. Ergibt sich bei erfolgreichen Bewerbern erst nach Amtsantritt, dass zum Zeitpunkt der Wahl ein Ausschlussgrund vorlag, so müssen sie ausscheiden (§ 41 GO; § 30 LKO).[1128]

[1125] *Klang*, DNV 1996, S. 30.
[1126] Ebenso *Barley*, S. 141; *Pieroth/Schmülling*, DVBl. 1998, S. 367 f.
[1127] GVBl. LSA vom 21.12.1995, S. 383.
[1128] Begründung des Gesetzentwurfs der Landesregierung, Landtag von Sachsen-Anhalt, Drs. 2/981, S. 10 f.

12. Schleswig-Holstein

Am 8.12.1995 erließ der Schleswig-Holsteinische Landtag das **„Gesetz zur Änderung wahlrechtlicher Vorschriften"**.[1129] Das Gesetz setzt die EG-Richtlinie zum Kommunalwahlrecht für Unionsbürger um und enthält darüber hinaus eine Reihe weiterer Änderungen.[1130] Einige Bestimmungen der **„Landesverordnung zur Änderung der Gemeinde- und Kreiswahlordnung"**[1131] vom 22.12.1995 dienen ebenfalls der Umsetzung der Richtlinie.

Die Wahlberechtigung von Staatsangehörigen der übrigen Mitgliedstaaten der Europäischen Union begründet § 3 I des Gemeinde- und Kreiswahlgesetzes (GKWG),[1132] der die sachlichen Voraussetzungen des **Wahlrechts bei Gemeinde- und Kreiswahlen** festlegt. Da § 6 I GKWG für die Wählbarkeit auf die im Wahlgebiet Wahlberechtigten Bezug nimmt, ist Unionsbürgern automatisch auch das passive Wahlrecht zu den kommunalen Vertretungskörperschaften eröffnet. Die Änderung des § 3 I GKWG wirkt sich zudem in der Gemeindeordnung (GO)[1133] und in der Kreisordnung (KrO)[1134] aus. EG-Ausländer werden infolge ihrer Wahlberechtigung zu **Bürgern** der Gemeinde bzw. des Kreises (§ 6 II GO; § 6 II KrO) mit allen dazu gehörenden Rechten und Pflichten. Insbesondere dürfen sie an Bürgerbegehren und **Bürgerentscheid** teilnehmen (§ 16 g GO; § 16 f KrO) und sind verpflichtet, Ehrenämter und ehrenamtliche Tätigkeiten zu übernehmen und auszuüben (§§ 19 ff. GO; § 19 I KrO).

Kurze Zeit nach dem „Gesetz zur Änderung wahlrechtlicher Vorschriften" wurde in Schleswig-Holstein am 22.12.1995 eine Reform der Kommunalverfassung beschlossen. Das **„Gesetz zur Änderung des kommunalen Verfassungs-**

[1129] GVBl. für Schleswig-Holstein vom 21.12.1995, S. 480.

[1130] Gesetzentwurf der Landesregierung vom 6.9.1995, Entwurf eines Gesetzes zur Änderung wahlrechtlicher Vorschriften, Schleswig-Holsteinischer Landtag, Drs. 13/2975, S. 2 f. und 14 ff.

[1131] GVBl. für Schleswig-Holstein vom 2.1.1996, S. 19, in Kraft mit Wirkung vom 1.1.1996 (Art. 2 der Verordnung).

[1132] Vgl. inzwischen die Bekanntmachung der Neufassung des GKWG vom 19.3.1997, GVBl. S. 152.

[1133] Vgl. heute Gemeindeordnung in der Fassung vom 23.7.1996, GVBl. S. 529, ber. 1997 S. 350.

[1134] Vgl. die Bekanntmachung der Neufassung der Kreisordnung vom 30.5.1997, GVBl. S. 333.

rechts 1995" führte die Direktwahl der hauptamtlichen Bürgermeister und Landräte ein (§§ 49, 57 I GO; § 43 I KrO) und ordnete die Rechtsstellung der verwaltungsleitenden Organe in den Kommunen neu. Die Vorschriften über die Direktwahl gelten seit dem 1.4.1998 (bzw. in kreisfreien Städten seit dem 1.1.1997), vorher galten Übergangsregelungen.[1135] Bei der Einführung der Direktwahl entschied sich der Landesgesetzgeber zugleich dafür, Unionsbürger zu den Ämtern der **Bürgermeister und Landräte** zuzulassen (§ 57 III Nr. 1 GO; § 43 III Nr. 1 KrO; Art. 5 III RL) und leistete damit der gemeinsamen Resolution[1136] der Landtagsfraktionen von SPD, CDU, FDP und des Abgeordneten des SSW vom 27.1.1995 Folge.[1137]

Nach § 11 I der Gemeinde- und Kreiswahlordnung (GKWO) werden alle bei der Meldebehörde im Wahlbezirk für eine (Haupt-)Wohnung gemeldeten Wahlberechtigten von Amts wegen in das **Wählerverzeichnis** eingetragen. Der Gesetzgeber hat sich für die Amtseintragung der wahlberechtigten Unionsbürger entschieden (vgl. Art. 7 III RL), um dem Gleichbehandlungsgrundsatz Rechnung zu tragen und den Verwaltungsaufwand zu reduzieren. Die zur Eintragung benötigten Informationen, wie Staatsangehörigkeit und Wohnungsstatus, seien bereits aus dem Meldedatensatz zu entnehmen, so dass weitere Auskünfte und Nachweise von den Unionsbürgern nicht erforderlich seien.[1138] Insbesondere für nicht meldepflichtige Unionsbürger ist aber relevant, dass auch eine Eintragung auf Antrag möglich ist, wenn der gewöhnliche Aufenthalt im Wahlbezirk nachgewiesen wird (vgl. § 11 II GKWO).

§ 6 II Nr. 6 GKWG legt fest, dass Unionsbürger nicht wählbar sind, wenn sie infolge einer zivilrechtlichen Einzelfallentscheidung oder einer strafrechtlichen

---

[1135] Gesetz zur Änderung des kommunalen Verfassungsrechts 1995 vom 22.12.1995 (GVBl. 1996, S. 33), insbesondere Art. 11 und 13; vgl. auch *Dehn*, Grundlagen des Kommunalverfassungsrechts in Schleswig-Holstein, S. 105.
[1136] Schleswig-Holsteinischer Landtag, Drs. 13/2470.
[1137] Gesetzentwurf der Landesregierung vom 6.9.1995, Entwurf eines Gesetzes zur Änderung wahlrechtlicher Vorschriften, Schleswig-Holsteinischer Landtag, Drs. 13/2975, S. 14; Gesetzentwurf der Landesregierung vom 1.6.1995, Entwurf eines Gesetzes zur Änderung des kommunalen Verfassungsrechts 1995, Schleswig-Holsteinischer Landtag, Drs. 13/2806, S. 109.
[1138] Gesetzentwurf der Landesregierung vom 6.9.1995, Schleswig-Holsteinischer Landtag, Drs. 13/2975, S. 2 und 13.

Entscheidung in ihrem Herkunftsmitgliedstaat die Wählbarkeit nicht besitzen (vgl. Art. 5 I RL). Kandidierende Unionsbürger müssen gegenüber dem Wahlleiter eine entsprechende **Versicherung an Eides Statt** abgeben, die dem Wahlvorschlag beizufügen ist (§ 20 V GKWG; § 25 II Nr. 3 GKWO; Art. 9 II lit. a RL).

In der **öffentlichen Bekanntmachung**, in der dazu aufgefordert wird, Wahlvorschläge einzureichen, soll besonders darauf hingewiesen werden, dass auch Unionsbürger wählbar sind (§ 22 Nr. 5 GKWO). Zudem ist vorgesehen, dass die Wahlvorschläge die Staatsangehörigkeit jedes Bewerbers nennen (§ 23 II 1 Nr. 1 GKWO). Wie bereits erwähnt ist dem Wahlvorschlag von jedem nichtdeutschen Bewerber eine Versicherung an Eides Statt beizufügen, dass er im Herkunftsmitgliedstaat nicht von der Wählbarkeit ausgeschlossen ist (§ 20 V GKWG; § 25 II Nr. 3 GKWO). Da die öffentliche Bekanntmachung auf diese zusätzliche Anforderung nicht aufmerksam macht, ist die Unterrichtung der Unionsbürger über ihr Wahlrecht in diesem Punkt unzureichend (Art. 11 RL).[1139]

13. Thüringen

Die Umsetzung der Kommunalwahlrichtlinie in Thüringen weist einige Besonderheiten auf. Zunächst **fehlt** es an einem **speziellen Gesetz**, das die Richtlinie umsetzt. Tatsächlich erübrigte sich ein solches, weil das Thüringer Landesrecht sich vorausschauend schon vor Inkrafttreten des Maastrichter Vertrages auf die bevorstehende Einführung des Kommunalwahlrechts für Unionsbürger eingestellt hatte.[1140] Für die endgültige Umsetzung der Richtlinie genügte daher eine kurze Verordnung.

Das **Thüringer Kommunalwahlgesetz** (KWG) vom 16.8.1993[1141] sah von Anfang an vor, dass EG-Ausländern durch eine entsprechende Ergänzung der Kommunalwahlordnung das Wahlrecht eingeräumt werden kann. In § 1 II 1 KWG heißt es, dass nach Maßgabe des Rechts der Europäischen Gemeinschaft ebenfalls Personen wahlberechtigt sind, die die Staatsangehörigkeit eines ande-

---

1139 Näher bereits unter Punkt D IV 3.

1140 *Klang*, DNV 1996, S. 26.

1141 GVBl. für das Land Thüringen vom 24.8.1993, S. 530.

ren Mitgliedstaats der Europäischen Gemeinschaft besitzen, sofern sie die weiteren Wahlrechtsvoraussetzungen erfüllen. Zwar betrifft § 1 KWG direkt nur das aktive Wahlrecht zum Gemeinderat und zum Bürgermeister, aufgrund von Verweisungen sind EG-Ausländer jedoch auch zum Gemeinderat und zum Bürgermeister wählbar und erhalten das aktive und passive Wahlrecht zum Kreistag und zum Landrat (vgl. §§ 12 I, 24 II, 27 III, 28 II KWG). Näheres zum Kommunalwahlrecht für Unionsbürger regelt gemäß § 1 II 2 KWG die Thüringer Kommunalwahlordnung (KWO).

Ebenso wie Art. 28 I 3 GG enthält das KWG eine Verweisung auf das EG-Recht. Auf diese Weise wird verdeutlicht, dass das Kommunalwahlrecht für Unionsbürger zeitlich und inhaltlich unter dem Vorbehalt des Gemeinschaftsrechts steht. Vor der Festlegung der Einzelheiten des Wahlrechts in der KWO wurde daher zunächst der Erlass der Richtlinie abgewartet.[1142] Dementsprechend stellte § 1 KWO ursprünglich nur klar, dass EG-Ausländer für die Kommunalwahlen 1994 nach Maßgabe des EG-Rechts noch nicht wahlberechtigt waren.[1143] Denn bei Erlass der Thüringer Kommunalwahlordnung am 3.2.1994 fehlte die Richtlinie noch.

Nachdem die Richtlinie am 19.12.1994 beschlossen worden war und den Mitgliedstaaten eine Umsetzungsfrist bis Ende 1995 eingeräumt hatte, setzte Thüringen die Richtlinie am 12.12.1995 schließlich mit der „**Zweiten Verordnung zur Änderung der Thüringer Kommunalwahlordnung**“ endgültig um.[1144] Anders als in anderen Bundesländern nimmt die Verordnung in einem eigenen Artikel (Art. 1) explizit auf die Richtlinie Bezug (Art. 14 RL). Inhaltlich ist die Verordnung besonders bemerkenswert. Personen mit der Staatsangehörigkeit eines anderen Mitgliedstaates der Europäischen Union sind unter denselben Bedingungen wahlberechtigt und wählbar wie Deutsche (§ 1 KWO), ohne dass Ausnahmen von diesem Grundsatz vorgesehen sind. § 1 II 1 KWG i.V.m. § 1 KWO eröffnen somit ein Kommunalwahlrecht für Unionsbürger, das durch eine

---

[1142] Vgl. Gesetzentwurf der Landesregierung zum KWG vom 15.4.1993, Thüringer Landtag, Drs. 1/2150, S. 22.
[1143] GVBl. für den Freistaat Thüringen vom 17.2.1994, S. 93.
[1144] GVBl. für den Freistaat Thüringen S. 420.

ausnahmslose Gleichbehandlung der Unionsbürger mit Deutschen charakterisiert ist. Außer in Thüringen wurde das Diskriminierungsverbot in keinem anderen deutschen Bundesland so konsequent befolgt. Keine der einschränkenden Optionen der Richtlinie wurde wahrgenommen. Auf besondere **Nachweispflichten** für EG-Ausländer wurde völlig verzichtet.[1145] Zudem sind EG-Ausländer zum Bürgermeister und Landrat wählbar, werden von Amts wegen in die **Wählerverzeichnisse** eingetragen (vgl. § 6 KWG; § 7 KWO), und ihre Wählbarkeit besteht unabhängig von eventuellen **Wahlausschlussgründen** im Herkunftsstaat.

Auch die **Thüringer Kommunalordnung** (KO) vom 16.8.1993 war von Anfang auf die neue Rechtsstellung von Unionsbürgern in den Kommunen eingestellt.[1146] Für die Gemeindeebene sieht sie vor, dass Personen, die die Staatsangehörigkeit eines anderen Mitgliedstaates der Europäischen Gemeinschaft besitzen und bei den Gemeindewahlen wahlberechtigt sind, den **Bürgern der Gemeinde gleichstehen** (§ 10 II 3 KO). Nachdem Unionsbürgern das Wahlrecht zu den Gemeindewahlen durch § 1 II 1 KWG i.V.m. § 1 KWO eingeräumt wurde, kann diese Bestimmung ihre volle Wirkung entfalten. Nach § 12 I KO nehmen die Bürger an der Verwaltung der Gemeinde teil und sind zur Übernahme von Ehrenämtern verpflichtet. Sie können die Instrumente des Bürgerantrages, Bürgerbegehrens und **Bürgerentscheids** nutzen (§§ 16, 17 KO) und sind berechtigt, an der Wahl der Gemeinderatsmitglieder und an der Wahl und Abwahl der Bürgermeister teilzunehmen (§§ 23 II, 28 III, VI KO). Dasselbe gilt nun über § 10 II 3 KO auch für EG-Ausländer. Auf Kreisebene werden Unionsbürger, die bei den Landkreiswahlen wahlberechtigt sind, den Bürgern des Landkreises gleichgestellt (§ 93 II 3 KO). Sie dürfen somit an der Wahl der Kreistagsmitglieder und des Landrats teilnehmen (§§ 93 III, 102 II, 106 II KO) und sind zu ehrenamtlicher Tätigkeit verpflichtet (§ 94 I KO). Da auf Kreisebene die Instrumente des Bürgerbegehrens und Bürgerentscheids nicht vorgesehen sind, konnte EG-Ausländern insoweit keine Teilnahmemöglichkeit eröffnet werden. Soweit in Gemeinden mit räumlich getrennten **Ortsteilen** (Ort-

---

[1145] *Klang*, DNV 2/96, S. 26.
[1146] GVBl. für das Land Thüringen vom 24.8.1993, S. 501. Inzwischen wurde die KO am 14.4.1998 neu bekanntgemacht (GVBl. S. 73).

schaften) eine Ortschaftsverfassung besteht, sind Unionsbürger auch zum Ortsbürgermeister oder sonstigem Mitglied des Ortschaftsrats wahlberechtigt und wählbar (vgl. § 45 I, II KO).

Insgesamt lässt sich festhalten, dass die Richtlinie in Thüringen nicht nur auf sehr unkomplizierte, sondern auch auf besonders europafreundliche Weise umgesetzt worden ist.

II. Die Umsetzung der Richtlinie in den Stadtstaaten

1. Berlin

a) Die Organisationsstruktur Berlins

In der **Berliner Verfassung** heißt es: *„Berlin ist ein deutsches Land und zugleich eine Stadt."* (Art. 1 I der Verfassung von Berlin, VvB).[1147] Gleich zu Beginn wird damit auf die besondere staatliche Organisationsstruktur Berlins als **Stadtstaat** hingewiesen. Volksvertretung, Regierung und Verwaltung einschließlich der Bezirksverwaltungen nehmen nach Art. 3 II VvB die Aufgaben Berlins als Gemeinde, Gemeindeverband und Land wahr. So ist das Abgeordnetenhaus, das von den wahlberechtigten Deutschen gewählt wird (Art. 38 I VvB), zugleich Landtag und Gemeindevertretung, und der Senat, der sich aus dem Regierenden Bürgermeister, dem Bürgermeister und den Senatoren zusammensetzt (Art. 55 II VvB), zugleich Landesregierung und städtisches Exekutivorgan.[1148] Als „Einheitsgemeinde" genießt die Stadt Berlin den Schutz der gemeindlichen Selbstverwaltung nach Art. 28 II GG.[1149]

Die Stadt Berlin ist in **Bezirke** untergliedert, die nach den Grundsätzen der Selbstverwaltung an der Verwaltung Berlins zu beteiligen sind (Art. 66 II VvB). Dabei nimmt der Senat durch die Hauptverwaltung die Aufgaben wahr, die von gesamtstädtischer Bedeutung sind oder wegen ihrer Eigenart zwingend einer

---

[1147] Verfassung von Berlin vom 23.11.1995 (GVBl. für Berlin S. 779), in Kraft seit dem 29.11.1995.
[1148] *Gern*, Deutsches Kommunalrecht, S. 101.
[1149] *Haaß*, LKV 1996, S. 84.

einheitlichen Durchführung bedürfen (Art. 67 I VvB). Die Bezirke dagegen nehmen alle anderen Aufgaben der Verwaltung wahr, wobei der Senat Grundsätze und allgemeine Verwaltungsvorschriften für die Tätigkeit der Bezirke erlassen kann (Art. 67 II 1, 2 VvB). Die Bezirke wiederum dürfen zu den grundsätzlichen Fragen der Verwaltung und Gesetzgebung Stellung nehmen (Art. 68 I VvB). In jedem Bezirk wählen die Wahlberechtigten des Bezirks eine Bezirksverordnetenversammlung als Organ der bezirklichen Selbstverwaltung, wobei die Wahl gleichzeitig mit der Wahl zum Abgeordnetenhaus durchgeführt wird (Art. 69 S. 1, 70 I 1, 72 VvB). Die Bezirksverordnetenversammlung wiederum wählt die Mitglieder des Bezirksamts, d.h. den Bezirksbürgermeister und die Bezirksstadträte, welche die Verwaltungsbehörde des Bezirks bilden (Art. 69 S. 2, 74 I VvB). Auf Bezirksebene ist als unmittelbares Partizipationsrecht der Bürger ein Bürgerbegehren vorgesehen, aber kein Bürgerentscheid. Im Weg des Bürgerbegehrens können die Wahlberechtigten des Bezirks Empfehlungen an die Bezirksverordnetenversammlung richten (§§ 40 ff. Bezirksverwaltungsgesetz, BezVG).

Die Bezirke sind Selbstverwaltungseinheiten ohne eigene Rechtspersönlichkeit (§ 2 I BezVG). Sie sind keine kommunalen Gebietskörperschaften nach Art. 28 I 2 GG,[1150] so dass weder die Existenz von Bezirksverordnetenversammlungen noch deren unmittelbare Wahl grundgesetzlich garantiert sind. Auch fallen die Berliner Bezirke nicht unter die Garantie der kommunalen Selbstverwaltung nach Art. 28 II GG.[1151] Durch die Berliner Verfassungs- und Verwaltungsreform von 1994[1152] wurde die bezirkliche Selbstverwaltung jedoch so gestärkt, dass die Bezirke den Gemeinden i.S.v. Art. 28 II GG heute nahezu gleichgestellt sind.[1153] Die Aussage, dass den Bezirken wesentliche Elemente der kommunalen Selbstverwaltung, wie Rechtsfähigkeit, Rechtsetzungs-

[1150] *Scholz,* in: *Maunz/Dürig,* Grundgesetz-Kommentar, Art. 28 Rn. 41 g.
[1151] *Scholz,* in: *Maunz/Dürig,* Grundgesetz-Kommentar, Art. 28 Rn. 41 g; *Sieveking,* DÖV 1993, S. 452; *Haaß,* LKV 1996, S. 84 ff.
[1152] Verfassungsreform vom 6.7.1994, GVBl. S. 217 und Verwaltungsreformgesetz vom 19.7.1994, GVBl. S. 241; bestätigt durch die Verfassung i.d.F. vom 23.11.1995, GVBl. S. 779.
[1153] *Haaß,* LKV 1996, S. 84 ff.; *Neumann,* in: *Pfennig/Neumann (Hrsg.),* Verfassung von Berlin, Art. 66, 67 Rn. 17.

autonomie und Finanzhoheit, fehlen,[1154] muss nach der Reform von 1994 teilweise relativiert werden. Weiterhin sind die Bezirke zwar nicht rechtsfähig, sie haben aber durch die Reform weitgehende Haushalts- und Rechtsetzungsbefugnisse erhalten.[1155]

Die besondere Organisationsstruktur Berlins als Stadtstaat hatte selbstverständlich Auswirkungen auf die Umsetzung der Richtlinie.

b) Die Änderung der Landesverfassung

Schon im Vorfeld der einfachgesetzlichen Umsetzung der Richtlinie nahm man in Berlin eine Verfassungsänderung vor. Durch **Gesetz vom 8.6.1995** fügte das Abgeordnetenhaus beim damaligen **Art. 54 I VvB**, der die direkte Wahl der Bezirksverordnetenwahl durch die Wahlberechtigten des Bezirks festlegte, folgende Sätze an: *„Wahlberechtigt und wählbar sind unter den gleichen Voraussetzungen wie Deutsche auch Personen, die die Staatsangehörigkeit eines Mitgliedstaats der Europäischen Union besitzen. Alles Nähere bestimmt das Wahlgesetz."*[1156] Damit wurde das Wahlrecht für Unionsbürger in der Landesverfassung verankert. In der Begründung der Gesetzesvorlage heißt es im Wesentlichen, dass in den Stadtstaaten Berlin und Hamburg die Bezirke die „lokalen Gebietskörperschaften der Grundstufe" im Sinn der Richtlinie seien. Zur Einführung des Wahlrechts der Unionsbürger zu den Bezirksverordnetenversammlungen sei eine Verfassungsänderung notwendig, weil die Verfassung von Berlin bisher das Wahlrecht, auch für die Bezirksverordnetenversammlungen, auf Deutsche beschränkt habe (Art. 54 I, 2 I, 25 I VvB).[1157]

In diesem Zusammenhang ist anzumerken, dass diese Verfassungsänderung noch vor der wegen der Vereinigung von Westberlin und Ostberlin notwendig

---

[1154] *Scholz*, in: *Maunz/Dürig*, Grundgesetz-Kommentar, Art. 28 Rn. 41 g; *Sieveking*, DÖV 1993, S. 452 und 454. Vgl. auch §§ 2 I, 3 II und 4 I BezVG.

[1155] Vgl. im einzelnen *Haaß*, LKV 1996, S. 84 ff.

[1156] Vgl. Dreißigstes Gesetz zur Änderung der Verfassung von Berlin vom 8.6.1995, GVBl. S. 339, in Kraft seit dem 15.6.1995.

[1157] Vorlage – zur Beschlussfassung – über Neunundzwanzigstes Gesetz zur Änderung der Verfassung von Berlin, Berliner Abgeordnetenhaus, Drs. 12/5498, S. 1.

gewordenen Verfassungsreform erfolgte. Im November des gleichen Jahres trat dann die weitgehend überarbeitete Verfassung in Kraft, welcher das Volk (gemäß Art. 88 II VvB alter Fassung) in einer Volksabstimmung seine Zustimmung erteilt hatte.[1158] Der frühere Art. 54 I VvB wurde dabei – ohne inhaltliche Änderungen – zum neuen **Art. 70 I VvB**.

c) Die Umsetzung der Richtlinie in einfaches Recht

Durch das „**Fünfte Gesetz zur Änderung des Landeswahlgesetzes**" (LWG) vom 20.6.1995 wurden Wahlrecht und Wählbarkeit der Unionsbürger zu den **Bezirksverordnetenversammlungen** durch Einfügung eines neuen § 22 a LWG auch einfachgesetzlich verankert.[1159] Neben dem aktiven und passiven Wahlrecht zu den Bezirksverordnetenversammlungen erhalten EG-Ausländer das Recht, an **Bürgerbegehren** in den Bezirken teilzunehmen. Denn die §§ 40, 41 BezVG nehmen auf die *„Wahlberechtigten des Bezirks"* Bezug und finden somit auch auf EG-Ausländer Anwendung, die bei der Wahl zur Bezirksverordnetenversammlung wahlberechtigt sind. Das Umsetzungsgesetz ist vergleichsweise kurz und macht nur von einer Einschränkungsmöglichkeit der Richtlinie, nämlich der **Kumulation von Ausschlussgründen** beim passiven Wahlrecht, Gebrauch (§ 22 a S. 2 LWG; Art. 5 I, II RL). Dementsprechend müssen Bewerber gegenüber dem Bezirkswahlleiter eine Erklärung an Eides Statt über ihre Wählbarkeit im Herkunftsstaat abgeben und auf Verlangen eine Auskunft der zuständigen Behörde des Herkunftsstaates vorlegen (§ 22 a S. 3-5 LWG; Art. 9 II lit. a, b RL). Die Wahlberechtigten (und somit auch die wahlberechtigten EG-Ausländer) werden grundsätzlich von Amts wegen in das **Wählerverzeichnis** des Bezirks eingetragen (§ 3 I LWG; Art. 7 III RL). Ein Antrag ist nur bei Personen erforderlich, die unter keiner Anschrift im Melderegister verzeichnet sind (§ 3 II LWG).

[1158] Bekanntmachung vom 9.11.1995 über das Ergebnis der Volksabstimmung über die überarbeitete Verfassung von Berlin am 22.10.1995, GVBl. S. 719; Verfassung von Berlin vom 23.11.1995, GVBl. S. 779.

[1159] Fünftes Gesetz zur Änderung des Landeswahlgesetzes vom 20.6.1995, GVBl. für Berlin vom 28.6.1995, S. 375. Vgl. auch die Begründung des Gesetzentwurfs, Berliner Abgeordnetenhaus, Drs. 12/5499.

Nach § 35 I BezVG wählt die Bezirksverordnetenversammlung die Mitglieder des Bezirksamts, also den **Bezirksbürgermeister** und die **Bezirksstadträte**. Daraus folgt, dass auch EG-Ausländer, die der Bezirksverordnetenversammlung angehören, bei diesen Wahlen aktiv wahlberechtigt sind. Ob EG-Ausländer auch selbst als Bezirksbürgermeister oder Bezirksstadtrat gewählt werden können, kann der Vorschrift des § 35 BezVG über die Wahl und Abberufung der Bezirksamtsmitglieder nicht direkt entnommen werden. In der Begründung des Gesetzentwurfs heißt es aber, dass von den in der Richtlinie vorgesehenen Möglichkeiten, das passive Kommunalwahlrecht der Unionsbürger zu beschränken, kein Gebrauch gemacht werden soll.[1160] Da nach Art. 5 III RL nur die Wählbarkeit in Exekutivämter wie das Bürgermeisteramt ausgeschlossen werden kann und der Berliner Gesetzgeber insofern keine Ausnahmeregelung für EG-Ausländer geschaffen hat, ist davon auszugehen, dass EG-Ausländer ebenso wie Deutsche in die Ämter des Bezirksbürgermeisters und des Bezirksstadtrats gewählt werden können.[1161]

Im Anschluss an das LWG wurde auch die Landeswahlordnung durch die **„Vierte Verordnung zur Änderung der Landeswahlordnung"** vom 11.7.1995 angepasst.[1162] Sie schreibt unter anderem vor, dass die zu den Bezirksverordnetenversammlungen wahlberechtigten Unionsbürger in ein besonderes Verzeichnis einzutragen sind. Benachrichtigungen und Wahlscheine sollen einen Hinweis darauf enthalten, dass nur ein Wahlrecht zur Bezirksverordnetenversammlung besteht (§ 40 a I 1, 2 LWO).

2. Bremen

Bremen, das sowohl nach der Fläche als auch nach der Einwohnerzahl kleinste Bundesland, setzte als einziges die Richtlinie **nicht fristgerecht** zum 1.1.1996 um und brachte die Bundesrepublik damit in die Gefahr eines Vertragsverletzungsverfahrens seitens der Kommission.[1163] Die Verzögerung bei der Umset-

---

[1160] Begründung des Gesetzentwurfs, Drs. 12/5499, S. 2.
[1161] Zum gleichen Ergebnis kommt *Laubach*, S. 83.
[1162] Vierte Verordnung zur Änderung der Landeswahlordnung vom 11.7.1995, GVBl. vom 15.7.1995, S. 440.
[1163] Mitteilung des Senats vom 7. Mai 1996, Bremische Bürgerschaft, Drs. 14/294, S. 2.

zung der Richtlinie mag auf den ersten Blick erstaunen, hatte Bremen doch zu den drei Ländern gehört, die schon im Jahr 1989 durch eine Änderung ihrer Kommunalgesetze Ausländern ein Wahlrecht einräumen wollten. Der damalige Vorstoß, Ausländer zu den Beiratswahlen der Stadtgemeinde Bremen zuzulassen, war zwar noch vom Bremischen Staatsgerichtshof für verfassungswidrig erklärt worden.[1164] Dass Bremen nach der Grundgesetzänderung die Möglichkeit zur Einführung eines Ausländerwahlrechts erst so spät nutzte, lag vor allem an der speziellen Organisationsstruktur Bremens, die das Land bei der Umsetzung der Richtlinie vor besondere rechtliche Schwierigkeiten stellte.[1165]

a) Die Organisationsstruktur Bremens

Die Freie Hansestadt Bremen ist ein **Stadtstaat**, oder genauer ein „Zwei-Städte-Staat"[1166]. Sie besteht aus der Stadt Bremen und der Stadt Bremerhaven, die die beiden Gemeinden des bremischen Staates darstellen, und bildet aus ihnen einen Gemeindeverband höherer Ordnung (Art. 143 der Landesverfassung der Freien Hansestadt Bremen, LV). Die Gemeinden sind Gebietskörperschaften des öffentlichen Rechts und fallen unter den Schutz der gemeindlichen Selbstverwaltung (Art. 144 LV, Art. 28 II GG). Nach der Landesverfassung haben sie das Recht, sich Gemeindeverfassungen zu geben (Art. 145 I 1 LV).

Die **Stadtgemeinde Bremerhaven** hat hiervon Gebrauch gemacht und eine eigene Stadtverfassung erlassen, die die Wahl einer Stadtverordnetenversammlung vorsieht. Die Stadtverordnetenversammlung wiederum wählt den Magistrat, der sich aus einem Oberbürgermeister, einem Bürgermeister und Stadträten zusammensetzt. Wegen dieser selbständigen gemeindlichen Organisationsstruktur stellte sich die Einführung des Kommunalwahlrechts für Unionsbürger in Bremerhaven von vornherein als unproblematisch dar, da EG-Ausländern genauso wie deutschen Gemeindebürgern das Wahlrecht zur Stadtverordnetenversammlung von Bremerhaven eingeräumt werden konnte.

[1164] StGH Bremen, DÖV 1992, S. 164.

[1165] Vgl. Mitteilung des Senats vom 7. Mai 1996, Bremische Bürgerschaft, Drs. 14/294, S. 2.

[1166] *Sieveking*, DÖV 1993, S. 453.

Die **Stadtgemeinde Bremen** dagegen hat sich keine eigene Gemeindeverfassung gegeben. Dies hat nach der Verfassung zur Folge, dass die Stadtbürgerschaft und der Senat die gesetzlichen Organe der Stadtgemeinde Bremen sind und dass für die Verwaltung der Stadtgemeinde Bremen die Verfassungsbestimmungen über Volksentscheid, Bürgerschaft und Senat entsprechend anzuwenden sind. Die Stadtbürgerschaft der Stadtgemeinde Bremen besteht demnach aus den von den stadtbremischen Wählern in die Bürgerschaft, also den Landtag, gewählten Vertretern. Damit wählen die Bürger der Stadtgemeinde Bremen Landtag und kommunale Vertretung der Stadtgemeinde Bremen in einem einzigen Wahlakt; eine getrennte Stimmabgabe ist ihnen nicht möglich. Der Präsident der Bürgerschaft ist zugleich Präsident der Stadtbürgerschaft (vgl. Art. 148 LV). Die Situation in der Stadtgemeinde Bremen unterscheidet sich also dadurch grundlegend von derjenigen in den Städten anderer Bundesländer, dass die Organe von Land und Stadtgemeinde Bremen durch Realunion verbunden sind. Wegen des besonderen Wahlsystems und der mangelnden gemeindlichen Organisationsstruktur findet in der Stadtgemeinde Bremen keine selbständige Kommunalwahl statt. Vielmehr ist die Wahl zur Stadtbürgerschaft als Landtagswahl konzipiert, und die Verfassung weist lediglich den achtzig von den Stadtbremern gewählten Abgeordneten eine weitere Funktion als Gemeindevertretung zu.[1167]

b) Die Vorgeschichte der Umsetzung

Im Zusammenhang mit der Einführung des Kommunalwahlrechts für Unionsbürger sah das Land daher schon lange rechtliche Schwierigkeiten auf sich zukommen. Bereits im **Vorfeld** hatte Bremen deshalb versucht, Einfluss auf die Formulierung der Grundgesetzänderung und der EG-Richtlinie zu nehmen, um eine Klärung der rechtlichen Zweifelsfragen zu erreichen.

So hatte Bremen in der **Gemeinsamen Verfassungskommission** von Bundestag und Bundesrat zunächst angeregt, bei der Ergänzung des Art. 28 I GG auch eine *„Stadtstaatenklausel"* einzufügen. Diese sollte es den Stadtstaaten Berlin, Bre-

---

[1167] Bericht und Antrag des nichtständigen Ausschusses gemäß Artikel 125 der Landesverfassung (Kommunalwahlrecht für Unionsbürger), Bremische Bürgerschaft, Drucksache 14/400, S. 1; *Sieveking*, DÖV 1993, S. 453.

men und Hamburg erlauben, in ihren Landesverfassungen Unionsbürgern das Kommunalwahlrecht auch mit Geltung für die Wahlen zu den Landtagen einzuräumen, wenn staatliche und gemeindliche Tätigkeit nicht getrennt sind oder eine Gemeindevertretung aus einem Teil des Landtags besteht. Als die beiden anderen Stadtstaaten diesen Vorschlag nicht unterstützten, forderte Bremen zumindest eine *„Bremer Klausel"*, die in der Stadtgemeinde Bremen ansässige EG-Ausländer zur Wahl der Bürgerschaft mit ihrer Doppelfunktion als Landesorgan und als kommunales Organ zulassen sollte. Auch diese *„Bremer Klausel"* fand jedoch in der Gemeinsamen Verfassungskommission nicht die erforderliche Mehrheit, weil sie teilweise als verfassungswidrig gewertet wurde. Bei der späteren Grundgesetzänderung wurden die Vorschläge folglich nicht mehr aufgegriffen.[1168]

Das nächste Aktionsfeld Bremens bildeten die **Verhandlungen zum Richtlinienentwurf** der EG, die das Land indirekt über die deutsche Verhandlungsposition zu beeinflussen suchte. Auf Antrag Bremens beschloss der Bundesrat, darauf hinzuwirken, dass der Anhang der Richtlinie die *„Stadtgemeinde Bremen in der Freien Hansestadt Bremen mit Stadtbürgerschaft als Teil der Bürgerschaft (Landtag)"* als lokale Gebietskörperschaft der Grundstufe nennt. Die Bundesregierung meldete jedoch verfassungsrechtliche Bedenken an, weil diese Lösung Ausländer zu den Landtagswahlen zulasse. Nach dem im Gesetz über die Zusammenarbeit von Bund und Ländern in Angelegenheiten der Europäischen Union vorgesehenen Verfahren einigten sich Bundesregierung und Bundesrat schließlich auf die Formulierung *„Stadtgemeinde Bremen in der Freien Hansestadt Bremen"*, ohne dass es eine gemeinsame Vorstellung darüber gegeben hätte, was diese Kompromissformel konkret für die Umsetzung der Richtlinie in der Stadtgemeinde Bremen bedeutet.[1169] Die spätere EG-Richtlinie hat diese Formulierung übernommen.

[1168] Vgl. BT-Drs. 12/6000, Kommissions-Drs. Nr. 5, S. 140 und Kommissions-Drs. Nr. 14, S. 142; Mitteilung des Senats vom 7. Mai 1996, Bremische Bürgerschaft, Drs. 14/294, S. 4; *Sieveking*, DÖV 1993, S. 454 f.; *Scholz*, in: *Maunz/Dürig*, Grundgesetz-Kommentar, Art. 28 Rn. 41 g.

[1169], Mitteilung des Senats vom 7. Mai 1996, Bremische Bürgerschaft, Drs. 14/294, S. 4 ff.

Anders als in meisten anderen Bundesländern ging in Bremen die erste Initiative zur Einführung des Kommunalwahlrechts für Unionsbürger nicht von der Landesregierung aus, sondern von der in der **Opposition** befindlichen Fraktion Bündnis 90/Die Grünen. Diese legte im Oktober 1995 einen **Gesetzesvorschlag** vor, der durch eine Änderung des Bremischen Wahlgesetzes Unionsbürgern im Wahlbereich Bremen das Wahlrecht zur Bürgerschaft und in Bremerhaven das Wahlrecht zur Stadtverordnetenversammlung einräumen wollte.[1170]

Erst im Mai 1996 überreichte der **Senat** einen eigenen **Gesetzentwurf** zur Umsetzung der Richtlinie, gemeinsam mit einem **Bericht der Deputation für Inneres,** der zu beiden Gesetzentwürfen Stellung nahm. Der Bericht kam zu dem Schluss, dass in der Stadtgemeinde Bremen allein eine Beteiligungsmöglichkeit der Unionsbürger an der Wahl der Beiräte keine hinreichende Umsetzung der Richtlinie darstelle, da Beiratswahlen auf der untergemeindlichen Ebene angesiedelt seien und als Gebietskörperschaft der Grundstufe nach dem Anhang der Richtlinie die Stadtgemeinde Bremen genannt sei. Die von der Fraktion Bündnis 90/Die Grünen favorisierte Lösung, den Unionsbürgern im Wahlbereich Bremen das Wahlrecht zur Bürgerschaft (Landtag) zu gewähren, lehnte er jedoch ab, weil die Teilnahme von Unionsbürgern an einer Landtagswahl gegen das Grundgesetz (Art. 20, 28, 38 GG) und gegen die Landesverfassung (Art. 66) verstoßen könnte. Die entgegengesetzte Möglichkeit, Unionsbürger von der Bürgerschaftswahl ganz auszuschließen, wurde aber auch verworfen. Ebenso scheide – bereits aus finanziellen Gründen – eine Umstrukturierung Bremens, etwa in Form einer Trennung der Landes- von der Gemeindeebene, einer Stärkung der Beiräte oder einer Aufteilung des Landes in Bezirke, aus. Nach eingehender Diskussion verschiedener Lösungsmodelle unterstützte die Deputation für Inneres letztlich den Gesetzesantrag des Senats als *„einzig möglichen und verfassungsrechtlich vertretbaren Ansatz"*. Die Unionsbürger sollten danach ein nur auf die Stadtbürgerschaft bezogenes Wahlrecht zur Bürgerschaft erhalten. Weiterhin werde es also nur einen Wahlakt zur Bürgerschaft geben, die Stim-

[1170] Antrag der Fraktion Bündnis 90/Die Grünen, Gesetz zur Einführung des Kommunalwahlrechts für Unionsbürgerinnen und Unionsbürger, Bremische Bürgerschaft, Drs. 14/78 vom 23.10.1995.

men der Unionsbürger sollten sich aber nur auf die Zusammensetzung der Stadtbürgerschaft auswirken.[1171]

c) Die Umsetzung der Richtlinie

Das heutige **„Gesetz zur Umsetzung der Richtlinie 94/80/EG des Rates vom 19. Dezember 1994 über die Einzelheiten der Ausübung des aktiven und passiven Wahlrechts bei den Kommunalwahlen für Unionsbürger mit Wohnsitz in einem Mitgliedstaat, dessen Staatsangehörigkeit sie nicht besitzen“**[1172] vom 1.10.1996 geht auf den eben erwähnten Gesetzesantrag des Senats zurück. Während Art. 1 des Umsetzungsgesetzes die **Landesverfassung** (LV) ändert, passt Art. 2 des Umsetzungsgesetzes das Bremische **Wahlgesetz** (WahlG) an, das Regelungen über die Wahl der Bürgerschaft, über die Wahl der Stadtverordnetenversammlung der Stadt Bremerhaven sowie über die (untergemeindliche) Wahl der Beiräte im Gebiet der Stadt Bremen enthält.

Art. 148 LV, welcher der Bürgerschaft auch eine kommunale Funktion für die Stadtgemeinde Bremen zuweist, wurde in seinem Absatz 1 Satz 3 durch das Umsetzungsgesetz folgendermaßen neu gefasst: *„Die Stadtbürgerschaft besteht aus den von den stadtbremischen Wählern mit der Wahl zur Bürgerschaft im Wahlbereich Bremen gewählten Vertretern.“* Mit dieser Formulierung wurde die bisher garantierte Personenidentität zwischen den Mitgliedern der Stadtbürgerschaft und den im Wahlbereich Bremen gewählten Abgeordneten der Bürgerschaft aufgehoben.[1173]

Nach § 1 I a WahlG können unter den gleichen Voraussetzungen wie Deutsche auch Staatsangehörige der übrigen Mitgliedstaaten der Europäischen Gemeinschaft (Unionsbürger) an der **Wahl zur Bürgerschaft im Wahlbereich Bremen** teilnehmen, ihr Wahlrecht gilt jedoch nur für die Zusammensetzung der Stadtbürgerschaft. Ebenso wie das aktive Wahlrecht erhalten Unionsbürger auch

---

[1171] Mitteilung des Senats vom 7. Mai 1996, Bremische Bürgerschaft, Drs. 14/294. Vgl. auch Bericht und Antrag des nichtständigen Ausschusses gemäß Artikel 125 der Landesverfassung (Kommunalwahlrecht für Unionsbürger), Bremische Bürgerschaft, Drs. 14/400 vom 12.8.1996. Näher zur Stadtstaaten-Problematik in Bremen bereits unter Punkt D III 2 b.

[1172] GBl. der Freien Hansestadt Bremen vom 16.10.1996, Nr. 46, S. 303, 319.

[1173] Mitteilung des Senats vom 7. Mai 1996, Bremische Bürgerschaft, Drs. 14/294, S. 14.

das passive Wahlrecht ausschließlich zur Stadtbürgerschaft (§ 4 WahlG). Die Stadtbürgerschaft setzt sich dementsprechend aus den im Wahlbereich Bremen von den Wahlberechtigten nach § 1 I und I a WahlG gewählten Mitgliedern zusammen (§ 5 III WahlG). § 19 I a WahlG legt fest, dass im Wahlvorschlag zur Bürgerschaft im Wahlbereich Bremen auch die zur Bremer Stadtbürgerschaft wählbaren Unionsbürger aufgestellt werden können. In den Mitglieder- und Vertreterversammlungen sind Unionsbürger jedoch nur wahlberechtigt, soweit der Wahlvorschlag allein die Stadtbürgerschaft betrifft. Damit können auf dem kombinierten Listenwahlvorschlag zur Bürgerschaft und Stadtbürgerschaft auch zur Stadtbürgerschaft wählbare Unionsbürger kandidieren, diese werden allerdings nur bei der Sitzverteilung der Stadtbürgerschaft berücksichtigt.[1174] Dementsprechend wurde in § 30 WahlG das Verfahren zur Feststellung des Wahlergebnisses und in § 36 a WahlG der Erwerb und Verlust der Mitgliedschaft in der Stadtbürgerschaft neu geregelt.

§ 25 II des **„Gesetzes über das Verfahren beim Volksentscheid"**[1175] vom 27.2.1996 gewährt Unionsbürgern zudem die Eintragungs- und Stimmberechtigung für **Volksbegehren und Volksentscheide**, die auf der Ebene der Stadtgemeinde Bremen stattfinden.

In ein **kommunales Exekutivamt** sind Unionsbürger in der Stadtgemeinde Bremen schon deshalb nicht wählbar, weil es dort keine eigenständige Stadtregierung gibt. Die Landesregierung, d.h. der Senat, fungiert auch als kommunales Exekutivorgan für die Stadtgemeinde Bremen. Da der Senat allein durch die Bürgerschaft gewählt wird, sind EG-Ausländer bei der Senatswahl weder aktiv noch passiv wahlberechtigt.

Weitere Änderungen des Wahlgesetzes beziehen sich auf die **Wahl der Stadtverordnetenversammlung der Stadt Bremerhaven**. Auf die Wahl der Stadtverordnetenversammlung der Stadt Bremerhaven finden die Vorschriften über die Wahl der Bürgerschaft entsprechende Anwendung, mit Ausnahme der Be-

---

[1174] Mitteilung des Senats vom 7. Mai 1996, Bremische Bürgerschaft, Drs. 14/294, S. 15.
[1175] GBl. der Freien Hansestadt Bremen, S. 41.

stimmungen, die speziell auf die Sondersituation der Bürgerschaftswahl im Wahlbereich Bremen zugeschnitten sind (vgl. § 42 I, III WahlG). § 43 WahlG räumt Unionsbürgern unter den gleichen Wahlrechtsvoraussetzungen wie Deutschen das aktive und passive Wahlrecht zur Stadtverordnetenversammlung der Stadt Bremerhaven ein. § 60 II Nr. 4 WahlG stellt das Wahlrecht der Unionsbürger zur Stadtverordnetenversammlung in Bremerhaven auch für den Fall sicher, dass die Wahlperioden von Bürgerschaft und Stadtverordnetenversammlung auseinander fallen.[1176] Nach der Verfassung für die Stadt Bremerhaven (StVerf) wird allen wahlberechtigten Einwohnern der **Bürgerstatus** zuerkannt (§ 4 II StVerf), der wiederum mit weiteren Rechten verbunden ist. Damit dürfen Unionsbürger in Bremerhaven automatisch auch an Bürgerbegehren und **Bürgerentscheid** teilnehmen (§ 15 b StVerf) und können in den **Magistrat** gewählt werden (§ 40 I StVerf).[1177]

Auf quasi untergemeindlicher Ebene gibt es in der Stadtgemeinde Bremen Verwaltungsbezirke ohne Selbstverwaltungsrechte, die örtliche Angelegenheiten wahrnehmen.[1178] In diesen Stadt- und Ortsteilen werden Beiräte durch direkte Wahl gewählt, während die Leiter der Ortsämter vom Senat berufen werden (§§ 1, 2, 36 I, II Ortsgesetz über Beiräte und Ortsämter). Für die **Wahl der Beiräte im Gebiet der Stadt Bremen** sind die Vorschriften zur Bürgerschaftswahl mit Ausnahme der in der Stadtgemeinde Bremen geltenden Sonderbestimmungen anzuwenden (vgl. § 48 I, III WahlG). § 49 WahlG verweist für die Wahlberechtigung und das Wahlrecht auf die Vorschriften des Ortsgesetzes über Beiräte und Ortsämter im Gebiet der Stadtgemeinde Bremen. Denn bereits das **„Ortsgesetz zur Änderung des Ortsgesetzes über Beiräte und Ortsämter“**[1179] vom 18.6.1996 räumte EG-Ausländern das Wahlrecht zu den Beiratsmitgliedern ein (§ 3 II des Ortsgesetzes über Beiräte und Ortsämter). In § 52 WahlG wird die Unvereinbarkeitsregel ausgeweitet. Konnten bisher schon Mitglieder des Beirats

---

[1176] Vgl. Mitteilung des Senats vom 7. Mai 1996, Bremische Bürgerschaft, Drs. 14/294, S. 15.
[1177] Mitteilung des Senats vom 7. Mai 1996, Bremische Bürgerschaft, Drs. 14/294, S. 13.
[1178] *Schmidt-Eichstaedt/Stade/Borchmann* zu Bremen (mit statistischen Angaben), Die Gemeindeordnungen und Kreisordnungen in der Bundesrepublik Deutschland, S. 2.
[1179] GBl. der Freien Hansestadt Bremen vom 2.7.1996, Nr. 27, S. 132.

nicht Mitglieder der Bürgerschaft sein, so dürfen Beiratsmitglieder nun auch nicht mehr der Stadtbürgerschaft angehören.

Von den einschränkenden Optionen der Richtlinie macht das Land Bremen keinen Gebrauch. Insbesondere die Möglichkeit zur Kumulation von **Wahlausschlussgründen** (Art. 5 I, II RL) wird wegen mangelnder praktischer Relevanz nicht aufgegriffen. Unionsbürger werden wie Deutsche von Amts wegen in das **Wählerverzeichnis** eingetragen (§ 15 I WahlG i.V.m. § 12 Wahlordnung), so dass sich eine Gesetzesänderung diesbezüglich erübrigte. Die nach Art. 11 RL vorgeschriebene **Unterrichtung** der Unionsbürger über ihr Wahlrecht regeln die §§ 13 und 26 Wahlordnung.[1180]

3. Hamburg

a) Die Organisationsstruktur Hamburgs

Die Umsetzung der Richtlinie in Hamburg zeigt gewisse Parallelen zu derjenigen in Berlin, da beide Länder eine ähnliche Organisationsstruktur haben. Auch Hamburg ist ein **Stadtstaat**, was in der Verfassung in dem Satz *„In der Freien und Hansestadt Hamburg werden staatliche und gemeindliche Tätigkeit nicht getrennt."* (Art. 4 I HambV) seinen Ausdruck findet. Organe sind die Bürgerschaft als Landesparlament (Art. 6 I HambV) und der Senat als Landesregierung, der sich aus dem Ersten Bürgermeister (Präsident des Senats) und den Senatoren zusammensetzt (Art. 33 I, II HambV). Nach Art. 1 HambV ist Hamburg ein Land der Bundesrepublik Deutschland. Umstritten ist aber, ob Hamburg gleichzeitig auch eine Gemeinde i.S.v. Art. 28 GG ist und damit einen zweigliedrigen Verwaltungsaufbau besitzt.[1181] Jedenfalls nimmt der Stadtstaat sowohl kommunale als auch Landesaufgaben wahr. So hat das Bundesverfassungsgericht festgestellt, dass die Hamburger Bürgerschaft sowohl die Aufgaben eines Landtags als auch die einer kommunalen Volksvertretung erfüllt.[1182]

[1180] Mitteilung des Senats vom 7. Mai 1996, Bremische Bürgerschaft, Drs. 14/294, S. 13 f.
[1181] Vgl. *Sieveking*, DÖV 1993, S. 452; *Gern*, Deutsches Kommunalrecht, S. 104; *Thieme*, Verfassung der Freien und Hansestadt Hamburg, S. 27 ff.
[1182] BVerfGE 83, 60 (76).

Die Verfassung sieht vor, dass durch Gesetz für Teilgebiete Verwaltungseinheiten gebildet werden können, denen die selbständige Erledigung übertragener Aufgaben obliegt (Art. 4 II HambV). Nach dem Bezirksverwaltungsgesetz ist Hamburg in sieben **Bezirke** eingeteilt, für die jeweils ein Bezirksamt eingerichtet wird (§§ 2 I, 3 I BezVG). Die Bezirksämter führen selbständig diejenigen Aufgaben der Verwaltung durch, die nicht wegen ihrer übergeordneten Bedeutung oder ihrer Eigenart einer einheitlichen Durchführung bedürfen (§ 3 II 1 BezVG). Weiteres Organ des Bezirks ist die Bezirksversammlung, die aus 41 ehrenamtlichen Bezirksabgeordneten besteht, und die von der Bevölkerung der Bezirke auf vier Jahre gewählt wird (§§ 9, 10 I, 32 I 1 BezVG). Insbesondere durch die Bezirksversammlung wirkt die Bevölkerung an den Angelegenheiten des Bezirks und den Aufgaben des Bezirksamtes mit (§ 8 BezVG). In Bezirksangelegenheiten haben die Beschlüsse der Bezirksversammlung grundsätzlich bindende Wirkung, in Landesangelegenheiten dagegen hat die Bezirksversammlung nur eingeschränkte Rechte, etwa zu Stellungnahmen und Empfehlungen (§§ 12 I, 14 I, III BezVG). Die Bezirksversammlung wählt ihren Vorsitzenden und dessen Stellvertreter aus ihrer Mitte (§ 18 I BezVG). Ebenso wählt sie mit der Mehrheit ihrer gesetzlichen Mitgliederzahl für sechs Jahre den Bezirksamtsleiter, der auf ihren Vorschlag vom Senat bestellt bzw. abberufen wird (§ 35 I, II BezVG).

Bei den Hamburger Bezirken handelt es sich nach Auffassung des Bundesverfassungsgerichts nicht um kommunale Gebietskörperschaften i.S.v. Art. 28 I 2 GG und Art. 28 II GG. Demnach sind Hamburger Bezirke weder Gebietskörperschaften noch sonst mit Kommunen vergleichbar. Denn es fehlen ihnen die Rechtsfähigkeit und die Allzuständigkeit, die die gemeindliche Selbstverwaltung prägen. Art. 28 I 2 GG ist somit weder unmittelbar noch analog anwendbar.[1183] Nachdem in Hamburg staatliche und gemeindliche Tätigkeit zusammenfallen und auch die Bezirke nicht als kommunale Gebietskörperschaften eingeordnet werden können, gibt es folglich in Hamburg weder eigenständige Gemeindeorgane noch eine eigenständige Kommunalwahl.[1184]

[1183] BVerfGE 83, 60 (76).

[1184] *Scholz*, in: *Maunz/Dürig*, Grundgesetz-Kommentar, Art. 28 Rn. 41 g.

b) Die Umsetzung der Richtlinie

Bereits 1989 hatte Hamburg einen Anlauf zur Einführung eines Ausländerwahlrechts unternommen,[1185] das damalige Gesetz war aber vom Bundesverfassungsgericht für verfassungswidrig erklärt worden.[1186] Die zwischenzeitliche Grundgesetzänderung schuf die Voraussetzung dafür, dass das Land schließlich am 5.12.1995 das **„Gesetz zur Einführung des Wahlrechts für Unionsbürger zu den Bezirksversammlungen"** erlassen konnte.[1187] In Hamburg blieb die Umsetzung der Richtlinie auf die Ebene der Bezirke beschränkt, weil die abschließende Aufzählung der *„lokalen Gebietskörperschaften der Grundstufe"* im Anhang der Richtlinie nur die Bezirke in der Freien und Hansestadt Hamburg erwähnt. Im Gesetzentwurf heißt es dazu, die Richtlinie gewähre nur das Wahlrecht der Unionsbürger zu den Bezirksversammlungen, da eine darüber hinausgehende Ausdehnung des Ausländerwahlrechts – etwa auf die Wahl zur Bürgerschaft – gegen das Grundgesetz verstoße. Denn die Bürgerschaft sei ihrer Natur nach ein staatliches Parlament, auch wenn sie sich unter anderem mit kommunalen Angelegenheiten befasse.[1188]

Im Einzelnen erfolgte die Umsetzung der Richtlinie durch ein – aus nur einem Artikel bestehenden – Gesetz zur Änderung des Gesetzes über die Wahl der Bezirksversammlungen (BezVersWahlG). Dieses räumt Unionsbürgern unter den gleichen Voraussetzungen wie deutschen Staatsangehörigen das aktive **Wahlrecht zu den Bezirksversammlungen** ein (§ 6 II, I Nr. 1-3 BezVersWahlG). Da § 10 I BezVersWahlG für die Wählbarkeit zu den Bezirksversammlungen auf den Kreis der wahlberechtigten Einwohner des Bezirks (und damit auf § 6

[1185] Gesetz zur Einführung des Wahlrechts für Ausländer zu den Bezirksversammlungen vom 20.2.1989, Hamburgisches GVBl. I S. 29.

[1186] BVerfGE 83, 60 ff.

[1187] Gesetz zur Umsetzung der Richtlinie 94/80/EG des Rates vom 19. Dezember 1994 über die Einzelheiten der Ausübung des aktiven und passiven Wahlrechts bei Kommunalwahlen für Unionsbürger mit Wohnsitz in einem Mitgliedstaat, dessen Staatsangehörigkeit sie nicht besitzen (Gesetz zur Einführung des Wahlrechts für Unionsbürger zu den Bezirksversammlungen) vom 5.12.1995, Hamburgisches GVBl. S. 353.

[1188] Mitteilung des Senats an die Bürgerschaft: Entwurf eines Gesetzes zur Einführung des Wahlrechts für Unionsbürger zu den Bezirksversammlungen, Bürgerschaft der Freien und Hansestadt Hamburg, Drs. 15/4207 vom 31.10.1995, S. 2 f.

BezVersWahlG) verweist, steht Unionsbürgern nun auch das passive Wahlrecht zu den Bezirksversammlungen zu.

Zum Leiter eines Exekutivorgans können Unionsbürger jedoch nicht gewählt werden, da die Wahl des **Bezirksamtsleiters** als indirekte Wahl nicht in den Anwendungsbereich der Richtlinie fällt (Art. 2 I lit. b RL) und Bezirksamtsleiter zudem durch den Senat bestellt werden müssen.[1189] Einen gewissen Ausgleich bietet allerdings, dass Hamburg von keiner der rechtsbeschränkenden Optionen der Richtlinie Gebrauch gemacht hat. Insbesondere erfolgt **keine Kumulation von Wahlausschlussgründen**, um angesichts der geringen praktischen Bedeutung dieser Fallgruppe unnötigen Verwaltungsaufwand zu vermeiden. Zudem werden Unionsbürger von Amts wegen in das **Wählerverzeichnis** eingetragen.[1190] Seit in den Bezirken Bürgerbegehren und **Bürgerentscheid** eingeführt worden sind, stehen diese Formen der unmittelbaren Bürgerbeteiligung auch EG-Ausländern offen. Denn nach § 8 a IX BezVG sind alle zur Bezirksversammlung wahlberechtigten Personen beim Bürgerentscheid stimmberechtigt.[1191]

Technische Regelungen für die Durchführung der Wahl enthalten die §§ 20, 21 I und 22 S. 2 BezVersWahlG. In Hamburg findet die Bezirksversammlungswahl am Tag der Bürgerschaftswahl statt (§ 1 BezVersWahlG). Beide Wahlen wurden bisher organisatorisch zusammengefasst, und die neuen Vorschriften wollen dies weitgehend beibehalten. So sollen die für die Bürgerschaftswahl für jeden Wahlbezirk aufgestellten Wählerverzeichnisse gleichzeitig als Wählerverzeichnisse für die Bezirksversammlungswahl verwendet werden können, indem die Unionsbürger mit einem speziellen Hinweis von vornherein mit aufgenommen werden (§ 21 I BezVersWahlG). Unionsbürger erhalten einen Wahlschein, der nur zur Stimmabgabe bei der Bezirksversammlungswahl berechtigt (§ 22 S. 2 BezVersWahlG). § 20

1189 Vgl. Gesetzentwurf des Senats zur Einführung des Wahlrechts für Unionsbürger zu den Bezirksversammlungen, LT-Drs. 15/4207, S. 2.
1190 LT-Drs. 15/4207, S. 2 und 4.
1191 Vgl. Gesetz zur Einführung von Bürgerbegehren und Bürgerentscheid vom 6.10.1998, GVBl. S. 207.

BezVersWahlG wurde neu gefasst, um die Wahlorgane für die Bezirksversammlungswahl von denen für die Bürgerschaftswahl zu trennen und es Unionsbürgern dadurch zu ermöglichen, bei den Wahlen zu den Bezirksversammlungen im **Wahlvorstand** mitzuwirken. Demnach sind bei der Besetzung des Wahlvorstandes für die Bezirksversammlungswahl nicht nur die an der Wahl beteiligten Parteien, sondern auch die Wählervereinigungen zu berücksichtigen (§ 20 V 3 BezVersWahlG). Hintergrund ist, dass politische Vereinigungen mit mehrheitlich ausländischen Mitgliedern nicht den Status einer politischen Partei haben können (§ 2 III Nr. 1 ParteiG).[1192]

III. Zusammenfassung

Zunächst kann festgehalten werden, dass in Deutschland die Umsetzung der Richtlinie relativ **zügig** erfolgte. Bis auf das Land Bremen wurden in allen Bundesländern rechtzeitig vor Ablauf der Umsetzungsfrist Ende 1995 die Landesgesetze geändert. Heute gehört das Kommunalwahlrecht für Unionsbürger schon zur kommunalen Rechtspraxis, da in Deutschland inzwischen in allen Ländern Kommunalwahlen stattgefunden haben, bei denen auch EG-Ausländer gewählt haben.

Gemäß den Anforderungen der Richtlinie haben Unionsbürger in allen Flächenländern das aktive und passive Wahlrecht zum Gemeinderat und zum Kreistag erhalten. Da **Bürgermeister** nach den kommunalrechtlichen Reformen überall durch das Volk gewählt werden, musste ebenso das aktive Wahlrecht zum Amt des Bürgermeisters auf EG-Ausländer erstreckt werden, was auch durchweg geschehen ist. Genauso haben Unionsbürger das aktive Wahlrecht zum **Landrat** erhalten, soweit eine Direktwahl stattfindet. Bayern und Sachsen haben jedoch von der Ausschlussmöglichkeit nach Art. 5 III RL Gebrauch gemacht, so dass Unionsbürger dort bei der Volkswahl der Bürgermeister und Landräte zwar ein aktives, aber kein passives Wahlrecht haben. In allen anderen

1192 Mitteilung des Senats an die Bürgerschaft: Entwurf eines Gesetzes zur Einführung des Wahlrechts für Unionsbürger zu den Bezirksversammlungen, Bürgerschaft der Freien und Hansestadt Hamburg, Drs. 15/4207, S. 5.

Flächenländern sind EG-Ausländer zum Bürgermeister wählbar. Das Amt des Landrats bleibt allerdings außer in Bayern und Sachsen auch in Baden-Württemberg und Brandenburg, wo der Landrat vom Kreistag gewählt wird, Deutschen vorbehalten.

Alle Länder sind bei der Umsetzung der Richtlinie über die Einräumung des Wahlrechts an Unionsbürger hinausgegangen. Denn bei der Festlegung der neuen Rechtsstellung von EG-Ausländern haben sie sich am **Status des Kommunalbürgers** orientiert, mit dem gewöhnlich ein ganzes Bündel an Rechten und Pflichten verbunden ist. Die Vielfalt kommunaler Partizipationsmöglichkeiten hat sich in Deutschland erst in den 90er Jahren entfaltet, als infolge einer Reformwelle der Kommunalverfassungen die kommunalen Abstimmungen flächendeckende Verbreitung gefunden haben. Teilweise erfolgten die kommunalen Reformen erst nach der Umsetzung der Richtlinie durch die Länder oder traten erst danach in Kraft. Diesen neuen Entwicklungen im Kommunalverfassungsrecht konnte bei der Ausarbeitung der Richtlinie und der Grundgesetzänderung mit ihrem zeitlichen Vorlauf nicht mehr genügend Rechnung getragen werden. Daher klaffen die Fülle kommunaler Beteiligungsmöglichkeiten nach den Kommunalgesetzen und der nach dem Wortlaut auf Kommunalwahlen beschränkte Inhalt von Richtlinie und Verfassung heute auseinander. Die Länder haben Unionsbürgern dennoch auf der Grundlage der neuen Kommunalverfassungen und im Einklang mit dem europäischen Grundsatz der Inländergleichbehandlung im Wesentlichen die gleichen Rechte und Pflichten verliehen wie Deutschen. Insbesondere haben sie Unionsbürgern die Teilnahme an Bürgerbegehren und Bürgerentscheiden ermöglicht.

F. ERFAHRUNGEN MIT DEM KOMMUNALWAHLRECHT FÜR UNIONSBÜRGER IN DER PRAXIS

Im vorherigen Abschnitt wurde dargestellt, wie das innerstaatliche Recht in Deutschland an die Vorgaben der Kommunalwahlrichtlinie angepasst worden ist (Umsetzung im engen Sinn). Die Mitgliedstaaten mussten aber auch dafür sorgen, dass die von ihnen erlassenen Rechts- und Verwaltungsvorschriften zur Anwendung kommen und das Kommunalwahlrecht für Unionsbürger in der Praxis effektiv gewährleistet ist (Umsetzung im weiten Sinn). Die praktische Handhabung der Unionsbürgerrechte hat zudem politische Bedeutung, weil die Glaubwürdigkeit dieser Rechte und damit der EU insgesamt davon abhängt, dass die Rechte in der Praxis effektiv ausgeübt werden können.[1193]

Daher soll im Folgenden der Aspekt der praktischen Anwendung der Kommunalwahlrichtlinie näher untersucht werden. Da die Richtlinie den Mitgliedstaaten eine Frist bis zum 1.1.1996 gesetzt hat (Art. 14 RL), mussten in Deutschland lebende EG-Ausländer bei allen Kommunalwahlen, die seit diesem Stichtag stattfanden, die Möglichkeit haben, ihr Wahlrecht auch tatsächlich auszuüben.

I. Chronologischer Überblick

Zunächst soll in chronologischer Reihenfolge ein Überblick über die Kommunalwahlen gegeben werden, bei denen erstmals Unionsbürger teilgenommen haben.

Das Kommunalwahlrecht für Unionsbürger erlebte seine Premiere in Deutschland und in der gesamten Europäischen Gemeinschaft in **Berlin**,[1194] wo am **22. Oktober 1995** gleichzeitig mit den Wahlen zum Abgeordnetenhaus und der Volksabstimmung zur Verfassungsreform auch die Bezirkswahlen stattfanden. Obwohl zu diesem Zeitpunkt die Frist zur Umsetzung der Kommunalwahlricht-

[1193] Zweiter Bericht der Kommission über die Unionsbürgerschaft, KOM (97) 230, S. 6.
[1194] Zweiter Bericht der Kommission über die Unionsbürgerschaft, KOM (97) 230, S. 10.

linie noch nicht abgelaufen war, konnten bei den Wahlen zu den Bezirksverordnetenversammlungen bereits EG-Ausländer teilnehmen. Die wahlberechtigten EG-Ausländer stellten dabei in Berlin einen Anteil von knapp zwei Prozent aller 2,5 Millionen wahlberechtigten Bürger.[1195] Am 10.10.1999 beteiligten sich EG-Ausländer bereits zum zweiten Mal an den Wahlen in den Berliner Bezirken. Auch in allen anderen **EG-Mitgliedstaaten**, so beispielsweise im Jahr 1997 in Österreich (Burgenland, Kärnten, Oberösterreich), Italien, Dänemark, Portugal und im Vereinigten Königreich[1196] und im Jahr 1998 in Österreich (Tirol), den Niederlanden, Irland, Griechenland und Schweden,[1197] sowie in den anderen deutschen Bundesländern fanden inzwischen allgemeine Kommunalwahlen statt, bei denen EG-Ausländer ihr Wahlrecht ausgeübt haben.

Auf die Wahlen in Berlin folgten am **10. März 1996** die allgemeinen Kommunalwahlen in **Bayern**, bei denen landesweit knapp 8,7 Millionen Menschen aufgerufen waren, für die kommenden sechs Jahre ihre Gemeinderäte und Kreistage zu wählen. In rund 1.900 Gemeinden fand zusätzlich noch eine Bürgermeisterwahl statt, in 61 von 71 Kreisen auch die Wahl des Landrats. Bei den Kommunalwahlen am **15. September 1996** in **Niedersachsen** wurde gleichzeitig mit der Einführung des Ausländerwahlrechts das Wahlalter auf 16 Jahre gesenkt, so dass neben den nichtdeutschen Unionsbürgern erstmals in der Geschichte der Bundesrepublik auch Minderjährige an Kommunalwahlen teilnahmen. Nach Berechnungen des Niedersächsischen Innenministeriums lebten zum damaligen Zeitpunkt etwa 106.000 Ausländer aus Mitgliedstaaten der Europäischen Union in Niedersachsen. Davon waren circa 94.200 über 16 Jahre alt und damit bei den Kommunalwahlen wahlberechtigt.[1198]

[1195] *Laubach*, Bürgerrechte, S. 83.

[1196] Fünfzehnter Jahresbericht der Kommission über die Kontrolle der Anwendung des Gemeinschaftsrechts (1997), ABl. EG Nr. C 250/24 vom 10.8.1998.

[1197] Sechzehnter Bericht über die Kontrolle der Anwendung des Gemeinschaftsrechts (1998), KOM (1999) 301, S. 15. Zu den Wahlterminen in den Mitgliedstaaten vgl. Bericht der Kommission über die Anwendung der Richtlinie 94/80/EG, KOM (2002) 260 endg., S. 12.

[1198] Vgl. DNG (Die Niedersächsische Gemeinde) 1996, S. 41; Gesetzentwurf der Landesregierung, Niedersächsischer Landtag, Drs. 13/1240, S. 5.

Bei den landesweiten Kommunalwahlen am **2. März 1997** in **Hessen** waren unter den 4,5 Millionen wahlberechtigten Bürgern rund 180.000 Ausländer.[1199] Nach Analysen der Arbeitsgemeinschaft der Ausländerbeiräte Hessen (AGAH) stellten die ausländischen Unionsbürger einen Anteil von 4 Prozent aller Wahlberechtigten, wobei unter den Ausländern wiederum die Italiener (ca. 33 %), Griechen (17 %) und Spanier (14 %) die zahlenmäßig stärksten Gruppen bildeten.[1200] Am **21. September 1997** fanden in **Hamburg** die Bürgerschaftswahl und die Wahlen zu den Bezirksversammlungen statt, wobei ansässige EG-Ausländer nur bei den Wahlen in den Bezirken mitwirken konnten.

In **Schleswig-Holstein** wurden am **22. März 1998** in 1.096 Gemeinden, vier kreisfreien Städten und elf Landkreisen die Kommunalparlamente gewählt. Unter den 2,2 Millionen Wahlberechtigten waren erstmals 30.000 EU-Bürger und 56.000 Jugendliche von 16 bis 18 Jahren. Im Vergleich zur Kommunalwahl 1994 stieg damit die Anzahl der Wahlberechtigten um circa fünf Prozent.[1201] In **Brandenburg** fanden die ersten allgemeinen Kommunalwahlen unter Beteiligung von Unionsbürgern am **27. September 1998** statt.

Im Land **Bremen** gab es zwei verschiedene Wahltermine. Während in der **Stadtgemeinde Bremen** wohnende EG-Ausländer bereits am **6. Juni 1999** an der Wahl der Stadtbürgerschaft teilnehmen konnten, wirkten in der **Stadtgemeinde Bremerhaven** ansässige EG-Ausländer erst am **26. September 1999** an der Wahl der Stadtverordnetenversammlung mit.

In sechs Bundesländern, nämlich in **Rheinland-Pfalz**, im **Saarland**, in **Mecklenburg-Vorpommern, Sachsen, Sachsen-Anhalt** und **Thüringen** wurden die allgemeinen Kommunalwahlen mit der Europawahl zusammengelegt, so dass die EG-Ausländer am **13. Juni 1999** sowohl ihr kommunales Wahlrecht als auch ihr Wahlrecht zum Europaparlament ausüben konnten. In **Rheinland-Pfalz** betraf die Einführung des kommunalen Unionsbürgerwahlrechts rund 60.000

[1199] Frankfurter Rundschau vom 3.3.1997, S. 1.

[1200] *Okenwa-Elem*, in: *Evangelische Akademie Bad Boll (Hrsg.)*, Kommunales Wahlrecht, S. 13 ff.

[1201] Mitteilungen des Schleswig-Holsteinischen Landkreistages 2/1998, S. 2 f.

nichtdeutsche Unionsbürger. Im Landesdurchschnitt erhöhte sich damit die Anzahl der Wahlberechtigten bei Kommunalwahlen um ca. 2 %.[1202] Im **Saarland** erlangten ca. 25.000 Unionsbürger durch die Umsetzung der Richtlinie das kommunale Wahlrecht.[1203] Dabei gab es ein Stadt-Land-Gefälle, d.h. die meisten Unionsbürger lebten in den Städten Saarbrücken (ca. 10.000 wahlberechtigte Unionsbürger) und Saarlouis. Die am stärksten vertretenen Nationalitäten waren damals nach Angaben im Landtag die Italiener (rund 15.000 Personen), die Franzosen und die Österreicher.[1204] In **Sachsen** war dagegen nur von 6.350 EU-Bürgern im Lande die Rede,[1205] und die Anzahl der wahlberechtigten Unionsbürger in **Sachsen-Anhalt** wurde vom Statistischen Landesamt sogar auf weniger als 1.000 Personen geschätzt.[1206]

In **Nordrhein-Westfalen** fanden am **12. September 1999** die ersten allgemeinen Kommunalwahlen unter Beteiligung von EG-Ausländern statt, wobei die Anzahl der wahlberechtigten EG-Ausländer vorab auf ca. 400.000 geschätzt wurde.[1207] Bei den Wahlen zu den kommunalen Vertretungskörperschaften in **Baden-Württemberg** am **24. Oktober 1999** waren unter den insgesamt 7,3 Millionen Wahlberechtigten in 1.100 Gemeinden und 35 Landkreisen mehr als 300.000 wahlberechtigte EG-Ausländer.[1208] Bereits vorher nahmen EG-Ausländer bei einigen Bürgermeisterwahlen im Land teil, etwa an der Wahl des Oberbürgermeisters von **Stuttgart** im Herbst 1996. Dabei stellten die EG-Ausländer neun Prozent aller Wahlberechtigten.[1209]

Insgesamt haben in Deutschland über **1,5 Millionen EG-Ausländer** das Wahlrecht bei Kommunalwahlen erhalten.[1210] Die Anzahl der wahlberechtigten EG-

---

1202 Gesetzentwurf der Landesregierung, Landtag Rheinland-Pfalz, Drs. 12/7293, S. 2 und 14.
1203 Gesetzentwurf der Regierung des Saarlandes, Landtag des Saarlandes, Drs. 11/397, S. 1.
1204 Abgeordneter Portz (SPD) bei der Ersten Lesung des Gesetzentwurfs am 6.9.1995, Landtag des Saarlandes, Pl. 11/12, S. 537.
1205 Abgeordnete Weihnert (SPD) am 14.12.1995 im Sächsischen Landtag, PlPr 2/25, S. 1829.
1206 *Klang*, DNV 1996, S. 25.
1207 *Schütz*, das rathaus 1996, S. 154.
1208 *Bock*, BWGZ 1999, S. 646 f.
1209 *Schwarz*, Kommunalpraxis BW 1997, S. 138.
1210 Bericht der Kommission über die Anwendung der Richtlinie 94/80/EG, KOM (2002), 260 endg., S. 11; *von Wersebe (Hrsg.)*, Das neue Wahlrecht für EU-Bürger, S. 8.

Ausländer und ihr Anteil an der Wahlbevölkerung unterscheiden sich stark von Bundesland zu Bundesland. Allgemein ergibt sich ein deutliches West-Ost-Gefälle zwischen den alten und den neuen Bundesländern. Innerhalb der Länder lässt sich wiederum ein Stadt-Land-Gefälle ausmachen.

II. Wählerinformation und Wahlwerbung

Die Information der EG-Ausländer über die Kommunalwahlen und das Kommunalwahlrecht spielt eine Schlüsselrolle, weil erst die notwendige Information sie in die Lage versetzt, ihr Wahlrecht auch tatsächlich auszuüben. Dementsprechend hat die EG-Kommission in ihrem Zweiten Bericht zur Unionsbürgerschaft das Recht der Unionsbürger, von ihren Unionsbürgerrechten Kenntnis zu erlangen, besonders hervorgehoben.[1211]

1. Bestandsaufnahme

Bei der Information der wahlberechtigten EG-Ausländer ist zu berücksichtigen, dass sie eine besondere Gruppe von **Neuwählern** darstellen. Noch nie zuvor haben sie in Deutschland an einer politischen Wahl teilnehmen dürfen, außer vielleicht an einer Ausländerbeiratswahl. Manche haben sich früher bereits an Wahlen in ihrem Heimatland oder an Europawahlen beteiligt. Für einige, die schon seit ihrer Geburt als Ausländer in Deutschland leben, ist die Kommunalwahl in Deutschland sogar die erste Wahl in ihrem Leben überhaupt, bei der sie wahlberechtigt sind. Der Urnengang in Deutschland ist für sie keine Selbstverständlichkeit, weshalb anfangs aufgrund von Unsicherheiten gewisse Schwellenängste bestehen dürften, die erst durch gezielte Aufklärung abgebaut werden müssen. EG-Ausländer sind in das politische Geschehen in Deutschland bisher kaum eingebunden. Sie wissen im Durchschnitt über die deutsche Gesellschaft und die deutsche Lebenswirklichkeit auch wesentlich weniger als Deutsche, z.B. weil viele Unionsbürger keine deutsche Zeitung lesen und vor allem Kontakt mit

---

[1211] Zweiter Bericht der Kommission über die Unionsbürgerschaft, KOM (97) 230, S. 4 und 20. Speziell zur Infomation über das Kommunalwahlrecht für Unionsbürger vgl. Bericht der Kommission über die Anwendung der Richtlinie 94/80/EG, KOM (2002) 260 endg., S. 16 ff.

Landsleuten haben.[1212] Daher brauchen sie oft noch eine Fülle von Informationen, um ihr Wahlrecht verantwortungsbewusst wahrnehmen zu können: Kenntnisse über die Voraussetzungen des Wahlrechts und über das deutsche Wahlverfahren, über das teilweise komplizierte Kommunalwahlsystem, über die zu wählenden kommunalen Organe und deren Kompetenzen, über das politische System der Bundesrepublik im allgemeinen und die Kommunalpolitik im besonderen.[1213] Für diese Fragen haben sich viele Ausländer in der Vergangenheit auch gerade deshalb weniger interessiert, weil sie wussten, dass sie von der Mitwirkung ohnehin ausgeschlossen waren.

Wegen der immensen Bedeutung einer gezielten Informations- und Öffentlichkeitsarbeit soll hier kurz anhand einiger Beispiele beleuchtet werden, auf welche Weise im Vorfeld von Kommunalwahlen die Informationsvermittlung bisher versucht wurde und welchen Problemen sie begegnete.

Nach Art. 11 RL hat der Wohnsitzmitgliedstaat die Wahlberechtigten rechtzeitig und in geeigneter Form über die Bedingungen und Einzelheiten für die Ausübung des aktiven und passiven Wahlrechts zu unterrichten. Inzwischen werden Unionsbürger in allen Ländern von Amts wegen in die Wählerverzeichnisse eingetragen und erhalten automatisch Wahlbenachrichtigungen, die sich allerdings auf wenige Informationen zum technischen Ablauf der Wahl beschränken. Bei den Kommunalwahlen 1996 in Bayern und 1999 in Sachsen mussten Unionsbürger jedoch die Eintragung in das Wählerverzeichnis noch eigens beantragen und wurden darüber nur durch amtliche Bekanntmachung unterrichtet. Über das Minimum an gesetzlich geforderter Information hinaus blieb es der freiwilligen Initiative von Wahlleitern, Parteien, Verbänden etc. überlassen, weitere Informationsangebote bereitzustellen. Daher wurden die EG-Ausländer je nach Land, Wohnort und Wahltermin auf sehr unterschiedliche Weise und in sehr unterschiedlichem Umfang informiert.

[1212] *Kohlmannslehner*, in: *Evangelische Akademie Bad Boll (Hrsg.)*, Kommunales Wahlrecht, S. 8, schwedische Gemeindevertreterin und langjähriges Mitglied des Ausländerbeirats einer hessischen Gemeinde.

[1213] So die Geschäftsführerin der Arbeitsgemeinschaft der Ausländerbeiräte Hessen (AGAH), *Okenwa-Elem*, in: *Evangelische Akademie Bad Boll (Hrsg.)*, Kommunales Wahlrecht, S. 17 f.

Damit die Kommunikation über schwierige Sachverhalte wie etwa die Modalitäten der Wahl nicht bereits durch zu geringe Deutschkenntnisse einiger EG-Ausländer behindert wurde, wurden vielfach die Informationen in alle Amtssprachen der EG übersetzt. Auch wollte man den Unionsbürgern durch Informationen in ihrer Muttersprache entgegenkommen und die Kontaktaufnahme auf diese Weise persönlicher gestalten. So veröffentlichte der Landeswahlleiter anlässlich der Wahl der Bezirksverordnetenversammlung in **Berlin** im Oktober 1995 in allen Sprachen der Europäischen Union ein „Merkblatt für Unionsbürgerinnen und Unionsbürger" mit technischen Informationen zur Wahl, das allen wahlberechtigten EG-Ausländern im Juli 1995 zugeschickt wurde. Weitere Informationen und einen Aufruf zur Teilnahme an der Wahl enthielten mehrsprachige Informationsblätter und Großplakate der Ausländerbeauftragten von Berlin, und die Landeszentrale für politische Bildungsarbeit verteilte eine Broschüre zu den Wahlen und den politischen Institutionen in Berlin. Allerdings konnte die Öffentlichkeitsarbeit in Berlin erst relativ kurz vor der Wahl ansetzen, da die Zeitspanne zwischen gesetzlicher Einführung des Unionsbürgerwahlrechts im Berliner Landesrecht im Juni/Juli 1995 und dem Wahltermin Ende Oktober 1995 sehr knapp war.[1214]

Auch in **Bayern** haben viele Gemeinden, insbesondere die größeren, die wahlberechtigten Unionsbürger auf freiwilliger Basis individuell angeschrieben. Dabei wichen die Anschreiben in Form, Sprache, Aufmachung und Inhalt nicht selten erheblich voneinander ab. Manche Gemeinden verschickten deutschsprachige Faltblätter, andere mehrsprachige Broschüren. Auch Antragsformulare wurden versandt, teilweise sogar mit freigemachten Rückkuverts. Allerdings haben manche Gemeinden sich auch auf die amtliche Bekanntmachung beschränkt.[1215]

In **Hessen** erfolgte die Mobilisierung der wahlberechtigten EG-Ausländer vor allem durch eine mehrsprachige Broschüre der Landesregierung und der Kom-

---

[1214] Vgl. *John,* Ausländerbeauftragte des Senats von Berlin, in: *Evangelische Akademie Bad Boll (Hrsg.),* Kommunales Wahlrecht, S. 31 f.

[1215] Antwort des Staatsministerium des Innern auf die Schriftliche Anfrage der Abgeordneten Rieger, Bayerischer Landtag, Drs. 13/4716.

munen, durch Aktionen der Parteien und Informationsveranstaltungen der Ausländerbeiräte in Hessen.[1216] Dennoch wussten viele Unionsbürger bei Befragungen im Vorfeld der hessischen Kommunalwahl gar nicht, dass sie wahlberechtigt sein würden.[1217]

2. Hintergründe

Bei den Maßnahmen der Informations- und Öffentlichkeitsarbeit stellte man fest, dass es nicht einfach war, die EG-Ausländer überhaupt zu erreichen. Andere Lebens- und Informationsgewohnheiten von Unionsbürgern, die z.B. muttersprachliche Zeitungen lesen und Satellitenfernsehen empfangen, führten dazu, dass eine Informationsvermittlung auf konventionellem Weg nicht ausreichte. Erfolgversprechender war es daher, den Kontakt auf andere Weise zu suchen, etwa über Vereine, den Ausländerbeirat, ausländische Schwesterparteien und die ausländische Presse. Jedenfalls erwies sich die Wählerinformation und Wahlwerbung bei Unionsbürgern als recht mühsam und zeitaufwendig, insbesondere dann, wenn die Kontakte zu einer bisher von der Politik weniger beachteten Bevölkerungsgruppe neu aufgebaut werden mussten.[1218]

Zusätzlich standen die politischen Parteien bei der Wahlwerbung vor einem Interessenkonflikt: Einerseits wollten sie sich um die Neuwähler bemühen, andererseits befürchteten sie, die bisherige – also deutsche – Wählerschaft, die ja das Gros der Wahlberechtigten ausmacht, durch ein besonderes Eingehen auf die Belange der Ausländer zu vergraulen. Mit Rücksicht auf die deutschen Wähler wurde daher in der Regel darauf verzichtet, spezielle Wahlversprechungen für die Ausländer zu machen und in besonderer Weise auf deren Anliegen einzugehen.[1219] Hintergrund war die Sorge, viele Deutsche könnten dem kommunalen Ausländerwahlrecht noch skeptisch gegenüberstehen. Denn das Kommunal-

---

[1216] *Okenwa-Elem*, in: *Evangelische Akademie Bad Boll (Hrsg.)*, Kommunales Wahlrecht, S. 15 f.

[1217] Vgl. FAZ (Rhein-Main-Zeitung) vom 24.2.1997, S. 41, zu einer Befragung des IPOS-Instituts vor der Kommunalwahl in Hessen. Vgl. auch *Hasselbach*, ZG 1997, S. 54.

[1218] Vgl. *Okenwa-Elem*, in: *Evangelische Akademie Bad Boll (Hrsg.)*, Kommunales Wahlrecht, S. 18 f.

[1219] *Okenwa-Elem*, in: *Evangelische Akademie Bad Boll (Hrsg.)*, Kommunales Wahlrecht, S. 13 und 16.

wahlrecht für Unionsbürger wurde in Deutschland ja aufgrund europarechtlicher Verpflichtungen und nicht als Ergebnis eines politischen Meinungsstreites eingeführt, und es war in der Öffentlichkeit nur wenig Überzeugungsarbeit geleistet worden.

III. Wahlbeteiligung

Bei den Wahlen seit der Einführung des Kommunalwahlrechts für EG-Ausländer wurde bundesweit bisher vor allem eine Erfahrung gemacht, die sich wie ein roter Faden durch alle Wahlanalysen zieht: Die **auffallend niedrige (aktive) Wahlbeteiligung** der EG-Ausländer, die immer weit unterhalb der Wahlbeteiligung der Wahlberechtigten mit deutscher Staatsangehörigkeit lag. Zwar lässt sich allgemein feststellen, dass in Deutschland die Wahlbeteiligung bei den Wahlen auf sämtlichen Ebenen abgenommen hat. Davon ist auch die kommunale Ebene betroffen, auf der die Wahlbeteiligung ohnehin niedriger ist als etwa auf Bundesebene.[1220] Gerade die neue Wählergruppe der EG-Ausländer hat von ihrem Wahlrecht aber besonders selten Gebrauch gemacht und damit den allgemeinen Trend zur sinkenden Wahlbeteiligungsquote noch verstärkt.

Dabei gibt es auch gewisse Parallelen zum Europawahlrecht im Aufenthaltsstaat nach Art. 19 II EGV. Bei den **Europawahlen**, die 1994 in den zwölf alten EG-Mitgliedstaaten und 1995 und 1996 in den drei Beitrittsländern stattgefunden haben, war die durchschnittliche Wahlbeteiligung der EG-Ausländer im Wohnsitzstaat mit 11,81 % ebenfalls relativ schwach. Dabei war die Wahlbeteiligung der ausländischen Unionsbürger in den Mitgliedstaaten am höchsten, in denen bereits vorher ein Ausländerwahlrecht existierte. So betrug die Wahlbeteiligung der EG-Ausländer in Irland 74 %, in Deutschland dagegen nur 4,1 %.[1221] Allerdings sind die Europawahlen mit den Kommunalwahlen nur eingeschränkt vergleichbar. Denn bei den Europawahlen kann der Bürger nur entweder im Heimatstaat oder im Aufenthaltsstaat wählen. Da nach nationalen Listen gewählt

---

[1220] So *Schwarz*, Kommunalpraxis BW 1997, S. 138.
[1221] *Oliver*, CML Rev. 1996, S. 488.

wird, ziehen viele Unionsbürger es vor, für Parteien oder Kandidaten ihres Heimatlandes zu stimmen, und üben daher ihr Wahlrecht im Heimatstaat aus.[1222] Die Teilnahme an einer Kommunalwahl im Wohnsitzstaat schließt dagegen nicht von vornherein aus, dass EG-Ausländer sich auch im Herkunftsstaat an Kommunalwahlen beteiligen.

Die *exakte* Wahlbeteiligung der Unionsbürger bei den Kommunalwahlen kann oft nicht ermittelt werden, weil die Stimmen der EG-Ausländer in der Regel nicht gesondert ausgezählt werden. Repräsentative Umfragen und Schätzungen können nur einen Anhaltspunkt bieten. In einigen Fällen gab es jedoch gesonderte Auszählungen, die ein genaueres Bild liefern.

1. Bestandsaufnahme

Bei Erhebungen über die Wahlbeteiligung von Unionsbürgern bei Kommunalwahlen in Deutschland ist zunächst zu berücksichtigen, dass zuweilen aufgrund fehlerhafter Melderegister die Wahlbeteiligung der EG-Ausländer noch geringer angegeben wird, als sie in Wirklichkeit war, wodurch das Bild etwas verzerrt wird. Die **Melderegister**, anhand derer die Anzahl der wahlberechtigten Unionsbürger ermittelt wird, weisen oft eine zu hohe Ausländerzahl aus. Denn es sind vielfach noch Ausländer registriert, die ihren Wohnsitz gar nicht mehr in der Gemeinde haben, weil sie sich zwar in der Gemeinde bei ihrem Zuzug angemeldet, bei der Rückkehr ins Ausland aber nicht abgemeldet haben.[1223] Hier stellt sich für die Gemeinden die Aufgabe, die Wählerverzeichnisse zu bereinigen.

Bei den Wahlen zu den Bezirksverordnetenversammlungen in **Berlin** am 22.10.1995 beispielsweise wurden erst anhand des Berliner Melderegisters 52.835 wahlberechtigte Unionsbürger ermittelt, die alle in ein gesondertes Wählerverzeichnis eingetragen wurden. Von den verschickten Wahlbenachrich-

---

[1222] Vgl. Zweiter Bericht der Kommission über die Unionsbürgerschaft, KOM (97) 230, S. 10. Zu den Gründen für die niedrige Wahlbeteiligung bei der Europawahl vgl. auch VG Stuttgart, NVwZ 2000, S. 347 f.

[1223] *Schwarz*, Leiter des Amtes Wahlen im Statistischen Amt der Stadt Stuttgart, in: *Evangelische Akademie Bad Boll (Hrsg.)*, Kommunales Wahlrecht, S. 29; ähnlich *Magen*, in: *Pfennig/ Neumann (Hrsg.)*, Verfassung von Berlin, Art. 70 Rn. 6.

tigungskarten kamen jedoch 13 % als unzustellbar zurück. So ergab sich, dass das Melderegister teilweise unrichtig war und die Zahl der tatsächlich (noch) in Berlin wohnenden wahlberechtigten Unionsbürger deutlich nach unten zu korrigieren war. Aufgrund des gesonderten Wählerverzeichnisses ließ sich die Wahlbeteiligung der EG-Ausländer genau feststellen: Es hatten insgesamt 12.430 Unionsbürger gewählt, also **27 Prozent** der anhand der unzustellbaren Wahlbenachrichtigungskarten korrigierten Zahl von 45.957 wahlberechtigten EG-Ausländern.[1224] Bei den zweiten Wahlen am 10.10.1999 gingen von den etwa 60.522 registrierten EG-Ausländern nur noch 17,9 % zur Wahl.[1225]

Die Wahlbeteiligung der ausländischen Unionsbürger in **Bayern** wird statistisch nicht gesondert erfasst, weil das Wählerverzeichnis keine Angaben über die Staatsangehörigkeit der Wahlberechtigten enthält. Hier sind höchstens Rückschlüsse aus der Antragsquote möglich. In der Regel werden diejenigen EG-Ausländer, die auf ihren Antrag hin in das Wählerverzeichnis eingetragen worden sind, ihr Wahlrecht auch ausüben, so dass die Wahlbeteiligung wahrscheinlich knapp unterhalb der Antragsquote liegt. Für einzelne Gemeinden ist die Antragsquote der Unionsbürger bekannt. So haben in Nürnberg 26 % und in München 22 % der wahlberechtigten Unionsbürger ihre Eintragung in das Wählerverzeichnis beantragt.[1226] Insgesamt bezifferte die EG-Kommission die Wahlbeteiligung der ausländischen Unionsbürger in Bayern auf **21 bis 25 Prozent.**[1227]

In **Baden-Württemberg** wurde die Wahlbeteiligung der EG-Ausländer erstmals genauer unter die Lupe genommen, als im Herbst 1996 in der Landeshauptstadt **Stuttgart** der Oberbürgermeister neu gewählt wurde. Anhand einer repräsentativen Auszählung von 33 ausgesuchten Wahlbezirken und damit etwa acht Prozent der Wahlberechtigten untersuchte das Statistische Amt der Stadt Stuttgart die Wahlbeteiligung je nach Staatsangehörigkeit der Wahlberechtigten. Wäh-

[1224] *John*, in: *Evangelische Akademie Bad Boll (Hrsg.)*, Kommunales Wahlrecht, S. 31 ff.
[1225] *Magen*, in: *Pfennig/Neumann (Hrsg.)*, Verfassung von Berlin, Art. 70 Rn. 6.
[1226] Schriftliche Anfrage der Abgeordneten Rieger und Antwort des Staatsministeriums des Innern, Bayerischer Landtag, Drs. 13/4716.
[1227] Zweiter Bericht der Kommission über die Unionsbürgerschaft, KOM (97) 230, S. 11.

rend beim ersten Wahlgang am 20.10.1996 insgesamt 56,2 Prozent und beim zweiten Wahlgang am 10.11.1996 57,3 Prozent der wahlberechtigten Deutschen zur Wahl gingen, lag die Wahlbeteiligung der EG-Ausländer mit **21,5 Prozent bzw. 18,6 Prozent** deutlich darunter. Dabei gab es wiederum gewisse Abweichungen je nach Herkunftsland der EG-Ausländer. Gerade Angehörige der beiden zahlenmäßig stärksten Nationalitäten, Griechen und Italiener, haben nur relativ selten mitgestimmt und damit entscheidend zur insgesamt niedrigen Wahlbeteiligung der EG-Ausländer beigetragen.[1228] Im Ergebnis haben die Unionsbürger ihre politischen Einflussmöglichkeiten also weitgehend ungenutzt gelassen.

Ergänzend sei hier darauf hingewiesen, dass auch **andere Mitgliedstaaten** der Europäischen Union die Wahlbeteiligung der Unionsbürger nicht systematisch erfasst haben. Allerdings scheint es sich bei der schwachen Wahlbeteiligung von Ausländern nicht allein um ein deutsches Phänomen zu handeln. Andere europäische Staaten haben ähnliche Erfahrungen gemacht.[1229] So lag beispielsweise bei den Kommunalwahlen in **Wien** die Wahlbeteiligung der ausländischen Unionsbürger mit **35,5 %** ebenfalls weit unter der durchschnittlichen Wahlbeteiligung der Österreicher.[1230]

2. Hintergründe

Damit stellt sich die Frage, welche spezifischen Gründe für die geringe Wahlbeteiligung der EG-Ausländer bei Kommunalwahlen verantwortlich sind. Mangels gesicherter wissenschaftlicher Erkenntnisse können hier nur verschiedene Erklärungsansätze dargestellt werden.

Teilweise lässt sich unterdurchschnittliche Wahlbeteiligung der Unionsbürger mit Erfahrungswerten aus der Wahlforschung erklären, wonach die Wahlbeteiligung je nach **Lebensalter, Bildung und Berufsgruppe** variiert. Zunächst ist die

---

[1228] Vgl. die Darstellung bei *Schwarz*, Kommunalpraxis BW 1997, S. 138 ff.

[1229] Vgl. Bericht der Kommission über die Anwendung der Richtlinie 94/80/EG, KOM (2002) endg., S. 13 ff. Zu den Niederlanden vgl. *Koolen*, ZAR 1999, S. 81 f.; zum allgemeinen kommunalen Ausländerwahlrecht in Schweden, Dänemark und den Niederlanden vgl. *Pehle*, Aus Politik und Zeitgeschichte B 24/1988, S. 31 ff.

[1230] Zweiter Bericht der Kommission über die Unionsbürgerschaft, KOM (97) 230, S. 11.

ausländische Bevölkerung meist jünger als die deutsche Bevölkerung. Erfahrungsgemäß gehen aber ältere Leute häufiger zur Wahl als jüngere. Zudem gehören Ausländer überproportional häufig nach ihrer Bildung und ihrem Beruf sozialen Gruppen mit einem niedrigeren Sozialstatus an. Nachweislich sinkt die Wahlbeteiligung jedoch mit dem sozialen Status. Damit lässt sich oft bereits aus der altersstrukturellen sowie der sozial- und bildungsstrukturellen Zusammensetzung der Gruppe der wahlberechtigten Unionsbürger auf eine Wahlbeteiligung schließen, die unter dem Durchschnitt liegt.[1231]

Außerdem ist davon auszugehen, dass EG-Ausländer häufig auch deshalb nicht gewählt haben, weil es erhebliche **Informationsdefizite** gab.[1232] Ähnlich hat die Kommission bei den Kommunalwahlen und den Europawahlen vor allem die unzureichende Information der EG-Ausländer für deren niedrige Wahlbeteiligung im Aufenthaltsstaat verantwortlich gemacht.[1233] Manche Unionsbürger wussten bei Befragungen im Vorfeld der Kommunalwahl gar nichts von ihrem Wahlrecht,[1234] oder waren nicht genügend über die Einzelheiten des Wahlrechts aufgeklärt. Bei einem Teil der Unionsbürger können daran Sprachbarrieren mit schuld gewesen sein. Auch war die Informations- und Öffentlichkeitsarbeit für die ausländischen Neuwähler trotz der erfolgten Bemühungen meist unzureichend.[1235] Auf einen Zusammenhang zwischen Art der Information und Wahlbeteiligung weisen insbesondere bayerische Erfahrungen hin. So lag in Bayern die Antragsquote von EG-Ausländern in Gemeinden, die ausländische Unionsbürger durch individuelle Anschreiben über ihr Wahlrecht unterrichtet haben, bei etwa 19 bis 36 %. In Gemeinden, die sich auf die vorgeschriebene amtliche Bekanntmachung beschränkt haben, lag die Antragsquote dagegen bei etwa 12 bis

---

1231 *Schwarz*, Kommunalpraxis BW 1995, S. 310 und 313 (Fußnoten 8 und 9) und Kommunalpraxis BW 1997, S. 139.

1232 So auch *Laubach*, Bürgerrechte, S. 82 f.

1233 Bericht der Kommission über die Anwendung der Richtlinie 94/80/EG, KOM (2002) 260 endg., S. 17 f. und Zweiter Bericht der Kommission über die Unionsbürgerschaft, KOM (97) 230, S. 11. Ebenso *Oliver*, CML Rev. 1996, S. 488.

1234 Vgl. FAZ (Rhein-Main-Zeitung) vom 24.2.1997, S. 41, zu einer Befragung des IPOS-Instituts vor der Kommunalwahl in Hessen, sowie *Hasselbach*, ZG 1997, S. 54.

1235 Siehe dazu vorne unter Punkt F II.

23 %.[1236] Damit war die Antragsquote – und somit höchstwahrscheinlich auch die Wahlbeteiligung – bei individueller Information im Schnitt höher. Zudem ist bei einer Amtseintragung eine höhere Wahlbeteiligung wahrscheinlicher als bei dem aufwendigeren Antragsverfahren.[1237]

Daneben ist die niedrigere Wahlbeteiligung der Unionsbürger möglicherweise auch Ausdruck eines geringeren **Interesses für die deutsche Politik**.[1238] Dieser Punkt knüpft teilweise an den vorigen an, weil zwischen Information und Interesse eine Wechselwirkung besteht: Wer sich für eine Sache besonderes interessiert, wird sich intensiver um Informationen bemühen, und zudem wird das Interesse steigen, je mehr man über eine Sache Bescheid weiß. Bei einer Umfrage unter in Deutschland lebenden Ausländern aus Staaten der Europäischen Union und aus Drittstaaten bekundeten nur wenige ein starkes bis sehr starkes Interesse für Politik (ca. 15,4 %) und bezeichneten politisches Engagement als wichtig (ca. 18,7 %). Auch war ihre Identifikation mit den deutschen politischen Parteien nur sehr schwach ausgeprägt. Nur eine Minderheit der ausländischen Einwohner (22,7 %) gab an, überhaupt Parteipräferenzen zu haben.[1239] Für die Kommunalwahlen mit ihren Besonderheiten hat diese Studie jedoch nur begrenzte Aussagekraft. Dies zeigt auch eine weitere Untersuchung, die vor der Umsetzung der Richtlinie griechische und italienische Staatsangehörige nach ihrem Interesse für das kommunale Ausländerwahlrecht befragte. Dabei äußerten 33 % der Griechen und 34 % der Italiener, dass das kommunale Ausländerwahlrecht für sie sehr wichtig sei, 18 % der Griechen und 27 % der Italiener stuften es als wichtig ein.[1240] Nach der Einführung des Kommunalwahlrechts für

---

[1236] Schriftliche Anfrage der Abgeordneten Rieger und Antwort des Staatsministeriums des Innern, Bayerischer Landtag, Drs. 13/4716.

[1237] So wohl *Hilf*, in: *Grabitz/Hilf (Hrsg.)*, Das Recht der Europäischen Union, Band I, Art. 19 EGV Rn. 23; VG Stuttgart, NVwZ 2000, S. 347 f. (für die Europawahl). Skeptisch dagegen das Bayerische Staatsministerium des Innern in seiner Antwort auf die Schriftliche Anfrage der Abgeordneten Rieger, Bayerischer Landtag, Drs. 13/4716, und der bayerische Staatsminister Dr. Beckstein am 10.12.1999 im Bayerischen Landtag, PlPr. S. 2092.

[1238] Vgl. *Schwarz*, Kommunalpraxis BW 1995, S. 311 f.; *Hierl*, S. 96.

[1239] Vgl. *Dill*, Kommunales Wahlrecht für EU-Bürger, S. 93 f.

[1240] Ergebnisse der Studie „Einstellungen zum kommunalen Wahlrecht, zu Parteien und zu der doppelten Staatsbürgerschaft bei Ausländern in der Bundesrepublik Deutschland“ von Faruk Sen und Yasemin Karakasoglu, abgedruckt in der Frankfurter Rundschau vom 13.10.1994, S. 20.

Unionsbürger dürfte das politische Interesse der EG-Ausländer für kommunale Belange sogar noch stärker sein, da die Chance der Einflussnahme einen zusätzlichen Anreiz schafft, sich mit der Kommunalpolitik auseinanderzusetzen. Eine geringere Identifikation der Unionsbürger mit deutschen Parteiprogrammen und Kandidaten könnte eventuell teilweise durch Kandidaten aus den Reihen der EG-Ausländer sowie kommunale Wählervereinigungen ausgeglichen werden.

Es deutet einiges darauf hin, dass auch zwischen **sozialer Integration** in der kommunalen Gebietskörperschaft und Wahlbeteiligung bei der Kommunalwahl ein Zusammenhang besteht. Nach einer wahlstatistischen Auswertung der Oberbürgermeisterwahl in Stuttgart im Jahr 1996 lebten Unionsbürger im Durchschnitt noch nicht so lange in der Stadt wie deutsche Einwohner und waren daher weniger integriert. Dies habe zur niedrigeren Wahlbeteiligung der Unionsbürger beigetragen.[1241] Ebenso wurde bei den Bezirkswahlen in Berlin im Jahr 1995 die höchste Wahlbeteiligung von EG-Ausländern in den Bezirken festgestellt, in denen sie sich langfristig niedergelassen hatten und als integriert angesehen werden konnten.[1242]

Insgesamt gesehen ist also ein Bündel an Faktoren für die niedrigere Wahlbeteiligung von Unionsbürgern verantwortlich, wobei neben der sozialen Zusammensetzung der Gruppe der wahlberechtigten Ausländer insbesondere das Zusammenspiel von Information, Interesse und Integration von Bedeutung ist.

1241 *Schwarz*, in: *Evangelische Akademie Bad Boll (Hrsg.)*, Kommunales Wahlrecht, S. 29.
1242 *John*, in: *Evangelische Akademie Bad Boll (Hrsg.)*, Kommunales Wahlrecht, S. 33.

IV. Kandidatur und Wahlerfolg

Neben dem aktiven bildet das passive Wahlrecht die zweite Komponente des Kommunalwahlrechts von EG-Bürgern. Deshalb soll hier auch untersucht werden, in welchem Umfang EG-Bürger kandidiert haben und gewählt worden sind.

1. Bestandsaufnahme

Auch das passive Wahlrecht von Unionsbürgern spielt zahlenmäßig in der Praxis bisher keine große Rolle und Unionsbürger sind bei kommunalen Ämtern und Mandaten nicht entsprechend ihrem Anteil an den Wahlberechtigten repräsentiert. Zur Illustration seien wiederum einige Beispiele genannt.

Bei den Wahlen zu den Bezirksverordnetenversammlungen in **Berlin** im Oktober 1995, bei denen zwei Prozent der Wahlberechtigten aus anderen EG-Staaten stammten, hatten sich nur zehn EG-Ausländer als Kandidaten aufstellen lassen. Davon wurde kein einziger gewählt.[1243] In **Hessen** dagegen kandidierten bei der Kommunalwahl im Jahr 1997 insgesamt 616 Unionsbürger.[1244] Davon wurden bei den Gemeindewahlen 115 und bei den Kreiswahlen 19 Personen gewählt, so dass nun knapp ein Prozent aller kommunalen Mandatsträger nicht die deutsche Staatsangehörigkeit besaß.[1245] Bedenkt man allerdings, dass die Unionsbürger in Hessen vier Prozent der aktiv Wahlberechtigten stellten, so waren sie in den Kommunalvertretungen dennoch unterrepräsentiert.

Dabei lässt sich wieder eine Parallele zur **Europawahl** von 1994 ziehen, bei der ebenfalls der Wahlerfolg ausländischer Kandidaten sehr gering war. So wurde nur eine einzige ausländische Kandidatin in ihrem Aufenthaltsstaat gewählt, nämlich die Holländerin Wilmya Zimmermann in Deutschland.[1246]

1243 *John*, in: *Evangelische Akademie Bad Boll (Hrsg.)*, Kommunales Wahlrecht, S. 33.
1244 Frankfurter Rundschau vom 3.3.1997, S. 1.
1245 *Okenwa-Elem*, in: *Evangelische Akademie Bad Boll (Hrsg.)*, Kommunales Wahlrecht, S. 19.
1246 Zweiter Bericht der Kommission über die Unionsbürgerschaft, KOM (97) 230, S. 9.

Auch in **anderen Mitgliedstaaten** wie Schweden, Dänemark und den Niederlanden, in denen das kommunale Ausländerwahlrecht schon eine längere Tradition hat, spielte das passive Wahlrecht zunächst eine eher marginale Rolle.[1247] In den Niederlanden konnte man jedoch feststellen, dass die Zahl der gewählten Ausländer im Lauf der Zeit stark angestiegen ist.[1248]

2. Hintergründe

Nun fragt sich, weshalb nur verhältnismäßig wenige EG-Ausländer bei den Kommunalwahlen Mandate gewonnen haben. Zunächst sind die Gründe, die dazu geführt haben, dass EG-Ausländer ihr aktives Wahlrecht vielfach nicht ausgeübt haben, erst recht für das passive Wahlrecht von Bedeutung. Denn eine Kandidatur setzt z.B. mindestens genauso viel Information und kommunalpolitisches Interesse voraus wie die Ausübung des aktiven Wahlrechts. Insofern kann daher auf das vorige Kapitel über die Wahlbeteiligung verwiesen werden, so dass hier nur noch die zusätzlichen Probleme beim passiven Wahlrecht zu erörtern sind.

Die Schwierigkeiten begannen in der Praxis bereits bei der Suche nach möglichen Listenkandidaten. Zwar wollten die Parteien ausländische Kandidaten auf den eigenen Listen haben, um dadurch ausländische Wähler an sich zu binden. Oft war es aber nicht einfach, kurzfristig EG-Bürger zu finden, die bereit waren, sich für eine (deutsche) Partei kommunalpolitisch zu engagieren.[1249] In Parteistrukturen sind Ausländer noch seltener eingebunden als deutsche Bürger, und nur wenige von ihnen haben verantwortliche Positionen in den Parteien inne.[1250] Daher wurde häufig auf diejenigen Unionsbürger zurückgegriffen, die als Mitglieder von Ausländerbeiräten bereits für ihr kommunalpolitisches Engagement bekannt waren. Einige von ihnen wurden – angesichts der **schwierigen Kandidatensuche** – gleich von mehreren Parteien umworben. Letztlich waren 1997

[1247] Vgl. *Pehle,* Aus Politik und Zeitgeschichte B 24/1988, S. 33 ff.; *Sieveking,* in: *Sieveking u.a. (Hrsg.),* Das Kommunalwahlrecht für Ausländer, S. 80 f.
[1248] *Koolen,* ZAR 1999, S. 82 und 84.
[1249] *Kohlmannslehner,* in: *Evangelische Akademie Bad Boll (Hrsg.),* Kommunales Wahlrecht, S. 9.
[1250] *Okenwa-Elem,* in: *Evangelische Akademie Bad Boll (Hrsg.),* Kommunales Wahlrecht, S. 19.

bei der Kommunalwahl in Hessen schätzungsweise 80 % aller ausländischen Kandidaten Mitglieder oder frühere Mitglieder von hessischen Ausländerbeiräten.[1251] Damit hat der **Ausländerbeirat** eine neue Funktion erhalten. Bisher war er im Grunde die einzige Einrichtung, die es Ausländern erlaubte, im Rahmen eines politischen Mandats an der Kommunalpolitik – wenn auch nur beratend – mitzuwirken. Nun ist er zu einem **Rekrutierungsreservoir** für Unionsbürger geworden, zum Ausgangspunkt für deren Karriere auch in anderen kommunalpolitischen Ämtern und Mandaten. Auf diese Weise hat die Institution des Ausländerbeirats wertvolle Starthilfe für das Unionsbürgerwahlrecht geleistet.

Ausschlaggebend für den geringen Wahlerfolg von EG-Ausländern war oft auch ihre **ungünstige Platzierung auf der Liste.**[1252] Die ausländischen Kandidaten versuchten alle erstmals in eine kommunale Vertretung gewählt zu werden und waren zudem manchmal erst seit kurzem Parteimitglied. Daher hatten sie ähnlich schlechte Chancen auf einen aussichtsreichen Listenplatz wie üblicherweise andere Seiteneinsteiger auch, weil sie als Neulinge innerhalb der Partei mit den bisherigen Mandatsträgern oder zumindest mit langjährigen und verdienten Parteimitgliedern konkurrieren mussten. In den Ländern mit reinem Listenwahlrecht, in denen die Reihenfolge der Kandidaten durch den Wähler nicht mehr verändert werden kann, war für Unionsbürger mit schlechten Listenplätzen die Wahl von vornherein verloren. Selbst wenn alle wahlberechtigten Unionsbürger für diesen Wahlvorschlag gestimmt hätten, wären ihre Stimmen zwar anderen Kandidaten des Wahlvorschlages zugute gekommen, nicht aber den ausländischen Kandidaten im hinteren Teil der Liste. Dabei hat man manchmal vielleicht sogar einkalkuliert, dass einige Wähler dies nicht durchschauen,[1253] und die ausländischen Kandidaten bewusst als stimmenwerbende Alibikandidaten eingesetzt. In den Ländern mit einem flexiblen Listenwahlrecht dagegen konnte ein ausländischer Kandidat selbst bei einem weniger guten Listenplatz gewählt werden, wenn genügend Wähler gezielt mehrere Stimmen auf ihn kumuliert haben.

[1251] *Okenwa-Elem*, in: *Evangelische Akademie Bad Boll (Hrsg.)*, Kommunales Wahlrecht, S. 14.

[1252] *John*, in: *Evangelische Akademie Bad Boll (Hrsg.)*, Kommunales Wahlrecht, S. 33 (für die Bezirkswahlen in Berlin). Für die Europawahlen vgl. *Garot*, S. 140.

[1253] So *Kohlmannslehner*, in: *Evangelische Akademie Bad Boll (Hrsg.)*, Kommunales Wahlrecht, S. 8.

Wenn das Wahlrecht das Kumulieren von Stimmen zulässt, können die wahlberechtigten Unionsbürger also in besonderer Weise Einfluss auf den Erfolg eines ausländischen Kandidaten nehmen.

Um ein kommunales Mandat zu erringen, haben EG-Ausländer zuweilen auch eine andere Strategie verfolgt. Statt sich in einen zahlenmäßig von deutschen Bewerbern beherrschten Wahlvorschlag einzureihen, haben sie eigene Wahlvorschläge unterbreitet. In der Praxis zeigte sich jedoch, dass **reine Ausländerlisten** keine großen Erfolgschancen haben.[1254] In den Ländern, in denen im Kommunalwahlrecht noch eine 5 % - Sperrklausel besteht, ist der Erfolg einer reinen Ausländerliste fast unmöglich. Denn die wahlberechtigten EG-Ausländer können diese Hürde angesichts ihres geringen Stimmenpotentials kaum überwinden. Dies gilt erst recht bei einer unterdurchschnittlichen Wahlbeteiligung der Unionsbürger. Aber auch ohne Sperrklausel, wie etwa in Bayern, sind die Wahlchancen gering. Grund dafür dürfte wiederum sein, dass das Stimmenpotential der Unionsbürger zu klein ist und bei schwacher Wahlbeteiligung der Unionsbürger noch minimiert wird. Zudem werden deutsche Wähler nur selten reine Ausländerlisten wählen. Ein Beispiel für eine reine Ausländerliste bildete die sog. EUROLISTE bei der Stadtratswahl in **Nürnberg** im März 1996. In dieser Liste hatten sich EG-Ausländer verschiedener Nationalitäten zu einem gemeinsamen Wahlvorschlag zusammengeschlossen. Dieser Wahlvorschlag errang aber nur 0,5 % der Stimmen, was – trotz fehlender Sperrklausel – für einen Sitz im Gemeinderat nicht ausreichte.[1255]

EG-Ausländer hatten damit praktisch im Großen und Ganzen nur über einen – möglichst günstigen – Listenplatz auf der Liste einer (deutschen) Partei oder (deutschen) Wählervereinigung Aussicht auf ein Mandat. Dies zeigt erneut die

---

[1254] Zu ähnlichen Erfahrungen in anderen Mitgliedstaaten vgl. *Koolen*, ZAR 1999, S. 80; *Pehle*, Aus Politik und Zeitgeschichte B 24/1988, S. 34 und *Arda*, in: *Sieveking u.a. (Hrsg.)*, Das Kommunalwahlrecht für Ausländer, S. 155.

[1255] Nürnberger Statistik aktuell, Stadtratswahl am 10. März 1996, S. 1 und 18.

entscheidende Rolle der politischen Parteien, wenn es darum geht, Unionsbürgern die tatsächliche Ausübung ihres passiven Wahlrechts zu erleichtern.[1256]

V. Zusammenfassung und Bewertung

Dass die Einführung eines Ausländerwahlrechts jahrzehntelang heftig umstritten war, scheint inzwischen in weite Ferne gerückt. Denn nachdem in allen Bundesländern Kommunalwahlen unter Beteiligung von EG-Ausländern stattgefunden haben, gehört das Kommunalwahlrecht für Unionsbürger im Aufenthaltsstaat bereits zum politischen Alltag. So ist das Wahlrecht für Unionsbürger heute vor allem kommunalpolitisch von Interesse. Politische Parteien und Wählervereinigungen, die bei Kommunalwahlen Wahlvorschläge einreichen und Kandidaten aufstellen, interessieren sich ganz pragmatisch für die wahlberechtigten EG-Ausländer als eine besondere Gruppe von Neuwählern, die es möglichst für sich zu gewinnen gilt. Zwar können die Unionsbürger nur entsprechend ihrem Anteil an der Wahlbevölkerung auf die Kommunalpolitik Einfluss nehmen, und der prozentuale Anteil der Unionsbürger an der Gesamtzahl der Stimmberechtigten ist oft nicht allzu hoch. Dennoch könnten bei knappen Mehrheitsverhältnissen die Stimmen der Unionsbürger den Ausschlag geben.[1257] Verschiedene Studien[1258] und Tagungen[1259] haben sich vor diesem Hintergrund mit der neuen Wählerschaft der Unionsbürger und teilweise auch mit deren (möglichem) Wahlverhalten auseinandergesetzt. Dabei wurde teilweise auch versucht, der Kommunalpolitik praktische Ratschläge an die Hand zu geben, wie

---

[1256] *Hilf*, in: *Grabitz/Hilf (Hrsg.)*, Das Recht der Europäischen Union, Band I, Art. 19 EGV Rn. 28.

[1257] *Von Wersebe (Hrsg.)*, Das neue Wahlrecht für EU-Bürger, S. 10 f.

[1258] Vgl. z.B. *Schwarz*, Kommunalpraxis BW 1995, S. 309 ff. und Kommunalpraxis BW 1997, S. 138 ff.; *Dill*, Kommunales Wahlrecht für EU-Bürger, S. 65 ff.; *von Wersebe (Hrsg.)*, Das neue Wahlrecht für EU-Bürger, S. 8 ff.; *Evangelische Akademie Bad Boll (Hrsg.)*, Kommunales Wahlrecht für EU-Bürgerinnen und EU-Bürger, passim; *CDU-Bundesgeschäftsstelle (Hrsg.)*, Kommunalwahlrecht für EU-Bürger, Informationen und Aktionsvorschläge, passim.

[1259] So z.B. die Tagung „Kommunales Wahlrecht für EU-Bürgerinnen und EU-Bürger. Motivation zur Partizipation“ in der Evangelischen Akademie Bad Boll vom 3.-5. Dezember 1997 und das Kommunalpolitische Forum „Das neue Wahlrecht für Europa und seine Kommunen“ im Konrad-Adenauer-Haus in Bonn am 1. März 1999.

diese Neuwähler am besten angesprochen und für die Wahlen mobilisiert werden könnten.[1260]

In der Vergangenheit wurden Unionsbürger je nach Land, Wohnort und Wahltermin auf sehr unterschiedliche Weise und in sehr unterschiedlichem Umfang über ihr Wahlrecht informiert. Bei der Wählerinformation und Wahlwerbung zeigte sich, dass die gesetzlich vorgeschriebene Unterrichtung der Unionsbürger durch Wahlbenachrichtigung oder öffentliche Bekanntmachung den hohen Informationsbedarf der ausländischen Neuwähler kaum decken konnte. Darüber hinausgehende Informationsangebote erwiesen sich daher als sehr hilfreich. Auch die Europäische Kommission hat beklagt, dass die Unionsbürger über ihre Rechte noch zu wenig Bescheid wissen, und im Zweiten Bericht über die Unionsbürgerschaft angeregt, die Bürger durch breit angelegte Informationskampagnen der EG und Anstrengungen der Mitgliedstaaten ausreichend zu informieren und mit den neuen Rechten vertraut zu machen. Die Kommission und das Europäische Parlament starteten dazu am 26.11.1996 die größte Informationskampagne in ihrer Geschichte, die Kampagne „Bürger von Europa“. Die Kommission hat jedoch betont, dass die Hauptverantwortung für die Unterrichtung der Unionsbürger weiterhin bei den Mitgliedstaaten liegt.[1261] In Zukunft sollten daher die Bemühungen um eine ausreichende Information der Unionsbürger über ihr Kommunalwahlrecht noch verstärkt werden. Besonders wichtig ist dies jeweils für die Unionsbürger, die erst zugezogen sind und ihr Wahlrecht das erste Mal in einem anderen Mitgliedstaat ausüben sollen. Auch bei der Wahlwerbung sollten die Unionsbürger angemessen berücksichtigt werden.

Die Wahlbeteiligung der EG-Ausländer bei den Kommunalwahlen wird meist nicht systematisch ausgewertet. Exemplarische Auszählungen zeigen jedoch, dass die Wahlbeteiligung der EG-Ausländer deutlich unter derjenigen der deutschen Staatsbürger liegt. Verantwortlich dafür sind neben der sozialen Zusam-

---

[1260] Vgl. *Evangelische Akademie Bad Boll (Hrsg.),* Kommunales Wahlrecht, S. 43 ff., S. 47 ff. sowie S. 99 ff.

[1261] Zweiter Bericht der Kommission über die Unionsbürgerschaft, KOM (97) 230, S. 11 und 21.

mensetzung der ausländischen Wählerschaft vor allem das Zusammenspiel von unzureichender Information, schwächerem politischen Interesse sowie geringerer gesellschaftlicher Integration. EG-Ausländer haben aber nicht nur seltener als Deutsche von ihrem aktiven Wahlrecht Gebrauch gemacht, sondern sich auch seltener selbst erfolgreich zur Wahl gestellt. Dass Unionsbürger in den Kommunalvertretungen unterrepräsentiert sind, liegt unter anderem daran, dass nur wenige Unionsbürger auf den Parteilisten aussichtsreiche Listenplätze erhalten haben und reine Ausländerlisten kaum Wahlchancen hatten. Dass das aktive und passive Wahlrecht der Unionsbürger in der Praxis nur verhältnismäßig wenig genutzt wird, ist zu bedauern. Doch auch eine geringere Wahlbeteiligung kann den Sinn des kommunalen Unionsbürgerwahlrechts nicht in Frage stellen, da bereits die Möglichkeit der politischen Mitwirkung, auch wenn sie im Einzelfall nicht genutzt wird, einen Wert an sich darstellt. Dennoch sollte die Politik versuchen, ihren Teil dazu beizutragen, dass das Kommunalwahlrecht für Unionsbürger in Zukunft eine größere praktische Bedeutung erlangt. So sollte beispielsweise die Partizipation von Ausländern in Parteien, Fraktionen und Gremien gefördert werden.[1262]

Aber auch die innere Einstellung der deutschen und ausländischen Bevölkerung zum Kommunalwahlrecht der Unionsbürger spielt für dessen Erfolg in der Praxis eine entscheidende Rolle. So kommt es maßgeblich darauf an, in welchem Umfang und in welcher Weise sich die Öffentlichkeit mit diesem Thema auseinandersetzt. Die ersten Erfahrungen mit dem Kommunalwahlrecht für Unionsbürger können jedenfalls dazu beitragen, dessen Tragweite und Auswirkungen realistischer einzuschätzen. Einerseits dürfen nicht zu hohe Erwartungen in die integrative Wirkung des Ausländerwahlrechts gesetzt werden. Das Wahlrecht stellt kein Wundermittel zur Integration der ausländischen Einwohner dar. Vielmehr muss es durch andere Integrationshilfen ergänzt werden, und spürbare Verbesserungen werden wahrscheinlich erst langfristig feststellbar sein. Andererseits scheinen jedoch auch diverse Befürchtungen hinsichtlich möglicher ne-

---

[1262] Vgl. hierzu und zu den übrigen Ergebnissen der Arbeitsgruppe „Kommunalwahlen in Baden-Württemberg 1999" den Bericht von *Knapp*, in: *Evangelische Akademie Bad Boll (Hrsg.)*, Kommunales Wahlrecht, S. 43 ff.

gativer Auswirkungen des Wahlrechts unbegründet.[1263] Denn es ist nicht ersichtlich, dass die Kommunalpolitik durch die politische Partizipation der Unionsbürger Schaden genommen hätte. Vielmehr hat das Kommunalwahlrecht für Unionsbürger die Chance eröffnet, neue Erfahrungen in die Kommunalpolitik einzubringen und sie um wertvolle Akzente zu bereichern.

[1263] So auch die Erfahrung anderer Mitgliedstaaten mit dem allgemeinen Ausländerwahlrecht, vgl. *Pehle,* Aus Politik und Zeitgeschichte B 24/1988, S. 35.

G. ENTWICKLUNGSMÖGLICHKEITEN

Das kommunale Unionsbürgerrecht ist, da es nur Ausländern aus den Mitgliedstaaten der Europäischen Union ein Wahlrecht gewährt und auch diesen nur auf kommunaler Ebene, in zweifacher Hinsicht begrenzt. Beide Einschränkungen sind in der Diskussion, so dass hier auch die Möglichkeiten zum Ausbau der politischen Rechte von Ausländern kurz angesprochen werden sollen.

Grundsätzlich können zur besseren politischen Integration von Ausländern zwei unterschiedliche Wege beschritten werden.[1264] Zum einen kann ihre Rechtsstellung weitgehend an die Rechtsstellung von Inländern angenähert werden. Zu diesem Integrationsansatz gehören neben dem Kommunalwahlrecht für Unionsbürger auch Forderungen nach einem allgemeinen kommunalen Ausländerwahlrecht und einem Ausländerwahlrecht bei Parlamentswahlen. Der andere Ansatz geht dahin, im Inland lebenden Ausländern die Einbürgerung zu erleichtern. Denn wer eingebürgert wird, erhält automatisch alle mit der Staatsangehörigkeit verbundenen Staatsbürgerrechte.

De lege lata gibt es das Wahlrecht für EG-Ausländer im demokratischen Aufbau nur „ganz oben", bei der Wahl des Europäischen Parlaments, und „ganz unten", bei den Kommunalwahlen. Dazwischen klafft weiterhin eine Lücke, weil das Europarecht in einem anderen Mitgliedstaat wohnenden Unionsbürgern (noch) kein Wahlrecht auf nationaler und regionaler Ebene verleiht. Teilweise wird jedoch gefordert, das Ausländerwahlrecht auch auf **Bundes- und Landtagswahlen** auszuweiten.[1265] Dafür spricht, dass Ausländer von Bundes- und Landesgesetzen in gleicher Weise betroffen sind wie Deutsche, und die Staatsangehörigkeit im zusammenwachsenden Europa immer mehr an Bedeutung verliert. Da im modernen Staat Rechtsfolgen zunehmend an den Aufenthaltsort statt an die Staatsangehörigkeit anknüpft werden, ist es konsequent, auch für das Wahlrecht verstärkt auf den Aufenthaltsort statt auf die Staatsangehörigkeit ab-

---

[1264] Vgl. *Zuleeg*, ZAR 1988, S. 20.

[1265] Vgl. z.B. *Sieveking*, in: *Sieveking u.a. (Hrsg.)*, Das Kommunalwahlrecht für Ausländer, S. 84 f.

zustellen.[1266] Der heutige Entwicklungsstand der europäischen Integration erscheint allerdings noch nicht reif für ein Wahlrecht der Unionsbürger bei Parlamentswahlen. Noch spielen die Nationalstaaten eine zu große Rolle, so dass auf das Staatsangehörigkeitserfordernis beim Wahlrecht nicht ohne weiteres verzichtet werden kann. Zudem verbietet das Grundgesetz eine solche Ausdehnung des Ausländerwahlrechts.[1267] Es ist sogar zweifelhaft, ob eine entsprechende Verfassungsänderung zulässig wäre. Denn die Frage nach dem nationalstaatlichen Kerngehalt des Demokratieprinzips ist bei der Teilnahme von Ausländern an Parlamentswahlen noch viel brisanter als im kommunalen Bereich, so dass Art. 79 III GG entgegenstehen könnte.[1268]

Der Weg zur völligen rechtlichen Gleichstellung mit Inländern führt daher auch für EG-Ausländer bisher nur über den **Erwerb der Staatsangehörigkeit** des Aufenthaltsstaates. Damit kommt dem Staatsangehörigkeitsrecht eine Schlüsselrolle zu. Es darf auch im Hinblick auf das Demokratieprinzip nicht so beschaffen sein, dass große Teile der Bevölkerung dauerhaft von demokratischen Mitwirkungsrechten ausgeschlossen sind. Vor diesem Hintergrund ist zu begrüßen, dass das Gesetz zur Reform des Staatsangehörigkeitsrechts vom 15.7.1999 die Einbürgerung von Ausländern in Deutschland erleichtert hat.[1269]

Die Zuständigkeit zur Regelung des Staatsangehörigkeitsrechts liegt weiterhin vor allem beim nationalen Gesetzgeber. Dies führt dazu, dass das Staatsangehörigkeitsrecht in der Gemeinschaft stark divergiert. Da die nationale Staatsangehörigkeit der Mitgliedstaaten gleichzeitig die Unionsbürgerschaft vermittelt, bedeutet dies, dass die Voraussetzungen, unter denen Drittstaatsangehörige die Unionsbürgerschaft erwerben können, von Mitgliedstaat zu Mitgliedstaat unterschiedlich hoch sind. Das Europäische Parlament hat bisher vergeblich gefor-

---

[1266] *Wallrabenstein*, S. 162 f.

[1267] So z.B. *Thieme*, DÖV 1998, S. 754, mit Hinweis auf die Rechtsprechung des BVerfG. Anders *Uerpmann*, Staatswissenschaften und Staatspraxis 1995, S. 13 ff., für Landtagswahlen.

[1268] So z.B. *Sommermann*, in: *von Mangoldt/Klein/Starck*, Grundgesetz-Kommentar, Art. 20 Rn. 147; *Huber*, Recht der europäischen Integration, S. 43 f.

[1269] Das Gesetz zur Reform des Staatsangehörigkeitsrechts vom 15.7.1999, BGBl. 1999 I S. 1618, ist am 1.1.2000 vollständig in Kraft getreten.

dert, gewisse einheitliche Bedingungen für den Erwerb und Verlust der Unionsbürgerschaft festzulegen.[1270] Je weiter die Unionsbürgerschaft sich aber fortentwickelt und an Bedeutung gewinnt, umso dringlicher erscheint es, die Zugangsvoraussetzungen zur Unionsbürgerschaft durch eine **Harmonisierung des Staatsangehörigkeitsrechts** in der Gemeinschaft einheitlicher zu gestalten.[1271] Nicht unproblematisch ist auch, dass die Einbürgerung grundsätzlich eine langjährige Aufenthaltsdauer im Staatsgebiet voraussetzt. Denn dies steht in einem gewissen Widerspruch zur europaweiten Freizügigkeit und der damit anvisierten, grenzüberschreitenden Mobilität.

Durch die Einführung des Kommunalwahlrechts für Unionsbürger hat auch die Forderung nach einem **allgemeinen kommunalen Ausländerwahlrecht** wieder Aufwind erhalten. Denn indem die Unionsbürgerschaft EG-Ausländern besondere Rechte gewährt, vertieft sie gleichzeitig die Kluft zwischen den privilegierten EG-Ausländern und Ausländern aus Drittstaaten. In Deutschland hat dies zur Folge, dass die früher angeworbenen Gastarbeiter heute je nachdem, ob ihre Heimatstaaten inzwischen der Europäischen Union angehören (wie Spanien) oder nicht (wie die Türkei), eine recht unterschiedliche Rechtsstellung innehaben.[1272] Für Angehörige von Drittstaaten, die schon lange in Deutschland leben, ist die Benachteiligung vielleicht nicht immer nachvollziehbar. Sie kann daher zu sozialen Spannungen führen.[1273] Deshalb wird das Kommunalwahlrecht für Unionsbürger vielfach als ein wichtiger, jedoch nur erster Schritt in die richtige Richtung empfunden und eine Ausdehnung des kommunalen Wahlrechts auf alle Ausländer gefordert.[1274] Dies kann jedoch nur im Weg einer Verfassungsänderung verwirklicht werden.[1275] Eine entsprechende Verfassungsänderung

---

[1270] Vgl. *Hilf*, in: *Grabitz/Hilf (Hrsg.)*, Das Recht der Europäischen Union, Band I, Art. 17 EGV Rn. 43.

[1271] Vgl. *Hilf*, in: *Grabitz/Hilf (Hrsg.)*, Das Recht der Europäischen Union, Band I, Art. 17 EGV Rn. 68; *Laubach*, S. 260 f.; *Herdegen*, Europarecht, Rn. 266.

[1272] Vgl. *Laubach*, S. 86 und 259.

[1273] *Pfeifle*, in: *Sieveking u.a. (Hrsg.,)*, Das Kommunalwahlrecht für Ausländer, S. 151. Vgl. auch *Quaritsch*, DÖV 1983, S. 2 und 10.

[1274] So z.B. *Schütz*, das rathaus 1996, S. 154 f.; *Laubach*, S. 256 ff.; *Barley*, S. 172.

[1275] Vgl. z.B. *Nierhaus*, in: *Sachs (Hrsg.)*, Grundgesetz-Kommentar, Art. 28 Rn. 23; *Löwer*, in: *von Münch/Kunig*, Grundgesetz-Kommentar, Bd. 2, Art. 28 Rn. 27.

wäre zwar nach Art. 79 III GG zulässig,[1276] setzt aber verfassungsändernde Mehrheiten in Bundestag und Bundesrat voraus. Damit handelt es sich bei der Frage des allgemeinen kommunalen Ausländerwahlrechts vor allem um eine rechtspolitische Frage. Dabei ist zu berücksichtigen, dass ein allgemeines kommunales Ausländerwahlrecht in Deutschland eine ganz andere Tragweite hätte als das auf Unionsbürger beschränkte Wahlrecht. Von den über sieben Millionen ausländischen Einwohnern in Deutschland sind nur ca. 1,8 Millionen, also etwa ein Viertel, Unionsbürger.[1277] Besonders in einigen Großstädten ist der Ausländeranteil relativ hoch. Allerdings können diese Größenordnungen die Einräumung eines allgemeinen Ausländerwahlrechts auch umso dringlicher erscheinen lassen.

Ein überzeugendes Modell zur Einführung eines allgemeinen Ausländerwahlrechts auf Kommunalebene und zur Stärkung der politischen Rechte von Ausländern stellt die **„Europäische Konvention zur Beteiligung der ausländischen Mitbürger am politischen Leben auf kommunaler Ebene“** dar. Sie wurde im Rahmen des Europarates durch den Kongress der Gemeinden und Regionen Europas, zu dessen Aufgaben die Förderung der lokalen und regionalen Demokratie gehört, ausgearbeitet, und steht seit dem 5.2.1992 zur Unterzeichnung durch die Mitgliedstaaten des Europarates offen.[1278] In Art. 6 I verleiht die Konvention allen Ausländern, die seit mindestens fünf Jahren rechtmäßig ihren gewöhnlichen Aufenthalt im Staatsgebiet haben, das aktive und passive Wahlrecht bei den Kommunalwahlen unter den gleichen Bedingungen, wie sie für Staatsbürger gelten. Die Konvention gestattet den Vertragsparteien jedoch, ausländische Einwohner vom passiven Wahlrecht auszuschließen (Art. 6 II) und eine kürzere Aufenthaltsdauer festzusetzen (Art. 7). Zudem garantiert die Konvention ausländischen Einwohnern die politischen Rechte der Meinungs-, Versammlungs- und Vereinigungsfreiheit unter den gleichen Bedingungen wie

---

[1276] *Barley*, S. 170; *Laubach*, S. 257.
[1277] *Von Wersebe (Hrsg.)*, Das neue Wahlrecht für EU-Bürger, S. 8.
[1278] Convention on the Participation of Foreigners in Public Life at Local Level, European Treaties Series (ETS) Nr. 144, in Kraft seit dem 1.5.1997. Bisher haben sechs Staaten die Konvention ratifiziert (Dänemark, Finnland, Italien, Niederlande, Norwegen und Schweden), und drei weitere nur unterzeichnet (Großbritannien, Zypern und Tschechien), vgl. http://conventions.coe.int (Stand: 7.8.2002).

Staatsangehörigen (Art. 3). Damit wird es den Vertragsstaaten der Konvention verwehrt, die Meinungs-, Versammlungs- und Vereinigungsfreiheit von Ausländern unter Berufung auf Art. 16 EMRK einzuschränken.[1279] Im übrigen strebt die Konvention die Bildung beratender Gremien zur Repräsentation ausländischer Einwohner auf kommunaler Ebene an, deren Repräsentanten von den ausländischen Einwohnern gewählt oder von verschiedenen Ausländervereinigungen ernannt werden sollen (Art. 5). Insgesamt schreibt die Konvention nur ein Mindestschutzniveau vor und erlaubt die Gewährung weitergehender Rechte an Ausländer (Art. 9 V Konv.). Zwar geht das Gemeinschaftsrecht inhaltlich teilweise weiter als die Europaratskonvention, da es genauere Vorschriften über die Ausübung des Kommunalwahlrechts enthält und beispielsweise auf das Erfordernis einer Mindestaufenthaltsdauer im Staatsgebiet verzichtet. Dennoch würde die Europaratskonvention auch in den Mitgliedstaaten der Europäischen Union zu einer Stärkung der politischen Rechte von Ausländern beitragen, da sie das Kommunalwahlrecht allen Ausländern gewährt und das Wahlrecht als demokratisches Teilhaberecht durch die demokratischen Freiheitsrechte der Meinungs-, Versammlungs- und Vereinigungsfreiheit sinnvoll ergänzt. Eine Ratifikation der „Europäischen Konvention zur Beteiligung der ausländischen Mitbürger am politischen Leben auf kommunaler Ebene“ durch alle Mitgliedstaaten der Europäischen Union wäre daher empfehlenswert.

[1279] Vgl. hierzu auch Punkt D V 3.

H. ZUSAMMENFASSUNG DER WESENTLICHEN ERGEBNISSE

Mit dem Kommunalwahlrecht für ausländische Unionsbürger wurde im Europarecht ein völlig neues politisches Recht verankert, das wegen seiner Bedeutung treffend als Kernstück der Unionsbürgerschaft bezeichnet wird. Art. 19 I EGV sieht vor, dass Unionsbürger, die in einem anderen Mitgliedstaat ihren Wohnsitz haben, dort das aktive und passive Wahlrecht bei Kommunalwahlen erhalten. Denn Unionsbürger sollen das Kommunalwahlrecht als wichtiges demokratisches Teilhaberecht nicht länger verlieren, wenn sie von der europäischen Freizügigkeit Gebrauch machen. Außerdem soll das Kommunalwahlrecht für Unionsbürger die Integration der EG-Ausländer in ihrem Aufenthaltsstaat fördern und zur Bildung einer europäischen Identität beitragen. Damit wächst den Kommunen eine Vorreiterrolle bei der europäischen Integration zu. Das Kommunalwahlrecht für Unionsbürger hebt zwar die traditionelle Verknüpfung von Staatsangehörigkeit und Wahlrecht teilweise auf, greift dabei aber nicht in den Kernbereich der nationalen Souveränität der Mitgliedstaaten ein.

Der Begriff der „Kommunalwahlen" wird weder in Art. 19 I EGV definiert, noch lässt er sich durch Auslegung eindeutig ermitteln. In Art. 19 I 2 EGV wird der Rat jedoch ermächtigt, die „Einzelheiten" des Wahlrechts festzulegen. Damit gehörte es auch zur Aufgabe des Rates, den Begriff der Kommunalwahlen genauer einzugrenzen. Der Rat hat seinen Gestaltungsspielraum bei Erlass der Richtlinie 94/80/EG nicht überschritten, und den Begriff der Kommunalwahlen im Einklang mit dem Primärrecht konkretisiert. Dies gilt auch im Hinblick auf Art. 5 III RL, wonach die Mitgliedstaaten leitende Ämter des kommunalen Exekutivorgans den eigenen Staatsangehörigen vorbehalten dürfen. Allerdings ist die Vorschrift des Art. 12 II RL, die in Belgien besondere Ausnahmen gestattet, rechtswidrig, weil sie ohne die vorgeschriebene Anhörung des Europäischen Parlaments in den Text der Richtlinie eingefügt worden ist.

Die Mitgliedstaaten waren europarechtlich verpflichtet, die beiden Richtlinien zum Kommunalwahlrecht für Unionsbürger in ihr innerstaatliches Recht umzusetzen. Inzwischen sind alle Mitgliedstaaten dieser Pflicht nachgekommen, wenn auch häufig erst nach Ablauf der Umsetzungsfrist. Die Einführung des Kommunalwahlrechts für Unionsbürger bereitete den meisten Mitgliedstaaten Schwierigkeiten, und die Verfassungsgerichte dreier Mitgliedstaaten, nämlich von Deutschland, Frankreich und Spanien, haben die Einführung des Kommunalwahlrechts für Unionsbürger von einer Verfassungsänderung abhängig gemacht.

Art. 28 I 3 GG dehnt das Wahlrecht bei Kommunalwahlen auf die Staatsangehörigen anderer EG-Mitgliedstaaten aus, ohne sie in den Volksbegriff des Grundgesetzes einzubeziehen. Damit wird vom Grundsatz der Volkssouveränität abgewichen, nach dem alle Staatsgewalt vom Volk ausgeht. Dennoch verstößt das Kommunalwahlrecht für Unionsbürger nicht gegen das Demokratieprinzip des Grundgesetzes, sondern modifiziert es in zulässiger Weise. Bei Kommunalwahlen wird die demokratische Legitimation nun von nun in- und ausländischen Unionsbürgern gemeinsam vermittelt, so dass zu der herkömmlichen Legitimation kommunaler Hoheitsgewalt noch eine europäische Legitimation über die Unionsbürgerschaft hinzutritt.

Gemäß Art. 28 I 3 GG sind Staatsangehörige der EG-Mitgliedstaaten bei Wahlen in Kreisen und Gemeinden *„nach Maßgabe von Recht der Europäischen Gemeinschaft"* wahlberechtigt und wählbar. Damit nimmt Art. 28 I 3 GG in Form einer dynamischen Verweisung auf das jeweils gültige Gemeinschaftsrecht Bezug. Zudem handelt es sich nicht um eine inkorporierende, sondern um eine geltungseröffnende Verweisung, d.h. Art. 28 I 3 GG sichert die Anwendung der europarechtlichen Vorschriften zum Kommunalwahlrecht für Unionsbürger verfassungsrechtlich ab, ohne dass diese dadurch Verfassungsrang erhalten. Da das Gemeinschaftsrecht in Deutschland ohne die verfassungsrechtliche Billigung in Art. 28 I 3 GG nicht zur Anwendung kommen könnte und Art. 28 I 3 GG eine eigene Umsetzungspflicht für die Länder begründet, kommt ihm neben dem Gemeinschaftsrecht eine selbständige, konstitutive Wirkung zu. Als Normativbestimmung gewährleistet Art. 28 I 3 GG das Kommunalwahlrecht der

Unionsbürger jedoch nicht unmittelbar, sondern verpflichtet nur die Länder, es im Landesrecht festzuschreiben.

Von den Landesverfassungen sehen nur die Verfassungen von Baden-Württemberg, Berlin, Brandenburg und Rheinland-Pfalz das Kommunalwahlrecht für Unionsbürger ausdrücklich vor. Doch auch die Verfassungen der anderen Länder können grundgesetzkonform ausgelegt werden, so dass sie dem Wahlrecht der EG-Ausländer nicht entgegenstehen. Die Landesverfassungen müssen jedoch keine eigene Garantie des Kommunalwahlrechts für Unionsbürger enthalten.

Trotz der europarechtlichen und verfassungsrechtlichen Vorgaben verblieben den Ländern bei der Umsetzung der Richtlinie einige politische Gestaltungsspielräume. So stand es den Ländern frei, ob sie Unionsbürger auch zu kommunalen Abstimmungen zulassen und ihnen bei der Wahl von Bürgermeistern und Landräten das passive Wahlrecht einräumen.

Das Wahlrecht der Unionsbürger besteht in den Flächenländern außer in den Gemeinden und Kreisen auch in den Untergliederungen der Gemeinden, in den Verbandsgemeinden in Rheinland-Pfalz, den Samtgemeinden in Niedersachsen, im Stadtverband Saarbrücken und im Umlandverband Frankfurt. Von den Wahlen in den bayerischen Bezirken, dem Bezirksverband Pfalz und dem Regionalverband Stuttgart sind Unionsbürger dagegen ausgeschlossen. In den Stadtstaaten Hamburg und Berlin beschränkt sich das Wahlrecht der Unionsbürger auf die Wahlen in den Bezirken, in Bremen erstreckt es sich auch auf die Wahlen in den Stadtgemeinden Bremen und Bremerhaven.

Die Verfahrensregelungen der Länder zum Kommunalwahlrecht für Unionsbürger stehen teilweise nicht mit der Richtlinie in Einklang. Nachdem die Kommission wegen bestimmter Regelungen zur Eintragung der Wahlberechtigten in Bayern und Sachsen bereits Vertragsverletzungsverfahren eingeleitet hatte, haben die beiden Länder ihre Rechtsvorschriften nachgebessert. Zudem fordern einige Bundesländer von ausländischen Kandidaten Nachweise, die nicht von der Richtlinie gedeckt sind. Auch die Unterrichtung der EG-Ausländer über ihr Wahlrecht entspricht in mehreren Ländern nicht den Anforderungen der Richtlinie.

Die Länder haben Unionsbürgern meist den Status von Gemeinde- und Kreisbürgern verliehen, ohne dass dies mit dem auf Deutsche begrenzten Volksbegriff des Grundgesetzes im Widerspruch steht. Auch ist es verfassungsrechtlich nicht zu beanstanden, wenn EG-Ausländer weiterhin zum Ausländerbeirat wahlberechtigt sind. Nach Einführung des Kommunalwahlrechts für Unionsbürger sind nationale Beschränkungen der Meinungs-, Versammlungs-, und Vereinigungsfreiheit von Unionsbürgern nur noch zulässig, soweit sie die effektive Ausübung des Kommunalwahlrechts für Unionsbürger nicht behindern. Auch das Parteienrecht darf EG-Ausländer nicht benachteiligen, soweit sie sich im Zusammenhang mit ihrem Kommunalwahlrecht parteipolitisch betätigen wollen.

Bis auf das Land Bremen wurde die Richtlinie in allen Bundesländern rechtzeitig umgesetzt. Unionsbürger haben neben dem aktiven und passiven Wahlrecht zum Gemeinderat und zum Kreistag auch das Wahlrecht bei den Direktwahlen zum Bürgermeister und zum Landrat erhalten. Bayern und Sachsen haben jedoch von der Ausschlussmöglichkeit nach Art. 5 III RL Gebrauch gemacht, so dass Unionsbürger dort bei der Volkswahl der Bürgermeister und Landräte zwar ein aktives, aber kein passives Wahlrecht haben. Alle Länder sind bei der Umsetzung der Richtlinie über die Einräumung des Wahlrechts an Unionsbürger hinausgegangen. Bei der Festlegung der neuen Rechtsstellung von EG-Ausländern haben sie sich am Status des Kommunalbürgers orientiert und haben Unionsbürgern insbesondere die Teilnahme an Bürgerbegehren und Bürgerentscheiden ermöglicht.

Nachdem in allen Bundesländern Kommunalwahlen unter Beteiligung von EG-Ausländern stattgefunden haben, gehört das Kommunalwahlrecht für Unionsbürger in Deutschland bereits zum politischen Alltag. Die Wahlbeteiligung der EG-Ausländer war jedoch relativ gering und lag deutlich unter derjenigen der deutschen Staatsbürger. EG-Ausländer haben aber nicht nur seltener als Deutsche von ihrem aktiven Wahlrecht Gebrauch gemacht, sondern sich auch seltener selbst erfolgreich zur Wahl gestellt. Dies ist auch darauf zurückzuführen, dass die Unionsbürger über ihr Wahlrecht oft nur unzureichend informiert waren. In Zukunft sollten daher die Bemühungen noch verstärkt werden, um dem Kommunalwahlrecht für Unionsbürger zu einer noch größeren praktischen Bedeutung zu verhelfen.

LITERATURVERZEICHNIS

Arda, Secil: Erfahrungen mit dem Kommunalwahlrecht für Ausländer in den Niederlanden, in: Klaus Sieveking / Klaus Barwig / Klaus Lörcher / Christoph Schumacher (Hrsg.), Das Kommunalwahlrecht für Ausländer, Baden-Baden 1989, S. 153-158

Arnim, Hans Herbert von: Staatslehre der Bundesrepublik Deutschland, München 1984
— Der strenge und der formale Gleichheitssatz, DÖV 1984, S. 85-92
— Gemeindliche Selbstverwaltung und Demokratie, AöR 1988, S. 1-30
— Auf dem Weg zur optimalen Gemeindeverfassung? in: Klaus Lüder (Hrsg.), Staat und Verwaltung. Fünfzig Jahre Hochschule für Verwaltungswissenschaften Speyer, Schriftenreihe der Hochschule Speyer, Band 122, Berlin 1997, S. 297-329
— Werden kommunale Wählergemeinschaften im politischen Wettbewerb diskriminiert? DVBl. 1999, S. 417-425

Barley, Katharina: Das Kommunalwahlrecht für Ausländer nach der Neuordnung des Art. 28 Abs. 1 S. 3 GG, Diss. Münster 1997, Berlin 1999

Battis, Ulrich: Bundesbeamtengesetz, 2. Auflage, München 1997

Bauer, Martin / Böhle, Thomas / Masson, Christoph / Samper, Rudolf: Bayerische Kommunalgesetze, Kommentar, München, Loseblatt, Stand: November 2000

Benda, Ernst / Maihofer, Werner / Vogel, Hans-Jochen (Hrsg.): Handbuch des Verfassungsrechts der Bundesrepublik Deutschland, Berlin, New York 1983

Bleckmann, Albert: Europarecht: Das Recht der Europäischen Union und der Europäischen Gemeinschaften, 6. Auflage, Köln 1997

Blumann, Claude: La ratification par la France du traité de Maastricht, Revue du Marché commun et de l'Union européenne 1994, S. 393-406

Bock, Irmtraud: Landtag hat Kommunalwahlrecht für Unionsbürger beschlossen, BWGZ 1995, S. 631
— Kommunalwahl in Baden-Württemberg am 24. Oktober 1999, BWGZ 1999, S. 646-647

Böckenförde, Ernst-Wolfgang: Staat, Verfassung, Demokratie: Studien zur Verfassungstheorie und zum Verfassungsrecht, Frankfurt am Main 1991

Borchardt, Klaus-Dieter: Die rechtlichen Grundlagen der Europäischen Union, Heidelberg 1996

Braun, Klaus: Kommentar zur Verfassung des Landes Baden-Württemberg, Stuttgart 1984

Bryde, Brun-Otto: Ausländerwahlrecht und grundgesetzliche Demokratie, JZ 1989, S. 257-262

— Integrationsverzicht als Verfassungsgebot? Staatswissenschaften und Staatspraxis 1990, S. 212-222

— Die bundesrepublikanische Volksdemokratie als Irrweg der Demokratietheorie, Staatswissenschaften und Staatspraxis 1994, S. 305-330

Burkholz, Bernhard: Teilnahme von Unionsbürgern an kommunalen Bürgerentscheiden? Zur Zulässigkeit einer Erweiterung landesrechtlicher Partizipationsrechte nach der Änderung des Art. 28 Abs. 1 GG, DÖV 1995, S. 816- 819

Calliess, Christian / Ruffert, Matthias (Hrsg.): Kommentar des Vertrages über die Europäische Union und des Vertrages zur Gründung der Europäischen Gemeinschaft (EUV/EGV), 2. Auflage, Neuwied 2002

Cassese, Sabino: Der Einfluß des gemeinschaftsrechtlichen Verwaltungsrechts auf die nationalen Verwaltungsrechtssysteme, Der Staat 1994, S. 25-38

Cathaly-Stelkens, Anne: Kommunale Selbstverwaltung und Ingerenz des Gemeinschaftsrechts, Magisterarbeit Saarbrücken 1995, Baden-Baden 1996

CDU-Bundesgeschäftsstelle (Hrsg.): Kommunalwahlrecht für EU-Bürger. Informationen und Aktionsvorschläge, Bonn, o. J. (1996)

Clemens, Thomas: Die Verweisung von einer Rechtsnorm auf andere Vorschriften – insbesondere ihre Verfassungsmäßigkeit, AöR 1986, S. 63-127

Closa, Carlos: Citizenship of the Union and nationality of member states, Common Market Law Review 1995, S. 487-518

Cremer, Hans-Joachim: Das Demokratieprinzip auf nationaler und europäischer Ebene im Lichte des Maastricht-Urteils des Bundesverfassungsgerichts, EuR 1995, S. 21-45

Däubler, Wolfgang: Der Ausländer als Untertan – ein Dauerzustand? in: Aus Politik und Zeitgeschichte, Beilage zur Wochenzeitung „Das Parlament“, B 24/1988, S. 41-45

Danwitz, Thomas von: Die Nichtumsetzung von EG-Recht durch die Legislative, NWVBl. 1997, S. 7-11

Degen, Manfred: Die Unionsbürgerschaft nach dem Vertrag über die europäische Union unter besonderer Berücksichtigung des Wahlrechts, DÖV 1993, S. 749-758

Dehn, Klaus-Dieter: Grundlagen des Kommunalverfassungsrechts in Schleswig-Holstein, 6. Auflage, Köln 1996

Dill, Günter: Kommunales Wahlrecht für EU-Bürger. Studien und Materialien im internationalen Vergleich, Konrad-Adenauer-Stiftung, Interne Studien Nr. 143/1999, Sankt Augustin 1999

Dollat, Patrick: Libre circulation des personnes et citoyenneté européenne: enjeux et perspectives, Brüssel 1998

Dreier, Horst (Hrsg.): Grundgesetz: Kommentar, Band II (Art. 20-82), Tübingen 1998

Dürig, Markus: Das neue Wahlrecht für Unionsbürger bei den Wahlen zum Europäischen Parlament, NVwZ 1994, S. 1180-1182

Engelken, Klaas: Änderung der Landesverfassung unter der Großen Koalition. Zugleich erste Kommentierung: Europaartikel, Kommunalwahlrecht der Unionsbürger, VBlBW 1995, S. 217-235

— Einbeziehung der Unionsbürger in kommunale Abstimmungen (Bürgerentscheide, Bürgerbegehren)? NVwZ 1995, S. 432-436

— Nochmals: Teilnahme von Unionsbürgern an kommunalen Bürgerentscheiden? DÖV 1996, S. 737-741

— Nochmals: Kommunalwahlrecht für nichtdeutsche Unionsbürger. Insbesondere zur Wählbarkeit als Bürgermeister und Landrat, BayVBl. 1996, S. 389-393

— Ergänzungsband zu Klaus Braun, Kommentar zur Verfassung des Landes Baden-Württemberg, Stuttgart 1997

Evangelische Akademie Bad Boll (Hrsg.): Kommunales Wahlrecht für EU-Bürgerinnen und EU-Bürger. Motivation zur Partizipation. Ein Reader zur gleichnamigen Tagung vom 3. - 5. Dezember 1997 in der Evangelischen Akademie Bad Boll, Protokolldienst 6/98, Bad Boll 1998

Everling, Ulrich: Auf dem Weg zu einem europäischen Bürger? Aspekte aus rechtswissenschaftlicher Sicht, in: Rudolf Hrbek (Hrsg.), Bürger und Europa, Baden-Baden 1994, S. 49-65

Fastenrath, Ulrich: Ein Spanier als Bürgermeister? Das künftige Kommunalwahlrecht für Unionsbürger und Volksabstimmungen in Gemeinden, FAZ vom 20.9.1995, S. 16

Fischer, Hans Georg: Die Unionsbürgerschaft, EuZW 1992, S. 566-569
— Kommunalwahlrecht für Unionsbürger, NVwZ 1995, S.455-457
— Unionsbürger als Beamte in Deutschland, Recht im Amt 1995, S. 105-111

Fromont, Michel: Frankreich und die Europäische Union, DÖV 1995, S. 481-487

Fürst, Walther (Hrsg.): Gesamtkommentar Öffentliches Dienstrecht, Bd. I, Teil 2 a, Lieferung 8/02, Stand: September 2002

Garot, Marie José: La Citoyenneté de l'Union Européenne, Paris 1999

Geiger, Rudolf: EUV/EGV: Vertrag über die Europäische Union und Vertrag zur Gründung der Europäischen Gemeinschaft, Kommentar, 3. Auflage, München 2000

Genevois, Bruno: Le droit de vote des citoyens de l'Union européenne aux élections municipales: un contrôle à quadruple détente? RFD adm. 1998, S. 671-688

Gern, Alfons: Deutsches Kommunalrecht, 2. Auflage, Baden-Baden 1997

Grabenwarter, Christoph: Die Charta der Grundrechte für die Europäische Union, DVBl. 2001, S. 1-13

Grabitz, Eberhard / Hilf, Meinhard (Hrsg.): Das Recht der Europäischen Union, Band I, EUV/EGV, München, Loseblatt, 19. Ergänzungslieferung, Stand: Februar 2002

Grawert, Rolf: Verfassung für das Land Nordrhein-Westfalen: Kommentar, Wiesbaden 1998

Groß, Thomas: Der Verband Region Stuttgart, VBlBW 1994, S. 429-435

Grube, Andreas / Ulrich, Götz: Der Ausschluss nichtdeutscher Unionsbürger vom passiven Wahlrecht zu den Ämtern der kommunalen Verwaltungsspitzen, BayVBl. 1998, S. 746-750

Grüll, Stefan M.: Kommunalwahlrecht für Bürger der Mitgliedstaaten der Europäischen Gemeinschaften in der Bundesrepublik Deutschland. Die Auswirkungen des Richtlinienvorschlages der EG-Kommission sowie der Bestimmungen des Vertrages über die Europäische Union auf innerstaatliches Recht, Diss. Köln 1993

Grumann, Marc-Olaf: Die Verfassungskonformität eines kommunalen Ausländerwahlrechts ausschließlich für ausländische Unionsbürger i.S.d. Art. 8 b I EGV – Rechtsfolgen im Hinblick auf die Umsetzung der Richtlinie 94/80/EG insbesondere in Hessen, Diss. Frankfurt am Main 1996

Gundel, Jörg: Probleme der Umsetzung des EG-Kommunalwahlrechts und ihrer gerichtlichen Kontrolle in Frankreich und Deutschland, DÖV 1999, S. 353-363

Gusy, Christoph / Ziegler, Katja: Der Volksbegriff des Grundgesetzes: Ist die Position des Bundesverfassungsgerichts alternativenlos? in: Ulrike Davy (Hrsg.), Politische Integration der ausländischen Wohnbevölkerung, Baden-Baden 1999, S. 222-247

Haaß, Bernhard: Die Rechtsstellung der Bezirke Berlins nach der Verfassungsreform, LKV 1996, 84-87

Hagebölling, Lothar: Niedersächsische Verfassung: Kommentar, Wiesbaden 1996

Hailbronner, Kay: Öffentlicher Dienst und EG-Freizügigkeit, VBlBW 2000, S. 129-135

Hain, Karl-E.: Die Grundsätze des Grundgesetzes: Eine Untersuchung zu Art. 79 Abs. 3 GG, Habil.-Schr. Göttingen 1998, Baden-Baden 1999

Haratsch, Andreas: Die normative Bezugnahme auf Rechtsnormen, ZG 1999, S. 346-353
— Verweisungstechnik und gemeinschaftsgerichtete Richtlinien, EuR 2000, S. 42-61

Hasselbach, Kai: Europäisches Kommunalwahlrecht. Zur Umsetzung der EG-Richtlinie über das Kommunalwahlrecht der Unionsbürger in den EU-Mitgliedstaaten, ZG 1997, S. 49-73

Hattenhauer, Hans: Über das Minderjährigenwahlrecht, JZ 1996, S. 9-16

Heberlein, Horst: Kommunale Selbstverwaltung, Grundgesetz und Europa, BWGZ 1999, S. 359-365

Henrichs, Helmut: Der Vertrag über die Europäische Union und seine Auswirkungen auf die Verfassungen der Mitgliedstaaten, DÖV 1994, S. 368-377

Herdegen, Matthias: Europäisches Gemeinschaftsrecht und die Bindung deutscher Verfassungsorgane an das Grundgesetz. Bemerkungen zu neueren Entwicklungen nach dem "Solange II"-Beschluss, EuGRZ 1989, S. 309-314
— Der praktische Fall – Öffentliches Recht: Die deutsche Zustimmung zur Einführung des Kommunalwahlrechts für EG-Ausländer, JuS 1992, S. 227-230
— Die Belastbarkeit des Verfassungsgefüges auf dem Weg zur Europäischen Union, EuGRZ 1992, S. 589-594
— Europarecht, 4. Auflage, München 2002

Hierl, Gabriele: Die Teilnahme von Unionsbürgern an Kommunalwahlen und kommunalen Abstimmungen in Bayern, Diss. Regensburg 1999, Berlin 1999

Hirsch, Günter: Europäischer Gerichtshof und Bundesverfassungsgericht – Kooperation oder Konfrontation? NJW 1996, S. 2457-2466

Hobe, Stephan: Die Unionsbürgerschaft nach dem Vertrag von Maastricht. Auf dem Weg zum europäischen Bundesstaat? Der Staat 1993, S. 245-268
— Das Staatsvolk nach dem Grundgesetz, JZ 1994, S. 191-195

Hofmann, Rainer: Der Vertrag von Maastricht vor den Verfassungsgerichten Frankreichs und Spaniens, in: Herta Däubler-Gmelin / Klaus Kinkel / Hans Meyer / Helmut Simon (Hrsg.), Gegenrede. Aufklärung – Kritik –

Öffentlichkeit, Festschrift für Ernst Gottfried Mahrenholz, Baden-Baden 1994, S. 943-956

Huber, Peter M.: Das „Volk" des Grundgesetzes, DÖV 1989, S. 531-536
— Recht der europäischen Integration, München 1996

Isensee, Josef: Kommunalwahlrecht für Ausländer aus der Sicht der Landesverfassung Nordrhein-Westfalens und der Bundesverfassung, KritV 1987, S. 300-308

Isensee, Josef / Kirchhof, Paul (Hrsg.): Handbuch des Staatsrechts, Band VII, Heidelberg 1992

Isensee, Josef / Schmidt-Jortzig, Edzard (Hrsg.): Das Ausländerwahlrecht vor dem Bundesverfassungsgericht: Dokumentation der Verfahren, Heidelberg 1993

Jahn, Ralf / Riedel, Norbert: Der Vorschlag der Europäischen Kommission für ein Kommunalwahlrecht für EG-Ausländer und seine Auswirkungen auf das innerstaatliche Recht, ZAR 1989, S. 58-62

Jarass, Hans D.: Grundfragen der innerstaatlichen Bedeutung des EG-Rechts: die Vorgaben des Rechts der Europäischen Gemeinschaft für die nationale Rechtsanwendung und die nationale Rechtsetzung nach Maastricht, Köln 1994

Jarass, Hans / Pieroth, Bodo: Grundgesetz für die Bundesrepublik Deutschland: Kommentar, 6. Auflage, München 2002

John, Barbara: Beteiligung von EU-BürgerInnen an Kommunalwahlen in Berlin 1995, in: Evangelische Akademie Bad Boll (Hrsg.), Kommunales Wahlrecht für EU-Bürgerinnen und EU-Bürger. Motivation zur Partizipation. Ein Reader zur gleichnamigen Tagung vom 3. - 5. Dezember 1997 in der Evangelischen Akademie Bad Boll, Protokolldienst 6/98, Bad Boll 1998, S. 31-33

Kämper, Burkhard: Kommunalwahlrecht für Ausländer in Nordrhein-Westfalen? ZRP 1989, S. 96-99

Karpen, Ulrich: Kommunalwahlrecht für Ausländer, NJW 1989, S. 1012-1018

Kaufmann, Marcel: Kommunales Unionsbürgerwahlrecht und demokratischer Staatsaufbau, ZG 1998, S. 25-46

Kersten, Jens: Homogenitätsgebot und Landesverfassungsrecht, DÖV 1993, S. 896-902

Klang, Klaus A.: Kommunalwahlrecht für nichtdeutsche Unionsbürger – Umsetzung der EG-Richtlinie in Sachsen-Anhalt, DNV 1996, S. 25-27 (Teil I) und S. 29-30 (Teil II)

Klein, Eckart / Haratsch, Andreas: Neuere Entwicklungen des Rechts der Europäischen Gemeinschaften, DÖV 1993, S. 785-798

Klein, Eckart: Der Einfluß des europäischen Gemeinschaftsrechts auf das Verwaltungsrecht der Mitgliedstaaten, Der Staat 1994, S. 39-57

Klindt, Thomas: Die Zulässigkeit dynamischer Verweisungen auf EG-Recht aus verfassungs- und europarechtlicher Sicht, DVBl. 1998, S. 373-380

Klitzing, Ingrid von: Die neue Rechtslage beim kommunalen Ausländerwahlrecht, in: Der Bayerische Bürgermeister 3/96, S. 120-124

Knapp, Andreas: Ergebnisse aus der Arbeitsgruppe des Städtetags: "Kommunalwahlen in Baden-Württemberg 1999", in: Evangelische Akademie Bad Boll (Hrsg.), Kommunales Wahlrecht für EU-Bürgerinnen und EU-Bürger. Motivation zur Partizipation. Ein Reader zur gleichnamigen Tagung vom 3. - 5. Dezember 1997 in der Evangelischen Akademie Bad Boll, Protokolldienst 6/98, Bad Boll 1998, S. 43-45

Koenig, Christian / Pechstein, Matthias: Die Europäische Union: Der Vertrag von Maastricht, Tübingen 1995

Kohlmannslehner, Eva: 1997 – Hessen hat gewählt: Erfahrungen aus dem Wahlkampf und der Gemeindevertretungsarbeit, in: Evangelische Akademie Bad Boll (Hrsg.), Kommunales Wahlrecht für EU-Bürgerinnen und EU-Bürger. Motivation zur Partizipation. Ein Reader zur gleichnamigen Tagung vom 3. - 5. Dezember 1997 in der Evangelischen Akademie Bad Boll, Protokolldienst 6/98, Bad Boll 1998, S. 7-10

Koolen, Ben: Kommunalwahlrecht für Ausländer in den Niederlanden 1990-1998, ZAR 1999, S. 79-84

Krell, Dieter / Wesseler, Norbert: Das neue kommunale Verfassungsrecht in Nordrhein-Westfalen, Köln 1994

Kremer, Eduard: Das nordrhein-westfälische Gesetz zur Einführung des Kommunalwahlrechts für Unionsbürger, VR 1996, S. 145-147

Kunzmann, Bernd / Haas, Michael / Baumann-Hasske, Harald: Die Verfassung des Freistaates Sachsen: kommentierte Textausgabe, 2. Auflage, Berlin 1997

Laubach, Birgit: Bürgerrechte für Ausländer und Ausländerinnen in der Europäischen Union: Unionsbürger und Drittstaatsangehörige – Ein Vergleich, Diss. Bielefeld 1998, Baden-Baden 1999

Lennep, Hans Gerd von: Kommunales Wahlrecht für Unionsbürger, StG 1994, S. 249-252

— Kommunalwahlrecht für Unionsbürger, BWGZ 1994, S. 303-305

Lenz, Carl Otto (Hrsg.): EG-Vertrag: Kommentar zu dem Vertrag zur Gründung der Europäischen Gemeinschaften, 2. Auflage, Köln 1999

Lenz, Christofer: Das BVerfG zwischen Selbstentlastung und Selbstbelastung. Zum Ausschluß der Verfassungsbeschwerde bei Länderwahlen, NJW 1999, S. 34 f.

Liegmann, Gabriele: Kommunales Wahlrecht für Ausländer in den Bundesländern und Europa: Dokumentation und Stellungnahmen, Stuttgart 1990

Linck, Joachim / Jutzi, Siegfried / Hopfe, Jörg: Die Verfassung des Freistaats Thüringen: Kommentar, Stuttgart 1994

Lobkowicz, Wenceslas de: Ein europäisches Kommunalwahlrecht für alle EG-Bürger – Kommentar des EG-Richtlinienvorschlags vom 22. Juni 1988, DÖV 1989, S. 519-530

López Castillo, Antonio / Polakiewicz, Jörg: Verfassung und Gemeinschaftsrecht in Spanien – Zur Maastricht-Erklärung des Spanischen Verfassungsgerichts, EuGRZ 1993, S. 277-285

Magiera, Siegfried: Die Europäische Gemeinschaft auf dem Wege zu einem Europa der Bürger, DÖV 1987, S.221-231

— Kommunalwahlrecht in den EG-Mitgliedstaaten – der Richtlinienvorschlag der Kommission, EA 1988, S. 475-480

— Ansätze für ein Europa der Bürger in der Rechtsordnung der Europäischen Gemeinschaft, in: Siegfried Magiera (Hrsg.), Das Europa der Bürger in einer Gemeinschaft ohne Binnengrenzen, Baden-Baden 1990, S. 13-25
— Die Grundgesetzänderung von 1992 und die Europäische Union, Jura 1994, S. 1-11

Mangoldt, Hermann von / Klein, Friedrich / Starck, Christian: Das Bonner Grundgesetz, Kommentar, Band 2: Artikel 20-78, 4. Auflage, München 2000

Marias, Epaminondas (Hrsg.): European Citizenship, Maastricht 1994

Maunz, Theodor / Dürig, Günter: Grundgesetz-Kommentar, Band III, Art. 20 a-53, Lieferungen 1-39, Stand: Juli 2001

Mayer, Heinz: Das Kommunalwahlrecht der Unionsbürger in Wien, ÖJZ 1997, S. 361-364

Merten, Detlef: Das Recht des öffentlichen Dienstes in Deutschland, in: Siegfried Magiera / Heinrich Siedentopf (Hrsg.), Das Recht des öffentlichen Dienstes in den Mitgliedstaaten der Europäischen Gemeinschaft, Berlin 1994, S. 181-233

Meyer, Hans / Stolleis, Michael (Hrsg.): Staats- und Verwaltungsrecht für Hessen, 5. Auflage, Baden-Baden 2000

Meyer-Teschendorf, Klaus / Hofmann, Hans: Teilnahme von Unionsbürgern nicht nur an Kommunalwahlen, sondern auch an kommunalen Plebisziten? ZRP 1995, S. 290-293

Münch, Ingo von (Begr.) / Kunig, Philip (Hrsg.): Grundgesetz-Kommentar, Band 2 (Art. 20-Art. 69), 4./5. Auflage, München 2001

Mutius, Albert von: Das Kommunalwahlrecht für Ausländer ist verfassungswidrig – Die Urteile des Bundesverfassungsgerichts vom 31.10.1990, Jura 1991, S. 410-415
— Kommunalrecht. Ein Lehr- und Lernbuch anhand von Fällen, München 1996

Neuhofer, Hans: Gemeinderecht: Organisation und Aufgaben der Gemeinden in Österreich, 2. Auflage, Wien 1998

Neumann, Heinzgeorg: Die Verfassung der Freien Hansestadt Bremen: Kommentar, Stuttgart 1996

Niedermeyer-Krauß, Sabine: Kommunalwahlrecht für Ausländer und Erleichterung der Einbürgerung: Integrationsmöglichkeiten für Ausländer aus verfassungs- und europarechtlicher Sicht, Diss. Würzburg 1989, Frankfurt am Main 1989

Okenwa-Elem, Ulrike: Hohe Wahlbeteiligung – aber wie? in Hessen (Kommunalwahl), in: Evangelische Akademie Bad Boll (Hrsg.), Kommunales Wahlrecht für EU-Bürgerinnen und EU-Bürger. Motivation zur Partizipation. Ein Reader zur gleichnamigen Tagung vom 3. - 5. Dezember 1997 in der Evangelischen Akademie Bad Boll, Protokolldienst 6/98, Bad Boll 1998, S. 13-20

Oliver, Peter: Electoral Rights under Article 8 B of the Treaty of Rome, Common Market Law Review 1996, S. 473-498

Oppermann, Thomas / Classen, Claus Dieter: Die EG vor der Europäischen Union, NJW 1993, S. 5-12

Ossenbühl, Fritz: Die verfassungsrechtliche Zulässigkeit der Verweisung als Mittel der Gesetzgebungstechnik, DVBl. 1967, S. 401-408

Papier, Hans-Jürgen: Verfassungsfragen des kommunalen Ausländerwahlrechts, KritV 1987, S. 309-314

— Kommunalwahlrecht für Ausländer unter dem Grundgesetz, Staatswissenschaften und Staatspraxis 1990, S. 202-211

— Kommunalwahlrecht für Angehörige anderer Mitgliedstaaten der Europäischen Gemeinschaft – Probleme des Kommissionsvorschlages aus der Sicht des deutschen Rechts, in: Siegfried Magiera (Hrsg.), Das Europa der Bürger in einer Gemeinschaft ohne Binnengrenzen, Baden-Baden 1990, S. 27-40

Pehle, Heinrich: Das schwedische Modell. Erfahrungen mit dem kommunalen Wahlrecht für Ausländer, in: Aus Politik und Zeitgeschichte, Beilage zur Wochenzeitung „Das Parlament“, B 24/1988, S. 26-36

Pfeifle, Ulrich: Erwartungen an das Ausländerwahlrecht aus kommunaler Sicht, in: Klaus Sieveking / Klaus Barwig / Klaus Lörcher / Christoph Schumacher (Hrsg.), Das Kommunalwahlrecht für Ausländer, Baden-Baden 1989, S. 137-152

Pfennig, Gero / Neumann, Manfred (Hrsg.): Verfassung von Berlin: Kommentar, 3. Auflage, Berlin 2000

Pieroth, Bodo / Schmülling, Markus: Die Umsetzung der Richtlinie des Rates zum Kommunalwahlrecht der Unionsbürger in den deutschen Ländern, DVBl. 1998, S. 365-372

Preuß, Ulrich K.: Zum verfassungstheoretischen Begriff des Bürgers in der modernen Gesellschaft, in: Herta Däubler-Gmelin / Klaus Kinkel / Hans Meyer / Helmut Simon (Hrsg.), Gegenrede. Aufklärung – Kritik – Öffentlichkeit, Festschrift für Ernst Gottfried Mahrenholz, Baden-Baden 1994, S. 619-636

Püttner, Günter (Hrsg.): Handbuch der kommunalen Wissenschaft und Praxis, Band 2 (Kommunalverfassung), 2. Auflage, Berlin, Heidelberg, New York 1982

Quaritsch, Helmut: Staatsangehörigkeit und Wahlrecht – Zum Problem des Ausländer-Wahlrechts, DÖV 1983, S. 1-15

Quecke, Albrecht: Das neue Recht über die Teilnahme von Unionsbürgern an kommunalen Wahlen und Abstimmungen, Kommunalpraxis Baden-Württemberg 1995, S. 303-308

— Kommunalwahlen 1999 in Baden-Württemberg: Premiere für EU-Bürgerinnen und EU-Bürger, in: Evangelische Akademie Bad Boll (Hrsg.), Kommunales Wahlrecht für EU-Bürgerinnen und EU-Bürger. Motivation zur Partizipation. Ein Reader zur gleichnamigen Tagung vom 3. - 5. Dezember 1997 in der Evangelischen Akademie Bad Boll, Protokolldienst 6/98, Bad Boll 1998, S. 3-6

Reich, Norbert: Bürgerrechte in der Europäischen Union: Subjektive Rechte von Unionsbürgern und Drittstaatsangehörigen unter besonderer Berücksichtigung der Rechtslage nach der Rechtsprechung des EuGH und dem Vertrag von Amsterdam, Baden-Baden 1999

Ritgen, Klaus: Bürgerbegehren und Bürgerentscheid. Dargestellt am Beispiel des § 26 der nordrhein-westfälischen Gemeindeordnung, Diss. Bonn 1997, Baden-Baden 1997

Rittstieg, Helmut: Kommunales Wahlrecht für Ausländer, KritV 1987, S. 315-321

— Demokratie der Deutschen, DuR 1991, S. 10-12

Röger, Ralf: Der neue Artikel 28 Absatz 1 Satz 3 GG: Vorläufiger Abschluß der langjährigen Diskussion um ein Kommunalwahlrecht für Ausländer, VR 1993, S.137-143

Roller, Reinhold: Kommunalwahlrecht für Unionsbürger im Wohnsitzmitgliedstaat. Zu Art. 72 Abs. 1 S. 2 und Art. 26 Abs. 8 der Landesverfassung Baden-Württemberg, Diss. Tübingen 1996

Rozek, Jochen: Das Grundgesetz als Prüfungs- und Entscheidungsmaßstab der Landesverfassungsgerichte: Zugleich ein Beitrag zum Phänomen der in die Landesverfassung hineinwirkenden Bundesverfassung, Diss. Passau 1992, Baden-Baden 1993

Sachs, Michael: Die Landesverfassung im Rahmen der bundesstaatlichen Rechts- und Verfassungsordnung, ThürVBl. 1993, S. 121-124

Sachs, Michael (Hrsg.): Grundgesetz: Kommentar, 2. Auflage, München 1999

Saftig, Alexander: Kommunalwahlrecht in Deutschland, Baden-Baden 1990

Sannwald, Detlef / Sannwald, Rüdiger: Die Reform der Verfassung des Landes Baden-Württemberg, BWVP 1995, S. 217-223

Schmellenkamp, Egon: Das Ausländerwahlrecht in der Bundesrepublik Deutschland unter besonderer Berücksichtigung der Rechtslage nach den Landesverfassungen, Diss. Köln 1985

Schmidt-Aßmann, Eberhard (Hrsg.): Besonderes Verwaltungsrecht, 11. Auflage, Berlin, New York 1999

Schmidt-Bleibtreu, Bruno / Klein, Franz: Kommentar zum Grundgesetz, 9. Auflage, Neuwied 1999

Schmidt-Eichstaedt, Gerd / Stade, Isabel / Borchmann, Michael (Bearb.): Die Gemeindeordnungen und die Kreisordnungen in der Bundesrepublik Deutschland, Loseblatt, 2. Auflage, 3. Lieferung, Stand: 31.7.1999

Schmitt Glaeser, Walter / Horn, Hans-Detlef: Die Rechtsprechung des Bayerischen Verfassungsgerichtshofs – Anmerkungen zu ausgewählten Entscheidungen aus jüngster Zeit, BayVBl. 1999, S. 353-363 und 391-397

Schnedl, Gerhard: Das Wahlrecht der Unionsbürger bei Kommunalwahlen, ÖJZ 1995, S. 841-854

Scholl, Stefan: Der EG-Richtlinienentwurf zum Kommunalwahlrecht für Ausländer, ZAR 1989, S. 62-67

Schotten, Thomas: Die Auswirkungen des Europäischen Gemeinschaftsrechts auf den Zugang zum öffentlichen Dienst in der Bundesrepublik Deutschland, Diss. Saarbrücken 1993, Köln 1994

— Der Zugang von Unionsbürgern zum deutschen Beamtenverhältnis, DVBl. 1994, S. 567-574

Schrapper, Ludger: Die Richtlinie 94/80/EG zum aktiven und passiven Kommunalwahlrecht für Unionsbürger. Entstehung, Regelungsgehalt, Umsetzungsfragen, DVBl. 1995, S. 1167-1173

Schütz, Martina: Kommunales Wahlrecht für EU-Bürger, das rathaus 1996, S. 154-155

Schwarz, Thomas: Kommunales Politiksystem und Kommunalwahlrecht für EU-Ausländer, Kommunalpraxis Baden-Württemberg 1995, S. 309-313

— Das neue Wahlrecht für Unionsbürger und seine Inanspruchnahme, Kommunalpraxis Baden-Württemberg 1997, S. 138-141

— Stuttgart – Kurzanalyse zur Wahlbeteiligung bei der OB-Wahl, in: Evangelische Akademie Bad Boll (Hrsg.), Kommunales Wahlrecht für EU-Bürgerinnen und EU-Bürger. Motivation zur Partizipation. Ein Reader zur gleichnamigen Tagung vom 3. - 5. Dezember 1997 in der Evangelischen Akademie Bad Boll, Protokolldienst 6/98, Bad Boll 1998, S. 21-29

Schweitzer, Michael / Hummer, Waldemar: Europarecht, 5. Auflage, Neuwied 1996

Schweitzer, Michael: Staatsrecht, Völkerrecht, Europarecht (Staatsrecht III), 7. Auflage, Heidelberg 2000

Schwidden, Frank: Die europäische Freizügigkeit im öffentlichen Dienst nach nationalem Recht und nach europäischem Gemeinschaftsrecht, Recht im Amt 1996, S.166-176

Seibert, Gerhard: Kommunales Wahlrecht für Ausländer grundgesetzwidrig? in: Herta Däubler-Gmelin / Klaus Kinkel / Hans Meyer / Helmut Simon (Hrsg.), Gegenrede. Aufklärung – Kritik – Öffentlichkeit, Festschrift für Ernst Gottfried Mahrenholz, Baden-Baden 1994, S. 657-667

Seifert, Karl-Heinz (Mitbegründer) / Hömig, Dieter (Hrsg.): Grundgesetz für die Bundesrepublik Deutschland: Taschenkommentar, 6. Auflage, Baden-Baden 1999

Sieveking, Klaus / Barwig, Klaus / Lörcher, Klaus / Schumacher, Christoph (Hrsg.): Das Kommunalwahlrecht für Ausländer, Baden-Baden 1989

Sieveking, Klaus: Kommunalwahlrecht für Ausländer in den Mitgliedstaaten der EG – ein europäischer Vergleich, in: Klaus Sieveking / Klaus Barwig / Klaus Lörcher / Christoph Schumacher (Hrsg.), Das Kommunalwahlrecht für Ausländer, Baden-Baden 1989, S. 69-90

— Europäisches Gemeinschaftsrecht und Stadtstaaten – Verfassungsrechtliche Probleme bei der Einführung des kommunalen Ausländerwahlrechts, DÖV 1993, S. 449-460

Silvestro, Massimo: Le droit de vote et d'éligibilité aux élections municipales, Revue du Marché commun et de l'Union européenne 1993, S. 612-614

Simson, Werner von / Schwarze, Jürgen: Europäische Integration und Grundgesetz: Maastricht und die Folgen für das deutsche Verfassungsrecht, Berlin 1992

Sixt, Werner: Kommunalwahlrecht in Baden-Württemberg einschließlich des Regionalwahlrechts, 5. Auflage, Stuttgart 1999

Sommermann, Karl-Peter: Die Bedeutung der Rechtsvergleichung für die Fortentwicklung des Staats- und Verwaltungsrechts in Europa, DÖV 1999, S. 1017-1029

Stargardt, Hans-Joachim: Gemeinde- und Kommunalverbände in der Bundesrepublik Deutschland, DVP 1993, S. 306-316 und 342-349

Stober, Rolf: Kommunalrecht in der Bundesrepublik Deutschland, 3. Auflage, Stuttgart 1996

Stober, Rolf (Hrsg.): Handbuch des Sächsischen Staats- und Verwaltungsrechts, Stuttgart 1996

Stöcker, Hans: Der Binnen- und Außenaspekt der Volkssouveränität. Bemerkungen zu den Urteilen des Bundesverfassungsgerichts zum Ausländerwahlrecht vom 31.10.1990, Der Staat 1991, S. 259-268

Streinz, Rudolf: Europarecht, 5. Auflage, Heidelberg 2001

Summer, Rudolf / Zängl, Siegfried: Zwölftes Gesetz zur Änderung beamtenrechtlicher Vorschriften, BayVBl. 1995, S. 545-555

Sundermann, Welf: Neue Bürger in den Gemeinden. Zu den Auswirkungen des Gesetzes zur Einführung des Kommunalwahlrechts für Unionsbürger/-innen, DVP 1996, S. 54-56

Thiele, Burkhard / Pirsch, Jürgen / Wedemeyer, Kai: Die Verfassung des Landes Mecklenburg-Vorpommern: kommentierte Textausgabe, Berlin 1995

Thieme, Werner: Demokratie – Ein Staatsziel im Wandel der gelebten Verfassung, DÖV 1998, S. 751-760

— Verfassung der Freien und Hansestadt Hamburg, Kommentar mit einem Anhang Hamburgischer staatsrechtlicher Gesetze, Hamburg 1998

Thum, Cornelius: Bürgerbegehren und Bürgerentscheid im kommunalen Verfassungsgefüge, BayVBl. 1997, S. 225-232

Tomuschat, Christian: Die Europäische Union unter der Aufsicht des Bundesverfassungsgerichts, EuGRZ 1993, S. 489-496

Uerpmann, Robert: Staatsangehörigkeit und Wahlrecht im demokratischen Staat, Staatswissenschaften und Staatspraxis 1995, S. 3-20

Von der Groeben, Hans / Thiesing, Jochen / Ehlermann, Claus-Dieter (Hrsg.): Kommentar zum EU-/EG-Vertrag, Band 1, 5. Auflage, Baden-Baden 1997

Voß, Michael: EG-Bürger als kommunale Wahlbeamte? Kommunalpraxis Nordrhein-Westfalen / Niedersachsen 1995, S. 235-236

Waechter, Kay: Kommunalrecht, 3. Auflage, München 1997

Wallrabenstein, Astrid: Das Verfassungsrecht der Staatsangehörigkeit, Diss. Gießen 1999, Baden-Baden 1999

Walter, Christian: Die drei Entscheidungen des französischen Verfassungsrats zum Vertrag von Maastricht über die Europäische Union, EuGRZ 1993, S. 183-187

Wegmann, Manfred: Kommunalwahlrecht für ausländische Unionsbürger, Kommunalpraxis Bayern 1995, S. 367-374

Wehr, Matthias: Rechtsprobleme des Bürgerbegehrens (Art. 18 a BayGO), BayVBl. 1996, S. 549-553

Weigl, Michael: Verfassungsrechtliche Aspekte eines Wahlrechts für Ausländer in der Bundesrepublik Deutschland: unter besonderer Berücksichtigung des Kommunalwahlrechts, Diss. München 1992, München 1992

Wersebe, Hilmar von (Hrsg.): Das neue Wahlrecht für EU-Bürger, Sankt Augustin 1999

Wind, Ferdinand / Schimana, Rudolf / Wichmann, Manfred: Öffentliches Dienstrecht: das Beamten- und Arbeitsrecht für den öffentlichen Dienst, 4. Auflage, Köln 1998

Wollenschläger, Michael / Schraml, Alexander: Kommunalwahlrecht für nichtdeutsche Unionsbürger – Die EG-Richtlinie 94/80 und ihre Umsetzung in Bayern, BayVBl. 1995, S. 385-388

— Nochmals: Kommunalwahlrecht für nichtdeutsche Unionsbürger, BayVBl. 1996, S. 726

Zuleeg, Manfred: Juristische Streitpunkte zum Kommunalwahlrecht für Ausländer, ZAR 1988, S. 13-20

Elmar Waldschmitt

Die europäische Sozialunion

Ordnungspolitischer Prüfstein des europäischen Integrationsprozesses

Frankfurt/M., Berlin, Bern, Bruxelles, New York, Oxford, Wien, 2001. XIII, 189 S., zahlr. Abb. und Tab.
Europäische Hochschulschriften: Reihe 5, Volks- und Betriebswirtschaft. Bd. 2822
ISBN 3-631-38655-9 · br. € 35.30*

Die wirtschaftliche Integration Europas soll um eine „soziale Dimension" erweitert und mir ihr eins werden. Damit sind Forderungen nach einem gemeinsamen europäischen Sozialrecht und einheitlichen sozialpolitischen Grundsätzen verbunden. Diese Forderungen sind umstritten. Für die eine Seite ist die Sozialunion Korrektiv der wirtschaftlichen Integration Europas, für die andere Seite Sinnbild eines europäischen Wohlfahrtsstaates. Diese Arbeit will einen Beitrag zur Versachlichung der Diskusion leisten. Dabei erweist es sich als hilfreich, die Diskussion vor dem Hintergrund konkurrierender sozialpolitischer Leitbilder zu führen. Der Wandel im sozialpolitischen Leitbild der Gemeinschaft, so eine der zentralen Thesen dieser Arbeit, prägt maßgeblich den Wandel des gesamten europäischen Integrationsprozesses. Denn in der Logik der Systementfaltung und -bewahrung erfordert eine Wirtschaftsordnung stets eine mit ihr konforme Sozialordnung. Als Ergebnis wird der ordnungspolitische Charakter der Sozialunion festgestellt. Sie ist in weiten Teilen inkonform mit der ursprünglichen Integrationsidee, die sich an der Wettbewerbsordnung orientiert.

Aus dem Inhalt: Problemstellung und Argumentationsweise · Sozialpolitische Leitbilder und Sozialpolitik in Marktwirtschaften · Zur Interdependenz von Intergrationsmethode und sozialpolitischem Leitbild · Einbeziehung der Sozialpolitik in den Prozess der europäischen Integration · Wandel und Auswirkungen des sozialpolitischen Leitbildes der Gemeinschaft

FSC
www.fsc.org
MIX
Papier | Fördert
gute Waldnutzung
FSC® C083411

Kolibri 360 GmbH
Ferdinand-Jühlke-Straße 7
99095 Erfurt, Deutschland
produktsicherheit@kolibri360.de

Druck:
CPI Druckdienstleistungen GmbH
im Auftrag der
Kolibri 360 GmbH
Ferdinand-Jühlke-Str. 7
99095 Erfurt